이성과 욕망

－경제학이 발견한 근대적 인간형으로서의 호모 이코노미쿠스－

이 저서는 2021년 대한민국 교육부와 한국연구재단의 저술출판지원사업의 지원을 받아 수행된 연구임(NRF-2021S1A6A4047245).

머리말

아리스토텔레스는 인간을 '정치적 동물(political animal)'—정확하게는 '폴리스적 동물'이라고 정의했지만, 경제학이 보기에 인간은 '경제적 동물'이다. 마르크스도 지적했듯이 인간 존재의 가장 기본적인 전제조건은 바로 자기자신을 물질적으로 재생산하는 일이기 때문이다. 경제학은 자신의 경제적 욕구를 충족시키기 위해 실천하는 인간을 '호모 이코노미쿠스(homo economicus)'라고 부른다. 개인적인 경험이지만, 대학에 들어와 경제학을 공부하면서 호모 이코노미쿠스(homo economicus)라는 말을 처음 들었을 때 마음 속 깊은 울림을 느꼈다. 생각하는 사람, 똑바로 선 사람, 도구를 만드는 사람 등등 인간을 지칭하는 많은 이름들 가운데 호모 이코노미쿠스란 과연 어떤 인간형을 말하는 것일까? 당연히 경제학을 더 공부하게 되면 이 신비로운 인간을 만나게 되리라고 기대했다. 그런데 정작 어떤 경제학 교과서에서도 호모 이코노미쿠스가 누구인지 제대로 설명해 주지는 않았다. 물론 가끔은 호모 이코노미쿠스란 이기적 동기를 가지고 합리적으로 행동하는 사람이라는 정도의 설명을 각주처럼 언급하는 경우도 없지는 않다. 하지만 이것은 호모 이코노미쿠스에 대한 인상(impression)일 뿐 정의(definition)는 아니다. 이는 선뜻 이해하기 어려운 일인데, 수학에서 어떤 명제를 증명할 때 공준을 사용하지만, 그러기 위해서 먼저 그 공준을 명료하게 정의하는 데서 출발한다. 그런데 경제학은 호모 이코노미쿠스라는 인간형을 가정하면서 그에 대한 정의는 전제하지 않는다는 사실은 참 의아하다. 어쩌면 호모 이코노미쿠스의 정의는 너무 자명해서 굳이 정의할 필요조차 없는 것일까 하고 생각해 보기도 했다. 실제로 많은 경제학자들은 그렇게 여길 것이다. 더 나아가 호모 이코노미쿠스를 굳이 정의하려 드는 일은 무의미한 노력일 뿐이라고 여기는 경제학자들도 많을 터다. 하지만 그렇게 자위하고 넘기려 해도 여전히 미진한 마음은 어쩔 수 없다. 애덤 스미스를 비롯해 경제학의 아버지라고 불리는 분들은 과연 어떤 생각을 가지고 있었을까 하는 궁금증이 들게 된 것도 그런 연유에서다.

수천년의 역사를 가진 철학이나 물리학에 비해 경제학은 불과 이백 수십년의 역사를 가졌을 뿐이다. 따라서 옛 학자들이 철학이나 물리학에 관심을 가지는 일은 비교적 자연스런 일일 수도 있지만 경제학의 경우는 다르다. 애덤 스미스를 비롯해 경제학의 아버지라 불리는 분들은 거의 허허벌판에 경제학의 전당을 건축한 것이나 다름없다. 마치 낯선 곳을 찾아 떠나는 모험가들처럼 그분들은 왜 그토록 무모하게 결과를 기대하지도 못할 낯선 학문의 영역으로 들어간 것일까? 우리는 그분들이 남긴 경제이론들을 배우고 또 가르치지만 정작 그분들이 그런 경제이론들을 탐구할 때 어떤 지적 욕구를 가지고 있었는지, 무엇을 증명하거나 표현하고자 했는지에 대해서는 거의 관심을 가지지 않는다. 애덤 스미스가 남긴 책이나 논문을 읽고 연구하는 일을 넘어 그는 과연 어떤 책을 읽었을까? 또 어떤 사람들을 만나고 어떤 경험들을 했을까? 이런 궁금증을 가지고 그분들의 학문적, 사상적 편력을 추적해 가다 보면 결국 경제학의 본질은 무엇인가 하는 질문에 도달할 것이라고 나는 믿는다.

호모 이코노미쿠스는 누구인가 하는 질문은 나는 누구인가 하는 질문과 같다. 일상에 분주하다 보면 우리는 자주 내가 누구인가 하는 질문을 잊어버리기도 한다. 경제학도 마찬가지다. 경제학은 자주 인간은 어떤 존재인가 하는 질문을 잊어버리기도 하지만 언젠가는 다시 자기를 향한 질문으로 돌아오지 않을 수 없다. 책의 본문에서도 썼지만 나는 호모 이코노미쿠스를 규정하는 여러 속성들 가운데 자기이해야말로 가장 중요하다고 생각한다. 딸들에게 배신당하고 광야를 떠돌던 리어왕(King Rear)은 "내가 누군지 말할 수 있는 자는 누구인가?" 하고 울부짖는다. 하지만 누구도 그가 누군지 말해 줄 수 없다. 내가 나를 모르는데 누가 나를 알겠는가? 연구 분야는 서로 다를지라도 모든 인문학(Humanities)의 궁극적인 목적은 인간에 대한 탐구일 수밖에 없다. 직접적으로 호모 이코노미쿠스라는 이름을 사용하지는 않았지만 경제학의 아버지들이 이 새로운 학문의 전당을 건설할 때 당연히 그분들의 마음 속에는 인간에 대한 자신들만의 관점과 철학과 사상이 없었을 리 없다. 나는 바로 그런 마음이 궁금하다.

이 책은 몇 해 전에 냈던 『철학으로서의 경제학』과 짝을 이룬다. 미술에서 쓰는 용어를 잠시 빌리면, 『철학으로서의 경제학』은 이 책을 쓰기 위한 에스키스(esquisse)라고 해도 좋다. 하지만 늘 마음 속에 두고 있으면서도 정작 이 책을 쓰게 될는지는 스스로도 그다지 자신이 없었다. 내가 구상한 책을 쓰기 위해서는 너무 많은 준비가 필요한 데다가, 막상 집필을 시작하더라도 언제나 끝낼 수 있을지 몰랐기 때문이다. 뜻하지 않게 한국연구재단으로부터 연구비를 지원받게 된데다가, 피앤씨미디어의 박노일 대표께서 선뜻 출판을 맡아 주신 덕분에 이 책이 나올 수 있게 되어서 감사한 마음이다. 연구와 집필을 방해하는 이런저런 곁다리 일들에 관심과 집착을 버리려 애썼던 덕분도 있는 듯싶다. 가족들과 선후배 동료들께 감사하며, 피앤씨미디어 편집부 여러분의 노고에 다시 한번 더 감사드린다.

2025년 새 봄에
지은이 드림

차 례

[프롤로그] 호모 이코노미쿠스의 초상 ······ 9

제 1 장 근대의 선물

몽유(夢遊)하는 철학자 ······ 73

경제학의 탄생 ······ 88

두 개의 혁명 ······ 109

제 2 장 개인의 발견

근대의 탄생 ······ 121

시대의 여명 ······ 133

개성의 발견 ······ 150

개인의 탄생 ······ 167

제 3 장 욕망의 체계

나는 욕망한다 ······ 180

타인의 욕망 ······ 203

이기적 마음 ······ 220

상업사회의 출현 ······ 233

제 4 장 이성의 왕국

태초에 말씀이 있었다 ······ 250
계몽이란 무엇인가 ······ 259
쾌락과 고통의 저울 ······ 278
인간은 어디까지 합리적인가 ······ 292

제 5 장 자유를 찾아서

소외된 존재 ······ 307
시시포스의 노동 ······ 332
자유를 찾아서 ······ 344

[에필로그] 다시 호모 에코노미쿠스를 찾아서 ······ 368

참고문헌 ······ 428
찾아보기 ······ 442

프롤로그

호모 이코노미쿠스의 초상

> 호모 이코노미쿠스는 상황에 따라 에덴동산의 아담처럼, 고립된 로빈슨 크루소처럼, 금욕적인 캘빈교도처럼, 위험을 무릅쓰고 투자하는 용감한 부르주아처럼, 소시민적인 쁘띠 부르주아처럼, 이기적 스크루지처럼, 완벽한 계산적 능력을 수행하는 초인처럼, 합리적 경영자, 관리자 또는 관료로도 등장한다.[1]

경제학이란 무엇인가라는 질문은 단순하면서도 복잡하다. 가령 물리학은 인간을 둘러싼 자연계에서 일어나는 자연현상을 연구한다. 같은 방식으로 경제학은 인간을 둘러싼 사회조직에서 일어나는 경제현상을 연구하는 학문이라고 정의해 볼 수 있겠다. 그런데 자연현상들은 인간의 생활과 밀접하게 연관되어 있기는 하지만 인간의 의지나 희망과는 독립적이다. 물이 높은 곳에서 낮은 곳으로 흐르고 사과나무에서 사과가 하늘로 솟는 대신 땅으로 떨어지는 현상은 인간의 의지나 행위의 개입 없이 일어난다. 물론 우리는 중력의 법칙을 이용해서 높은 곳에서 낮은 곳으로 물건을 떨어뜨릴 수 있다. 하지만 이 경우에도 우리는 물리적 법칙을 이용하기는 하지만, 이 법칙은 우리의 의지나 행위와 무관하게 일어난다. 이에 반해 경제현상, 예를 들어 시장에서 가격이 오르거나 내리는 현상은 인간의 개입 없이 일어나지 않는다. 인간의 경제행위가 없다면 아예 시장이라는 공간부터 만들

---

1 박효종, 『합리적 선택과 공공재 II』, 1994, 32쪽, 박정순, 「현대사회와 인간 문화 철학적 성찰 —호모 에코노미쿠스 생살부」, 고려대학교 철학연구소, 『철학연구』 21권, 1998, 9쪽에서 재인용.

어질 수 없으며, 당연히 시장에서 가격이 형성되는 일도 일어날 수 없다. 경제현상이 자연현상과 구분되는 가장 근본적인 차이는 바로 이처럼 경제현상은 인간의 의지나 행위에 의해 결정된다는 점이다. 그러므로 경제학은 경제현상에 대한 탐구를 넘어 인간의 경제행위를 탐구하는 학문이다. 대부분의 경제학 교과서들이 "경제학은 선택의 학문이다"라는 말로 시작하는 이유도 이 때문이다. 선택이라는 표현은 인간의 의지가 개입된 행위라는 의미를 담고 있다. 경제학은 이런 선택의 주체, 경제행위의 주체로서의 인간을 '경제적 인간' 즉 '호모 이코노미쿠스(homo economicus)'라고 부른다. 난처한 일은 정작 호모 이코노미쿠스가 어떤 인간인지에 대해 자세하게 설명해 주는 경제학 교과서는 거의 없다는 사실이다.

경제학자들이 호모 이코노미쿠스라는 말을 사용한 것은 언제부터인가? 얼핏 생각해 보면 경제학의 아버지라고 불리는 애덤 스미스(Adam Smith, 1723~1790)가 이런 이름을 처음 사용한 이였을 것 같기도 하다. 실제로 호모 이코노미쿠스라는 개념이 시장경제의 태동과 함께 스미스와 고전학파(Classical School) 경제학자들에 의해 처음 규정된 이후로 신고전학파(Neo-Classical School) 경제학자들에 의해 수학적으로 정식화되고, 현대 경제학에 와서 널리 수용되었다고 연대기적으로 설명하는 경우도 많다.[2] 그러나 이는 부분적으로만, 그것도 매우 한정된 부분에서만 타당한 주장이다. 애덤 스미스를 경제학의 아버지로 불리게 만든 『국부론(An Inquiry into the Nature and Causes of the Wealth of Nations, 1776)』에는 호모 이코노미쿠스라는 말이 전혀 등장하지 않을 뿐 아니라, 더 중요하게는 『국부론』에서 스미스가 묘사한 인간형은 요즘 흔히 호모 이코노미쿠스의 속성이라고 이야기되는 인간형의 모습과 많이 다르기 때문이다. 문헌상으로 '경제적 인간(economic human)'이라는 말이 처음 사용된 것은 고전학파의 마지막 거장으로 불리는 영국의 경제학자 존 스튜어트 밀(John Stuart Mill, 1806~1873)이 1836년에 발표한 논문 "On the definition of Political Economy and on the method of investigation proper to it(1836)"에서다. 이 논문에서 밀은 "가장 적은 양의 노동과 물리적 소

---

[2] Etzioni, The Moral Dimension: Toward a New Economics, 1988, 박정순, 「현대사회와 인간 문화 철학적 성찰 —호모 에코노미쿠스 생살부」, 2쪽에서 재인용.

모로 가장 많은 양의 필수품, 편의품, 사치품 등을 얻을 수 있도록 행동하는 사람"을 '경제적 인간'이라고 불렀다. '경제적 인간'이라는 의미로 '호모 이코노미쿠스(homo economicus)'라는 라틴어가 문헌에서 처음 사용된 것은 이탈리아 출신의 경제학자 빌프레도 파레토(Vilfredo Federico Damaso Pareto, 1848~1923)가 발표한 "Manual of Political Economy(1906)"라는 논문에서다. 신고전학파의 창시자 가운데 한 사람이자 오스트리아의 경제학자인 칼 멩거(Carl Menger, 1840~1921)는 물리학의 최소단위가 원자이듯이 경제학은 사회의 최소단위인 개인을 분석에 중심에 놓고 사회는 자유로운 개인들 간의 교환관계의 집합에 불과한 것으로 간주해야 한다는 '방법론적 개인주의(methodological individualism)'를 주장했다. 경제현상은 어떤 사회적 힘의 표현이 아니라 개인 행위의 결과이며, 따라서 전체 경제과정을 이해하기 위해서는 개인의 경제행위를 분석해야 한다는 것이다. 멩거는 이러한 개인을 '경제인(Wirtschaftender mensch)'이라고 불렀는데, 바로 경제적 인간 즉 호모 이코노미쿠스에 해당하는 독일어다.[3]

---

3 고전학파(Classical School)라는 명칭을 처음 사용한 이는 마르크스(Karl Heinrich Marx, 1818~1883)다. 마르크스는 자신보다 앞서거나 동시대에 활동한 여러 정치경제학자들의 이론을 두 가지로 구분했다. 마르크스에 따르면 자본주의적 체제와 질서를 옹호한다는 점에서는 동일하더라도, 어떤 경제학자들은 이론의 일관성과 분석의 정교함을 갖추고 있는 반면에 다른 경제학자들은 그렇지 못했다. 마르크스는 전자를 고전학파 즉 '고전적 정치경제학(classical political economics)', 후자를 '속류 정치경제학(vulgar political economics)'이라고 불렀다. 마르크스가 고전학파라고 부른 것은 윌리엄 페티(William Petty, 1623~1687)에서 고전학파의 완성자로 불리는 데이빗 리카도(David Ricardo, 1772~1823)까지의 경제학자들이다. 마르크스는 페티에 대해 영국 고전학파 정치경제학의 선구자라고 높이 평가했는데, 그 이유는 페티가 노동가치이론을 처음 주장했으며 리카도가 사용한 것과 유사한 분석적 방법을 제안했기 때문이다. 반면에 마르크스는 리카도의 후원자이자 존 스튜어트 밀의 아버지였던 제임스 밀(James Mill, 1773~1836)에 대해서는 리카도의 이론을 속류화시켰다고 비판했으며, 존 스튜어트 밀에 대해서도 고전학파 이론의 아류에 불과하다고 비판했다. 마르크스와 달리 오스트리아 출신의 경제학자인 조세프 슘페터(Joseph Alois Schumpeter, 1883~1950)는 애덤 스미스로부터 존 스튜어트 밀까지를 고전학파로 정의했고, 여기에 케인스(John Maynard Keynes, 1883~1946)는 자신의 스승인 앨프레드 마셜(Alfred Marshall, 1842~1924)을 비롯한 신고전학파 경제학자들까지도 고전학파라고 불렀다. 경제학자들의 다수 의견을 따른다면, 애덤 스미스에서 존 스튜어트 밀까지를 고전학파로 부르는 것이 일반적이다. 신고전학파(neo-Classical School)는 고전학파 경제학의 전통을 계승하면서 근대적 한계원리 등을 포섭하여 양자의 조화적 발전을 추구한 경제학파를 일컫는다. 원래는 마셜의 케임브리지학파를 주로 지칭했으나 요즘은 멩거의 오스트리아학파와 레옹 왈라(Leon Walras, 1834~1910)의 로잔느학파 등을 모두 포괄하는 이름으로 사용하는 경우가 많다. 신고전학파 경제이론의 주요한 내용은 마셜의 비교정학, 제번스(William Stanley Jevons, 1835~1882)의 수리경제학, 멩거의 한계효용이론, 왈라의 일반균형이론 등을 포괄한 체

그런데 존 스튜어트 밀이나 칼 멩거의 사례는 모두 말 그대로 문헌상으로 확인된 기록을 의미할 뿐이며, 아마 당시에는 이미 이와 유사한 용어들이 여러 사람들에 의해 제법 광범하게 사용되고 있었을 터라고 짐작하기 어렵지 않다. 실제로 이들이 활동했던 19세기 중후반에는 '경제인(economic man)'이라는 단어가 당시에 지식인들과 대중들 사이에서 영향력을 확산해 가던 정치경제학을 경멸적으로 지칭하기 위해 사용되는 경우가 많았다고 한다.[4] 정치경제학의 발전과 함께 나타난 도덕적으로 용인할 수 없는 주체의 등장에 어떤 이들은 격분하기도 했고 또 다른 이들은 현실에 존재하지 않는 상상의 인간형을 중심으로 경제이론을 전개하는 데 대해 비판했다.[5] 그런데 호모 이코노미쿠스를 향한 이런 비판이나 경멸은 단순히 과거 어느 시기의 에피소드나 해프닝이 아니라 지금도 그다지 다르지 않게 반복되고 있다고 말해도 틀리지 않는다. 문제는 그 가운데 어떤 비판들에는 충분히 주목할 만한 내용이 있기도 하지만, 반면 어떤 비판들에는 진지하게 대응할 만한 가치가 전혀 없는 경우도 많다는 것이다. 호모 이코노미쿠스를 향한 비판이나 오해의 가장 흔한 예는 바로 호모 이코노미쿠스가, 그리고 더 나아가서는 근대 경제학 전체가 이기적이고 탐욕적인 물질적 욕망의 추구와 이를 위한 수단으로서 금전적 부의 획득에만 관심을 가질 뿐이어서 어떤 비도덕적 선택이나 행위도 정당화한다는 것이다.[6] 이에 대해서는 라이오널 로빈스(Lionel Robbins, 1898~194)가 이

계로 구성된다.

4 신고전학파 경제학의 완성자로 불리는 앨프레드 마셜이 케임브리지대학에 처음으로 경제학과를 설립해 교수로 취임하고 자신이 쓴 저서에 아무런 접두사도 없이 『경제학(Principles of Economics, 1890)』이라는 제목을 붙임으로써 비로소 경제학이 독립된 학문으로 인정받게 되기 이전까지는 아직 경제학이 아니라 정치경제학이라는 용어가 더 일반적으로 사용되었다. 마르크스(Karl Marx, 1818~1883)가 자신의 경제학을 부르주아의 이익을 옹호하는 기존의 경제학을 비판한다는 의미에서 '정치경제학비판(Kritik der Politischen Ökonomie)'이라고 부른 것도 이런 이유에서다. 그래서 마르크스 이후에 마르크스의 경제학을 정치경제학이라고 부르는 것은 사실 매우 아이러니한 일이다.

5 Persky, "Retrospectives: The ethology of Homo economicus", 1995, 최정규, 「경제학에서 호모 이코노미쿠스의 지위, 그리고 타인을 고려하는 선호」, 한국사회경제학회, 『사회경제평론』 제59호, 2019, 156쪽에서 재인용.

6 "호모 에코노미쿠스는 그 태동 시기부터 잇속만 밝히는 추악한 경제동물로 매도되었다. 따라서 경제학은 칼라일(Carlyle)의 지적처럼 '음울한 학문'이며, 또한 스키포프스키(Scitovsky)의 지적처럼 만족할 줄 모르고 끊임없이 새로운 욕망 대상을 찾아가는 소비광을 다루는 '향유 불능의 과학'일 뿐이며, 더 나아가서는 가령 영국의 미술비평가이자 사회평론가이기도 한 존 러스킨(John Ruskin, 1819~1900)의 독설처

미 "이처럼 어리석고 듣기 지겨운 말은 없다"고 일갈한 바 있으니 굳이 해명할 일이 아닐 듯싶다.[7] 다만 하필이면 로빈스가 런던정치경제대학을 신자유주의 경제학의 발원지로 만든 장본인이라는 사실이 그를 인용하는 일을 조심스럽게 만들기도 한다는 점은 인정해야겠다.

그런데 호모 이코노미쿠스를 향한 비판보다 더 이해하기 어려운 일은 근대 경제학이 호모 이코노미쿠스를 경제행위의 주체로 가정해 경제이론을 서술하면서도 정작 호모 이코노미쿠스가 어떤 유형의 인간인가에 대해 구체적으로 정의하고 있는 경제학 교과서를 찾아보기는 쉽지 않다는 사실이다. 대부분의 교과서들은 명확한 정의나 규정 없이 암묵적으로 호모 이코노미쿠스라는 인간형을 가정한다. 굳이 선의로 짐작해 보자면 그 이유는 대부분의 경제학자들이 호모 이코노미쿠스라는 개념을 굳이 정의할 필요가 없을 만큼 자명한 것으로 간주하거나, 아니면 호모 이코노미쿠스를 명료하게 정의하기가 그만큼 어렵기 때문일 것이다. 다만 많은 경제학자들이 조금 더 구체적이고 엄밀하게든 조금 덜 구체적이고 엄밀하게든, 호모 이코노미쿠스라는 인간형에 대해 매우 유사한 이미지—비유하자면 어떤 '형상(eidos)'을 서로 공유하고 있는 것은 분명하다.[8] 그런데 암묵적으로든 명시적으로든 경제학자들이 공유하고 있을 법한 호모 이코노미쿠스의 개념에 가장 근사해 보이는 정의는 뜻밖의 곳에서 발견된다. 철학자이자 사회학자로 유명하지만 한 번도 경제학자라고 불려 본 적도 없고 스스로 그렇게 자처한 적도 없는 에리히 프롬(Erich Seligmann Fromm, 1900~1980)은 나치즘의 성립과정을 사회심리적으로 분석한 자신의 책 『자유로부터의 도피(Escape from Freedom, 1941)』에서 이렇게 말했다. "지난 수세기 동안 우리에게 친숙해진 인간상은 이기심과 그에 따라 행동할

럼, 배금주의와 황금만능주의 물든 '인간 영혼의 가장 저주받은 측면'을 다룰 뿐이라고 비판받는다. 이제 호모 에코노미쿠스는 활동무대인 자유시장이 인간의 경제 욕구 충족을 위해서 끊임 없이 성장을 주도해 재생할 수 엇는 자원을 낭비하므로 환경위기를 초래하는 주범으로서 죽어야 마땅한 인간으로 매도된다."(박정순, 「현대사회와 인간 문화 철학적 성찰 —호모 에코노미쿠스 생살부」, 3쪽.)

7 Robbins, An Essay on the Nature and Significance of Economic Science, 1932, 최정규, 「경제학에서 호모 이코노미쿠스의 지위, 그리고 타인을 고려하는 선호」, 156쪽에서 재인용.

8 'eidos'는 플라톤(Platon, BC424?~BC348?)의 용어로 대개는 '이데아(idea)'와 같은 의미로 사용되었다. 외형(外形)이 원래의 뜻이다.

수 있는 능력으로 자신의 행동을 결정하는 합리적 존재의 모습이었다."[9] 물론 호모 이코노미쿠스를 이렇게 정의하는 일이 그렇게 단순하지만은 않다. 그렇지 않다면 존 스튜어트 밀 이후로 호모 이코노미쿠스의 개념을 둘러싼 논쟁이 경제학자들 사이에서는 물론, 어떤 의미에서는 그보다 더 빈번하고 더 격렬하게 경제학자들과 다른 분야의 사회과학자들 사이에서 이백년 가까이 진행되었을 리 없다. 그런데 이 논쟁이 혼란스러운 상태에 빠지고 만 이유의 상당 부분은 논쟁에 참가한 이들 사이의 소통 부족이나, 더러는 경제학에 대한 이해의 부족에서 비롯된 경우가 많다. 그리고 이런 이해의 부족은 비전공자들에게서만이 아니라 경제학자들에게서도 곧잘 발견되고는 한다. 가령 호모 이코노미쿠스의 첫 번째 속성을 이기적 인간형으로 주장하는 이들이 그 근거로 인용하는 것은 "우리가 오늘 저녁 식사를 걱정하지 않는 것은 빵집 주인의 이기심 때문"이라는 『국부론』의 유명한 구절이다. 다만 여기서 지적해 두어야 할 일은, 『국부론』에서 이 대목의 원문 표현은 '이기심(selfishness)'이 아니라 "그들 자신의 이해관계에 대한 고려(their regards to their own interests)"라는 사실이다.[10] 이처럼 경제학의 아버지를 잘못 이해한 탓에 호모 이코노미쿠스를 옹호하는 사람들이든 비판하는 사람들이든 간에 공통적으로 호모 이코노미쿠스는 이기적 인간이라고 말할 때 그 이기심의 의미를 전혀 다른 의미로 오해하고 마는 것이다.

여러 경제학자들이 비교적 광범하게 공유하는, 따라서 호모 이코노미쿠스를 정의하는 데 가장 핵심적인 특성은 이기심, 합리성, 그리고 자기이해다. 이야기하는 호모 이코노미쿠스의 첫 번째 속성은 이기적(selfish) 인간형이다. 신고전학파의 선구자 가운데 한 사람으로서 경제학의 수학적 토대를 구축하는 데 매우 중요한 역할을 한 에지워스(Francis Ysidro Edgeworth, 1845~1926)는 "경제학의 제1 원리는 모든 행위자가 오직 자기이익에 따라 행동하는 것"이라고 천명했다.[11] 그런데 이미 지적한 것처럼 호모 이코노미쿠스를 이기적 인간형으로 정의하는 데 유력한

---

9 프롬, 김석희 옮김, 『자유로부터의 도피』, 휴머니스트, 2012, 24쪽.

10 Smith, The Wealth of Nations, Random House, 1937. p.14.

11 Edgeworth, Mathematical Physics, 1884, 박정순, 「현대사회와 인간 문화 철학적 성찰 —호모 에코노미쿠스 생살부」, 6쪽에서 재인용.

근거가 되어 온 『국부론』의 가장 유명한 구절에는 매우 심각한 오해가 있다. 『국부론』의 내용을 단편적으로만 이해하는 사람들이 보기에는 스미스가 인간의 이기심에 절대적인 신뢰를 고백한 것처럼 생각하기 쉽다. 그러나 스미스는 이기심이라는 단어를 상황에 따라 때로는 긍정적인 의미로, 때로는 부정적인 의미로, 그리고 때로는 가치중립적인 의미로 사용했다. 따라서 스미스가 인간의 이기심을 무조건적으로 긍정했다는 주장은 오해이거나 무지에 불과하다.[12] 스미스에 따르면 어떤 상황에서는 이기심이 인간 행위의 주된 원동력인 것은 분명하지만, 여기서 말하는 이기심은 단순히 이기심 그 자체를 가리키는 것이 아니라 적절하게 조절된 이기심을 의미한다. 『국부론』보다 먼저 학자로서 애덤 스미스의 이름을 유명하게 만들었고, 그의 가장 주요한 저작으로 꼽히는 『도덕감정론(The Theory of Moral Sentiments, 1759)』에서 스미스는 인간의 본성에는 이기심과 함께 이기심의 무제한적인 발동에 일정한 제약과 조절을 가하는 방어력이 있어서 개인의 사익과 사회의 공익이 서로 조화를 이루게 한다고 주장했다. 『도덕감정론』에서 스미스는 이러한 교정수단을 네 가지로 설명한다. 즉 ① 동정심과 도덕적 기준들을 발견하고 지키도록 도와주는 '공정한 감시자'의 존재, ② 사람들이 자발적으로 인정하고 따르는 자연적인 윤리 규칙, ③ 강제력을 가진 국가를 통해 준수하도록 요구받는 법규, ④ 경쟁 또는 대항 관계가 바로 그것들이다.[13]

스미스는 『국부론』을 포함해 자신의 모든 저작들에서 '이기심(selfishness)'이라는 표현도 드물지 않게 사용하지만 그보다는 '자애심(self-love)'이라는 표현을 훨씬 더 자주 사용했다. 스미스가 생각하기에 인간의 가장 기본적인 특징은 바로 자기자신을 사랑한다는 데 있다. 자기자신을 사랑하기에, 더 구체적으로 표현하면 자기자신이 더 행복해지기 위해 인간은 경제행위를 한다. 더 행복해지고자 하는 욕구가 무엇이 잘못되었는가 하고 스미스는 묻는다. 여기서 우리는 경제학자이기

12 애덤 스미스가 시장에는 '보이지 않는 손'이 작동하므로 저절로 자원의 효율적인 배분이 이루어진다고 믿었다는 주장도 심각한 오해가 아니면 무지에 불과하다. 이에 대해서는 뒤에서 자세히 이야기하기로 하자.

13 스미스, 박세일·민경국 옮김, 『도덕감정론』, 비봉출판사, 2009, 3쪽 이하.

이전에 철학자로서 사상가로서 스미스의 진정한 모습을 본다.[14] 스미스의 이기심과 자애심 개념은 타인과의 관계에서 시작하는 것이 아니라, "윤리적이거나 종교적인 동기와 같은 외적 동기에 영향을 받지 않고 순전히 자신의 경제적인 이득만을 위하여 행동한다"는 의미로, 다시 말해 개인의 경제적 행위는 오직 경제적 동기에서 나온다는 의미로 해석해야 옳다. "개인은 항상 자신의 동료들의 도움을 필요로 하지만 오직 동료의 도움에 의해서 그것을 얻을 수는 없다. 이렇게 하는 것보다는 오히려 자신의 이익을 위해 동료들의 이기심을 자극하고 자신의 요망사항을 들어주는 것이 그들 자신에게 이익이 된다는 것을 보여 주는 것이 훨씬 낫다."[15] 애덤 스미스가 경제학의 아버지로 불리는 이유 가운데 가장 중요한 한 가지도 그때까지 대부분의 철학자들과 사상가들이 생각해 온 도덕적 인간이나 정치적 인간이 아닌 상업적 인간이라는 새로운 인간형을 제시했기 때문이다.

호모 이코노미쿠스에 대해 비판적인 평론가들 가운데는 이기심 즉 경제적 동기를 효용 극대화에 대한 추구로 한정하려 하는 경우도 많다. 가령 "호모 이코노미쿠스의 세 가지 핵심적 가정 가운데 첫째가 효용의 극대화"라는 언급이 그런 주장의 직접적인 예를 보여 준다.[16] 이들에게 호모 이코노미쿠스는 "일차원적 인간 … 현대 소비를 이끌어 가는 끊임없는 견인차 …만족할 줄 모르고 새로운 상품을 찾아가는 존재 …미래의 소비를 위해 저축하는 인간"이다.[17] 이들은 매우 단순하게 호모 이코노미쿠스를 소비자로 단정한다. "호모 이코노미쿠스는 합리적인 (즉 계산적인) 개인으로 창조되었는데, 이 개인은 다양한 용도로 사용할 수 있는 희소한 자

---

14 자애심에 대한 스미스의 사상은 자신의 스승인 허치슨(Francis Hutcheson, 1694~1746) 교수의 영향을 많이 받았다. 철학사에서 허치슨은 흔히 도덕감각학파(moral sense school)의 대표자로 불린다. 도덕감각학파란 18세기 영국을 중심으로 보편적 인간 누구에게나 도덕적인 선악의 판단, 행위의 옳고 그름에 대한 판단, 미덕과 악덕의 구분 등을 할 수 있는 도덕감각이 존재한다고 주장한 철학자들을 가리킨다. 허치슨은 자애심을 도덕적으로 중립적이라고 주장했다. 그러나 스미스는 자애심을 자기보존을 위한 수단으로 자연이 인간에게 부여한 인간의 일차적 의무이며 과업이라고 주장했다. 자애심은 도덕적으로 중립적이 아니라 오히려 도덕적으로 긍정적인 가치라는 것이다.(이필우, 『경제학과 철학의 만남』, 건국대학교 출판부, 2007, 157쪽.)

15 스미스, 김수행 옮김, 『국부론(상)』, 동아출판사, 1992, 22쪽.

16 Etzioni, The Moral Dimension: Toward a New Economics, 박정순, 「현대사회와 인간 문화 철학적 성찰 ―호모 에코노미쿠스 생살부」, 9쪽에서 재인용.

17 박정순, 「현대사회와 인간 문화 철학적 성찰 ―호모 에코노미쿠스 생살부」, 9쪽.

원을 처리하고, 욕구는 무한하며 이기적인 선택을 하고 최소한의 노력으로 최대한의 만족을 추구한다. 그는 시민이 아니라 소비자다."[18] 이들에게는 호모 이코노미쿠스의 합리성도 단순히 합리적 소비를 위한, 조금 더 세련되게 표현하면 소비를 통해 효용 극대화를 달성하기 위한 합리성에 불과하다. 직설적으로 이야기하면 이들은 호모 이코노미쿠스의 합리성을 계산적 능력으로 환원시켜 버린다. 물론 이때의 계산능력이란 여러 경제학자들이 "경제학은 쾌락과 고통의 계산"이라고 말할 때와 같은 의미에서가 아니라 말 그대로 계산대에서 지폐를 셀 줄 아는 능력을 의미한다. 고전학파 경제학자들도 '효용(utility)'이라는 개념을 모르지 않았고 나아가 매우 중요하게 간주했다. 고전학파의 기본 공준 가운데 하나인 공리주의(utilitarianism)에서 '공리(功利)'의 다른 번역어가 바로 '효용(效用)'이다. 일반적으로 효용은 신고전학파 경제학의 가장 핵심적인 개념 가운데 하나로 간주된다.

그러나 호모 이코노미쿠스 즉 경제적 인간은 단지 소비자일 뿐 아니라 그보다 더 중요하게는 생산자이자 노동자이고 분배자이기도 하다. 따라서 호모 이코노미쿠스를 소비행위를 통해 효용 극대화를 추구하는 존재로 국한해 이해하려는 시도는 매우 잘못되었다. 이는 호모 이코노미쿠스를 신고전학파 경제학의 인간형에 억지로 끼워 맞추려는 흔한 오류의 한 예일 뿐이다.[19] 호모 에코노미쿠스를

---

18 리스트, 최세진 옮김, 『경제학은 과학적일 것이라는 환상』, 봄날의책, 2015, 55쪽.

19 고전학파와 신고전학파 경제학의 가장 중요한 차이는 가치이론에 있다. 스미스 이후 고전학파 경제학은 노동가치이론에서부터 모든 분석과 이론을 전개했다. 그러나 신고전학파는 가치라는 개념을 경제학에서 배제해 버리고 그대신 효용이라는 주관적 기준을 그 자리에 놓았다. 다분히 기계적인 도식의 느낌이 있지만, 흔히 고전학파 경제학은 '생산의 경제학'이며 신고전학파 경제학은 '소비의 경제학'이라고 비유해 이야기하기도 한다. 애덤 스미스를 비롯한 고전학파 경제학자들은 산업혁명을 전후한 시기에서부터 자본주의의 성장기에 활동했다. 그래서 이들의 관심은 주로 생산과 공급 능력의 확대에 주어졌다. 이에 반해 신고전학파 경제학자들이 활동한 19세기 후반은 독점자본의 경제적 지배력이 크게 확산되면서 평범한 중산층이 기업가나 경영자로 상승하는 일은 거의 불가능해졌다. 이에 따라 중소 자영업자들, 비교적 높은 소득을 받는 전문직 종사자들, 은퇴한 관리자 등과 같이 약간의 저축이 있지만 직접 자본가가 될 만큼의 자금은 가지지 못한 사람들이 나타나게 되었는데, 이들이 선택할 수 있는 길은 직접 기업을 설립하거나 운영하는 대신 자신의 저축을 안정적으로 투자해 이자를 받는 것이었다. 이른바 '금리생활자(rentier)'의 시대가 도래한 것이다. 금리생활자들은 직접 생산과정에 참가하지 않고 오직 투자에서 얻는 소득의 소비에만 관심을 가진다. 따라서 소비자의 심리학은 금리생활자의 특색이다. 바로 이러한 금리생활자 계급의 대두에 따라 소비를 경제이론의 출발점으로 보는 주관적이고 비역사적인 한계효용이론이 형성된 것이다. 신고전학파에 의해 비로소 효용의 경제학, 소비의 경제학이 등장하게 된 이유다. '금리생

'소비자 주권(Consumer sovereignty)'과 결부시키려는 적이 당황스러운 시도도 호모 에코노미쿠스의 이기심을 효용 극대화에 한정시키려 한 데서 나타난다. "철학적으로, 호모 이코노미쿠스는 소비자 주권을 통해 개인의 자율적 선택과 판단을 존중하는 자유주의적 개인주의, 사회를 개인의 총화로 설명하는 방법론적 개체주의, 그리고 효용을 개인의 주관적 선택에서 구하는 가치 주관주의, 과학 방법론으로는 관찰 및 검증 가능한 행동으로 합리성의 기점으로 삼는 근본적 환원주의를 배경으로 한다."[20] 호모 이코노미쿠스가 소비자 주권으로부터 등장했다고 주장하는 일련의 평론가들은 말할 것도 없거니와, 이런 논리에 근거해서 거대 독점기업이 지배하는 현대 자본주의에서는 기업들이 광고를 통해 소비자들의 욕구를 창조하는 의존효과(dependence effect)로 인해 호모 이코노미쿠스는 죽었다고 선언한 갤브레이스(John Kenneth Galbraith, 1908~2006)의 주장이나,[21] 다시 갤브레이스는 현대 소비사회의 이면에 감춰진 계급 관계를 보지 못한다고 비판하는 보드리야르(Jean Baudrillard, 1929~2007)의 반박은,[22] 모두 잘못된 근거에서 출발하고 있다. 다만 갤브레이스나 보드리야르가 잘못된 전제로부터 출발했지만 그럼에도 불구하고 나름대로 어느 정도 올바른 결론에 도달하고 있다는 점은 수긍하고 싶다.[23]

활자'라는 표현은 오스트리아의 경제학자 루돌프 힐퍼딩(Rudolf Hilferding, 1877~1941)의 『금융자본론(Das Finanzkapital, 1910)』에서 처음 나타난다. 신고전학파의 경제학 특히 효용이론에 기초한 멩거와 오스트리아학파의 경제학을 '금리생활자의 경제학'이라고 부른 이는 러시아의 혁명가이자 마르크스주의 경제학자이기도 한 부하린(Nikolai Ivanovich Bukharin, 1888~1938)이다. 다만 여기서 혹시라도 있을지 모를 오해를 피하기 위해 잠시 덧붙여 두자면, '금리생활자 계급의 경제학'이라는 다분히 조롱 섞인 별칭에도 불구하고 효용이론 그 자체를 독점자본 시대의 자본주의의 퇴폐성의 반영이라는 투로 이해하는 것은 옳지 않다. 마찬가지로 생산의 경제학 즉 고전학파 시대의 경제학은 진보적이고 소비의 경제학 즉 신고전학파 경제학은 퇴폐적이라는 주장도 옳지 않다. 효용이론이 개인의 행복을 경제학의 가장 중요한 주제로 발굴해낸 일은 경제학의 역사에서 매우 중요한 진보적 전환이다. 다만 신고전학파 경제학의 체계 가운데서 효용이론이 어떤 지위를 차지하고 있느냐는 것이다. 로빈슨 여사(Joan Violet Robinson, 1903~83)의 지적처럼 "효용이론이 시사하는 혁명적 프로그램과 자유방임의 근본적인 보수주의를 어떻게 양립시킬 것인가?"는 신고전학파 경제학이 해결해야 할 과제다.(Robinson, Economic Philosophy, Routledge, 2001, p.51.)

20 박정순, 「현대사회와 인간 문화 철학적 성찰 —호모 에코노미쿠스 생살부」, 7~8쪽.

21 갤브레이스, 노택선 옮김, 『풍요한 사회』, 한국경제신문사, 2006.

22 보드리야르, 이상률 옮김, 『소비의 사회—그 신화와 구조』, 문예출판사, 1992.

23 갤브레이스와 보드리야르가 제기한 현대 자본주의에서 소비의 문제, 특히 소비행위를 매개로 한 노동자계급의 포섭이라는 문제가 매우 중요하다는 데에는 이견의 여지가 없다. 다만 이 문제의 핵심적 측

근대적 인간형으로서 호모 이코노미쿠스의 출발점은 바로 자기 삶의 주체로서 자기 실존에 대한 자각이다. 실존주의 철학자이자 문학가로도 유명한 사르트르(Jean Paul Sartre, 1905~1980)는 "실존은 본질에 선행한다(l'existence précède l'essence)"는 유명한 말을 남겼다.[24] 실존주의 철학은 크게 유신론적 실존주의와 무신론적 실존주의로 구분하는데, 사르트르는 이 양자의 공통점은 바로 실존이 존재에 선행한다고 생각하는 데 있다고 설명했다.[25] 그런데 이 말의 의미를 따져 보기 전에 먼저 다가오는 의문은 실존철학자들은 왜 '존재'라는 이미 많은 이들에게 익숙한 개념이 아니라 '실존'이라는 낯선 개념을 사용하는가 하는 것이다. 사르트르의 이름으로 이

면을 철학적으로나 또 사회과학적으로나 가장 심층적으로 분석한 철학자는 프랑크푸르트학파의 1세대를 대표하는 마르쿠제(Herbert Marcuse, 1898~1979)의 『일차원적 인간: 선진 산업 사회의 이데올로기 연구(One-dimensional Man: studies in ideology of advanced industrial society, 1964)』이 아닌가 싶다. 마르쿠제는 선진 산업사회가 매스미디어, 광고, 산업관리 등을 통해 개인을 기존의 생산 및 소비 시스템에 통합하는 잘못된 요구를 만들어낸다고 주장했다. 마르쿠제가 보기에 우리가 살고 있는 사회구조는 민주적인 것처럼 나타나지만 실제로는 전체주의적이다. 기술적 합리성은 문화와 공적 생활의 모든 측면에 강요되어 현대사회를 지배하는 헤게모니가 되었다. 현대 산업사회는 더 '풍요한 사회'를 만들었지만, 이 풍요는 사회구조의 착취적 성격을 위장하고 지배와 통제 수단을 강화하는 수단이 된다. 그 결과 현대사회에서는 비판적 사고와 저항행위에 대한 적성과 능력이 불구화되는 사고와 행동의 '일차원적' 우주를 초래한다. 따라서 현대의 풍요한 사회는 자본주의에 반대하는 정치혁명의 기회를 제한한다. 현대사회에서 소비자는 실제 기본 욕구를 충족시키기 위해 필요한 것보다 더 많이 일하고, 심리적으로 파괴적인 영향을 무시하고, 그것이 야기하는 낭비와 환경적 피해를 무시한다. 개인은 인간성을 잃고 산업기계의 도구가 된다. 노동자계급이 자본주의에 포섭됨에 따라 마르크스가 예견한 자본주의의 혁명적 위기는 점차 현실성을 상실하고 만다는 것이 마르쿠제의 현대 저본주의 분석이다.(마르쿠제, 박병진 옮김, 『일차원적 인간: 선진 산업사회의 이데올로기 연구』, 한마음사, 2009.)

24 사르트르, 방곤 옮김, 『실존주의는 휴머니즘이다』, 문예출판사, 2013, 15쪽.

25 실존주의(Existentialisme)는 20세기 전반에 합리주의와 실증주의 사상에 대한 반동으로서 독일과 프랑스를 중심으로 일어난 철학사상으로 개인의 자유, 책임, 주관성을 강조한다. 덴마크 출신의 철학자 키에르케고르(Søren Aabye Kierkegaard, 1813~1855)와 프로이센 출신의 철학자 니체(Friedrich Wilhelm Nietzsche, 1844~1900)를 출발점으로 한다. 사르트르가 실존주의 또는 실존철학이라는 말을 처음 사용한 인물은 아니지만, 실존주의라는 말이 유행하게 된 데에는 『실존주의는 휴머니즘이다』를 비롯한 사르트르의 영향이 크다. 그러나 나중에 사르트르는 자신의 철학을 실존주의로 부르기를 거부하고 현상학적 존재론이라고 불렀다. 존재론의 문제를 현상학의 방법으로 전개한다는 뜻이다. 현상학(phenomenology)은 에드문트 후설(Edmund Husserl, 1859~1938)에 의해서 시작된 철학 사조다. 대상을 의식 또는 사유에 의해서 구성하는 논리적 구성주의 대신 객관의 본질을 진실로 포착하려는 데 철학의 중심을 둔다. 현상학의 기본 명제는 "중요한 것은 설명하거나 분석하는 것이 아니라 기술하는 것이다"라는 말로 요약된다. 다분히 도식적인 정의지만, 현상학은 의식과 의식의 대상 사이의 관계를 규명하고 해석하는 철학이다. 후설의 현상학은 의식의 내용이 의식 안에 내재한다고 주장하는 반면에, 사르트르는 의식의 대상이 의식에 의해 지지된다 하더라도 그 자체는 어디까지나 의식의 외부에 존재한다고 주장한다는 데 차이가 있다.

말이 유명해지기는 했지만 사실 실존과 본질의 문제를 자기 철학의 중심 주제로 오랫동안 연구해 온 철학자는 하이데거(Martin Heidegger, 1889~1976)다. 하이데거는 자신의 주저인 『존재와 시간(Sein und Zeit, 1927)』에서 '실존(Existenz)'을 이렇게 정의했다. "현존재(dasein)가 그 자신에 대해 이러저러한 모양으로 그 자신에 관계할 수 있는 본질적 존재 그 자체, 그리고 현존재가 항상 어떤 형태로 관여하게 되는 존재 그 자체를 우리는 실존이라고 이름짓기로 한다."[26] 한마디로 요약하면 현존재의 본질이 실존이다.[27] 실존은 현존재의 특성이다.[28] 사르트르는 실존과 본질을 서로 대립하는 쌍개념으로 간주한다. 따라서 실존은 본질과 마찬가지로 인간이 가진 속성들 가운데 하나다. 반면에 하이데거는 실존을 인간의 존재 그 자체로 간주한다. "현존재는 언제라도 나 자신인 존재자이며, 그 존재는 언제라도 나라는 존재다."[29] '존재(Being)'는 말 그대로 그냥 있음이다. 실존은 실제로 존재함이다.

서양철학사는 플라톤(Platon, BC424~BC348)에 대한 주석일 뿐이라는 말도 있지만, 플라톤 이후 거의 모든 서양철학자들은 존재라는 개념을 신과 자연, 정신과 물질, 관념과 현실 모두에 대해 사용해 왔다. 신, 정신, 관념도 존재이기는 하지만 이것들은 모두 추상적 존재, 가능적 존재일 뿐이다. 이에 대해 실존이라는 개념은 인간의 현실적 존재를 의미한다. 탁자 위에 화병이 있음은 존재지만 내가 있음은 실존이다. "인간은 만물의 척도다"라거나 "인간은 생각하는 갈대다"라고 말할 때의 '인간'은 추상적인 존재일 뿐이다. 이에 반해 살아 있는 '나'는 구체적이고 실제로 존재하는 존재다. 사물은 존재하지만 인간은 실존한다. 추상적인 인간 일반은 존재하지만 나는 실존한다. 이처럼 구체적이고 실제적이며 나에게 특별한 의

---

26 하이데거, 전양범 옮김, 『존재와 시간』, 동서문화사, 2016, 22쪽.

27 하이데거, 『존재와 시간』, 48쪽.

28 현존재(dasein)는 지금 여기에(da) 있다(sein)는 뜻이다. 원래는 철학적 용어가 아니라 독일어에서 일상적으로 사용되는 용어였으나 여러 철학자들, 특히 하이데거에 의해 사용되면서 특별한 의미를 부여받게 된다. 하이데거 철학의 중심 개념 가운데 하나로 널리 알려지지만, 이 용어를 처음 철학적으로 사용한 이는 독일의 합리주의 철학자이자 계몽주의자였던 볼프(Christian Wolff, 1679~1754)였으며, 헤겔도 중요한 철학적 개념으로 사용했다. 헤겔에 따르면 현존재는 존재와 무(Nichts)의 변증법적 통일이다. 다만 헤겔의 번역서에서는 현존재라는 용어 대신 규정된 존재라는 의미에서 '정재(定在)'라는 번역어를 사용하는 경우도 있다.

29 하이데거, 『존재와 시간』, 149쪽.

미가 있는 존재가 실존이다. 하이데거는 이처럼 구체적인 상황 속에서만 존재의 의미를 가지는 인간의 실존을 '세계-내-존재(In-der-Welt-Sein)'라는 말로 표현했다. 여기서 인간과 세계가 이음줄(-)로 연결되어 있음에 주목할 필요가 있다. 인간은 단순히 공간적 의미에서 세계 속에 존재하는 것이 아니라 세계와 연결되어 있음을 의미한다. 하이데거의 스승이자 현상학 철학의 창시자인 에드문트 후설(Edmund Husserl, 1859-1938)의 용어를 빌리면, 의식하는 주체로서 인간의 의식작용(Noesis)과 의식된 대상(Noema)으로서의 세계는 서로에게 '지향성'을 가진다.30 '너'도 마찬가지로 실존적인 존재다. 우리가 어떤 대상을 '너'라고 지칭한다는 것은 그 대상이 나에게 특별한 의미가 있으며, 대상과 내가 특별한 관계에 있음을 의미한다. 마르틴 부버(Martin Buber, 1878~1975)의 철학적 수상집 『나와 너(Ich und Du, 1923)』에서 나타나듯이, 나와 사물인 그것의 관계(I-It)는 존재적이지만, 유일한 존재인 나와 대체 불가능한 존재인 너의 관계(I-You)는 실존적이다.

서양철학은 전통적으로 존재자를 본질(essentia)과 실존(existentia)으로 구분해 왔다. 본질은 이미 인용했던 것처럼 어떤 무엇 즉 사물이 바로 그것인 것(was etwas ist)을 의미한다. 예를 들면 나무가 바로 나무인 까닭, 나무를 나무이게 하는 것, 다시 말하면 이 존재자의 내용적인 규정들과 속성들을 이루고 있는 것을 말한다. 그러므로 본질은 '그와 같이 있는 것(So-sein)', 예를 들어 나무가 다른 모양으로 있지 않고 바로 그와 같이 있는 것, 또는 보다 엄밀히 말하면 모든 우연적인 '그와 같이 있는 것', 또는 간단히 말하면 사상의 본질을 말한다. 이에 대해 실존은 어떤 무엇(사물)이 있다는 것, 다시 말하면 이러이러한 어떤 구체적인 성질의 존재자가 현실적으로 있다는 사실을 가리킨다. 내용적인 규정들의 다양성에 대해 여기서는 오직 사실이라고 하는 하나의 계기만이 문제다. 그러므로 실존은 현존 즉 현실적

---

30 후설은 인간의 내적 의식과 자아가 의식 속에서 대상과 맺고 있는 의식적 관계를 '지향성'이라고 규정하면서, 이를 '지향적 체험' 또는 '지향적 관계'라고 불렀다. 후설은 무엇에 관한 의식으로서의 지향성을 '사유'라는 의미를 지닌 희랍어 명사를 빌어 노에시스(Noesis)라고 부르고, 의식이 향하고 있는 그 무엇 즉 지향성의 대상적 상관자를 '사유된 것'이라는 의미를 지닌 희랍어 명사를 빌어 노에마(Noema)라고 하면서 이 둘 사이에 선험적인 보편적 상관관계가 존재한다고 설명했다. 후설에 따르면 이 지향성을 기초로 해서 현상학적 판단 중지를 통해 '사태 자체로(zu den Sachen selbst!)'의 환원, 즉 현상학적 환원이 일어날 수 있다.

으로 눈 앞에 있는 것이라는 의미에서의 또는 이 존재자의 실재성이라는 의미로서의 존재를 의미한다.[31] 본질은 사물이 존재하는 이유다. 가령 의자는 사람이 앉기 위한 물건이다. 따라서 의자는 만들어지기 이전에 먼저 사람이 앉는다는 목적 즉 본질이 선행하고 그런 다음에 의자로서 존재하게 된다. 근대 이전에는 인간도 마찬가지 존재였다. 지오토 디 본도네(Giotto di Bondone, 1267~1337) 이전의 화가들이 인물을 표현할 때 그랬던 것처럼, 가령 인간은 섭리나 우주의 질서를 설명하고 증명하기 위한 도구로 인식되었다.[32] 본질이 인간의 존재에 선행한다고 생각했던 것이다. 인간에 대한 이런 견해를 목적론(téléologie)이라고 부른다. 목적론적 세계관은 아리스토텔레스(Aristoteles, BC384~BC322) 이후로 서양철학의 전통이며, 가톨릭교회의 가장 기본적인 원리이기도 하다. 그러나 인간은 신이든 절대자든 자연이든 어떤 목적을 위해 존재하는 것이 아니라 스스로 자신의 삶의 목적을 추구해 가는 존재다. "실존은 본질에 선행한다"는 말의 의미에 대해 사르트르는 간단히 인간은 주체성에서 출발해야 한다는 뜻이라고 설명했다. 하이데거에 따르면 인간이 다른 존재자들과 근본적으로 구분되는 점은 오직 인간만이 존재의 의미를 물을 수 있는 존재자라는 데 있다.[33]

실존으로서의 현존재는 그저 존재하는 것들과 달리 자신의 존재에 대해 의문을 던지는 존재자다. 스스로 원해서 태어나는 인간은 없다. 따라서 인간은 이 세상에 던져진 존재, 수동적이고 우연적인 존재, 이른바 피투적(被投的) 존재에 불과하다. 피투적 존재로서의 인간에는 아무런 목적도 사명도 본질도 없다. 그러나 인간은 스스로 삶의 의미와 목적을 찾아감으로써 던져진 존재가 아니라 스스로 세상에 던지는 존재 즉 기투적(企投的) 존재가 된다. 인간은 의자나 바위처럼 고정된 존재가 아니라 끊임없이 변화하는 불확정의 존재다. 모든 인간은 자유로우며 자유롭기를 그만둘 수 없다.[34] 그래서 사물은 단순히 있음 즉 존재하지만, 인간은

---

31 볼노우, 『실존철학 입문』, 27쪽.

32 지오토는 비잔틴 전통을 넘어 르네상스를 이끈 미술사의 새로운 장을 연 인물로 평가받는 화가다. 지오토에 관한 자세한 이야기는 본문에서 하기로 한다.

33 하이데거는 '존재'와 '존재자'를 구분한다. 존재는 존재함 그 자체를 의미하며, 존재자는 책상, 화병, 인간처럼 '존재하는 것'을 의미한다.

자기존재를 의식하고 실천을 통해 자기존재를 형성한다는 의미에서 실존한다. 그러므로 실존이 본질에 앞선다는 말은 모든 인간 행위와 실천의 전제조건은 인간 그 자신의 존재라는 뜻이며, 더 나아가 인간은 어떤 목적을 부여받고 이 세상에 태어나는 것이 아니라 스스로 자신의 목적을 찾아간다는 뜻이다. 인간의 본질은 곧 인간의 존재 이유 즉 인간의 목적이다. 인간이, 자연이, 현실이 신이든 이데아든 절대정신이든 어떤 절대자에 의해 부여된 목적을 실현하기 위해 존재한다는 것이 바로 목적론적 세계관이다. 그러므로 실존이 본질에 선행한다는 말은 인간은 어떤 목적을 부여받고 이 세상에 태어나는 것이 아니라 이 세상에 태어난 이후에 스스로 자신의 목적을 찾아간다는 뜻이다. "나는 생각한다. 그러므로 존재한다(cogito ergo sum)"고 말할 때 데카르트의 존재는 생각하는 존재이므로 오히려 실존에 가까운 개념이다. 그 시대에는 아직 실존이라는 개념이 없었을 뿐이다. 데카르트의 선언이 전도된 것은 분명하다. 생각이 존재에 선행하는 것이 아니라 존재가 생각에 선행하기 때문이다, 그러나 데카르트의 선언을 선후 관계로만 볼 것은 아니다. 단순한 존재는 그냥 있음이므로 확인할 필요가 없다. 그러나 실존은 내가 존재한다는 것을 스스로 자각하고 증명해야 할 필요가 있다. 데카르트에게 생각은 인간의 모든 인식작업 즉 실천을 의미한다. 인간은 실천을 통해서 스스로 자신의 실존을 증명한다는 뜻이다.

근대 이전의 철학자들은 자연이 신의 섭리를 증명하기 위해 창조되었다는 식의 목적론적 관점을 가지고 자연을 인식하고자 했다. 데카르트의 합리주의와 더불어 근대 철학의 두 원천 가운데 하나인 경험주의 철학의 아버지 프랜시스 베이컨(Francis Bacon, 1561~1626)은 '네 개의 이도라'라는 매우 비유적이면서도 심오한 이야기로 잘 알려져 있다. '이도라(idola)'는 흔히 우상으로 번역하는 경우가 많은데, 인간의 인식이 가지고 있는 편견과 한계를 가리킨다. 네 개의 이도라는 동굴의 우상, 종족의 우상, 시장의 우상, 극장의 우상이다. 이 가운데 두 번째 종족의 우상(idola tribus)은 인간이 인간이라는 종족에 속한 이상 피할 수 없는, 인

34 콕스, 지여울 옮김, 『실존주의자로 사는 법』, 황소걸음, 2012, 32쪽.

간존재로부터 인간의 일반적 특성으로 이전되는 우상을 가리킨다. 인간이 외부로부터 받아들이는 감각적 인상들은 제한되고 편협하다. 가령 태양이 동쪽에서 떠 서쪽으로 지는 것을 보고 우리는 태양이 움직인다고 생각하는데, 이것이 종족의 우상이다. 베이컨 이전의 철학자들은 물론 베이컨과 같은 시대[당연히 베이컨 이후에도 매우 오랫동안]의 철학자들도 이를 신의 섭리로 설명하고는 했다. 그러나 이에 대해 베이컨은 그렇다면 왜 신은 밤에도 태양이 빛나도록 창조하지 않았을까 하고 질문을 던진다. 그랬다면 야경꾼을 고용하느라 드는 비용을 아낄 수 있을텐데 말이다. 베이컨은 이런 풍자를 통해 자연에 대한 목적론적 견해들을 신랄하게 비판했다.[35]

근대 이전의 철학자들은 자연에 대해서만이 아니라 인간에 대해서도 목적론적인 관점을 벗어나지 못했다. 가령 플라톤은 인간은 정치적으로 독립될 수 없는 개인이며, 모든 인간에게는 더 나은 사회를 만들기 위해서 이성적 존재가 되어야 할 의무가 주어졌다고 주장했다. 플라톤의 이런 목적론적 인간관은 아리스토텔레스의 윤리적 인간관으로 계승되었고 근대 이전까지 거의 모든 철학자들에게 자명한 명제로 받아들여졌다. 아리스토텔레스 이후 서양철학은 형이상학(metaphysics)과 형이하학 즉 자연학(physics)의 구분을 가장 기본적인 체계로 삼아 왔다. 형이상학은 말 그대로 물질세계를 초월해 존재하는 근원적인 영역의 원리를 탐구한다는 뜻이다. 이에 반해 물질세계의 원리와 법칙을 탐구하는 자연학 즉 과학은 '형이하학'이라고 불린다. 형이상학과 자연학이라는 구분은 근대 이후에도 한동안 당연하게 여겨져 왔다. 근대 철학의 아버지로 불리는 데카르트(René Descartes, 1596~1650)도 신을 무한한 실체로, 정신과 자연을 유한한 실체로 구분했다. 그는 세계를 물질적 실체(res extensa)와 정신적 실체(res cogitans), 또는 물질적 삶과 정신적 삶으로 구분했다. 물론 데카르트를 폄하하려는 뜻은 전혀 아니다. 아직 이 시대의 철학은 근대와 근대 이전에 두 발을 따로 딛고 있었다는 뜻이다. 철학자들이 정신과 육체라는 이원론을 극복하고 인간을 욕구와 행동의 실체로 파악하게 된 것은 스피노자(Baruch

[35] 블로흐, 박설호 옮김, 『서양 중세·르네상스 철학 강의』, 열린책들, 2008, 378~79쪽.

de Spinoza, 1632~1677)에서부터다. 데카르트에게 인간은 사유하는 정신적 실체인 동시에 육체를 가진 물질적 실체이다. 이처럼 정신과 육체를 구분하는 것이 데카르트의 이원론적 세계관이다. 인간의 정신은 육체와 별개로 존재한다는 뜻이다. 정신은 사유하기 위해 존재한다. 이에 대해 스피노자는 정신이 아니라 육체를 가진 인간이 바로 실체라고 말한다. 철학에서 진정한 근대는 인간을 목적론적인 존재가 아닌 자기목적적인 존재로 인식하면서부터 시작된다고 할 수 있다.

> 인간의 본성은 구체적으로 어떤 것을 추구하고 구체적으로 어떻게 행하라고 명령하는 것이 아니라 그것들을 자신의 앎에 의해 스스로 규정해 행하라고 명령한다. 자신이 이해한 바에 따라 스스로 결정해 행동하라는 것, 이것이야말로 남녀노소 빈부귀천 학력의 고저를 막론하고 지적 본성을 가진 인간에게만 부여된, 행위방식에 있어서의 본질적 필연성이다. …바로 이러한 지적 본성이 인간의 자기목적성과 자유 그리고도덕성 모두의 근거가 된다. 아는 바에 따라 행하도록 되어 있는 인간은 누구나 남이 아니라 자신이 목적으로 이해한 것을 추구하도록 되어 있는 자기목적적 존재다.[36]

그러므로 호모 이코노미쿠스의 첫 번째 속성을 이기심이라고 말하는 것은 정확하지 않다. 실은 애덤 스미스가 즐겨 사용한 자애심이라는 표현도 부족하다. 호모 이코노미쿠스는 자신의 욕구를 알고 자신의 욕구를 실현하기 위해 실천(praxis)하는 인간형이다.[37] 인간실천의 가장 중요한 특성은 실천에서는 실천 그 자체가 실천의 목적이 된다는 점이다. 나에게는 나 자신이 나의 존재의 목적인 것과 같은

---

36 이경재, 『중세는 정말 암흑기였나』, 살림, 2015, 68~69쪽.

37 아리스토텔레스는 『니코마코스 윤리학』에서 인간의 행위를 '실천행위(praxis)'와 '제작행위(poiesis)'로 구분하고 이렇게 설명했다. "제작하는 사람은 누구나 어떤 목적이 있어서 그것을 제작한다. 제작된 것은 무조건적인 의미에서의 목적일 수는 없고, 다만 어떤 특수한 작업의 목적일 뿐이다. 그러나 실천은 무조건적인 의미에서의 목적이다. 좋은 행위는 그 자체가 목적이며, 또 욕구는 이 행위를 목표로 삼는다."(아리스토텔레스, 손명현 옮김, 『니코마코스 윤리학』, 동서문화사, 2013, 134쪽.) 실천은 자기자신에 목적을 가지는 반면에 제작행위의 목적은 제작되는 대상이기 때문에 목적을 위한 목적이 수단이 된다는 뜻이다.

원리다. 호모 이코노미쿠스가 자신의 욕구와 욕망을 긍정하는 이유는 그것들이 바로 인간의 존재양식이기 때문이다. 교회가 획일적으로 규정한 윤리와 신분적 질서에 속한 인간으로서가 아니라 주체적인 개인으로서, 자기자신의 고유한 목표와 가치를 실현하기 위한 수단으로서 삶을 자각하는 인간형이 바로 호모 이코노미쿠스다. 여기서 나의 삶에 대한 자각과 나의 욕망에 대한 추구는, 개인들이 절대적인 존재에 의존하고 자신의 삶의 의미와 결과 또한 신에게 귀속한다는 중세적 사고에서 탈피하여 삶이 나의 것이며 그 삶을 가치 있게 살아가는 것이 나의 사명임을 자각한다는 점에서 전혀 다르지 않다. 이제 근대적 개인들은 욕구와 욕망에 대한 추구를 통해 자신이 설정한 삶의 목표를 더 구체적으로 지향하며, 이를 달성하기 위해 현실의 삶에 더 집중하게 된다. 물론 여기서 욕구를 추구한다는 말은 삶의 목표를 쾌락에 둔다는 뜻이 아니라 스스로 삶의 목표를 설정하고 그 목표를 적극적으로 추구하고 그 결과를 수용한다는 뜻이다. 그러므로 더 정확하게 표현하자면 호모 이코노미쿠스는 이기적 인간형이 아니라 실존적 인간형이라고 불러야 옳다.

호모 이코노미쿠스의 두 번째 속성은 '합리적(rational) 인간형'이다. 호모 이코노미쿠스는 자신의 목적을 달성하기 위해 합리적으로 행동하는 합리적 인간이다. 사실 많은 경제학자들에게 호모 이코노미쿠스를 둘러싼 이런저런 논쟁은 모두 쓸모없는 논란에 불과하며, 호모 이코노미쿠스는 그 이상의 의미도 그 이하의 의미도 아닌 합리적인 인간 그 자체다. 인간은 욕망을 가진 존재인 동시에 이성을 가진 존재다. 아리스토텔레스에 따르면 정신 안에는 행위와 진리를 다스리는 기능이 셋 있는데, 바로 감성·이성·욕구다.[38] 식물은 영양분을 섭취해서 생존을 이어가고자 하는 욕구를 가진다. 감성은 행위의 시초가 못되므로 동물은 감성을 가지지만 행위에는 전혀 참여하지 못한다. 그러나 인간은 이성적 원리(rational principle)를 가지고 있으면서 이에 따라 행동하므로 덕 있는 행동을 한다.[39] 아리스토텔레스 이후로 인간이 '이성적 동물(animal ratuonale)'이라는 사실에 대해서는

---

38 아리스토텔레스, 『니코마코스 윤리학』, 133쪽.
39 아리스토텔레스, 『니코마코스 윤리학』, 31~34쪽.

대부분의 철학자들이나 사회과학자들 사이에서 이론의 여지가 없는 듯이 보인다. 특히 막스 베버(Maximilian Carl Emil Weber, 1864~1920)는 근대 자본주의 사회의 핵심을 합리성에서 찾았다. 베버에 따르면 근대화는 두 가지 차원의 합리화 과정이다. 이성적 사고방식이 중세의 미신적 사고방식을 극복하는 문화적 합리화 과정이 하나이고, 자본주의와 관료적 국가와 같은 사회적 합리화 과정이 다른 하나다.[40] 베버에게 근대란 이성과 과학기술 그리고 자본주의의 발전을 통해 중세사회를 속박해 온 종교적이고 권위적인 전통적 가치들이 해체되면서, 개인과 사회가 교회의 지배로부터 해방되고 세속화와 합리화의 길을 가게 되는 것을 의미한다. 근대화는 이런 세속화와 합리화가 철학과 윤리의 영역을 넘어 과학과 법과 경제 및 사회활동의 모든 영역으로 확산되고 적용되어 가는 과정이다. 법과 도덕의 세속화는 교회법에서 독립된 형식법과 세속적 윤리를 발전시킨다. 직업에 대한 소명의식을 중심으로 한 프로테스탄티즘의 윤리는 자본주의적 기업과 근대 행정기구들을 탄생시킨다. 경제적 합리화는 정확한 계산과 과학적 방법을 통한 생산활동 등으로 나타난다. 이런 과정을 베버는 '세계의 탈주술화(Entzauberung)'라고 정의했다.[41]

탈주술화는 "더 이상의 가치를 믿지 않는 느낌, 특히 그것의 문제점을 알게 된 느낌"이라고 정의된다. 절대적으로 옳다고 믿어 왔던 기존의 가치나 질서에 대한 맹종에서 벗어나 데카르트적으로 생각하고 회의하고 드디어는 스스로의 이성으로 판단하고 자립하는 것이 탈주술화다.[42] 탈주술화의 가장 중요한 두 가지 계

---

40 유럽의 근대화와 초기 자본주의의 발전과 관련해 베버는 프로테스탄티즘 윤리로 표현되는 문화적·심리적 가치관의 전환과 근대법으로 상징되는 제도화의 중요성을 나란히 강조했다. 이에 대해 어떤 연구자들은 베버의 두 가지 합리화 과정에 대해 문화적 합리화에 필요한 합리성을 '가치 합리성', 사회적 합리화에 필요한 합리성을 '도구적 합리성'으로 구분하고, 도구적 합리성이 가치 합리성에 대해 주도적 위치를 차지하는 전도 현상이 현대사회에서 나타나는 이성의 위기라고 주장하기도 한다. 이들이 비판하고자 하는 현대사회의 문제점에 대해서는 공감되는 부분이 많다. 베버 자신도 지나치게 목적추구적 사회로 나아갈 경우 자본주의의 미래가 어떨 것인가에 대해 우려하기도 했다. 그러나 베버가 유럽 자본주의의 발전을 근대법 즉 '형식적으로 합리적인 법'의 정비에서 찾은 이유는, 근대적 자본주의는 '예측 가능한 법제도'를 필요로 하며, 자본가들은 합리적 예측 가능성을 바탕으로 경제활동을 안정적으로 보장받을 수 있다고 생각했기 때문이다.(윤진숙, 「베버와 하버마스의 합리성 이론」, 숭실대학교 법학연구소, 『법학논총』 제18집, 2007, 172쪽.)

41 베버, 김현욱 옮김, 『직업으로서의 학문』, 동서문화사, 2016, 240쪽.

기는 종교[프로테스탄티즘 윤리]와 과학이다. 과학은 자신의 목적을 위해 가장 효율적인 수단을 탐색하고 추구한다는 점에서 목적합리적 행위의 대표적인 예다. 반면에 종교는 가치합리적 행위의 대표적인 예다. 그런데 탈주술화 과정이 진행될수록 종교와 과학 사이에는 긴장이 생기고 갈등이 일어나게 된다. 그 이유는 종교적 세계관과 과학적 세계관의 근본적인 차이 때문이다. 종교적 세계관은 세계에서 신의 의지를 찾고 그 의미를 묻고자 하는 반면에, 과학적 세계관은 세계를 순수하게 인과적 관계와 과정으로 본다. 그 결과 종교는 과학에 의해 비과학의 영역으로 밀려나게 되고 과학이 합리성의 영역을 독점하게 된다. 탈주술화를 흔히 "주술에서 과학으로" 또는 "미신에서 과학으로"라는 말로 표현하는 이유다. 그런데 호모 이코노미쿠스를 합리적 인간이라고 말할 때의 합리성 즉 이성의 의미는 합리주의와 경험주의를 대비시킬 때 사용하는 좁은 의미에서의 이성, 경험을 배제하고 때로는 경험과 대립하는 의미에서의 이성이 아니라 반대로 경험을 포괄하는 의미에서의 이성을 가리킨다.[43] 철학자이자 의학자로서 근대 이전의 의학자들 가운데 천년이 넘도록 가장 큰 영향력을 미쳤던 인물인 갈레노스(Claudios Galenos, 129?~199?)는 "나는 이성과 경험이라는 두 다리로 걷는다"라는 명구를 남겼다. 그

---

42 베버는 '탈주술화'라는 용어를 유명한 『프로테스탄티즘 윤리와 자본주의(Die Protestantische Ethik und der Geist des Kapitalismus, 1920)』를 비롯해 자신의 여러 저작들에서 반복해서 사용하고 있다.(베버, 김현욱 옮김, 『프로테스탄티즘 윤리와 자본주의 정신』, 동서문화사, 2016, 125쪽.) 그런데 베버가 이 말을 인용한 것은 볼프강 폰 괴테(Johann Wolfgang von Goethe, 1749~1832)와 더불어 독일 고전주의 문학을 대표하는 시인이자 극작가로 평가받는 프리드리히 실러(Johann Christoph Friedrich von Schiller, 1759~1805)로부터라고 한다. 다만 탈주술화에서 근대성(Modernity)의 핵심을 찾고자 하는 경향은 괴테나 실러 같은 특정 작가들만이 아니라 독일 계몽주의 문학의 선구자로 평가받는 레씽(Gotthold Ephraim Lessing, 1729~1781) 이후 독일의 문학과 예술 분야에서 나타나는 일반적인 특성이다.

43 이성적 존재 또는 합리적 존재로서 호모 이코노미쿠스를 이야기하기 위해서는 먼저 이성이라는 개념과 합리성이라는 개념의 관계에 대해 잠시 정리해 볼 필요가 있겠다. 이 책에서는 문맥에 따라 이성과 합리성을 구분해서 사용하기도 하고 혼용해서 사용하기도 한다. 간단히 구분해 보자면 "이성은 상이한 합리성 및 자기자신과 관련되는 반면에, 합리성은 대상과 연관된다. 이성과 합리성은 이렇게 구분될 수 있지만 완전히 분리될 수 있는 것은 아니다. 이성과 합리성은 구분되는 실행방식과 기능을 가지고 있지만 근본적으로는 동일한 반성적인 능력을 지시하며, '이성'이라는 표현으로는 합리성 그리고 자기자신과 관련된 능력을 지시한다."(권용혁, 「이성과 합리성」, 철학연구회, 『철학연구』 57집, 2002, 215쪽.)

러므로 호모 이코노미쿠스를 합리적 인간이라고 말할 때의 합리성은 좁은 의미의 이성을 넘어 존 로크(John Locke, 1632~1704)나 데이빗 흄(David Hume, 1711~1776) 같은 영국 경험론 철학의 대표자들이 인간의 '오성(Understanding)'이라고 불렀던 종합적인 지적 능력을 의미한다. 경험을 배제한 이성을 경계한다는 것이 경험주의로의 경도를 의미하는 것은 아니다.

애덤 스미스의 학문과 사상의 기원을 거슬러 올라가 보면, 그가 베이컨으로부터 토머스 홉스(Thomas Hobbes, 1588~1679)와 존 로크로 계승되는 영국 경험론 철학의 제자라는 사실은 분명하다. 그러나 동시에 스미스는 볼테르(Francois~Marie Arouet Voltaire, 1694~1778)나 프랑수아 케네(François Quesnay, 1694~1774)와 같은 프랑스 계몽주의자들과도 교류했으며, "밤하늘의 별과 내 마음 속의 도덕률"을 이야기한 철학자 임마누엘 칸트(Immanuel Kant, 1724~1804)처럼 세계의 근본적인 조화를 믿는 이성주의자였다. 처음 듣는 독자들에게는 전혀 생뚱맞은 이야기처럼 들릴지도 모르겠지만, 스미스는 「천문학의 역사(The History of Astronomy)」라는 제목으로 천문학에 관한 논문을 쓴 일도 있다. 그 당시의 대학에서는 물리학과 함께 천문학이 필수적으로 이수해야 하는 과목들 가운데 하나였고, 스미스는 물리학과 천문학에 꽤 깊은 관심을 가지고 있었다고 한다. 스미스를 유명하게 만든 '보이지 않는 손(invisible hand)'이라는 표현이 처음 나타나는 것도 실은 이 논문에서다. 스미스는 천체의 움직임이 매우 조화롭다는 사실을 설명하기 위해 "주피터의 보이지 않는 손(invisible hand of Jupiter)"이라는 비유를 사용했다. 우주에서든 시장에서든 우리가 경험으로 확인할 수 없는 이성적인 질서가 존재한다는 것이 스미스의 믿음이었다는 뜻이다.[44]

---

44 스미스의 사상과 이론 가운데서 가장 유명하지만, 또 그만큼 가장 오해받는 개념이 바로 '보이지 않는 손'일 것이다. 많이 뜻밖의 일로 들릴지도 모르겠지만 『국부론』에는 '보이지 않는 손'이라는 표현이 단 한 번 등장한다. 스미스의 모든 저작을 보더라도 이 표현은 세 번밖에 등장하지 않는다. 한 번은 본문에 소개한 천문학 논문에서, 또 한 번은 『도덕감정론』에서, 그리고 마지막으로 『국부론』에서다. 『국부론』에서와 마찬가지로 스미스의 가장 유명한 대표작인 『도덕감정론』에서도 '보이지 않는 손'은 오직 한 번만 등장한다. 문제는 흔한 오해와는 전혀 다르게 스미스는 그 어느 곳에서도 시장에 맡겨놓으면 '보이지 않는 손'이 작동해서 저절로 자원의 가장 효율적인 배분이 이루어지고, 모든 경제적 문제가 저절로 해결된다는 식의 서술을 한 적이 전혀 없다는 사실이다. 가령 "스미스는 개인적 이익의 추구가 자유시장에서는 '보이지 않는 손'에 의해서 수요와 공급이 일치하는 균형 상태가 이룩됨으로써 사회적 이익이 최대로 획득된다고 주장한다."(박정순, 「현대사회와 인간 문화 철학적 성찰 —호

그런데 달리 생각해 보면 인간이 이성적 동물이라는 이 자명해 보이는 명제에 대해서도 의구심을 제기해 보는 일이 전혀 불가능한 일은 아닐지 모르겠다. 가령 앞에서 이야기한 것처럼 인간은 이기적 존재라는 명제에는 여러 가지 논란이 따라다닌다. 과연 인간은 진정으로 이기적인가? 만약 인간이 이기적 존재라면 여기서 이기심의 의미는 무엇인가? 마찬가지 방식으로 질문을 던져 본다면, 인간이 합리적인 존재라는 명제는 매우 단순하고 확실해 보이기도 하지만 여기에도 똑같은 논란이 있을 수 있다. 인간은 과연 진정으로 합리적인 존재인가? 만약 그렇다면 그때 합리성의 의미는 무엇인가? 호모 이코노미쿠스라는 개념에 비판적인 평론가들은 현실에서 인간의 행동은 때로 이성이 아닌 비합리적 동기에 따르는 경우도 많다는 사실을 애써 지적하고자 한다. 굳이 멀리서 그런 예를 찾을 필요도 없이 20세기의 가장 위대한 경제학자이면서 또 가장 논쟁적인 경제학자인 케인스가 『고용, 이자 및 화

모 에코노미쿠스 생살부』, 6쪽.) 그런데 『국부론』에서 실제로 인용된 대목을 찾아보면 이렇다. "…그는 오직 자신의 이익을 의도한 것이다. 그는 이렇게 함으로써 다른 많은 경우와 같이 보이지 않는 손에 이끌려 그가 전혀 의도하지 않은 목적을 증진시키게 된다."(스미스, 『국부론(상)』, 434쪽.) 인용된 대목의 원문도 함께 비교해 보자. "…he intends his own gain, and he is in this, as in many other cases, led an invisible hand to promote an end which was no part of his intention"(Smith, The Wealth of Nations, p.423.) 스미스는 스승인 허치슨 교수와 절친한 선배이자 친구인 철학자 데이빗 흄(David Hume, 1711~1776) 등이 주도한 스코틀랜드 계몽주의 운동의 중심인물 가운데 한 사람이다. 스코틀랜드 계몽주의 운동이 유럽 대륙의 다른 지역들에서 일어난 계몽운동과 가장 크게 구분되는 점은 이들이 한편으로는 프랜시스 베이컨에서 시작하여 홉스와 존 로크로 이어지는 영국 경험론의 전통 위에서 출발하면서, 다른 한편으로는 잉글랜드와의 합병 이후 잉글랜드적 가치관으로부터 스코틀랜드의 정체성을 지키고자 하는 이중적인 성격을 가지고 있었다는 점이다. 스코틀랜드 계몽주의자들의 공통적으로 탐구했던 가장 중요한 주제는 바로 공익과 사익의 조화였다. 스미스가 『국부론』에서 말한 '보이지 않는 손'의 의미는 본능에 충실한 세속적인 개인들로 구성된 사회에서 이루어지는 구성원들의 이기적인 행위는 그들이 의도하지 않아도 '보이지 않는 손'에 의해 사회 전체의 이익을 만들어낸다는 것이다.(조준현, 『철학으로서의 경제학』, 피앤씨미디어, 2020, 268~72쪽.) 스미스는 자기 인생에서 가장 중요한 영향을 준 두 사람으로 허치슨 교수와 흄을 꼽았다. 스미스는 흄을 가리켜 "우리 시대의 가장 중요한 인물"이라고 불렀다. 데이빗 흄은 영국 인식론의 발전에 가장 중요한 역할을 한 철학자 가운데 한 사람이지만 흄은 세상을 떠날 때까지 대학교수가 되지는 못했다. 무신론자라는 이유 때문이었는데, 흄 스스로는 무신론자라는 비난에 대해 자신의 주장을 오해한 것이라고 변명했다. 하지만 그가 버클리(George Berkeley, 1785~1853)와 함께 불가지론을 대표하는 가장 유명한 철학자임은 부정할 수 없는 사실이다. 아이러니하게도 흄이 임용되지 못한 그 자리에 교수로 임용된 이가 바로 스미스다. 두 사람 사이에는 재미있는 일화가 많은데, 대학 시절 스미스는 무신론적인 논조 때문에 금서로 지정된 흄의 『인간 본성에 관한 논고(A Treatise of Human Nature, 1740)』를 가지고 다니다가 들켜 퇴학 될 뻔하기도 했다. 스미스는 스스로 이신론자라고 이야기했지만, 진심으로는 아마 불가지론에 상당히 가까웠던 듯싶다.

폐에 관한 일반이론(The General Theory of Employment, Interest and Money, 1936)』에서 '야성적 충동(animal spirit)'이라고 표현한 인간의 속성이 바로 인간존재의 비합리적 측면을 보여 준다. 경제학의 여러 분야들 가운데 최근 들어 특별히 많은 관심을 받으면서 활발하게 연구되고 있는 분야는 행동경제학(Behavioral Economics)이다. 행동경제학의 선구자로 불리는 허버트 사이먼(Herbert Simon, 1916~2001)은 완전한 합리성의 가정 대신 '제한된 합리성(bounded Rationality)'이라는 개념을 주장했다.[45] 제한된 합리성은 인간의 합리성이 적절한 조건에서만 올바로 사용될 수 있다는 뜻이다. 사이먼에 따르면 대부분의 개인은 부분적으로만 합리적이고 나머지 부분에서는 비합리적이다. 제한적으로 합리적인 의사결정자들은 복잡한 문제를 공식화하고 해결하고 정보를 수신, 저장, 검색, 전송하는 데 한계를 경험한다. 사이먼은 가위날 한 쌍의 비유를 사용했는데, 여기서 가위의 한 날은 실제 인간의 인지적 한계를 가리키며, 다른 한 날은 환경의 구조를 가리킨다. 인간은 태생적으로 주어진 인지능력의 한계와 환경의 제약 때문에 부분적으로만 합리적이라는 것이다. 현실의 인간은 사회 안에서 살아가며, 이기심만이 아니라 여러 가지 합리성을 조화시켜 행동하고, 다양한 전통과 관습을 준수하며, 모든 것을 다 알 수는 없으므로 불확실한 상황에서 결정하고 선택해야 한다.

사이먼은 합리성을 두 가지 형태로 규정한다. 첫째 유형은 완전한 의미의 합리성으로서, 주어진 목표와 제약조건 아래서 목표 달성을 위한 최적의 수단을 선택하는 행위를 말한다. 이런 유형에서의 목표는 대체로 기대효용의 극대화와 같은 최적성(optimality)의 형태를 가지게 되며, 선택의 과정보다 선택의 결과에 초점을 맞춘다. 두 번째 유형의 합리성은 "추론이라고 불리는 특별한 사유과정(peculiar thinking process called reasoning)"이라고 정의되며, 전자와 달리 선택의 과정이 선택의 결과보다 중시된다.[46] 사이먼은 첫 번째 유형의 합리성을 내용적 합리성(substantive rationality) 또는 객관적 합리성(objective rationality)라고 부르며, 두

---

45 Simon, "Behavioral Model of Rational Choice", The Quaterly Journal of Economics, 69(1), 1955.

46 Simon, "Rationality", 1964, 최종원, 「합리성과 정책연구」, 한국정책학회, 『한국정책학회보』 4권 2호, 1995, 146쪽에서 재인용.

번째 유형의 합리성은 절차적 합리성(procedural rationality)이라고 부른다.[47] 근대 경제학자이 추구하는 합리성은 당연히 첫 번째 유형의 합리성이라고 가정된다. 그래서 주류경제학에 비판적인 평론가들은 이처럼 완벽하게 합리적인 존재로 호모 이코노미쿠스를 정의하는 오류 때문에 경제학이 현실을 제대로 설명하지 못한다고 비판한다. 합리성은 해결해야 할 문제와 문제해결자의 능력 사이의 관계에 의해 결정되는데, 현실에서는 문제의 규모가 문제해결자의 능력을 훨씬 초과한다는 것이다. 그래서 인간은 완벽하게 합리적일 수 없는 제약조건 즉 제한된 합리성을 가진 존재다. 하지만 경제학은 정말 완전한 합리성[그런 것이 있다면 말이다]을 가정하는가? 물론 경제학은 호모 이코노미쿠스가 완전한 합리성을 가지고 있는가 아니면 제한된 합리성을 가지고 있는가와 같은 추가적인 설명을 부연하지는 않는다. 하지만 그렇다고 해서 인간은 합리적인 존재라는 경제학의 정의를 곧바로 완전한 합리성의 가정으로 연결하는 시도는 아무래도 많이 무리해 보인다. 적절한 비유인지는 모르겠지만, 인간을 식욕을 가진 존재로 정의한다고 해서 모든 인간이 목숨을 잃을 때까지 음식을 탐한다고 주장하는 이는 아무도 없을 터다. 마찬가지로 인간이 성욕을 가진 존재라고 정의하더라도 곧 모든 인간이 목숨을 잃을 때까지 성적 쾌락을 탐한다는 뜻은 전혀 아닐 것이다. 경제학이 인간을 합리적이고 정의하는 것도 같은 의미다. 어떤 경제학자도 영화《인디아나 존스(Indiana Jones)》 시리즈에 등장하는 외계인처럼 이 우주의 모든 진리를 알고 있는 존재가 가능하리라고 생각하지는 않는다. 어쩌면 경제학은 인간이 근본적으로 제한된 합리성을 가진 존재라는 사실을 충분히 이해하고 있기 때문에 굳이 그런 부연설명을 덧붙일 필요성을 느끼지 못한 것은 아닌가 하는 뜻이다. 호모 이코노미쿠스는 합리적인 존재다. 다만 우리는 우리가 합리적일 수 있는 만큼만 합리적이며, 우리에게 필요한 만큼만 합리적이다. 허버트 사이먼의 표현을 빌리면, 호모 이코노미쿠스는 "합리적이려고 노력하는(intendedly rational)" 존재인 것이다.

대부분의 경제학 교과서들은 경제의 근본문제는 '희소성의 원리(the principle

---

[47] Simon, "From Substantive to Procedural Rationality", 1976, 최종원, 「합리성과 정책연구」, 147쪽에서 재인용.

of scarcity)'라는 말로 시작된다. 희소성의 원리란 인간의 욕구는 무한한데 그것을 충족시키는 데 필요한 수단은 유한하다는 것이다. 여기서도 잠시 생각해 보아야 할 문제는 과연 인간의 욕구는 단어 그대로의 의미에서 무한한가 하는 것이다. 현실의 어떤 인간도 무한한 욕구를 가지고 있지는 않다. 그러므로 인간의 욕구가 무한하다는 말은 제한된 범위 안에서, 일정한 가정과 조건 아래서 무한하다는 의미로 받아들여야 옳다. 인간의 이성이 제한된 범위 안에서 완전한 것과 마찬가지로 말이다. 경제학자들이 굳이 이런 전제조건들을 명기하지 않는 이유는 그들에게는 그것이 지나치게 자명하기 때문이다. 하지만 그 때문에 경제학자들과 다른 사람들 사이에서 소통의 혼란이 생기는 경우가 많은 것도 사실이다. 아무튼 경제학은 인간의 욕구는 조건적으로나마 무한한데 그것을 충족시킬 수단은 유한하다는 태생적인 한계로부터 출현한다. 경제학에 비판적인 평론가들 가운데는 더러 경제학자들의 자만심이 지나침을 지적하기도 한다. 그러나 경제학자들이 그렇게 오만하지는 않으며, 경제학자들 스스로도 경제학이 완전무결하다고 믿지도 않는다. 경제학이 추구하는 과제는 한 마디로 한정된 수단들을 이용해 얼마나 목적을 달성할 것인가 하는 것이다.[48] 그러므로 경제학이 도달한 해답, 경제학이 제시하는 대안

---

[48] 경제학적 합리성에 대한 가장 잘못된 이해 가운데 하나는 그것을 이른바 경제원칙과 결부시켜 설명하려는 시도다. "호모 이코노미쿠스는 경제원칙에 따른 합리적 경제행위를 하는 인간이다. 경제원칙은 최소비용을 통해서 최대의 효과를 얻으려는 '최소비용 최대효과의 원칙'이다. 이러한 원칙은 인간 행위의 경제적 측면에만 적용되는 원칙이 아니라, 인간 행위 전반에 걸친 서술적 합리성의 원칙이기도 하다."(박정순, 「현대사회와 인간 문화 철학적 성찰—호모 에코노미쿠스 생살부」, 9~10쪽.) 하지만 최소비용으로 최대효과를 얻는 것이 경제원칙이라는 말은 경제학자가 아닌 사람들의 글에서나 나올 뿐이다. 나 역시 그 어느 경제학자의 책이나 논문에서도 그런 말을 읽어 본 적이 없다. 경제학 전공자들에게는 최소비용으로는 결코 최대효과를 얻을 수 없다는 사실이 너무나 자명하기 때문이다. 그런데도 그것을 경제원칙이라고 주장하는 경우를 만나는 일은 전혀 어렵지 않다. 찰스 디킨스(Charles John Huffam Dickens, 1812~1870)의 작품 『크리스마스 캐럴(A Christmas Carol, 1843)』의 등장인물인 스크루지 영감(Ebenezer Scrooge)에게나 어울릴 법한 이런 탐욕스러운 태도는, 경제학의 역사에서 찾아보면 애덤 스미스가 『국부론』을 집필하는데 가장 큰 동기 가운데 하나를 부여했던 중상주의자들의 태도에 가깝다. 중상주의(Mercantilism)는 봉건제로부터 자본주의로의 이행기의 국가 형태인 절대주의의 성립기에서 산업혁명 시기까지 유럽에서 지배적이었던 경제정책과 경제이론을 총칭하는 말이다. 상업과 화폐의 취득을 국부의 원천으로 생각하고 보호무역주의를 주장했다는 점에 공통점이 있으나 일관적인 체계를 갖추지는 못했다. 애덤 스미스가 『국부론』을 집필하게 된 가장 직접적인 이유 가운데 하나는 바로 그 당시에 학문적으로 크게 유행한 것은 물론 영국의 경제정책에 큰 영향을 미치던 중상주의를 비판하기 위한 것이었다. 실은 '중상주의(Commercial System)'라는 이름을

은 경제학이 완전한 합리성을 추구한다고 생각하는 이들의 추측과는 다르게 당연히 완전할 수 없다. 경제학은 다만 주어진 조건 안에서는 최선의 대안을 찾고자 할 뿐이다. 여기에 사용되는 경제학적 합리성 또한 아무런 제약이나 제한이 없는 완전한 합리성이 아니라 반대로 가능한 범위 안에서만 합리적이라는 매우 제한적인 의미에서, 주어진 수단들을 이용해 얻을 수 있는 최적의 대안을 추구한다는 합리성이다. 이때 경제학에 문제가 되는 것은 목적을 달성하기 위한 수단으로서 합리성이나 얼마나 효율적인가 하는 문제일 뿐이다. 호모 이코노미쿠스의 합리성, 경제학이 추구하는 합리성을 '도구적 합리성(instrumental rationality)'이라고 부르는 이유도 여기에 있다.

합리성은 존재론적, 인식론적, 윤리적 관점에서 구분할 수 있는데, 존재론적 관점에서는 합리성을 가치지향적 합리성과 도구적 합리성으로 구분한다.[49] 도구적 합리성이란 정해진 목적을 달성하기 위해 선택 가능한 수단들 가운데 가장 효율적인 방법을 선택하는 합리성이다. 도구적인 관점에서 보았을 때 주어진 목적을 가장 잘 달성할 수 있으면 합리적인 것이다. 앞에서 허버트 사이먼이 이야기한 내용적 합리성은, 목적을 이루는 데 선택된 수단의 도구적 가치를 강조한다는 점에서 도구적 합리성의 전형이다.[50] 경제학이 추구하는 합리성은 철저하게 도구적인 합리성이다.[51] '도구적 합리성'의 개념에 가장 근사한 정의를 처음 시도한 이

처음 사용한 이도 바로 애덤 스미스다.

49 임의영, 「합리성의 행정철학적 논의구조와 H. A. Simon의 합리성 개념」, 한국정부학회, 『한국행정논집』 제18권 제4호, 2006, 990쪽.

50 임의영, 「합리성의 행정철학적 논의구조와 H. A. Simon의 합리성 개념」, 993쪽.

51 베버의 합리성 이론에 대해서는 비판도 없지 않다. 여기에는 먼저 베버 자신이 합리성이라는 개념을 다양하게 사용한 이유도 크다. 베버는 합리주의(rationalism)를 세 가지로 구분했는데, ① 엄밀하고도 추상적 개념으로서 적용시킬 수 있는 체계에 대한 세계상, ② 실천적인 합목적적 수단으로서의 계산 가능성, ③ 마법이나 기도를 포함하는 체계 방식이 그것이다.(류성희, 「하버마스의 막스 베버 합리성에 대한 오해 -하버마스의 『의사소통행위이론』을 중심으로-」, 한국사회조사연구소, 『사회연구』 통권21호, 2011, 80쪽.) 그런데 이보다 더 주요한 이유는 베버가 근대화를, 특히 근대 자본주의의 출현과 결부시켜 설명하면서 목적합리성의 제도화라는 관점에서만 파악하려 했기 때문이다. 이런 비판의 대표적인 철학자는 아마 하버마스(Jurgen Habermas, 1929~)일 것이다.(하버마스, 장춘익 옮김, 『의사소통행위이론』, 나남, 2006.) 하지만 이에 대해서도 하버마스가 베버의 합리성 개념을 지나치게 자의적으로 해석한다는 반비판이 있다. 베버는 가치합리성의 중요성을 과소평가한 것이 아니라 근대법이든 관료제든 어떤 제도의 형태로 구체화되지 않은 근대화는 허상이라고 보았다고 해야 옳을 것이다.

는 아마 막스 베버일 듯싶다. 베버는 미완성 유고로 남은『경제와 사회(Economy and Society)』에서 가치합리성과 목적합리성에 대해 설명한다. 베버는 먼저 '행동(behavior)'과 '행위(action)'를 구분했다. 개인의 행동이 자신의 견해나 관점에 기초해서 특정한 의도나 목적을 가질 때 그것은 행동이 아니라 행위라는 것이다. 그런 다음 베버는 개인의 사회적·상호주관적인 행위를 네 가지 유형으로 구분했다.[52] 전통적 행위, 정서적 행위, 가치합리적 행위, 그리고 목적합리적 행위가 바로 그것이다. 전통적 행위는 특별한 의식 없이 관습적으로 행동하던 그대로 행위하는 것을 의미한다. 정서적 또는 감정적 행위란 놀이나 취미활동처럼 행위가 목적을 위한 수단이 아니라 행위 그 자체를 위한 행위로서 나타나는 경우다. 가치합리적 행위는 물질적이고 세속적인 목적의 계산보다는 자신의 가치관과 이념을 추구하는 행위다. 마지막으로 목적합리적 행위는 목적을 위한 수단으로서의 행위를 가리키는데, 구체적으로는 돈, 명예, 권력 등과 같은 세속적인 목적을 위한 수단으로서의 계산적인 행위를 의미한다. 이는 특정한 목적을 이루려고 할 때 어떤 수단을 택해야 더 효율적인 결과를 얻을 수 있을 것인가를 예측하고 계산하는 유형의 행위이며, 그 결과를 중시하는 행위다. 베버는 이런 합리성을 '도구적 합리성'이라고 불렀다.[53]

---

52 개인의 논리는 과학적 진리처럼 절대적으로 객관적일 수 없고 따라서 주관적일 수밖에 없지만, 나의 논리적 과정이 타인에게도 논리적으로 여겨질 때 베버는 그것을 상호주관적이라고 불렀다. 베버의 상호주관성(intersubjectivity) 개념은 하버마스의 의사소통이론에서 다시 사용된다. 칸트주의 철학자인 코스가드(Christine Marion Korsgaard, 1952~)는 도덕의 원리는 인간의 외부가 아니라 그 내재적 규율에서 찾아야 한다고 주장하면서 이런 태도를 객관적 실재론(objective realism)이나 주관주의(subjectivism)에 대비해 상호주관주의(intersubjectivism)라고 불렀다. 하버마스나 코스가드의 용어법이 베버에서 유래한 것은 분명한 듯 보이지만 그렇다고 이들의 사용하는 개념의 의미가 베버와 반드시 일치하는 것은 아니다.

53 베버는 자본주의의 출현과 성립을 형식적 합리성과 그것에 기초한 목적합리적 행위의 제도화란 관점에서 풀고 있다. 아울러 그같은 관점에서 프로테스탄트 윤리와 근대법의 역할을 바라보고 있으며, 그것들의 도움을 받아 목적합리적 행위가 경제와 국가 내에서 제도화 되는 과정을 보여주고자 한다. 이로인해 베버는 탈관습적 근대법과 프로테스탄트 윤리를, 전적으로 자본주의의 확립에 기여한 측면만을 고려의 대상으로 삼아 탐구함으로써, 그것들 안에 내재된 가치합리성 의 차원을 사상시키고 오직 목적합리성의 견지에서 그것을 파악하게 된다. 그 결과 사회적 합리화의 진행과 함께 실제로 이루어진 '가치합리성의 제도화에 관한 일체의 탐구 조망을 확보할 수 없었던 것이다. 이처럼 베버는 일면적으로 축소된 선택적 합리성의 관점에서 법률의 합리화를 논구함으로써, 불가피하게 억압과 예속의

아리스토텔레스 이후로 인간이 이성적 존재라는 사실에 대해서는 이의를 제기하는 이가 거의 없을 테지만, 그만큼이나 오랫동안 이성의 역할에 대한 비판도 오래된 것이 사실이다. 이 비판은 크게 두 가지로 나타나는데 하나는 이성의 오용에 관한 것이고 다른 하나는 이성의 한계[이성을 사용하는 인간 능력의 한계가 아니라 인간이 사용할 수 있는 이성 그 자체의 한계]에 관한 것이다. '도구적 이성'이라는 말이 지금처럼 널리 사용되는데 가장 주요한 역할을 한 학자는 프랑크푸르트학파의 제1세대를 대표하는 학자들 가운데 한 사람인 호르크하이머(Max Horkheimer, 1895~1973)일 것이다.[54] 호르크하이머는 "오늘날 이성의 한계는 일정한 단계에 이른 사고가 그 같은 절대적 객관성 일반을 객관화할 수 있는 능력을 상실했다는 사실에서 근본적으로 비롯된다"고 지적한다.[55] 물론 호르크하이머가 지적하는 것이 엄밀히 이성의 한계인지 현대사회에서 이성의 한계인지에 대해서는 조금 더 숙고해 보아야겠지만, 그의 주장에 따르면 "인간에게 중요한 목적으로 여겨졌던 중요한 이념들을 듣고 이해해 자신의 것으로 수용하는 것은 오래전부터 이성이 하는 일이었다. 반면 오늘날에는 그때그때 주어진 목적을 달성하기 위한 수단을 찾는 것이 이성의 고유한 본질이 되어 버렸다"는 것이다.[56] 여기서는 이성의 역할이 두 가지로 제시된다. 하나는 인간에게 중요한 목적으로 여겨졌던 중요한 이념들을 듣고 이해해 자

감 루이라는 부정적 결과에 직면할 수밖에 없었다. 동시에 근대법과 연결된 관료제의 횡포 앞에서 그것의 부정성만을 비판할 뿐 그것이 갖는 긍정성은 바라볼 수 없었던 것이다.(선우현, 「하버마스의 '합리성 이론'에 대한 비판적 검토 －개념분석적 전략과 사회이론적 전략의 상충을 중심으로－」, 서울대학교 철학과, 『철학논구』 22권, 1994, 69쪽.)

54 프랑크푸르트학파(Frankfurter Schule)는 1930년대 이후 프랑크푸르트암마인대학교의 사회연구소를 중심으로 활동한 여러 신마르크스주의 사회이론가들을 가리키는 말이다. 이들은 자본주의의 몰락과 사회주의 혁명을 주장하는 전통적인 마르크스주의 이론으로는 현대사회의 새로운 현실을 설명할 수 없다는 자각에서 출발해, 서구 자본주의와 소련의 사회주의를 모두 비판하면서 새로운 사회발전의 가능성을 주장했다. 프랑크푸르트학파가 분석한 현대 자본주의의 주요한 특성은 대체로 다음과 같이 요약된다. 첫째, 경쟁적 자본주의는 독점적 자본주의로 변화하고 있다. 둘째, 조직된 자본주의의 발전에 따라 관료주의가 확장되고 시장경제 내에서 더 많은 계획적 요소가 나타난다. 셋째, 노동과정이 점차 분업화·분절화되고, 노동과정에서 인간의 자주성은 축소되는 반면 점점 더 기계에 종속된다. 넷째, 자본주의의 지배는 이데올로기의 지배를 통해 나타나는데, 이데올로기의 지배에서 핵심적인 것은 문화의 상품화다.

55 호르크하이머, 『도구적 이성 비판』, 36쪽.

56 호르크하이머, 『도구적 이성 비판』, 21쪽.

신의 것으로 수용하게 하는 이성이며, 다른 하나는 그때그때 주어진 목적을 달성하기 위한 수단을 찾는 이성이다. 도구적 이성이란 바로 후자의 이성, 목적으로서의 이성과 대비되는 수단으로서의 이성을 가리킨다. 하지만 여기서 문득 드는 의문은, 왜 이성이 수단 또는 도구가 되어서는 안 되는가 하는 것이다. 이야기한 바대로 이성이 도구가 아닐 수 있는 것은 이성이 그 자체로서 목적이 될 때만이다. 하지만 언제나 반드시 그 자신으로서 목적이 되어야 하는 것은 오직 인간뿐이다. 인간을 둘러싼 모든 인간존재의 조건들은, 설령 그것이 이성이라 할지라도 인간을 위한 도구일 수 있다. 그런데도 이성이 반드시 그 자체로서 목적이 되어야 한다는, 그래서 인간보다 이성이 더 근본적인 존재라고 여기는 플라톤주의적인 태도가 이처럼 많은 사회과학자들에게 공유된다는 사실은 조금 놀랍다. 도구적 이성을 비판하는 이들이 정작 비판하고자 하는 대상은 실은 도구로서의 이성이 아니라 그 이성이 복무하고자 하는 목적의 윤리적 정당성 여부가 아닌지 궁금하다.

호르크하이머는 이성을 '주관적 이성(Subjektive Vernunft)'과 '객관적 이성(Objektive Vernunft)'으로 구분한다. 주관적 이성은 "그 특수한 내용이 무엇이든 간에, 사유 구조의 추상적 기능, 즉 가르기 능력과 추론 및 연역하는 능력"이다. 이런 이성은 본질적으로 목적과 수단의 문제에 관련된 것이며, 목표에 도달하기 위한 절차적 방법의 적법성과 관련된 것이다. 주관적 이성은 결국 개연성을 추정하고 이를 통해 주어진 목적에 합당한 수단을 계산하는 능력으로 나타난다. 반면에 객관적 이성은 "수단보다는 목적을 강조하며 …이성적인 것의 객관적 질서를 자기의 이익 관심과 자기보존을 포함한 인간적 현존재와 화해시키는 것"에 관심을 가진다. 플라톤에서 독일 관념론 철학에 이르는 객관적 이성 이론은 인간과 인간의 목적들을 포함해 존재하는 모든 것들의 위계질서 또는 포괄적 체계를 발전시키려는 목표를 가지고 있다.[57] 호르크하이머는 주관적 이성의 우위가 전면화된 시기를 근대 과학의 발전과 데카르트의 철학 이후로 분석한다. 데카르트 이후 근대 철학과 과학의 상당 부분은 수학적·과학적으로 사고하는 방법론이라는 의미

57 호르크하이머, 『도구적 이성 비판』, 31~33쪽.

에서 이성을 하나의 수단으로 인식하게 되었다. 이성이 어떤 목적에 대한 탐구나 반성적인 성찰의 의미를 상실하고 오직 주어진 목적에 도달하기 위한 수단으로서의 합리성만을 중시하는 사고방식으로 인식된다. 이성의 의미는 계산 가능성과 증명 가능성을 중심으로 한 수리적 사고방법으로 여겨진다. 호르크하이머는 데카르트와 마르크스를 예로 들면서 전자를 전통이론, 후자를 비판이론으로 이름붙였다. 흔히 프랑크푸르트학파라고 불리지만 정작 이 학파를 대표하는 호르크하이머나 마르쿠제 등은 스스로 프랑크푸르트학파라는 이름을 사용한 적이 거의 없다. 대신 이들은 자신의 철학에 대해 비판이론(Kritische Theorie)이라는 이름을 더 선호했다. 전통이론은 기존 질서의 원활한 기능을 목표로 한다. 전통이론은 현실을 이론에 끼워 맞추는 자기합리화의 시도로서 이론 자체가 현실에 초월적 위치를 차지한다. 반면에 비판이론은 더 합리적인 사회 상태를 목표로 한다. 비판이론의 이런 목표는 현실의 비합리성에서 비롯된다. 따라서 비판이론은 현실의 보존에 기여하지 않고 그것의 타파에 기여해야 한다. 이론의 모든 부분은 기존 질서의 비판과 이론에서 결정된 노선에 따른 기존 질서에 대한 투쟁을 전제한다는 것이다.

그런데 비판철학이라는 이름은 원래 칸트의 철학을 가리키는 용어다. 칸트 이전의 철학은 인간의 사고능력을 멋대로 휘둘러 신의 존재라든가 영혼의 불멸 등을 철학적 탐구의 대상으로 간주했다. 칸트는 인간이 인식할 수 없는 초감각적이고 초경험적인 대상들을 인식의 범주 안으로 끌어들이려고 했던 기존 철학의 오류에서 벗어나 인간의 이성이 인식 가능한 세계만을 다루고자 했다. 이처럼 칸트의 비판은 기존 철학의 비판이자 인간의 인식 능력 즉 이성에 대한 비판이다. 이성이 스스로 이성을 검토하는 비판이라는 측면에서 칸트의 비판철학은 좁은 의미에서의 비판이론이라고 말할 수 있다. 이에 대해 프랑크푸르트학파의 비판이론은 사회적·경제적·정치적 측면에서 발생하는 현실의 문제점들에 대한 비판이다. 그러므로 실천적 비판이론은 사회현실의 문제점을 드러낼 수 있어야 하며, 원인을 파악해 문제를 변화시킬 수 있어야 하며, 이러한 두 측면을 만족시키기 위해 기본적인 규범성을 제시할 것을 자기 목표로 가진다. 호르크하이머는 주관적 이성의 한계를 이렇게 지적한다. 호르크하이머에게 주관적 이성과 도구적 이성은 사실상 같은 의미의 용어들이다. "이성이 행위보다는 사물이나 대상을 가리키는 데 보다 많이 사용되는 주관주의적 관점 안에서 이성은 대상이나 개념 자체가 아니라, 오직 그와 같은 대상이나 개념이 목적과 맺는 관계만을 문제삼는다. 이것은 특정한 사물 혹은 사상이 다른 어떤 것에 유용하다는 것을 의미한다. 그 자체로서 이성적인 목표는 없으며, 이성의 관점하에서 어떤 한 목표가 다른 목표들에 대해 가지는 우선성을 토론하는 것은 무의미한 일이 된다."[58]

> 하나의 특수한 삶의 양식, 종교, 그리고 철학이 다른 것들보다 더 좋다거나 더 고귀하다거나 또는 더 참되다고 말하는 것은 의미없는 일일지도 모른다. 또한 목적들이 더 이상 이성의 불빛 안에서 규정되지 않기 때문에, 어떤 하나의 경제 또는 정치체계가, 그것이 아무리 잔혹하고 전체적일지라도 다른 체계보다 덜 이성적이라고 말하는 것도 불가능하다. 형식화된 이성에 따르면 전제정치, 잔혹성 그리고 억압은 그 자체만으로는 나쁜 것이 아니다. 만약 어떤 기관을 대변하는 사람들이 독재로부터 이익을 취할 수 있다는 전망을 가지게 된다면, 그 어떤 합리적 기관도 독재에 반대하는 판결을 인정하지 않을 것이다.[59]

직접 그 이름을 거론하지는 않았지만, 호르크하이머는 명백하게 계몽주의의 결과인 근대 유럽 사회가 어떻게 나치즘(Nazism)이라는 가장 극단적인 전체주의를 수용하게 되었는가에 대해 이야기하고 있다. 에리히 프롬이 『자유로부터의 도피』에서 규명하고자 했던 것도 바로 이런 문제의식이다. 도구적 이성에 대한 호르크하이머의 비판은 그것이 도구로서의 유용성에만 관심을 가질 뿐 목표의 우선성에 대해서는 토론하지 않는다는 데 있다. 호르크하이머는 역시 프랑크푸르트학파의 철학자인 아도르노(Theodor Ludwig Wiesengrund Adorno, 1903~1969)와 함께 쓴 『계

58 호르크하이머, 『도구적 이성 비판』, 34~35쪽.
59 호르크하이머, 『도구적 이성 비판』, 69쪽.

몽의 변증법(Dialektik der Aufklärung, 1947)』에서 경제적 합리성에 의해 주도되는 우리의 삶의 질서들이 서구적인 현대성을 긍정해 온 사람들 특유의 자아 정체감, 즉 '자율적인 주체'의 이념을 무력화한다는 점을 지적한다. 그들에 따르면 "경제적으로 결정된 전체 사회의 방향은 …자율적인 존재의 장치로 작용해 온 개인의 기관들을 위축시킨다"는 것이다. 그리고 이런 결과는 계몽이 인류에게 선사한 구원의 감당하기 어려운 대가로 인식된다.[60]

> 경제에 의해 결정되는 전체 사회의 방향[이것은 옛날부터 정신적인 면에서나 육체적인 면에서나 인간이 형성되는 데 결정적인 역할을 해 오기는 했지만]은 개인을 자율적인 존재로서 유지시켜 주는 인간 내부의 여러 장치들을 위축시킨다. 사유가 노동분업에 따른 한 분야로 전락한 이래 해당 분야의 전문가나 책임자들이 만들어낸 계획은 개인이 자신의 고유한 행복을 만들어 나가는 것을 불필요하게 만들었다. 아무 저항 없이 현실에 부지런히 적응해 나간다는 비합리성이 개인들에게는 이성보다도 더 이성적으로 보인다. 예전에 시민들은 외적인 강압을 내적인 의무로 자기 스스로에게나 노동자들에게 주입시켰다면, 이제는 인간 전체가 억압의 주체나 객체로 되었다. 산업사회가 진보하고 산업사회에 고유한 '궁핍화의 법칙'을 극복했다는 환상을 이 사회가 가지게 되면서, 이제 인간사회 전체를 정당화해 주던 개념, 즉 인격체로서의 인간, 이성의 담지자로서의 인간이라는 개념이 해체된다. 계몽의 변증법은 객관적으로도 광기로 넘어간다.[61]

도구적 이성에 관한 논의에서 특별히 주목해야 할 점은 주관적 이성이 자기보존이라는 주제의 관심에 기여한다는 것이다. 이때 자기보존은 개인의 자기보존일 수도 있고 공동체의 자기보존일 수도 있다. 호르크하이머에게 있어서 이성과 자기보존의 관계는 서양문명사를 이해하는 데 핵심이 되는 문제다. 호르크하이머는 스피노자가 『에티카』에서 천명한 "자기보존이 덕의 유일한 기준"이라는 원칙

60 소병철, 『합리성과 도덕성: 도구적 합리성의 한 비판』, 서광사, 2008, 17쪽.

61 아도르노·호르크하이머, 김유동 옮김, 『계몽의 변증법』, 문학과지성사, 2001, 305쪽.

을 존재, 사회, 문명의 전개논리로 확장시킨다. 자기보존의 원칙을 모든 차원에서 보편적으로 적용할 때 이성은 주관화되며, 오직 기능적 사용의 도구로 전락하게 된다는 것이 호르크하이머의 기본적인 관점이다.[62] 스스로 자기를 규정하는 자아를 통해 자기보존의 욕망이 개별적 권리로 정당성을 부여받는 시기는 근대에 들어와서지만, 사실 근대 이전의 전통적인 의미에서 자기보존의 원리는 개별적 권리의 문제가 아닌 공동체적이며 목적론적 의미를 지닌 개념이었다. 고대 전통의 형이상학에 따르면 객관적 가치와 기준은 우주의 질서 속에 내재되어 있으며, 인간은 이성을 통해 자연 안에 내재된 보편적 법칙을 발견하고 이를 통해 공동체를 형성하고 보존하려 했다. 아리스토텔레스에 의하면 자기보존은 인간의 사회적, 정치적 본성으로부터 형성된 가족, 마을, 국가라는 관계망 속에서 개인의 도덕과 지적 탁월함(atre)을 통해 추구될 수 있었으며 이를 통해 종의 보존과 다른 한편으로 종 특유의 활동을 통한 개인의 보존을 확보할 수 있었다.[63] 이런 의미에서 볼 때 전통적 의미의 자기보존 행위는 자기완성을 지향하며 자연의 올바른 질서를 인간의 삶 속에서 실현시키는 윤리적 의미를 함축함과 동시에 사회공동체의 공공의 선과 이익에 기여할 수 있는 원리였다.[64] 그러나 근대에 들어오면서 인간은 모든 목적 규정으로부터 자유로워지고 자기자신을 목적으로 삼게 된다. 자기의지는 자유롭고, 자기가 결정한 이러한 자기결정의 기반과 전제조건은 자기보존이다. 이성의 실천적 사용은 인간이 어떻게 자신이 설정한 목적에 도달할 수 있는가에 집중되고, 선한 삶과 선한 행위를 추구하는 차원은 점차 배제된다. 즉 실천적 지식이 기술적 지식 속에서 소진되어 버리는 것이다.[65] 이런 견해를 가장 적극적으로 표명한 철학자가 홉스이며, 현대 철학에 와서는 호르크하이머와 아도르노다.[66]

---

62 강정민, 「도덕적 이성과 자기보존 문제」, 9쪽.

63 'arte'는 소크라테스(Socrates, BC469~BC399)가 처음 사용한 용어다. 이 단어의 원래 의미는 탁월함, 뛰어함 등인데, 사람들이 자신의 직업이나 기능에서 가지고 있는 능력을 가리킨다. 소크라테스는 단어의 원래 의미를 넘어 지혜와 용기, 절제와 정의 등의 실현을 통해 최고선의 상태를 유지하는 인간의 상태를 '탁월함(arte)'이라고 불렀다. 이런 상태는 다른 사람의 가르침을 통해 도달할 수 있는 것이 아니라 사색과 자기성찰을 통해서만 이룰 수 있다.

64 강정민, 「도덕적 이성과 자기보존 문제」, 13~14쪽.

65 이상화, 「이성과 실천—현대철학에 있어서의 이성비판을 중심으로—」, 98쪽.

66 홉스는 만인의 만인에 대한 투쟁이라는 표현에서 나타나듯이 자기보존 욕구를 타자에 대한 배타성과

자기보존을 목적으로 하는 도구적 이성의 예를 아도르노와 호르크하이머는 호메로스(Homeros, ?~?)의 서사시 『오디세이아(Odysseia)』에 등장하는 오디세우스(Odysseus)와 세이렌(Seiren)의 이야기에서 찾는다. 트로이 전쟁에서 승리한 그리스군의 장수 오디세우스는 고향으로 돌아가던 도중에 세이렌 자매가 사는 섬을 지나간다. 세이렌들은 아름다운 노래로 뱃사람들을 유혹해 목숨을 빼앗는다. 세이렌의 노랫소리를 듣고 싶은 오디세우스는 부하들에게 자신의 몸을 돛대에 묶으라고 명령한다. 부하들은 노래를 듣지 못하도록 밀랍으로 귀를 막게 한다. 이렇게 자신의 몸을 묶고 귀는 열어 놓음으로써 오디세우스는 세이렌의 노래를 들으면서도 그 노래에 홀려 정신을 잃지는 않는다. 아도르노와 호르크하이머는 이런 오디세우스의 계략이 자연의 힘에 굴복하지 않고 자연의 마법을 정복하는 계몽주의적 이성의 본질을 선명하게 보여 준다고 지적한다.[67] 강력한 외적 자연의 힘 앞에 나약한 인간이 자기보존의 목적을 달성할 수 있는 유일한 수단은 결국 이성의 능력이다. 오디세우스의 모험 속에 표현된 도구적 이성은 인간에게 공포와 위협의 대상인 자연으로부터 인간의 자기보존을 가능하게 하는 유일한 수단이다. 이런 주관적 이성의 시원을 서양 문명사의 이해로 확장하는 것은 결국 현대사회의 병리적 현상이 정치경제적 차원을 넘어서는 문제이며, 또한 호르크하이머의 서양문명 비판이 자기보존을 위한 이성의 도구적 속성에 대한 비판으로 귀결된다는 것을 함축하고 있다고 볼 수 있다.[68] 여기서 주목해야 할 점은 오디세우스가 자기를 부정함으로써 자기를 보존한 일이다. 오디세우스는 부하들에게 자신의 몸을 돛대에 묶도록 명령한다. 스스로 자신의 자유의지를 부정한 것이다. 오디세우스의 이런 태도를 더 잘 보여 주는 사례는 오디세우

이기성의 표출일 뿐이라고 생각했다. 그러나 당연히 모든 근대 철학자들이 홉스의 견해에 동의하는 것은 아니다. 대표적으로 스피노자와 헤겔이 그런 경우인데, 헤겔은 무엇보다도 욕망 속에 내재한 타자 지향적 성격에 주목한다. 헤겔에게 욕망은 자아의 고립성에서 벗어나 타자와의 관계를 가능하게 하는, 즉 자아와 타자를 매개하는 실천적인 힘이다. 호르크하이머와 아도르노가 인간의 자기보존 욕망을 오직 타자에 대한 부정과 지배의 관계로 이해함으로써 자기보존적 욕망에 함몰된 근대적 이성의 도구적 성격을 폭로하는 것과는 달리, 헤겔은 욕망에 내재해 있는 이성적 성격, 즉 긍정적인 타자관계의 원리라 할 수 있는 상호주관적 성격을 간취해 낸다.(정미라, 「욕망과 자유—헤겔의 실천철학을 중심으로」, 166쪽.)

67 아도르노·호르크하이머, 『계몽의 변증법』, 99쪽.

68 강정민, 「도덕적 이성과 자기보존 문제」, 12쪽.

스가 외눈박이 거인 키클롭스(Kyklopes)의 동굴에 갇혔다가 탈출한 이야기다. 거인이 오디세우스에게 이름이 뭐냐고 묻자 오디세우스는 그리스어로 '우데이스(oudeis)'라고 답한다. 이는 영어의 '노바디(nobody)' 즉 아무도 아니라는 뜻이다. 키클롭스가 술에 취해 쓰러지자 오디세우스 무리는 커다란 꼬챙이로 거인의 외눈을 찌른다. 고통에 몸부림치던 키클롭스는 몰려든 이웃 거인들에게 우데이스를 잡아라, 즉 아무도 잡지 말라고 외친다. 거인들은 모두 돌아가고, 눈이 먼 키클롭스는 오디세우스의 탈출을 막지 못한다. 오디세우스는 자신을 스스로 아무도 아니라고 말함으로써, 즉 자기자신을 부정함으로써 자기를 보존한 것이다. 자기를 부정함으로써만 자기를 보존할 수 있다는 모순적인 상황이 바로 도구적 이성이 처한 근본적인 딜레마다. 주관적 이성의 전면화가 가져온 심각한 문제점은 자기보존을 위한 외적 자연의 지배가 인간의 내적 자연의 지배로 이어지고, 도구적 이성의 지배가 사회적으로 총체화된다는 사실이다. 연약한 인간이 거대한 자연을 효율적으로 지배하기 위해서는 총체화된 사회지배체제가 형성되어야 하는데, 이는 필연적으로 개별적 인간의 특수성과 고유성을 부인해야 하는 대가를 치러야 한다. 이런 의미에서 이성의 위기는 개인의 위기로 표현된다. 모든 주체는 외적 자연 즉 인간적이거나 비인간적인 외적 자연을 지배하는 데 가담할 뿐만 아니라 이를 수행하기 위해 자기자신 안에 있는 자연을 지배한다. 인간은 형식화·획일화된 사회 속에서 자기보존을 위해서는 개인의 내적 자연의 욕망을 억제하고 사회의 강요와 속박에 자신을 순응시켜야 한다.[69]

재미있는 일은 경제학자들이 마치 완전한 합리성을 가진 것처럼 행동한다고 비판하는 이들이 있는 반면에 또 다른 이들은 경제학이 사용하는 도구적 합리성이 불완전하다고 비판하기도 한다는 사실이다. 이들의 논리적 근거는 인간의 이성 또는 인간 능력의 근본적인 한계다. 경제적 합리성이 요구하는 최선의 선택을 강구하기 위해서는 많은 정보가 필요하고 치밀한 계산이 요구된다. 하지만 인간의 정보수집 능력이나 처리 능력에는 한계가 있다. 따라서 사람들은 최선의 선택

---

69 강정민, 「도덕적 이성과 자기보존 문제」, 21쪽.

을 추구하기보다는 적당히 만족스럽다고 생각되는 대안을 선택한다. 행동경제학에서는 이를 '극대화(Maximizing) 원리'와 대비되는 '만족화(Satisfying) 원리'로 설명한다. 도구적 합리성의 불완전함을 비판하는 이들이 제안하는 대안으로서의 합리성이 바로 '절차적 합리성(procedural rationality)'이다. 절차적 합리성이란 행동의 참된 이유로서 절차에 따라서 행동했을 때 달성하게 되는 합리성을 말한다. 절차적 합리성은 선호에 따라 행동하는 것이 아니라 자신에게 부과한 원칙이나 규칙에 의거해서 행동하는 합리성, 계획에 의거해서 자신의 생각과 행동을 제약하는 합리성이다. 절차에 따라 행동한다는 것은 그 절차가 의도하는 목적을 굳이 의식하지 않고 행동함을 의미한다. 따라서 도구적 합리성의 경우와 달리 절차적 합리성에서는 행동이 목적으로부터 완전히 분리되어 있다. 절차적 합리성 개념은 도구적 합리성의 개념으로 설명하기 곤란한 현상들을 설명해 주는 경우가 많다. 일상생활에서 사람들은 많은 선택에 직면하지만, 그때마다 손익을 꼼꼼히 계산하고 나서 최선의 것을 선택하고 행동하지는 않는다. 중요한 인생사도 충분한 생각 없이 결정하는 경우가 드물지 않다. 평상시 사람들은 규칙이나 관례, 규범 등에 따라 기계적으로 혹은 습관적으로 행동하는 경우가 많다. 이런 기계적이고 습관적인 행동들은 도구적 합리성으로 설명하기 모호하다. 뚜렷한 목적의식 없이 수행된다고 해서 그런 행동들을 통틀어 비합리적이라고 말할 수는 없다. 만일 그런 행동에 나름대로의 충분한 이유가 있다면 이 또한 합리적이라고 보아야 한다는 생각이 절차적 합리성의 출발점이다. 절차적 합리성 개념은 생각이나 계산이 없는 행동도 얼마든지 합리적일 수 있음을 시사한다.[70]

절차적 합리성 개념을 확산시키는 데 주요한 역할을 한 경제학자는 허버트 사이먼이다. 사이먼에 따르면 경제적 합리성이 요구하는 최선의 선택을 강구하기 위해서는 많은 정보가 필요하고 치밀한 계산이 요구된다. 하지만 사람들의 정보 수집 및 처리 능력에는 엄연히 한계가 있다. 보통사람들은 고사하고 전문가들에게도 최선의 선택을 알아내는 것은 결코 쉬운 일이 아니다. 따라서 사람들은 최선

---

70 이정전, 「경제적 합리성 비판」, 서울대학교 철학사상연구소, 『철학사상』 19호, 2004, 64~65쪽.

의 선택을 추구하지 않고, 충분히 좋다고 생각하는 대안 혹은 만족스러워 보이는 대안을 찾는 데에 자신을 한정시킨다고 사이먼은 주장한다. 이것이 그가 말하는 절차적 합리성 개념의 출발점이다. 절차적 합리성의 예로 이윤 극대화 가설과 적정이윤 가설 또는 매출액 극대화 가설을 생각해 보자. 대부분의 경제학 교과서들은 기업들이 이윤 극대화를 목적함수로 가진다고 가정한다. 그러나 현실에서는 기업들이 이윤 극대화 지점을 정확하게 계산해내는 일은 거의 불가능하다. 솔직히 기업들은 자신의 이윤함수가 어떤 형태인지도 알지 못한다. 경제학 교과서가 가정하는 이윤함수는 말 그대로 교과서 안의 세계에만 존재할 뿐이다. 그래서 현실의 기업들은 적정이윤이나 조금 더 계산하기 쉬운 매출액 극대화를 목적함수로 가진다. 기업들은 지금까지 습관적으로 그래 왔던 것처럼 지난해의 이윤이나 매출액에서 얼마를 더 달성한다거나 또는 그 비슷한 어떤 목표치를 상정하고 경영활동을 영위한다. 그리고 이런 과정은 다음 해에 또 일어나고 그다음 해에도 또 그다음 해에도 매년 반복된다. 그렇다면 이런 과정 즉 절차적 합리성은 과연 합리적인가? 실은 그보다 먼저 던져 보아야 할 질문이 있다. 현실의 기업들이 이렇게 행동한다면 이윤 극대화 가설은 잘못된 가설인가? 전혀 그렇지 않다는 데 문제의 복잡성이 있다. 기업들은 자신의 이윤함수를 알지도 못하지만 언제나 이윤 극대화를 암묵적인 목적함수로 가정하고 행동한다. 다만 정확한 이윤 극대화 지점을 정확하게 계산해내지 못하기에 현실적으로 계산할 수 있는 가장 가까운 지점을 찾아갈 뿐이다. 적정이윤 가설이나 매출액 극대화 가설은 이윤 극대화 가설과 대립하는 목적함수들이 아니라 반대로 이윤 극대화 지점을 찾기 위한 과정이며 노력인 것이다. 그리고 바로 그런 의미에서 절차적 합리성은 합리적이다. 하지만 그런 의미에서라면 절차적 합리성이란 단순히 경제적 합리성을 보완하는 개념에 불과할 뿐이다.[71]

---

71 사이먼의 절차적 합리성 개념을 비판하는 이들도 바로 이런 점에 주목한다. 이들은 사람들이 규칙이나 절차에 따라 행동하는 이유가 단순히 정보수집 및 처리 능력의 부족 때문만은 아니라고 주장한다. 예를 들어 사람들이 기계적으로 사회적 관례나 규범에 따라 행동하는 이유는 단순히 정보수집이나 처리 능력이 부족해서가 아니다. 윤리학이나 사회학에서 많이 거론되는 사회규범이론은, 사람들이 그렇게 행동하는 데에는 보다 더 깊은 사회적 의미가 있는데 절차적 합리성 이론은 이런 측면을 간과

신자유주의 사상의 창시자는 하이에크지만, 신자유주의의 경제이론을 대표하는 경제학자는 통화주의(Monetarism) 경제학의 창시자로 잘 알려진 밀턴 프리드먼(Milton Friedman, 1912~2006)일 것이다. 프리드먼은 조금 더 직설적으로 경제학이 추구하는 합리성에 대해 이렇게 설명한다. “실증경제학은 원칙적으로 모든 특수한 윤리적 입장이나 규범적 판단으로부터 독립되어 있다. …그것의 임무는 모든 상황변화의 결과를 정확히 예측하는 데 사용될 수 있는 일반화의 체계를 제공하는 것이다. 그것의 성과는 그것이 산출해 내는 예측의 정확도, 범위 및 경험과의 일치 여부에 따라 평가되어야 한다. 요컨대 실증경제학은 자연과학과 똑같은 의미에서 ‘객관적’ 과학인 것이다.”72 프리드먼과 다르지 않은 내용의 이야기지만, 라이오널 로빈스는 조금 더 단순명료하게 표현한다. “경제학은 주어진 목적을 달성하는 데 필요한 수단의 희소성으로 발생하는 행위의 측면들을 다루는 학문이다.”73 로빈스에 따르면 경제학이 분석해야 할 것은 개인들이 가지고 있는 다양한 목적들 사이의 상대적 가치부여의 척도(scales of relative valuation)와 상대가격으로 표현되는 시장의 척도 사이의 상호작용을 통해 선택이 이루어지는 과정이다. 경제학의 정체성이 무엇인가에 대한 이런 사고방식은 경제인(economic man)이라는 말을 처음 사용했다고 알려진 존 스튜어트 밀에서부터 이미 나타난다. “정치경제학은 사회 속에서의 인간의 모든 행위를 다루거나 사회적 상황에 의해 변화되는 인간 본성의 모든 측면을 다루는 학문이 아니고, 부를 소유하려고 욕망하는 존재로서 그리고 이를 위해 수단의 상대적 효용성을 판단할 수 있는 존재로서의 인간

하고 있다는 것이다. 사회규범이론에서 말하는 절차적 합리성이 사이먼이 주장하는 절차적 합리성과 구분되는 가장 큰 차이점은, 행동의 이유가 되는 규칙이나 절차가 다수에 의해서 공유되느냐 아니냐다. 사이먼의 절차적 합리성은 일차적으로 개인 자신에게만 적용되는 규칙이다. 이런 점에서 그 규칙이나 절차는 순전히 개인적인 것이라고 할 수 있다. 이에 반해서 사회적 관례, 관습, 규범 등은 다수의 사람들이 집단적으로 공유하고 준수하기 때문에 큰 의미나 큰 효과를 가진다. 사회규범이론의 절차적 합리성에서 ‘절차적’인 것의 특징은 바로 이와 같이 ‘공유’된다는 점이다.(이정전, 「경제적 합리성 비판」, 66쪽.)

72 Freidman, “The Methodology of Positive Economics”, Essays in Positive Economics, 1953, 소병철, 「윤리는 경제에 대하여 외생적인가?」, 서강대학교 철학연구소, 『철학논집』 31권, 2012, 192~93쪽에서 재인용.

73 Robbins, An Essay on the Nature and Significance of Economic Science, 최정규, 「경제학에서 호모 이코노미쿠스의 지위, 그리고 타인을 고려하는 선호」, 156쪽에서 재인용.

을 다룬다."[74] 경제학이 목적들 사이에서 중립적이라는 라이오널 로빈스의 말은 이런 의미에서다.

호모 이코노미쿠스의 합리성 특히 도구적 합리성에 대해 비판하는 이들의 주장에서 가장 중요한 것은, 인간의 행위가 도덕적이거나 윤리적인 판단 없이 어떻게 도구적인 기준에서만 선택될 수 있느냐는 것이다. 그러나 이는 도구적 합리성의 개념에 대한 오해다. 윤리적 판단은 인간 행위의 동기나 목적 그리고 때로는 선호에 관한 문제이기 때문이다. 경제학은 동기의 정당성에 대해서는 판단하지 않는다. 경제학은 다만 주어진 목적에 대해 그것을 달성하는 수단과의 관계를 분석하는 학문일 뿐 그 목적이 어떠한가 또는 어떠해야 하는가를 분석하는 학문은 아니라는 뜻이다. 경제학의 가치중립성을 비판하는 이들은 경제학이 "사회적 규범과 제도, 습관과 관습, 감정, 이타주의, 도덕적 동기의 내면화, 충성과 선의, 의무, 공약과 헌신, 철학적 의미 부여, 공동체적 결속감, 그리고 여기에 동양적 모형"까지 자기 범위를 확장해야 한다고 주장한다.[75] 하지만 경제학이 그래야만 하는 필연적이고 절대적인 이유는 무엇인가? 모든 학문에는 자기만의 연구대상과 범위가 있기 마련이고, 철학이든 윤리학이든 동기의 정당성을 판단하는 학문은 따로 있기 마련이다. 그렇다면 경제학이 꼭 인간 행위의 동기가 정당한가 아닌가를 판단하는 학문이어야 할 이유도 없다. 혹시라도 오해할 독자들이 있을지 몰라 분명하게 언급해 두자면, 모든 학문에는 고유한 연구대상이 있다는 말이 경제학이 부의 생산과 관련된 행위에 대한 학문으로 국한되거나 부를 소유하고자 하는 행위자만을 상정한다는 의미는 전혀 아니다. "현대 경제학은 삶의 다양한 영역에서의 행동 및 의사결정을 연구하는 학문으로 발전해 올 수 있었으며, 나아가 통상적인 이해와 달리 경제적 행위자의 동기를 금전욕, 물질적 부에 대한 소유욕 등에 국한하지 않음으로써 다양한 동기를 가진 행위들이 경제적 공간에서 맞물려 나타

---

[74] Mill, "Essays on some unsettled question of political economy", 1844, 최정규, 「경제학에서 호모 이코노미쿠스의 지위, 그리고 타인을 고려하는 선호」, 159쪽에서 재인용.

[75] Dore, Authority and Benevolence, 1984, 박정순, 「현대사회와 인간 문화 철학적 성찰 —호모 에코노미쿠스 생살부」, 19쪽에서 재인용.

나는 여러 현상들을 분석해 왔다. 또 통상적인 생각과 달리 경제적 연구에서 이타주의는 오래도록 중요하게 다루어진 주제 가운데 하나다."[76] 경제학이 다양한 동기를 가진 행위들과 특히 이타적 동기에 따른 행위들을 분석해 왔다는 말은 얼핏 경제학은 동기에 대해 판단하지 않는다는 말과 모순되는 것처럼 들린다. 실은 바로 여기에 경제학에 대한 가장 흔하고 가장 심각한 오해가 있다. 경제학은 이런저런 동기들을 경제학의 연구대상에서 배제하고자 하는 것이 아니라 다만 그 동기에 대한 윤리적 판단을 연구의 대상에서 배제하고자 할 뿐이다. 주의할 점은 여기서 배제되는 것은 오직 경제학 연구의 대상으로서 그럴 뿐이지 어떤 행위나 그 동기가 모든 판단의 대상에서 배제된다는 뜻은 전혀 아니다.

> 그러나 문제는 도구적 합리성이 그와 같은 '구원'의 효과를 압도할 정도로 심각한 규범적 문제들을 양산하는 데 일조해 온 것처럼 보인다는 점이다. 예컨대 호모 이코노미쿠스의 경제행위와 결합된 도구적 합리성은 실제로 '경제적 무도덕주의(economic amoralism)'라고 부를 만한, 경제의 탈규범적 자립화 현상에 대해서 책임이 있다는 비난에 종종 직면하게 된다. 오늘날 편재하는 삶의 질서가 된 자본주의적 시장은 때때로 우리에게 도덕적인 판단 중지(moral epoche)를 요구하는 것처럼 보인다. 시장은 본질적으로 "개인들이 헤로인을 선호하든 매니큐어를 선호하든 오페라 표를 선호하든, 아니면 더 많은 병원을 선호하든 더 많은 핵탄두를 선호하든" 거기에는 별로 개의치 않는다. 환언하면 "현대사회의 물질적인 부가 취해야 할 형태는 …사적으로 형성된 개인들의 선호에 의해서 정해지지만, 이 선호 자체에 대해서는 판단을 할 수도 없고 해서도 안 된다"는 점이야말로 도구적 합리성이 표방하는 '가치중립성'의 논리적인 핵심인 것이다.[77]

경제적 '비(非)도덕주의'가 아니라 경제적 '무(無)도덕주의'라고 표현한 데서 인용문의 필자가 높은 수준의 학문적 섬세함이라는 훌륭한 미덕을 가지고 있음을

---

[76] 최정규, 「경제학에서 호모 이코노미쿠스의 지위, 그리고 타인을 고려하는 선호」, 167쪽.

[77] 소병철, 『합리성과 도덕성: 도구적 합리성의 한 비판』, 서광사, 2008, 15~16쪽.

짐작해 볼 수 있다. 다만 그렇다고 해서 문제의 핵심이 크게 달라지는 것 같지는 않다.[78] 사람들은 시장에서는 헤로인을 선호하든 핵탄두를 선호하든 개의치 않는다고 주장한다. 하지만 만약 헤로인이나 핵탄두가 거래된다면 그것은 시장이 아니라 매우 심각한 범죄 현장일 터다. 물론 그렇게 주장하는 경제학자도 있을 수 있다. 하지만 그것은 경제학의 문제가 아니라 인간 본성의 문제다. 가령 범죄자를 잡아야 할 경찰관 가운데서도 범죄를 저지르는 자가 있고, 어린이를 보호해야 할 교사 가운데서도 어린이를 학대하는 자들이 있을 수 있다. 다른 예로 사람의 생명을 살리는 의사나 법적 정의를 판단하고 구현해야 하는 법관들 가운데서도 당연히 이렇게 비정상적인 경우가 있을 것이다. 마찬가지로 경제학자들 가운데서도 장기매매를 합법적으로 인정해야 한다고 주장하는 이들이 있다. 가난한 사람의 장기를 부자에게 팔면, 부자는 건강한 장기를 얻어서 행복하고, 가난한 사람은 소득을 얻어서 행복하지 않느냐는 것이다. 아마 장기의 매매를 허용한다면 그 다음에는 인간의 생명도 거래를 허용해야 한다고 주장하는 이들이 반드시 나타날 것이다. 그러나 대부분의 경제학자들은 이런 주장에 전혀 동의하지 않으며, 그런 주장을 하는 이들을 가리켜 비정상적인 경제학자, 아니 비정상적인 인간들이라고 부른다. 당연한 이야기지만 비정상적인 경제학자는 경제학자가 아니라 비정상인으로 분류되어야 한다. 경제학이 가치중립적이라는 말은 경제학이 헤로인이나 장기의 매매를 찬성한다는 뜻이 아니다. 하지만 탐욕 때문에 헤로인이나 핵탄두를 거래하는 사람이 있다면 그것은 일부 인간들이 가진 탐욕의 문제이지 경제학의 문제는 아닌 것이다.

---

78 가령 본문의 인용과 다음 인용 사이에 우리가 주목해야 할 만한 어떤 근본적인 차이가 있는지 모르겠다. "경제행위의 합리성은 말할 것도 없이 재화와 서비스의 생산, 분배 및 소비에 수반되는 비용을 상회하는 이익을 행위자에게 보장해 줌으로써 입증된다. 하지만 문제는 그러한 이윤 동기가 때로는 가혹한 노동착취나 성(性)과 인종에 따른 차별, 고용불안과 시장독점, 환경오염 등의 사회적 악폐를 동반하며 관철된다는 점에 있다. '자기이익과 상호 이익의 예정조화'에 대한 기대를 무력화하는 이 시장실패 현상을 목격하면서 우리는 자연히 시장을 자생적 질서로 이끄는 '보이지 않는 손(invisble hand)'의 신화에 의심의 눈초리를 보내는 한편, 사적 선택의 자유에 수반되는 공적 책임의 윤리적 차원에 주목할 필요를 느끼게 된다. 이러한 윤리적 자기계몽의 근저에는 서구적 현대성의 총아인 이익추구의 자유가 결코 무제한적인 권리일 수는 없다는 자각이 깔려 있다."(소병철, 「윤리는 경제에 대하여 외생적인가?」, 185쪽.)

경제학은 동기의 옳고 그름을 판단하지 않는다는 의미를 조금 더 부연해서 설명하해 보자. 많은 문화권에서 음식에 대한 금기(taboo)가 존재한다. 가령 무슬림은 돼지고기를 먹지 않으며 힌두교도들은 쇠고기를 먹지 않는다. 굳이 종교적· 문화적인 금기까지는 아니더라도 어떤 문화권에서는 쌀을 주식으로 하는 반면 다른 문화권에서는 밀을 주식으로 한다. 문화의 차이뿐 아니라 개인의 선호에도 다양한 차이가 있다. 어떤 사람은 빵을 좋아하고 다른 사람은 과자를 좋아한다. 경제학이 동기나 선호의 옳고 그름에 대해 판단하지 않는다는 말은, 누구는 빵을 좋아하는 데 다른 사람은 과자를 좋아한다고 해서 그것을 윤리적으로 판단하지도 비난하지도 않는다는 뜻이다. 단적으로 경제학은 너는 왜 빵을 좋아하느냐고 묻지 않는다. 당연히 빵을 먹으라고 요구하지도 않고 반대로 빵 대신 과자를 먹으라고 요구하지도 않는다. 경제학은 다만 자원의 희소성이라는 제약조건 아래서 내가 가장 행복해지는 방법은 무엇인가를 고민할 뿐이다. 빵이든 과자든 간에 그것을 한 단위 더 소비함으로써 얻는 추가적인 편익 또는 효용과 그것을 소비하기 위해 지불해야 할 비용을 비교해 보았을 때 효용이 비용보다 크면 우리는 더 많은 빵을 소비할 것이고, 반대로 효용이 비용보다 작으면 우리는 소비를 줄일 것이다. 그래서 빵의 한계비용과 빵의 한계효용이 일치하는 점에서 소비자들은 효용의 극대화를 달성한다. 이는 빵이 아니라 과자든 다른 어떤 일용할 양식이든 마찬가지다. 그런데 만약 어떤 사람이 배가 고플 때 돌을 소비함으로써 만족을 얻는다면 경제학은 어떻게 대답해야 할까? 경제학은 당연히 선호의 선악을 판단할 수 없으니 효용이 극대화될 때까지 돌을 드시라고 대답해야 할까? 경제학은 당연히 병원에 가서 의사와 상담하시라고 대답한다. 이것이 경제학의 가치중립성이다. 여러 사회와 공동체들 사이에서는 물론 개인들 사이에서도 선호의 차이는 매우 중요한 문제다. 한 민족이나 집단을 잘 이해하기 위해서 우리는 그 집단에서 그런 금기나 문화적 관습이 어떻게 만들어져 왔는지 탐구해야 할 필요가 있다. 마찬가지로 우리는 한 개인을 더 잘 이해하기 위해서 그가 왜 그런 선호를 가지게 되었는지 그의 욕망의 근원을 들여다볼 필요가 있다. 문제는 매우 중요하고 반드시 필요하기는 하지만, 그럼에도 불구하고 이런 관심이 경제분석의 대상은 아니라는 점이다. 실은 경제학이 흔히 직면하는 난관 가운데 하나도 바로 여기에 있다. 어떤 분의 지적처럼 인간이 어떻게 행동하는 것이 합리적인지 알기 어렵게 만드는 한 가지 중요한 요인은 욕망의 변화 그리고 욕망의 다차원성 및 욕망들 사이의 갈등이다.[79] 그러나 경제학은 인간의 욕망을 다루면서도 그것이 어떻게 형성되고 어떻게 변화하는가에 대해서는 전혀 알지 못한다. 경제학은 인간의 선호와 욕망을 그저 주어진 것으로 간주하고 단지 그것을 어떻게 충족시킬 것인지만 고민한다. 그래서 인간을 더 잘 알고 더 올바로 이해하기 위해서는 경제학을 넘어선 성찰이 필요하다.[80]

그런데 한편에서는 경제학이 가치중립성을 표방한다고 비판하는 이들이 있는 동시에, 근대 경제학에 대해 비판적인 어떤 비평가들은 반대로 또 경제학이 가치 중립적인 실증과학이 아니라 오히려 많은 규범적 가치들을 전제하고 있는 가치 담지적 학문이라고 비판하기도 한다.[81] 이런 지적은 옳기도 하고 아니기도 하다. 왜냐하면 경제학은 가치 중립적인 학문이기도 하고 동시에 가치 담지적인 학문이기도 하기 때문이다. 얼핏 혼란스럽게 들릴지도 모르지만, 이는 위의 인용문에서 두 번 사용된 '가치'라는 단어가 실은 서로 다른 의미인 데서 비롯된 혼란이다. 모든 학문은 자신만의 규범과 전제와 체계를, 자신만의 가치관과 방법론을 가진다. 경제학 또한 그러하며, 그런 의미에서 경제학은 가치 담지적이다. 경제학을 가치 중립적이라고 부르는 것은 경제학이 동기의 윤리적 정당성에 대해 가치판단을 하지 않는다는 의미에서다. 그런데 다른 한편 인간 행위의 동기가 윤리적인지 아닌지 판단하는 데 대해 중립적이라고 해서 경제학이 경제주체들의 윤리적 행위

79 이정전, 「경제적 합리성 비판」, 60쪽.

80 우리는 당연히 경제학에 대한 모든 비판에 신경증적으로 반응해야 할 이유가 전혀 없으며, 경제학에 대한 타당한 비판에 대해서는 경청해야 한다는 것을 잘 안다. 가령 "오트프리트 회페(Otfried Höffe)의 지적대로 합리적 선택이론의 효용 계산 패러다임은 행위자의 선호나 욕망이나 이해관계를 잔순히 주어진 것(vorgegebene fertige Daten)'으로 간주하고 그것을 극대화할 수 있는 가능성만을 추구할 뿐이며, 그런 한에서 그것은 선호 함수에 대한 반성적인 관계를 결여하고 있음이 사실이다."(소병철, 「도덕성은 합리적으로 정당화될 수 있는가?」, 대동철학회, 『대동철학』 39집, 2007, 96쪽.)

81 박정순, 「현대사회와 인간 문화 철학적 성찰 —호모 에코노미쿠스 생살부」, 8쪽.

를 배제하는 것도 아니다. 공정무역(fair trade)의 예를 들어 보자. 지구 반대편의 커피 농장에서 일하는 농민들이 조금 더 정당한 임금을 받을 수 있도록 일부러 비싼 커피를 구입하는 행위는 당연히 윤리적으로 칭찬받을 만하다. 그러나 경제학은 모든 소비자가 더 비싼 가격으로 커피를 구입해야 한다고 주장하지 않는 것과 마찬가지로 그런 행위가 비효율적이라고 비난하지도 않는다. 공정무역에 참여함으로써 얻는 만족감이 커피에 지불한 비용보다 크다면 그것은 합리적인 선택이며, 마찬가지로 그 효용이 비용보다 작다면 더 비싼 커피를 구입하지 않는 것 또한 합리적인 선택이다. 다만 우리는 그의 선택이 합리적이고 효율적인지 아닌지를 판단할 수 있을 뿐 그가 어떤 선택을 하든 그것이 윤리적으로 정당하다거나 아니라고 판단하지는 못할 뿐이다. 어떤 이는 이를 '무관심'이라고 표현하기도 한다. 경제적 관계의 특수한 성질은 그것이 '자기중심주의(egoism)'가 아니라 '상호무관심(non－tuism)'이라는 데 있다는 것이다. 경제적 관계에 들어서는 동기는 자기중심적일 수 있지만, 일단 경제적 관계에 들어가게 되면 거래 당사자에 대해서는 무관심으로 대하게 될 것이라는 의미다.

> 어떤 경제주체가 거래에 임하는 목적은 다양할 수가 있고, 거래에서 얻은 이익을 어디에 사용하려고 하는지에 대한 전망도 다양할 수 있다. 즉 "경제적 관계에 들어서는 이유는 모든 범위의 인간의 목적과 충동으로부터 나올 수 있으며, 그것은 결코 자기중심적이고(egoistic), 자신만을 고려하는(self－regarding) 것에 국한되지 않는다." 하지만 윅스티드(Wicksteed)에 따르면, 거래에 들어서는 순간 거래 당사자의 처지가 아니라 자신이 얻게 될 몫만을 생각하게 마련이다. 다시 한번 강조해야 하는 것은 윅스티드에 따르면, 경제적 의사결정자가 거래 상대방의 처지에 대해 관심을 두지 않는다는 사실이 그가 이기적 동기에 의해서 거래에 참여하게 된다는 것을 의미하는 것은 결코 아니라는 사실이다.[82]

---

82 최정규, 「경제학에서 호모 이코노미쿠스의 지위, 그리고 타인을 고려하는 선호」, 162쪽.

경제학이 인간 행위의 동기에 대해 무관심한 이유는 경제주체들이 상호무관심적이기 때문이다. 이를 이해함으로써 우리는 동일한 사람이 시장에서는 대체로 이기적으로 행동하지만 시장이 아닌 영역에서는 상당한 정도로 이타적으로 행동하는, 얼핏 모순된 것처럼 보이는 행태도 이해할 수 있다. 마찬가지로 엄청나게 큰돈을 장애인이나 빈곤층의 노인들과 같은 사회적 약자들을 위해서 정기적으로 기부하면서 정작 자기 회사 노동자들의 임금인상 요구에는 냉담한 자본가의 모습도 이해할 수 있다.[83] 임금인상에 냉담한 자본가와 자선에 진심인 자본가를 비교하는 일은 쉽지 않다. 섣불리 선악을 판단하는 일은 삼가야 할 터다, 다만 같은 상황이라면 전혀 기부를 하지 않는 자본가보다는 사회적 약자들을 위해 기부를 많이 하는 자본가가 더 훌륭하다는 사실은 분명하지 않은가 싶다. 그런데 호모 이코노미쿠스에 대한 조금은 너무 극단적이지 않은가 싶기도 한 비판들을 듣다 보면 정작 이들이 비판하고자 하는 것이 호모 이코노미쿠스라는 개념이 아니라 실은 그런 인간상을 창조한 근대 경제학 그 자체, 또는 더 나아가서 근대 경제학을 낳은 자본주의 사회 그 자체가 아닌가 싶기도 하다. 가령 영국의 비평가이자 역사가인 칼라일(Thomas Carlyle, 1795~1881)이 "경제학은 우울한 학문(dismal science)"이라고 말했다는 이야기는 유명하지만, 정작 그가 말하고 싶었던 것은 자본주의의 미래는 장밋빛인데 경제학자들이 예견한 자본주의의 미래만 우울하다는 뜻인지, 아니면 자본주의의 미래 그 자체가 우울하다는 뜻이었는지가 궁금하다.[84] 앞

---

83 "이타심의 부족은 인간들의 본성이 나쁘기 때문이 아니라 인간의 인지능력의 한계 때문이다. 이타심의 덕성은 얼굴과 얼굴을 아는 대면 사회에서 가능한 이유다. 절친한 사람들에게 도움이 필요하다고 할 때 우리는 그를 어떻게 도와야 하는지를 잘 알고 있다. 하지만 세상에서 수천 명 또는 수만 명의 불쌍한 사람들 각자의 개별적인 사정을 알지 못한다면 불쌍한 사람들에 대해 불쌍한 감정 또는 연민을 갖는 것만으로는 충분하지 않다. 아무리 그들의 불쌍함에 마음이 흔들릴지라도 고생하는 수많은 사람들에 관한 추상적인 지식은 우리의 일상활동의 영역을 안내하지 못한다. 우리는 우리의 삶의 범위 내에 있는 사람들의 불행을 느끼는 방식과 똑같은 방식으로 불행하다는 것은 알지만 개별 사정을 알지 못하는 수천 수백만의 불행을 느낄 수 없다."(민경국, 「애덤 스미스의 도덕감정론: 상업사회와 도덕규칙」, 한국제도경제학회, 『제도와 경제』 제17권 제3호, 2023, 58쪽.)

84 이것은 여담이지만 흔히 칼라일이 "경제학은 우울한 학문"이라는 말을 하게 된 계기가 로버트 맬서스(Thomas Robert Malthus, 1766~1834)의 『인구론(An Essay on the Principle of Population, 1926)』을 읽고서라고 한다. 그러나 나는 칼라일이 읽은 경제학 교과서가 혹시 리카도가 아니었을까 하고 의심해 본다. 개인적으로 리카도 자신은 자본주의에 대해 매우 긍정적인 견해를 가지고 있었지만, 정작

에서 인용한 영국의 사회학자 러스킨도 경제학에 대해 매우 비판적인 평론가 가운데 한 사람인데, 그는 호모 이코노미쿠스 즉 합리적 경제인이라는 개념을 전제하는 경제학자들을 '뼈 없는 인간' 가설에 의존하는 어리석은 체조학자에 비유하기도 했다. 러스킨에 따르면 심지어 경제학은 인류를 지배해 온 망상들 가운데서도 가장 어리석은 망상이다. "다양한 시대를 통해 수많은 인류의 마음을 지배해 온 갖가지 망상들 가운데 가장 기묘한 - 어쩌면 가장 명예롭지 못한 망상은, 사회적 행동의 규범은 사회적 애정의 작용에는 아무런 관계도 없이 결정되는 것이 유리하다는 관념에 바탕을 두고 있는, 소위 경제학이라는 근대의 학문일 것이다."[85]

> 첫째 의문은 이것이다. 섬에 고립된 호모 이코노미쿠스의 행동에서 구체적으로 무엇이 경제적이라는 말인가? 로빈슨 크루소가 자신의 힘과 자원을 '절약하려(economize)' 노력하며, 난파선에서 판자를 가져다 비를 피할 지붕을 만들지, 아니면 야생동물로부터 정원을 보호하는 데 쓰는 게 나을지 고민했던 것은 사실이다. 하지만 예상되는 결과(혹은 예상되는 이익에 따른 위험)를 놓고 어느 쪽에 노력을 기울일지에 대한 그의 선택은 분별력 있는 사람이라면 누구라도 자연스럽게 취하게 되는 태도 아니던가? 교환에 대한 언급 없이 경제를 단순히 절약과 비용[이익 계산이라는 순전한 도구주의로 축소해 버리는 게 어떻게 가능한가? 특정한 목적을 달성하기 위해 제한된 수단을 조직하는 것은 모든 사회에서 '지적인' 행위라고 할 뿐이다. 이런 식으로 경제를 정의하면 세상의 모든 행위가 경제라는 말과 다르지 않다. 프라이데이를 만나기 전에] 즉 교환을 실천하기 전에[로빈슨 크루소는 경제에 참여했던 것인가, 아니면 그냥 살아남으려 최선을 다했던 것인가? 로빈슨 크루소가 했던 행동이] 대부분의 경제학자들이 생각하는 것처럼—둘 다를 의미한다고 본다면, 경제학은 기껏해야 생존의 '과학'일 뿐이라는 결론에 이르게 된다. 그

그의 경제학이 제시하는 결론에 따르면 자본주의의 미래는 매우 우울한 사회가 될 수밖에 없기 때문이다. 리카도에게 어떤 책임을 지우려는 의도가 아니라, 맬서스든 리카도든 경제학이 우울한 이유가 어느 특정한 경제학자 때문은 아니라는 뜻이다.

85 러스킨, 김석희 옮김, 『늦게 온 이 사람에게도』, 열린책들, 2010, 51쪽.

리고 무엇보다 경제 '과학'은 그 모형을 통해서, 모든 사람이 자기자신만을 위해 살아가며 사회는 존재하지도 않는다는 듯 학문의 중심에 고립된 개인을 두게 된다.[86]

앞에서 라이오넬 로빈스를 런던정치경제대학을 신자유주의 경제학의 발상지로 만든 장본인이라고 부른 이유는, 아직 경제학자로서 거의 알려지지 않았던 하이에크를 런던정치경제대학의 교수로 초청한 사람이 바로 로빈스였기 때문이다. 어쩌면 프리드먼보다 로빈스가 더 많은 비판을 받는 이유도 여기에 있지 않은지 모르겠다. 로빈스에 대한 비판이 왜 갑자기 멩거에 대한 비판으로 넘어가 버렸는지는 모르겠지만, '로빈슨 크루소의 학문'이라는 표현은 리카도보다 멩거의 경제학에 대한 조롱으로 사용되었다. 정작 멩거 자신은 그런 비판을 매우 자랑스럽게 여겼지만 말이다. 멩거는 실제로 강의 도중에 자주 "우리 로빈슨이…" 하는 표현을 사용하고는 했다고 한다. 멩거와 '방법론 논쟁(Methodenstreit)'을 벌였던 역사학파의 대가 슈몰러(Gustav von Schmöller, 1838~1917)는 "독일의 모든 대학에서 저 어리석은 로빈슨 크루소(Robinson Crusoe) 이야기나 가르치는 영국식 경제학을 추방해야 한다"고 분개한 적도 있다.[87] 슈몰러가 영국식 경제학이라고 부른 것은 물론

86 리스트, 『경제학은 과학적일 것이라는 환상』, 56~57쪽.

87 고전학파의 해체 이후 19세기 중후반 유럽의 사회과학계는 직간접적으로 역사학파(Historical School)의 영향력 아래 놓여 있었다. 후기 역사학파를 대표하는 경제학자인 슈몰러는 국민경제의 유기적 연계와 역사적 방법을 강조함으로써 역사학파의 방법론을 체계화했다. 슈몰러는 역사적 방법을 이론적 명제를 설명하고 확증할 뿐만 아니라, 어떤 이론이 타당성을 유지할 수 있는 범위와 한계를 밝혀주고 또 그 위에 새로운 진리를 귀납적으로 얻게 해 주는, 유일하지는 않지만 가장 중요한 방법이라고 생각했다. '방법론 논쟁'은 신고전학파의 선구자 가운데 한 사람이자 그 당시에는 아직 유망하지만 미숙한 신진 경제학자로 평가받던 멩거가 자신의 저서인 『사회과학 특히 경제학의 방법론에 관한 연구(Untersuchungen über die Methode der Sozialwissenschaften und der Politischen Ökonomie insbesondere, 1883)』에서 경제학 연구의 목적은 보편적 원리를 규명하는 데 있으며, 따라서 경제학 연구의 가장 좋은 방법은 이성적 방법이라고 역사학파의 방법론을 비판한 데서 시작된다. 이에 대해 슈몰러가 「정치사회과학의 방법에 대하여(Zur Methodologie der Staats－und Sozialwissenschaften)」라는 논문에서 멩거의 주장을 반박했고, 이를 멩거가 다시 재반박함으로써 논쟁이 본격화되었다. 역사학파 경제학의 다른 선구자들처럼 슈몰러 역시 경제생활은 정신적·사회적 측면을 동시에 포함하기 때문에 경제행위의 동인은 심리적·역사적으로 분석되어야 한다고 주장했다. 추상적인 방법에 의해서는 도덕·법·문화 등의 일반적 요인을 광범하게 규명할 수 없으므로 이를 위해서는 역사적 방법이 중심이 되지 않으면 안 된다는 것이다. 이처럼 슈몰러의 방법론은 사회현상의 상호관련성이라

고전학파 경제학과 그 계승으로서의 신고전학파 경제학이지만, 그 가운데서도 특히 슈몰러가 비판하고자 한 대상은 바로 멩거와 그의 동료들이었다.[88] 아무튼 인용을 읽다 보면 호모 이코노미쿠스에 대한 비판을 넘어 분노에 가까운 적대감이 느껴지는 듯도 하다. 저자는 로빈슨 크루소의 어떤 행동이 경제적이냐고 묻는다. 하지만 누가 보더라도 로빈슨의 모든 행동이 경제적이지 않은가? 인용문은 로빈슨의 선택은 분별력 있는 사람이라면 누구라도 자연스럽게 취하게 되는 태도일 뿐이라고 비판한다. 하지만 이 인용의 불과 몇 줄 위에서는 호모 이코노미쿠스가 현실의 인간들과 다르다는 이유로 비판하고 있다. 그런데 또 몇 줄 아래에서는 호모 이코노미쿠스가 분별력 있는 보통사람들과 다르지 않게 행동한다고 비판하는 것이다. 단언하자면 호모 이코노미쿠스는 분별력 있는 보통사람들과 조금도 다르지 않다. 물리학자들은 우리 은하로부터 몇백 광년 이상 떨어진 안드로메다나 그런 먼 은하에서 벌어지는 물리 현상들에 대해 설명하는 것이 아니라, 바로 우리가 살고 있는 자연계에서 매일 매순간 일어나는 현상들을 설명한다. 다만 보통사람들이 매일 매순간 체험하면서도 미처 인식하지 못하거나 인식하더라도 설명하지 못하는 현상들을 물리학자들은 물리학의 개념과 논리를 사용하면서 설명해 줄 뿐

는 개념에 기본적인 토대를 두고 있다. 이에 대해 '방법론적 개인주의'라고 불리는 멩거의 방법론은 슈몰러와는 반대로 경제현상을 고립화시키고 분리시켜 분석하고자 했다. 멩거는 과학이나 이론이 현상에 대한 정밀법칙을 규명하기 위해서는 실재(Sein)를 가장 단순한 요소로 분해해야 한다고 생각했다. 그런데 사회현상에서 가장 단순한 요소에 해당하는 것은 바로 개인이므로, 화학에서 순수한 수소를 추출하여 그 법칙을 밝히는 것과 마찬가지로 사회과학에서도 순수한 이기심에 따라 합리적으로 행동하는 개인의 행위를 분석함으로써만 그 법칙을 규명할 수 있다는 것이다. 멩거는 사회를 자유로운 개인들 간의 교환관계의 집합으로 간주했으며, 경제현상은 어떤 사회적 힘의 표현이 아니라 개인 행위의 결과라고 보았다. 따라서 전체 경제과정을 이해하기 위해서는 개인의 경제행위를 분석해야 한다는 것이 멩거의 방법론적 개인주의다. 슈몰러와 멩거의 논쟁은 굳이 그 근원을 찾아가 보자면, 인간 행동의 배경이 내재주의적인 내심성에 있는가 아니면 외재주의적인 외심성에 있는가 하는 데카르트 이후 서양사상사에서 끊임없이 진행되어 온 논쟁의 경제학적 번역이라고 할 수 있다.(조준현, 『철학으로서의 경제학』, 20~21쪽.)

88 지금은 신고전학파라는 명칭을 고전학파의 계승이라는 의미로 사용하는 것이 보통이지만 처음 이 용어가 등장했을 때의 의미는 계승보다 차별성에 더 강조점이 주어져 있었다. 심지어 멩거는 자신의 경제학이 신고전학파로 불리는 것 자체를 매우 싫어했다고 한다. 그 당시에는 신고전학파라는 명칭이 주로 마셜과 케임브리지학파를 가리키는 경우가 많았는데, 멩거는 마셜의 경제학이 리카도 이후 영국 경제학의 전통에서 벗어나지 못한 데 반해 자신의 경제학은 전혀 새로운 내용과 체계를 가지고 있다고 생각했기 때문이다.

이다. 마찬가지로 경제학자들은 분별력 있는 보통사람들이 매일 매순간 스스로 결정하고 행동하면서도 미처 인식하지 못하거나 설명하지 못하는 선택들을 경제학의 개념과 논리를 사용해 설명해 주는 것이다.

> 물리학자 스티븐 호킹(Stephen Hawking)의 『위대한 설계(Grand Design, 2010)』라는 책의 첫 장에는 읽기에 따라서 인문과학 종사자들의 마음을 다소 거북하게 만들 만한 인상적인 구절이 있다. 이 책에서 호킹은 이론물리학이 일군 최첨단의 학문적 성과를 바탕으로 만물의 모든 물리적 현상을 설명할 수 있는 궁극 이론(ultimate theory)에 대한 야심을 공공연하게 밝히면서 이렇게 쓴다. "철학은 이제 죽었다. 철학은 현대 과학 발전, 특히 물리학의 발전을 따라잡지 못했다. 지식을 추구하는 인류의 노력에서 발견의 횃불을 들고 있는 자들은 이제 과학자들이다." 물론 호킹의 저 자신만만하고 심지어는 오만하기까지 한 선언을 그다지 심각하게 받아들일 필요는 없을지도 모른다. 하지만 그 선언의 밑바탕에 오래전부터 과학계에서 이어져 온 '모든 것의 이론', 즉 만물의 물리현상을 단일한 힘의 원리로 설명할 수 있다는 통합 이론에 대한 욕망을 기억하는 것은 여러모로 중요할 수 있다. 이를테면 인문사회과학 영역에서도 이러한 방식의 '모든 것의 이론'이 존재하고 있으니, 그것은 바로 경제학, 더 정확히 말하면 미국의 신자유주의 전통 속에서 탄생한 시카고학파의 경제학이다. 특히 '합리적 선택이론(rational choice theory)'이라고 불리는 경제학적 모델을 극단적으로 확장시킨 경제학자 게리 베커의 방법론은 오늘날 인문사회과학 분야에서의 '모든 것의 이론'이라고 비유될 수 있을 만큼 사회학, 정치학, 교육학, 법학 등 타 분과 학문에 결정적인 영향력을 행사하고 있다.[89]

호모 이코노미쿠스를 비판하기 위해 굳이 스티븐 호킹 교수까지 동원해야 했는지는 모르겠다만 인용의 도입부는 소기의 성과를 거두는 데 실패한 듯이 보인다.

---

89 강동호, 「호모 에코노미쿠스와 근대의 통치성」, 문학과지성사, 『문학과사회』 27권 3호, 2014, 440~41쪽.

"만물의 모든 물리적 현상을 설명할 수 있는 궁극 이론에 대한 야심"과 과학이 철학의 지위를 대신하게 되었다는 사실은 전혀 무관하기 때문이다. 아마 논리학 전공자라면 이를 두고 논점 일탈의 오류라고 지적했을 법하다. 그런데 정작 놀라운 사실은 물리학자들이 이루지 못한 그 야심을 경제학자들이 달성했다는 것이다. 내가 지나치게 과문한 탓인지는 모르겠으나, 경제학 전공자로서도 처음 들어 보는 놀라운 주장이다. '그 모든 것의 이론', 이 세상 만물의 원리를 모두 통합한 이론은 시카고학파이며, 합리적 선택이론이다. 이런 주장이 왜 놀라운가 하면, 어느 경제학자도 저렇게 주장하는 것을 본 저고 들은 적도 없는 것은 물론, 비록 20세기 후반 이후 경제학에서 큰 영향력을 가지고 있기는 하지만 시카고학파는 경제학의 여러 학파 가운데 하나일 뿐 경제학 전체를 표상하지도 대변하지도 않기 때문이다. 마찬가지로 합리적 선택이론은 시카고학파의 많은 경제이론들 가운데 하나일 뿐, 그것이 시카고학파를 대표하지도 않고 더 나아가 근대 경제학을 대표하는 일은 더더욱 없기 때문이다. 이것이 비난인지 칭찬인지는 차치하고 경제학에 대한 이런 방식의 이해는 그다지 드물지 않다. 다른 예를 보면 "이러한 호모 이코노미쿠스의 합리성 모형은 20세기 후반부터 합리적 선택이론으로 정교화된다. 호모 이코노미쿠스에 근거한 합리적 선택이론은 경제학의 영역을 넘어서 결혼과 범죄라는 일상적 개인사로부터 철학, 심리학, 정치학, 사회학, 문화인류학 등 인문사회과학뿐만 아니라, 자연과학으로 자부하는 사회생물학에까지도 적용되어 인간과 동물의 합리적 행동에 대한 보편적인 방법론으로 자리잡기에 이르렀다. 이러한 현상은 '경제학적 제국주의'라고 할 만하다."[90]

위에서 인용한 두 저자의 글에 공통적으로 나타나는 오류는 인간은 합리적이라거나 인간은 합리적으로 행동하고 선택한다는 인간의 본성에 대한 일반론적인 언급과 합리적 선택이론이라는 특수한 경제이론을 혼동하는 것이다. 가령 인간은 이기적이라는 주장은 모든 인간을 설명한다. 마찬가지로 인간은 이타적이라는 주장도 모든 인간을 설명한다. 하지만 그렇다고 우리가 이런 주장들을 이기적 선택

[90] Radnitsky & Bernholz, Economic Imperialism, 1987, 박정순, 「현대사회와 인간 문화 철학적 성찰 — 호모 에코노미쿠스 생살부」, 2쪽에서 재인용.

이론이나 이타적 선택이론이라고 부르지는 않는다. 인간이 합리적이라는 주장은 인간이 이기적이거나 이타적이라는 주장과 같은 맥락에 있다. 그것을 합리적 선택이론이라고 부르는 경제학자는 아무도 없다. 시카고학파에서부터 합리적 선택이론에 또 효용이론까지 열거하면서 경제학이 모든 것을 설명하려고 시도한다고 주장하는 것은, 뉴턴의 역학에 상대성이론과 양자역학을 열거하면서 물리학이 모든 것을 설명하려고 시도한다고 주장하는 것과 다르지 않다. 아무튼 이토록 많은 비전공자들이, 말씀드린 것처럼 칭찬인지 비난인지는 모르겠지만 호모 이코노미쿠스에 관심을 가진다는 사실은 놀랍다. 물론 우리는 누구든 경제적 세계 속에 살고 있으므로 당연히 경제문제에 관심을 가지지 않을 수 없다. 하지만 경제문제에 관심을 가진다는 것과 경제학에 관심을 가진다는 것은 전혀 다른 문제다. 보통사람들은 물리적 세계 속에 살고 있지만 물리학에 그다지 관심을 가지지는 않는다. 가령 높은 곳에서 아래로 지나가는 사람에게 벽돌을 던지면 아마 크게 다치거나 때로는 생명을 잃을 것이다. 하지만 그런 사고를 피하기 위해서 우리 모두가 고체역학을 공부해야 할 필요는 없다. 그런데도 왜 이토록 많은 분들이 경제학에 관심을 가지는지 모를 일이다. 이유야 어떻든 경제학에 관심을 가져 주시는 것은 매우 고마운 일이다. 하지만 경제학 전공자인 내가 전혀 알지 못하는 열역학이나 유체역학에 대해 언급한다면 매우 주제넘은 일일 터다. 경제학은 가족이나 범죄 문제에 관심을 가지기는 하지만 가족학이나 범죄학에 대해서 말하지는 않는다. 경제학이 과연 다른 학문들에 대해 제국주의적인 태도를 가지고 있는지는 모르겠다만, 행여라도 다른 분야를 전공하는 분들이 그렇게 느꼈다면 대단히 죄송스러운 일이다. 혹시나 오해하실 분이 있을까 말씀드리면, 이 표현은 인용문의 저자가 만든 말은 아니며, 합리적 선택이론을 이야기할 때 자주 언급되는 표현이기는 하다. 그러나 다른 학문들이 합리적 선택이론의 방법을 차용하는 경우가 많다면 그것은 경제학의 제국주의적 행태 때문이 아니라 합리적 선택이론이 그만큼 유용하기 때문은 아닌가?

최근의 경제학 특히 합리적 선택이론 이후의 경제학은 전통적인 경제문제들뿐 아니라 결혼이나 범죄와 같은 문제들에도 관심을 가지고 분석하는 일이 많다.[91] 다만 경제학이 동물의 합리적 행동에까지 보편적인 방법론으로 자리잡았다는 것은 조금 과장된 이야기가 아닌가 싶기도 하다. 경제학이 이런 주제들에 관심을 가지는 데 대해 제국주의적이라고 비난하는 이유는, 그런 주제들이 경제학이 아니라 다른 학문의 영역이기 때문이거나 그런 영역이어야 한다고 생각하기 때문일 듯싶다. 하지만 그렇다면 도대체 경제학은 어떤 문제에 관심을 가져야 하는지 궁금하다. 경제학이 범죄에 관심을 가진다고 해서 경제학이 범죄를 해결할 수 있다고 믿는 경제학자는 아무도 없다. 다만 경제학은 범죄 문제에 대해 경제학적인 의견을 제시할 뿐이다. 이런저런 문제에 자신의 의견을 제시하는 일은 당연히 다른 학문들도 마찬가지일 터다. 그런데 여기서 의아한 일은 경제학이 일상적 개인사나 다른 학문 분야들에 무관심하다고 비판하는 분들이 이제는 또 경제학이 다른 학문 분야에 대해 경제학이 제국주의적으로 처신한다고 비판하는 일이다. 경제학이 수학적 방법을 사용한다는 사실도 비판의 이유가 된다. "(경제학적 제국주의라는 비판에 이어) …또한 경제학은 호모 이코노미쿠스의 합리적 행동을 수학적으로 정식화함으로써 엄밀한 가치중립적 실증과학으로서뿐만 아니라 실증과학적 결론을 통해 사회정책 전반에 대한 처방을 주도하는 규범과학으로서도 '사회과학의 여왕' 자리를 유지해 왔다. 따라서 호모 이코노미쿠스에 근거한 경제학과 합리적 선택이론은 인간의 개인적·집단적 합리적 행동에 대한 간결하면서도 엄밀한 서술적·예측적 설명력과 아울러 처방적 규범성을 제시하는 호소력 있는 이론으로 인정되어 왔다. 이러한 현상을 볼 때, 호모 이코노미쿠스는 '보편적인 인류'가 된 느낌

91 합리적 선택이론(rational choice theory)은 인간의 경제적·사회적 행동을 이해하고 모형화하기 위한 분석방법이다. 시카고대학의 게리 베커(Gary Becker, 1930~2014)에 의해 체계화되었는데, 베커는 전통적인 경제학의 영역이 아닌 일반적으로 사회학의 영역으로 여겨져 왔던 가족 관계, 인종 차별, 마약 중독, 범죄 등 다양한 분야에 경제학적 원리를 적용함으로써 경제학의 범위를 넓히는 데 기여했다. 합리적 선택이론의 기본적 전제는 집합적인 사회적 행위는 개별적인 행위자들의 행위로부터 연유한다는 것이다. 모든 행위자들의 결정은 개별적이며, 합리적 개인인 행위자들은 이용 가능한 정보, 사건의 가능성, 잠재적 비용과 이익 등을 고려해 여러 대안들 가운데 최적의 대안을 선택한다. 행위자들은 목표의 가치를 고려하지 않고 가장 비용 효율적인 방법을 사용해 목표를 달성한다. 그러나 이때의 목표는 물질적 이익에 국한되지 않으며, 여기에는 규범적 또는 관념적 목표들과 이타적 목표들도 포함된다. 합리적 개인의 가정이 호모 이코노미쿠스라는 분석모형에 기초한다는 것은 명백하다.

이다."[92] 경제학이 다른 학문 분야들에까지 제국주의적 행태를 보인다는 비판에 이어지는 이런 서술은 과연 경제학에 대한 비판인지 아니면 반대로 경제학에 대한 찬사인지 모르겠다. 사실 다른 학문 분야의 전공자들이 경제학에 대해 쓴 글들 가운데는 부정인지 긍정인지 이해하기 어려운 경우가 많다. 어쩌면 글을 쓴 분 스스로도 자기 마음을 잘 몰랐던 것은 아닌지도 모르겠다. 아무튼 경제학이 인간의 행동을 수학적으로 정식화함으로써 엄밀한 서술적·예측적 설명력을 가졌다는 언급은 경제학에 대한 칭찬임이 분명하다. 그렇다면 가치중립적 실증과학으로서의 경제학에 대해서는 긍정적이지만, 실증과학에 그쳐야 할 경제학이 감히 규범과학처럼 행세하려 든 것이 잘못인가? 바로 그런 태도가 경제학적 제국주의라는 의미인가? 더군다나 경제학이 수학적 언어를 사용함으로써 사회정책 전반에 대한 처방을 주도하는 규범과학이 되었다니? 차라리 그 반대라고 해야 옳지 않은가?

경제학이 수학적 언어를 사용하는 데 대해 비판적인 이들의 주장은, 경제학이 수학적 도구를 중요하게 사용하는 이유가 규범이나 가치를 부정하고 도구적 유용성만 추구하기 때문이라는 것이다. 그러나 경제학이 수학적 방법을 사용하는 이유는 연구를 세련되게 보이도록 하기 위해서나 복잡하게 만들기 위해서가 아니며, 더 진실처럼 보이게 하기 위해서도 아니다. 경제학에서 수학은 본질적으로 두 가지 역할을 하는데, 명료성(clarity)과 일관성(consistency)이다.[93] 경제분석에 수학적 논리를 처음 도입한 이는 데이빗 리카도다. 그런데 이런 이유로 리카도를 비판하는 사람들도 적지 않다. 다만 여기에도 단순하지만은 않은 오해가 있다. 리카도의 저작들에는 요즘의 경제학 논문들에서 보는 것 같은 복잡한 수식이 전혀 나오지 않는다. 경제학은 수학적 도구들(tools)을 사용하는 것이 아니라 수학적 논리(logic)를 사용하는 학문이기 때문이다. 얼핏 엉뚱한 이야기처럼 들릴지도 모르지만, 그 당시 지식인들 사이에서 주목받던 새로운 학문인 경제학에 특히 각별한 관심을 가진 인물로는 철학자 헤겔(Georg Wilhelm Friedrich Hegel, 1770~1831)이 있다. 『법철학 강요(Grundlinien der Philosophie des Rechts, 1820)』에서 헤겔은 애덤 스미

92 박정순, 「현대사회와 인간 문화 철학적 성찰 —호모 에코노미쿠스 생살부」, 2~3쪽.
93 로드릭, 이강국 옮김, 『그래도 경제학이다』, 생각의힘, 2015, 46쪽.

스와 리카도의 이름을 직접 언급하면서 "(경제학의) 발전상을 보면 어떻게 사상이 무수히 많은 개별적 사항들로부터 사태의 핵심에 있는 단순한 원리를 발견해내는지에 대해 흥미로운 점을 보여준다"고 평가했다.[94] 한 마디로 경제학이 수학적 도구들을 사용하는 이유나 도구적 합리성을 추구하는 이유는 현실을 회피하기 위해서가 아니라 오히려 그 반대로 현실의 핵심에 있는 원리들을 가장 명료하고 가장 일관성 있게 발견해내기 위해서인 것이다.[95]

경제학을 비판하기 위해 로빈슨 크루소 이야기를 가지고 온 이가 정작 이야기하고 싶었던 본심은 어쩌면 경제학의 방법론, 즉 '방법론적 개인주의'에 있는 듯싶기도 하다. 얼핏 보면 로빈슨 크루소의 세계라는 경제학의 가장 기본적인 전제는 전혀 터무니없이 비현실적인 것으로 보인다. 하지만 경제학자들도 호모 이코노미쿠스가 사회로부터 유리된 채 혼자 살아가는 인간형이 아니며, 그 누구도 그런 식으로 자신의 삶을 영위할 수는 없다는 사실을 잘 알고 있다. 그런데도 경제학이 방법론적 개인주의를 채택하는 이유는 사회를 설명하기 이전에 그 사회를 구성하는 개인들이 어떻게 합리적 사고를 전개하고 확장해 나가는가를 분석하고 설명할 필요가 있기 때문이다. 비판자들은 왜 호모 이코노미쿠스는 교환을 하지 않느냐고 항의한다. 하지만 그래서 신은 로빈슨 크루소에게 프라이데이를 보내지 않으셨는가? 다만 교환은 생산 다음의 문제이고, 교환하기 이전에 로빈슨은 자신이 가진 자원을 가장 효율적으로 배분했을 때 무엇을 얼마나 생산할 수 있는가를 결정해야 하는 것이다. "방법론적 개인주의를 지지하는 주장은 이것이 경제적 지

---

94 박배형 주해, 『헤겔과 시민사회』, 서울대학교출판문화원, 2020, 29~30쪽.

95 경제학이 수학적 방법을 사용하는 데에는 도구로서의 유용성보다 더 중요하고 근원적인 이유가 있다. 독일의 신칸트주의(Neukantianismus) 철학자인 빌헬름 빈델발트(Wilhelm Windelband, 1848~1915)는 자연과학이나 수학은 보편법칙을 찾아내는 '법칙 정립적(nomothetisch)' 학문이며, 정신과학이나 문화과학은 개별적 사실, 그 가운데서도 역사적 사실을 찾아내는 '개성 기술적(idiographisch)' 학문이라고 구분했다.(렌취, 이원석 옮김, 『20세기 철학 입문』, 북캠퍼스, 2023, 18쪽.) 빈델발트의 영향을 받은 역사학자 하인리히 리케르트(Heinrich Rickert, 1863~1936)도 같은 의미에서 자연과학과 문화과학의 방법은 구분되어야 한다고 주장했다.(리케르트, 이상엽 옮김, 『문화과학과 자연과학』, 책세상, 2004, 29쪽 이하.) 문화과학(Kulturwissenschaft)은 독일어권에서 인문과학을 대신해 자주 사용하는 용어다. 이런 구분에 따르면 경제학은 명백하게 법칙 정립적 학문이다. 그리고 수학적 방법은 법칙정립적 학문에 공통적인 특성이다.

식을 추구하는 유일하게 수용 가능한 방식이라는 주장이 아니라 개인주의적 공준들에 근거하지 않은 모형들에 대해 회의적일 것을 지지하는 주장이자 또한 아직 개인주의적 토대들을 가지지 않은 모형들에 대해 개인주의적 토대들을 탐색할 것을 지지하는 주장이기도 하다. 이러한 개인주의적 토대들이 없다면 경제학자들은 모형의 결론들에 대해 회의적이어야 한다."[96] 물론 경제학이 도구적 합리성을 사용하는 데 대한 변호가 반대로 도구적 합리성이 완전하다는 의미는 전혀 아니다. 우리는 도구적 합리성의 한계나 그것이 안고 있는 위험성에 대해서도 충분히 주의하고 경계해야 할 필요가 있다. 다만 여기서 그 점을 자세히 논의하기에는 적절하지 않은 듯싶다. 무엇보다 도구적 합리성의 한계를 지적하기 위해서는 이성의 한계—굳이 이야기하면 이성이 도구적으로 사용될 때의 위험성 즉 도구적 이성에 대한 비판에까지 나아가지 않으면 안 된다.

호모 이코노미쿠스의 세 번째 특징은, 논란의 여지가 있을 수 있으나, 자기이해(self-understanding)다. 굳이 논란의 여지가 있을 수 있다고 부언한 이유는, 호모 이코노미쿠스의 앞선 두 가지 특성에 대해서는 대부분의 경제학자들이 동의하지만 자기이해에 대해서는 부정한다기보다 간과하는 분들이 많기 때문이다. 자기이해를 소극적으로 이해하면 자신의 욕구와 자신에게 주어진 이성의 능력을 이해한다는 의미다. 그러나 좀 더 적극적으로 자기이해라는 개념을 이해하면 그것은 나의 욕구와 이성의 힘을 알 뿐 아니라 그런 욕구와 이성의 주체로서 자기자신, 독립된 개인으로서의 자기자신을 안다는 것을 의미한다. "(…호모 이코노미쿠스의 세 가지 핵심적 가정 가운데) 둘째가 선택방식으로서 일관된 선호에 따른 수단적 합리성의 구현이고, 셋째가 선택의 주체와 단위로서의 개인이다."[97] 욕구를 가진 인간은 아직 일차원적인 존재에 머물러 있다. 이성을 가진 존재로서 인간은 이차원적인 존재다. 인간은 자기를 이해함으로써 비로소 전체적인 존재에 이른다. 칸트의 표현을 빌리면 인간을 구성하는 세 요소 가운데 욕망=동물성의 소질에서 이성=인

---

96 홀콤, 황수연 옮김, 『경제모형과 방법론』, 리버티, 2013, 123쪽.

97 Etzioni, The Moral Dimension: Toward a New Economics, 박정순, 「현대사회와 인간 문화 철학적 성찰 —호모 에코노미쿠스 생살부」, 9쪽에서 재인용.

간성의 소질을 넘어 인격성의 소질로 나아가는 것이다.[98] 많은 철학자들이 인간의 욕구를 인간적인 속성이 아니라 반대로 인간적인 속성 외부에 있는 하위의 속성이라고 부정적으로 이해한 이유는 욕구를 가지면서도 자신의 욕구를 이해하지 못하는 인간은 아직 일차원적인 존재에 머물러 있을 뿐이기 때문이다. 마찬가지로 우리가 도구적 이성, 도구적 합리성의 한계를 지적하고 비판하는 이유는 인간에게 이성의 힘은 매우 중요하지만, 이성의 주인으로서 자기자신이 독립된 개인임을 올바로 이해하지 못한다면 그 인간은 아직 이차원적인 존재에 머물러 있을 뿐이기 때문이다. 이제 욕구와 이성을 넘어 자기이해에 이름으로써 인간은 루카치(Lukács György, 1885~1971)의 표현처럼 총체적인 인간이 될 수 있다.[99]

---

[98] 인간을 실천적 행동으로 이끄는 소질적 요소 가운데 첫 번째 동물성의 소질은 자연적이고 기계적인 단순한 자기애를 의미한다. 이는 자기 생명의 유지와 종족 번식를 위한 즉자적인 욕구만 가진 상태다. 이런 자기애에는 단순히 사람들과 함께 있고 싶어 하는 '사회에의 충동'도 포함된다. 두 번째 인간성의 소질은 계산하는 이성이 함께 하는 자기애다. 이는 타인과의 비교를 통해 자신의 행복과 불행을 평가하는 기질이다. 마지막으로 인격성의 소질은 도덕 법칙에 대한 존경의 수용성이다. 이때 존경이란 '의사(意思)의 그 자체로서 충분한 동기'를 의미한다. 다시 말해 인격성이란 인간 이성이 스스로에게 명령하는 당위의 규칙으로서 도덕법칙을 자신의 행동의 준칙으로 삼는다는 뜻이다.(백종현, 「칸트에서 자유의 이념과 도덕원리」, 서울대학교 철학사상연구소, 『철학사상』 제1권, 1991, 32쪽.)

[99] 헝가리 출신의 마르크스주의 철학자이자 미학자인 루카치 죄르지는 "진리는 전체다"라는 헤겔의 『정신현상학』 「서문」의 문장으로부터 '총체성(totality)'이라는 개념을 이끌어낸다. 먼저 『소설의 이론(The Theory of the Novel: A Historico-philosophical Essay on the Forms of Great Epic Literature, 1915)』에서 루카치는 예술을 현실의 반영으로 생각했다. 예술작품이 현실을 잘 반영하기 위해 필요한 것이 총체성이다. 그러나 예술작품이 현실의 모든 측면, 부분, 관계를 다 표현할 수는 없다. 그래서 루카치는 고대 그리스의 서사시들을 예로 들면서 현실의 외연적 총체성이 아니라 내포적 총체성을 표현해야 한다고 주장했다. 루카치가 말하는 내포적 총체성이란 현상화된 삶의 단편들에 대해 객관적으로 결정적인 의미를 가지면서 전체적인 삶의 과정 속에서 여러 규정들을 내적으로 완결시키는 연관 관계를 가리킨다. 예술작품이 대상의 전체를 자연스러운 통일성으로 묘사한 경우를 총체성이라고 불렀다. 그런데 이처럼 미학적 개념으로 사용되던 총체성을 루카치는 『역사와 계급의식(Geschichte und Klassenbewußtsein, 1923)』에서는 더 나아가 역사 현실과 주체의 인식 사이의 관계로 확장한다. 루카치가 활동하던 당시 사상적으로나 실천적으로나 마르크스주의 사회운동의 중심이었던 독일사회민주주의노동자당은 마르크스의 역사적 유물론을 잘못 해석해, 경제적 요인이 모든 것을 자동적으로 결정한다는 기계적 유물론에 경도되어 인간의 의식적인 실천의 중요성을 간과하는 경향이 지배하고 있었다. 그러므로 루카치의 총체성 개념은 당시의 주류 마르크스주의에 대한 루카치의 비판을 담고 있다. 루카치에 따르면 총체성이란 "지식의 주체와 대상이 동일할 때만 총체적 지식이 가능하다"는 의미다. 이는 헤겔이 "의식은 나와 대립되어 있는 대상에 대한 지식이 아니라 그 대상의 자의식이다"라고 한 말과 같은 맥락이다. 대상은 삶의 현실이며, 개인들이 주체적인 활동을 통해 만들어낸 산물이다. 그러므로 현실은 주체의 삶과 또 그의 활동과 분리해서는 생각할 수 없다. 이처럼 총체성이란 주체와 대상, 개인과 사회의 변증법적인 통일이다. 그런데 자본주의에서는 사회현

경제학은 모든 경제주체들이 자신의 욕구와 선호를 정확하게 이해하고 그것에 따라서 행동한다고 가정한다. 그러나 현실에서는 정작 자신의 욕구를 정확하게 알고 있는 경우가 그리 많지 않다. 합리적인 또는 당연히 합리적이어야 할 개인들의 선택이 때때로 비합리적인 결과를 낳는 이유는 그들이 자신의 욕구를 제대로 알지 못하기 때문이다. 인간의 이성이 가장 먼저 나타나는 것은 바로 자연도 세계도 아닌 자기자신이다. 막스 베버에 의하면 근대사회에서 인간의 가치는 자신의 행위에 대한 의지와 능력에 의해 결정된다. 근대적 인간의 조건이 주체의식을 가지고 행위하면서 자신의 행위에 의미를 부여할 의지와 능력을 갖춘 개인이라는 뜻이다. 합리화와 탈주술화의 과정을 통해 중세적 억압과 구속에서 벗어난 주체적 개인이 바로 합리적 인간형으로서의 호모 이코노미쿠스다. 앞에서 이야기한 것처럼 실존주의 철학은 유신론적 실존주의와 무신론적 실존주의로 구분하는데, 유신론적 실존주의를 대표하는 철학자인 칼 야스퍼스(Karl Theodor Jaspers, 1883~1969)는 "나는 나 자신에 관해서는 마치 내가 존립된 것처럼, 내가 무엇이라고 말할 수 없다"고 말했다.[100] 인간이 욕망을 가진 존재라는 사실보다 호모 이코노미쿠스를 정의하는 데 더 중요한 문제는 바로 나 스스로가 나 자신의 욕망을 얼마나 정확하게 알고 있느냐는 것이다. 굳이 오래된 철학적 경구를 인용하지 않더라도, "너는 너 자신을 얼마나 알고 있는가?" 하는 말이다. 그래서 호모 이코노미쿠스에게 이기심이나 자애심보다 더 중요한 속성은 자기이해라는 뜻이다. 반역죄로 사형 선고를 받았다가 겨우 사면을 받고는 시베리아에서 유형 생활을 했던 제정 러시아 시대의 가장 위대한 작가 도스토옙스키(Fyodor Mikhailovich Dostoevskii, 1821~81)의 『악령(Demons, 1872)』에 등장하는 한 인물은 이렇게 말한다. "자기자신을 속이는 게 최고의 속임수지. 자신을 굳건히 믿는 사람은 아무도 없으니까."

실이 주체와 서로 무관한 듯이 주객이 분리된 채로 나타난다. 이런 분리를 극복하는 방법은 주체의 의식적인 실천뿐이다. 당시 독일사회민주주의노동자당 주류는 마르크스의 역사적 유물론에 대한 잘못된 해석에 근거해 역사는 저절로 진보한다거나 노동자계급의 실천 없이 사회주의 사회가 도래할 것이라고 주장했지만, 이에 대해 루카치는 주체 즉 노동자계급의 실천 없이는 역사가 진보하지 않는다고 주장한 것이다. 앞에서 인용한, 실천은 그 자체가 목적이라는 아리스토텔레스의 경구를 여기서 다시 상기해 보아야 할 필요가 있다.(아리스토텔레스, 『니코마코스 윤리학』, 134쪽.)

100 볼노우, 최동희 옮김, 『실존철학 입문』, 간디서원, 2006, 49쪽.

왜 인간은 자기자신을 믿지 못하고 심지어 자기자신을 기만하는 것일까? 첫째는 자기자신을 있는 그대로 수용할 용기가 없어서이기도 하고 둘째는 자기자신을 제대로 알지 못하기 때문이기도 하다. 애덤 스미스가 『국부론』의 유명한 구절에서 말한 내용이 사실은 이기심이 아니라 그들 자신의 관심사라는 점은 이미 지적한 바다. 이기심과 자기이해에 관한 철학적 명구는 실존주의 철학의 선구자인 키에르케고르에게서 발견된다.

> 우선 누군가가 '자기'가 무엇을 의미하는지 먼저 밝히지 않는 한 죄에 대해 그것이 이기적이라고 해 봤자 별수 없을 것이다. 그런데 여기서 자기의 의미를 밝힌다는 뜻은 바로 보편적인 것을 개별적인 것으로서 정립한다는 모순적인 방식을 의미한다. 개별적인 것이라는 개념이 주어짐으로써 비로소 이기적인 것에 대해 말할 수 있는 것이다. 그러나 몇백만이라는 그런 자아가 살아왔는데도 불구하고 어떤 학문도 그 자아가 과연 무엇인가에 대해서 일반적으로밖에는 표현하지 못했다. 그리고 누구든지 자신을 잊지 않는 사람은 그 어떤 학문도 알지 못한다는 것을 안다는 데 인생의 불가사의함이 있다. 그리고 그것이 바로 그리스적 명제 "너 스스로를 알라"의 깊은 뜻이다.[101]

키에르케고르는 현대인을 죽음에 이르게 하는 병은 바로 불안이며, 이 불안은 신으로부터의 소외에서 비롯되었다고 말한다. 근대 이전에는 신이 모든 문제의 해답이므로 설령 인간이 신의 섭리를 이해하지는 못할지라도 신에게 자신의 운명을 의탁하면 불안을 극복할 수 있었다. 그러나 신을 떠나면서 인간은 자기존재의 불안을 느낄 수밖에 없다. 경제학적으로 비유한다면 현대인의 불안은 아마 소유로부터의 소외에서 비롯될 터이다. 이런 소외와 불안을 극복하는 유일한 방법은 바로 실천이다. 실천을 통해서 비로소 인간은 소외와 불안을 극복하고, 자기이해로부터 자기실현으로 나아간다. 자기이해는 호모 이코노미쿠스의 출발점이지만 아직은 즉자적인 자기이해에 머물러 있을 뿐이다. 자기자신이 무엇을 원하는

---

101 키에르케고르, 강성위 옮김, 『불안의 개념/죽음에 이르는 병』, 동서문화사, 2016, 83쪽.

지 자신의 욕구를 정확하게 이해하고, 자신이 그 욕구를 충족시키는 데 필요한 조건들을 가지고 있다는 사실을 자각하는 것만으로는 충분히 자기이해에 이르렀다고 말할 수 없다. 근대적 인간은 그런 즉자적인 자기이해를 넘어 자신이 스스로 자기 욕구의 주체이며 동시에 그런 욕구를 실현하기 위한 실천의 주체임을, 무엇보다도 자기자신이 독립된 인간으로서 자기 삶의 주체임을 자각해야 한다. 행위를 통해 자신의 자아를 실현하고자 하는 욕구는 호모 이코노미쿠스의 '실존적 욕구', 또는 생존을 위한 '즉자적(an-sich) 욕구'에 대응하는 의미에서 '대자적(für-sich) 욕구'다. 스스로 자신의 본질, 자기자신의 존재 이유를 찾아가는 인간형으로서 호모 이코노미쿠스는 실천하는 인간이며 투쟁하는 인간이다. 인간은 실천을 통해서 비로소 대자적인 자기이해로 도약한다. 프랑스의 실존주의 문학가 앙드레 말로(Andre Malraux, 1901~1976)의 소설 『정복자(Les Conquérants, 1928)』의 한 인물은 파업에 나선 노동자들을 두고 이렇게 말한다. "이제는 짐꾼들마저도 자신들이 존재한다는 사실 그 자체를 자각하고 있는 중이죠."

인간은 자기목적적인 존재다. 여기서 자기목적적 존재란 인간이 목적론적 존재라는 주장에 대립하는 의미에서다. 목적론적 세계관은 인간이 자기 외부의 어떤 목적, 가령 신의 섭리를 증명하기 위해 존재한다는 세계관이다. 이에 대해 인간이 자기목적적 존재라는 말은 인간존재의 목적이 바로 나 자신에게 있다는 뜻이다. 인간이 어떤 목적을 추구하는 방식에는 행위자 스스로가 목적을 인식하느냐 아니냐의 두 가지 방식이 있다. 경제학에서 자기목적적 세계관과 가장 대척점에 서 있는 것은 바로 오늘날 주류경제학을 형성하고 있는 신자유주의다. 신자유주의 사상에서 가장 특징적인 주장은 바로 일체의 자기목적적 가치를 부정한다는 것이다. 하이에크는 『자유헌정론(The Constitution of Liberty, 1960)에서 사회질서를 '인위적 질서(made order)'와 '자생적 질서(spontaneous order)'로 구분했다. 자생적 질서는 말 그대로 스스로 형성된 질서이며, 구성적 질서는 인위적으로 만들어진 질서이다. 자생적 질서는 인간의 본성에 부합되기 때문에 대다수의 사회구성원들이 이를 선택하고 준수한다. 시장경제가 바로 자생적 질서의 가장 훌륭한 예이다.

시장경제는 분업이 광범하게 진전되고 지식이 분산되면서 수많은 개인들의 행위의 결과로서 사회질서가 나타나는 추상적이고 자발적인 질서이다. 자본주의 사회에서는 바로 이 추상적이고 자발적인 사회질서를 통해 생산성을 최대한으로 높일 수 있으며, 그에 따라 풍요로운 물질적 부를 향유할 수 있다. 자생적 질서는 각각의 구성요소가 그들의 일부에게만 직접적으로 영향을 주거나 어느 누구에게도 그 총체가 알려질 필요가 없는 수없이 많은 상황에 스스로 적응한 결과이다. 반면에 인위적 질서는 사회주의나 전체주의처럼 소수의 사람이 대중에게 강요하는 질서이다. 따라서 이러한 질서는 장기적으로 존속될 수 없으며, 반드시 붕괴되고 만다. 하이에크는 독일과 이탈리아의 파시스트 정부는 물론 케인스가 추구한 복지국가도 똑같은 결과를 초래할 것이라고 주장했다.[102]

자기목적적 세계관의 대척점이라는 의미에서 하이에크의 사상은 무위(無爲) 즉 아무런 목적을 가지지 않는 세계관이다. 하이에크는 인간이 자기 삶의 주체로서 실천하는 모든 행위를 인위적이라고 부른다. 하이에크는 자의적인 강제력을 사용하지 않고서도 시장기제(market mechanism)에 의해 자발적인 경제질서가 형성된다고 주장한다. 개인의 자유가 보장되는 사회는 자의적 강제력을 통한 사회보다 훨씬 더 바람직한 성과를 낳는다는 것이다. 중앙집권화된 계획경제보다 분권화된 시장경제가 더 효율성을 보장할 수 있는 체제인 이유도 같다. 물리학의 영역에서 우리가 중력의 법칙을 거스를 수 없듯이 경제행위의 영역에서 우리는 희소성의 원칙이나 수요공급과 같은 경제법칙들을 거스를 수 없다는 점은 분명하다. 그래서 하이에크와 신자유주의자들은 경제주체들이 시장의 힘에 순종할 때 비로소 자유로워진다고 주장한다. 시장은 자연법칙과 같고 당연히 인간이 시장을 거스를 수는 없다. 하지만 다른 생각을 가진 경제학자나 사회과학자들도 적지 않다. 이들이 제기하는 문제는 인간이 자연법칙을 이해하고 이용할 수 있느냐는 것이다. 야스퍼스는 인간을 규정하는 것은 그의 유한성이라고 말했다. 추상적인 철학적 사유의 대상으로서가 아니라 현실에 실존하는 모든 인간은 자신의 유한성을

102 이근식, 『신자유주의: 하이에크·프리드먼·뷰캐넌』, 에크리, 2008, 115쪽.

인식한다. 하지만 유한한 존재이기 때문에 인간은 부자유로운 것이 아니라 그 반대로 자신의 유한성을 인식하고 자신을 제약하는 조건들에 투쟁하기 때문에 인간은 자유롭다. 인간이 자연법칙을 이해하지 못하면 수동적으로 자연법칙에 순종하면서 살 수밖에 없다. 필연의 노예에 머문다는 뜻이다. 그러나 인간이 자연법칙을 이해하면 자신을 위해 자연법칙을 이용할 수 있다. 예를 들어 인간이 중력의 법칙을 자의로 바꿀 수는 없지만 중력의 법칙을 이용할 수는 있다는 뜻이다. 마치 꿀벌들이 자신이 무엇을 하는지 인식하지도 이해하지도 못한 채 그저 본능에 이끌려 집을 짓듯이 이기심이라는 본능에만 의지한 채 시장의 자연법칙에 자신의 운명을 맡기고 수동적으로 삶을 사는 인간이 진정으로 자유로운가, 아니면 이성의 힘을 이용해 시장의 자연법칙을 이해하고 자신을 위해 이용하는 인간이 더 자유로운가 하는 질문은 키에르케고르의 "이것이냐 저것이냐?"처럼 실존적이다.[103]

근대 변증법적 논리학을 정립한 인물은 독일의 철학자 헤겔이다. 다분히 도식적이기는 하지만 흔히 헤겔의 변증법은 정(正)-반(反)-합(合)이라는 논리로 요약된다. 특히 헤겔의 철학에서 두드러지지만 다른 여러 철학자들에게서도 공통된 인간관은 인간을 반성된 존재 즉 대자적(für-sich) 존재로 파악한다는 것이다. 반면에 하이에크와 신자유주의자들이 보는 인간관은, 사르트르의 표현을 빌면 '세계에 던져진 존재' 즉, 즉자적(an-sich) 존재다. 문제는 이들이 인간을 던져진 그대로의 상태에 멈추어 있는 존재로만 파악한다는 점이다. 반대로 다른 철학자들은 인간이 버려진 상태에서 자기를 실현해 나아가는 존재로 파악한다. 진정한 호모 이코노미쿠스는 즉자적 존재로서의 나와 대자적 존재로서의 나를 모두 변증법적으로 지양한 즉자-대자적(an-für-sich) 존재이지 않으면 안 된다. 호모 이코노미쿠스는 목적론적 세계관을 부정하는 데서 출발했지만, 그렇다고 인간을 단순히 대자적인 존재에 머물러 있기만 한 존재로 간주하지도 않는다. 호모 이코노미쿠스는 신이나 다른 어떤 외부적 존재에 의해 주어진 본질을 거부하는 대신 스스로 자신의 본질을 탐구해 나간다. 바로 그런 의미에서 호모 이코노미쿠스는 즉자-대자적 존재라는 것이다. 호

---

103 키에르케고르, 임춘갑 옮김, 『이것이냐 저것이냐』, 지우, 2012.

모 이코노미쿠스는 자신의 욕구와 의지를 달성하기 위해 실천하는 인간형이다. 경제주체들이 생산하고 분배하고 소비하는 모든 활동은 바로 이러한 실천의 과정들이다. 그러나 '자원의 희소성'이라는 경제의 근본문제는 경제주체들의 실천을 제약한다. 호모 이코노미쿠스는 그러한 제약을 수긍하고 수용하는 소극적 인간형이 아니라 제약들에 맞서 투쟁하는 인간형이다. 물론 이 투쟁은 주관적이거나 자의적으로 이루어지지는 않는다. 내가 원한다고 물이 낮은 곳에서 높은 곳으로 흐를 수는 없는 법이다. 그래서 호모 이코노미쿠스는 주어진 환경을 나 자신의 목적함수를 극대화하는 데 이용하기 위한 가장 합리적인 대안을 모색한다.

경제학이 대상이 아닌 주체로서의 인간, 술어가 아닌 주어로서의 인간에 대해 더 많은 고민과 탐구를 기울여야 한다는 데에는 여러 경제학자들이 동의할 것이다. 나아가 경제학이 더 인간적이기 위해서는 인간의 이기적 본성과 이타적 본성, 합리적 본성과 야성적 본성을 올바로 고려한 인간형에 대한 정립이 필요하다. 실존적 인간형으로서의 호모 이코노미쿠스는 이렇게 정의된다. 첫째는 삶에 대한 욕구와 의지를 가지고 있다는 것이다. 둘째는 자신이 무엇을 원하는지 자신의 욕구와 의지를 스스로 알며, 나아가서 자신이 자기 삶의 주체임을 인식하고 있다는 것이다. 셋째, 그러한 욕구를 달성하기 위해 자신을 제약하는 환경과 투쟁하고 실천하는 인간형이라는 것이다. 궁극적으로 호모 이코노미쿠스는 이러한 투쟁을 통해서 자기 삶의 주체로서의 자유를 실현하고자 하는 인간형이다. 흔히 근대를 중세와 비교해서 규정할 때 '신 중심의 사회'로부터 '인간 중심의 사회'로의 이행이라고 표현한다. 그러나 앞에서도 잠시 언급한 것처럼 이 명제는 모호하고 그 의미가 그다지 명료하게 구체적으로 나타나지 못한다. 누구나 아는 것처럼 중세는 교회와 신앙이 지배하던 시대였으나, 근대로 이행하면서 중세적 세계관은 해체되고 만다. 하지만 구체적으로 인간 중심의 사회란 어떤 사회인가? 더 이상 사람들이 『성서』의 가르침을 신뢰하지 않게 되면 인간 중심의 사회인가? 중세의 종교적 세계관을 대체할 근대적이고 인간적인 윤리관은 과연 무엇인가? 아니 그에 앞서 천년이나 지속되어 온 중세적 세계관을 해체시킨 거대한 전환의 가장 결정적인 계기, 그리고 그 핵심적인 요소는 무엇인가 하는 질문을 해 보아야 할 필요가 있다. 염세주의 철학자로 잘 알려진 아르투어 쇼펜하우어(Arthur Schopenhauer, 1788~1860)는 『의지와 표상으로서의 세계(Die Welt als Wille und Vorstellung, 1818)』에서 이렇게 말한다. "수학은 수량과 용량을 정확하게 언급한다. 그러나 이것은 항상 상대적일 뿐이므로, 다시 말해 하나의 표상과 다른 표상의 비교이고 그것도 단순히 크기만을 고려할 뿐이기 때문에 우리가 중요하게 찾는 정보는 아니다."104 수학적 도구로는 세계의 상대성은 파악할 수 있지만 세계의 근원적인 절대성은 파악할 수 없다는 뜻이다. 여기서 쇼펜하우어는 당연히 수학이라는 학문 그 자체나 자연과학에 대해서가 아니라 과학이라는 이름으로 인간과 세계에 대해 기계적·형식적으로 접근하려는 도구주의적인 태도를 가리킨다. 앞에서도 경제학이 도구적 이성을 추구하는 이유에 대해 변명하면서도 그 한계를 간과해서는 안 된다는 점을 지적했다. 당연히 우리는 욕구와 이성을 넘어 인간의 본성과 존재에 대한 더 근본적인 성찰로 나아가지 않으면 안 된다. "우리는 자연과학적 설명을 넘어 세계에 대한 근본적인 성찰을 갈망한다" 경제학이 추구해야 할 목표도 마찬가지다. 우리는 경제현상에 대한 수학적 설명을 넘어 삶에 대한 근본적인 성찰을 갈망해야 한다. 호모 이코노미쿠스가 경제학 속에서 찾고자 하는 가치도 바로 여기에 있다. 요약하자면 근대적 인간형으로서 호모 이코노미쿠스가 궁극적으로 추구하고자 하는 것은 인간의 자유라는 문제다. 호모 이코노미쿠스는 인간 행위의 조건으로서의 세계에 관심을 가지고, 그 세계 속에서 인간들이 저마다 자신의 행동을 선택하는 능력을 행사하는 방식에 주목한다. 그 선택의 결과가 무엇이든지, 또 그 결과에 대한 평가가 무엇이든지 그것은 오롯이 호모 이코노미쿠스의 운명일 것이다. 이제 자기자신을 믿는 사람은 아무도 없다고 주장하는 『악령』의 주인공을 위해 따뜻한 말 한 마디만 덧붙이자. "그럼에도 불구하고 우리는 자기자신이 아닌 다른 존재가 될 수는 없다." 프랑스의 르네상스 운동을 대표하는 철학자이자 문학가인 몽테뉴(Michel Eyquem de Montaigne, 1533~1592)가 『수상록(Essais, 1586)』에서 말한 것처럼 "가장 위대한 일은 나답게 되는 법을 아는 것"이기 때문이다.

---

104 이서규, 『쇼펜하우어 철학 이야기』, 서광사, 2014, 78쪽.

영국 화가 존 윌리엄 워터하우스(John William Waterhouse, 1849~1917)의 작품
<율리시즈와 세이렌(Ulysses and the Sirens, 1891)>

호르크하이머와 아도르노가 바라보는 오디세우스의 항해는 미지의 세계와 새로운 경험을 향해 쉬지 않고 달려 나가는 모험과 열정의 기록이다. 그러나 같은 시대를 살았던 실존주의 철학자 하이데거는 오디세우스의 항해가 고향으로 돌아가고자 하는 귀향의 서사라고 해석했다. 오디세우스는 먼 곳을 동경하며 낯선 것을 찾아 모험하는 정신이 아니라 고향 이타카를 그리워하며 집으로 돌아가려고 몸부림치는 정신이라는 뜻이다. 하이데거만이 아니라 많은 문학가와 철학자들은 오디세우스와 세이렌의 이야기에서 다양한 상징과 의미를 찾는다. 어떤 이들은 세이렌의 유혹에서 벗어나도록 노를 저은 것은 선원들인데 정작 이들은 세이렌의 노래를 듣지 못했다는 사실에서 마르크스가 주장한 자본주의 사회에서 노동의 소외를 지적하기도 한다. 다른 이들은 왜 오디세우스가 자기 몸을 돛대에 묶는 대신 다른 선원들처럼 귀를 막지 않았는가에 의문을 제기한다. 오디세우스의 이런 태도는 문화와 예술을 향유하는 데에는 때로 매우 큰 비용[경우에 따라서는 생명까지도]을 지불해야 하는데, 그런 비용을 지불할 능력은 물론 예술작품을 향유할 자격 그 자체가 부르주아지계급에만 배타적으로 주어진다는 의미로 해석하기도 한다.

제 1 장

근대의 선물

몽유(夢遊)하는 철학자

많은 이들이 의식적으로든 무의식적으로든 빈번하게 사용하기는 하지만, 곰곰이 들여다보면 근대 경제학이라는 말은 어색하다. 가령 근대 물리학이라는 말은, 비록 그 수준이 근대 이후의 물리학에 비하면 많이 미숙할지라도 근대 이전에 물리학이라는 학문이 과학으로서의 체계와 내용을 갖추고 있었음을 의미한다. 이 책의 「프롤로그」에서 서술한 것처럼 아리스토텔레스는 학문을 자연학과 형이상학으로 구분했다. 물론 이때의 자연학은 물리학만을 가리키는 말이 아니라 천문학이나 기상학 등의 자연과학을 모두 포괄하는 개념이기는 하다. 중세에서도 사정은 비슷했다. 중세의 대학에서 철학은 논리학이라는 이름으로, 물리학은 천문학이라는 이름으로 대학의 필수과목으로 편성되어 있었다. 중세의 대학에는 일반적으로 네 개의 학부가 있었는데, 일반과정인 교양학부와 전문과정인 신학부, 법학부, 의학부 등이다. 교양학부에서는 일곱 개의 교양과목 즉 문법학, 수사학, 논리학, 기하학, 천문학, 그리고 음악을 필수적으로 이수하게 되어 있었다. 천문학과 음악이 대학의 기본 필수과목이라는 점이 의아할 수도 있지만, 고대와 중세의 위대한 철학자들은 이 두 분야가 동일한 근본 원리를 따르며 동일한 수학적 관계에 의해 지배된다고 믿었다.[1] 이처럼 철학이나 자연과학은 근대 이전에 이미 하나의 학문

---

[1] 토도로프·포크룰·르그로, 전성자 옮김, 『개인의 탄생—서양 예술의 이해』, 기파랑, 2016, 53쪽.

으로 정립되어 있었고, 그래서 우리는 고대 물리학이라는 말과 더불어 근대 물리학이라는 말을 사용하더라도 전혀 어색하지 않다.

그러나 경제학의 경우는 다르다. 근대 경제학이라는 말을 사용하기 위해서는 먼저 근대 이전에도 경제학이라는 학문이 존재했었는지를 따져 보아야 하기 때문이다. 물론 근대 이전에도 경제에 대한 생각이 전혀 없었을 리는 없다. 인류의 역사를 저 멀리까지 거슬러 가 보면 알타미라나 라스코 동굴의 들소 벽화, 우리나라 울산 반구대의 고래 암각화는 인류의 조상들이 어떤 경제활동을 했는지를 보여준다. 물론 우리가 이 유적들로부터 알 수 있는 정보는 그리 많지 않다. 아마 인류의 조상들은 벽에 그림을 그리거나 조각을 하면서 더 많은 수렵과 어로를 통해 더 풍요로운 삶을 누리 수 있기를 기원했을 터다.[2] 매우 소박한 바람이지만 아마 그 시대에는 이런 정도의 소박한 관념만으로도 충분했을 것이라고 짐작된다. 그 시대에는 경제활동도 매우 단순했을 뿐 아니라, 아직 언어가 만들어지기 이전이어서 그만큼 사고도 단순했을 것이기 때문이다. 언어와 기록이 발명된 이후, 우리가 흔히 역사시대라고 부르는 시기로 들어오면 경제에 대한 생각도 조금 복잡해진다. 가령 아리스토텔레스의 저서들에는 사유재산에 대한 언급이 자주 나온다. 아리스토텔레스는 『정치학(Politika)』에서 "노예는 생명이 있는 재산이며, 재산은 가정의 일부이고, 재산을 획득하고 유지하는 기술은 가정운영(Oeconomicus)의 일부"라고 말했다.[3] 경제학의 어원도 실은 이 'Oeconomicus'에서 비롯되었다. 재미있는 일은, 아리스토텔레스의 스승인 플라톤은 아리스토텔레스와 반대로 재산의 공유제를 주장했다는 일이다. 플라톤은 생산수단의 공유는 물론 자녀와 아내

---

2 인류의 먼 조상들이 동굴 벽화와 같은 미술 작품들을 남긴 이유에 대해서는 몇 가지 주장이 있다. 가령 동굴 벽에 들소를 그림으로써 현실에서 들소를 획득할 수 있다고 믿었다는 제의설, 우리가 아는 많은 예술작품들이 그렇듯이 창작 활동을 통해 정서적 만족을 얻는 유희설, 문자가 발명되기 이전의 사회에서 수렵이나 채취 등의 활동에 대한 기록을 후대에 남기고자 한 기록설 등이 그것이다. 물론 먼 옛날에서건 지금이건 인간의 행위에 동기가 반드시 한 가지만 있는 것은 아닐 터다. 인류의 조상들도 어떤 날은 흥에 겨워 그림을 그리기도 했을 테고, 어떤 날은 내일의 더 많은 수렵을 기원하기도 했을 것이다. 다만 나는 이런 여러 가지 동기들 가운데 기록의 목적이 가장 중요한 동기가 아니었을까 하고 짐작해 본다.

3 아리스토텔레스, 손명현 옮김, 『니코마코스 윤리학/정치학/시학』, 동서문화사, 2013, 265쪽.

마저도 공유해야 한다고 주장하기도 했다. 아내와 자녀까지 공유해야만 배타적 소유를 향한 탐욕이 생기지 않는다는 이유에서다.

노예제 사회였던 만큼 고대 그리스와 로마의 철학자들의 저술에서는 노예에 대한 언급이 자주 발견된다. 로마 시대의 저술가 바로(Marcus Terentius Varro, BC116~BC27)는 노예를 '언어를 가진 도구'로 정의했다. 바로에 따르면 농업에는 세 가지 도구가 사용되는데, 언어를 가진 도구, 언어가 없는 도구, 소리 없는 도구가 그것이다. 언어를 가진 도구는 바로 노예를 의미하고, 언어가 없는 도구는 가축을, 소리 없는 도구는 수레나 연장을 의미한다. 아리스토텔레스가 노예제를 긍정했다고 비판하는 이들도 있지만, 그가 아무리 위대한 철학자일지라도 한 시대를 사는 개인에게 그 시대의 한계를 넘어서라고 요구할 수는 없다. 다만 죽음을 앞둔 아리스토텔레스는 자기 집에서 일하는 하녀들을 면천하고 재산을 나눠 주라는 유언을 남겼다고 한다. 노예제 사회에서 살았던 인간으로서 아리스토텔레스의 사회적 윤리관과 인간적 윤리관은 사뭇 달랐던 모양이다. 아리스토텔레스의 신분이 노예 출신이었다고 아는 독자들도 있지만, 이는 잘못 전해진 이야기다. 아리스토텔레스는 노예가 아니라 외국인이었다. 아리스토텔레스는 트라키아의 스타게이로스라는 지역에서 출생했는데, 그리스의 동북쪽 흑해 연안에 위치한 변방 가운데서도 변방이었다. 그 당시 그리스의 도시국가들 대부분이 그랬듯이 아테네도 외국인에게는 노예나 마찬가지로 참정권이나 토지소유권 등 시민으로서의 권리를 전혀 인정하지 않았다. 아리스토텔레스가 아테네를 떠나 마케토니아로 간 데에는 그런 이유도 적지 않게 작용했을 터다. 아무튼 중요한 점은 재산이나 노예에 관한 이런 단편적인 생각들을 경제학이든 철학이든 학문이나 사상이라고 부를 수는 없다는 사실이다. 아리스토텔레스나 바로의 저술은 그 시대의 경제활동에 대해 언급하고 있기는 하지만 매우 간략하고 단순한 서술에 머물러 있을 뿐 학문으로서의 체계나 경제현상에 대한 정교한 분석을 결여하고 있다. 따라서 이 시대에는 경제에 대한 생각이 있었을 뿐 경제학은 아직 나타나지 못한 채였다.

우리가 사용하는 경제(economy) 또는 경제학(economics)이라는 말의 어원은 그리스어 외코노미쿠스(Oeconomicus)다. 외코노미쿠스의 어원은 집(家)을 뜻하는 그리스어 'Oikos'와 관리(政)를 의미하는 'nomos' 또는 'nomia'가 합해져 나온 말이다. 여기서 'Oikos'는 건축물로서의 집을 의미하는 것이 아니라 가정, 가사, 가계 등을 의미한다. 그러므로 간단히 정의하면 외코노미쿠스는 가정을 효율적으로 경영한다는 뜻이다. 아리스토텔레스도 비슷한 용어를 사용했지만, 기록상으로 이 말이 처음 사용된 것은 소크라테스의 제자로 알려진 역사학자 크세노폰(Xenophon, BC444?~BC357?)이다. 크세노폰은 자신의 책 이름을 『외코노미쿠스(Oeconomicus)』라고 붙였는데, 책은 오늘날 전해지지 않고 있다. 크세노폰이 어떤 인물이었는가에 대해서도 자세한 기록이 남아 있지 않다. 소크라테스의 제자라는 말도 스스로 그렇게 주장했을 뿐 다른 근거는 없다. 역사학자들은 소크라테스로부터 직접 배운 제자라기보다는 소크라테스의 사상을 추종한 인물들 가운데 한 사람이었을 것으로 짐작한다. 아리스토텔레스의 저서에서도 같은 단어가 사용된 것으로 보면, 아마 그 시대에는 Oikonomos, Oikonomia, Oikomomicus 등의 유사한 용어들이 여러 사람들에 의해 가정관리, 가사관리인, 가사관리법 등의 의미로 사용되었던 것 같다. 그리스 시대에는 기업이나 고용노동자에 의한 대농장이 아니라 가정을 단위로 한 농업경영이 일반적인 형태였다. 따라서 여기서 가사관리라는 말은 요즘 우리가 가사라고 부르는 집안일들만 가리키는 것이 아니라 가정을 단위로 한 생산 및 소비활동 전반을 의미한다. "그리스인들에게 오이코스는 폴리스(polis)에 대비되는 개념이다. 폴리스가 공적 영역으로서 정치적, 윤리적 공동체를 의미했다면 오이코스는 가족을 중심으로 한 사적, 경제적 활동의 영역이다. 폴리스를 구성하는 공적 시민으로서 그리스인들은 아과 광장에 모여 공적 사안들을 의논하고 결정했다. 이들은 참정권을 보유하고 행사하는 정치적 주체이자 객체로서 사적 이익보다 공공선을 목표로 삼아 정치적 의제들에 관여했다. 이에 반해 사적 공동체로서 오이코스는 가부장적 위계질서 아래서 생산과 재생산을 수행하던 경제활동의 영역이었다."[4]

---

[4] 박배형 주해, 『헤겔과 시민사회』, 서울대학교 출판문화원, 2020, 21~22쪽.

중세의 신학자들도 나름대로 자신이 속한 세계의 질서를 합리적으로 설명하고자 했지만 경제현상에 대한 체계적이고 과학적인 이론은 아직 나타나지 못했다. 여러 세대에 걸쳐 이 시대의 종교철학자들을 가장 난처하게 만든 문제는, 부자들의 축재와 대중들의 처참한 빈곤의 현실이었다. 청빈을 강조하는 『성서』의 가르침과 현실의 불평등을 합리적으로 설명하는 일은 결코 간단하지 않았다. 무엇보다 교회와 고위직 성직자들 자신이 엄청난 부의 소유자들이었다. 초기의 교부들 가운데 한 사람인 테르툴리아누스(Quintus Septimius Florens Tertullianus, 155~240?)는 축재에 대해 매우 비판적이었던 인물로, "신은 가난한 이를 보호하고 부자를 징벌한다"고 주장했다. 4대 교부 가운데 한 사람인 히에로니무스(Hieronymus Stridonensis, 348~420)도 "한 사람이 부를 갖기 위해서는 다른 사람의 부를 빼앗아야 하므로 모든 부자는 불의로 만들어진다"고 축재를 비판했다. 반면에 가장 위대한 교부철학자로 불리는 아우구스티누스(Sanctus Aurelius Augustinus Hipponensis, 354~430)는 "신은 선을 시험하고 악을 벌하기 위해 부를 창조했다"고 설교했다.[5] 빈자와 부자의 문제에 대해 가장 독특한 해석을 낸 이는 성 엘리기우스(Saint Eligius, 588~660)다. 그는 "신은 모든 사람을 부유하게 하실 수 있으니 일부러 가난한 이를 두셔서 부자가 죄를 탕감할 기회를 얻도록 하셨다"고 주장했다.[6] 스콜라(Schola) 철학의 완성자로 불리는 토마스 아퀴나스(Thomas Aquinas, 1225?~1274)는 사유재산을 의복에 비유해 설명했다.[7] "자연상태에서는 벌거벗고 있는 것이 당연하지만 인간사회에에서는 의복을 입

---

5 교부철학(patristic philosophy)은 기원후 1~2세기에서 6~7세기 사이에 초기 기독교의 이론을 세운 교부들의 신학이론과 사상을 바탕으로 하는 철학이다. 교부(Father of the Church)는 말 그대로 교회의 영적 아버지를 의미하는데, 이단에 맞서 기독교 신학의 토대를 만든 지도자들을 가리킨다. 사도 바울로(Paulo, 5?~64?)에서 시작해 순교자 유스티누스(Justin Martyr, 100~165) 등을 거쳐 아우구스티누스에 의해 완성된다. 특히 아우구스티누스는 플라톤의 철학을 받아들여 신앙의 체계를 논리적으로 수립하고자 했다. 암브로시우스(Sanctus Ambrosius, 330~394), 히에로니무스, 아우구스티누스, 그레고리오 1세(Gregorius Ⅰ, 540~604)를 서방교회의 4대 교부라고 부르며, 동방교회의 4대 교부와 함께 8대 교부라고 부르기도 한다.

6 길로멘, 김병용 옮김, 『서양 중세 경제사』, 에코리브르, 2017, 12~13쪽.

7 스콜라주의(scholasticus)는 철학이 추구하는 진리 탐구의 문제를 신앙과 결부시켜 인간이 지닌 이성 역시 신의 계시 또는 전능 안에서 이해하고자 했다. '스콜라'는 오늘날 '학파(school)'라는 말의 어원으로 학교 또는 학자를 의미한다. 아퀴나스는 특히 아리스토텔레스의 철학을 수용해 스콜라주의의 논리학을 발전시킨 것으로 평가된다.

고 있는 것이 당연하다. 마찬가지로 자연법의 원리에 따르자면 모든 재산이 공동체의 소유여야 하지만, 사유재산을 허용하는 일이 의복처럼 자연법에 반하는 것이 아니라 자연법을 보완하는 행위이므로 정당하다"는 것이다. 이처럼 중세의 종교철학자들도 그 시대의 경제적 문제와 논쟁들에 대해 해명하고자 했다. 그러나 이들의 관심은 부의 윤리적 문제, 즉 부가 신앙과 일치하느냐 아니냐는 문제이지 부가 생산되고 분배되고 교환되고 축적되는 원리에 대한 분석은 아니었다. 여전히 경제학이 출현하기까지는 오랜 시간이, 우리가 근대라고 부르는 새로운 시대에 이를 시간이 더 필요했다.

그러므로 경제학이 오롯이 근대의 산물이라는 점은 분명하다. 경제학과 전혀 무관할 듯이 보이는 철학자 헤겔도 이미 인용한 그의 『법철학 강요』에서 "경제학은 근대를 기반으로 해 발생한 학문들 가운데 하나"라는 점을 명료하게 지적한 바 있다.[8] 헤겔은 예나에 머물던 1800년대 초에 스미스의 『국부론』의 독일어 번역본을 접했고, 이 책이 그의 철학에 커다란 영향을 미쳤다고 한다. 잘 알려지다시피 근대 경제학은 애덤 스미스의 『국부론』에서 출발한다. 매우 흥미롭게도 『국부론』의 첫머리는 핀을 만드는 매뉴팩처에서의 분업에 대한 묘사로 시작된다.

> 노동생산력의 매우 큰 향상과 어떤 노동에서도 발휘되는 숙련·기교·판단의 대부분은 분업의 결과였던 것 같다. …매우 사소한 제조업이지만, 그것의 분업이 자주 언급된 바 있는 핀 제조업을 예로 들어 보자. 이 업종에 관한 교육을 받지 않고, 거기에 쓰이는 기계의 사용에 익숙하지 않은 노동자는 아무리 열심히 일하더라도 아마 하루에 한 개의 핀을 만들 수 없을 것이며, 하루에 20개의 핀은 도저히 만들 수 없을 것이다. 그러나 …어떤 매뉴팩처에서는 서로 다른 직공들이 각각을 수행하며 다른 매뉴팩처에서는 동일한 직공이 두세 개의 조작을 담당하고 있다. 나는 이러한 종류의 작은 매뉴팩처를 본 적이 있다. 그들은 매우 빈곤했고 따라서 필요한 기계를 거의 가

8 박배형 주해, 『헤겔과 시민사회』, 29~30쪽.

> 지지 않았지만, 그들은 힘써 일할 때 하루 약 12파운드의 핀을 만들 수 있었다. 1파운드는 중간 크기의 핀 4,000개 이상이 된다. 그러므로 10명이 하루 48,000개 이상의 핀을 만들 수 있었고, 한 사람은 하루 4,800개의 핀을 만든다고 생각할 수 있다.[9]

이 인용문에는 무심코 넘어가기 쉽지만 중요한 표현이 있다. 핀 제조업에서의 분업이 자주 언급된 바 있다는 표현이 바로 그것이다. 이는 스미스가 『국부론』이 아닌 자신의 다른 책이나 논문에서 이미 분업에 대해 여러 번 언급했다는 의미일 수도 있다. 그러나 지금 전해지는 스미스의 다른 저술들에서는 그런 언급을 찾기 어렵다. 그렇다면 스미스의 서술은 자신과 동시대나 조금 앞선 시대를 살았던 저자들의 저작에 대해 언급한 것일 듯싶다. 지금은 잊혀졌거나 제대로 평가받아온 적 없을지라도 스미스가 읽고 참고했던 그 시대의 저자들이 아무도 없었을 리는 없다. 스미스가 살았던 시대는 흔히 '중상주의(Mercantilism)'의 시대라고 불린다. 난처한 일은 중상주의가 무엇인지 한 마디로 정의하기가 어렵다는 점이다. 중상주의는 15~18세기에 걸쳐 유럽 여러 나라에서 유행했던 경제사상과 이론들을 모두 아울러 부르는 이름이다. 이 시기의 유럽에서는 에스파냐의 이사벨 1세(Isabel Ⅰ, 1451~1501)에서 영국의 엘리자베스 1세(Elizabeth Ⅰ, 1533~1603)를 거쳐 프랑스의 루이 14세(Louis XIV, 1638~1715)까지 강력한 왕권을 가진 군주들이 등장했다. 중세의 봉건제 사회에서는 형식상 귀족과 영주들이 국왕의 신하로 불렸으나 자기 영지에서는 영주들이 실질적이고 유일한 지배자였다. 그러나 중세 후기로 넘어오면 영주들의 세력이 약화되고 중앙집권적인 국가권력이 나타났는데 이를 '절대주의(Absolutism)' 또는 '절대왕정(absolute monarchy)'이라고 부른다. 말 그대로 과거에는 영주들 가운데 상대적으로 더 큰 세력을 가진 영주에 불과했던 국왕이 절대적인 권력을 가지게 되었다는 뜻이다. 14세기 유럽의 봉건제도는 십자군 원정, 흑사병의 창궐, 농민봉기 등을 겪으면서 봉건제의 일반적인 위기, 간단히 봉건위기(feudal crisis)를 겪게 된다. 다만 봉건위기라는 이름에 대해서는 과

9 스미스, 『국부론(상)』, 13~14쪽.

연 그것이 말 그대로의 의미처럼 중세 유럽에 전반적이고 보편적인 위기였는가를 두고 경제사학자들 사이에 이견이 있기는 하다. 아무튼 이 위기의 직접적인 계기는 농민봉기지만, 그 배경에는 십자군 원정과 흑사병의 유행 이후 유럽 중세사회의 동요와 농민층의 상대적 성장, 노동인구의 감소에 따른 임금상승의 압박 등의 요인이 놓여 있었다.

십자군 원정은 당시의 교황 우르바누스 2세(Urbanus II, 1042?~1099)의 요청에 따라 성지 예루살렘을 이슬람 세력으로부터 탈환하기 위해 11세기 말부터 13세기 말까지 무려 여덟 차례[비공식적인 원정까지 포함하면 열 차례]에 걸쳐 진행된 원정 전쟁이다. 그러나 원정에 참가한 모든 개인과 집단들이 동일한 종교적 목적을 가지고 있었던 것은 아니다. 기사로서의 명예나 세속적인 성공 또는 동방의 부를 획득하고자 하는 욕망 등이 다양한 사람들이 원정에 참가하게 된 배경이다. 1차 원정에서 예루살렘을 정복하고 기독교인들의 왕국을 건설하는 등 전쟁 초기에는 기독교 세력이 우세했으나 원정이 거듭될수록 애초의 종교적 열정은 사라지고 무분별한 침략과 약탈 전쟁으로 변모하고 말았다. 특히 1202년에 출발한 4차 십자군 원정은 같은 기독교 국가인 자라를 침략했다가 교황으로부터 파문당하는 등 탐욕에 굴복한 십자군으로 불리는 모욕을 감수하기에 이르기도 했다. 결과적으로 성지를 회복한다는 애초의 목적은 달성하지 못했지만, 십자군 원정을 통해 동방의 높은 문화와 풍요로운 물자를 경험한 충격은 유럽의 중세사회를 변화시키는 주요한 계기가 되었다.[10]

---

10 십자군 원정이 결과적으로 성공했느냐 실패했느냐, 또 십자군 원정이 유럽 사회의 변화와 발전에 어떤 영향을 주었는가 하는 평가는 시대에 따라 다양하게 나타났다. 그런데 이들은 모두 유럽 사회의 관점에서 십자군 원정을 평가하고 있다. 십자군 원정이 이슬람 사회에는 어떤 원정을 미쳤는가에 대해 대부분의 역사학자들이 철저히 무관심하다는 사실은 참으로 의아한 일이다. 이슬람의 관점에서 십자군 전쟁의 가장 중요한 결과는 대체로 이렇게 요약된다. 첫째는 이전까지는 어느 정도 중립적이던 기독교 사회에 대한 이슬람 세력의 인식을 부정적인 것으로 확립시켰다. 둘째, 기독교 세력의 침략을 막아내기는 했지만 오랜 전쟁으로 그때까지 중동지역에서 가장 강대한 이슬람 국가였던 셀주크 투르크의 세력이 급격하게 쇠퇴하면서 이 지역의 세력판도가 변화했다. 셀주크 투르크 이후 이 지역은 한동안 몽골족의 지배권에 편입되지만, 오스만 투르크에 의해 다시 투르크족의 지배를 받게 된다. 어떤 이는 십자군 원정의 실패를 기독교 세력이 이슬람 세력에 대해 무지했기 때문이라고 지적한다. 그러나 반대로 이슬람 세력 역시 기독교 세력에 대해 무지하기는 마찬가지였다. 긍정적인 의미에서든 부정적인 의미에서든 십자군 전쟁은 동서 문화가 서로 교류하고 융합하는 계기가 되었다는 점에

흑사병은 14세기 중반부터 17세기 중반까지 대략 300년 동안 유럽 전역에서 유행했던 전염병이다. 흑사병의 유럽 전파에 대해서는 확실하지 않으나 중국에서 시작해 비단길을 거쳐 중앙아시아와 유럽으로 전파되었다는 설이 유력하다. 특히 1347년 몽골이 제노바의 식민지이던 크림반도의 카파를 함락하면서 전염이 시작되었고, 이때 많은 제노바인들이 이탈리아의 시칠리아로 도주하면서 유럽으로 전파했다고 알려진다. 이탈리아 전역으로 확산된 흑사병은 다시 유럽 전역으로 확산되어 1348년에는 프랑스, 에스파냐, 포르투갈, 잉글랜드 지역에서 흑사병이 발생하했고, 1349~50년 사이에는 독일과 스칸디나비아반도까지 확산되었다. 이후 1353년까지 유럽 전역에서 창궐했다가 1666년 파리에서 소멸한 것으로 보인다. 흑사병 유행의 가장 직접적인 영향은 인구감소다. 흑사병은 발생 5년만에 유럽에서만 최소 2천만 명 최대 1억 명 이상의 사망자를 낳았다. 13세기 유럽의 인구는 최대 4억 5천만 명에 이르렀으나, 흑사병이 지나간 후에는 3억 5천만 명으로 감소했다. 유럽 인구의 30%가 목숨을 잃은 것이다. 지역에 따라서는 인구가 1/3 또는 1/2로 감소하기도 했다. 같은 기간 전세계적으로는 2억 명이 넘는 사람이 사망한 것으로 추정된다. 인구감소는 임금상승을 초래했고, 생산물의 분배를 둘러싼 영주계급과 농민계급 사이의 긴장을 고조시켰다.

농민봉기는 11세기부터 이미 발생하고 있었으나 봉건사회 초기의 농민반란은 개별 장원 내에서 영주의 학정을 규탄하거나 폭정에 저항하는 소극적 성격이었다. 투쟁의 기본적인 쟁점은 봉건지대와 여러 봉건적 부담의 경감을 둘러싼 문제였다. 그래서 반란이 일어나도 주변 지역으로 널리 확산되지 않는 것이 일반적이었고 결말도 영주와 영지내의 농민들 사이에서 처리되었다. 그러나 14세기에 일어난 농민반란은 대단히 넓은 지역에서 일어났을 뿐만 아니라 여러 지역의 농민이 연합하여 반란에 참여하고 조직력도 몰라보게 강화되었다. 1358년 프랑스에서 일어난 쟈께리(Jacquerie)의 난, 1381년 영국에서 일어난 와트 타일러(Watt Tylor)의 난 등은 이 시기의 대표적인 농민반란이다. 전형적인 봉건제에서는 정치

서 세계사—서양사가 아닌—적인 의의가 있다.(진원숙, 『십자군, 성전과 약탈의 역사』, 살림, 2015, 76쪽 이하.)

권력이 여러 영주와 귀족들에게 분산되어 있었다. 절대주의는 봉건위기에 대응하기 위한 봉건 지배계급 내부의 타협의 산물이라고 평가할 수 있다. 물론 여기서 타협이란 역사를 거시적으로 바라보았을 때 결과적으로 그런 평가가 가능하다는 뜻이지 그 과정이 말처럼 평화로웠다는 뜻은 아니다. 당연히 대다수의 봉건귀족들은 국왕의 권력집중 시도에 저항했다. 근대 이행기에 일어났던 여러 국가들 간의 전쟁들과 국가 내의 전쟁들도 왕권을 둘러싼 지배계급 내부의 갈등이 극적으로 표출된 사례들이다. 마찬가지로 왕권 역시 이름처럼 절대적이지는 않았다. "짐이 곧 국가다"라는 말로 절대왕권을 상징했던 루이 14세도 실은 다섯 살이라는 너무 어린 나이에 왕위에 오른 탓에 강력한 귀족들의 간섭에 시달렸고, 심지어는 귀족들의 살해 위협을 피해 수시로 거처를 옮겨 다녀야만 했다. 말하자면 절대주의는 사실에 대한 기술이라기보다는 당위에 대한 기술이었던 셈이다.[11]

절대왕정은 현실에서 귀족들의 저항을 저지하고 권력을 집중해 가는 과정과 동시에 그런 변화를 합리화하고 이론화하는 사상적 작업을 필요로 했다. 이런 작업들을 떠맡은 것은 법학자들이었다. 그들에게 부여된 과제는 군주를 봉건영주보다 강력한 존재로 부각시키고 중세 이래 유럽 전역에서 통용되던 기존의 관습법 체제를 초월할 수 있는 구체적인 법 개념을 체계화하는 것이었다. 이에 가장 적합한 지적 무기는 로마법이었다. 절대왕정을 지지하는 사상가와 학자들은 로마법을 토대로 군주권의 본질을 규정하고 현실적인 정치권력의 근거와 실체를 제시했다.[12] 프리드리히 엥겔스(Friedrich Engels, 1820~1895)도 절대왕정이 로마법을 재발견한 신흥 법률가라는 신분 안에서 막강한 피난처를 발견했다고 말했다. 로마법은 본질적으로 반봉건적이었기 때문이다.[13] 물론 시간이 지날수록 이 갈등의 승자는 국왕임이 분명했고, 영주와 귀족들은 숙명처럼 시대의 변화를 수용하지 않을 수 없었다. 절대주의가 봉건 지배계급의 여러 분파들 사이에서의 타협의 산물

---

11 그런데 너무 유명하기는 하지만 실제로 루이 14세가 짐이 곧 국가라는 말을 했다는 증거는 없다. 오히려 루이 14세는 임종 때 국왕은 죽어도 국가는 영원하다는 말을 남겼다는 주장도 있다. 그러나 짐이 곧 국가라는 이 선언은 절대왕정이 어떤 정치체제인지를 가장 단적으로 보여 주는 표현이기는 하다.

12 이영림·주경철·최갑수, 『근대 유럽의 형성: 16~18세기』, 까치글방, 2020, 161쪽.

13 엥겔스, 김대웅 옮김, 『가족, 사유재산, 국가의 기원』, 아침, 1985, 209쪽.

이라는 표현은 그런 역사적 전환에 대한 평가다.[14]

절대왕정은 권력을 강화하고 중앙집권적 제도들을 정비하기 위해서 관료제와 상비군 제도 등을 도입하고, 서로 격리되어 있던 귀족들의 영지와 영지를 잇는 전국적인 도로망 등을 건설하고자 했다. 그런데 상비군 제도나 관료제는 당시로서는 감당하기 어려울 정도로 막대한 인적, 물적 자원을 필요로 했다. 따라서 절대왕정이 출현하자마자 관료제가 수립되고 정비된 것처럼 서술하는 것은 옳지 않다. 다만 그런 방식으로 봉건 국가는 근대 국가를 향해 변화하기 시작했다.[15] 국왕들은 귀족들에 대해서는 물론 다른 나라의 국왕들에 대해서도 자신의 권력과 권위를 과시하기 위해 경쟁적으로 화려한 궁전과 별장 등을 건설했다. 전쟁도 빼놓을 수 없는 이 시대의 풍경 가운데 하나다, 그런데 이런 사업들에는 막대한 재정이 필요했다. 절대주의를 왕권과 상인의 결합으로 표현하는 것도 이런 이유에서다. 절대왕정은 필요한 재정을 지원받기 위해 상인들에게 특혜와 특권을 부여하는 정책들을 추진했다. 다만 이때의 상인들은 새로운 부르주아계급을 가리키는 것이 아니라, 봉건체제에서

---

14 엥겔스는 일반적으로 국가는 경제적으로 가장 지배적인 계급의 대변자지만 예외적으로 절대주의 국가는 봉건계급과 부르주아계급의 계급간 타협의 산물, 그래서 양쪽 모두로부터 일정한 독립성을 획득한 국가형태라고 설명했다.(엥겔스, 『가족, 사유재산, 국가의 기원』, 193쪽.) 모든 국가는 현실에서 여러 계급들 간의 세력관계를 반영하지 않을 수 없다. 절대주의의 시대는 쇠퇴하는 봉건계급과 발흥하는 신흥계급 사이에 일정한 세력균형이 이루어졌던 시기다. 따라서 절대주의 국가도 이런 현실을 반영하지 않을 수 없었다. 절대왕정의 정책들 가운데는 봉건계급만이 아니라 부르주아계급의 이익을 옹호하는 정책들이 적지 않은 것도 이런 이유 때문이다. 하지만 이런 현실의 복잡성이 국가형태의 계급적 본질을 변화시키지는 않는다. 절대주의 국가는 본질적으로 봉건계급의 국가였다. 다만 현실에서 성장하는 신흥계급들의 이익도 고려하지 않으면 안 되었던 봉건계급의 국가였다고 표현할 수 있다.

15 엥겔스와 마찬가지로 마르크스(Karl Heinrich Marx, 1818~1883)도 절대왕정을 봉건계급—토지소유 귀족—과 부르주아계급 간의 타협, 더 나아가 근본적으로는 부르주아 국가의 한 형태로 평가했다. 마르크스와 엥겔스의 이런 평가는 절대왕정 아래서 나타난 상비군, 관료제, 전국적인 조세·법률제도들, 초기 형태의 통일적 시장 등을 현저하게 자본주의적인 것으로 간주했기 때문이다.(앤더슨, 김현일 옮김, 『절대주의 국가의 계보』, 현실문화, 2014, 35쪽.) 그러나 예를 들어 상비군이 근대 이전에는 거의 보기 어려운 조직이기는 하지만 상비군 그 자체에는 아무런 계급적 본질이 없다. 봉건계급이 상비군을 이용하면 그것의 계급적 본질은 봉건적이고, 부르주아계급이 상비군을 이용하면 그것의 계급적 본질은 부르주아적이다. 다만 근대 국가는 이런 제도적 기반들을 반드시 필요로 한다. 그리고 이런 국가기구와 제도들을 만든 것은 바로 본질적으로는 봉건계급의 국가인 절대주의라는 사실이 아니러니하기는 하다. 부르주아가 국가권력을 장악하는 순간 절대주의 국가는 이런 제도들을 그대로 안은 채 근대 국가로 이행해 간 것이다. 역사의 진보과정에서 확인하는 '이성의 간지(List der Vernunft)'라고 해야 할는지도 모르겠다.

이미 특권을 누려왔던 본질적으로 봉건계급에 속하는 상인들이었다. 필요한 재정을 조달하기 위해 절대왕정은 산업과 무역을 장려하는 부국강병책을 적극적으로 실천했고, 이 때문에 한동안 중상주의는 절대왕정의 경제정책으로 정의되기도 했다. 루이 14세의 재무장관이었던 콜베르(Jean Baptiste Colbert, 1619~1683)는 이런 정책들을 적극적으로 추진한 대표적인 인물이다. 그런 이유로 오랫동안 그의 이름을 딴 콜베르주의(Colbertism)는 강력한 중상주의적 부국강병책을 의미했다.

중상주의가 단순히 절대주의의 경제정책으로 평가받은 데에는 이때까지 아직 중상주의자들에게는 제대로 체계를 갖춘 경제이론이나 경제분석의 뒷받침이 없었다는 이유도 크다. 그러나 현실에서 산업과 상업의 발달은 사람들에게 경제문제의 원인과 원리에 더 관심을 가지게 했고, 무엇보다도 경제활동의 규모가 커지고 내용이 복잡해지면서 경제현상들을 체계적으로 설명하려는 이들이 나타나게 된다. 아직 경제학이라는 말은 사용되지 않았지만 이런 연구자들 가운데 상당수는 지금 보더라도 사실상 경제학자라고 부를 만한 수준에 이르렀다. 그럼에도 중상주의를 한 마디로 정의하기 어려운 이유는 이 시기에 나타난 경제학자들의 사상이나 이론이 너무 달랐기 때문이다. 경제학에서만이 아니라 어떤 학문에서건 무슨 학파라는 이름이 붙기 위해서는 아무리 느슨한 정도일지라도 통일된 세계관과 통일된 방법론, 통일된 체계와 내용이 요구된다. 그런데 중상주의 시대의 경제이론가나 경제사상가들은 하나로 정의할 수 없을 만큼 다양한 아이디어들을 가지고 있었다. 뿐만 아니라 경제문제에 대한 이들의 분석수준 또한 너무 달랐다. 지금 다시 보아도 공감할 만한 이론도 있었지만, 어떤 이들의 주장은 길거리의 잡담수준이기도 했고 심지어는 터무니없는 헛소리도 없지 않았다. 그래서 중상주의에는 봉건제에서 자본주의로 이행하는 과정에서 "절대주의 국가의 성립기로부터 산업혁명의 개시까지의 기간, 대략 15세기 중반부터 18세기 중반에 이르는 300여 년에 걸쳐 유럽 여러 나라를 지배했던 경제정책, 경제사상 및 경제이론의 총칭"이라는 터무니없이 광범하고 모호하기 짝이 없는 정의가 붙게 된 것이다.[16]

비슷한 시대에 또는 그보다 조금 더 앞선 시기에 이미 많은 경제학자들이 활

16 김광수, 『중상주의』, 민음사, 1984, 11쪽.

동했음에도 불구하고 왜 우리는 굳이 애덤 스미스를 경제학의 아버지라고 부르는 것일까? 쉽게 생각할 수 있는 답은 스미스의 이론이나 분석이 그 시대의 다른 어떤 경제이론가들보다 뛰어났다는 것이다. 이는 맞기는 하지만 충분하지는 않은 답변이다. 확실히 스미스가 그 시대의 모든 경제사상가들 가운데 특별한 존재였음은 사실이다. 스미스는 귀족 자제의 가정교사로 함께 프랑스를 여행한 적이 있는데, 이때 계몽사상가로 유명한 볼테르를 만났다고 한다. 스미스를 만난 볼테르는 "이 사람은 정말 대단하다. 프랑스에는 이만한 인물이 없다"고 감탄했다고 한다. 다만 볼테르가 스미스에 감탄한 이유가 그의 경제에 대한 해박함 때문만은 아니었을 듯싶다. 경제분석의 정교함이나 논리의 엄밀함만을 가지고 평가한다면 스미스에 못지 않은 경제학자들이 그 시대에도 이미 적지 않았다. 스미스가 그 시대의 다른 경제학자들과 비교했을 때 그 시대의 '총체성'을 가장 잘 구현한 인물이기는 하다. 대부분의 전문가들이 부분적인 주제에 천착할 때 스미스는 경제학의 체계를 구상하고자 했다는 뜻이다. 하지만 스미스가 특별히 존경받아야 할 진정한 이유는 이것만이 아니다. 스미스는 『국부론』을 발표하기 이전에 『도덕감정론』의 저자로 먼저 명성을 얻었다. 이 책에서 스미스는 인간의 윤리적 판단뿐 아니라 경제행위를 포함한 다양한 선택과 의사결정의 문제를 분석하고자 했다. 스미스가 특별히 관심을 가진 것은 사람들의 의사결정이 어떻게 이루어지는가가 아니라 왜 이루어지는가 하는 문제였다. 사람들은 어떻게 교환하느냐가 아니라 왜 교환하느냐, 다시 말해서 사람들의 의사결정의 배후에 있는 동기의 문제가 스미스의 가장 중요한 관심이었다. 오늘날에도 경제학의 가장 중요한 내용은 사람들의 선택, 즉 의사결정의 동기가 어떻게 형성되는가 하는 문제이다. 사람들이 어떤 선택을 할 때 그 배후에서 작동하는 동기를 스미스는 '도덕감정(moral senstiments)'이라고 불렀고, 이런 도덕감정을 분석하는 학문이 도덕철학이었다.

인간 행동의 동기와 그 근원에 있는 인간의 본성에 대한 탐구는 스미스가 평생에 걸쳐 헌신한 주제였다. 인간의 본성에 대한 스미스의 탐구는 당연히 『국부론』에서도 나타난다. 『국부론』에서 가장 유명한 말은 아마 "우리가 저녁 식사를 할 수 있는 것은 푸줏간 주인이나 빵집 주인의 자비심이 아니라 그들 자신의 이익에 대한 관심 덕분"이라는 구절일 것이다.[17] 경제학자들이 흔히 경제인 즉 호모 이코노미쿠스(homo economicus)의 첫 번째 본성을 이기심이라고 말할 때 그 근거도 스미스의 이 구절에서 찾고는 한다. 스미스 이전의 철학자나 사상가들은 인간의 본성을 이기적/이타적, 성선/성악이라는 이분법으로 파악하는 것이 보통이었다. 이들은 대부분 인간의 이기심을 전면적으로 허용하게 되면 사람들은 서로 타인의 이익을 침범함으로써 공동체가 위협받게 될 것이라고 주장했다. 그러나 이에 대해 스미스는 개인들이 자신의 이기심[스미스 본인이 더 자주 사용하는 표현으로는 자애심(self-love)]에 따라 이익을 추구하면 그 결과로 사회 전체의 복지가 증진한다고 주장했다. 본능에 충실한 세속적인 개인들로 구성된 사회에서 이루어지는 구성원들의 이기적인 행위는 그들이 의도하지 않아도 '보이지 않는 손'에 의해 사회 전체의 이익을 만들어낸다는 것이다.[18] 자애심은 스미스의 가장 중요한 두 저작인 『국부론』과 『도덕감정론』 모두에서 일관된 핵심 주제다. 스미스의 인간관에서 가장 독특한 점은, 많은 사상가들이 인간 본성의 어느 한 측면만을 인정하고 강조한 반면에, 스미스는 이기심 또는 자애심이라는 본성과 동정심이라는 본성을 두 가지 모두 인정하고 강조했다는 점이다. 동정심 즉 동감의 원리는 사회의 질서를 유지하고 안정시키는 역할을 한다. 반면에 이기심 또는 자애심은 사회를 더 풍요롭게 하고 더 발전시키는 역할을 한다. 스미스를 경제학자를 넘어 사상가로 또 철학자로 평가하는 이유는 다른 모든 위대한 사상가들이 그랬듯이 인간의 본성에 관한 새로운 통찰을 내놓았기 때문이다.[19]

---

17 스미스, 『국부론(상)』, 22쪽.

18 스미스, 『국부론(상)』, 434쪽.

19 그런데 많은 이들이 스미스의 경제사상과 이론을 이야기할 때 곧잘 '보이지 않는 손'을 인용하고는 하지만, 그러다 보니 오해도 적지 않다. 경제학 교과서들을 보면 마치 스미스가 시장에는 보이지 않는 손이 작동해서 저절로 자원의 효율적인 배분이 이루어진다는 주장을 한 것처럼 서술하고는 한다. 그러나 스미스는 『국부론』에서 보이지 않는 손이라는 말을 꼭 한 번, 정확하게 본문에 인용한 그대로의 의미로 사용했을 뿐이다. 『국부론』과 함께 스미스의 가장 중요한 저작인 『도덕감정론』에도 보이지 않는 손이라는 표현은 꼭 한 번 나온다. 독자들을 위해 잠시 인용해 보면 다음과 같다. "토지의 생산물은 언제나 그것이 먹여 살릴 수 있을 만큼의 주민을 유지할 뿐이다. 부자는 단지 큰 덩어리의 생산물 가운데 가장 값나가고 가장 기분 좋은 것을 선택할 뿐이다. 그들은 가난한 사람들보다 별로 많이 소비하지도 못한다. 그리고 그들의 천성의 이기심과 탐욕에도 불구하고 …그들은 자신들의 모든 개량의 성과를 가난한 사람들과 나누어 가진다. 그들은 보이지 않는 손에 이끌려서 토지가 모든 주민들에

에딘버러에 있는
애덤 스미스의 동상

애덤 스미스에 관한 여러 기록들를 보면 그는 외모에 대한 콤플렉스가 컸다고 한다. 특히 심하게 돌출된 뻐드렁니 때문에 빈말로라도 미남이라고 할 만한 와모는 아니었던 듯싶다. 여기에 스미스를 평생동안 괴롭힌 것은 몽유병이었다. 심지어 잠옷 바람으로 그의 집에서 2킬로미터나 떨어진 곳에서 발견되기도 했다고 한다. 스미스의 생애를 연구하는 학자들은 스미스의 몽유병이 유아일 때 유괴되었던 기억 때문이라고 짐작한다. 스미스는 두 살 때 집시들에게 유괴되었다가 돌아온 적이 있는데, 집시들이 그를 풀어 준 이유는 아무리 보아도 구걸에 재능이 없어 보였기 때문이라고 한다. 스미스의 저녁 식사는 누가 만들어 줬을까 하고 매우 도발적인 질문을 던진 여성운동가도 있다. 우리가 저녁 식사를 걱정하지 않는 것은 푸줏간 주인의 자비심도 그의 이기심도 아닌 여성들의 가사노동 덕분이라는 것이다. 물론 스미스는 그 시대의 대부분의 상류층 남성들처럼 자기 손으로 저녁 식사를 만들어 본 적은 없을 터다. 스미스는 평생 독신으로 지냈는데, 생애의 대부분을 모친과 함께 살았다. 모친이 세상을 떠난 뒤에는 이모가 스미스를 돌봐 주었는데, 그이마저 세상을 뜨자 스미스도 여섯 달 뒤에 세상을 떠났다.

게 똑같이 나누어졌을 경우에 있을 수 있는 것과 같은 생활필수품의 분배를 하게 된다."(스미스, 박세일·민경국 옮김, 『도덕감정론』, 비봉출판사, 2009, 345~46쪽.)

경제학의 탄생

애덤 스미스가 분업을 목격했던 곳, 『국부론』의 배경이 된 곳은 바로 매뉴팩처라고 불리던 공장이었다. 경제학의 아버지로 스미스가 특별히 존경받아야 할 이유는 이미 인용한 『국부론』의 첫 구절에 있다. 스미스는 핀 공장에서 이루어지는 분업에 대해 묘사하고 있다. 앞에서 지적한 것처럼 여기서 스미스는 핀 공장의 사례가 여러 저자들에 의해 이미 여러 번 언급되었음을 상기시킨다. 스미스는 이 저자들의 이름을 일일이 열거하지는 않았지만, 당연히 그 시대에 이런 분업이 이루어진 핀 공장은 하나둘이 아니었을 것이라고 짐작하기 어렵지 않다. 물론 핀 공장이 아닌 다른 업종들에서도 사정은 크게 다르지 않았을 터다. 이른바 경제전문가들뿐만이 아니라 정치가들과 언론인들, 지역의 유지라는 사람들, 호기심 많은 이웃사람들, 그리고 노동자들, 기업가들, 상인들 등 제조업과 관련된 많은 직업에 종사하는 이들이 똑같은 장면을 일상적으로 목격했으리라는 뜻이다. 그러나 이렇게 많은 목격자들 가운데 오직 애덤 스미스만이 지금 자신이 목격하고 있는 광경이 새로 다가오고 있는 새로운 생산양식 즉 자본주의적 생산양식과 그 거대한 생산력의 핵심이라는 점을 통찰했다는 사실이다. 무수히 많은 이들이 시대적 전환점의 현장에 함께 있지만, 그 의미를 올바로 통찰하는 이는 시대정신을 제대로 파악할 줄 아는 것은 소수의 사상가들만이다. 스미스는 바로 그런 인물이었다.

'매뉴팩처(manufacture)'는 자본주의 생산의 초기 발전과정에서 성립한 과도적 경영양식인 공장제 수공업을 가리킨다. 매뉴팩처는 손을 뜻하는 'manu'와 공장을 뜻하는 'facture'가 만난 말이다. 생산기술의 기초를 수공기술에 두고 있다는 점에서는 수공업에 가까우나 임금노동자의 고용을 기반으로 하는 대규모 생산이라는 점에서는 대공업에 가까운 것으로, 역사적으로 이중의 경로를 거쳐 발생했다. 첫째, 생산물의 완성에 필요한 서로 다른 종류의 작업을 하는 독립된 수공업자가 자본가의 관리하에 작업장에 결합되는 경우이다. 둘째, 같은 작업에 종사하던 노동자 사이에 분업이 도입되는 경우이다. 매뉴팩처는 노동과정의 일부분만을 담당하는 부분 노동자와 발달된 복잡한 생산도구를 사용하는 분업을 기초로 하는 협업이라는 생산양식을 취함으로써 단순 협업에 비해 노동생산성을 크게 향상시킴으로써 상대적으로 보다 많은 잉여가치의 생산을 가능하게 했다. 부분노동자의 합리적인 배치, 작업의 전문화에 의한 숙련도의 향상, 작업전환에 따르는 노동시간 손실의 방지, 부분 노동자에게 적합한 도구의 단순화·개량화·다양화 등이 이를 가능하게 했다. 매뉴팩처가 생산의 지배적인 형태였던 '본래의 매뉴팩처 시대(eigentliche Manufacturperiode)'는 영국의 경우 1550년 경부터 산업혁명 전야인 1760년경까지 계속되었는데, 복잡한 도구나 고도의 숙련을 요구하는 등 기술적 요건의 어려움 때문에 이 시대의 생산력은 한정될 수밖에 없었다. 매뉴팩처는 소규모생산이나 자본제적 가내공업을 완전하게 몰아낼 수 없었을 뿐만 아니라 부분적으로는 오히려 이들을 존립 기반으로 삼고 있었다. 따라서 농업과 공업의 완전 분리와 국내시장의 형성이 지연되었고, 이의 완성을 위해서 기계의 출현을 기다릴 수밖에 없었다. 그러나 매뉴팩처에서의 부분노동자의 출현과 도구의 분화는 산업혁명(Industrial Revolution)을 의한 기계제 대공업의 창출을 준비하는 조건이 되었다.[20] 간단히 설명하면 매뉴팩처의 기술적 기반은 수공업이지만 생산조직은 공장제 대공업이다. 이제 이 공장에 기계가 도입되면 바로 산업혁명이 시작되는 것이다. 『국부론』이 출간된 것은 1776년이고 영국의 산업혁명은 대체로 1780년대에 본격적으로 시작된다. 말하자면 스미스가 활동한 것은 아직 산업혁명이 본격적으로 시작되지는 않았지만, 산업혁명을 위한 모든 조건들이 성숙할 대로 성숙한 시대였다. 스미스를 매뉴팩처 시대의 경제학자 또는 산업혁명 전야의 경제학자라고 부르는 것은 이 때문이다.

근대 자본주의를 특징짓는 산업자본이 최초로 확립된 것은 영국에서 가장 먼저 진행된 산업혁명에 의해서다. 방적기와 증기기관의 개량에 촉발되어 18세기

---

20 영국보다 뒤늦게 공업화를 시작한 프랑스나 독일에서는 농촌공업을 기반으로 해서 자생적으로 형성된 매뉴팩처와는 달리 수출용 상품을 생산하기 위해 국왕이 여러 가지 특권을 주어 육성한 특권매뉴팩처가 존재했다. 이런 형태의 매뉴팩처들은 성립과정이나 경영방식에서 본래의 자생적 매뉴팩처와 전혀 다른 성격의 생산조직들이었다.(경제교육연구회, 『사람의 역사, 경제의 역사』, 시그마프레스, 2018, 134쪽.)

후반 영국에서 일어난 일련의 생산기술의 혁신은 반세기 동안에 모든 산업분야에 급속도로 파급되어 근대공업의 기초적 형태인 공장제 생산을 지배적인 형태로 확립시켰다. 이러한 생산기술 및 산업상의 변혁은 생산·소득·소비 등의 모든 측면에서 높은 수준의 산업사회를 출현케 했을 뿐만 아니라 그때까지 유지되고 있었던 전통적인 경제질서를 크게 변모시켰다. 영국에서는 산업상의 변혁을 초래한 공장제도의 출현에 의해 국가 전체의 사회경제조직이 변화했다. 이같이 18세기 후기에서부터 19세기 전기의 영국에서는 급속도의 기술진보와 경제발전에 의해 근대 산업주의가 탄생하게 되는데, 이 기간의 급격한 기술 및 경제발전이 바로 '산업혁명'이다.[21] 기계의 발명은 매뉴팩처가 지니는 기술적 기초의 한계를 일소했고, 기계를 생산용구로 하는 공장제의 출현은 이들 과정을 완성시켜 산업자본을 기축으로 하는 자본주의 경제를 확립했다. 산업혁명이 방사 공정과 직포 공정을 기계화함으로써 매뉴팩처의 존재는 변혁되어 기계제 공업을 확립하게 되었다. 산업혁명 이전의 노동자들은 영세지의 소유나 차용, 공동지의 이용, 도구의 소유 등에 의해 임금수입을 보충하고 있었다. 다른 한편으로 매뉴팩처 경영자들도 어느 정도의 토지를 소유하거나 농업경영을 하고 있었는데, 이는 경영의 불안정을 보완하는 역할을 했다. 자본가와 노동자는 모두 농업과 공장 노동자 생활을 동시에 영위하는 반농반공의 형태를 완전히 벗어나지 못하고 있었다. 초기의 산업자본은 이런 방식으로 노동자계급의 저임금노동에 자본증식의 기반을 두고 있었다. 따라서 산업발전은 일정한 한계에 직면하지 않을 수 없었다. 이러한 한계를 완전

21 '산업혁명'이라는 용어는 영국의 역사학자 아놀드 토인비(Arnold Toynbee, 1852~1883)의 저서 『18세기의 산업혁명에 관한 강의(Lectures on the Industrial Revolution of Eighteenth Century, 1884)』에서 사용된 이후로 널리 보급되었다. 아놀드 토인비는 이름이 같은 역사학자 아놀드 조세프 토인비(Arnold Joseph Toynbee, 1889~1975)의 숙부로서, 경제학자인 동시에 사회경제사학자로 활동했다. 토인비는 18세기 후반에서 19세기 전반 영국에서 급속한 경제발전이 이루어진 원인을 기계기술을 근간으로 하는 공장제도의 출현에서 찾았다. 기계의 도입에 의한 기술진보로 인하여 대규모 생산이 이루어지고 부의 현저한 양적 증대가 달성되었다는 것이다. 그러나 토인비는 자유경쟁을 지배원리로 하는 사회가 확립되었기 때문에 중소규모의 수공업생산은 완전히 몰락했으며, 이로 인해 수공업시대에 존재했던 온정주의적인 인간관계는 소멸되고 냉혹한 금전관계만이 존재하게 되어 이 시기에 대거 출현한 빈민들은 의지할 곳을 잃고 있었다고 비판하기도 했다. 산업혁명의 결과 자유경쟁이 부를 가져올 수는 있었으나 복지를 가져오지는 않았다는 것이다.(경제교육연구회, 『사람의 역사, 경제의 역사』, 138쪽.)

히 극복하게 된 것은 바로 산업혁명에 의해서다. 기계도입에 의한 생산성의 급격한 상승은 수작업에 기반을 둔 경영을 소멸시키게 되었고, 빈민과 대다수의 독립생산자를 토지와 다른 생산수단으로부터 완전히 분리함으로써 노동자는 오로지 임금소득으로써만 생계를 유지하게 되었다. 그 결과 산업혁명 이후 경제성장의 속도는 그때까지 인류의 역사에서 보지 못할 정도로 가속화되었다. 요컨대 자본주의 생산체제의 확립은 기계제 공장 생산을 급속하게 도입한 산업혁명을 기다려야 했다는 뜻이다.

근대 이전에는 왜 경제학이 탄생하지 못했는가? 사실 단순히 그런 이유를 설명하는 일은 어렵지 않다. 근대 이전의 사회에서는 경제활동이 단순했기 때문에 경제에 대한 심오한 사상이나 복잡한 이론도 발달하지 못했기 때문이다. 이런 사회에서는 경제활동의 내용이 경험과 관습에 많이 의존했으며, 그런 경험을 넘어서 체계화된 지식이나 이론은 거의 필요하지 않았다. 한 마디로 경제학이 필요하지 않은 시대였다. 그러나 산업혁명 이후 우리가 자본주의라고 부르는 새로운 사회경제체제에서의 경제활동은 과거와 비교할 수 없을 만큼 복잡해졌고, 이는 기술적 측면에서만이 아니라 사회조직이나 사회관계에서도 그러했다. 경제활동이 복잡해지고 경제현상들을 경험과 직관만으로 이해하고 설명하기 어려워지면서 자연히 경제에 대한 생각들 즉 경제사상과 경제이론도 복잡해질 수밖에 없게 되었다. 경제학이 오롯이 근대의 산물이라는 말은 그런 이유에서다. 다만 여전히 궁금한 일이 남아 있다. 경제학이 산업혁명의 전야, 바로 중상주의의 시대에 와서야 탄생할 수 있었던 이유는 이해할 만하다. 그런데 그 시대의 수많은 경제학자들은 왜 경제학의 아버지가 될 수 없었을까? 가령 동인도회사의 이사로서 엘리자베스 1세 시대 영국의 무역정책을 수립하는 데 중요한 역할을 했던 토머스 먼(Thomas Mun, 1571~1641)은 이론적으로나 실천적으로나 그 시대의 가장 영향력 있는 경제학자였다. 또 윌리엄 페티(William Petty, 1623~1687)는 통계적 방법을 경제연구에 사용할 것을 주장한 최초의 경제학자로 불린다. 페티는 자신의 분석방법을 '정치산술'이라고 불렀는데, 『정치산술(Political Arithmetic, 1690)』은 페티의 대표적인 저서 제목이기도 하다. 리샤르 캉티용(Richard Cantillon, 1680?~1734)은 스미스에 앞서 『국부론』과 비교될 만한 경제학 저서를 집필했다고 전해지지만, 몇 편의 단편적인 논문들을 제외하고 그의 업적은 지금 전해지지 않는다. 예상하지 못한 사고로 원고가 모두 불타 버렸기 때문이다. 다만 스미스도 『국부론』에서 캉티용을 인용하고 있는 점을 보면 당시에는 높게 평가받는 경제학자였음을 알 수 있다. 의사이자 경제학자였던 버나드 맨더빌(Bernard de Mandeville, 1670~1733)은 매우 독특한 인물이다. 『꿀벌의 우화: 또는 개인의 악덕과 공공의 이익(The Fable of the Bees: or, Private Vices, Public Benefits, 1714)』이라는 우화집에서 그는 인간의 탐욕과 악덕이 오히려 국부를 증대시키고 실업을 해소한다고 주장했다. 대중의 상식과 전혀 상반된 맨더빌의 주장은 그 시대에서나 후대에 와서나 많은 비난을 받았다. 제법 오랜 시간이 지난 뒤에 수요의 부족이 불황의 원인이라고 주장한 케인스는 맨더빌의 주장을 높이 평가하기도 했다. 그러나 애덤 스미스는 『도덕감정론』의 여러 곳에서 맨더빌이 미덕과 악덕을 올바로 구분하지 않았다며 비판했다. 이 시대의 경제학자들 가운데는 뜻밖의 재미있는 인물들도 많다. 가령 오늘날 우리는 대니얼 디포(Daniel Defoe, 1660~1731)의 『요크의 선원 로빈슨 크루소의 일생과 이상하고 놀라운 모험(The Life and Strange Surprising Adventures of Robinson Crusoe, of York, Mariner, 1719)』을 어린이들을 위한 동화나 기껏해야 대중적인 모험소설로만 알고 있다. 그러나 이 작품에는 당시의 영국경제에 대한 비유가 넘친다. 스미스보다 한 세대를 앞서 살았던 디포는 소설가로서도 다작 작가였지만 소설가이기 이전에 저널리스트로서 영국경제에 관해 엄청난 분량의 보고서와 논문들을 발표했다. 하지만 스미스가 아닌 다른 인물이 경제학의 아버지가 되었을 것 같지는 않다. 왜냐하면 중상주의 시대의 경제학자들은 경제학의 아버지로서 스미스가 가진 가장 중요한 덕목을 가지지 못했기 때문이다.

오늘날 토머스 먼이나 윌리엄 페티의 저서를 보면 그 수준이 현대 경제학과 비교해서는 물론 스미스의 경제이론과 비교해도 많이 부족한 것이 분명한 사실이다. 그러나 이미 지적한 것처럼 문제의 핵심은 여기에 있지 않다. 절대주의 국가들의 사업은 화려한 왕궁, 도로의 건설, 상비군, 내전과 전쟁처럼 국가 내에서 또는 유럽 내에서만 벌어지지 않았다. 절대왕정의 더 중요한 사업은 대서양으로 나가는 일이었다. 이전부터 많은 유럽인들은 육로를 통해서가 아니라 해로를 통해 동양으로 가면 많은 돈을 벌 수 있으리라고 생각했다. 동양에서 온 향신료들 가령 후추의 가격이 같은 무게의 금보다 더 비쌌다는 이야기는 잘 알려진 대로다. 그러나 유럽인들이 동양으로 가기에는 난관이 많았다. 간혹 그 당시 유럽에서 동양으로 가는 길목인 중동지역을 장악하고 있던 이슬람 세력들 특히 오스만제국(Ottoman Empire)과 같은 강대국이 유럽에서 온 순례자나 동양으로 가려는 상인들을 잔혹하게 고문하고 참수했기 때문이라는 이야기가 그럴듯하게 나돌고는 한다. 아마 그런 일이 전혀 없지는 않았을 터다. 하지만 오스만제국이 아무런 이유도 없이 여행자나 상인들을 학대했을 리는 없다. 좀 더 현실적인 이유는 유럽에서 인도나 중국까지 가는 길은 너무 멀고 황량하고 익숙하지 않은 기후나 풍토병을 이겨내야 하는 길이었기 때문이다. 게다가 동양과의 무역로는 이미 아랍 상인들이 장악하고 있던 상권이었다. 남의 상권에 들어가 대등하게 경쟁한다는 것은 매우 어려운 일이다. 그래서 유럽 상인들은 아랍 상인들을 통한 간접무역 방식으로 동양의 여러 나라들과 교류했다. 그런데 지중해를 통한 이런 무역조차도 대부분 이탈리아 상인들 특히 베네치아 상인들에게 장악되어 있었다. 유럽 다른 지역의 상인들로서는 다른 무역로를 개발하지 않을 수 없는 처지였다. 해로는 오늘날에도 그렇지만 육로에 비해 훨씬 대규모의 무역이 가능한 수단이었으므로 상인들에게는 꽤 매혹적인 대안이었다. 다만 대서양으로 나가기에는 대서양에 대한 유럽 사회의 지식이 너무 부족했다. 중세의 유럽인들이 지구가 평평하기 때문에 대서양으로 나갔다가는 지옥으로 떨어질 것이라고 믿고 두려워했다는 이야기는 정확하지 않다. 교육을 받아 본 적 없는 농민들 가운데는 그렇게 믿는 이들이 많았을지 모르겠다. 지금도 지구가 평평하다고 믿는 사람들이 있으니 말이다. 그러나 학자나 전문가들은 지식을 통해, 상인이나 선원들은 경험을 통해 지구가 둥글다는 사실을 이미 알고 있었다. 심지어는 기원전에 살았던 아리스토텔레스도 월식이 일어날 때 지구의 그림자가 둥글다는 사실과 선박이 항구로 들어올 때 돛의 꼭대기부터 보인다는 사실을 들어 지구가 둥글다고 주장했었다. 문제는 지옥으로 떨어질까 두려운 것이 아니라, 대서양은 지중해보다 훨씬 넓고 거칠고 무엇보다도 미지의 바다였다는 데 있다. 경험 많은 선원들도 대서양의 조류가 어떻게 변하는지, 물과 식량을 구할 수 있는 섬들이 어디에 있는지 알지 못했다. 개인들이 함부로 나갈 수 없는 바다였다는 뜻이다. 이제 절대주의 국가가 출현하면서 대서양으로 나갈 수 있는 준비작업들을 만들어 나가기 시작한 것이다.

절대주의 시대는 한 마디로 대서양의 패권을 장악하기 위해 유럽 국가들이 서로 대립하고 경쟁한 시대다. 그래서 역사가들은 이 시기를 다른 말로 대서양 시대 또는 대항해의 시대라고 부르기도 한다. 이 시대에 여러 국가들과 다양한 부류의 개인들이 항해에 나선 이유는 '복음과 명성과 금(gospel, glory, gold)'이라는 말로 요약된다. 복음이란 종교적·사상적으로 기독교로 무장된 유럽 교회가 전도를 통해 유럽 바깥의 이교도까지도 개종시키려고 한 것을 의미한다. 둘째의 명성은 정치적 지배를 확대시키려는 욕구로서 국력의 확대를 위해 절대주의 국가들이 다투어 새로운 영토를 획득하려고 했던 것을 가리킨다. 금은 말할 것도 없이 재화와 보물의 추구를 의미하는 말로 남아메리카의 금·은과 함께 동방 물자의 획득은 물론 나중의 일이지만 아프리카의 노예무역까지도 포함된다. 동방의 문화와 경제는 이미 십자군에 의해 소개되었고, 유럽인들은 그것에 직접 접근하고자 하는 강렬한 욕망을 지니고 있었다. 이 부정하고 부당한 부의 추구를 정당화시켜준 것은 이교도를 기독교로 개종시킨다는 종교적 열망이었다. 유럽 국가들 가운데 가장 먼저 대서양으로 진출한 국가는 포르투갈이다. 포르투갈은 아프리카 남단 희망봉을 돌아 인도로 가는 항로를 개척했다. 포르투갈이 대서양 진출을 선도한 데에는 유럽에서 가장 서쪽에 위치했다는 지리적 이점도 있지만, 해양국가라는 프로젝트를 가장 먼저 가장 효율적으로 계획하고 실천했기 때문이다. 포르투갈에 이어 대서양의 패권을 장악한 나라는 에스파냐다. 에스파냐는 이사벨 1세의 카스티야와 페르난도 2세(Fernando II de Aragón, 1452~1516)의 아라곤이 병합해 건설된 나라다.

에스파냐와 갈등 관계에 있던 포르투갈이 이사벨 1세의 왕위계승권을 인정하지 않으면서 두 나라는 카스티야 왕위계승전쟁(1495~1497)을 벌인다. 이 전쟁을 종결시키기 위해 두 나라는 알카소바스조약(Treaty of Alcáçovas)을 체결하는데, 이 조약의 주요한 내용은 이사벨 1세를 카스티야의 왕위계승자로 인정하는 대신 포르투갈이 발견한 대서양의 섬들에 대한 소유권과 아프리카 해안지대에 대한 권리를 보장한다는 것이다. 이 조약으로 포르투갈은 아프리카 서안을 통해 인도로 가는 항로에 대한 배타적 권리를 가지게 되었다. 에스파냐의 이사벨 1세가 이탈리아 출신의 크리스토포르 콜롬보(Cristoforo Colombo, 1450~1506)[크리스토퍼 콜럼버스(Christopher Columbus)의 이탈리아식 이름]의 항해를 지원한 이유는 대서양을 종단하는 아프리카 항로를 이미 포르투갈이 장악하고 있었기 때문에 대서양을 횡으로 건너 인도로 가는 새로운 항로를 개척하고자 했기 때문이다.

아메리카대륙의 발견은 전혀 의도하지 않은 의도의 산물이었으나 그 결과는 인류의 역사를 극적으로 전환시킨 계기가 되었다. 흔히 1588년 에스파냐의 무적함대(Armada invinceble)가 영국 해군에게 패퇴한 사건을 계기로 대서양의 패권이 단번에 에스파냐로부터 영국으로 넘어갔다고 생각하는 이들이 많다. 그러나 역사가 그런 식으로 극적인 전환을 이루는 경우는 그리 많지 않다. 실은 무적함대라는 이름부터가 과장되었는데, 이 이름은 에스파냐 해군이 1571년에 일어난 레판토 해전(Proelium Lepanthinum)에서 유럽을 침공한 오스만제국의 해군을 격퇴한 데서 붙여진 것이다. 그러나 특별히 명예로운 이름과 달리 그 후로 무적함대가 승리를 거둔 주요한 해전은 한 번도 없다. 아무튼 무적함대의 패전을 계기로 에스파냐의 해상 패권이 쇠퇴하기 시작한 것은 사실이다. 굳이 이야기하자면 지금까지 독점적이고 배타적이던 에스파냐의 패권이 이제는 경쟁적인 여러 군대들 가운데 하나가 되었다. 에스파냐가 패권경쟁에서 결정적으로 탈락하게 되는 계기는 무적함대의 패배가 아니라 몇 번에 걸친 유럽 국가들 사이에서의 계승전쟁들과 영토전쟁들, 특히 네덜란드독립전쟁(1567~1648)에서의 패배다. 에스파냐로부터 독립한 이후 해양 진출에서 우위를 차지했던 나라는 네덜란드다. 네덜란드는 에스파냐나 프랑스 그리고 러시아처럼 국토가 넓고 인구가 많은, 무엇보다 강력한 군대를 가진 그런 나라라는 의미에서의 강대국은 아니다. 그럼에도 불구하고 네덜란드 상인들은 대서양은 물론 인도양을 넘어 동남아시아와 일본까지 진출했다. 일본은 네덜란드를 통해 유럽의 문물을 받아들였는데, 이 때문에 일본에서는 서양의 새로운 문화에 관한 학문을 통칭해 난학(蘭學) 즉 네덜란드학이라고 불렀다. 그런데 잘 알려진 것처럼 네덜란드는 국토가 해수면보다 낮은 나라다. 이 때문에 해일이나 해풍을 막기 위해 조림한 숲을 함부로 벌채하는 일은 당연히 금지되었다. 그렇다면 네덜란드는 무엇으로 배를 만들어 대양으로 나아갔을까? 네덜란드의 목재는 대부분 스칸디나비아반도 특히 핀란드로부터 수입되었다. 강대국이 되는데 반드시 풍부한 자원이 필수적인 것은 아니라는 뜻이다.

절대주의 시대의 마지막 패권 국가는 영국이다. 영국은 에스파냐와 네덜란드, 그리고 프랑스와의 경쟁에서 궁극적인 승리를 거두었다. 사실 중상주의 시대가 시작될 때까지만 해도 영국은 유럽의 여러 강대국들 사이에서 후진국으로 평가받았다. 그런 영국이 패권경쟁의 궁극적인 승자가 될 수 있었던 궁극적인 요인은 무엇이었을까? 이 질문에 한 마디로 대답할 수는 없다. 어쩌면 모든 것들이라고 대답하는 편이 가장 올바를지도 모르겠다. 그런데 이 시기의 유럽이 매우 복잡한 갈등과 대립의 시대였음을 상기할 필요가 있다. 대서양의 패권을 둘러싼 유럽 여러 나라들의 경쟁과 대립은 단순히 통상전쟁일 뿐 아니라 다양한 정치적 대립, 유럽 사회의 사회적·경제적·문화적 변화들과 함께 진행된다. 특히 이 시기의 유럽에서 가장 격렬한 갈등은 종교개혁(Reformation)을 둘러싼 가톨릭교회와 프로테스탄트 즉 구교와 신교의 갈등이었다. 구교보다 신교가 도덕적으로나 정치적으로 더 우월하다는 증거는 없다. 많은 곳에서 구교는 신교도들을 탄압했지만 그 반대의 경우도 많다. 무신론자들에 대해서는 구교와 신교 모두가 가혹하게 탄압했다. 그렇다면 구교 국가인 포르투갈과 에스파냐 그리고 프랑스에 대해 신교 국가인 네덜란드와 영국이 앞서간 데에는 아무런 인과관계가 없을까? 신교가 도덕적으로든 정치적으로든 더 우월한 것은 아닐지라도 새로운 신앙, 새로운 가치관, 새로운 사고방식을 받아들이는 데 더 개방적인 사회가 더 진보적이고 자유로운 사회라는 점은 분명하다. 가장 먼저 신대륙에 진출함으로써 대서양 무역의 우위를 차지한 에스파냐는 그 당시의 유럽에서 가장 강대한 국가였다. 이베리아반도의 남부지역은 원래 이슬람 세력이 장악하고 있었다. 기독교 세력은 오랫동안 영토재정복운동(Reconquista)이라는 이름으로 이베리아반도에서 이슬람 세력을 축출하려고 시도했다. 카스티야와 아라곤의 합병으로 강대해진 에스파냐는 콜럼버스가 신대륙을 발견한 바로 그 해인 1492년 드디어 이베리아반도에 남아 있던 마지막 이슬람 국가인 그라나다왕국을 몰아내는 데 성공한다. 이 일로 이사벨과 페르디난도 부부는 교황으로부터 '기독교의 수호자'라는 칭호를 얻기도 했다. 그러나 이 사건이 보여 주듯이 에스파냐는 유럽의 모든 종교적·정치적 분쟁에 참가해 기존의 신앙과 기존의 가치관 그리고 보수적인 정치체제를 지키는 데 국력을 낭비했고 결과적으로는 낡은 유럽을 지키는 데에도 실패했다.

이 시기 에스파냐의 사회적 분위기가 얼마나 폐쇄적이고 배타적이었는가를 잘 보여 주는 사건이 바로 〈유대인 추방령〉으로 불리는 〈알함브라칙령(Alhambra Decree)〉이다. 칙령의 내용은 이렇다. "우리의 주님 예수 그리스도가 탄생하신 지 1492년째가 되는 해의 3월 31일, 우리의 도시 그라나다에서 이 교서를 반포하노라. 유대인들은 빈부와 귀천, 남녀노소, 거주지역, 현지 출생 여부를 불문하고 모두 떠나라." 이 칙령이 발표된 것은 바로 레콩키스타로 그라나다왕국이 이베리아반도에서 축출된 지 불과 3개월도 지나지 않은 1492년의 3월 31일이다. 이는 전혀 우연한 일이 아니다. 당시의 에스파냐에 얼마나 많은 유대인들이 살고 있었는가에 대해서는 견해가 다양하다. 최소한 5만 3,000가구 25만 명에 이른다는 것이 대체적인 견해지만, 10만 명에서 80만 명까지 다양한 주장이 있다. 어느 쪽이든 당시의 유럽 어느 나라보다 에스파냐에 사는 유대인 인구가 많았다는 것은 분명한 사실이다. 그 이유는 에스파냐가 이슬람 세력을 몰아내기 이전부터 이 지역에 많은 유대인들이 살았기 때문이다. 이베리아반도의 이슬람 지역에 유대인들이 많이 살게 된 배경은 우리가 흔히 생각하는 것과 달리 이슬람이 유대인들에 대해 그다지 적대적이지 않은 것은 물론 오히려 유일신을 믿는 사람들이라는 이유로 존중과 배려를 베풀었기 때문이다. 이슬람 세력이 점점 축소되어 가면서 유대인들은 자연스럽게 에스파냐의 지배 아래로 들어가게 되었다. 에스파냐도 처음에는 유대인에게 비교적 개방적인 태도를 보였다. 그런데 갑자기 남녀노소를 불문하고 자기 영토 내의 모든 유대인들을 추방한다는 칙령이 나온 것이다. 추방령의 명분은 유대인이 가톨릭 신앙의 해악이라는 이유였다. 그러나 이 칙령의 실제 목적은 이슬람 세력을 물리치기 위해 전장을 누벼온 기사들에게 경제적인 포상을 주기 위해 유대인들의 재산을 빼앗으려는 의도였다. 유대인들에게 금·은·화폐 등을 소지한 채 떠나지 못하게 금지한 것도 그런 이유에서다. 칙령은 형식적이나마 "유대인들의 모든 재산권을 인정하고 보호하며, 동산과 부동산을 자유롭게 처분해 국외로 반출할 권리를 부여한다"고 명시했다. 하지만 단서조항으로 "금과 은, 화폐의 반출을 비롯해 국가가 정한 품목은 금지한다"고 규정함으로써 사실상 유대인들이 재산을 가지고 이주할 길을 막아 버렸다. 유대인들에게 주어진 기간은 4개월이었는데, 이 기간 동안에 부동산과 같은 재산을 제 가치대로 처분한다는 일은 거의 불가능했다. 유대인들은 재산을 내버린 채 맨몸으로 에스파냐를 떠날 수밖에 없었다.

추방당한 유대인들이 가장 많이 이주한 정착지는 이슬람 지역들이었다. 오스만제국에 9만 명, 오늘날의 모로코 지역에 2만 명, 알제리에 1만 명이 이주해 갔다. 이슬람 국가들이 기독교 국가들보다 유대인들에게 상대적으로 관대했다는 경험이 그들의 정착지를 결정하는 데 크게 작용했다는 사실은 분명하다. 에스파냐의 이웃 나라인 포르투갈을 선택한 유대인도 6만 명을 넘었다. 이 당시 포르투갈은 인도 항로의 개척에 막대한 재정을 쏟고 있었다. 그래서 포르투갈은 유대인 1명당 1두카트씩 받고 그들의 입국을 받아들였다. 그러나 얼마 지나지 않아 포르투갈은 에스파냐와 같은 이유를 붙여 유대인들을 추방하고 말았다. 처음 대서양 항로의 개척에 나설 당시만 해도 포르투갈은 유럽에서 유대인에 대해 가장 관대한 국가들 가운데 하나였다. 그러나 강경한 가톨릭 국왕들이 연이어 즉위하면서 유대인들에 대한 포르투갈의 태도도 강경해졌다. 포르투갈로 이주했던 유대인들은 다시 네덜란드나 스위스, 영국 등으로 이주해 갔다. 그런데 유대인 추방은 에스파냐에 예상하지 못했던 사회경제적 충격을 주게 된다. 유대인들이 일시에 에스파냐를 떠나자 에스파냐의 경제에 엄청난 충격이 닥쳤다. 먼저 유대인들이 갑자기 재산을 처분하면서 물가폭등이 일어났다. 그보다 더 심각한 것은 금융과 여러 직업들에서 활동하던 유대인 전문인력들의 유출이다. 비슷한 일은 포르투갈에서도 일어났다. 반대로 유대인들을 받아들인 네덜란드와 영국의 경제는 번영의 계기를 만들었다. 이전에는 영국의 유대인들이 에스파냐로 이주했었는데 이제는 반대로 에스파냐의 유대인들이 영국으로 이주해 갔다.

에스파냐와 포르투갈이 유대인 추방의 이유를 유대인들이 가톨릭의 해악이라고 주장한 것처럼, 중세의 유럽에서 유대인들이 박해받은 데에는 그들이 로마 총독 본디오 빌라도(Pontius Pilate, ?~?)에게 예수를 십자가에 처형하라고 요구한 민족이기 때문이라는 신앙적인 이유가 있기는 하다.[22] 그러나 더 현실적인 이유로 중세사회는 토지에 경제적 기반을 둔 공동체였는데, 유대인들은 토지 소유로부터 소외된 이들이었기 때문에 불온하게 취급받을 수밖에 없었다는 사정이 있다. 유대인들의 타의에 의한 해외 이산 즉 디아스포라(Diaspora)의 역사는 매우 길다. 어떤 이들은 유명한 솔로몬왕(Salomon, BC990?–BC931)의 사후 유대왕국의 분열에서부터 그 기원을 찾기도 한다. 그러나 우리가 일반적으로 유대인들의 디아스포라라고 부르는 사건 즉 유대인들이 오늘날의 팔레스타인 지방 특히 예루살렘에서 떠나게 된 사건은 5현제[로마제국의 전성시대에 연이어 즉위한 다섯 황제인 네르바(Marcus Cocceius Nerva, 재위 96~98), 트라야누스(Marcus Ulpius Traianus, 재위 98~117), 하드리아누스(Publius

---

[22] 빌라도는 '창을 가진 자'라는 뜻이다. 빌라도의 행적에 대해 남아 있는 기록은 많지 않으나, 유대교 측의 기록에는 "성격이 잔인하고 가혹해서 횡포를 휘둘렀고, 반역자는 법적인 심사 없이 처형했다"고 한다. 그러나 『성서』에서는 빌라도가 예수에게서 "죄를 찾을수 없다"면서 손을 천 번이나 씻고 예수를 놓아주려 했다고 한다. 예전에 다른 책에서도 이야기한 적이 있지만, 철학자 니체는 『안티크리스트(Anti–Christ, 1888)』에서 "신약성서 전체를 통해서 존경할 만한 인물은 단 하나 로마의 총독 빌라도뿐"이라고 지적했다. 『성서』 전체를 통해 "신앙이란 무엇인가?"가 아니라 "진리란 무엇인가?"라는 질문을 던진 사람은 빌라도가 유일하기 때문이다. "빌라도가 가로되 진리가 무엇이냐 하더라. 이 말을 하고 다시 유대인들에게 나가서 이르되 나는 그에게서 아무 죄도 찾지 못하노라."(「요한복음」 18장 38절.)

Aelius Hadrianus, 재위 117~138), 안토니누스 피우스(Antoninus Pius, 재위 138~161), 마르쿠스 아우렐리우스(Marcus Aurelius Antoninus, 재위 161~180)를 일컬음]의 한 사람인 하드리아누스 황제 때의 일이다. 하드리아누스는 브리타니아에 오늘날 '하드리아누스성벽'이라 불리는 거대 성벽을 구축하고 게르마니아방벽을 강화하는 등 속주의 통치조직과 제국의 행정제도의 정비에 힘쓴 황제였다. 그는 또 문학과 예술을 애호하고 학자들을 우대한 황제로도 알려진다. 그러나 132년 로마의 통치에 대항해 유대인들이 반란[2차 유대독립전쟁(132~135)이라고 부른다]을 일으키자 하드리아누스 황제는 4만 명이 넘는 병력을 투입해 반란을 진압하고 예루살렘에서 유대교도를 모두 추방하라는 명령을 내린다. 이때부터 유대인들은 유대 땅을 떠나 유럽을 비롯해 세계 각지로 흩어져 어느 곳에도 정착하지 못한, 비유적으로 표현하면 '대지로부터 추방당한 사람들'로서 유랑하게 된다.

토지에 근거를 둔 중세의 공동체들로서는 유대인들이 공동체의 전통적인 가치관과 생활방식을 따르지 않는, 더 나아가 그것들을 파괴할지도 모르는 매우 위험한 존재일 수밖에 없었다. 거꾸로 말하면 이런 이방인들을 얼마나 수용하는가가 바로 그 사회의 개방성을 보여 주는 증거가 된다. 유대인을 억압했다고 해서 반드시 그 사회가 폐쇄적이라고 단정지을 수 있느냐고 반문할지도 모르겠다. 그러나 그 사회를 구성하는 한 집단에게 배타적이고 억압적인 사회가 다른 집단들에게는 자유적이고 개방적인 경우는 거의 없다. 1572년 가톨릭 세력이 프랑스 내의 칼뱅주의(Calvinism) 신교도인 위그노(Huguenot)들을 대규모로 학살한 성 바르톨로메오 축제일의 학살도 프랑스 사회의 폐쇄성을 보여 주는 사건이다. 이 학살을 계기로 프랑스의 신교와 구교는 30년이 넘는 기간 동안 위그노전쟁(1562~1598)으로 불리는 종교전쟁을 계속한다. 프랑스의 종교 갈등은 1598년 앙리 4세(Henri IV, 1553~1610)가 위그노에게 종교의 자유를 부여한 〈낭트칙령(Édit de Nantes)〉에 의해 형식적으로 종결된다. 〈낭트칙령〉은 가톨릭 이외에 위그노를 비롯한 다른 종교의 신도들에게 광범위한 종교적 자유를 인정했다. 이는 개인의 종교적 믿음에 대해 사상의 자유를 인정한 첫 사례로 꼽힌다. 그러나 절대왕권을 확립하기 위해서 교황청과 프랑스 국민의 다수를 차지하는 가톨릭교도들로부터 지지를 받고자 했던 루이 14세는 1685년 〈퐁텐블로칙령(Édit de Fontainebleau)〉을 공포해 〈낭트칙령〉을 폐지하고 다시 위그노에 대한 탄압을 전개한다. 〈퐁텐블로칙령〉으로 위그노 성직자들은 추방당했고 위그노의 예배당과 학교는 폐쇄되었으며 신도들은 개종을 강요받았다. 이 때문에 1685년부터 1698년까지 20~30만 명의 위그노들이 네덜란드, 영국, 북아메리카 식민지 등으로 이주했다.

에스파냐와 포르투갈의 유대인 추방령이나 위그노전쟁과 같은 사건들은 거꾸로 유대인이 어떻게 이주하는가를 살펴봄으로써 패권경쟁의 흐름을 더 잘 이해할 수 있기도 하다는 점을 잘 보여 준다. 지중해를 중심으로 볼 때 가장 변방 가운데 하나였던 포르투갈이 대항해 시대를 가장 먼저 개척할 수 있었던 원동력이나, 에스파냐로부터 갓 독립한 네덜란드가 국토도 협소하고 자원도 빈약하면서 세계를 제패한 해양대국이 될 수 있었던 이유를 유대인을 통해서 이해할 수 있기 때문이다. 20세기에 들어 미국이 세계 제일의 강대국이 될 수 있었던 요인도 같은 데서 찾을 수 있다. 이들은 모두 그 시대에 유대인들에 대해 가장 개방적이었던, 그래서 유대인의 이주를 비교적 자유롭게 허용했고 그래서 인구 중에서 유대인의 비율이 가장 높았던 나라들이다. 물론 유대인들이 박해 이전의 포르투갈이나 〈알함브라칙령〉 이후의 네덜란드가 번성한 절대적 이유라는 의미는 아니다. 유대인들을 통해 간접적으로 확인할 수 있는 그들의 개방성이 그 사회를 건강하고 부강하게 만들었다는 의미다. 신교 국가이면서 종교적 색채가 약했던 네덜란드는 물론이지만, 한동안 포르투갈은 구교 국가이면서도 종교적으로나 인종적으로나 차별이 덜한 나라였다. 이러한 개방성이 포르투갈을 해양대국으로 만들었던 것이다. 그러나 포르투갈이 그러한 개방성을 잃고 유대인과 신교도들을 탄압하기 시작하면서 포르투갈의 해상패권도 네덜란드나 영국과 같은 경쟁 국가들에게로 넘어가고 말았다.

국왕이든 정치가든 상인이든 경제이론가든 간에 이 시대를 살았던 중상주의자들의 가장 큰 관심은 상업과 무역 그리고 그로부터 얻어질 화폐적 부에 있었다.

절대주의 국가들에게 상업이나 무역은 단지 수단일 뿐이었고, 중상주의 정책의 궁극적인 목적은 국가의 부 또는 국왕의 부를 증가시키는 것이었다. 이 시대에는 사실 국가의 부와 국왕의 부가 거의 구분되지 않았다. 절대왕정은 국가와 국왕의 이익을 위해서라면 어떤 수단을 사용하든 정당하다고 믿었다. 국왕들은 각종 면허와 특권을 독점함으로써 국가와 왕실의 재정수입을 증대시키고자 했다. 해적질도 그 가운데 한 수단이었다. 영국의 절대주의 시대를 정점에 올린 엘리자베스 1세 여왕은 해적들에게 다른 나라의 배를 공격하고 약탈할 〈면허장(Letter of Marque)〉을 주기도 했다. 이 시대까지도 여전히 무역과 해적질은 똑같이 국가의 부를 증대시키고 국력을 강화하는 유력한 수단으로 간주되었다는 뜻이다. 어차피 화폐를 얻기 위한 수단이라는 점에서 무역과 해적질은 별 차이가 없었다. 그리고 이런 사정은 영국만이 아니라 그 당시 대부분의 유럽 국가들에서 흔히 볼 수 있는 일이었다. 실은 중상주의라는 용어부터가 애덤 스미스가 그 시대의 경제학자들이 일반적으로 가졌던 잘못된 생각, 즉 상업을 통해 부를 창조한다는 생각을 비판하기 위해서 『국부론』에서 처음 사용한 용어다. 솔직히 말하면 이 표현에는 정당한 비판을 넘어 조롱의 의미도 없지 않다. 그래서 이 용어에 대해 반대하는 경제학자들도 없지 않다.[23] 실제로도 절대주의 국가가 반드시 상업만을 중시하고 장려한 것도 아니다. 루이 14세와 콜베르는 직접 매뉴팩처를 건설해 산업을 장려하기도 했다. 루이 14세의 왕립 양탄자 매뉴팩처는 그 당시 유럽에서 가장 큰 매뉴팩처 가운데 하나였다. 그러므로 중상주의자들이 상업만을 중시했다는 비판은 많이 과장된 것이다.

그러나 화폐가 곧 부라는 생각은 거의 모든 중상주의자들에게 일관되고 가장

[23] 독일의 역사학파 경제학자 프리드리히 리스트(Friedrich List, 1789~1846)는, 중상주의는 애덤 스미스의 주장처럼 상업적 체계(Commercial System)가 아니라 오히려 공업적 체계(Industrial System)로 해석되어야 한다고 주장했다. 왜냐하면 중상주의의 보호정책은 단순히 무역만이 아니라 공업을 포함한 여러 산업의 육성이 국민적 이익에서 가지는 중요성을 인식한 데서 나온 것이기 때문이다. 리스트는 국민국가의 형성과 발전이라는 관점에서 국민적 산업의 발달을 위한 정책수단을 추구하는 데에서 중상주의의 본질을 찾고자 했다. 이런 관점에서 리스트는 중상주의의 보호무역주의 역시 국내산업의 보호와 육성이라는 관점에서 옹호했다. 역시 역사학파 경제학자이자 '방법론 논쟁'의 중심인물인 슈몰러는 중상주의의 본질을 궁극적으로 통일적 국민국가를 형성하기 위한 국민경제의 건설과정이라고 주장했다. 중상주의의 본질은 국가기구와 제도는 물론 사회조직의 총체적인 변혁과 국민국가의 경제정책이 지방적이고 국지적인 경제정책을 대체하는 데 있다는 것이다.

기본적인 인식이었던 것이 사실이다. 중상주의자들은 상인이나 정치가들뿐 아니라 상당히 높은 수준의 경제이론을 제시했던 이들조차도 화폐의 소재와 기능의 차이를 충분히 인식하지 못했다. 따라서 이들은 화폐와 자본을 동일시하고 생산과정을 통해 획득하는 산업적 이윤보다 상업에서의 거래차액을 추구했다. 이를 거래차액주의라고 부르는데, 매번의 거래마다 차액 즉 이익을 얻어야 한다는 생각이다. 중상주의자들이 생각했던 유일한 잉여는 구매와 판매와의 차이에서 생기는 이윤이었다. 중상주의에 특유한, 판매에 대한 배타적인 집착도 여기서 생겨난 것이다. 판매는 언제나 화폐적 수입을 주지만 구매는 불가피하게 화폐의 지출을 요구하기 때문이다. 화폐가 곧 부이며, 상업과 무역의 목적은 화폐의 획득이라는 사고방식은 후기 중상주의 시대로 가면서 많이 수정된다. 위에서 이야기한 토머스 먼 같은 이들은 화폐에 대한 맹목적인 추구 대신 무역차액의 획득을 주장하기도 했다. 거래차액주의와 비교해 이런 주장을 무역차액주의라고 부른다. 구매를 위한 거래에서는 지출이 발생하더라도 구매와 판매를 종합한 무역에서 차액을 얻으면 된다는 생각이다. 하지만 토머스 먼조차도 무역의 결과 더 많은 금은을 획득할 수 있다면 결국 국가의 부가 증대할 것이라며 정책의 목표를 여전히 국왕의 보화를 증대시키는 데 두었다. 화폐에 대한 존중은 모든 중상주의자들에게 변함없이 공통된 생각이었다. 조금 과장해서 말하면 돈이 아니라 사람에, 사람의 노동에 관심을 둔 최초의 인물이 바로 애덤 스미스였다.

애덤 스미스의 『국부론』에는 그가 글래스고의 어느 이름 모를 매뉴팩처에서 목격했던 노동자들에 대한 직접적인 묘사는 없다. 그들이 어떻게 생겼는지 어떤 옷을 입고 있는지 어디서 왔는지 우리는 알 수 없다. 그러나 스미스가 노동자들에게 특별한 관심을 가진 것은 분명하다. 스미스가 분업에 그토록 관심을 가진 이유는 먼저 『국부론』의 첫머리에서 설명하고 있는 것처럼 분업이 가져오는 생산력의 증대 때문이다.[24] 그런데 여기서 더 나아가 스미스는 분업이 그만큼 교환을 확대

24 스미스는 분업이 노동생산성에 미치는 긍정적인 효과뿐 아니라 부정적인 효과에 대해서도 충분히 인식하고 있었다. "분업의 발전에 따라 노동으로 생활하는 사람들의 거의 대부분의 직업은 몇 가지의 단순한 작업에 한정되어 있다. 그런데 대부분의 사람들의 이해력은 그들의 일상적인 업무에 의해 필

시킨다는 사실을 발견한다. 분업의 범위가 확장되면 될수록 노동자들이 자기자신을 위해 생산하는 부분은 줄어들고 그 대신 타인의 생산물과 교환하게 된다는 것이다. 여기서 스미스는 작업장내 분업과 사회적 분업을 혼동하고 있지만, 이제 막 자급자족적이던 농촌경제가 시장을 위한 자본주의적 생산으로 전환하기 시작하던 참이니 그런 오류는 이해할 만하다. 스미스는 그렇다면 사람들은 어떤 기준을 가지고 교환하는가 하는 질문을 던진다. 내가 생산한 재화와 타인이 생산한 재화를 교환할 때 과연 어떤 비율로 교환하는 것이 공정한가? 사실 분업에 관한 문제가 스미스의 경제사상이나 경제이론에서 가장 중요한 위치를 차지하지는 않는다. 마르크스가 상품을 자본주의의 세포로 간주하고 따라서 자본주의를 거대한 상품의 집적으로 보았듯이 스미스는 분업을 새로운 생산방식의 기본단위로 보았을 뿐이다. 그래서 마르크스의 『자본(Das Kapital)』이 상품에서부터 시작하듯이 스미스는 분업에서부터 자신의 경제이론을 시작하고 있는 것이다. 그러나 스미스는 분업에서 곧바로 자신의 경제학 체계에서 가장 중요한 주제로 넘어간다. 모든 노동생산물의 교환은 그 상품으로 구매하거나 지배할 수 있는 노동의 양에 따라 결정된다는 것이다.

연적으로 형성된다. 일생을 몇 가지 단순한 작업에 소비하는 사람들은 예기치 않은 어려움을 제거하는 방법을 발견하는 데 그의 이해력을 발견하거나 그의 창조력을 행사할 기회를 가지지 못한다. 따라서 그는 자연히 그러한 노력을 하는 습관을 잃게 되고 일반적으로 인간으로서 가장 둔해지고 무지해진다."(스미스, 『국부론(하)』, 272~73쪽.) 르네상스부터 계몽주의 운동까지 근대 사상가들이 추구한 이상적인 인간상은 전인(universal man)이다. 애덤 스미스 또한 스코틀랜드 계몽운동의 중심인물 가운데 한 사람으로서 인간이 정신적·육체적으로 종합적인 능력을 갖춰야 한다고 생각했다. 그러나 굳이 마르크스를 인용하지 않더라도 분업은 노동을 파편화시키고 인간의 능력을 불구화시킨다. 스미스가 특히 경계한 것은 훨씬 후대인 20세기에 와서 해리 브레이버만(Harry Braverman, 1920~1976)이 『노동과 독점자본(Labor and Monopoly Capital: The Degradation of Work in the Twentieth Century, 1974)』에서 경고한 것과 같은 정신노동과 육체노동의 분리다. 스미스는 자본주의에서 나타나는 이런 문제점을 해결할 수 있는 수단은 국가가 제공하는 국민교육에 있다고 보았다. 국민교육의 필요성에 대한 강조 또한 국민교육의 사상을 처음 제시한 존 로크에서 장 자크 루소(Jean Jacques Rousseau, 1712~1778)의 『에밀(Emile, 1762)』까지 대부분의 계몽주의 사상가들의 공통된 철학 가운데 하나다. "비록 어떤 문명사회에서도 서민들은 어느 정도의 지위와 재산을 가진 사람들만큼 충분히 잘 교육받을 수 없다 하더라도 읽기·쓰기·셈하기라는 교육의 가장 필수적인 부분은 매우 어린 나이에 배울 수 있기 때문에 최하급의 직업에 종사하게 될 사람들의 대부분도 그것을 그것을 습득할 시간이 있다. 매우 적은 비용으로써 국가는 거의 모든 국민에게 교육의 가장 필수적인 부분을 습득하는 것을 용이하게 하고 장려할 수 있으며 또한 의무로서 강제할 수 있다."(스미스, 『국부론(하)』, 275쪽.)

> 사람이 부유하거나 가난한 것은, 그가 인간생활상의 생활필수품·편의품·오락물들을 즐길 수 있는 정도에 따른 것이다. 그러나 분업이 일단 철저히 실시된 뒤에는 이러한 것들 중 매우 적은 부분만이 자기자신의 노동에 의해 공급될 수 있으며 훨씬 큰 부분은 타인의 노동으로부터 얻어 와야 하기 때문에, 그가 지배할 수 있는 타인노동의 양에 따라 그는 부유하거나 가난하게 된다. 그러므로 상품을 소유하지만 스스로 그것을 사용하거나 소비하려고 하지 않고 다른 사람과 교환하려고 하는 사람에게 그 상품의 가치는, 그 상품이 그로 하여금 구매하거나 지배할 수 있게 하는 노동량과 같다. 따라서 노동량은 모든 상품의 교환가치의 진정한 척도다.[25]

생산물들이 노동량에 따라 교환되어야 하는 이유는 바로 노동이 그 생산물의 가치를 결정하기 때문이다. 노동량이 재화의 교환가치[교환가치는 스미스의 용어이며, 마르크스는 이를 '가치(value)'라고 부른다]를 결정한다는 생각은 스미스의 경제이론 체계에서 가장 중요한 토대를 이룬다. 좀 더 정확하게 말하면 스미스는 한 재화가 지배할 수 있는 노동량이 그 재화의 교환가치라고 주장했다. 스미스의 노동가치론에서는 투하노동량과 지배노동량이 제대로 구분되지 못했다는 비판도 옳다. 그러나 정작 중요한 사실은 스미스가 금은 즉 화폐가 부라는 중상주의자들의 사고를 전복시켜 버렸다는 점이다. 흔히 줄여 『국부론』이라 부르지만, 이 책의 원래 제목은 『국가의 부의 본질과 원인에 관한 고찰(An Inquiry into the Nature and Causes of the Wealth of Nations)』이다. 국부의 본질은 무엇인가? 그것은 어떻게 획득되고 증진되는가? 오늘날에도 많은 이들이 자본주의라는 말을 들으면 쉽게 돈을 떠올린다. 확실히 자본주의는 거대한 부가 집적된 사회이며 그 부는 화폐라는 외피를 두르고 존재하는 경우가 많다. 오늘날에도 그런데 중상주의 시대의 사람들이 경제에 대해 가진 인식의 수준은 지금보다 훨씬 낮을 수밖에 없었을 터다. 그래서 이미 서술한 것처럼 그들은 부란 곧 화폐라고 믿었다. 화폐가 곧 부라는

---

25 스미스, 『국부론(상)』, 36쪽.

생각은 중상주의의 전시대에 걸쳐 대부분의 중상주의자들에게 공통된 사고방식이었다. 그러나 이에 대해 스미스는 “국부는 화폐라는 소비할 수 없는 귀금속으로 구성되는 것이 아니라 그 사회의 노동에 의해 해마다 재생산되는 소비 가능한 재화들로 구성된다”고 주장했다.[26] 국부의 본질은 화폐가 아니라 소비 가능한 재화이며 그 원천은 노동이라는 것이다. 근대 경제학은 여기서부터 시작된다.

> 모든 물건의 진정한 가격(real price)은 그것을 얻는 데 든 노동과 수고다. 화폐나 재화로 구매하는 물건은 노동에 의해 구매된다. 어떤 물건을 획득해 그 물건을 팔아 버리거나 다른 물건과 교환하려 하는 사람에게 그 물건이 가진 진정한 사치는 그 물건 때문에 자기가 면제받아 타인에게 부과할 수 있는 노동이다. 그 화폐나 재화는 우리의 노동을 면제해 준다. 그것들은 일정한 노동량이라는 가치를 함유하고 있고, 그리고 우리는 그것들을 동등한 양의 가치를 함유한다고 그 당시 생각되는 물건과 교환하는 것이다. 노동은 모든 물건의 대가로 지불된 최초의 가격 또는 최초의 구매대금이었다. 세계의 모든 부가 최초로 구매된 것은 금이나 은에 의해서가 아니라 노동에 의해서였다. 부를 소유해 그것을 어떤 새로운 생산물과 교환하려는 사람에게 그 부의 가치는, 그 부가 그로 하여금 구매하거나 지배할 수 있게 해 주는 노동량과 정확히 같다.[27]

노동가치이론은 애덤 스미스뿐만이 아니라 고전학파라고 불리는 18세기 후반에서 19세기 중반에 걸쳐 활동한 경제학자들에게 공통된 방법론적 개념이다.[28] 다만 엄밀히 말하면 가치의 원천이 노동이라는 생각을 스미스가 처음 주장한 것은 아니다. 위에서 잠시 언급했던 윌리엄 페티는 스미스에 앞서 비슷한 주장을 내

---

26 스미스, 『국부론(하)』, 175쪽.

27 스미스, 『국부론(상)』, 36~37쪽.

28 ‘고전학파’라는 이름은 마르크스가 『잉여가치학설사(Theorien über den Mehrwert)』에서 스미스를 비롯한 정통 경제학자들의 학설을 ‘속류경제학(vulgar economics)’과 구분하기 위해 붙인 것이다. 마르크스가 구분한 고전학파와 속류경제학의 결정적인 차이는 바로 노동가치이론에 있다. 마르크스의 자본주의 경제분석의 핵심이론인 잉여가치이론은 고전학파의 노동가치이론에서 출발한다.

놓았다. 더 멀리 거슬러 가서 보면 시민사회의 사상가로 불리는 경험주의 철학자 존 로크도 노동이 사유재산의 원천임을 주장했다. 후대에 와서 케인스 같은 경제학자는 페티를 진정한 노동가치이론의 선구자이자 고전학파 경제학의 출발점이라고 평가하기도 했다. 그럼에도 스미스를 노동가치이론의 창시자로 평가하는 이유는 로크의 경우 하나의 아이디어 수준에 머물러 있었고, 페티도 자신의 주장을 정교하게 이론화하지는 못했기 때문이다. 아무튼 노동가치이론의 선구자가 누구인가는 그리 중요한 문제가 아니다. 페티든 다른 누구든 이분들은 그 시대에 이미 누릴 만한 명예를 누리고 있기 때문이다. 물론 스미스도 기꺼이 그 영예를 다른 이들에게 양보할 수 있을 터다. 경제학자로서 스미스의 진정한 공적은 노동이 가치의 원천임을 주장했다는 데에만 있지 않기 때문이다. 스미스가 단순히 그런 아이디어에 머물렀다면 근대 경제학은 탄생할 수 없었을 것이다. 스미스는 노동이 가치의 원천이라는 발견으로부터 출발해 상품들이 어떻게 생산되고 어떻게 교환되고 어떻게 분배되는가 하는 경제학의 체계를 완성했다. 더 나아가 스미스에 의해서 경제학은 근대 자본주의라는, 근대 시민사회라는 새로운 시대의 비밀을 탐구하기 위한 가장 위력한 도구가 되었다. 우리가 그를 '경제학의 아버지'로 존경하는 이유다.

고블랭 양탄자 매뉴팩처를 방문한 루이 14세와 콜베르.
중상주의자답게 루이 14세가 늘 회계장부를 들고 다녔다는 일화는 유명하다.

고블랭 양탄자 매뉴팩처는 부르봉 왕조를 건설한 앙리 4세(Henri de Bourbon, 1553~1610)가 유서깊은 염색업 집안인 고블랭으로부터 인수한 사업장이다. 원래는 소수의 특권층 소비자들만을 위한 제품만 생산했으나 루이 14세 때 콜베르의 건의에 따라 대량생산체제를 갖추게 되었다. 고블랭이라는 이름은 지금도 프랑스에서 생산되는 고급 태피스트리의 특별한 무늬를 가리키는 용어로 남아 있다. 대량생산이라고 해서 고블랭 매뉴팩처의 제품들의 질이 저하했을 것이라고 짐작해서는 안된다. 대량생산은 제품들을 균일화했고, 오히려 제품의 질을 일정하게 유지하는 데 더 유리했다. 고블랭 매뉴팩처의 제품들은 여전히 유럽에서 가장 고급품이었고, 이 제품들은 프랑스의 대중들이 아니라 왕실에서 사용하거나 해외수출을 위해 생산되었다. 콜베르는 그 시대의 가장 뛰어난 예술가들과 장인들을 고블랭에 모았다. 그는 예술을 산업화했을 뿐 아니라 나아가 국왕이 예술의 최고 소비자가 되어야 한다고 생각했다. 르네상스 시대의 권력자나 부자들이 그랬듯이 베르사유궁전의 화려한 장식품들은 국왕의 권위를 가장 잘 보여 주는 수단이었다.

두 개의 혁명

『국부론』을 아직 읽어 보지 못한 사람들은 흔히 『국부론』이 요즘 우리가 쉽게 접하는 경제학 교과서들처럼 어려운 수식과 그래프로 점철되어 있을 것이라고 지레짐작하는 경우가 많다. 그러나 『국부론』에는 수식이 거의 없고 그 대신에 다양한 사례들, 그 가운데는 당시의 영국은 물론 더 멀리 로마제국과 같은 역사적 사례들이 풍부하게 제시된다. 우리는 스미스가 어떤 역사관을 가지고 있었는지에 대해 자세히 알지는 못한다. 스미스가 역사발전에 대해 직접 언급한 적은 없기 때문이다. 다만 『국부론』의 여러 곳에서 스미스는 사회가 개선된다는 데 대한 자신의 신념을 피력하고 있다. 스미스는 생산력의 발전이 경제적으로는 물론 도덕적으로도 사회를 개선시킨다고 믿었다. 스미스가 제시하는 역사적 사례들에 일관성이나 통일성이 부족한 것은 사실이다. 스미스는 시장에서의 매우 단기적인 변화와 몇 세기에 걸친 역사적 변화를 섞어서 설명하는 경우가 많기 때문이다. 그러면서도 스미스가 자신의 서술방식을 전혀 어색하게 여기지 않은 이유는 그가 이제 막 도래하기 시작한 새로운 사회를 인류에게 가장 최선의 사회체제라고 믿었기 때문일 듯싶다. 스미스에게 역사는 자본주의를 위해 마련된 준비물과 같았다. 그래서인지 다른 이유에서인지 스미스는 역사가 프랑스대혁명과 같은 비약적인 사건을 통해 진보한다고 생각했던 것 같지는 않다. 스미스에게 역사는 점진적인 진보의 과정이었다. 굳이 이야기하자면 스미스는 두 개의 혁명이 임박한 시대를 살기는 했지만, 산업혁명과 시민혁명 어느 것도 직접 경험해 보지는 못했기 때문이다. 다만 너무 당연한 이야기지만, 그렇다고 해서 누가 옳거나 그릇되었다고 평가하기는 어렵다.

국부(Wealth of Nations)의 본질은 무엇인가? 그것은 어떻게 획득되는가? 이 질문에는 조금 더 심오한 역사발전에 대한 질문이 포함되어 있다. 화폐가 국부라는 중상주의자들의 사고는 자본주의가 상업으로부터 출발했다고 생각하는 학자들의 사고와 통하는 점이 많다. 너무 당연한 이야기지만 신대륙이 발견되고 신항로가 개척되기 이전에도 유럽에서는 상업과 무역이 꾸준히 성장해 왔다. 중세 유럽의 농촌은 자급자족적인 사회였으므로 농민들은 서로 교환할 만한 상품을 가지고 있지 않았다. 당연히 정기적이고 일상적인 시장도 없었다. 그래서 중세 유럽의 무역은 멀리 떨어진 다른 경제권, 주로 오리엔트와 그보다 더 먼 여러 지역들과 이루어졌다. 이를 원격지 상업이라고 부른다. 중세 유럽에서 상업의 부활을 가져온 가장 중요한 계기는 이미 서술한 십자군 원정이다. 십자군 원정을 통해 유럽인들은 동방의 문화와 상품들을 새롭게 경험할 수 있었다. 지극히 폐쇄적이고 긍정적인 의미에서든 부정적인 의미에서든 지극히 안정적이든 중세 유럽의 봉건사회를 흔든 충격은 이렇게 유럽의 외부로부터 나타났다. 이 때문에 오랫동안 많은 역사학자들은 14~15세기의 서유럽에서 나타났던 봉건제의 위기를 상업의 성장에 따라 상인들의 활동과 화폐경제가 자급자족적이던 농촌경제에 침투하면서 발생했다고 해석해 왔다. 교환경제의 출현으로 자연경제가 분해되면서 위기가 왔다는 뜻이다.

그러나 이에 대해 상업이 구질서에 미친 분해작용은 그 제도의 성격에 의존하는 것이지 상업의 충격에 의해 직접적으로 나타나는 것은 아니라고 반박하는 역사학자들이 새롭게 나타났다. 변화의 동인이나 방향은 내부에 있지 외부에 있지는 않다는 것이다. 실증적으로도 영국에서 상업의 중심지였던 런던에 가장 가까운 곳 즉 영국의 남동쪽에서 오히려 부역노동이 가장 큰 비중을 점하고 있었고, 상업의 발달지에서 먼 북서쪽에서는 부역의 비중이 낮았다. 따라서 시장과 화폐경제의 발달이 직접적으로 봉건제를 해체시켰다거나 봉건제 쇠퇴의 결정적 원인이었다고 볼 수는 없다. 상업의 발달은 봉건제의 해체와 강화의 두 경향 모두와 함께 나타날 수 있다. 봉건제의 쇠퇴는 시장이라는 외부충격과 이 제도의 내부관계의 복합적인 상호작용의 결과로 다루어져야 하지만 결정적인 것은 후자라는 것이다.[29] 상업의 발달이 농촌경제를 변화시킨 것이 아니라 오히려 농촌경제의 성

---

29 봉건제로부터 자본주의로의 역사적 이행이 어떻게 일어났는가 하는 주제를 놓고 경제사학자들 간에 국제적인 논쟁이 진행되었다. 이를 '자본주의 이행 논쟁'이라고 부르는데, 이 논쟁의 가장 핵심적인 쟁점은 바로 봉건제를 해체로 이끌어 간 원동력이 무엇인가 하는 점과, 자본주의 이행의 두 가지 길, 그리고 절대왕정의 성격 등에 관한 것이었다. 이러한 논의들은 궁극적으로 자본주의의 발생과 발전에서 시민혁명이 갖는 역사적 의미에 대한 평가로 연결되었다. 이 논쟁의 가장 주요한 참여자는 모리

장과 잉여생산물의 생산이 상업과 수공업의 성장을 가져오고 도시의 발전과 수요의 확대를 가져왔다는 주장도 있다.30 자본주의의 기원에 관한 논쟁의 이 논쟁의 잠정적인 함의는 자본주의가 봉건사회 외부로부터가 아니라 내부로부터, 상업과 화폐가 아니라 직접생산자들로부터 왔다는 것이다. 자기 노동이 사유재산의 원천이고 따라서 사유재산은 신성한 것으로 존중받아야 한다고 주장한 존 로크의 이름을 빌려 로크형(Lockean) 인간형이라고 불리는 이 새로운 유형의 생산자들은 영국의 요맨(Yeoman) 계층에 의해 현실적으로 또 역사적으로 구현된다.

요맨은 봉건사회 해체기에 나타난 영국의 중산계층 농민들을 의미한다. 독립자영농민이라고 번역하기도 한다. 요맨의 어원은 '젊은이(young man)'가 줄어서 된 것이라고 한다. 원래는 법률적으로 연수입 40실링 이상을 가진 자유 토지보유농을 가리켰으나 봉건제의 해체와 더불어 젠트리(gentry) 즉 부유한 지주와 영세농(husbandmen)의 중간을 차지하는 광범한 농민층을 가리키게 되었다. 15세기 중엽에는 요맨층이 잉글랜드와·웨일스 토지의 약 1/5을 보유했다. 그러나 16세기 이후 요맨층 안에서 양극분해가 일어나기 시작한다. 18세기에는 대지주의 지배력 강화로 요맨의 핵심집단이던 자유 토지보유농의 몰락이 현저하게 나타나다가, 19세기 들어 자본주의적 농업이 확립됨에 따라 실질적으로 소멸했다. 영국의 시민혁명에 주역을 담당한 것도 이들이었다. 산업혁명의 필수조건 가운데 하나는 농업에서의 생산력 증대다. 역사적으로 볼 때 서구의 산업혁명은 농업혁명(Agricultural Revolution) 즉 농업부문에서의 대규모적인 생산력 증대와 병립해 진행되었다. 시민혁명을 계기로 전기 자본주의적 독점과 봉건적 토지소유가 일소되면서, 농업경영의 측면에서 자본주의화가 빠른 속도로 진행되기 시작한다. 이 과정에서 일어난 농업생산력의 변혁이 농업혁명이다. 산업혁명과 공업화에 필요한 자본의 축적과 노동의 제공은

스 돕(Maurice H. Dobb)과 폴 스위지(Paul M. Sweezy)다. 기존의 통설에 대한 돕의 비판에 대해 스위지가 반비판하면서 촉발된 이 논쟁에는 이후 여러 나라의 경제학자와 역사학자들이 참여했다. 일본의 다카하시(高橋幸八良)를 비롯해 유럽의 르페브르(G. Lefebvre), 프로가치(G. Procacci), 힐튼(R. Hilton) 등이 그들인데, 르페브르를 제외한 논평자들은 대체로 스위지에 비판적인 견해를 발표했다. 스위지에 대한 비판의 핵심은 그가 봉건사회의 추진력을 내부에서 찾지 않고 외부적 요인에서 찾는 비역사적인 방법론에 집중되었다.(高橋幸八郎 엮음, 김대환 옮김, 『자본주의 이행 논쟁』, 동녘, 1997.)

30 길로멘, 『서양 중세 경제사』, 130쪽.

물론 증대한 공업부문의 생산력을 흡수해 줄 소비시장의 형성도 모두 농업과 농업부문에서의 생산성 증대 및 소득증대가 전제되어야 하기 때문이다. 영국에서 새로운 농업기술을 적극적으로 도입하고 농업경영을 혁신함으로써 농업혁명의 주역이 된 이들은 바로 이 요맨들이다. 과거에는 시기적으로 농업혁명을 산업혁명의 직전인 18세기 중엽으로 보았으나 이후의 연구에서는 16~17세기에 이미 혼합영농, 저습지의 배수, 비료, 관개 목초지 방식, 새로운 작물의 도입, 윤작 체제, 가축의 도입 등 새로운 농업경영방식이 도입되었다고 본다.[31] 자기축적에 성공한 일부의 요맨들은 농업자본가로 성장했고, 그들 가운데 일부는 나중에 또 산업자본가로 변신했다. 물론 모든 요맨들이 자본가로 성장하는 데 성공했던 것은 아니다. 요맨층의 양극분해는 한편에서는 소수의 자본가를, 다른 한편에서는 다수의 무산계급 노동자들을 창출했다. 애덤 스미스가 매뉴팩처에서 목격했던 것은 바로 영국 농촌의 직접생산자로부터 분해된 부르주아와 프롤레타리아들이었다.

근대 이전에는 일하는 사람들 즉 직접생산자들에 대해 거의 관심을 두지 않았다. 이미 서술한 것처럼 그리스나 로마 시대의 여러 학자들에게서 노예에 대한 언급이 나타나기는 하지만 그것은 노예를 재산이나 도구로서 기술한 것일 뿐 생산활동의 주체로서는 아니었다. 그가 이상주의자든 현실주의자든 유물론자든 관념론자든 간에 그리스의 철학자들에게 공통된 사고는 노동에 대한 혐오였다. 중세에 와서도 학문이나 사상에서뿐 아니라 문학이나 예술작품들에서도 성인이나 기사들이 대상이 되었을 뿐 노동하는 이들을 주제로 삼은 작품은 거의 없다. 전근대사회와 근대사회의 중요한 차이 가운데 하나는 바로 중세사회는 노동을 천시했으나 시민사회는 노동을 중시한다는 것이다.[32] 역사와 시대의 주체로서 일하는 인간형을 처음 발견한 것은 바로 르네상스인들이었다. 우리가 르네상스를 근대의 출발점으로 간주하는 이유 가운데 하나다. 물론 이때의 일하는 인간형은 오늘날 임금노동자계급이라고 불리는 이들보다는 도구를 만드는 사람이라는 의미의 호모 파베르(homo faber)에 더 가깝다.[33] 그러나 도구의 제작은 처음부터 노동과 따로 생

---

31 오승현, 「'하틀리프의 시대'의 영국의 농업기술」, 『한국과학사학지』 제31권 제2호, 2009, 549쪽.
32 블로흐, 『서양 중세·르네상스 철학 강의』, 404쪽.

각할 수 없는 일이다. 애덤 스미스도 매뉴팩처에서 사용하는 기계의 대부분은 보통 노동자의 발명이라고 말한다.[34] 다만 이 시대 사람들은 아직 호모 파베르가 세계를 근본적으로 변혁시킬 수 있다고 성찰하지는 못했다. 이런 성찰은 조금 더 뒤에, 스미스가 살았던 초기 자본주의 시대에 와서야 비로소 관찰된다.[35] 흔히 "인생은 짧고 예술은 길다"라고 번역되지만, 히포크라테스(Hippocrates, B.C.460?~B.C.377?)가 남겼다는 이 격언에서 사용된 '아트(art)'라는 단어를 요즘 우리가 사용하는 언어로 옮기면 정확하게는 '예술'보다 '기술'에 더 가깝다. 의학의 아버지조차도 한낱 기능공 취급을 받았던 것이 근대 이전까지 노동에 대한 세상의 일반적인 관점이었다.

근대 이전까지 예술은 여전히 기술과 구별되지 않았다. 근대 이전의 예술은 손재주 즉 어떤 물건을 잘 만들어내는 손기술을 의미했다. 따라서 그것은 정신노동이 아니라 육체노동에 더 가까웠으며, 개인작업보다는 공동작업이 보통이었다. 당시의 유명한 화가나 조각가들은 작업장에 여러 조수들과 제자들을 모아 놓고 주문을 받으면 그들에게 나누어 일을 맡기고는 했다. 스승은 대강의 구상과 밑그림을 제시할 뿐 실제로 일하는 이들은 조수와 제자들이었다.[36] 개인의 고독한 정신적 활동을 연상하게 되는 오늘날의 예술 개념과는 사뭇 달랐다는 뜻이다. 하기야 잭슨 폴록(Paul Jackson Pollock, 1912~1956) 같은 현대 미술가들도 그런 방식으로 작업하기는 하지만 말이다. 예술에 대한 이런 인식이 바뀐 것은 르네상스 시대에 오면서부터다. 솔직히 말하면 다 빈치(Leonardo da Vinci, 1452~1519)나 미켈란젤로(Michelangelo Buonarroti, 1475~1564) 같은 위대한 예술가들도 처음에는 기능공이나 기껏해야 그림과 조각의 장인 정도로 취급받는 경우가 그 시대에는 흔한 일이었다. 이 위대한 예술가들 덕분에 드디어 예술의 의미가 기술에서 오늘과 같은 예술

---

33 호모 파베르라는 말을 처음 사용한 사람은 철학자 베르그송(Henri Louis Bergson, 1859~1941)이다. 베르그송은 인간을 원시적인 도구의 제작으로부터 진화해 온 존재로 보았다. 베르그송에 따르면 현생인류를 지칭하는 호모 사피엔스(homo sapiens)는 호모 파베르가 자신의 공작 과정에 대해 반성하는 과정에서 나타났다. 따라서 인간의 지성은 순수한 인식능력이 아니라 과거의 경험을 현재에 이용하는 기억의 활동이며 도구를 제작하는 기능이다.

34 스미스, 『국부론(상)』, 18쪽.

35 블로흐, 『서양 중세·르네상스 철학 강의』, 266쪽.

36 장문석, 『근대 정신은 어떻게 탄생했을까?』, 민음인, 2014, 106쪽.

로 바뀌기 시작했다. 이제 예술활동은 육체노동이 아니라 정신활동으로, 집단작업이 아니라 개인작업으로 여겨지게 되었다. 미켈란젤로는 회화는 '손으로' 그리는 것이 아니라 '머리로' 그린다고 역설했다. 예술이 단순한 손재주가 아니라 고도의 정신활동의 산물이라는 점을 이보다 더 명쾌하게 표현한 말은 없다.[37] 그런데 혹시라도 예술에 대한 존경심이 높아질수록 그 대가로 노동과 기능에 대한 평가는 더욱 낮아졌던 것은 아닌지도 모르겠다. 엄밀히 말하면 르네상스로 인해 예술에 대한 평가가 고양되기는 했지만 그렇다고 해서 예술을 기술과 비슷하게, 또는 그보다 낮게 취급하는 사고방식이 완전히 쇄신되었던 것은 아니다. 계몽주의 시대인 18세기 중엽까지만 해도 예술이 무엇인지를 논할 때 순수예술(fine arts)과 실용기술(useful arts)을 구분하는 것이 보통이었다. 계몽주의자들은 순수예술보다 실용기술이 인류의 복지를 증진하고 사회를 발전시키는 데 더 유용하다고 믿었다.[38]

스미스의 『국부론』이 1776년에 출간되었다는 사실은 다른 이유에서 또 매우 의미심장하다. 1776년 세계사에서 특별한 사건이 일어나는데, 바로 미국의 〈독립선언문(Declaration of Independence)〉이 공포된 일이다. 인간은 사회적 생산과정에서 그들의 특정한 필연적인 의지로부터 독립한 여러 관계인 생산관계를 맺게 되는데, 이 관계는 그들의 물질적 생산력의 일정한 발전단계에 조응한다. 역사의 일정한 발전단계에서 생산력과 생산관계는 하나의 통일체로서 그 발전단계에 고유한 하나의 생산양식을 이룬다. 이것이 하부구조로서 사회의 실질적인 토대가 되고, 이에 대응하여 법률적, 정치적 상부구조가 구축되며, 다시 이에 대응하여 일정한 사회적 의식형태들이 나타난다. 이것이 경제적 사회구성체다. 사회의 물질적 생산력이 기존의 생산관계 속에서 발전하여 일정한 단계에 이르게 되면, 그때까지 내부에서 운동해 온 기존의 생산관계 또는 그것의 법적 표현에 불과한 소유관계와 모순에 빠진다. 사회혁명은 낡은 생산관계를 해체시킴으로써 질곡에 처한 생산력을 해방시키는 과정, 하나의 사회구성체가 더 발전한 새로운 사회구성체로 교체되는 과정이다. 이런 의미에서의 사회혁명은 크게 두 가지 형태가 있는데, 부르

---

37 장문석, 『근대 정신은 어떻게 탄생했을까?』, 106~07쪽.

38 터너, 서상복 옮김, 『예일대 지성사 강의』, 책세상, 2021, 240쪽.

주아 민주주의 혁명 우리가 흔히 시민혁명이라고 부르는 형태와 프롤레타리아 민주주의 혁명 즉 사회주의 혁명이 있다. 봉건적 구체제(ancien regime)를 폭력적으로 해체하고 새로운 정치체제를 건설하는 과정이 바로 시민혁명(bourgeois revolution)이다. 시민혁명의 가장 전형적인 형태는 프랑스대혁명에서 찾아볼 수 있다. 미국의 독립전쟁은 식민 본국 즉 영국의 지배로부터 독립하는 것이 주요 목적이며 사회개혁은 그에 따라 행해졌다는 점에서 프랑스대혁명이나 그 후에 일어난 유럽의 다른 나라들에서의 시민혁명과는 차이가 있다. 그러나 보수적인 정치형태를 타도하고 보다 민주적인 정치형태를 수립하고자 한 점에서는 공통점을 가지고 있다. 흔히 미국에는 봉건제도가 존재하지 않았으며, 따라서 시민혁명으로 해결해야 할 봉건규제나 낡은 제도의 잔재도 존재하지 않았다고 말한다. 그러나 미국에서도 본국의 자본주의적 발전을 위해 식민지를 이용하려 한 영국의 식민지 정책이 사실상 봉건적 규제와 다름없었다. 미국의 시민혁명은 영국의 가혹한 지배와 중상주의 정책에 반항하여 식민지 13개 주가 협력하여 독립을 달성한 전쟁과 그 후 식민지 내부의 사회개혁과정을 포함한다. 그런 의미에서 보면 미국의 독립전쟁은 프랑스대혁명에 앞서 가장 먼저 시민혁명을 수행한 사건이다.

물론 『국부론』이 1776년에 출간되었다는 사실은 하나의 우연한 사건일 뿐이다. 그것은 1775년일 수도 있고 1777년일 수도 있다. 중요한 것은 근대 경제학이 산업혁명과 시민혁명이라는 근대를 만든 두 개의 혁명의 시대에 탄생했다는 사실이다. 이 책의 첫머리에서부터 지금까지 우리는 당연한 것처럼 근대라는 용어를 사용해 왔다. 그러나 정작 아직 근대가 무엇인지 정의한 적은 없다. 그렇다면 근대는 무엇인가? 경제적으로 규정한다면 근대는 자본주의 사회이며, 정치적으로 규정한다면 근대는 민주주의 사회다. 지나치게 단순한 정의지만 여기서는 이런 정도로 유보해 두자. 자본주의를 출현시킨 것은 산업혁명이고, 시민사회를 출현시킨 것은 시민혁명이다. 우리는 흔히 부르주아 민주주의 혁명 즉 시민혁명이라고 하면 총을 든 군중들이 왕궁을 점령하고는 체포된 국왕의 목을 참수하고 귀족들을 감옥에 보내는 사건들을 생각한다. 그런데 뜻밖에도 시민혁명은 매우 일상적인 사건들의 과정이다. 산업혁명과 시민혁명이라는 이 두 개의 혁명, 두 개의 사건은 전혀 별개의 독립된 과정인 것처럼도 보이지만 실은 전혀 그렇지 않다. 시민혁명에 의한 봉건적 신분제도의 철폐가 없이는 자본주의가 필요로 하는 두 가지 의미에서 자유로운—신분적으로 자유로운 동시에 생산수단의 소유로부터도 자유로운, 생산수단을 가지고 있지 못한 노동자도 존재할 수 없기 때문이다. 절대주의 시대의 영국에서 만들어졌던 〈구빈법(Poor Law)〉은 그런 사정을 잘 보여 준다. 근대 이전의 빈민구제는 영주들의 장원이나 교회와 수도원 등에서 이루어졌다. 그러나 16세기 이후 인클로저 운동(enclosure movement)과 함께 토지로부터 추방된 농민들이 거지나 부랑자로 전락하는 경우가 늘어나자 교구가 구빈 사업을 책임지게 되었다. 인클로저 운동은 봉건제 해체기에 영국에서 진행된 농민의 토지로부터의 추방 현상을 가리킨다. 이 운동은 16세기부터 18세기에 이르기까지 지속되어 18세기 말에 이르러서는 농업체제를 완전히 자본주의적 경영형태로 바꾸어 놓았다.

인클로저는 '둘러싼다', '울타리를 친다'는 뜻이다. 인클로저 운동의 의미는 시대에 따라 여러 가지 특질을 가지기 때문에 한 가지로 말할 수는 없다. 가장 일반적인 측면을 요약한다면 봉건적 농업체제의 기본형태였던 개방경지제 또는 공동경지농업의 폐기를 의미한다. 봉건적 농업체제에서는 분할된 소보유지의 혼재와 경작강제와 같은 공동체적 관행으로 인하여 농업생산력의 발전이 저해되고 있었다. 그러나 농업경영과 토지이용으로부터 이윤을 획득하려고 하는 요구가 높아감에 따라 그 비합리성이 분명해졌고, 봉건적 농업체제를 변혁하려는 움직임이 구체적으로 전개되기 시작했다. 영국에서 인클로저 운동이 가장 활발하게 시행된 것은 15~16세기와 18~19세기의 두 시기다. 첫 번째 시기를 제1차 인클로저, 두 번째 시기를 제2차 인클로저라고 부른다. 제1차는 당시 농촌에서 널리 전개되고 있던 모직공업을 위한 양모생산이 곡물생산보다 더 유리하자 경지를 목장으로 전환하면서 진행되었다. 이로 인해 파생된 농민의 실업과 이농 현상, 농가의 황폐, 빈곤의 증대는 인클로저에 대한 격렬한 비난을 불러일으켰다. 영국의 인문주의자 토마스 모어(Thomas More, 1478~1935)가 『유토피아(Libellus vere aureus, nec minus salutaris quam festivus, de optimo rei publicae statu deque nova insula Utopia, 1516)』에서 "양은 원래 온순한 짐승이나 지금은 사람을 잡아먹는다"고 비난한 것도 이런 참상이었다. 17세기 중엽 이후에는 경지 부족으로 곡물가격이 상승하자 곡물생산을 위한 공유지와 미개간지의 둘러싸기가 대규모로 행해졌다. 특히 18세기 중엽 이후 산업혁명이 시작되면서부터는 농산물 수요가 더 크게 급증하면서 이런 방법의 둘러싸기도 더욱 촉진되었다. 봉건제의 해체과정에서 대대로 관습에 의해 권리를 보장받고 경작하던 토지에서 추방된 농민들은 다른 농촌 마을이나 도시로 이주했지만, 아직 자본주의가 미성숙하고 공업의 발달도 부진한 상태에서 이들을 모두 받아들일 만큼의 고용기회는 없었다. 이런 실업자들은 절대왕정의 지배체제를 불안하게 하는 요소일 뿐만 아니라 여러 가지 사회문제를 일으켰기 때문에 절대왕정도 대책을 세우지 않을 수 없었다. 이런 목적으로 만들어진 것이 〈구빈법〉이다. 〈구빈법〉은 구빈세를 거두어 구빈기금을 조성하고 구빈위원회를 두는 한편, 건장한 부랑민의 걸식행위를 금지하고 구빈원에 수용하여 일을 시키도록 하되 이를 거부하는 자는 구제하지 않아도 된다고 규정했다. 이를 반복해서 어길 때는 사형에 이르는 중벌을 내리도록 했다. 〈구빈법〉은 빈민의 구제를 목적으로 시행되었지만, 스미스는 이 법의 시행에 매우 강경하게 반대했다. 그 이유는 〈구빈법〉이 빈민의 거주를 자기 교구에 제한했기 때문에 거주이전의 자유를 제한했고, 그럼으로써 노동력의 자유로운 이동을 규제했기 때문이다. 스미스는 "동업조합법이 노동의 자유로운 이동을 방해하는 것은 유럽의 모든 곳에서 공통적이지만, 〈구빈법〉이 그것을 방해하는 것은 잉글랜드에 특유하다"고 비판했다.[39] 프랑스대혁명을 비롯해 시민혁명 이후에 만들어진 여러 나라의 근대 헌법들이 왜 거주이전의 자유와 직업선택의 자유를 그토록 중시했는가를 설명해 주는 예다.

절대주의 이전까지 영국은 유럽 국가들 사이에서 후진국으로 평가받았다. 그런 영국에서 산업혁명이 가장 먼저 일어나게 된 이유는 무엇인가? 먼 배경에서부

39 스미스, 『국부론(상)』, 141쪽.

터 이야기하자면 다른 나라들에 비해 영국에서 봉건적 규제가 가장 취약했기 때문이다. 영국의 봉건제도는 대륙에서보다 200여년이 늦은 11세기에 와서야 비로소 기본적인 골격을 형성한다. 봉건국가로서 영국이 후진적이었다는 말은 역설적으로 영국의 봉건규제가 그만큼 취약했다는 뜻이기도 하다.[40] 잉글랜드의 여러 지역에서는 12세기에 이미 농노들이 영주에게 지대를 부역이 아닌 화폐로 지불하는 지대금납화가 나타난다. 이런 영국의 사회경제적 조건은 새로운 생산방식과 새로운 시민계급의 출현이 상대적으로 용이하게 했다. 절대주의 국가의 경제정책도 영향을 미쳤다. 이미 이야기한 것처럼 중상주의는 단순히 상업을 중시한다는 측면만이 아니라 공업을 비롯해 통일적 국민국가를 형성하기 위한 국민경제의 건설과정으로 이해해야 옳다. 외형적으로 그 당시에 가장 산업이 발달한 나라는 프랑스였다. 앞에서 본 것처럼 프랑스에서는 국가주도의 산업육성이 추진되었다. 고블랭(Gobelin) 매뉴팩처처럼 국가가 설립하고 경영한 매뉴팩처를 특권 매뉴팩처 또는 집중 매뉴팩처라고 부른다. 이에 반해 영국에서 자생적으로 성장한 매뉴팩처는 분산 매뉴팩처 또는 독립 매뉴팩처라고 부른다. 독점과 특권에 기초한 산업정책은 외형적으로 규모의 경제라는 이점을 가진 특권 매뉴팩처를 중심으로 더 높은 수준의 산업화를 달성한 것처럼 보인다. 이에 비해 영국에서는 국가주도의 독점적 경제환경이 아니라 더 광범한 경쟁적 경제환경이 조성되었다. 엄밀히 말하면 영국의 절대왕정도 그 계급적 성격은 본질적으로 봉건국가였다. 그러나 경쟁적 환경에서 성장하는 신흥 부르주아계급을 목도한 영국의 절대왕정은 스스로 변신해 부르주아와 타협하는 길을 선택했다. 국가가 규제하기 전에 이미 신흥산업계급들 스스로 경쟁적 환경을 만들었다는 뜻이다. 여기에 산업의 성격도 영국의 경우 농촌공업을 기반으로 해서 자생적으로 형성된 독립 매뉴팩처들에 의한

---

40 일본의 역사학자 마쓰다시로(增田四郎, 1908~1997)는 봉건제가 가장 융성했던 서유럽 지역이 아닌 영국에서 가장 먼저 자본주의가 발상한 점을 들어 역사는 중심부가 아닌 주변부에서 발전한다는 '변경혁명론'을 주장했다. 노예제가 가장 융성했던 그리스나 로마가 아니라 변경이었던 서유럽에서 봉건제가 출현하고, 봉건제의 변경이었던 영국에서 자본주의가 출현했다는 것이다. 이는 구사회의 내부에서 새로운 경제사회체제를 지향하는 추동력에 비해 구사회를 유지하고 변혁을 억제하려는 압력이 허약했기 때문이다.

내수용 산업이 발달한 반면에 프랑스나 다른 나라에서는 특권 매뉴팩처들에 의한 수출용 상품과 소수 특권층의 사치품생산이 더 중요한 지위를 차지했다.

경제학이 오롯이 근대의 산물이라는 말은 경제학이 산업혁명과 시민혁명이라는 두 개의 혁명의 시대에 자본주의와 시민사회의 탄생과 더불어 나타났기 때문이다. 다만 근대 철학이나 근대 물리학이 근대 이전의 철학, 근대 이전의 물리학과 구분하기 위한 용어라면, 근대 경제학은 키 큰 키다리처럼 동어반복에 가깝기는 하지만 경제학이 오롯이 근대의 산물임을 강조하기 위한 표현이다. 그렇다면 근대가 비록 아직 잠정적인 정의이기는 하지만 자본주의 사회이자 시민사회를 가리킨다면 그것의 본질로서 '근대성(modernity)'이란 무엇인가 하는 질문을 던지지 않을 수 없다. 인간의 행위가 모두 인간적일 수는 없듯이, 근대사회를 살아가면서 겪는 모든 사건과 현상들이 근대적일 수는 없다. 그렇다면 무엇이 인간의 행위를 인간적이게 하는가? 철학자들의 용어를 잠시 빌리면 "어떤 것을 다른 것이 아니라 바로 그것이게 만드는 것(that by which it is what it is rather than something else)"을 '본질(essence)'이라고 부른다.[41] 그렇다면 근대의 본질, 또는 그 핵심으로서 '근대성(modernity)'이란 무엇인가? 다른 말로 근대사회를 다른 무엇이 아닌 바로 그것이게 만드는 근대정신이란 무엇을 의미하는가? 그리고 경제학은 근대의 본질, 그 핵심으로서 근대성에 부합하는가? 이제 드디어 우리는 가장 중요하고 가장 근본적인 질문에 도달한 듯싶다. 실은 지금까지 이 책이 이야기하고자 한 내용들은 모두 이 질문을 던지기 위한 준비였던 셈이다. 근대의 본질은 무엇인가? 이 질문에 올바로 대답할 수 있을 때 우리는 경제적 인간 즉 호모 이코노미쿠스를 근대적 인간형이라고 부를 수 있을 것이다.

---

41 이경재, 『중세는 정말 암흑기였나』, 55쪽.

포르투갈 리스본에 있는 엔히크 왕자의 기념비

포르투갈(Portugal)이라는 이름은 라틴어의 포르투스 칼레(Portus Cale)에서 유래했는데 '서쪽의 항구'라는 뜻이다. 포르투갈이 대서양 진출을 선도한 데에는 유럽에서 가장 서쪽에 위치했다는 지리적 이점이 분명히 있다. 그러나 더 중요한 요인은 포르투갈이 해양국가라는 프로젝트를 가장 먼저 가장 효율적으로 계획하고 실천했다는 것이다. 엔히크 왕자(Infante Dom Henrique de Avis, Duque de Viseu, 1394~1460)는 포르투갈의 대서양 진출을 계획하고 지휘한 인물이다. 엔히크는 몇 차례에 걸쳐 아프리카 서해안을 탐사해 여러 해안과 섬들에 포르투갈의 식민지를 건설했고, 뒤에 인도 항로를 발견할 수 있는 기초를 만들었다. 그의 가장 큰 업적은 포르투갈 최서단인 사그레스에 '왕자의 마을(Vila do Infante)'이라는 이름의 해양진출기지를 건설한 일이다. 엔히크는 이 기지에 학자들과 선원들, 조선기술자 등을 모아 이들의 후원자가 되었고 포르투갈이 대서양 시대를 열 수 있게 했다. 이 때문에 그는 항해왕(the Navigator)이라는 별명으로 불리지만 정작 그 자신은 한 번도 항해를 해 본 적이 없다. 직접 총을 들고 싸우거나 삽을 들고 일하는 것이 훌륭한 지도자가 되기 위해 꼭 필요한 덕목은 아니라는 것을 잘 보여 주는 일화다.

제2장

개인의 발견

근대의 탄생

아직 봄은 오는 듯 아닌 듯 멀고 겨울은 선뜻 떠나기 싫어 미적거리는 1417년 1월의 어느 날 포조 브라촐리니(Gian Francesco Poggio Bracciolini, 1380~1459)라는 이름의 남자가 독일 남부의 이름 없는 시골마을에 자리한 오래된 수도원을 방문했다. '책 사냥꾼'이라는 별명으로 불렸지만, 이 사내의 원래 직업은 뜻밖에 매우 존경받는 로마교황청 사무국의 서기로 교황의 말씀을 옮겨 적는 일을 맡고 있었다. 특히 그는 대립교황 요하네스 23세(Antipope Joannes XXIII, 1370~1419)의 돈독한 신임을 받고 지근에서 교황을 보좌했던 인물이다.[1] 포조 브라촐리니가 독일을 방문한 이유는 교황을 모시고 콘스탄츠 공의회(Council of Konstanz, 1414~1418)에 참석하기 위해서였다.[2] 콘스타츠는 독일 남동부 보덴 호수와 라인강에 인접해

1 가톨릭교회의 역사를 보면 교회 내의 일부 추기경단과 성직자들 또는 유력한 제후들이 신학적, 정치적 개인적 이유로 교황의 직무수행을 거부하고 대립교황(Gegenpapst)을 선출한 사례가 여러 번 있었다. 대립교황으로 선출된 교황 가운데 다수는 짧은 기간 교황직에 재위했지만, 어떤 교황들은 상당히 긴 기간 동안 직책을 유지하기도 했으며, 심지어는 교황의 서거 후에 공식적인 후계자로 인정되는 경우도 있었다. 다만 요하네스 23세에게는 그런 기회가 주어지지 않았다.

2 공의회(ecumenical council)는 전세계의 가톨릭 교구 지도자나 그들의 위임자 및 신학자들이 모여 합법적으로 교회의 신조와 원칙에 관한 문제를 의논 정의 결정하는 회의를 말한다. 공의회는 가톨릭교회의 교리와 규례 등을 결정하며, 여기서 결정된 사항은 최고의 권위를 지닌다. 공의회의 기원은 초대교회의 사도들이 공식적인 사도회의를 가졌던 데서 비롯된다. 『성서』에 나오는 최초의 공의회는 예루살렘 공의회(Council of Jerusalem, 49)다. 이 회의는 예루살렘 교회를 대표하는 야고보와 사도들과 장로들이 안디옥 교회를 대표한 바울과 바나바를 맞이하여 개최하는 형식으로 이루어졌다(「사도행전」 15장.) 325년 동서 교회의 주교들이 함께 모인 니케아 공의회(Councils of Nicaea)는 최초의 공식적인 공의회로 인정된다.

있는 지방도시다. 콘스탄츠에서 공의회가 열리기까지는 매우 복잡한 사정이 있다. 프랑스 왕 필리프 4세(Philippe IV, 1268~1314)는 재정문제를 해결하고자 성직자의 재산에 대한 과세권과 성직자의 서임권을 주장했다. 그러나 교황 보니파시오 8세(Bonifacius VIII, 1235~1303)가 이에 반대하자 국왕은 교황을 감금하고 퇴위를 강요했다. 보니파시오 8세의 선종으로 선출된 프랑스 출신의 교황 클레멘스 5세(Clemens V, 1264~1314)는 국왕의 압박으로 이탈리아로 돌아가지 못하고 프랑스의 아비뇽에 머물렀다. 이때부터 7대에 걸쳐 교황청이 아비뇽에 설치된 일을 아비뇽 유수(Avignonese Captivity)라고 부른다. 1377년 그레고리오 11세(Gregorio XI, 1329~1378)가 바티칸으로 귀환하면서 유수는 종식되었다. 그러나 그레고리오 11세가 선종하고 우르바노 6세(Urbano VI, 1318~1389)가 선출되자 신임 교황과 친프랑스파 추기경들 사이에 심각한 갈등이 발생했다. 친프랑스파 추기경들은 대립교황 클레멘스 7세(Antipope Clemens VII, 1342~1394)를 새로운 교황으로 선출했다. 클레멘스 7세는 무력을 동원해 우르바노 6세의 축출을 시도했으나 실패하고 상황이 불리해지자 아비뇽으로 이주했다. 로마와 아비뇽 두 곳에 교황이 공존하는 서방교회의 대분열(Great Schism)이 일어난 것이다. 1409년에 소집된 피사 공의회(Council of Pisa)는 로마의 그레고리오 12세(Gregorius XII, 1325~1417)와 아비뇽의 베네딕도 13세(Antipope Benedict XIII, 1328~1423)를 모두 폐위하고, 알렉산데르 5세(Antipope Alexander V, 1339~1410)를 새로 교황으로 선출했다. 그러나 두 명의 교황이 모두 폐위를 수락하지 않았기 때문에 오히려 3명의 교황이 난립하는 결과가 되었다. 요하네스 23세는 1410년 알렉산데르 5세의 후임으로 교황에 선출되었다. 콘스탄츠 공의회는 교회의 분열을 종식시키기 위해 요하네스 23세가 신성로마제국의 황제 지기스문트(Sigismund, 1368~1437)의 요청으로 소집한 종교회의다. 그러나 다른 두 명의 교황은 참석을 거부했고, 공의회가 자신에게 불리한 결의를 할 움직임을 보이자 공의회를 소집했던 요하네스 23세도 변장을 한 채 도주해 버렸다. 세 명의 교황이 모두 참석하지 않은 가운데 공의회는 "어떤 지위나 어떤 신분의 사람이든 간에 교황을 포함한 모든 사람은 신앙, 분열의 종식, 신의 교회의 개혁과 관련한 문제에서 공의회에 복종해야 한다"

고 공표했다.[3] 공의회는 세 명의 교황을 모두 폐위하기로 결의하고 새로운 통일 교황으로 마르티누스 5세(Martinus V, 1368~1431)를 선출했다. 요하네스 23세는 체포되어 구금당했고, 횡령과 남색 등의 죄목으로 재판에 부쳐져 유죄 판결을 받았다. 요하네스 23세가 대립교황으로 불리게 된 사정이다.

포조 브라촐리니는 교황의 비서로 콘스탄츠 공의회에 참석하기 위해 독일을 방문했다. 그러나 직업윤리로 보면 매우 불성실한 일이지만, 처음부터 포조의 관심은 다른 곳에 있었다. 그는 콘스탄츠 인근에 자리한 수도원들에 희귀한 고서가 많다는 소문을 들었다. 수도원의 도서관은 외부인의 출입을 허락하지 않는 것이 보통이었다. 그러나 포조는 교황청에서 근무했던 이력과 자신이 모셨던 교황은 폐위되었지만 여전히 교회에 큰 영향력을 가진 높은 분들과의 각별한 인연을 내세워 도서관에 들어갈 수 있도록 허락받았다. 며칠을 도서관의 책더미에 묻혀 지내던 어느날 수많은 고서들 사이에서 고색창연한 필사본 한 권이 그의 눈에 띄었다. 오랜 세월의 무게로 잿빛으로 바래진 표지를 열자 책의 첫머리에는 유려한 고전 라틴어로 베누스(Venus) 여신에 대한 찬사가 쓰여 있었다. "아이네아스의 후손들의 어머니시여, 인간과 신들의 즐거움이시여, 생명을 주시는 베누스시여, 당신은 하늘을 미끄러지는 별들 아래 배들을 나르는 바다와 곡식을 가져오는 땅들을 그득하게 채워 주십니다." 다음 장을 넘기자 이 책의 정체를 밝혀 주는 더 구체적인 문장들이 나타났다. "제가 사물들의 본성에 대하여 친애하는 멤미우스 집안의 자손에게 엮어 보이고자 시구들을 쓰는 데에 당신께서 동맹자가 되시기를 간절히 원하나이다."[4] 그 순간 자신이 찾은 이 낡은 고서가 바로 기원전 로마의 시인 루크레티우스(Titus Lucretius Carus, BC96~BC55)가 쓴 6권의 철학적 서사시집 『사물의 본성에 관하여(De rerum natura, BC50)』의 필사본임을 알아챈 포조는 숨을 멈출 수밖에 없었다. 장단단 육보격(iambic hexameter)의 운율 형식으로 쓰인 이 작품은 루크레티아의 작품들 가운데서 지금까지 알려진 유일한 책이다.[5] 9세기 이후 프

3 브로틴, 윤은주 옮김, 『르네상스』, 고유서가, 2020, 106쪽.
4 루크레티우스, 강대진 옮김, 『사물의 본성에 관하여』, 아카넷, 2021, 25~27쪽.
5 장단단 육보격이란 그리스의 서사시에서 자주 사용한 운율로, 장모음 하나와 단모음 두 개가 한 단위가 되고 이런 단위가 여섯 번 반복되어 한 행을 이룬다.

랑스와 독일의 수도원 두세 곳에서 떠돌다가 갑자기 사라져버린 이 책이 무려 500년 만에 드디어 자신의 손에 의해 세상의 빛을 보게 된 것이다.

『1417년, 근대의 탄생: 르네상스와 한 책 사냥꾼 이야기(The Swerve: How the World Became Modern, 2011)』는 중세의 끝자락에서 근대가 막 시작하려는 때인 르네상스 시대 피렌체 출신의 인문주의자인 포조 브라촐리니가 루크레티우스의 철학적 서사시 『사물의 본성에 관하여』를 찾는 과정과, 이 책의 주제가 된 고대 그리스의 철학자 에피쿠로스(Epikuros, BC341~BC270)의 철학을 미국의 문학사가인 저자가 논픽션의 형식으로 구성한 작품이다. 포조가 『사물의 본성에 관하여』를 찾은 일은 우연이라기에는 믿을 수 없을 만큼 절묘해서, 차라리 누군가가 설계해 놓은 결과인 것처럼 보인다. 시인 스스로 "모든 사물은 정해진 운명의 쇠사슬에 매여 있다"고 노래한 것처럼 말이다. 루크레티우스는 기원전 로마의 시인이자 철학자로 알려지지만, 그의 일생에 관해서는 알려진 내용이 거의 없다. 44세 때 자살했다는 이야기도 있으나 정확하지는 않다. 그의 작품도 지금 이야기하는 철학적 서사시 『사물의 본성에 관하여』 6권만 남아 있을 뿐이다. 『사물의 본성에 관하여』는 루크레티우스의 생전에는 발간되지 못하고 미완성인 채로 남아 있었는데, 그의 사후인 기원전 50년에 웅변가로 유명한 키케로(Marcus Tullius Cicero, BC106~BC43)가 직접 교정을 보고 출판을 주선해 줌으로써 세상에 나올 수 있었다고 한다. 키케로뿐 아니라 베르길리우스(Publius Vergilius Maro, BC70~BC19)나 오비디우스(Pūblius Ovidius Nāsō, BC43~AD17) 같은 동시대의 또는 한 세대 뒤의 시인들은 이 작품에 무한한 찬사를 바쳤다고 전해진다. 심지어 오비디우스는 세상이 멸망하더라도 이 시집만은 영원히 남을 것이라고 찬양했다고 한다. 그러나 시인들의 열렬한 환영과 반대로 그 당시 대중들의 반응은 그다지 긍정적이지 못했던 것 같다. 아마 대중이 이해하기에는 시의 철학적 내용이 너무 어려웠을지도 모르겠다. 아니면 시가 담고 있는 철학이나 윤리가 그 시대의 일반 대중들이 가졌던 도덕감정과 맞지 않았기 때문일 수도 있다. 심지어는 이 책의 출판을 도운 키케로도 작품의 문학적 가치는 높이 평가하지만, 자신이 이 시의 철학적 내용에 동의하는 것은 아니라는 변명을 덧붙였다고 한다. 이 시집을 보면 루크레티우스가 에피쿠로스의 철학뿐 아니라 고대 그리스의 철학 전반과 호메로스를 비롯한 시인들이나 그리스의 비극 작품들에 대해서도 매우 깊은 교양을 가지고 있었음을 알 수 있다. 그러나 아쉽게도 루크레티우스의 다른 작품은 전해지지 않는다.

서양철학사에 남긴 엄청난 명성과 영향력에도 불구하고 에피쿠로스가 직접 쓴 문헌 가운데 지금까지 알려진 것은 세 통의 편지뿐이다. 에피쿠로스의 철학에 대한 대부분의 자료들은 그의 제자들이나 다른 철학자들이 남긴 것이다. 다행히 루크레티우스라는 친절한 안내자 덕분에 우리는 에피쿠로스 철학의 핵심을 들여다볼 수 있게 되었다. 그러나 『사물의 본성에 관하여』에 담긴 철학이 어디까지 에피쿠로스의 철학이며 어디부터 루크레티우스 자신의 철학인지 구분할 수는 없다. 철학자로서 에피쿠로스에게는 늘 쾌락주의자라는 이름이 붙어 다닌다. 에피쿠로스와 제자들은 아테네 교외에 정원을 사서 공동체 생활을 했는데, 이 정원의 입구에는 이런 말이 쓰여 있었다고 한다. "방황하는 나그네여, 여기야말로 당신이 진정 거처할 좋은 곳이요, 여기에 우리가 추구해야 할 최고의 선, 즐거움이 있습니다." 쾌락주의(Hedonism)라는 말은 그리스어 '헤도네(hedone)'에서 나왔는데, 이 말은 흔히 육체적 쾌락을 의미하는 것으로 오해받는다. 그러나 '헤도네'의 원래 의미는 육체적인 것이든 정신적인 것이든 인간이 즐거움과 유쾌함을 느끼는 모든 체험을 가리킨다. 에피쿠로스는 모든 선과 악은 쾌락과 고통의 지각에서 온다고 주장했다. 선한 것은 기쁜 것이고, 악한 것은 고통스러운 것이다. 쾌락과 고통은 선함과 악함의 궁극적인 도덕적 기준이다. 이처럼 행복은 쾌락에서 오며, 쾌락이야말로 인간이 추구해야 할 최고선(summum bonum)이라고 주장했기 때문에 에피쿠로스는 그 시대의 사람들로부터나 후대의 사람들로부터나 도덕적 방탕과 향락을 찬양한 철학자로 비난받았다. 에피쿠로스 시대의 그리스에서 주류적인 철학 사조는 스토아학파(Stoicism)다. 스토아학파는 플라톤과 아리스토텔레스의 사상을 이어받아 인간의 이성을 통한 엄격한 금욕주의적 태도를 중시했다. 이들에게 행복은 인간에게 주어진 도덕적 의무를 준수하고 자칫 정념에 사로잡히기 쉬운 자신을 이겨내며 욕정을 단념하는 데서 온다. 아리스토텔레스의 말처럼 인간의 본성은 이성이기 때문에 그 이성에 따라 사는 것이 덕이며, 그것으로 인해 인간은 얼마든지 행복해질 수 있다는 것이다. 이런 스토아학파의 윤리에서 보면 에피쿠로스의 철학은 타락한 도덕으로 보일 수밖에 없었을지도 모르겠다.

그러나 에피쿠로스와 그 제자들이 궁극적으로 추구한 것은 육체적 향락이나 방임이 아니라 육체적으로든 정신적으로든 고통이 없는 상태(aponia), 무지와 미신으로 인한 죽음의 공포와 신의 응보로부터 자유로운 만족감과 고요함의 상태(ataraxia)였다. 고통으로 괴로워하지 않게 되면 더 이상 쾌락도 필요 없고, 완벽한 마음의 평화의 상태가 되기 때문이다. 역설적으로 루크레티우스가 『사물의 본성에 관하여』를 쓰게 된 동기도 아마 에피쿠로스 철학의 이런 내용 때문이었을 듯싶다. 당시의 로마는 공화정 말기의 혼란을 겪으면서 많은 사람들이 자신의 삶과 존재에 대해 불안감을 느끼고 있었다. 그래서 시인은 같은 시대를 살아가는 이웃들에게 이 세계의 모든 현상은 물질적인 것일 뿐이며, 따라서 신의 심판이나 죽음에 대한 공포는 모두 무의미할 뿐이라는 사실을 설파함으로써 마음의 평온을 얻도록 하고 싶었을 듯싶다. 이렇게 보면 에피쿠로스와 루크레티우스의 철학이 환영받지 못했던 이유가 순수하게 철학적 논쟁의 문제는 아니었던 것 같기도 하다. 어느 시대든 지배계급은 피지배 대중이 쾌락을 알고 쾌락을 추구하는 것을 바라지 않기 때문이다. 당연히 에피쿠로스 시대 그리스의 지배계급이나 루크레티우스 시대 로마의 지배계급도 쾌락을 자신들만의 특권으로 향유하고 싶었던 것인지 모르겠다.[6]

---

6 에피쿠로스의 철학과 루크레티우스의 『사물의 본성에 관하여』에 대한 여러 후대 연구자들의 해석 가운데 얼핏 가장 의외라고 여겨지는 것은 바로 프랑스의 실존주의 문학가 알베르 카뮈(Albert Camus, 1913~1957)의 철학적 에세이 『반항하는 인간(L'Homme Revolte, 1951)』이다. 이 책에서 카뮈는 서구사회가 고대에서 기독교 사회로 이행하는 과도기에 에피쿠로스와 루크테리우스가 형이상학적 반항의 형식을 가장 심오하게 표현한 사상가들이라고 주장했다. 카뮈에 따르면 형이상학적 반항이란 "인간이 인간 조건과 창조 전체에 항거하며 일어서는 운동이다. 그것은 인간과 창조의 목적에 대해 이의를 제기하는 까닭에 형이상학적이다. …반항의 역사는 서구 세계에 있어서 기독교의 역사와 불가분의 관계에 있다고 말해도 그것은 하등의 역설이 아니다. 사실 반항은 고대 사상의 마지막 시기까지 기다려야 과도기의 사상가들에게서 비로소 그 표현양식을 찾아내게 된다. 특히 에피쿠로스와 루크레티우스에게서 그 누구보다 심오하게 그 표현양식을 찾는다."(카뮈, 김화영 옮김, 『반항하는 인간』, 민

그런데 『사물의 본성에 관하여』에 나타난 에피쿠로스의 철학에서 더 중요한 부분, 그의 철학이나 루크레티우스의 시가 불온시되고 금기시되었던 더 큰 이유는 그의 쾌락주의가 아니라 바로 그의 철학이 기초한 유물론적 태도다. 실은 에피쿠로스의 쾌락주의를 올바로 이해하기 위해서도 그의 유물론에 대한 이해가 필수적이다. 에피쿠로스에 따르면 자연계에서 일어나는 모든 현상과 변화는 더 이상 쪼갤 수 없는 최소의 알갱이인 '원자'[『사물의 본성에 관하여』에서는 '원자'라는 단어 대신 '최초의 것들' '물질의 본체' '사물의 씨앗들' 같은 말로 표현하고 있다]들이 아무런 계획이나 목적 없이 서로 충돌하거나 결합함으로써 일어난다고 주장했다. 원자들의 운동은 한 가지 방향으로 결정되어 있지 않으며, 따라서 세계는 불확정적이다. 우주는 신의 계시에 의해 창조되고 운영되는 것이 아니라, 무수한 원자들이 무한한 공간에서 영속적으로 서로 충돌하고 결합하며 일탈한 결과로 구성된다. 루크레티우스의 입을 빌려 에피쿠로스는 이렇게 말한다. "그 어떤 것도 신들의 뜻에 의해 무로부터 생겨나지는 않았다." 우주는 무로부터 창조될 수 없으며, 따라서 우주는 신에 의해 창조된 것이 아니라는 뜻이다. 한 마디로 유물론 철학자로서 에피쿠로스는 신을 자신의 철학에서 배제해 버렸던 것이다. 지금으로부터 무려 2,300여년 전에, 포조가 그의 철학을 담은 서사시를 발견하기 1,700여년 전에 이미 에피쿠로스는 우주가 신에 의해 창조된 것이 아니라고 주장한 것이다.

> 그러므로 정신의 이 두려움과 어둠을,
> 태양의 빛살과 낮의 빛나는 창들이 아니라,
> 자연의 모습과 이치가 떨쳐버려야 한다.
> 그것의 첫 원리는 다음과 같은 것에서 우리를 위한 시작점을 얻어야 한다,
> 즉 그 어떤 것도 신들의 뜻에 의해 무(無)로부터 생겨나진 않았다는 것이다.
> 실로 그토록 이나 두려움이 모든 인간을 사로잡고 있다,

음사, 2022, 51쪽 및 60쪽.)

> 그들이 땅과 하늘에서 많은 것들을 보는데,
> 그것들의 작용 원인을 그 어떤 이치로써도 살필 수 없고,
> 그것이 선의 능력에 의해 일어난다고 생각하기 때문에.
> 따라서 우리가, 그 어떤 것도 무로부터 생성될 수 없다는 것을
> 알고 나면, 그때는 이 사실로부터 우리가 좇는 것을 더 제대로
> 보게 될 것이다, 어디서 각종의 사물들이 생성될 수 있는지도,
> 어떤 방식으로 각각이 신들이 애쓰지 않고도 만들어지게 되는지도.[7]

근대 이전의 사회를 모두 종교적 사회[특히 기독교의 관점에서]라고 생각하는 이들에게는 우주는 신에 의해 창조된 것이 아니라는 에피쿠로스의 주장이 매우 충격적일 수밖에 없었다. 그러나 엄밀히 말하면 고대 그리스의 철학자들 가운데 에피쿠로스만 유달리 특별했던 것은 아니다. 그리스 철학의 전통은 크게 두 가지 방향으로 발전한다. 하나는 소크라테스로부터 플라톤과 아리스토텔레스에게 계승된 관념론 철학이고, 다른 하나는 피타고라스(Pythagoras, BC580~BC500)와 데모크리토스(Democritos, BC460?~BC370?)를 거쳐 에피쿠로스에게 이어지는 유물론 철학이다. '원자(atom)'라는 개념을 처음 창시한 철학자는 데모크리토스의 스승인 레우키포스(Leukippos, ?~?)라고 알려지지만, 원자론을 체계적으로 완성시킨 사람은 데모크리토스다. 그는 우주의 시작을 허공(Kenon)과 이를 채우고 있는 원자라고 생각했다. 더 이상 쪼갤 수 없는 원자는 그 내부에 빈 공간이 없이 충만한 존재이며, 따라서 생성이나 소멸을 겪지 않는 변하지 않는 존재다. 데모크리투스는 에피쿠로스보다 대략 100년 이전의 인물이다. 이 시대에 이미 그리스의 철학자들은 우주가 신에 의해 창조된 것이 아니라 물질에 의해 구성된다고 생각했던 것이다. 그런데 주목해야 할 일은 무에서는 유가 나올 수 없으며 무에서는 오직 무가 나올 뿐(ex nihilo nihil fit)이라는 이런 생각은 대부분의 그리스 철학자들에게 공통된 것이었다는 사실이다. 그리스인들이 유일신이라는 개념을 거부한 이유도 이 때문이다.[8] 여기서 현대 물리학의 견해를 잠시 인용하면 스티븐 호킹 교수처럼 빅뱅(Big

---

7 루크레티우스, 『사물의 본성에 관하여』, 37~38쪽.
8 박주영, 『중세와 토마스 아퀴나스』, 살림, 2021, 58~59쪽.

Bang) 이론을 지지하는 물리학자들은 우주가 무로부터 탄생했다고 믿는다. 빅뱅 이전의 우주는 무의 상태였다는 것이다. 신의 역할을 배제해 버린 에피쿠로스의 태도는 "우리가 살고 있는 우주를 창조할 때 신이 어떤 생각을 했는지는 알 수 없지만, 아마 우주를 창조하는 데 신이 할 일은 아무것도 없었을 것"이라고 말한 호킹 교수의 풍자를 떠올리게 한다.

에피쿠로스가 주류 철학자들로부터나 대중들로부터 배척받았던 더 중요한 이유는 우주는 신이 창조한 것이 아니라고 주장했기 때문이 아니라, 여기서 한 걸음 더 나아가 신의 현존을 부정했기 때문이다. 그리스인들에게 신이 우주를 창조한 것은 아니지만, 신은 우주 안에 현존하고 있었다. 따라서 우주는 신의 섭리에 의해 운동한다. 인간도 마찬가지여서 인간의 행위는 신의 뜻에 부합할 때만 윤리적일 수 있다. 신이 공동체가 지켜야 할 도덕과 정의의 근거여야 하는 것이다. 그러나 에피쿠로스는 이마저도 부정해 버렸다. 우주는 신에 의해 창조된 것이 아니라는 주장을 넘어 에피쿠로스는 죽음이란 무의미하며 사후세계도 심판도 없다고 강변했다. 죽음은 단지 감각의 정지일 뿐이다. 따라서 우리는 죽음이나 신의 응보를 두려워할 필요도 없고, 삶에서 겪는 고난과 결핍 때문에 괴로워할 필요도 없다.[9] 대부분의 평범한 사람들이 당연히 신이 우리의 운명에 미칠 힘과 신에 의한 심판을 두려워하던 시대에 에피쿠로스는, 신이 우리의 행동에 대해 상을 내리지도 벌을 내리지도 않는다고 단언했다. 고대 그리스나 기원전의 로마처럼 기독교가 알려지기 이전의 사회들에서는 선악의 근거로서의 신이 부재했던 것처럼 생각하기 쉽지만, 그 대상이 기독교의 신이 아니었을 뿐 이들을 규제했던 도덕원리도 언제나 신이었다. 따라서 신의 이름으로 유지되어 온 기존의 도덕원리에 반하는 윤리나 사상은 당연히 위험시되었다. 이는 철학적으로 위험할 뿐 아니라 세속의 정치에서도 더 위험한 일이었다. 에피쿠로스의 철학뿐 아니라 그것을 시로 표현한 루크레티우스의 작품이 금기시될 수밖에 없었던 이유다. 당연한 이야기지만 로마가 기독교 국가가 된 이후에는 사정이 더욱 나빴다. 이 책은 대중의 호응을

9 루크레티우스, 『사물의 본성에 관하여』, 248~49쪽.

받지 못한 정도를 넘어 교회에 의해 불온시되고 금기시되었다. 처음에는 적대적인 이교에 의해, 그 다음에는 역시 적대적인 기독교에 의해 이 책은 위험한 철학으로 가득찬 불온서적으로 취급되었다. 그런 이유로 오랫동안 이 책은 대중들에게 잊힌 채로 남았던 것이다.

이제 다시 『1417년, 근대의 탄생』에 대한 이야기로 돌아가 보자. 9세기의 어느 이름없는 수도사가 하필 『사물의 본성에 관하여』를 필사한 동기가 무엇인지 궁금하지만 우리가 알 수는 없는 일이다. 그러고도 또 500년 동안이나 이 책은 사람들에게 잊힌 채 독일 어느 시골 마을의 외진 수도원 서고에서 먼지를 덮어쓴 채 세월을 견뎠다. 그 사이에 이 책의 가치를 알지 못한 채 서고를 정리하던 누군가에 의해 버려졌다고 해도 이상한 일은 아니다. 바로 그 책이 드디어 포조라는 책 사냥꾼에게 발견되어 세상에 나온 것이다. 이처럼 포조 브라촐리니가 『사물의 본성에 관하여』를 발견한 과정은 참으로 대단한 사건이다. 그런데 여기서 문득 드는 의구심은, 이 책의 발견이 아무리 대단한 사건이라고 해서 『1417년, 근대의 탄생』의 작가가 그것을 '근대의 탄생'이라고 부를 만한 이유는 과연 무엇인가 하는 것이다. 아무리 위대한 책일지라도 우연히 발견된 고대의 필사본 한 권이 과연 역사의 한 시대를 새로 탄생시킨다는 것이 가능하고 타당한 이야기인지 독자들로서는 궁금할 수밖에 없는 것이 당연하다. 이 질문에 대해 쉽게 생각해 볼 수 있는 답변은, 이 책의 발견이 우리가 흔히 근대의 출발점으로 생각하는 르네상스 시대의 인문주의자들에게 혁명적인 영감을 얻어 르네상스 시대를 열 수 있었다는 것이다. 포조와 동시대의 인문주의자들에게 루크레티우스의 시집이 어떻게 읽혔으며 어떻게 수용되었는지를 보여 주는 증거들은 많다. 포조의 발견이 동시대나 그 다음 세대의 지식인들로부터 긍정적이든 부정적이든 의미있는 반향을 불렀던 것은 분명하다. 부정적인 반향을 보면 포조의 발견이 있은 지 100년 후인 1516년 피렌체에서 열린 제5차 라테르노 공의회(Lateran Council)는 학교에서 루크레티아의 책을 읽히는 일을 금지했다. 성직자들은 루크레티아의 시를 "음탕하고 사악하며 영혼이 사멸한다는 주장을 펼치기 위한 온갖 궤변으로 점철된" 작품이라고 비난했다.[10] 이런 사실은 에피쿠로스의 철학은 여전히 불경하고 위험한 사상으로 치부되었음을 말해 준다. 그러나 다른 한편 같은 해에 출간된 토머스 모어의 『유토피아』는, 아메리카가 인도가 아니라 그때까지 유럽에 알려지지 않은 다른 대륙이라는 사실을 발견하고 자신의 이름을 붙인 항해가 아메리고 베스푸츠(Amerigo Vespucci, 1454~1512)의 입을 빌려 "그곳의 사람들은 전적으로 쾌락에 기초하고 있었으므로 에피쿠로스적이라고 불러도 될 것이다"라고 기록했다. 가장 위대한 인문주의자로 불리는 에라스무스(Desiderius Erasmus, 1466?~1536)도 "경건한 기독교인보다 더 에피쿠로스적인 사람은 없다"고 풍자했다.[11] 이 시대의 인문주의자들 사이에서 루크테리아의 책이 이미 널리 읽히고 있었으며 적극적인 지지를 받고 있었다는 뜻이다.

에피쿠로스에 따르면 사물은 입자로 구성되어 있으며, 우주는 인간을 위해 창조된 것이 아니다. 우주에는 창조자도 설계자도 없다. 더 나아가 죽음은 아무런 의미도 없으며 사후세계는 존재하지 않는다. 심판도 없고, 천국도 지옥도 없다. 에피쿠로스의 주장은 동시대인들에게도 그랬을 테지만 특히 신이 알파요 오메가라고 믿었던 중세인들에게는 엄청난 충격이었을 것이다. 그래서 신을 부정한 에피쿠로스의 철학은 중세사회를 규정했던 신 중심의 가치관을 인간 중심의 가치관으로 전환시키는 계기가 되었다고 평가한다. 사물은 일탈(swerve)[루크레티우스는 미끌어짐, 기울임, 경사운동 등으로 표현하고 있다]의 결과로 태어나며, 일탈은 자유의지의 원천이라는 사상은 중세사회를 변혁시켜야 할 필연성의 근거가 되었다. 인간사회는 평화롭고 풍요로운 황금시대가 아니라 생존을 위한 원시의 전쟁 속에서 시작되었다는 생각은 인문주의자들을 넘어 17~18세기의 계몽사상가들을 떠올리게 한다.[12] 이처럼 에피쿠로스의 철학은 지금 우리가 보더라도 놀랄 만큼 세속적이고 현대적이다. 그래서 『사물의 본성에 관하여』가 근대를 탄생시켰다는 소설 『1417년, 근대의 탄생』 의 작가의 주장에는 거부하기 어려운 힘이 있다. 그러나

10 그린블랫, 이혜원 옮김, 『1417년, 근대의 탄생』, 2013, 283쪽 이하.
11 그린블랫, 『1417년, 근대의 탄생』, 285~87쪽.
12 그린블랫, 『1417년, 근대의 탄생』, 233쪽 이하.

르네상스의 인문주의자들이 과연 에피쿠로스의 철학이 담고 있는 것처럼, 또는 그렇다고 그 지지자들이 믿고 있는 것처럼 반기독교적이고 반중세적이었는지는 깊이 생각해 보아야 할 주제다. 만약 그랬다면 과연 어떤 의미에서 그랬는지도 고민해 보아야 할 문제다. 시골 수도원의 도서관에서 찾은 낡은 책 한 권이 근대를 탄생하게 했다는 저자의 주장을 반대하는 것이 아니라 그렇다면 이제 그 주장의 타당성을 추적해 보자는 뜻이다.

르네상스 시대의 화가 라파엘로 라파엘로(Sanzio Raffaello:1483~1520)의 <아테네학당(School of Athens)>.
그림 왼쪽에 아이를 안고 있는 흰 수염의 노인이 스토아학파의 창시자인 제논이며, 그 옆에 푸른 옷을 입고 무언가를 필기하고 있는 이가 에피쿠로스다.

에피쿠로스학파와 스토아학파는 헬레니즘(Hellenism) 시대의 가장 중요한 두 철학 사조다. 스토아학파는 기원전 3세기 무렵에 키티온의 제논(Zeno of Citium, BC335~BC263)에서 시작되어 기원후 2세기까지 이어진다. 스토아라는 명칭은 제논이 철학 강의를 했던 아테네의 공공건물 스토아 포이킬레(Stoa poikile)에서 유래했다. 아리스토텔레스 이후 그리스와 로마 철학을 대표하는 주요 학파다. 유물론과 범신론적 관점에서 금욕과 평정을 행하는 현자를 최고의 선으로 보았다. 스토아학파는 그리스의 아테네에서 토대를 다졌으나 주요 철학자들 대부분은 시리아나 로마 출신이었다. 헬레니즘 문화 속에서 성장한 철학이기 때문에 그리스적 요소와 비그리스적 요소가 거의 대등하게 조화를 이루고 있었다. 스토아학파라고 통칭하기는 하지만 이들의 사상은 사람에 따라 또 시대에 따라 상당한 차이가 있고 내용도 다양하다. 그래도 이들에게 공통된 점을 찾는다면 바로 금욕과 절제를 중시하는 윤리적 태도이다. 네로(Nero Claudius Caesar Augustus Germanicus, 37~68) 황제의 스승이었던 세네카(Lucius Annaeus Seneca, BC4?~AD65), 철학자 황제로 유명한 마르쿠스 아우렐리우스(Marcus Aurelius, 121~180)는 후기 스토아학파를 대표하는 철학자들이다.

시대의 여명

오늘날 우리는 '근대(modern)'를 역사의 한 특정 시대를 가리키는 용어로 사용한다. 그러나 원래 'modern'이라는 말은 새롭다는 뜻의 라틴어 '모데르누스(modernus)' 또는 '모데르나(moderna)' 등에서 유래했다. 라틴어 '모도(modo)'는 '바로 지금'이라는 뜻이다. 예로부터 있던 것이라는 의미의 '전통(tradition)'과 반대되는 의미로 지금 새로 나타난 것이 바로 근대다. 근대를 하나의 시대로 부르게 된 것은 훨씬 뒤의 일이다. 그러므로 정작 근대라는 시대를 살았던 사람들은 스스로를 근대인이라고 부르지 않았다. 이는 얼핏 역설적으로 들릴 수도 있는 일이지만, 다시 생각해 보면 당연한 일이다. 한 시대를 규정하는 일은 그 시대가 어느 정도 지난 뒤에서야 가능한 일이기 때문이다. 근대의 개념은 거의 17세기에 와서야 나타나기 시작한다. 근대라는 개념이 확립되면서 근대와 대비되는 개념으로서 '고대(ancient)'라는 개념도 나타나게 되었다. '중세(Medium aevum)'는 말 그대로 고대와 근대라는 두 시대의 중간이라는 의미로 사용되었다. 고대-중세-근대라는 시대구분법은 이렇게 확립되었다. 물론 근대라는 새로운 시대를 처음으로 살았던 선구자들에게 스스로 새로운 시대를 산다는 자각은 아직 없었을지라도 그런 변화에 대한 인식은 분명히 느껴졌을 터다. 중세 유럽의 황혼기에 이런 변화를 가장 먼저 그리고 가장 적극적으로 느꼈던 이들은 바로 새로운 사회문화운동을 주도했던 인문주의자(humanist)들이었다. 중세에서 근대로 이행하는 과정에서 유럽에서는 사상과 문화, 학문과 예술의 여러 분야에 걸쳐 거대한 변화가 일어난다. 문예부흥으로 흔히 번역되는 르네상스(Renaissance)가 바로 그것이다.

사전적으로 정의하면 르네상스란 대략 14세기부터 시작되어 종교개혁과 절대주의의 시기로 접어드는 16세기까지 초기 시민계급의 발전과 함께 나타난 다방면에 걸친 진보적인 문화운동을 가리킨다. 그러나 이런 정의는 지나치게 추상적이어서 정작 르네상스가 무엇인지 이해하는 데에는 그다지 도움이 되지 못한다. 솔직히 르네상스가 무엇인지 한 마디로 정의하기는 어렵다. 이 운동이 몇 세기에 걸쳐 서로 다른 상황에 놓여 있던 유럽의 거의 모든 나라에서 매우 다양한 분야에 걸쳐 나타났기 때문이다. 어쩌면 인류 역사의 한 단계로부터 다른 단계로의 이행과정에서 나타나는 정신적이고 문화적인 전환의 전체상을, 그 이름이 무엇이든 한 단어로 규정한다는 것부터가 잘못된 시도일지도 모르겠다. 당연한 말이지만 근대라는 개념과 마찬가지로 그 시대를 살았던 사람들이 스스로를 르네상스인이라거나 르네상스 시대라고 불렀을 리는 없다. 기록에 의하면 이탈리아의 화가이자 건축가인 바자리(Giorgio Vasari, 1511~1574)가 자신의 책 『미술가 열전(Le Vite de' più eccellenti pittori, scultori, ed architettori, 1550~1568)』에서 르네상스 초기의 화가 지오토(Giotto di Bondone, 1267~1337)의 작품들에 대해 고대 문화의 해체 이후 쇠퇴했던 미술이 다시 부활했다며 이를 '재생(rinascita)'이라고 부른 것이 르네상스라는 단어의 어원이 된다. 같은 시기에 이탈리아에서는 유사한 의미를 가진 'rina scenza', 'rinascimento' 등의 단어들이 사용되었다고 한다. 지금 일반적으로 사용되는 르네상스라는 단어를 처음 사용한 사람은 프랑스의 역사학자 쥘 미슐레(Jules Michelet, 1798~1874)라고 알려진다. 미슐레는 바자르의 단어를 프랑스어로 번역하면서 처음 'Renaissance'라는 단어를 사용했다.[13] 그러나 르네상스가 지금처럼 보편적으로 사용되기 시작한 것은 아무래도 스위스의 역사가 부르크하르트(Jacob Christoph Burckhardt, 1818~1897)에 의해서다. 부르크하르트는 문화사를 역사학의 한 분야로 정립시킨 학자인데, 그가 남긴 『이탈리아 르네상스의 문화(Die Cultur der Renaissance in Italien, 1860)』와 『이탈리아 르네상스의 역사(Geschichte der Renaissance in Italien, 1867)』 등의 저서를 통해 르네상스라는 말이 학자들에 의해서는 물론 대중들에게서도 널리 지금과 같은 의미로 사용되기 시작했다. 부르크하르트 이전에는 르네상스라는 단어가 말 그대로 고대의 문화와 예술이 재생되었다는 의미로 사용되었지만, 부르크하르트에 의해서 비로소 한 시대를 지칭하는 역사적 개념으로 확립되었다.

부르크하르트에 따르면 부활 즉 르네상스의 능력이야말로 고급문화의 특성 가운데 하나다. 그것은 동일한 민족, 또는 나중에 나타난 민족이 상속권을 동원하거나 경탄의 권리를 동원해서 과거의 문화를 부분적으로 제 것으로 삼는 일이다.[14] 하지만 그럼에도 불구하고 르네상스에 대한 통상의 정의가 충분하지 못하다고 말하는 이유는 이렇다. 우선 르네상스는 흔히 '재생', '부흥' 등으로 번역되지만 도대체 무엇을 재생한다는 것인지 분명하지 않다. 고대의 문화와 예술을 부흥한다고 말하지만 여기서 고대란 어떤 시대를 말하는지, 고대의 문화와 예술은 무엇을 가리키는지, 그리고 가장 중요하게는 고대의 문화와 예술 가운데 어떤 특성이나 내용을 재생한다는 것인지 모호하다. 둘째, 재생이나 부흥이라는 말은 르네상스가 마치 고대의 문화를 수동적으로 모방하는 데 목적을 둔 소극적인 운동

---

13 열렬한 공화주의자면서 민족주의적 성향을 가졌던 미슐레는 평생에 걸쳐 『프랑스사(중세, 1833~1867)』 6권, 『프랑스혁명사(Histoire de la révolution française, 1847~1853)』 7권, 『프랑스사(르네상스에서 프랑스혁명 전까지, 1856~1867)』 11권, 『19세기 역사(Histoire du XIXe siècle, 1872~1874)』 3권 등 모두 27권에 이르는 『프랑스사(Histoire de France)』를 발표했는데, 이 가운데 제7권의 제목이 <르네상스(Renaissance)>였다. 이탈리아에서 발흥한 르네상스가 이탈리아어가 아니라 프랑스어로 불리게 된 이유다.

14 "경탄이란 인간이 가진 가장 위대한 능력 가운데 하나다. 아름다움이나 위대함을 보고 경탄하는 것, 특히 정신의 위대함을 보고 깊이 경탄하는 능력은 예술과 철학의 출발점을 이룬다."(부르크하르트, 안인희 옮김, 『세계 역사의 관찰』, 휴머니스트, 2020, 112쪽.)

인 것처럼 오해하게 만든다. 마지막으로 르네상스는 과연 문학과 예술, 설령 여기서 더 나아가더라도 학문과 사상이라는 정신문화의 측면에 그친 운동인가 하는 것이다. 프리드리히 엥겔스는 르네상스를 가리켜 “인류가 체험한 가장 거대한 전환”이라고 평가했다.[15] 만약 르네상스가 오직 문화와 사상에 그친 변화였다면 엥겔스가 이토록 중요하게 평가했을 리가 없다. 르네상스 운동이 진행될 당시의 유럽은 아직 위계적이고 공동체적인 중세의 사회구조가 여전히 유지되고 있었다. 하지만 이런 사회구조의 외피 안에서는 서서히 진행되어 온 사회적 균열과 이동이 계속되었다. 기존의 사회적 위계가 세분화되거나 다른 기준에서의 계층화가 이루어졌다. 사람들 사이의 관계가 바뀌었고 사고방식도 달라졌다. 특히 르네상스 운동의 토대가 된 것은 경제적 번영과 사회적 활력이었다. 르네상스는 단순한 문화운동이 아니라 오히려 중세 말 이후 유럽 사회 전반에 걸쳐 나타난 물질적 조건들의 변화, 그리고 그와 더불어 나타난 여러 가지 현상들을 수용하고 표현하기 위한 유럽인들의 노력이라고 보아야 옳다.[16]

르네상스 운동은 베네치아, 피렌체, 제노바 등과 같은 이탈리아의 여러 도시국가들에서 시작되었다. 그런데 왜 하필이면 이탈리아에서 르네상스가 시작되었을까? 부르크하르트는 그것을 공화국과 전제국을 막론한 이탈리아 국가들의 성격, 당시 이탈리아의 정치적 상황과 이탈리아의 독특한 문화적 전통에서 찾는다.

> 중세에는 인간 의식의 양면[외부세계로 향하는 면과 인간 내부로 향하는 면]이 하나의 공통된 베일 밑에서 꿈꾸거나 반쯤 깬 상태로 있었다. 이 베일은 신앙과 어린애같은 편집과 망상으로 짜여 있어서 세계와 역사는 이 베일을 통해 보면 이상한 빛깔로 비쳤다. 그리고 인간은 다만 종족·국민·당파·단체·가족으로서 또는 그 밖의 어떤 일반적인 형태로만 자기를 인식했다. 이 베일이 가장 먼저 걷힌 나라가 이탈리아다. 이탈리아는 국가와 이 세상 모든 사물을 객관적으로 보고 처리할 수 있게 된 것이다. 이와 더불어 주관적인 면도 온 힘을 다

---

15 블로흐, 『서양 중세·르네상스 철학 강의』, 265쪽.
16 이영림·주경철·최갑수, 『근대 유럽의 형성』, 76쪽.

> 해 고개를 들면서 인간은 하나의 정신적 개체가 되고 자기를 하나의 개인으로 인식하게 된다. 이러한 결과에 이탈리아의 정치상황이 가장 크게 기여했음을 증명하는 일은 그다지 어렵지 않다.[17]

하지만 이런 설명은 다분히 사후적으로 들린다. 이탈리아에서 가장 먼저 르네상스가 시작되었다는 사실로부터 이러저러한 이탈리아의 사정이 그것을 가능하게 했다고 연역해 낸 설명은 아닌가 싶다는 뜻이다. 조금 더 현실적인 설명을 덧붙이자면, 당시 유럽의 대외교역 가운데 가장 큰 부분을 차지하고 있던 지중해 무역의 주도권을 장악했던 것이 바로 이탈리아의 도시국가들이었다. 인문주의의 발전을 위해서는 도시의 발전이 필수적인 조건이다. 서민과 귀족이 함께 살며 교양을 위해 돈과 여가를 사용할 수 있어야 하기 때문이다.[18] 지중해 무역에서의 독점적 지위는 이탈리아의 도시국가들에게 아랍 지역과의 경제적 교류와 함께 활발한 문화적 교류가 가능하게 했다. 이들은 당시의 유럽에서 무역과 금융, 경제적으로 가장 번영한 도시들이었을 뿐 아니라 문화적으로도 가장 선진적인 도시들이었다. 경제적 측면에서 보면 유럽의 다른 지역들이 아직 자급자족적인 농촌사회를 벗어나지 못하고 있을 때 이탈리아의 상인들은 새로운 문화운동을 후원하기에 충분한 부와 화폐를 축적하고 있었다. 르네상스 운동 초기에 가장 두드러진 분야는 회화와 조각인데, 부유한 상인들은 귀족들을 모방해 자신들의 저택과 조상들의 유해를 모신 교회들을 장식하기 위해 미술가들을 후원하고 미술품에 비싼 가격을 지불했다. 더 중요한 것은 문화적 측면이다. 이미 이야기한 것처럼 유럽 사회는 십자군 전쟁을 통해 아랍인들이 보존하고 있던 고대의 학문과 문화를 접하고는 엄청난 충격을 받았다. 그러나 유럽인들이 고대인들이 남긴 문헌이나 자료들을 접하는 일은 여전히 쉽지 않았다. 그런 점에서 이탈리아는 매우 유리한 위치에 있었다. 여기에 무역과 금융에 종사하다 보니 이탈리아 도시국가들이 상대적으로 봉건규제가 덜 엄격했고 보다 개방적인 사회 분위기를 가지고 있었던 점도 중요하

---

17 부르크하르트, 『이탈리아 르네상스 이야기』, 141쪽.
18 부르크하르트, 『이탈리아 르네상스 이야기』, 183쪽.

게 지적해 둘 만하다.

르네상스가 인위적이고 의식적인 계획에 따라 시작된 것이 아닌 만큼 이 운동의 기원이 어디서 시작되었는지 한 마디로 정의하기는 어렵다. 아마 그것은 중세의 태내에서 미처 사람들이 의식하지 못하는 동안에 이미 시작되었음이 틀림없다. 12세기에 들어오면서부터 개인의 확립은 신을 중심에 두고 있으나 인간에게 점차 새로운 자리를 양보하는 방향으로 발전해 간다. 이런 움직임을 가장 잘 보여주는 작품이 바로 마지막 중세인이라 불리는, 어쩌면 최초의 근대인이라 불러야 더 옳을 듯싶은 단테 알리기에리(Durante degli Alighieri, 1265~1321)의 『신곡(La Divina Commedia)』이다. 작품의 제목이 왜 '희극(Commedia)'인가에 대해 단테 자신은 이렇게 말한다. "희극은 어떤 추한 것으로부터 시작되는 반면, 그 내용면에서 즐겁게 끝을 맺는다.(libri titulus est …comedia vero incohat asperitatem alicuius rei, sed eius materia prospere terminatur.)" 단테는 그의 세계관을 전체적으로 볼 때 아직 중세에 속한 인물이라고 해야 옳지만, 다른 한편에서 보면 13세기에서 14세기 초에 걸쳐 르네상스적 세계관을 처음으로 보여 준 인물이기도 하다. 중세적 사고로부터 그는 신학적 비전, 수와 천체에 대한 관심, 알레고리의 감각을 물려받고, 궁정식 연애와 신비주의적 연애의 열정적인 결합을 이루어낸다. 그러나 토착어의 사용, 방대한 양의 지식, 교황의 세속적 권력에 대한 통렬한 비판, 정신적 권력과 세속적 권력의 분리를 위한 투쟁, 작품 전체를 통해 나타나는 자아의식은 이 작가와 그의 작품에 미래지향적인 차원을 부여해 주고, 그로 인해 작가와 작품은 르네상스적 세계에 연결되고 그 르네상스적 세계는 그것들에 의해 큰 영감을 얻는다.[19] 요컨대 단테는 중세적 사고와 르네상스적 세계의 접합을 실현하고 있다. 『신곡』은 기본적으로 중세적 세계관에 기초한 작품이다. 그러나 동시에 『신곡』은 중세적 세계관과 구분되는 새로운 세계관의 단서를 명백하게 보여 주기도 한다. 단테가 아홉 살 때 우연히 한 번 마주친 동갑내기 소녀 베아트리체(Beatrice di Folco Portinari, 1266~1290)를 평생토록 사랑했다는 일화는 유명하다. 『신곡』의 도

19 토도로프·포크롤·르그로, 『개인의 탄생—서양 예술의 이해』, 71쪽.

입부에서 베아트리체는 단테가 존경했던 로마의 서사시인 베르길리우스에게 단테를 인도해 달라고 부탁한다. 단테가 지옥과 연옥을 거쳐 천국의 입구에 다다랐을 때 다시 나타난 베아트리체가 그를 천국으로 인도한다. 여기서 주목해야 할 점은 바로 그때까지 구원은 오직 신을 통해서만 가능한 일이었다는 것이다. 그런데 인간인 베아트리체가 단테를 천국으로 인도한다는 『신곡』의 구성은 보기에 따라서는 교회를 부정하고 중세적 신앙관을 부인하는 파계적인 행위일 수도 있다.

『신곡』에서 지옥은 모두 아홉 개의 층으로 구성되어 있는데, 아래로 갈수록 더욱 고통스러운 처벌이 기다린다. 그런데 단테는 해로운 사상을 퍼트린 이단들을 지옥의 제6층으로 보내면서, 국가와 공동체를 배반한 반역자들은 가장 처벌이 가혹한 제9층의 지옥으로 보냈다. 심지어는 예수를 팔아넘긴 유대의 제사장은 8층의 지옥으로 보내졌는데도 말이다. 교회의 윤리보다 국가와 세속의 윤리가 더 중요하다는 뜻이다. 단테는 자신의 다른 저서인 『제정론(De Monarchia, 1314)』에서 이미 국왕의 권력은 교황이 아니라 신으로부터 직접 주어진 것이라고 주장했다. 아우구스티누스가 『신국(De Civitate Dei)』에서 신의 국가와 지상의 국가를 구분한 이래로 중세사회에서는 교회는 현실에서 유일무이한 완전 공동체이며 최고의 이상적인 인간사회인 반면, 세속국가는 원죄로 타락한 인간 본성을 치유하기 위해 필요한 것이라도 자연적이지 못하고 불완전한 잠정적인 형태의 공동체로 간주했다.[20] 따라서 교회의 탁월함과 보편성이 영적인 측면은 물론이고 현세적인 영역까지를 포괄해야 한다는 사상이 지배적이었다. 그런데 단테가 살았던 14세기 중엽은 아비뇽 유수로 대표되는, 교황과 국왕의 갈등이 첨예화된 시기였다. 신성로마제국 황제인 프리드리히 2세(Friedrich II, 1194~1250)는 황제의 통치권이 교황이 아니라 신으로부터 직접 나온 것이며, 따라서 교황과 황제의 권력은 서로 독립되어 다른 영역에 속한다고 주장했다. 현실에서의 이런 갈등을 신학적으로 또 철학적으로 해결하기 위해 아퀴나스와 같은 중세의 교회철학자들은 교황권과 황제권은 서로 독립적이지만 반드시 교황권이 황제권보다 우위에 있다는 절충적인 설명

---

20 박경자, 「단테에서 마키아벨리로—단테의 정치철학에 드러난 정교분리와 세속국가 개념」, 『철학논집』 제36집, 2014, 240쪽.

을 내놓았다. 아퀴나스는 인생의 최종 목적을 내세의 영원한 행복이라고 생각했다. 이 행복은 오직 교회를 통해서만 얻을 수 있으므로 황제 즉 세속의 권력은 교황 즉 교회의 권력에 복속되어야 한다. 아퀴나스뿐 아니라 대부분의 스콜라 철학자들은 구원이라는 천상의 목적을 위해 필요하다면 지상의 행복이라는 이차적인 목적은 포기할 수 있다고 생각한다. 그러나 이에 대해 단테는 천상의 목적과 지상의 행복은 인간의 양면적 본성에 근거한 다른 목표라고 주장했다. 그럼으로써 단테는 지상에서 인간의 운명을 그 자체로 하나의 목적으로 승화시킨 최초의 철학자가 된 것이다.[21] 잘 알려진 것처럼 단테의 정교분리 철학은 마키아벨리(Niccolò Machiavelli, 1469~1527)에 의해 더 구체화되면서 근대 정치철학의 발전에 중요한 디딤돌이 된다. 개인적으로 보면 단테는 매우 독실한 신앙을 가지고 있었다. 그래서 단테의 정교분리에 대한 주장은 교회로부터 세속의 권력을 독립시킴으로써 오히려 교회가 세속화되어 가는 현실을 비판하려 한 것인지도 모르겠다.

『신곡』에 나타난 단테의 세계관에서 특별히 주목해야 할 것은 바로 '연옥(purgatorium)'이다. 연옥이라는 개념이 만들어지기 전까지 기독교인들은 사후세계를 지옥과 천국으로 구분했다. 가톨릭교회의 교리에 따르면 은총 상태를 상실하고 큰 죄를 짓고 죽은 영혼은 지옥으로 가고, 은총 상태를 보존하고 아무런 소죄(peccatum veniale)[죄 가운데 하느님의 은총을 잃지는 않을 정도의 작은 죄]와 잠벌(penance)[사후의 영원한 벌 대신 유한한 벌을 받고 속죄하는 일] 없이 죽은 영혼은 바로 천국으로 올라간다. 그런데 이 두 경우에 해당하지 않는 영혼 즉 은총 상태를 보존하고 죽었지만 소죄와 잠벌이 남아 있는 영혼이 천국으로 가기 전에 정화의 과정을 거치는 곳이 바로 연옥이다. 연옥은 불로써 자신의 죄를 정화하고 최종적으로는 천국으로 갈 수 있는 중간 단계의 공간이다. 전적으로 의로운 사람은 바로 천국으로 가겠지만 가벼운 죄인들은 연옥으로 가서 불로 죄를 씻고 종국에는 구원받을 수 있다. 당시의 교회는 교만, 인색, 음욕, 탐욕, 질투, 분노, 나태의 일곱 가지 죄(septem peccata capitalia)를 "그 자체로 죄이면서 사람이 자유의지에 따라 지은 모

---

21 박경자, 「단테에서 마키아벨리로—단테의 정치철학에 드러난 정교분리와 세속국가 개념」, 251쪽.

든 죄의 근원이 되는 죄"이자 "다른 많은 죄의 근원이면서 악습을 만드는 죄"로 규정했다.[22] 하지만 현실의 삶에서 이러한 죄를 한 번도 범하지 않고 평생을 산 인간이 그리 많을 리 없다. 과거의 교리에 따르면 이런 사자들은 구제받을 가능성이 없었으나 연옥이 생기면서 이들도 천국으로 갈 수 있는 가능성이 생긴 것이다. 단테의 연옥에서 가장 주목해야 할 점은 연옥에서 죄를 씻고 천국으로 갈 것인가 그렇지 않고 지옥으로 갈 것인가를 개인의 선택과 실천에 달려 있다는 인식이다. 아우구스티누스 같은 교부철학자나 토마스 아퀴나스 같은 스콜라 철학자도 오직 신에 의해서만 인간이 구원받을 수 있다는 생각에는 다르지 않았다. 중세 교회만 그런 것이 아니라 단테보다 200년 후에 종교개혁을 주도했던 장 칼뱅(Jean Calvin, 1509~1564)도 누가 천국에 가고 누가 지옥에 갈 것인지는 오직 신만이 아시며 인간들은 자신에게 주어진 소명에 최선을 다할 뿐이라는 운명예정설(predestination)을 주장했다. 개인의 운명이 신에 의해 예정되어 있다는 사고방식은 가톨릭뿐 아니라 프로테스탄트를 포함한 모든 교회에 공통된 신앙관이었다. 현대에 와 전염병으로 고립된 가상의 도시에서 벌어진 사건들을 소설로 묘사한 알베르 카뮈의 작품 『페스트(La Peste, 1947)』의 등장인물인 신부도 인간의 힘으로 막을 수 없는 거대한 질병의 힘 앞에서 죄 없는 어린아이까지 희생되는 모습을 보면서 우리는 신의 뜻을 알 수 없으니 오직 믿을 뿐이라고 말한다. 물론 요즘의 프로테스탄트 교회에서는 구원에 개인이 스스로 구원받기를 선택하는 자유의지가 반드시 필요하다는 견해가 많기는 하다. 단테는 신이 아니라 인간이 구원의 주체라고 말한 첫 번째 인물이었다.

이탈리아 르네상스 운동이 본격적으로 시작되는 것은 시인 페트라르카(Francesco Petrarca, 1304~1374)와 그의 친우이자 제자인 보카치오(Giovanni Boccaccio, 1313~1375)에 의해서다. 이들은 고전고대의 문학적 전통을 14세기의 유럽에서 재현하면서, 단

---

22 일곱 가지 죄악을 처음 정리한 인물은 대교황이라는 칭호를 받은 그레고리오 1세(Gregorius I, 540~604)라고 한다. 다만 단테는 『신곡』의 「지옥편」에서 세 번째 지옥을 '식탐 지옥'이라는 이름을 붙임으로써 인색 대신 식탐을 일곱 가지 죄에 포함시켰다. 인색은 탐욕과 같은 죄로 묘사된다. 현대의 『가톨릭교회 교리서』도 인색 대신 식탐을 일곱 가지 죄에 포함시키고 있다.

순히 고대의 작품들을 모방한 것이 아니라 새로운 내용과 새로운 형식으로 담아냈다. 페트라르카는 '최후의 중세인'이라는 단테의 별명과 대비해 '최초의 근대인'이라고 불린다. 페트라르카를 단테의 제자라고 이야기하기도 하지만 이는 사상적으로나 문학적으로나 깊은 영향을 받았다는 뜻이지 직접 단테와 교우하면서 지도를 받았다는 뜻은 아니다. 페트라르카는 흔히 암흑시대라는 말을 처음 한 인물로 알려져 있지만, 그 의미는 지금 우리가 이해하는 것과 다르다. 고대 로마제국의 문화와 예술에 무한한 경탄을 바쳤던 페트라르카는 고대와 근대 사이에 존재했던 중세라는 개념이 아니라, 고대와 그 후의 시대[자신의 시대를 포함해]를 구분하고, 이 두 시대의 전환점을 로마 황제들이 기독교로 개종한 4세기로 보았다. 페트라르카가 어둠(tenebrae)의 시대라고 부른 것은 바로 기독교화된 로마와 그 이후의 시대를 가리킨다. 개인적으로는 독실한 기독교도였던 페트라르카가 기독교화된 로마를 경멸했다는 사실은 아이러니하지만, 그의 판단은 종교적인 것이 아니라 미적이고 언어학적인 기준에 따른 것이었다. 로마제국 시대의 문학작품들에 대한 열렬한 찬미자였던 페트라르카는 자신이 살던 시대의 문학에 대해 로마 시대의 찬란함을 잃어버린 채 어둠만 남았다고 비판했다. 페트라르카의 서정시집인 『칸초니에레(Canzoniere)』는 몇 가지 점에서 문학사에 큰 의의를 가진다. 먼저 이 시집은 라틴어가 아닌 이탈리아어 특히 토스카나 방언으로 쓰인 최초의 시집이다. 또한 이 시집은 소네트(Sonnet)라고 불리는 유럽의 정형시 형식을 처음으로 구현한 작품이다.23

『칸초니에레』가 대중적으로 알려지게 된 데에는 성직자이자 시인이었던 피에트로 벰보(Pietro Bembo, 1470~1547)의 역할이 컸다. 벰보는 『칸초니에레』를 편집하면서 텍스트의 음악성, 시구의 리듬, 단어와 음절에 결합된 색채, 즉 음악가들에게 영감을 줄 수 있는 음악성을 발견했다. 그는 페트라르카의 시에서 대조적인 두 개의 특질을 찾아냈는데, '매혹(piacevolezza)'과 '엄격성(gravita)'이 바로 그

---

23 '소네트'는 유럽의 정형시의 한 가지로 단어 자체의 의미는 '작은 노래'라는 뜻이다. 13세기경까지 엄격한 형태와 특정 구조를 갖춘 14줄로 구성된 시를 의미했다. 그러나 시대의 진전에 따라 소네트의 형식들도 진화했다. 르네상스 시대의 이탈리아에서 처음 만들어졌으나, 영국을 비롯한 여러 나라로 확산돼 나중에는 영국 시를 대표하는 시 형식이 되었다. 가장 잘 알려진 소네트 작가는 셰익스피어(William Shakespeare, 1564–1616)로, 154편의 소네트를 남겼다.

것이다. 벰보에 따르면 이 기본적인 범주들에서 우아함, 부드러움, 매혹, 유혹, 그리고 또 한편으로는 위엄, 겸손, 장중함, 웅장함 등등과 같은 일련의 특질들이 파생된다.[24] 페트라르카가 새로운 형식을 시도한 이유는 그의 시들이 새로운 내용을 담고 있었기 때문이다. 그때까지 시들의 주제는 대개 신과 성자들에 대한 찬미와 위인들의 영웅담이 대부분이었다. 이에 반해 『칸초니에레』는 이성에 대한 사랑의 감정, 설렘과 기쁨 등을 표현하고 있다. 인간적인 감정을 그만큼 솔직하게 그려낸 시는 그때까지 없었다. 페트라르카가 보기에 자신이 표현하고자 하는 새로운 내용을 담기에 낡은 시 형식은 적당하지 못했던 듯싶다. 예술에서의 위대한 진보는 늘 이런 방식으로 이루어지게 마련이다. 페트라르카의 일생에서 가장 눈에 띄는 일화는 1327년 아비뇽의 한 성당에서 미사를 드리고 나오다 우연히 마주친 라우라 드 노베(Laura de Noves, 1310~1348)라는 여인을 평생 짝사랑한 일이다. 라우라를 두고 페트라르카는 "위대한 아름다움과 위대한 고결함이 함께 머무는 경우는 드물다"라는 말을 남겼다고 한다. 『칸초니에레』의 시편 대부분은 라우라를 위해 쓴 작품들이다. 페트라르카는 라우라를 위해 366편의 시를 썼는데, 263편은 그녀의 생전에 103편은 사망 후에 쓴 것이다. 페트라르카는 자신의 시에서 종종 라우라를 향한 욕정을 표현하기도 했다. 그러나 그녀의 사후에는 마치 동정녀 마리아처럼 그녀를 묘사했다. 어떤 이들은 라우르에 대한 페트라르카의 사랑은 어쩌면 단테의 불멸의 연인이었던 베아트리체를 흉내낸 것은 아닌가 하고 의심하기도 한다.

페트라르카와 보카치오가 활동한 14세기의 유럽에서는 흑사병이 유행했다. 보카치오의 『데카메론(Decameron)』은 바로 이를 배경으로 쓰인 작품이다. 이 작품의 제목은 10일 동안의 이야기라는 뜻인데, 흑사병을 피해 수도원에 은신하러 온 10명의 남녀가 10일 동안 나눈 100편의 단편을 모은 것이다. 이야기의 대부분이 귀족이나 성직자 등 그 시대 지배층의 성적 일탈을 소재로 하고 있어서, 『데카메론』은 오랫동안 금서로 취급받기도 했다. 작품의 첫머리에서 보카치오는 흑사병으로 피렌

---

24 토도로프·포크롤·르그로, 『개인의 탄생—서양 예술의 이해』, 71쪽.

체에서만 10만 명이 넘는 사람이 죽었다고 말한다. 작품의 등장인물들이 수도원으로 피신할 수 있었던 것은 이들이 경제적으로 부유하고 신분적으로도 상류층이었기 때문이다. 그래서 얼핏 보면 『데카메론』은 가진 자들이 대중의 고통을 외면한 채 나누는 얼빠진 한담으로 보이기도 한다.

그러나 이 작품을 자세히 읽어 보면 등장인물들이 단순히 부유한 선남선녀들이 아니라 그 시대와 현실에 대한 깊은 성찰을 가진 인물들임을 알 수 있다. 이 작품의 진정한 의의는 바로 성적 담화들 뒤에 숨은 중세사회에 대한 근본적인 비판과 인간적 욕구들에 대한 긍정이다. 실은 흑사병을 피해 수도원으로 간다는 이야기의 도입부부터가 중세적인 가치와는 다르다. 흑사병이 유행하자 교회는 이를 인간들의 타락에 대한 신의 징벌이라고 주장하면서 오직 회개와 기도로만 질병을 물리칠 수 있다고 주장했다. 성직자들 가운데는 회개를 위해서 33일 반나절[예수님이 33년과 반을 사셨기 때문이다]동안 자신의 육체에 채찍질을 하면서 마을들을 순례하는 이들도 있었다. 그런데 『데카메론』의 등장인물들은 그런 교회와 성직자들을 비웃기라도 하듯이 아직 병균이 미치지 않은 수도원으로 피신해 버렸다. 이처럼 『데카메론』에는 중세의 도덕과 종교에 구애받지 않고 살아가는 인물들이 등장한다. 이들은 교회와 성직자들의 타락을 조롱하면서 쾌락의 추구를 찬양한다. 특히 보카치오는 등장인물 가운데 한 사람의 입을 빌려 "사람은 모두 평등하게 태어났으며, 차별이 생기는 것은 능력 때문"이라는 말로 중세의 신분적 질서를 비판했다. 또 "사람은 누구나 이 세상에서 힘이 닿는 한 생명을 보존할 자연의 권리가 있다"고 선언함으로써 신의 섭리나 관습으로부터 부여받은 것이 아니라 모든 인간에게 그 본성으로서 부여된 자연적 권리를 처음으로 주장했다. 『데카메론』은 산문이라는 새로운 문학형식을 처음 구현함으로써 근대 서사문학의 효시로 불린다. 오늘날 소설이라는 의미로 쓰이는 'novel'의 어원은 새롭다는 의미의 라틴어인 'novus'다. 페트라르카가 그랬듯이 새로운 내용을 담기에 낡은 형식은 부적절했기에 새로운 형식이 필요했던 것이었을 터다. 『사물의 본성에 관하여』에서 보았듯이 근대 이전에는 문학작품은 물론 의학이나 박물학에 관한 지식들까지도 시의 형식으로 표현되었다. 아마 인류의 역사에서 가장 오래된 표현양식은 노래일 터다. 시 즉 운문은 거의 노래 부르듯이 대중들을 앞에 두고 낭독되는 것이 보통이었다. 산문에 대한 새로운 욕구는 표현하고자 하는 의욕을 뜻하며, 낭독과 청취라는 낡은 방법과 대체되는 근대의 독서라는 수단의 성장을 보여 준다.[25]

문학에서 새로운 기풍의 시도로부터 출발했던 르네상스 운동은 15세기 후반으로 넘어가면서 고대 그리스와 로마 시대의 고전문학과 학문에 대한 연구 즉 인문주의 르네상스(Humanism Renaissance)로 발전한다.[26] 인문주의 르네상스의 목표는 르네상스를 "세계의 발견과 인간의 발견"이라고 정의한 미슐레의 말에서 잘 나타난다. 미슐레에 따르면 16세기는 콜럼버스로부터 코페르니쿠스에 이르는, 또 코페르니쿠스로부터 갈릴레이에 이르는, 지상의 발견으로부터 천상의 발견에 이르는 시기였다. 인간은 스스로를 재발견했다.[27] 휴머니즘 르네상스가 추구한 것은 고전고대의 언어, 문학, 예술 일반을 연구하고 부흥시킴으로써 가톨릭교회와 스콜라 철학이 배타적으로 지배해 중세적 세계관을 타파하고, 교회의 권위로부터 독립적이면서 지식과 이성에 근거를 둔 세계상과 인간상을 창조하려는 목표였다. 이러한 세계상 및 인간상은 인간으로 하여금 자기 자신의 힘과 인간적인 개성을 무제한으로 육성할 것을 목표로 삼았다. 이 시기 인문주의자들의 사상은 주로 고대를 부흥한다는 형태로 나타났다. 이들은 근대성(modernity)을 규정하는 요소들을 고대성(antiquity) 속에서 발견했다. 그리스와 로마 시대 고전들의 사상이 근대적 의식을 사실상 규정했다.[28] 물론 인문주의자들에게 고대의 부흥은 고대의 모방에 그치는 것이 아니라 더 적극적인 의미에서 현실의 비판, 즉 중세에 대한 강한 부정과 도전을 의미하기도 했다. 이들이 고대를 자유인의 자유로운 세계로 이상화한 이유는

---

25 하위징아, 이희승맑시아 옮김, 『중세의 가을』, 동서문화사, 2016, 456쪽.

26 15세기 들어 휴머니즘 르네상스 운동이 확산된 데에는, 우연한 사건이 중요한 계기가 되었다. 바로 콘스탄티노플의 함락이다. 서로마제국의 붕괴 이후에도 동로마제국 즉 비잔티움제국은 한동안 그리스와 로마의 문화와 지식을 보존하고 계승해 왔다. 그러나 오스만 투르크가 비잔틴제국의 수도였던 콘스탄티노플을 침략하자 많은 학자와 지식인들이 이탈리아로 이주했고 이들에 의해 고대의 고전들이 이탈리아에 대량으로 전해지게 되었다.(블로흐, 『서양 중세·르네상스 철학 강의』, 272쪽.)

27 브로틴, 『르네상스』, 고유서가, 22쪽.

28 그린블랫, 『1417년, 근대의 탄생』, 15쪽.

고대사회가 기독교를 모르는 사회, 다시 말해서 교회의 지배로부터 자유로운 사회였기 때문이다. 고대는 봉건적 수탈, 교회의 부패, 정치적 분열과 외국의 지배 등 숱한 모순을 안고 있던 중세사회, 그들이 살던 현실의 혐오스런 상태를 비판하고 개혁하기 위한 근거로 이상화되었다. 단테가 로마제국을 신의 국가라고 불렀던 것도 같은 이유에서다.[29] 인문주의자들에게 고대란 단순한 과거라기보다는 그들이 지향하고자 한 일종의 이상향이었다. 사실 재발견이라거나 부흥이라는 표현은 그다지 온당하지 않을 수도 있다. 의도적이든 아니든 이런 표현들은 르네상스의 독창성을 훼손하고 르네상스의 역사적 의의를 절하시킬 수도 있다. 그럼에도 불구하고 인문주의자들 스스로 그런 표현들을 자주 사용했던 이유는 중세적 질서와 세계관에 대한 비판이라는 자신들의 의도를 노골적으로 드러낼 경우 기득권자들과의 충돌과 억압을 피할 수 없을 것이 분명했기 때문이다. 하지만 인문주의자들이 스스로 얼마나 자각했든 간에 그들이 중세를 지양하고 새로운 시대를 지향했다는 사실은 그들의 작품들 곳곳에서 나타나는 현실 비판에서 확인할 수 있다.

> 폭군을 왕 또는 군주라 부르고, 주군으로 모시며 충성을 다하란 말인가? 그럴 수는 없다! 그는 국가의 적이다. 우리는 그 자에 대항해 무기, 음모, 밀정, 함정, 간계를 쓸 수 있다. 이 세상에 폭군의 피보다 바람직한 희생이 있을쏘냐.[30]

우리는 흔히 중세에서 근대로 이행하는 시기를 살았던 이들이 근대의 관점에서 중세를 비판했다고 생각하지만, 엄밀히 말하면 그들은 과거를 비판한 것이 아니라 실은 아직 자신들이 살고 있던 그 현실을 비판했다. 폭군에 대항하기 위해서는 무기, 음모, 밀정, 함정, 간계 등 그 무엇도 용납할 수 있다는 주장은 얼핏 마키아벨리즘(Machiavellism)을 연상시키지만, 이 인용문은 실은 보카치오의 글이다. 물론 마키아벨리도 자신이 살던 현실의 정치에 대해 비슷한 비판을 여러 곳에서 표현하고는 했다. 이 시기는 아직 근대가 하나의 시대로 정립되기 이전이며, 인문

---

29 부르크하르트, 『이탈리아 르네상스 이야기』, 84쪽.
30 부르크하르트, 『이탈리아 르네상스 이야기』, 65쪽.

주의자들 스스로도 아직 새로운 시대로의 지향을 온전히 의식하지는 못하고 있을 때다. 따라서 여기서 비판되고 있는 대상은 과거의 군주제 또 그 군주들이 아니라 지금 대중을 지배하고 억압하는 살아 있는 군주들이다. 보카치오는 그들을 폭군이라 부르면서 폭력으로 저항할 것을 주장한다. 그런데 이렇게 현실의 권력을 향해 가장 격렬한 비판을 쏟아내면서 인문주의자들은 또 현실의 권력자를 찬양하는데 주저하지 않는 모순적인 태도를 보인다. 이탈리아 르네상스 운동이 가장 화려하게 꽃피었던 도시는 피렌체다. 메디치(Medici) 가문은 피렌체의 현실적인 지배자이면서 르네상스 운동의 가장 적극적인 후원자이기도 했다.[31] 시인들은 메디치가의 지배자들을 위해 헌시를 바쳤고, 화가와 조각가들은 권력자들을 위대한 지도자로 표현한 작품들을 남겼다. 인문주의자들은 메디치 가문의 지배자들을 그리스 신화의 영웅들이나 심지어는 로마제국의 황제처럼 묘사했다. 인문주의자이자 최초의 근대적 역사가로 불리는 레오나르도 브루니(Leonardo Bruni, 1370~1444)는 피렌체가 번성하는 이유에 대해 다른 민족의 조성들은 고향에서 도망치거나 추방된 이들, 농부, 신원이 확실하지 않은 방랑자, 또는 신분이 분명하지 않은 이들이었던 반면 피렌체를 건설한 조상들은 이 세상의 영주였고 정복자인 로마인들이었기 때문이라고 주장했다.[32] 메디치 가문의 전성기였던 '위대한' 로렌초(Lorenzo di Piero de' Medici, 1449~1492)의 후원을 받은 인문주의자들은 고전에 대한 연구를 통해 피렌체가 나아가야 할 방향을 고대의 황금시대에서 찾고자 했다. 이들은 피렌체에서 펼쳐질 새로운 시대의 세속적인 모습을 과거 고대 로마 [33]시대의 문학작품들에서 찾았다. 마키아벨리의 『군주론(Il Princip, 1532)』이 메디치 가문에 헌정되었다는 사실은 잘 알려진 대로다. 다만 구체적인 헌정의 대상이 누구였는지에 대해서는 이견이 많지만, 아마 마키아벨리에게는 누구든 상관없었을 터다. 마키아벨리는 공화주의자였다.[34] 그러면서 그가 『군주론』을 쓰면서 가장 완벽한 군주의 전형으로

---

31 메디치 가문은 13세기부터 17세기까지 피렌체에서 강력한 영향력이 있었던 가문이다. 네 명의 교황을 배출했으며, 프랑스와 영국 왕실과 혼인을 맺기도 했다. 많은 예술가들과 인문학자들을 후원함으로써 밀라노의 비스콘티(Visconti), 만토바의 곤차가(Gonzaga) 등의 다른 권력 가문들과 더불어 이탈리아 르네상스 운동의 탄생과 발전에 결정적인 역할을 했다.

32 브루니, 임병철 옮김, 『피렌체 찬가』, 책세상, 2019, 39쪽.

33 성제환, 『피렌체의 빛나는 순간』, 문학동네, 2019, 219쪽.

생각했던 인물은 전혀 공화주의와 어울릴 수 없는 인물인 체자레 보르자(Cesare Borgia, 1475~1507)였다는 사실도 이탈리아 인문주의자들의 모순을 보여 준다.

로렌초의 통치기 동안에 피렌체가 다른 경쟁 도시들보다 특별히 번영했던 것은 사실이다. 그러나 로렌초는 독재자였으며 권력을 위해서는 법을 이용해서 또는 법을 무시하고 정적을 처형한 잔인한 인물이었다. 로렌초가 지배할 동안 피렌체 시민들의 정치적 자유는 크게 위축되었다. 인문주의자들의 이중성은 이들이 이상화했던 고대가 노예제에 기반을 둔 결코 전적으로 자유로웠다고는 말할 수 없는 사회였다는 데서도 생각해 볼 수 있다. 냉정하게 말하면 르네상스 인문주의자들이 현실 비판을 위해 고대를 이상화하고자 했던 것은 바로 현실을 변화시킬 수 있는 힘을 가지고 있지 못했기 때문이다. 그러나 고대에 대한 동경이나 고대로의 복귀를 지향하는 사고방식은 정작 현실에서는 모순을 해결하고 변혁시키고자 하는 힘을 더욱 약화시킬 수밖에 없다. 그러한 나약함의 표현으로서 이들은 현실 그 자체에 대한 실천적인 비판과 개혁이 아니라 고대의 모방을 자신들의 목적으로 삼게 되었다. 물론 이것은 주로 이탈리아의 인문주의자들에 해당하는 비판이다. 인문주의 운동은 그 후 알프스를 넘어 중북부 유럽으로 확산되면서 네덜란드의 에라스무스, 영국의 토머스 모어 등에 의해 더 큰 전성기를 맞이한다. 그러나 이들에게서도 이탈리아 인문주의자들이 가졌던 한계는 거의 비슷한 모습으로 나타난다. 에라스무스는 교황의 요구로 종교개혁을 비판하는 논문을 쓰기도 했다. 르네상스로 인해 결과적으로 유럽의 중세사회가 변화하기는 하지만, 르네상스 그 자체가 사회경제적 개혁운동을 지향했던 것은 아니었다. 이처럼 르네상스는 근대를 향한 첫걸음을 내딛기는 했지만, 그 시대적 한계로 인하여 중세적 세계관으로부터 완전하게 벗어날 수는 없었다. 즉 신의 섭리나 관습과 같은 외부로부터의 권위가 아닌 인간의 내면적 자각에 기초한 근대사회와 근대 문화는 르네상스로부터 바로 나오지는 못했으며, 시민혁명 이후에야 비로소 가능했다. 그러나 르네상스 운동이 인간의 권위, 개인의 자유와 독립, 종교로부터 학문과 예술의 해방을 주장함으로써 사상과 이념에서 근대에 큰 영향을 주었다는 사실은 분명하다.

---

34 부르크하르트, 『이탈리아 르네상스 이야기』, 91쪽.

르네상스 시대의 화가 도미니크 디 미켈리노(Domenico di Michelino (1417~1491)의 <단테와 신곡(Dante and the Three Kingdoms)>

연옥은 불로써 자신의 죄를 정화하고 최종적으로는 천국으로 갈 수 있는 중간 단계의 공간이다. 전적으로 의로운 사람은 바로 천국으로 가겠지만 가벼운 죄인들은 연옥으로 가서 불로 죄를 씻고 종국에는 구원받을 수 있다. 연옥은 불로써 자신의 죄를 정화하고 최종적으로는 천국으로 갈 수 있는 중간 단계의 공간이다. 전적으로 의로운 사람은 바로 천국으로 가겠지만 가벼운 죄인들은 연옥으로 가서 불로 죄를 씻고 종국에는 구원받을 수 있다. 단테가 『신곡』에서 묘사한 연옥은 일곱 개의 원반이 포개져 정상으로 갈수록 원의 반경이 줄어든다. 각각의 원에서는 죄인들이 순서대로 교만, 시기, 분노, 나태, 탐욕, 탐식, 음욕의 죄를 씻는다. 단테가 묘사한 연옥의 이미지는 여러 화가들에 의해 그림으로 재탄생했고, 그 결과 유럽의 기독교인들에게 연옥은 실재하는 공간이 되었다.

개성의 발견

1911년의 어느 가을 네덜란드 북부의 상공업 도시인 흐로닝언 교외를 산책하던 한 신사가 노을 지는 저녁 하늘을 바라보다 문득 이런 생각을 한다. 저 저녁노을의 아름다움처럼 흔히 쇠락과 몽매의 시대로만 여겨져 온 중세도 실은 자기만의 아름다움을 지닌 시대가 아니었을까? 흐로닝언대학의 역사학 교수였던 이 신사는 그 저녁에 느꼈던 감상을 거의 10년 후에 한 권의 책으로 펴냈다. 인류학자이자 역사학자로서 르네상스 연구의 새로운 지평을 개척했던 요한 하위징아(Johan Huizinga, 1872~1945)의 명저 『중세의 가을(Herfsttij der Middeleeuwen, 1919)』은 이렇게 탄생한다. 근대는 어디에서 왔는가? 페트라르카를 비롯한 초기 인문주의자들에게 공통된 태도는 중세에 대한 부정적 인식이었다. 물론 이때는 아직 근대라는 시대의 개념도, 따라서 중세라는 시대의 개념도 확립되기 이전이므로 이들의 비판은 자신들이 살았던 현실에 대한 비판이라고 해야 옳다. 미슐레와 부르크하르트처럼 르네상스라는 말을 학술어로 정착시킨 초기의 르네상스 연구자들은 이 시대를 고전고대의 재생이라는 측면에서 절대적으로 찬양한 반면에 고대와 르네상스 사이에 놓인 중세는 암흑시대로 평가했다. 이들은 르네상스를 중세의 계승과 발전이 아니라 중세라는 암흑 속에서 돌연변이처럼 나타난 현상으로 파악하고 진정한 의미에서의 인간의 발견, 자연의 회복 시대가 시작된 것으로 보았다. 실은 르네상스라는 개념 자체가 당시에는 아직 후진국이었던 독일문화권의 역사가들에 의해 이상화되어 나타난 개념이다. 부르크하르트가 바로 이런 관점에서 르네상스를 정의한 대표적인 역사가다. 이들은 뒤떨어진 독일의 현실 속에서 발견할 수 없는 부르주아적 인간상을 르네상스에서 찾으려고 했다. 르네상스가 그 전후 관계에서 분리되어 유형화된 이유도 여기에 있다.35

하위징아는 르네상스에 대한 전혀 새로운 관점을 제시했다. 하위징아는 『중세의 가을』에서 르네상스를 중세로부터의 단절이 아니라 오히려 중세의 연속, 중

---

35 경제교육연구회, 『근대사회경제사상의 연구』, 32쪽.

세 안에서 배태되어 온 문화적·사상적 자양분들이 드디어 세상에 드러나고 빛을 얻고 만개한 것이라고 주장했다. 흔히 인문주의와 중세 정신을 서로 다른 것으로 생각하지만 이는 전적으로 잘못된 견해일 뿐이다. 하위징아 자신의 표현을 잠시 빌리면 "고전주의는 중세 사상의 한가운데서, 무성한 이전 계절의 풀꽃 그늘에서 천천히 자라난 것"이다.[36] 그것은 처음에는 단지 고대풍이라는 상상의 옷을 중세 사상에 입히는 정도에 지나지 않았다. 사람들이 고전주의에서 신선한 영감을 떠올리게 된 것은 훨씬 나중의 일이다. 더욱이 그렇게 되었다고 해서 이전의 정신이 활동을 멈추고, 중세의 표현형식이 모두 시들어 버렸느냐 하면 반드시 그렇지도 않았다. 과연 부르크하르트의 주장이 옳은가 하위징아의 주장이 옳은가? 두 사람 모두 위대한 역사가들이니 누가 옳고 누가 틀렸다고 말할 수는 없다. 굳이 따지자면 두 사람의 견해는 모두 옳을 수도 있고 아닐 수도 있다. 역사를 돌아보면 모순되는 두 측면이 공존하는 경우는 많기 때문이다. 다만 이런 질문은 우리로 하여금 과연 중세란 무엇인가 하는 탐구심을 가지게 한다. 기록에 의하면 중세라는 의미의 단어로 '메디아 템페스타(media tempestas)'이라는 말을 처음 사용된 것은 1469년 성직자이자 플라톤주의 철학자였던 지오반니 안드레아(Giovanni Andrea Bussi, 1417~1475)라고 한다. 지오반니는 교황청의 여러 직책을 맡았지만, 초기의 다른 인문주의자들처럼 고전 작품들의 편집자로 많이 활동했다. 주로 교회에서 사용되던 중세라는 말이 세속화되어 널리 사용되기 시작한 것은 17~18세기의 계몽주의 사상가들에 의해서다. 자신들의 시대 이전의 시기를 몽매와 야만의 시기로 파악했던 계몽주의들은 중세에 대해 더 비판적이었고, 이들에 의해 중세의 이미지는 부정적인 것으로 고정화되었다. 중세에 대한 계몽주의자들의 태도는 애덤 스미스의 『국부론』에서도 여러 번 나타난다. 실은 스미스 자신도 스코틀랜드 계몽주의(Scottish Enlightenment) 운동의 중심인물 가운데 한 사람이었다.[37]

---

36 하위징아, 『중세의 가을』, 493쪽.

37 스코틀랜드 계몽주의 운동은 18세기를 전후해 스코틀랜드 지역에서 과학적 성과가 두드러졌던 시기의 계몽주의 운동을 가리킨다. 유럽 다른 지역의 계몽주의 운동과 대비되는 스코틀랜드 계몽주의 운동의 특성은 경험론에 철하격 기초를 두었다는 점이다. 스코틀랜드 계몽주의자들은 현실의 경험 속에서 덕을 함양할 때 개인과 사회 모두의 발전이 가능하다고 믿었다. 스코틀랜드 계몽주의 운동은 유

고대와 근대 사이의 시대라는 정의를 넘어서 중세란 어떤 시대인가 규정하기는 쉽지 않다. 먼저 중세란 언제부터 언제까지인가 하는 문제가 있다. 서로마제국이 멸망하고 게르만족의 이동이 본격적으로 시작된 476년부터 이슬람 세력이 에스파냐에서 추방되고 콜럼버스가 아메리카대륙을 발견한 1492년까지의 1016년을 중세로 규정하는 경우가 많다. 언어학자이면서 대중들에게는 작가로 더 유명한 움베르토 에코(Umberto Eco)도 이런 견해에 동의하는데, 그는 중세를 암흑기가 아니라 인류 역사의 번성기였다고 주장한다. 그러나 중세를 교회가 지배했던 시대로 규정하고, 콘스탄티누스대제(Flavius Valerius Aurelius Constantinus, 274~337)가 기독교를 공인한 313년부터 마르틴 루터(Martin Luther, 1483~1546)의 종교개혁이 일어난 1517년까지를 중세로 본다. 비슷한 이유로 교부철학이 시작된 2세기 무렵부터 루터의 종교개혁까지를 중세로 규정하기도 한다. 프랑크왕국이 건설된 5세기부터 르네상스까지를 중세로 보는 견해도 있지만, 중세를 사회경제적 측면에서 봉건제 사회로 규정하고 프랑크왕국의 분열로 지방의 영주들이 세력을 확대해 간 9세기부터 르네상스 시대까지를 중세로 보는 견해도 있다. 그러나 한 마디로 봉건제라 부르더라도 그 구체적인 형태는 지역이나 시대에 따라 다양하다. 중세는 천년이 넘는 장구한 사대여서 중세 전체를 동일한 하나의 시대로 간주하는 데 대해서는 비판적인 의견이 많다. 그래서 하위징아는 중세를 초기(476~1000), 번성기(1000~1300), 후기(1300~1453)로 구분했다. 단테의 연옥 이야기를 하면서 잠시 인용했던 르 코프는 4세기에서 9세기를 중세 초기, 10세기에서 14세기를 중세 중기, 14세기에서 16세기를 중세 말기로 구분했다. 르 코프는 중세를 암흑기가 아니라 위대한 천년이었다고 주장한다. 중세를 암흑기로 비판한 이들은 중세의 모습을 단순화, 획일화시켰지만 어떤 이들에게 중세의 참모습은 찬란하기도 하고 신비롭기도 했다.

에리히 프롬은 중세가 두 가지 반대되는 방향으로 왜곡되어 왔다고 주장했다. 하나는 중세를 암흑시대로 폄하하는 것이고 다른 하나는 중세를 황금시대로

럽 여러 지역은 물론 이민자들에 의해 대서양을 넘어 미국과 같은 신흥국가에까지 영향을 미쳤다. 보다 자세한 설명은 뒤에서 다시 하기로 하자.

찬양하는 것이다. 프롬은 이 두 가지 태도가 모두 잘못되었다고 주장한다.[38] 르네상스가 중세로부터의 단절에서 나타났는가, 오히려 중세를 계승하고 발전시킨 것인가 하는 질문에는 역사가 어떤 방식으로 진보하는가에 대한 서로 다른 생각들이 배경에 있다. 물론 그에 앞서 과연 역사는 진보하는가를 먼저 이야기해 보아야겠지만 말이다. 때로 인류 역사에서 대전환을 이루는 사건들은 과거로부터 연속적으로가 아니라 누구도 예상하지 못한 갑작스러운 돌발적 사건처럼 나타나는 경우가 많다. 프랑스대혁명이 그러했고 러시아혁명도 그러했다. 이런 사건들을 우리는 '코페르니쿠스적 전환(Kopernikanische Wendung)'이라고 부른다. 물론 이런 사건은 정치혁명과 같은 사건들에서만 일어나는 것은 아니며, 학문과 사상의 영역에서도 일어난다. 코페르니쿠스적 전환이라는 표현부터가 실은 임마누엘 칸트가 자신의 인식론이 이전의 인식론 철학에 대해 일대 전환을 이루었다는 의미로 사용한 것이다. 그런데 다시 생각해 보면 지동설은 과연 우연히 돌발적으로 나타났을까? 그렇게 생각한다면 이는 뉴턴이 사과나무에서 사과가 떨어지는 모습을 보고 만유인력의 법칙을 발견했다는 것만큼이나 허황된 이야기다. 이런 발견들은 당연히 수십년에 걸친 학문적 성찰과 반성의 결과로 얻어진 결과들이다. 루터의 종교개혁이 그에 앞서 교회의 개혁을 주장했다가 화형에 처해진 많은 선구자들의 희생 위에 나타났던 것처럼 말이다. 프리드리히 엥겔스는 변증법의 가장 기본적인 원리는 "단순한 양적 차이가 일정한 지점에 도달하면 질적 차이로 전화한다는 법칙"이라고 말했다.[39] 자연에서 양적 변화는 점진적으로 또 지속적으로 그리고 누적적으로 일어난다. 그러나 우리가 목격하는 것은 그 결과인 질적 변화다. 그래서 우리에게는 자연의 변화가 매우 돌발적이거나 우연하게 일어나는 것처럼 보이기도 한다. 역사도 마찬가지여서 우리가 목격하는 어떤 역사적 사건들은 돌발적으로 일어나는 것처럼 보이지만 실은 오랫동안 누적되어 온 양적 변화의 결과인 것이다. 앞에서도 인용한 것처럼 엥겔스는 르네상스를 "인류가 체험한 가장 거대한 전환"이라고 평가했다. 너무 중요하고 거대한 전환이기에 르네상스는 마치 과

---

38 프롬, 『자유로부터의 도피』, 57쪽.

39 엥겔스, 김민석 옮김, 『반듀링론』, 새길, 1987, 137쪽.

거와 단절적인 현상처럼 보인다. 그러나 중세의 태내에서 오랫동안 누적되어 온 반성과 성찰들이 없었다면 그런 전환은 일어날 수 없다. 그리스의 철학자들이 무에서는 무만이 나올 뿐이라고 생각한 것처럼, 어둠에서는 어둠만 나올 뿐 빛이 나올 수는 없는 것이다.

흔히 르네상스 시대의 인문주의자들이 처음 중세를 암흑시대(Saeculum obscurum)라고 불렀다고 하지만 이는 사실이 아니다. 르네상스 이전에도 암흑시대라는 말이 있었는데, 그 의미는 기록이 사라져서 그 시대를 연구하기 어둡다는 뜻이었다. 고대 그리스의 기원전 12세기에서 기원전 8세기 사이의 시기가 바로 그러했다. 물론 암흑시대라는 말에는 이 시대의 문화가 보잘 것 없었다는 의미도 있다. 중세에 대해서도 특정 시기를 암흑시대라고 부른 예가 있기는 하다. 어떤 이들은 10세기 초중반 세르지오 3세(Sergius III, ?~911) 교황의 즉위에서 요한 12세(Joannes XII, 938?~964)의 선종까지 60여년을 암흑시대라고 부르기도 한다. 이 시기는 교회가 분열한 혼란의 시기였던 데다가, 신성로마제국 황제에 의해 교황이 파문되는 일마저 있었던 시기였다. 또 다른 이들은 서로마제국이 멸망한 5세기부터 프랑크왕국의 샤를대제(Charlemagne, 768~814)가 즉위하기까지를 암흑시대라고 부르기도 한다.[40] 반대로 샤를대제에 의한 고전문화의 부흥운동을 후대의 르네상스에 비유해 '카롤링거 르네상스(Carolingian Renaissance)'라고 부르기도 한다. 인문주의자들의 경우를 보면 암흑시대와 유사한 표현들이 발견되지만 역시 그 의미는 지금 우리가 생각하는 것과는 좀 다르다. 이미 이야기한 페트라르카는 암흑시대라는 말을 쓴 최초의 인문주의자라고 불리지만 정작 그가 말하고자 했던 의도는 로마 시대의 아름다운

---

40 프랑크왕국은 게르만족의 한 부족인 프랑크족이 세운 왕국이다. 481년에 건국해 843년까지 존속했다. 부족국가에서 시작했으나 점차 다른 게르만 부족들을 통합해 피레네산맥에서 엘베강에 이르는 서유럽의 대부분을 포함한 대제국을 건설했다. 서로마제국의 멸망과 게르만족의 대이동 이후의 혼란을 수습함으로써 유럽의 정치적·문화적 통일을 실현했다. 게르만족 국가들 가운데 처음으로 기독교를 받아들여 중세 유럽의 여러 문화와 제도의 기본 골격을 형성했다. 카롤링거는 메로빙거왕조에 이어 프랑크왕국의 후반기를 통치했던 왕조의 이름이다. 샤를대제는 옛 서로마제국의 영토 대부분을 프랑크왕국의 영토로 통합했으며, 정복지에 기독교를 전파했고, 학문과 예술을 장려했다. 오늘날 서유럽이라고 부르는 지역의 정체성을 만든 인물로 평가된다. 샤를은 프랑스식 이름이며 라틴어로는 카롤루스(Karolus), 독일어로는 카를(Karl)이라고 부른다. 위대하다는 뜻의 마뉴(magne), 마그누스(magunus) 등을 붙여 부르는 것이 보통이다.

문학작품들에 비해 기독교화된 이후 자기 시대의 작품들은 그 아름다움을 잃어버리고 말았다는 의미에서 어둠이라는 표현을 썼다던 것이다. 엄밀히 말하면 르네상스는 근대를 지향하는 문화운동이기는 했지만 시대적으로는 아직 중세에 속했다. 그러므로 인문주의자들의 비판은 중세라는 시대에 대한 비판이라기보다 자신들이 살고 있던 현실에 대한 비판이었다는 것이다. 우리가 생각하는 암흑시대의 이미지를 만든 것은 사실 초기의 계몽주의 운동을 선도했던 사상가들이다. 이때까지도 중세는 어떤 시대인지 엄밀히 정의되었던 것은 아니다. 막연하지만 계몽이라는 관점에서 보면 중세는 계몽되지 못한 시대, 다시 말해 무지하고 몽매한 시대였다. 학문과 예술의 발전으로 풍요로웠던 고대보다는 이후의 일이면서 문명의 수준이 높아진 지금 현재 즉 근대는 아닌 그 사이에 존재했던, 문화도 생활수준도 빈곤했던 어느 시대라는 의미로 중세는 암흑시대라는 말이 세속적으로 확산되었던 것이다. 계몽주의 이후 근대적 과학기술의 발전 속도가 눈부시게 빨라지면서 중세는 기술발전의 정체와 퇴보, 지식과 과학에 대한 몰이해, 이성에 대한 부정적 태도, 비합리주의에 대한 맹목 등으로 규정되었다.

그러나 중세에 대한 이런 편견들은 최근에는 거의 받아들여지지 않는다. 우선 역사적으로 볼 때 나중에 르네상스 운동의 진원지가 되는 이탈리아의 도시국가들은 11세기 무렵부터 이미 경제적으로나 문화적으로나 눈부신 번성을 누리고 있었다. 이탈리아 도시국가들의 몰락은 오히려 중세가 끝나고 근대가 시작되면서 중앙집권적인 절대주의 국가들이 출현한 이후의 일이다. 문화와 예술에 대한 존중과 고전작품들에 대한 탐구가 반드시 14세기 이후의 이탈리아에서만 시작된 것은 아니다. 어떤 학자들은 르네상스가 12세기에도 있었고, 심지어는 9세기에도 있었다고 주장한다. 이미 이야기한 것처럼 프랑크왕국의 전성기를 이룩한 샤를대제는 고전의 연구를 적극적으로 후원했는데, 12세기에는 대학들이 크게 발전하면서 이들을 중심으로 철학과 법학의 연구가 융성한다. 이와 함께 그리스의 고전과 이슬람 서적들에 대한 번역도 활발하게 이루어지는데, 어떤 이를 '12세기 르네상스'라고 부르기도 한다.[41] 요컨대 문학과 예술의 부활과 진흥이 14세기 르네상스 운동의 독점물만은 아니라는 뜻이다. 철학의 역사에서 보면 중세를 암흑시대라고 규정한 이들은 데카르트 이후의 근대 철학이 중세를 건너뛴 채 플라톤과 아리스토텔레스로 대표되는 고대 철학의 합리주의적 전통을 이어받았다고 주장한다. 그러나 중세는 아우구스티누스와 토마스 아퀴나스가 살았던 시대다. 중세의 모든 다양한 철학을 일관하는 하나의 변함없는 태도는 권위에 대한 존경과 이 존경에서 당연히 나오는 결과로서 위대한 그리스 사상가들을 인용하는 태도다. 고대 철학자들을 존경할 권리와 자격이 근대 이후의 철학자들에게만 배타적으로 주어진 것은 아니라는 뜻이다. 철학적으로 중세가 암흑시대였다는 주장은 중세를 신앙이 이성을, 신학이 철학을 지배하고 구속한 시대로 간주한 데서 나온다. 그러나 아우구스티누스는 이렇게 말한다. "신앙은 이성의 밝은 빛을 필요로 한다." 스콜라 철학의 창시자 가운데 한 사람인 안셀무스(Anselmus, 1033~1109)도 이렇게 말한다. "나는 믿기 위하여 이해하려는 것이 아니라 도리어 이해하기 위하여 믿는다."[42] 그래서 어떤 이는 근대 철학이 중세를 뛰어넘고 고대 철학으로부터 나온 것이 아니라 오히려 중세로부터 나왔다고 주장하기도 한다. 중세 철학을 이해해야만 데카르트의 철학을 이해할 수 있다는 말은 조금 과장되었을지라도 중세 철학을 올바로 이해할 때 데카르트의 철학을 더 잘 이해할 수 있다는 것은 분명하다는 것이다.[43]

그러므로 중세를 단정적으로 암흑시대라고 규정한다는 것은 부정확하고 부적절한 일임이 분명하다. 그럼에도 불구하고 암흑시대라는 이름은 우리에게 더 심오한 숙고와 성찰을 요구한다. 어떤 이는 왠지 암흑시대라는 표현은 공허를 느끼게 한다고 말한다. 그것은 억압하는 적극적인 힘이 아니라 빛의 부재로 야기되는 끝 모를 심연이자 나락이다. 그에 저항하는 것은 영웅적 투쟁이 아니라 부질없는 허우적거림에 불과하다. 볼 수도 없고 메아리치지도 않는 절대 죽음의 표상처럼 다가온다. 그래서인지 암흑시대라는 상징어는 그것이 대변하는 중세라는 시대 앞에서 어찌할 수 없는 무력감을 느끼게 해 준다.[44] 암흑은 어둠이 존재하는 것이

41 장문석, 『근대 정신은 어떻게 탄생했을까?』, 21쪽.
42 박주영, 『중세와 토마스 아퀴나스』, 27쪽.
43 박주영, 『중세와 토마스 아퀴나스』, 5쪽.
44 이경재, 『중세는 정말 암흑기였나』, 6쪽.

아니라 빛이 부재한 것이다. 무지는 모름이 존재하는 것이 아니라 앎이 부재한 것이다. 햄릿(Hamlet)은 이렇게 독백한다. "죽음 후에 있는 것은 두렵나니." 그러나 죽음 후에는 아무것도 없고 두려워할 일도 없다. 우리는 흔히 죽음이 우리에게 다가온다고 말하지만 실은 죽음이 시작되는 것이 아니라 삶이 끝나는 것일 뿐이기 때문이다. 이 세상을 창조할 때 하느님은 세상에 있는 악을 원하시지 않았으며, 더욱이 모든 존재자들은 하느님의 선을 받았으므로 이 세상에 악이 존재한다는 것은 모순된다. 그렇다면 이 세상의 악은 도대체 어디서 온 것인가? 악은 창조된 것이 아니라 선의 결여로만 존재할 뿐이다.[45] 중세를 암흑시대라고 부르는 이유는 그 시대를 무엇인가가 결여된 시대로 인식하기 때문이다. 거꾸로 말하면 중세에 결여된 그 무엇인가를 근대가 비로소 성취했다는 뜻이다. 그것이 무엇인지를 올바로 파악할 때 우리는 근대를 올바로 이해할 수 있다. 물론 우리가 찾는 답이 반드시 한 가지만은 아닐지도 모르겠다. 호모 이코노미쿠스는 바로 이 답들을 하나씩 탐구해 나감으로써 근대란 무엇인가를 해명하고자 하다는 의미에서 경제학이 발견한 근대적 인간형이다.

인류의 역사에서 르네상스의 의의를 이야기할 때 흔히 "신 중심의 세계관에서 인간 중심의 세계관으로의 전환"이라고 표현하지만 이 말 또한 그 의미가 불명확하다. 인간이 중심이 아니었던 시대는 없었기 때문이다. 중세라고 해서 인간이 철학의 중심에 있지 않았던 것은 아니다. 문제는 인간은 왜 존엄한가? 그리고 인간은 어떻게 존엄한가 하는 것이다. 미슐레는 르네상스를 "세계의 발견과 인간의 발견"이라고 정의했다. 세계의 발견은 당연히 미지의 세계를 지리적으로 발견했다는 의미가 아니라 세계를 바라보는 관점 즉 세계관이 달라졌다는 뜻이다. 인간의 발견 역시 인간을 바라보는 관점 즉 새로운 인간관을 갖게 되었다는 뜻이다. 여기서 당연히 제기되어야 할 질문은 이때의 인간은 누구인가 하는 것이다. 인간은 존엄하다는 선언은 르네상스가 아니라 어느 시대에나 있어 왔고, 그래서 매우 올바른 말이기는 하지만 공허하게 들릴 뿐이다. 르네상스가 인간에 대한 새로운

---

[45] 박주영, 『중세와 토마스 아퀴나스』, 66~67쪽.

인식을 제시한 것이라면 그 새로운 인간관의 내용은 과연 무엇인가? 그 단초를 우리에게 보여 주는 것은 바로 이 시대의 예술가들이다. 문학과 철학 등에서 고전 문헌들의 번역과 연구를 통해 인간정신을 탐구했던 휴머니즘 르네상스과 함께 회화, 조각, 건축 등에서도 새로운 문예부흥 운동이 일어나는데 이를 '아트 르네상스(Art Renaissance)'라고 부른다. 아트 르네상스 운동은 예술의 여러 분야에서 진행되었지만 가장 화려하게 번성했던 분야는 미술이며, 이를 대표하는 예술가들은 위에서 예시한 다 빈치나 미켈란젤로와 같은 미술가들이다.

레오나르도 다 빈치는 진정으로 르네상스적인 인물이었다. 그의 작품들은 형식면에서 새롭고 아름다웠으며 내용면에서 근대적 인문정신을 구현했다. 작품에서뿐만 아니라 인간으로서도 다 빈치는 매우 다재다능한, 근대 교육이 추구하는 전인(l'uomo universale)에 가장 가까운 인물이기도 했다. 1482년에 밀라노 총독이던 루도비코 스포르차(Ludovico Maria Sforza, 1452~1508)에게 취직을 부탁하면서 보낸 편지에서 다 빈치는 자신을 이렇게 설명했다. "저는 기중기의 제작, 성곽 공격용 사다리, 투석기, 전함, 땅굴, 전차, 멋있고 세련된 외형의 대포와 박격포, 다양하고 무한히 많은 종류의 공격과 방어용 엔진, 공공건물이나 개인용 건물, 그리고 청동 기마상 등을 제작할 수 있습니다. 또 대리석이나 청동, 진흙으로 조각상을 만들 수 있으며 그림도 그릴 수 있습니다." 이 위대한 예술가는 스스로 조각과 그림에도 손재주가 조금 있다고 말한다. 이것이 자신의 미술적 재능에 대한 겸손인지 아니면 다른 분야의 재능에 대한 자신감인지는 모르겠다. 다만 다 빈치는 이 편지의 말미에 이렇게 덧붙이기는 했다. "제 작품은 어느 미술가의 작품과 비교해도 뚜렷한 차이를 드러낼 것입니다."

1506년 산타 마리아 마조레 대성당 인근 포도밭에서 한 농부가 조각상을 발견한다. 교황 율리오 2세(Giulio II, 1443~1513)는 미켈란젤로에게 이 조각을 감정하게 했는데, 미켈란젤로는 고대 그리스의 위대한 조각품이라고 격찬했다고 한다. 이 말을 들은 교황은 조각상을 구입해 대중이 감상할 수 있게 공개했고, 바티칸 미술관의 역사는 이렇게 시작된다. 이 조각상이 바로 헬레니즘 미술의 걸작으로 불리는 〈라오콘 군상(Gruppo del Laocoonte)〉이다. 라오콘은 트로이의 사제로 그리스군이 남기고 간 목마를 보고는 나쁜 의도가 있을 터니 이를 성 안에 들여서는 안 된다고 주장했다. 라오콘은 목마의 복부에 창을 던져 그리스군이 숨어 있음을 확인하려고 했다. 그러자 그리스군의 편에 서 있던 포세이돈이 이에 분노해 큰 바다뱀 두 마리를 보내 라오콘과 그의 두 아들을 깔려 죽게 했다는 이야기가 전해진다. 트로이 전쟁 때 올림포스의 신들이 두 편으로 나뉘어 그리스군과 트로이군을 서로 도왔다는 이야기는 호메로스의 『일리아스(Iliad)』에 자세히 나온다. 그렇더라도 트로이의 사제로서 트로이의 안전을 위해 애쓴 것이 왜 벌을 받아야 하는 이유가 되는지는 모를 일이지만, 다른 이야기에서는 라오콘이 아폴론 신의 사제로서 독신의 의무가 있었는데 이를 어기고 쌍둥이 아들을 낳았고, 자신과의 맹세를 어긴 라오콘을 벌하기 위해 아폴론이 포세이돈 신의 제단에 제사를 지내던 라오콘과 두 쌍둥이 아들에게 큰 바다뱀 두 마리를 보내 그들을 죽게 했다고도 한다. 조각상 〈라오콘 군상〉은 기원전 100년 경에 로도스섬의 조각가들이 합작으로 만들었는데, 네로(Nero Claudius Caesar Augustus Germanicus, 37~68) 황제가 자신의 궁전에 진열하려고 가져왔다가 로마의 멸망 후 땅속에 묻히게 된 것으로 알려진다. 실은 미켈란젤로가 자신의 작품을 몰래 땅에 묻었다가 우연히 발견한 것처럼 꾸며 비싸게 팔았다는 뒷이야기도 있다. 물론 그다지 믿기 어려운 이야기다. 라오콘의 굽어 있는 한쪽 팔은 처음 발굴되었을 때는 떨어져 나간 상태였는데, 당시 사람들은 근육의 모양 등을 보고서 떨어져 나간 팔이 쭉 뻗고 있는 자세를 취했을 것이라고 생각했으나 미켈란젤로만 저 팔은 굽어있을 것이라고 주장했다고 한다. 그런데 나중에 발견된 팔이 실제로 굽어 있어서 한편으로는 미켈란젤로의 천재성을 잘 보여 주기도 하지만, 다른 한편 조각상의 출처에 대한 의심을 부르기도 했던 것이다.

〈라오콘 군상〉의 발견이 미술사에서 중요한 이유는 단순히 고대의 걸작이 발견되었다는 데 있지 않다. 〈라오콘 군상〉의 발견은 대중의 관심과 감탄을 받았을 뿐 아니라, 그 시대의 예술가들에게 엄청난 충격과 영감을 주었다. 라오콘의 인간적인 표정과 뱀의 독으로 인해 부풀어 오른 근육과 혈관의 세세한 묘사 때문이다. 심지어는 밤이 되면 조각상이 살아 움직인다는 소문마저 있었다고 한다. 다 빈치나 미켈란젤로가 해부학에 매우 관심이 많았다는 것은 잘 알려진 사실이다. 다 빈치는 인체의 해부도를 남기기도 했지만, 미켈란젤로의 그림 속 인물들을 보아도 그가 얼마나 인체에 대해 해박했는지 알 수 있다. 〈최후의 심판〉에 등장하는 인물들은 육체의 골격과 근육은 물론 핏줄까지 생생하게 드러내고 있다. 그리고 이 인물들은 모두 기뻐하고 슬퍼하고 괴로워하는 표정들을 가지고 있다. 그림만이 아니라 조각에서도 그렇다. 〈피에타〉에서 미켈란젤로는 예수의 손등 위 핏줄까지 생생하게 표현했다. 〈최후의 심판〉에 표현된 근육질의 예수, 근육질의 세례 요한, 근육질의 베드로는 지금 보더라도 무심히 넘기기에 예사롭지 않다. 하물며 아직 교회와 『성서』가 모든 가치판단의 기준이었던 16세기에 이 그림을 마주한 성직자들은 어떠했을까? 교황이 성자들의 아랫도리에 옷을 덧입히라고 명령했던 것도 그 시대에는 지나친 일이 아니었을 터다.

그런데 전인의 표상인 다 빈치나 가장 완벽한 예술가인 미켈란젤로가 아트르네상스를 대표하는 인물들이기는 하지만 이 운동의 시작을 가장 먼저 연 예술가는 따로 있다. 앞에서 이야기한 것처럼 르네상스라는 말의 기원은 이탈리아의 미술사가인 조르지오 바자리가 자신의 책 『미술가 열전』에서 르네상스 초기의 화가 지오토 디 본도네의 작품들에 대해 고대 문화의 해체 이후 쇠퇴했던 미술이 다시 부활했다고 주장하면서 이를 '재생'이라고 부른 데서 비롯된다. 바자리에 의하면 지오토는 원래 양을 치던 소년이었다고 한다. 그런데 그 시대의 유명한 화가 치마부에(Bencivieni di Pepo, 1240?~1302?)가 지나가다 우연히 지오토가 바위에 그려 놓은 양의 그림을 보고는 그의 뛰어난 재능에 탄복해 자신의 제자로 삼았다고 한다. 그렇다면 지오토의 그림은 이전의 화가들과 비교했을 때 과연 무엇이 달랐을까? "그림을 주의 깊게 바라보고 있으면 그림이 당신에게 말을 걸어올 것입니다."[46] 르네상스 초기의 플라톤주의 철학자이자 인문주의자였던 마르실리오 피치

---

46 성제한, 『피렌체의 빛나는 순간』, 문학동네, 2019, 7쪽.

노(Marsilio Ficino,1433~1499)가 로렌초 메디치에게 보낸 편지의 한 구절이다. 나는 이 말을 예술작품들을 사랑하기를 두려워하지 말라는 의미로 받아들인다. 솔직히 미술이건 음악이건 예술작품들을 대할 때는 적이 소심해질 때가 많다. 예술에 대한 이해가 부족한 나 같은 범인이 감히 이런 위대한 작품들을 감상할 자격이나 있는가 싶어서다. 이런 소심한 감상자들을 향해 피치노는, 예술은 당신이 걱정하는 것 이상으로 친절하다고 말한다. 르네상스 예술의 위대한 후원자이기는 하지만, 그렇다고 개인적으로 로렌초가 예술에 얼마나 깊은 조예를 가지고 있었는지는 알 수 없다. 로렌초를 폄하하려는 뜻이 아니라 예술을 사랑하고 존중하는 방법은 다양하고 반드시 높은 식견을 가져야만 가능한 일은 아니라는 뜻이다.

회화가 인간을 그린다는 것은 어떤 의미인가? 꼭 인간이 아니라 다른 대상이라도 마찬가지겠지만 특히 어떤 개인의 모습을 재현할 때 화가들이 가장 주의해야 할 점은 바로 대상을 다른 남자들 또는 다른 여자들과 구별시켜 주는 특수한 존재의 독특한 특징들을 재생해 내어야 한다는 점이다. 그렇지 않다면 그것은 나무가 없는 숲을 그린 데 불과할 것이기 때문이다. 앞에서도 인용했지만 어떤 것을 다른 것이 아니라 바로 그것이게 만드는 것을 우리는 본질이라고 부른다. 미술은 그런 대상의 본질, 다른 말로 대상의 개성을 포착하고 표현해야 한다. 그러나 르네상스 이전, 중세는 물론 고대에도 초상화에서 표적이 되는 것은 개인이 아니라 시인, 현자, 정치인으로서 그들의 업적이었다.[47] 르네상스 이전의 성화들을 보면 인물들에게 육체가 없다. 그들의 육체는 처음부터 육체를 가지기 위해 표현된 의상들에 가려져 있기 때문이다. 이들에게는 표정도 없다. 예수님을 바라보는 성자들의 얼굴에도, 성모를 바라보는 천사들의 얼굴에도 표정은 없다. 왜냐하면 이 시대의 성화들은 어떤 인간적인 감정이나 개성을 표현하기 위해서가 아니라 글을 모르는 대중들에게 『성서』의 내용을 교육하기 위해 그려졌기 때문이다. 르네상스 이후에도 예술가들이 주로 그렸던 주제도 그 이전의 화가들처럼 종교적인 소재들이었다. 화가들은 예수와 성모, 그리고 예수의 조상들과 그의 제자들을 그렸다. 그

---

47 토도로프·포크롤·르그로, 『개인의 탄생—서양 예술의 이해』, 25~28쪽.

리스 신화의 신들과 영웅들도 회화의 소재가 되었지만 신화의 인물들이 『성서』의 인물들보다 더 환영받게 된 것은 나중의 일이다. 그러므로 르네상스 시대에 와서 달라진 것은 소재가 아니라 형식이었다. 오래된 주제를 어떻게 새롭게 표현하는가? 지오토는 바로 그런 의미에서 새로운 표현법을 만든 화가다. 지오토가 회화에서 새로운 양식을 발견한 것은 페트라르카나 보카치오가 문학에서 새로운 양식들을 발견한 것과 같은 의미를 가진다. 새로운 내용 즉 소재는 동일할지라도 그 안에 새로운 정신을 담기 위해서는 새로운 형식이 필요하기 때문이다. 지오토와 같은 시대에 조금 앞서서 활동한 화가들 가운데 당시에 가장 유명했던 이는 시에나파 회화의 선구자로 불리는 두치오 디 부오닌세냐(Duccio di Buoninsegna, 1255~1319)였다. 두치오는 성모화를 잘 그리기로 유명했는데, 시에나 대성당의 〈마에스타(Maesta)〉는 그의 대표작으로 꼽힌다. '마에스타'는 원래 장엄하다는 뜻인데, 미술에서는 옥좌에 앉으신 성모의 제단화를 가리키는 말로 사용한다. 그런데 이탈리아 르네상스의 중심 도시들 가운데 하나인 베네치아에서 가까운 작은 도시 파도바의 아레나 예배당에는 지오토가 예수와 마리아의 일생과 최후의 심판을 그린 프레스코화 벽화들이 있다. 이 그림들에는 잘 알려진 재미있는 일화가 있다. 이 그림을 의뢰한 사람은 그 당시 파도바에서 가장 부유한 고리대금업자였던 엔리코 스크로베니(Enrico degli Scrovegni, ?~1336)다. 엔리코의 부친인 레지나르도(Reginaldo degli Scrovegni, ?~?)도 악명 높은 고리대금업자였는데, 단테의 『신곡』에서 탐욕 때문에 지옥으로 떨어진 것으로 묘사된 인물이다. 그래서 아들인 엔리코가 부친의 영혼을 구원하기 위해 예배당을 짓고 지오토로 하여금 성화를 그리게 했다는 것이다. 그러나 엔리코가 진심으로 부친의 죄를 회개한 것 같지는 않다. 그 자신도 똑같은 죄를 부끄러움이나 두려움 없이 저질렀으니 말이다. 엔리코는 다른 도시들의 유력한 가문들이 그랬듯이 파도바의 권력을 장악하고 싶었고, 이를 위해서는 성모를 모시는 기사단의 지원이 필요했을 뿐이라는 것이 더 그럴듯한 해석이다.[48]

---

48 성제한, 『피렌체의 빛나는 순간』, 40쪽 이하.

비슷한 시기에 그려진 두치오와 지오토의 〈마에스타〉를 비교해 보면 매우 중요한 차이가 있다. 두치오의 그림에서는 성모를 둘러싼 천사들이 모두 같은 평면에 위치하는데 반해 지오토의 그림에서는 천사들이 앞뒤로 멀고 가까운 거리감을 두고 앉아 있다. 두치오가 자신의 관념 속에서 만든 공간을 그린 반면에 지오토는 원근법을 이용해 실제의 공간을 그린 것이다. 게다가 지오토의 그림에는 두치오의 그림에 없는 배경이 있다. 이 연작의 여러 작품들에서 지오토는 하늘을 추상적인 황금빛으로 그리는 대신 우리 머리 위에 존재한 하늘처럼 푸른색으로 그렸다. 지오토를 르네상스 최초의 화가라고 부르는 이유는 회화에 원근법을 처음으로 도입한 화가이기 때문이다. 지오토가 있었기에 우리는 다 빈치의 작품들에서 표현된 공간의 깊이감을 만날 수 있게 되었다. 다 빈치의 배경에는 늘 자연이 등장한다. 이는 부르크하르트의 지적이지만 여기서는 에리히 프롬을 잠시 인용해 보자. "전에는 가지고 있지 않았던 자연의 아름다움에 대한 자각도 같은 시대에 발달했다."[49] 물론 지오토의 그림에서 새로운 것은 공간만이 아니다. 더 중요한 것은 바로 그 공간 속에 존재하는 인물들의 표정과 동작이다. 지오토의 작품에서 인물들은 모두 강렬한 명암의 대비에 의해 입체적으로 표현되었고, 인물들 한 사람 한 사람이 생생한 표정과 동작을 통해 각자의 심리적 상태를 느끼게 한다. 지오토가 그린 것은 바로 '개성'이다. 지오토는 개성을 그린 최초의 화가였다. 르네상스 이전의 성화를 보면 모든 인물들과 천사들의 얼굴이 똑같다. 그러나 미켈란젤로의 〈최후의 심판(Il Giudizio Universale, 1536)〉에는 수백 명의 인물이 등장하지만 똑같은 표정을 가진 인물은 한 사람도 없다. 모든 인물들이 추상적인 인간, 성인, 영웅으로서가 아니라 개인으로서 그려진 것이다. 앞에서 인용한 것처럼 미슐레는 르네상스를 세계와 인간의 발견이라고 정의했다. 그런데 여기서 인간의 발견은 과연 무엇을 의미하는가? 인간의 완전한 실체를 있는 그대로 발견했다는 뜻이다. 부르크하르트는 그것을 개성의 발견이라고 표현한다. 이탈리아에서 가장 먼저 르네상스가 출발한 이유를 설명하면서 부르크하르트는 독자적인 개성의 발달을 지적

---

49 프롬, 『자유로부터의 도피』, 299쪽.

한 바 있다. 이탈리아에서는 르네상스보다 훨씬 이전인 10세기 전후부터 여러 개성적인 인물과 현상들이 출현했다는 것이다. 그리고 이런 전통은 13세기 말에 이르러 단테와 같은 개성을 가진 시인들이 출현할 수 있게 했다.[50] 르네상스 시대는 개인주의를 가장 강력하게 발전시켰고, 이 발전된 개인주의를 통해 모든 형태의 개성을 가장 열렬하고 다양하게 인식하도록 이끌었다. 개성의 발전은 기본적으로 자신과 다른 사람의 개성을 인식하는 것과 연결되어 있다.[51]

> 인간의 사회사는 자연계와 일치가 되어 있던 상태에서 벗어나 자신을 주위의 자연이나 타인과는 별개의 존재로 인식하면서 시작되었다. 하지만 이 인식은 역사가 시작된 뒤에도 오랫동안 아주 미약한 상태로 남아 있었다. 개인은 그가 빠져나온 자연계나 사회와 여전히 밀접하게 연결되어 있었다. 어느 정도는 자신을 별개의 존재로 인식하면서도 한편으로는 자신이 주위 세계의 일부라고 느꼈다. 개인이 원시적 유대관계에서 차츰 벗어나는 과정 즉 '개체화(individuation)'라고 부를 수 있는 과정은 종교개혁부터 현재에 이르는 수세기 동안의 근대사에서 절정에 달한 듯하다.[52]

개성의 발견은 당연히 이탈리아의 예술가들에게서만, 그리고 회화나 조각이라는 장르에서만 나타나지 않았다. 크리스토퍼 말로(Christopher Marlowe, 1564~1593)나 셰익스피어와 같은 영국의 문학가들도 끊임없이 자신의 정체성을 들여다보고 다듬어 나가는 인물들을 창조했다. 말로의 『파우스투스 박사(Dr. Faustus, 1592)』에 등장하는 파우스투스는 지식에 대한 열의와 종교에 대한 경멸이라는 르네상스 시대 지식인들의 전형적인 태도를 보여 준다.[53] 재미있는 일은 파우스투스가 실존했던 인물이라는 사실이다. 르네상스 초기의 마술사이자 연금술사였던 요한 게오르크 파우스트(Johann Georg Faust, 1480~1541)가 바로 그 주인공이다. 악마 메피스토펠레스와 계약

---

50 부르크하르트, 『이탈리아 르네상스 이야기』, 141~42쪽.
51 부르크하르트, 『이탈리아 르네상스 이야기』, 301쪽.
52 프롬, 『자유로부터의 도피』, 41~42쪽.
53 브로틴, 『르네상스』, 167쪽.

을 맺는다는 파우스트의 이야기는, 말로는 물론 괴테(Johann Wolfgang von Goethe, 1749~1832)의 『파우스트(Faust)』를 비롯해 여러 작가와 음악가들에게 영감을 주었다. 햄릿은 아마 가장 르네상스적인 인물일 것이다. 흔히 햄릿형 인간을 우유부단한 인간형의 전형으로 이야기하기도 하지만 햄릿의 진정한 모습은 자기성찰이다. 셰익스피어와 동시대인들은 이 위대한 시인을 "한 시대가 아니라 모든 시대에 속한 사람"이라고 불렀다. 르네상스를 정의하는 특징 가운데 하나는 바로 작품의 불멸성에 대한 믿음을 스스로 만들어내는 예술가들의 능력이다.[54] 셰익스피어의 비극의 주인공들은 바로 이러한 의미에서 그들을 만들어낸 시대와 장소를 초월하는 불후의 창조물들이다. 셰익스피어와 같은 시대의 에스파냐 작가 미겔 데 세르반테스(Miguel de Cervantes, 1547~1616)가 『재기발랄한 시골 귀족 라만차의 돈키호테(El Ingenioso Hidalgo Don Quijote de la Mancha)』에서 창조한 인물인 돈키호테는 셰익스피어의 작품 속 인물들과는 다른 면에서 근대적 인간형을 보여 준다.[55] 요컨대 중세인들에게는 자기의식이 결여되어 있었다. 르네상스에 와서 비로소 인간은 정신적으로 개별적인 존재가 되었다.[56] 우리가 탐구하고자 하는 호모 이코노미쿠스는 바로 이런 의미에서 근대가 발견한 실존적 개인에서 출발한다. 호르크하이머가 지적한 것처럼 "우리가 하나의 역사적 범주로서 개인을 이야기한다면, 그것은 단지 인류의 특수한 구성원이 갖는 시공간적이고 감각적인 실존만을 언급하려

---

54 브로틴, 『르네상스』, 211쪽.

55 어떤 이들은 돈키호테가 아니라 그의 종자인 산초 판자(Sancho Pança)야말로 진정으로 근대적 유형의 인물이라고 주장하기도 한다. 가령 스페인의 실존주의 철학자이자 문학가인 우나무노는 『돈키호테와 산초의 일생(Vida de Don Quijote y Sancho, 1905)』이라는 글에서 『돈키호테』를 산초 판자의 관점에서 재해석한 바 있다. 이 작품에 대해서는 나중에 다시 이야기하기로 하자.

56 개성의 추구가 곧 개인의 발견을 의미하는 것은 아니다. 지금 우리가 탐구하려 하는 근대적 개인, 그리고 바로 그런 인간 유형으로서 호모 이코노미쿠스의 출현은 한참 이후의 일이다. 따라서 개인의 발명이 철학자들이 존재론적 논쟁이라고 부르는 논쟁 즉 현실을 어떤 식으로 이해할 것인가 하는 문제를 둘러싸고 벌인 지적 노력의 산물이라는 지적은 옳다.(시덴톱, 정명진 옮김, 『개인의 탄생』, 부글, 2017, 552쪽.) 그러나 개성의 추구가 없이는 개인의 탄생도 불가능하다는 명명백백한 진실도 옳다. 따라서 르네상스 이전인 15세기부터 이미 개인은 존중받았다는 주장은 문제의 본질을 오도할 뿐이다.(시덴톱, 『개인의 탄생』, 554쪽.) 소크라테스와 플라톤이 청년들을 가르쳤던 고대 그리스로부터 아우구스티누스와 토머스 아퀴나스에 이르기까지 르네상스 이전에도 인간은 언제나 철학적 토론의 중심에 있었지만, 우리가 르네상스를 문제시하는 이유는 인간을 바라보는 관점과 방식이 이전의 철학자들과 달랐기 때문이다.

는 것이 아니라, 그에 덧붙여서 개인이 자신의 정체성에 대한 인식을 포함해 하나의 의식된 인간적 존재로서 자신의 고유한 개별성을 인식하고 있음을 말하려는 것이다."[57] 그래서 호모 이코노미쿠스는 자율적이고 독립된 존재이며, 자신의 정체성을 찾기 위해 끊임없이 시도하고 실천하는 문제적 인간형이다.

지오토가 그린 아레나 예배당 벽화들 가운데 <이집트로의 피신>.
푸른 하늘의 배경과 겹치게 배치된 인물들의 구도가 눈에 띈다. 피란길에 오른 부모의 고된 표정과 대조적으로 어린 예수의 천진한 표정이 생생하다.

암흑은 어둠이 존재하는 것이 아니라 빛이 부재한 것이다. 무지는 모름이 존재하는 것이 아니라 앎이 부재한 것이다. 죽음이 시작되는 것이 아니라 삶이 끝나는 것일 뿐이다.

57 호르크하이머, 박구용 옮김, 『도구적 이성 비판』, 문예출판사, 2022, 193~94쪽.

악은 창조된 것이 아니라 선의 결여로만 존재할 뿐이다. 중세를 암흑시대라고 부르는 이유는 그 시대를 무엇인가가 결여된 시대로 인식하기 때문이다. 중세가 결여한 것은 무엇인가? 바로 개성이다. 개별적인 존재로서 인간의 정체성, 여기에 르네상스가 발견한 근대정신이 있다.

개인의 탄생

근대 이전의 철학자들 가운데 가장 특별한 개성을 가졌던 이는 바로 소크라테스일 터다. 비극의 본질을 선과 악이 아니라 선과 선의 충돌이라고 주장한 헤겔은 소크라테스의 죽음을 본질적으로 비극이라고 불렀다. 헤겔 이전에는 비극을 선과 악, 정의와 불의의 대결로 파악하는 경우가 많았다. 그러나 헤겔은 비극에는 충돌하는 양측 모두에 타당한 도덕적인 힘이 있어야 한다고 주장했다. 쉬운 말로 해석하면 기성의 윤리를 의심하라고 가르친 소크라테스도 옳지만, 기성의 윤리를 지키고자 한 폴리스의 법도 옳다는 것이다. 소크라테스가 그의 동시대인들과 불화를 겪고 죽음에 이르렀던 것은 그가 유죄였기 때문이 아니라, 그의 주체성이 너무 강했기 때문이다.[58] 그런데 이런 소크라테스를 자신의 삶과 철학의 모범으로 생각했던 철학자가 있다. 바로 실존주의 철학의 선구자인 키에르케고르다. 키에르케고르가 무엇보다 먼저 사람들을 해방시키고자 했던 환상은 객관성(objectivity)이라는 환상이었다. 그가 보기에 객관성은 사람들의 생각을 현실적으로 지배할 뿐 아니라 사람들이 실제로 문명과 진보의 지표로 가장 환영하기 쉬운 환상이었다. 키에르케고르는 우리가 주체성(subjectivity)을 확립하는 능력을 상실했다고 강조하면서, 철학의 업무는 우리의 주체성을 다시 찾아 확립하도록 해 주는 것이라고 주장했다.[59]

---

58 터너, 『예일대 지성사 강의』, 422쪽.

르네상스의 정신은 "신 중심의 세계관으로부터 인간 중심의 세계관으로"라고 요약된다. 그러나 단순히 인간이 세계관의 중심에 있다는 설명만으로는 충분하지 않다. 인간은 늘 철학적 질문의 중심에 있었기 때문이다. 부르크하르트는 종교를 인간 본성에 있는 파괴되지 않는 영원한 형이상학적 욕구의 표현이라고 정의했다. 종교는 본질적으로 다른 두 가지 욕구들, 곧 형이상학적 욕구와 정신적·물질적 욕구에 따른다. 다만 현실에서는 하나가 다른 하나를 움켜쥐고 자기에게 봉사하게 만든다. 강력한 종교는 삶의 모든 것 속으로 퍼져서 정신의 모든 움직임, 문화의 모든 요소를 자신의 색채로 물들인다.[60] 앞에서 이야기한 것처럼 근대 이전의 회화는 『성서』의 내용을 대중들에게 가르치기 위한 도구에 불과했다. 엄밀히 말하면 신들은 더 이상 존재하지 않고 그리스도는 아직 오지 않았으므로 키케로부터 마르쿠스 아우렐리우스까지 오직 인간만이 존재했던 시기가 있었다. 회화가 기독교의 교리를 설명하기 위한 수단으로서만 한정된 것은 콘스탄티우스 황제가 기독교를 국교로 선언한 이후로 개인은 교회를 통해서만 신에게 말할 수 있다고 선언하면서부터다.[61] 신과 인간이 교회를 통하지 않고 직접 만나게 된 것은 한참 뒤에 마르틴 루터의 종교개혁 이후의 일이다. 종교개혁에 의해서 비로소 개인은 신앙의 주체가 된다. 근대 이후에서도 종교적인 윤리는 여전히 작용한다. 다만 과거와는 다른 방식으로, 멀리 물러서 있는 존재로서 작용할 뿐이다. 인간은 새로운 척도로서 등장했다. 그것은 위계화된, 공동체적인 질서 속에서 파악되는 그런 인간이 아니다. 한 개인으로서 그는 자신을 세계의 척도로 삼는다. 역사가 단선적으로 발전하는 것은 아니지만 개인의 출현은 돌이킬 수 없는 일이 되었다.[62] 근대정신의 핵심은 추상적인 인간이 아니라 개인이라는 뜻이다.

물론 개인의 출현이 전혀 새로운 일은 아니다. 모든 사회는 개인들로 구성되어 있다. 고대의 시민들이 자신을 독립적 존재로 간주한 것은 시민으로서지 인간으로서는 아니다. 그러나 근대사회는 새로운 종류의 인간들로 구성되어 있다. 근

59 워낙, 이명숙·곽강제 옮김, 『실존주의』, 서광사, 2016, 31쪽.
60 부르크하르트, 『세계 역사의 관찰』, 74쪽 및 115쪽.
61 토도로프·포크룰·르그로, 『개인의 탄생—서양 예술의 이해』, 30~31쪽.
62 토도로프·포크룰·르그로, 『개인의 탄생—서양 예술의 이해』, 55~56쪽 및 47쪽.

대의 개인화는 신분의 위계질서, 권위의 주장, 소속 관계에 대한 집단적 반발을 전제로 한다. 그것은 자신의 사회계급, 소속관계, 기능에서 독립된 존재로 자신을 인식하는 데 익숙해진 인간들을 전제로 한다. 그들이 서로를 평등한 존재로 서로에게서 독립해 있는 자율적인 존재로 간주하고 그렇게 서로를 대하게 되었을 때 인간들은 개인이 되었다.[63] 근대 이전까지 개인은 많은 곳에서 악으로 여겨져 왔다. 아시리아, 바빌로니아, 페르시아에서 국가는 개인의 등장을 막기 위해 무슨 일이든 감행하려 들었다. 때로는 여기서 때로는 저기서 개인이 일어나려고 할 때마다 시민적·종교적인 제한들과 계급적 제한제도에 부딪혀 아무런 흔적도 남기지 못하고 사라졌다.[64] 그러나 근대에 오면서 사정은 일변했다. 근대 자연법 사상가이자 경험주의 철학자인 토머스 홉스는 국가의 목적이 개인의 안전을 보장하는 데 있다고 말했다. 근대 법학의 아버지로 불리는 휘호 흐로티위스(Hugo Grotius, 1583~1645)는 더 나아가 개인은 사적인 목적을 위해 세상을 이용할 권리를 가진다고 주장했다.[65]

르네상스를 "세계의 발견과 인간의 발견"이라고 정의한 미슐레를 설명하면서 부르크하르트는 르네상스가 처음으로 인간의 완전한 실체를 있는 그대로 발견했다고 말한다.[66] 인간의 발견이라고 말할 때의 인간은 추상적인 인간, 신의 뜻에 의해 목적론적으로 규정된 인간이 아니라 구체적인 인간, 살아 있는 한 사람 한 사람의 개인을 의미한다는 뜻이다. 보편적인 것은 개별적이고 개별적인 것은 보편적이라는 말처럼, 르네상스에 의해 우리는 개인 속에서 인간의 보편적 인성을 인식하게 되었다. 근대 이전에는 자신이 누구인지보다 자신이 어디에 속해 있는지 또는 자신이 누구에게 속해 있는지가 훨씬 더 중요한 시기였다. 18세기 영국의 시인 알렉산더 포프(Alexander Pope, 1688~1744)는 여왕의 애완견을 조롱할 목적으로 이런 이행시를 남겼다. "나는 큐에 사는 전하의 개이오만, 말해 보시오 나리, 귀하는 뉘 댁의 개시오?"[67] 5세기에 아일랜드에 기독교를 전파해 성인으로 추

---

63 토도로프·포크롤·르그로, 『개인의 탄생—서양 예술의 이해』, 102쪽 이하.
64 부르크하르트, 『세계 역사의 관찰』, 138쪽.
65 멀러, 서찬주·김청환 옮김, 『자본주의의 매혹: 돈과 시장의 경제사상사』, 휴먼앤북스, 2006, 49쪽 및 43쪽.
66 부르크하르트, 『세계 역사의 관찰』, 301쪽.
67 그린블랫, 『1417년, 근대의 탄생』, 25쪽.

앙받는 성 패트리키우스(Sanctus Patricius, 387?~461?)는 이렇게 말한다. “주여, 저는 누구입니까? 저의 소명은 무엇입니까?” 이에 대해 르네상스 시대의 인문주의자인 알베르티(Leon Battista Alberti, 1404~1472)는 또 이렇게 말한다. “인간은 원하기만 하면 그 무엇이든 될 수 있다.”[68] 인간은 원하는 바를 가질 수 있고 원하는 것이 될 수 있는 자유를 가지고 스스로를 만들고 형성해 가는 존재가 되었다. 이탈리아 르네상스가 새롭게 형성한 두 가지 가운데 하나는 개인의 자의식이며, 다른 하나는 측량할 수 없을 정도로 광대한 의식과 이에 대한 열망이다. 개인주의에 바탕을 둔 자본주의 경제양식은 이전의 폐쇄적 시장 위주의 계층적 경제양식과 대립한다. 횡적으로 확장되는 거대한 의식은 봉건적 신학에 바탕을 둔 중세사회의 폐쇄적 세계상과 대립한다.[69]

철학적으로 근대는 데카르트의 “나는 생각한다. 그러므로 존재한다”는 선언에서 시작된다. 『성찰(Meditationes de prima philosophia, 1641)』에서 데카르트는 “생각한다는 것은 의심하고, 이해하고, 긍정하고, 의지하며, 의지하지 않으며, 또한 상상하며, 감각하는 것”이라고 설명하고 있다. 또 『철학원리(Principia philosophiae, 1644)』에서는 “생각한다는 말로써 내가 이해하는 것은 우리 속에서 이루어지되 우리 자신이 직접 의식하는 모든 것이다. 따라서 이해한다는 것, 바란다는 것, 상상한다는 것만이 아니라 또한 감각한다는 것도 생각한다는 것과 같다”고 부연하고 있다. 그런데 많은 이들이 데카르트의 주어를 ‘생각’이라고 오해하지만, 이 말의 주어는 당연히 ‘나’다. ‘나’를 생략하고 보면 데카르트의 말은 “생각한다, 그러므로 존재한다”가 된다. 반대로 ‘생각’을 생략하고 보면 데카르트의 선언은 “나는 존재한다”가 된다. 생각한다는 것은 존재한다는 것의 근거다. 데카르트는 나의 생각의 근거를 찾고자 했던 것이 아니라 나의 존재의 근거를 찾고자 했다. 생각의 주체는 나다. 나의 존재의 근거가 신이 아니라 나라는 것이 데카르트가 철학사에서 이룬 혁명적 전환이다. 데카르트는 우주를 그 자체로부터 설명하려 했으며, 인간의 윤리적 행동도 인간 자신, 즉 인간 본연의 성질로부터 이끌어냈다는 점에서 모

---

68 장문석, 『근대 정신은 어떻게 탄생했을까?』, 22쪽 및 25쪽.
69 블로흐, 『서양 중세·르네상스 철학 강의』, 267쪽.

든 근대 철학의 출발점이라 할 수 있다. "나는 생각한다. 그러므로 나는 존재한다"고 선언했을 때 그는 중세의 위계적 세계관에 대항하여 인간의 주체성을 명확하게 주장한 근대 최초의 인물이 되었다. 모든 근대사상의 출발점이 되는 것은 바로 데카르트에 의해 정립된 '절대 개인(absolute individual)'의 개념이기 때문이다.[70]

근대 철학의 출발점으로 많은 후대의 철학자들에게 지대한 영향을 미쳤음에도 불구하고 세계관의 면에서 볼 때 데카르트는 이원론자였다. 그는 서로 독립적이면서 서로 다른 것으로부터는 도출되지 않는 두 가지 영원한 실체를 자신의 방법론의 출발점으로 삼았는데, 그것은 물질적 실체와 정신적 실체다. 이를 통해 데카르트는 신의 존재를 이론적으로 정당화하려고 했다. 데카르트의 이원론은 한편으로는 시민계급의 경제적 성장을 반영한 것이지만, 다른 한편으로는 여전히 강력한 성직자계급과 봉건적 절대주의에 대한 정치적 승인이기도 했다. 이러한 자기모순과 비일관성 때문에 데카르트의 존재론은 후대의 철학자들로부터 다양한 비판을 받게 된다. "실존은 본질에 선행한다"고 말한 사르트르도 그런 철학자들 가운데 한 사람이고, 실존주의의 사상적 원조라고 불리는 프리드리히 니체도 그런 철학자 가운데 한 사람이다. 니체는 매우 의미심장하게 "인간이란 무엇인가?"라는 질문에는 이미 권력이 행사되고 있다고 말했다. 조금 극단적이기는 하지만 인간이란 무엇인가라는 질문은 이미 인간을 무엇으로 규정할 수 있는 존재라고 전제하고 있기 때문이다. 인간을 보편적인 어떤 존재로 규정한다는 것부터가 신의 섭리와 같은 목적론적인 세계관에 빠져 있다는 뜻이다. 신의 존재를 인정한다는 것은 인간이 신의 목적에 의해 창조되었음을 인정한다는 뜻이다. 개인의 실존보다 본질이 선행한다는 목적론적 세계관으로 회귀하고 마는 것이다. 이에 대해 키에르케고르는 인간은 신에 의해서 창조된 존재지만, 신과 인간 사이에는 절대적인 단절이 놓여 있어 인간은 신이 어떠한 본질을 인간에게 주었는지를 알 수 없다고 주장했다. 따라서 인간은 자기가 무엇인지, 무엇이어야만 하는지를 알지 못한 채 그저 현실에 존재하고 있을 뿐이다. 따라서 모든 인간은 스스로 자신의 본질과 목적을 추구

70 경제교육연구회, 『근대사회경제사상의 연구』, 53~54쪽.

하지 않으면 안 되는 것이다. 인간 존재의 의미를 알지 못한 채 이 세계에 유기된 인간, 자신의 존재 이유를 스스로의 실천에 의해 창조해내도록 운명지어져 있는 인간이 바로 근대적 인간형으로서의 호모 이코노미쿠스다.

독립적이고 자율적이면서 자신의 삶의 목적을 스스로 추구해 나가는 인간형으로서 실존적 개인은 얼핏 너무 철학적으로 들린다. 그러나 이런 인간형을 우리는 역사와 현실 속에서 찾기 어렵지 않다. 바로 앞에서 로크형 인간이라고 불렀던 새로운 근대적 인간형이 바로 그들이다. 그리고 이러한 인간형을 가장 전형적으로 구현한 것이 바로 로빈슨 크루소(Robinson Crusoe)다. 중상주의를 설명하면서 잠시 언급했지만 대니얼 데포의 『요크의 선원 로빈슨 크루소의 일생과 이상하고 놀라운 모험』은 단순한 모험소설이 아니라 산업혁명 직전의 영국 경제를 묘사한 작품이다. 일확천금을 노리고 항해에 나선 로빈슨의 모습은 중상주의적인 모험상인을 떠올리게 한다. 무인도에 표류한 로빈슨은 오두막 주위에 울타리를 치고 "내가 땅주인이다"라고 선언한다. 혼자 무인도에 살면서 왜 울타리가 필요했을까? 이 장면은 그 당시 영국에서 진행되던 인클로저 즉 울타리치기 운동을 풍자한 것이다. 배가 난파한 뒤 무인도에 홀로 살아남은 크루소는 자신이 처한 상황을 나쁜 점과 좋은 점으로 나누어 마치 차변과 대변에 기재하듯 적는다. 대차대조표에 자산을 부채와 자본으로 나누어 기재해 비교할 수 있게 하는 근대적 부기 방식을 적용한 것이다. 배에 있던 성냥과 화약 등을 나눠 보관한 행동은 위험분산이라는 근대 경영학의 원리를 떠올리게 한다. 무엇보다 로빈슨은 매일매일 작업한 일들을 일지에 기록한다. 이처럼 무인도에서 로빈슨의 생활 모습은 농업혁명을 거쳐 농업자본가로 성장하고 다시 산업자본가로 전환한 영국의 신흥 부르주아계급의 전형을 잘 보여 준다. 근대 경제학을 비유할 때 흔히 '로빈슨 크루소의 학문'이라고 부른다. 무인도에서 홀로 생활한 로빈슨 크루소처럼, 경제학은 사회적 관계로부터 고립된 개인을 기본단위로 전제하고 모든 이론을 전개한다는 뜻이다.

근대 경제학의 토대를 형성한 고전학파에서 신고전학파에 이르는 경제학의 발전과정과 신고전학파의 방법론에 대해서는 이 책의 「프롤로그」에서 이미 간략하게나마 설명한 바 있다. 중복되는 내용이기는 하지만, 앞으로 전개될 서술을 이해하는 데 도움이 되도록 조금 더 자세히 다시 설명해 보기로 하자. 애덤 스미스를 비롯해 18세기 후반부터 19세기 중반 사이에 활동한 경제학자들을 고전학파라고 부른다는 사실은 이미 서술한 대로다. 고전학파 이후로 근대 경제학은 방법론적 개인주의를 채택해 왔다. 고전학파 경제학자들이 개인주의적 태도를 강조한 데에는 방법론을 넘어 보다 중요한 의미가 있다. 고전학파가 출현한 시대는 절대주의가 경제정책에서뿐만 아니라 정치와 사회 여러 분야에서 개인들의 자유로운 활동을 규제하고 억압하던 시대였다. 따라서 개인의 자유와 권리에 대한 주장은 그 시대의 역사적 요구였다. 중상주의가 절대주의적 억압의 경제학적 표현이라면 고전학파의 경제이론은 반대로 그러한 시대적 요구의 경제학적 표현이었다. 오늘날 경제학의 주류를 형성하고 있는 신고전학파 경제학의 창시자 가운데 한 사람인 칼 멩거는 방법론적 개인주의를 하나의 이론으로 체계화한다. 멩거는 『사회과학 특히 경제학의 방법론에 관한 연구(Untersuchungen über die Methode der Sozialwissenschaften und der Politischen Ökonomie insbesondere, 1883)』에서 경제학 연구의 목적은 보편적 원리를 규명하는 데 있으며, 따라서 경제학 연구의 가장 좋은 방법은 이성적 방법이라고 주장했다. 멩거는 이론경제학의 과제를 경제현상에 대한 단순한 인식(Erkenntnis)이 아니라 그것에 대한 이해(Verständnis)에 있다고 생각했다. 멩거에 따르면 현상에 대한 이해는 현상의 구체적인 생성과정을 역사적으로 밝히는 역사적 견해와 현상의 법칙을 밝히는 이론적 견해로 나뉜다. 이론적 견해는 다시 경험적이고 실재론적인 것과 정밀적인 것으로 구분되는데, 멩거가 이론경제학의 과제라고 생각한 것은 바로 현상에 대한 정밀한 이해를 통해 현상의 계기와 공존을 통제하는 법칙을 규명하는 것이었다.

멩거는 과학이나 이론이 현상에 대한 정밀법칙을 규명하기 위해서는 실재(Sein)를 가장 단순한 요소로 분해하지 않으면 안 된다고 생각했다. 그런데 사회현상에 있어서 가장 단순한 요소에 해당하는 것은 바로 개인이므로, 화학에서 순수한 수소를 추출하여 그 법칙을 밝히는 것과 마찬가지로 사회과학에서도 순수한 이기심에 따라 합리적으로 행동하는 개인의 행위를 분석함으로써만 그 법칙을 규명할 수 있다는 것이다.[71] 이처럼 멩거 경제학의 출발점은 주관적 가치 즉 개인의 욕망과 효용에 있다. 멩거는 경제행위의 동기는 욕구의 충족에 있으며 그것의 본질은 효용이라고 보았다.[72] 멩거의 방법론에서 가장 핵심적인 개념은 '원자론적 개인주의(atomistic individualism)'다. 이는 개인을 분석에 중심에 놓고, 경제사회는 자유로운 개인들 간의 교환관계의 집합에 불과하다고 간주하는 이론이다. 경제현상은 어떤 사회적 힘의 표현이 아니라 개인 행위의 결과이며, 따라서 전체 경제과정을 이해하기 위해서는 개인의 경제행위를 분석해야 한다는 것이다.[73] 이미 이야기한 것처럼 멩거는 이러한 개인을 독일어로 'Wirtschaftender mensch'이라고 불렀는데, 경제적 인간 즉 호모 이코노미쿠스라는 뜻이다. 멩거는 바로 '로빈슨 크루소의 경제학'이라는 말을 처음 사용한 사람이기도 하다. 멩거가 강의 도중에 곧잘 '우리 크루소'라는 말을 했다는 사실은 이미 이야기한 대로지만, 멩거의 주저인 『국민경제학의 원리(Grundsätze der Volkswirt Schaftslehre, 1871)』에서도 '우리 크루소'라는 표현이 여러 번 나온다.[74] 무인도에 고립된 로빈슨 크루소야말로 합리적인 개인 즉 경제인의 모습을 가장 잘

---

71 경제교육연구회, 『근대사회경제사상의 탐구』, 202~03쪽.

72 멩거, 민경국·이상헌·김이석 옮김, 『국민경제학의 기본원리』, 자유기업원, 2002, 40쪽.

73 방법론적 개인주의는 한편으로 갈릴레오 갈릴레이(Galileo Galilei, 1564~1642)와 아이작 뉴턴(Isaac Newton, 1643~1727) 이후 근대 물리학의 진보적 성과에 영향을 받았지만, 다른 한편으로는 근대 합리주의 철학 특히 라이프니츠(Gottfried Wilhelm Leibniz, 1646~1716)의 단자론에 철학적 기초를 두고 있다. 라이프니츠는 근대 합리주의 철학의 역사에서 데카르트(René Descartes, 1596~1650)와 스피노자(Baruch de Spinoza, 1632~1677)를 연결하는 위치에 있는 철학자이며, 뉴턴과 동시에 미적분학을 발견한 수학자다. '단자론'은 라이프니츠의 철학이론으로, 먼저 근본이 되는 실체인 단자(monad)가 무엇이며 어떤 특징을 지니는지를 설명하고, 이 단자들 가운데 이성을 가진 단자인 정신이 가지고 있는 진리와 인식의 원리를 규명한 다음 이를 토대로 신의 존재를 증명한다. 그 다음에는 신에 의한 창조를 통하여 단자들의 집합으로서의 세계가 어떠한 모습을 가지고 있는지 설명한다. 그리고 현상 세계에서의 생명체라고 불리는 것이 실체 세계에서 어떤 구조로 되어 있는지를 해명한다. 마지막으로 이성을 가진 단자인 정신들로 이루어지는 도덕적 세계의 원리를 해명한다는 이론이다. 라이프니츠에 따르면 이 세계는 '단자'라는 최소 단위로 이루어져 있다. 단자는 공간적 크기가 없으며 연장과 모양을 가지지 않는다. 자연적으로 소멸하거나 탄생하지 않고 오직 신에 의해 창조되고 신의 무화(無化)에 의해서만 소멸한다. 그런데 단자들은 또 각자의 성질을 가지며, 따라서 모든 단자는 서로 다르다. 모든 단자들은 스스로의 힘에 의해서 변화한다. 우주의 모든 사물은 아무리 복잡하더라도 단자의 결합체에 지나지 않는다. 정신은 이성을 가진 단자다.

74 멩거, 『국민경제학의 기본원리』, 160~61쪽.

보여 주기 때문이다. 로빈슨 크루소를 근대적 개인의 전형이라고 부르는 이유가 반드시 그가 무인도에서 혼자 생활했기 때문은 아니다. 사실 로빈슨은 무인도에서 혼자 생활하기는 했으나 이전에 사회생활을 통해 습득한 지식이나 능력을 사용했으므로 결코 사회로부터 고립된 것은 아니다. 그가 어디에 있건 모든 인간은 세계와 얽혀 있는 존재라는 의미에서 세계적 존재일 수밖에 없다. 우리는 다른 사람과의 교섭 속에서만 존재한다는 것이다.[75]

로빈슨이 근대적 개인의 전형이라는 말은 다음과 같은 이유에서다.[76] 첫째는 노동의 윤리화다. 로빈슨은 문명의 공업화 이전 단계 즉 도구적 인간(homo faber)으로서 인간이 사회를 꾸려나가면서 필요한 물건을 스스로 만들었던 시대를 보여준다.[77] 여기서 도구적 인간이란 도구적으로 이용되는 인간이라는 의미가 아니라 도구를 만드는 인간, 제작하는 인간을 가리키며, 나아가 도구를 사용하는 인간, 그러므로 노동하는 인간을 가리킨다. 로빈슨이 쓰는 일지에는 그가 수행하는 노동에 대한 계획과 과정, 그리고 결과가 자세히 기록되어 있다. 노동을 제외한 다른 부분은 신에 대한 명상이 차지하는데, 이 명상은 회의나 원망이 아니라 회개와 다짐으로 채워진다. 이 책의 첫머리에서 인용했던 에리히 프롬은 부르크하르트를 인용하면서 이렇게 말한다. 북유럽 국가에서는 16세기부터 인간이 일하고 싶은 욕망에 거의 강박적으로 사로잡혔다. 이전에는 노예가 아닌 자유민은 노동을 하고 싶어하지 않았다.[78] 노동에 대한 새로운 윤리관이 확립되는 것은 르네상스 이후 더 정확하게는 근대 자본주의 이후의 일이다. 막스 베버가 설명하는 프로테스탄티즘의 윤리 즉 노동을 종교적 의무로 내재화한 윤리관을 로빈슨의 내면에서 감지할 수 있다. 둘째는 이성과 기술에 대한 전적인 믿음이다. 로빈슨이 도구적 인간이라는 점과 연관해서, 그에게서는 과학과 기술에 대한 실증주의적인 찬사가 로빈슨은 진정한 기술자다. 그는 천부적으로 지도제작법을 알고 있었으며, 목수인

---

75 볼노우, 『실존철학 입문』, 62쪽 및 76쪽.

76 오은하, 「로빈소나드로 보는 호모 에코노미쿠스 표상」, 노지승 외, 『호모 에코노미쿠스 인간의 재구성』, 후마니타스, 2018, 20~25쪽.

77 앙드리 엮음, 박아르마 옮김, 『로빈슨』, 이룸, 2003, 20쪽.

78 프롬, 『자유로부터의 도피』, 29~31쪽.

동시에 제조공, 재단사, 빵 굽는 사람, 농부다.[79] 로빈슨은 이렇게 말한다. "이성이야말로 수학의 본체요 원천이니 이성의 도움으로 모든 것을 수식으로 표현하고 면적을 구하고 또 합리적으로 판단한다면 누구라도 조만간 온갖 제작기술의 대가가 될 수 있다."[80] 여기서 로빈슨이 말하는 이성은 수학이나 기술과 연결되는 계산적이거나 도구적인 이성을 말한다. 로빈슨은 어디를 가든 양과 시간과 거리를 측정하고 계산한다. 자신이 처한 상황을 나쁜 점과 좋은 점으로 나누어 대차대조표를 작성하고, 인간관계를 묘사할 때는 언제나 어음, 등기부, 정산 등의 어휘를 사용한다. 막스 베버가 근대 자본주의의 본질을 규정한다고 설명한 계산성에 기초한 합리성의 기술을 갖추기 시작한 근대인의 모습을 보여 준다. 막스 베버는 『프로테스탄티즘 윤리와 자본주의 정신』에서 크루소를 "종교활동을 겸하는 고립된 경제인"이라고 불렀다. 크루소야말로 자본주의 정신의 근원이 프로테스탄트의 종교적 윤리에서 나왔다는 베버의 주장을 입증하는 사례다. 셋째는 로빈슨이 공동체를 매개하지 않는 절대개인이라는 점이다. 로빈슨은 철저히 자기중심적인 주체다. 이해관계를 넘어선 애정이나 유대감에 대한 욕구는 그에게서 찾아볼 수 없다. 그의 감수성은 경제적 동기와 물질적인 것들에만 반응한다.

『로빈슨 크루소』의 찬미자는 일일이 열거하기 어려울 만큼 많다. 20세기 문학사에서 가장 문제작으로 꼽히는 『율리시즈(Ulysses, 1922)』의 작가 제임스 조이스(James Augustine Aloysius Joyce, 1882~1941)는 로빈슨 크루소에 대해 "남성적 독립심, 냉담한 잔인성, 끈질김, 효율적인 지적 능력, 성적 무관심, 실용성과 조화된 신앙심, 계산 아래 이루어지는 과묵성 등 영국 제국주의의 정신적 본질을 잘 보여준다"고 평가했다. 대니얼 디포 연구가로서 『로빈슨 크루소』의 미국 판본에 주해를 썼던 존 리체티(John Richetti, 1938~)는 이 작품에 대해 "로빈슨이 홀로 살아가며 도덕적, 육체적 한계를 극복하고 종교적인 믿음과 물질적인 자급자족을 통해 위안과 안정을 찾고 섬의 지배자가 되는 동시에 스스로 주인이 되어가는 과정에서 볼 수 있듯, 개인의 성장과 자아실현, 발전과 성숙을 그려내고 있는 것"이라고

---

79 앙드리 엮음, 『로빈슨』, 24~25쪽.

80 오은하, 「로빈소나드로 보는 호모 에코노미쿠스 표상」, 23쪽.

평가했다. "다른 측면에서 보자면 로빈슨 크루소는 활력과 재치 넘치는 창의력으로 가득 차, 모험을 즐기는 현대적 자본가의 전형을 보여 주기도 한다. 매우 고통스러운 과정을 거쳐 승리를 거둔 주인공이 몸으로 체득한 서구의 개인주의와 제국주의의 심리학적 근원과 도덕적 문제를 극화한 작품"이라는 것이다. 『로빈슨 크루소』의 찬미자 가운데는 18세기 프랑스 계몽주의 운동을 대표하는 사상가인 장 자크 루소(Jean Jacques Rousseau, 1712~1778)가 있다. 루소는 소설 형식을 빌려 자신의 교육관을 주장한 『에밀(Emile, 1762)』에서 교육을 인간에 의한 교육, 사물에 의한 교육, 자연에 의한 교육으로 구분하고 이 가운데 가장 중요한 것은 자연에 의한 교육이라고 주장했다. 자연의 교육은 인간의 힘으로 좌우할 수 없는 일이어서, 다른 두 가지가 자연에 일치해야 하기 때문이다.[81] 루소는 『로빈슨 크루소』를 자연에 의한 교육에 관한 가장 적절한 책이며, 작품의 주인공인 에밀이 읽어야 할 최초의 책이 될 것이라고 말했다.[82] 루소도 『로빈슨 크루소』를 이렇게 평가한 이유는 바로 로빈슨이 공동체를 매개하지 않는 고립된 개인이기 때문이다. 루소는 『인간불평등기원론(Discours sur l'origine et les fondements de l'inégalité parmi les hommes, 1755)』을 비롯한 여러 책과 논문들에서 자연 상태와 문명 상태를 대립시키면서 자연 상태에 놓인 인간은 고립해서 생활을 영위하고 자기 보존의 본능밖에 없는 자연인으로서 완전히 자유롭고 평등한 생활을 영위했지만, 농경과 사유재산의 출현으로 불평등이 생기고 인간사회는 타락했다고 주장했다. 루소에게 자연 상태의 인간은 로빈슨처럼 사회로부터 고립된 개인을 의미했다. "편견을 이기고 사물의 진정한 관련에 입각해 판단을 정리하는 가장 확실한 방법은 고립된 인간의 위치에 자기를 놓고 생각해 보는 일, 그리고 무슨 일에 있어서건 그런 인간이 자신의 이해를 생각하고 자기 스스로가 판단을 내리도록 판단하는 일이다."[83] 『로빈슨 크루소』를 읽으면서 독자들이 느끼는 가장 큰 즐거움의 원천은 축적과 노동이다. 소유는 인간의 근원적 욕구에 속하고, 손에 넣은 산물을 비축하는 일은 우리에게 안도감을 준

81 루소, 정병희 옮김, 『에밀』, 동서문화사, 2007, 14~15쪽.
82 루소, 『에밀』, 242쪽.
83 루소, 『에밀』, 242쪽.

다. 노동 자체가 주는 즐거움은 보편적이며 초역사적이다.[84] 이처럼 로빈슨 크루소는 호모 이코노미쿠스의 가장 중요한 속성인 이기심—정확하게는 경제적·물질적 동기와 경제적 합리성, 그리고 르네상스인들이 처음 발견한 노동하는 인간 즉 호모 파베르에 대한 긍정적 태도를 잘 보여 준다. 그래서 로빈슨 크루소를 근대적 개인의 전형이라고 말하는 것이다.

미켈란젤로의 <천지창조> 가운데 <아담의 창조>

어느 평론가는 미켈란젤로의 죽음과 함께 르네상스도 끝났다고 말했다. 한 위대한 예술가의 죽음으로 한 위대한 시대가 종결되었다는 뜻이다. 물론 이는 과장된 표현임에 틀림없다. 르네상스는 그 후에도 한참이나 오랫동안 진행되었고, 서양의 문화와 정신에 더 깊은 영향을 남겼다. 하지만 미켈란젤로는 충분히 그런 찬사를 받을 만한 예술가다. 오늘날의 우리에게는 예사롭게 보일지 몰라도, 미켈란젤로는 신의 모습을 인간의 육체로 그린 첫 화가다. 『성서』에는 신이 자신의 모습을 본떠 인간을 창조했다고 쓰여 있다. 그렇다면 신은 인간과 동일한 육체를 가지고 있어야 옳다. 그러나 미켈란젤로 이전의 화가들은 신을 빛이나 불꽃, 불타는 감람나무 등의 모습으로 비유적으로만 그렸다. 청년헤겔학파의 맏형인 포이어바흐가 『기독교의 본질』에서 신이 인간을 창조한 것이 아니라 인간이 신을 창조했다고 선언하기 400년 전에 미켈란젤로는 신이 자신의 형상을 본따 인간을 창조한 것이 아니라 인간이 자신의 형상을 본따 신을

[84] 오은하, 「로빈소나드로 보는 호모 에코노미쿠스 표상」, 19쪽.

창조했음을 작품으로 보여 주었다. 그래서 미켈란젤로가 위대한 것이다. 그런데 이 그림에서 가장 인상적인 부분은 진흙을 이겨 아담의 육체를 만든 다음 신이 아담에게 손을 통해 영혼을 불어 넣는다는 것이다. 인간의 본질이 노동하는 인간 즉 호모 파베르(homo faber)라는 뜻이다. 미켈란젤로나 다 빈치 같은 그 시대의 예술가들은 모두 손으로 일하는 호모 파베르였다.

제 3 장

욕망의 체계

나는 욕망한다

1327년 겨울, 젊은 수련 사제 아조(Adso)는 스승인 프란체스코회 수도회의 박식한 수도사 윌리엄(William of Baskerville)과 함께 베네딕트 수도원에 도착한다. 교회의 청빈을 주장하는 프란체스코 수도회와 이를 반박하는 교황청이나 다른 교단들의 반목이 심화되자, 이를 해결키 위해 이 수도원에서 여러 교단이 모여 토론하기로 했기 때문이다. 프란체스코 수도회는 성 프란체스코(Francesco d'Assisi, 1182~1226)가 설립한 수도회로 청빈을 가장 중요한 계율로 삼았다. 성 프란체스코는 20세에 회심하여 모든 재산을 버리고 평생을 청빈하게 살며 이웃 사랑에 헌신했다. 그런데 수도원 원장은 윌리엄에게 장서관에서 일하던 수도사 아델모가 시체로 발견된 경위를 이야기하며 교황청에서 조사관이 오기 전에 사건의 전모를 밝혀 달라고 부탁한다. 윌리엄은 수도원의 여기저기를 둘러보며 아델모의 죽음을 추론해 나간다. 다음날 이번에는 그리스어 번역가인 수도사 베난티오가 시체로 발견된다. 윌리엄은 장서관의 내력을 알아내려고 아조와 함께 몰래 장서관으로 잠입한다. 아침 기도 시간에 보조사서 베렝가리오가 보이지 않자 모두들 찾아 나서고, 그 다음날 아조는 교회를 지나다가 베렝가리오의 시체를 발견한다. 윌리엄은 베렝가리오의 혀가 검게 변한 것을 발견한다. 뒤이어 이상한 서책을 발견했다고 윌리엄에게 소식을 알려온 수도사 세베리노가 시체로 발견되고, 마지막으로 장서관 사서 말라키아 역시 손가락과 혀가 검게 변한 채 죽는다. 수도원 원장은 살인사건의 조사를 그만두라고 하지만, 윌리엄은 마침내 사건의 비밀을 밝혀낸다. 죽은 이들은 모두 "웃음은 예술이며 식자들의 마음이 열리는 세상의 문이다"라는 내용을 다룬 아리스토텔레스의 『시학』 제2권 「희극편」의 유일한 필사본이 장서관에 있음을 알고 몰래 읽어 보다가 늙은 수도사 호르헤에게 독살당한 것이다. 이탈리아의 기호학자이자 언어학자이며 요즘은 작가로 더 유명한 움베르트 에코(Umberto Eco, 1932~2016)의 소설 『장미의 이름(Il nome della rosa, 1980)』은 중세적 정신과 근대적 정신의 대비를 가장 잘 보여 주는 작품 가운데 하나다. 이 작품은 마치 탐정이 범인을 찾아가는 추리소설의 형식을 따르고 있다. 물론 추리소설의 형식을 빌린 문학작품들은 많다. 에코의 경우가 특별한 것은 바로 그가 기호학자이기 때문이다. 기호학(Semiotocs)은 사람들이 사용하는 기호를 지배하는 법칙과 기호 사이의 관계를 규명하고, 기호를 통해 의미를 생산하고 해석하며 공유하는 행위와 그 정신적인 과정을 연구하는 학문이다. 그래서 기호학자들은 마치 탐정들이 범인을 추리하듯 언어에 숨어 있는 기호들의 의미를 해석한다.

호르헤는 웃음은 천박한 것이며, 신의 뜻을 거스르는 행위라고 믿는 인물이다. 문제는 아리스토텔레스라는 대학자가 사람을 웃기는 천박한 희극에 대한 책을 썼다는 사실이다. 물론 에코의 문학적 상상력에서 나온 이야기일 뿐 실제로 아리스토텔레스가 「희극편」을 썼다는 뜻은 아니다. 『시학(The Poetics)』에서 '시'는 비극(tradegy)을 말한다. 이 시대에는 아직 요즘 우리가 시문학이라고 하면 쉽게 떠올리는 서정시의 양식은 없었다. 물론 호메로스의 『일리아스』에서 보듯이 서사시는 있었지만 아리스토텔레스는 비극을 서사시보다 우월한 문학양식이라고 주장했다.[1] 아리스토텔레스의 『시학』은 지금도 비극에 관한 가장 중요한 이론서로 꼽힌다.[2] 중세는 흔히 종교의 시대라고 하지만, 학문적으로 중세를 지배한 것은 아

1 아리스토텔레스, 손명현 옮김, 『시학』, 동서문화사, 2013, 580~82쪽

2 고대 그리스의 3대 비극 시인으로는 소포클레스(Sophoklēs, BC497~BC406), 아이스킬로스(Aeschylus, BC525/524~BC456/455), 에우리피데스(Euripides, BC480 이전~BC406)가 꼽힌다. 비극만큼 널리 공연되지는 못했지만 이 시대에는 희극도 제법 유행했다. 가장 유명한 희극 작가로는 아리스토파네스(Aristophanes, BC446~BC385)가 있는데, 그는 특히 소크라테스의 비판자로 알려진다.

리스토텔레스였다. 앞에서도 이야기한 것처럼 스콜라 철학은 아리스토텔레스의 학문을 가톨릭의 교리에 도입함으로써 신앙과 이성의 결합을 추구했다. 그런데 문제가 그렇게 단순하지만은 않다. 신앙과 이성의 문제는 중세 교회의 가장 큰 논쟁 주제였다. 이 문제에 대한 중세 종교철학자들의 태도는 크게 유명론(niminalism)과 실재론(realism)으로 나뉜다.

유명론은 보편은 단순히 추상적 사고의 산물인 이름에 불과하고, 개별적 사물만이 실재한다는 철학적 태도를 가리킨다.[3] 이에 대해 실재론은 인간의 의식이나 주관으로부터 독립해 존재하는 객관적 존재를 인정하고 그것을 올바른 인식의 목적 또는 기준으로 삼는 철학적 태도다.[4] 예를 들어 실재론자들은 사과라는 보편적 존재를 인정하며 인간은 이성으로 이 보편적 존재를 인식할 수 있다고 주장한다. 그러나 유명론자들은 보편적인 존재로서 사과는 존재하지 않으며, 존재하는 것은 이 사과거나 저 사과처럼 개별적인 사과들뿐이라고 주장한다. 신의 존재에 대해 실재론자들은 우리가 이성으로 신의 존재를 인식할 수 있다고 주장한다. 반면에 유명론자들은 이성이 아니라 신앙으로, 구체적인 경험을 통해 신의 존재를 확인할 뿐이라고 주장한다. 요컨대 유명론자든 실재론자든 신은 존재한다. 문제는 인간이 어떻게 신의 존재를 확인할 수 있느냐는 것이다. 스콜라 철학 이후의 교회는 아리스토텔레스의 학문만이 신의 뜻에 어긋나지 않는다고 가르쳤다. 따라서 아리스토텔레스의 이론과 다른 모든 학문은 신의 뜻을 거스르는 이단의 소리로 간주되었다. 그런데 바로 그 아리스토텔레스가 웃음을 긍정하는 책을 썼다는 말은 신에 대한 불경이었다. 호르헤 수사에게 이는 살인을 해서라도, 나아가 자신의 목숨을 바쳐서라도 숨겨야 하는 비밀이었다. 그래서결과 수도원은 불타고 아리스

---

3 유명론은 보편자는 명사 즉 이름에 지나지 않는다고 하며 그 실재를 부정하는 철학상의 입장을 가리킨다. 명목론이라고도 한다. 11세기 후반의 스콜라 철학자 로스켈리누스(Roscelin of Compiegne, 1050?~1126?)가 대표적인 인물이며, 14세기에는 오컴의 면도날 [Occam's razor]로 유명한 오컴(William Of Occam, 1300?~1349)에 의해 체계화되었다. 유명론의 철학적 태도는 17세기 이후 홉스를 비롯해 영국 경험론 철학자들에 의해 부활한다.

4 실재론은 인식론의 한 갈래로 의식이나 주관과 독립된 객관적 존재를 인정하고 그것을 올바른 인식의 목적 또는 기준으로 삼는 태도다. 관념론과 대립되는 입장이지만 보편개념의 실재를 인정하는 의미에서는 대립되지 않는다. 개체 이외에 보편의 실재를 인정하지 않는 유명론과 대립한다.

토텔레스의 위대한 저술은 영원히 사라지고 만다. 웃음은 천박하다는 호르헤 수사의 경건주의는 인간을 주어진 틀에 맞추려고 했던 중세적 정신을 적나라하게 보여 준다. 어떤 성직자는 『성서』에는 단 한 번도 예수님이 웃었다는 이야기가 나오지 않는다고, 따라서 예수님은 웃음을 경멸하셨다고 주장한다. 하지만 거꾸로 생각해 보면 예수님은 늘 웃고 계셨기에 굳이 『성서』에서 주님이 웃으셨던 일을 기록할 필요가 없었던 것은 아닐까? 『성서』는 주님이 화내신 일들을 매우 자세하게 기록하고 있다. 내가 생각하기에 그 이유는 그만큼 주님이 화내시는 일은 드물고 예외적인 일이었기 때문이다.

> 생명을 주시는 베누스시여…
> 하늘의 새들이 제일 먼저 당신을, 그리고 당신이 오심을
> 당신의 힘에 가슴 떨려 알리기 때문입니다.
> 그러면 산짐승도 가축도 풍요한 풀밭을 두루 뛰어다니고
> 물살 빠른 강들을 헤어건너지요. 무엇이든 그렇게 매력에 사로잡혀
> 어디든 당신이 이끌어 몰아가는 대로 욕망으로써 당신을 따릅니다.
> 그리하여 당신은 바다와 산들과 격렬한 강들과
> 나뭇잎 우거진 새들의 집들과 푸르른 들판을 가로질러
> 모든 것의 가슴에 매혹하는 사랑을 심어 넣어
> 종족을 좇아 열심히 자손을 생산하도록 만드십니다.
> 그러한 당신은 홀로 사물들의 본성을 조종하시고
> 당신 없이는 그 어떤 것도 빛의 신성한 해안으로
> 생겨 올라오지 못하며, 어떤 것도 행복하게, 사랑스럽게 되지 못하니[5]

그린블랫의 『1417년, 근대의 탄생』의 첫머리는 루크레티아의 『사물의 본성에 관하여』에서 베누스(Venus) 여신을 찬미하는 시를 인용하면서 시작된다.[6] 여신이 조종하는 사물의 본성은 무엇인가? 욕망과 사랑으로 열심히 자손을 생산하는

---

5 루크레티아, 『사물의 본성에 관하여』, 26쪽.
6 그린블랫 『1417년, 근대의 탄생』, 8쪽.

일이다. 이런 본성이 없다면 그 무엇도 행복할 수 없고 사랑스러울 수 없다. 『장미의 이름』에서 아조는 어쩌다 스승과 떨어져 혼자 헤매다가 우연히 만난 마을 처녀와 하룻밤을 보내고는 괴로워한다. 물론 아조는 사제가 되기 위해 수련중이므로 여성과 동침한 일을 옳다고 말할 수는 없다. 그러나 아조는 이제 겨우 사춘기에 들어선 소년이며, 욕망을 느끼는 일도 자연스럽다. 성인으로 추앙된 아우구스티누스조차도 자신의 『고백록(Confessiones, 400)』에서 욕정을 느낀 적이 많다고 고백했다. 아조는 죄를 지은 데 대해 괴로워하면서 스승에게 고해하고, 윌리엄 수도사는 아조의 죄를 용서하되 다시는 죄를 짓지 말라고 타이른다. 이 작품에서 윌리엄 수도사를 근대정신의 대변자로 평가하는 이유는 이처럼 그가 근대정신 가운데 가장 중요한 관용(tolerantia)의 모습을 보여 주기 때문이다. 그런데 이런 아조와 윌리엄 수도사의 모습과는 전혀 반대로 수도원의 몇몇 수도사들은 약간의 식량으로 마을 처녀를 유혹해 동침한다. 끼니를 못 이을 만큼 가난한 중세의 농민들과 타락한 교회의 모습을 그대로 보여 주는 이야기다. 그런데 교황청에서 온 수사관은 오히려 성직자들에게 추행당한 마을 처녀를, 수도자를 유혹한 마녀라며 화형에 처하려 한다. 호르헤 수도사만이 아니라 교회 전부가 온통 아집과 편견과 불관용에 사로잡혀 있었던 것이다. 주님은 사랑을 말씀하셨는데 교회는 신앙의 이름으로 인간을 구속하고 억압하는 것이 맹목에 사로잡힌 중세사회의 참모습이다. 이성에게 사랑을 느끼는 것이 인간의 당연한 본성 가운데 하나듯이 웃음도 화냄도 슬픔도 모두 인간의 자연스러운 감정들 가운데 하나다. 스콜라 철학자들이 모두 실재론자였던 것은 아니다. 유명론의 대표적인 철학자인 로스켈리누스가 그랬듯이 많은 스콜라 철학자들은 이성을 주장하면서도 유명론의 태도를 취하기도 했다. 하지만 그런 점을 감안하더라도 아리스토텔레스의 존엄을 비키기 위해 살인까지 저지른 호르헤 수도사의 행동에는 전혀 이성적인 측면이 없다. 아리스토텔레스의 이론을 제대로 수용했다면 그는 당연히 이성으로 신을 인식했어야 옳다. 하지만 그는 맹목적으로 신을 믿을 뿐이면서 그것을 진정한 신앙이라고 믿는 가장 낮은 수준의 유명론자일 뿐이다.

> 인간의 본성에는 다른 부분보다 유연하고 순응하는 부분이 있다. 사람마다 다른 그런 충동과 성격 특징들은 많은 탄력성과 유연성을 보여 준다. 사랑, 파괴성, 가학성, 복종심, 권력욕, 초연함, 권력을 확대하려는 욕망, 절약에 대한 열정, 관능적 쾌락에 대한 욕망과 두려움 등이 거기에 속한다. …그런 욕구와는 대조적으로 인간의 본성에는 없어서는 안 되고 반드시 충족시킬 필요가 있는 욕구 즉 식욕, 갈증, 수면욕처럼 인간의 생리적 구조에 뿌리를 둔 욕구가 존재한다. 이런 욕구에는 저마다 어떤 한계점이 존재하는데, 욕구 불만이 그 한계점을 넘어서면 도저히 견딜 수 없어지고, 어떻게든 욕구를 충족시키려는 경향은 강력한 충동의 성질을 띠게 된다. 이 모든 생리적 욕구는 자기보존욕이라는 개념으로 요약할 수 있다. 이 자기보존욕은 인간의 본성 가운데 어떤 상황에서도 충족시킬 필요가 있고, 따라서 인간 행동의 일차적 동기를 이루는 바로 그 부분이다.[7]

흔히 르네상스를 "신 중심의 사고에서 인간 중심의 사고로의 전환"이라고 말하지만, 지금까지 적지 않은 역사학자나 철학자들은 인간 중심이라는 말을 이성 중심이라는 의미로 이해해 온 것도 사실이다. 하지만 이는 르네상스의 의미를 제한하는 잘못된 이해방식이다. 르네상스가 신앙의 도그마로부터 해방시킨 것은 이성만이 아니라 인간의 육체이기도 했으며 감성과 욕망을 포함한 인간의 모든 정서적 활동들이기도 했기 때문이다. 기쁨과 슬픔은 똑같이 인간의 본성이다. 그래서 인간은 때로 웃고 싶고 때로는 울고 싶다. 물론 인간이 반드시 슬퍼서 우는 것만도 기뻐서 웃는 것만도 아니다. 중요한 것은 웃음과 눈물은 똑같이 인간의 가장 기본적인 정서적 욕구 가운데 하나라는 사실이다. 울고 싶은 욕구를 참을 수 없듯이 인간이 어떻게 웃고 싶은 욕구를 스스로 부정할 수 있을까. 인간은 누구나 언제 어디서나 그 무엇에 대한 욕구를 가진다.[8] 인간의 욕구 가운데는 식욕, 성욕,

---

7 프롬, 『자유로부터의 도피』, 33~34쪽.

8 욕망(desire)과 욕구(needs)는 같은 의미인가 다른 의미인가? 다르다면 어떻게 다른가 하는 문제는 한마디로 정의하기 어렵다. 일상생활에서는 물론 학술자료들도 저마다 단어의 용법이 다르기 때문이다. 어떤 이는 '욕구'를 "무엇을 얻거나 무슨 일을 하고자 바라는 일"로, '욕망'은 "부족을 느껴 무엇을 가

수면욕과 같은 가장 원초적인 수준의 욕구도 있고, 타인에게 인정받고 싶은 욕구, 자기를 표현하고자 하는 욕구, 삶의 목표를 설정하고 성취하고자 하는 욕구, 타인을 위해 봉사하고자 하는 욕구처럼 높은 수준의 욕구도 있다. 물론 부를 축적하고자 하는 욕구나 권력을 장악하고자 하는 욕구, 타인을 지배하고자 하는 욕구도 있을 터다.[9] 욕구를 충족하고자 하는 수단이 잘못되지 않았다면 이런 종류의 욕구를 굳이 잘못되었다고만 할 수는 없다. 중세적 가치관에서 보면 인간은 신의 피조물이기 때문에 존귀하다. 그러나 인간들이 느끼는 욕구들은 신이 인간에 부여한 본성이 아니라 인간이 원죄로 타락한 데서 나타나는 죄악들이다. 따라서 이런 욕구들은 억제되고 은폐되어야 한다. 인간의 육체는 원래 신이 자신의 형상을 모방해 빚었지만 타락한 인간들의 육체는 온갖 욕구와 죄악을 담는 그릇일 뿐이다. 중세의 화가들이 인간의 육체를 직사각형의 미사복 안에 가두어 버린 이유다. 그러나 에덴동산의 아담과 하와가 선악과를 먹은 일은 어떤 이에게는 타락일지라도, 다른 이에게는 인간이 비로소 자신의 자유의지로 선택하게 되었음을 의미하기도 한다. 르네상스를 고대의 부활이라고 말하는 이유는 중세의 가치관을 비판한 근대 이후의 철학자들과 그들이 모방하고 부활하고자 했던 고대의 철학자들 사이에 인간의 본성에 관한 공통의 인식이 있기 때문이다.

서양 철학의 역사를 돌아보면 이성과 욕망의 관계에 대해 언제나 이성을 욕

지거나 누리고자 탐함, 또는 그런 마음"의 의미로 사용하고 있다. 욕구의 세 단계를 필요(need)－요구(demand)－욕망으로 구분하는 이도 있다. 필요는 물질적이고 생리적인 욕구를, 요구는 정서적이고 심리적인 욕구를, 그리고 욕망은 가질 수 없는 것에 대한 갈망이라는 것이다. 욕망의 어원인 라틴어 'desiderare'는 잃어버린 별을 그리워하다라는 뜻인데, 이처럼 욕망이라는 말은 가질 수 없는 대상에 대한 동경의 의미가 강했다. 그러나 교회에서는 신에 대한 갈망처럼 영원한 것에 대한 소원(desiderium aeternitatis)의 의미로 이 단어를 사용하기도 한다. 이 책에서는 욕구는 무엇인가가 결핍된 상태, 욕망은 그런 결핍을 해결하기 위한 수단을 갈구하는 상태로 정의한다. 다만 다른 분의 책이나 논문을 인용할 때는 원문 그대로 사용하고, 굳이 엄격하게 의미를 구분해야 할 필요가 없을 때는 그때그때 적당한 용어를 사용하기로 한다.

9 욕구에 관한 이론으로 잘 알려진 심리학자 매슬로우(Abraham Harold Maslow, 1908~1970)는 인간의 욕구를 다섯 단계로 분류했다. 먹고, 입고, 성욕을 느끼는 생존의 욕구, 이런 것들을 안정적으로 받는 안정의 욕구, 사람들과 관계를 맺고 싶어 하는 관계의 욕구, 관계를 맺는 사람들에게 존경을 받고 싶어 하는 존경의 욕구, 자신이 차별적 존재임을 실현해 보고 싶은 자기실현의 욕구가 그것이다.(매슬로우, 소슬기 옮김, 『매슬로의 동기 이론』, 유엑스리뷰, 2018.)

망보다 우위에 놓는 것이 일반적이다. 스피노자 이전에도 대부분의 철학자들은 욕망을 부정하지는 않는다. 다만 욕망은 이성의 통제 아래서만 옳을 수 있다는 것이다. 이런 주장의 근원을 찾기 위해서는 멀리 플라톤에게까지 올라가야 한다. 욕망과 이성에 대해 플라톤의 『대화(Dialogue)』 가운데 「파에드로스(Phaedrus)」 편에는 재미있는 비유가 나온다. 플라톤은 인간의 영혼을 두 마리의 말이 끄는 수레에 비유했다. 이 두 마리의 말은 욕망(epithymetikon)과 용기(thymoeides)를 의미한다. 그리고 마차 위에서 두 마리의 말을 조종하는 마부는 바로 이성(logistykon)이다. 용기는 영혼 가운데 열정적인 부분으로 우리가 감정에 휩싸일 때 작동하는 부분이다. 욕망은 육체의 쾌락과 관련된 영혼의 상태로 세 부분 가운데 가장 크다. 이성은 행동을 위해 목적을 제시할 수 있지만 그 행동은 감각적인 욕망에 의해 전도될 수 있다. 따라서 용기의 힘은 감각적 갈망들 때문에 위로도 아래로도 끌려갈 수 있다. 이런 상황을 플라톤은 다음과 같이 비유한다. 두 마리의 말을 모는 마부의 처지에서 보면 한 마리는 선해서 채찍질할 필요 없이 몇 마디의 경고만으로도 몰 수 있다. 그러나 다른 한 마리는 악해서 건방지고 뻔뻔스러워 채찍질과 박차에도 잘 굴복하지 않는다. 비록 마부가 목적지를 정확히 알고 있고 선한 말이 그 길을 따르고 있다 해도 악한 말은 이리저리 날뛰고 이탈함으로써 선한 말과 마부를 곤경에 처하게 한다. 이런 상황에 있는 마부는 그 말들을 인도하고 통제해야 할 권리와 의무와 직분을 갖지 않을 수 없다. 따라서 필연적으로 영혼의 이성적인 부분은 용기의 부분과 욕망의 부분을 지배할 권리를 소유하지 않으면 안 된다. 마부는 두 마리의 말이 없다면 아무 곳에도 갈 수 없다. 영혼의 이 세 부분은 함께 그들의 목적들을 달성하기 위해 나아가야 한다. 욕망과 용기 또한 이성을 움직이게 하며 이성에 영향을 준다. 그러나 이성과 용기와 욕망의 관계는 이성에 의해 결정된다. 감정들도 끊임없이 쾌락이라는 목적을 추구하며 쾌락 역시 삶의 필수적인 요소임에 틀림없다. 그러나 감정들은 쾌락을 제공하는 사물들을 향해서만 충동적으로 움직이기 때문에, 실제적인 쾌락을 제공하는 대상들과 단지 쾌락을 주는 것처럼 보이는 대상들을 구분할 능력이 없어 이성의 인도를 받지 않을 수 없는 것이다.

> 그 두 가지 부분(인간이 지닌 이성적 부분과 욕망적 부분)이 그런 식으로 키워져 진정한 의미에서 자기 일을 배운다면 욕망적 부분을[이것이야말로 각자의 마음 중 가장 큰 부분을 차지하고 있으며, 그 소질로 미루어보아 끊임없이 덮어 놓고 돈을 탐내는 것인데] 이런 부분을 잘 다스려 나가겠지. 양자는 그 부분을 잘 감시하여 어쩌다가, 이른바 육체적인 쾌락을 담뿍 맛본 나머지 그 세력이 커져서 아까의 경우와는 반대로, 자기의 본업을 지키지 않을 뿐만 아니라 오히려 분수에 맞지 않게감히 다른 부분까지도 자기의 노예로 만들어, 온 생명체를 전도시키는 일이 없도록 할 거란 말이야.[10]

그런데 플라톤은 『국가(The Republic)』에서 영혼의 세 부분에 대한 비유를 국가를 구성하는 세 계급에 대한 비유로 다시 사용하고 있다. 인간의 영혼이 세 가지 속성을 가진 것처럼 국가는 세 가지 계급 즉 생산자와 수호자와 통치자로 구성된다. 욕망에 해당하는 생산자계급은 농민과 수공업자 및 상인들이다. 용기에 해당하는 수호자계급은 국가의 안전을 담당한다. 인간의 이성에 해당하는 것은 바로 통치자계급이다. 국가의 정의는 이 세 가지 계급이 최선을 다해 자신의 역할을 수행할 때 이루어진다. 플라톤은 욕망을 가진 이들이 인간의 생식과 관련된 육체적 쾌락을 인생의 가장 중요한 목표로 여긴다고 생각한다. 그들은 자신의 삶의 고유한 존재를 음미하고 신장시키기보다는 남들이 소유한 물건이나 성취를 부러워하고 그것을 향해 불나방처럼 날아간다. 플라톤은 국가의 세 계급 가운데 생산자계급은 생산수단을 소유할 수도 있고 가족을 구성할 수도 있지만 수호자계급이나 통치자계급은 그럴 수 없다고 주장했다. 이들은 국가의 공익을 담당하는 지배계급이기 때문에 개인적인 이해관계가 전체에 대한 그들의 헌신을 방해하지 않도록 사적 욕구를 억제해야 한다는 것이다. 그 대신 생산자계급은 국가의 경제적 토대를 이루는 반면에 정치에는 참여할 수 없다. 이성은 영혼에서 사고하는 부분이다. 이성은 자신에게 주어진 삶에서 최선을 추구하고 그 과정에서 배운다. 이성적인

---

10 플라톤, 황학수 옮김, 『국가』, 동서문화사, 2016, 236쪽.

사람은 실제와 비슷하게 보이는 것을 구별한다. 진실되고 자연스러운 것과 거짓되고 부자연스러운 것을 구별하고 판단하는 능력이 있다. 참된 것은 그것을 추구하려고 오랫동안 훈련한 사람에게 주어지는 자연스러운 선물이다. 그는 진실한 척하지 않는다. 왜냐하면 진실 그 자체이거나 진실을 향해 나가고 있기 때문이다. 그는 항상 참되고 아름답고 선한 것을 추구하고 행동한다. 이성적인 사람들이 한 사회의 지도자가 되어야 이상적인 사회가 될 수 있다. 그러기 위해서는 다른 두 부류, 즉 용기 있는 자들과 욕망으로 가득한 자들이 이성적인 사람들이 지도자가 되어야 한다고 동의해야 한다.[11]

조금 다른 의미이기는 하지만 이성과 욕망과 용기라는 영혼의 세 부분에 대한 플라톤의 설명은 중국의 고전인 『중용(中庸)』을 떠올리게 한다. 『논어(論語)』, 『대학(大學)』, 『맹자(孟子)』와 함께 유교의 가장 중요한 경전 가운데 하나인 『중용』은 공자(孔子, BC551~BC479)의 손자인 자사(子思, BC483?~BC402?)의 저서로 알려지지만 정확하지는 않다. 아무튼 『중용』에 따르면 학문을 탐구하는 이가 도(道)[중용의 상태]에 들어서기 위해서는 세 가지 덕목[삼달덕(三達德)]이 필요하다. 바로 지혜, 인자함, 그리고 용맹이다. 지혜는 말 그대로 앎에 해당하고 인자함은 아는 것을 실천함에, 그리고 용맹은 앎과 실천을 지속적으로 실현할 수 있게 해 주는 덕목이다. 이 세 가지 덕목 가운데 어느 하나라도 부족하면 중용은 이룰 수 없다. 이에 대해 공자는 지혜로운 사람은 세상이나 한 나라 정도는 잘 다스릴 수 있고, 인자한 사람은 작위와 관록을 사양할 수 있으며, 용맹한 사람은 서슬이 퍼런 칼날을 밟을 수는 있어도 중용은 잘할 수 없다고 말한다.[12] 『중용』의 사상은 시공을 넘어 아리스토텔레스의 '중용' 사상과 흔히 비교되고는 한다. 아리스토텔레스는 인생의 목적은 행복(Eudimonia)이라고 말했다.[13] 여기서 아리스토텔레스가 이야기하는 행복은 덕에 따른 영혼의 활동, 그리고 인간이 지닌 고유한 기능인 이성에 따른 영혼의 활동을 의미한다. 아리스토텔레스에게 중용(mesotes)은 바로 이 이성에 따른

---

11 플라톤, 『국가』, 123쪽 이하.

12 朱熹 엮음, 김미영 옮김, 『대학·중용』, 홍익출판사, 2012, 136쪽.

13 아리스토텔레스, 손명현 옮김, 『니코마코스 윤리학』, 동서문화사, 2013, 26쪽.

영혼의 활동을 가장 탁월하게 잘 행동하는 것이다. 아리스토텔레스 사상의 주요 개념 가운데 하나인 '탁월성(arete)'도 간단히 설명하기 쉽지 않은 개념이다.[14] 아리스토텔레스에게 탁월하다는 것은 어떤 기능을 잘 수행할 수 있게 만드는 품성 상태이며, 지나치지도 않고 모자라지도 않은 중간을 의미한다. 마땅히 그래야 할 때, 마땅히 그래야 할 일에 대해, 마땅히 그래야 할 목적을 위해, 마땅히 그래야 할 방식으로 감정을 갖는 것이 탁월함이다. 그리고 바로 이런 상태가 아리스텔레스가 중용이라고 부른, 지나치지도 않고 모자라지도 않은 상태다. 말하자면 아리스텔레스에게 중용은 양적인 중간이나 평균 상태가 아니라 각각의 상황에서 가장 합리적인 선택을 의미한다. 그리고 이 점에서 아리스토텔레스의 중용은 자사의 중용과 다르지 않다. 굳이 두 사람의 차이를 찾아보자면, 자사에게 중용은 자기 내면으로의 성찰만을 의미하는 것이 아니라 행함 즉 실천의 의미가 더 강하다. 따라서 자사에게 중용적 인간은 도덕적 인간인 동시에 창조적 인간이며 봉사적 인간이다. 이에 대해 아리스텔레스가 생각하는 중용적 인간은 이성적 인간, 관조적 인간형에 가깝다. 아리스토텔레스는 인간은 생활 유형을 향락적 생활, 정치적 생활, 그리고 관조적 생활로 구분했다.[15] 이 가운데 아리스토텔레스가 가장 고귀하게 생각하는 것은 당연히 관조적인 삶이다. 아리스토텔레스가 중용적 삶이라고 부르는 것도 바로 이런 관조적 삶의 상태를 의미한다. 요컨대 자사의 중용 개념이 실천적인 의미라면 아리스토텔레스의 중용 개념은 조금 더 성찰적이고 자족적이라는 뜻이다.

다시 이성과 욕망이라는 주제로 돌아가 보면, 욕망을 이성 아래 두고자 하는 경향이 서양철학사에만 한정된 특성이 아님을 찾을 수 있다. 가령 공자는 세상의 질서를 바로잡기 위해서는 인(仁)을 실천해야 한다고 주장했다. 공자에게 인을 실천하는 방법은 '극기복례(克己復禮)' 즉 자기를 이겨 예를 회복함이다. 자기를 이긴다는 것은 결국 자신의 지나친 욕망을 절제하는 것이다. 욕망의 절제와 극복이 요구되는 극기는 공동체 내에서 사람을 대하고 일을 처리하는 데 공공성과 정당성

---

14 '탁월성'이라는 개념을 처음 사용한 사람은 소크라테스이며, 아리스토텔레스의 스승인 플라톤도 자주 사용했다. 소크라테스는 인간이 가지고 있는 어떤 종류의 탁월성 혹은 도덕적 미덕을 'arete'라고 불렀다.

15 아리스토텔레스, 『니코마코스 윤리학』, 15쪽.

을 확보하는 길이다. 공자에 따르면 부귀는 누구나 원하는 바이지만 부귀를 획득하는 과정에서 공적인 정당성을 확보하지 못하면 그것을 누려서는 안 된다. 마찬가지로 빈천은 누구나 싫어하는 바이지만 정당한 방법으로 벗어난 것이 아니라면 그것을 떠나지 않아야 한다. 사람이 부귀를 바라는 것은 현실적 이익에 대한 욕망의 한 단면인데, 이 현실적 이익을 취함에 있어서는 정당한 방도에 의거해야 한다. 도덕과 도의를 따르는 사람이 바로 군자(君子)다. 이와 반대로 도덕과 도의를 외면하고 자기 자신의 현실적 이익만을 취하려는 사람은 소인(小人)이다. 공자의 사상을 계승 발전시킨 맹자(孟子, BC372~BC289)는 성선설을 제기하면서 사람의 본성에는 선도 악도 없다는 주장을 편 고자(告子, ?~?)를 비판했다.[16] 고자는 특히 식욕과 성욕을 사람의 본성으로 이해했는데, 이에 대해 맹자는 식욕과 성욕은 사람이 금수와 차이가 없어 그것을 사람의 본성으로 봐서는 안 된다고 반박했다. 사람이 금수와 근본적으로 다른 점은 사람은 선천적으로 덕성을 구비한 것이다. 이처럼 공자와 맹자는 공통적으로 욕망을 극복하는 것이 사람이 사람 되는 존재 이유이며 사람의 존재 본질이라고 주장했다.[17]

이미 인용한 이야기지만, 그리고 아마 앞으로도 여러 번 더 인용하겠지만, 아리스토텔레스는 삶의 목적을 행복이라고 말했다. 물론 아리스토텔레스가 말한 행복의 의미는 우리가 일상적으로 사용하는 행복이라는 단어보다 많이 심오하고 복잡하다. 행복이라고 말할 때 우리는 흔히 주관적인 만족의 상태를 의미하는 경우가 많다. 식욕이나 성욕과 같은 욕구들이 충족된 상태가 행복이라는 뜻이다. 그러나 맹자와 마찬가지로 아리스토텔레스는 식욕이나 성욕의 충족이 아니라 덕이 있는 삶을 영위하고, 덕이 있는 행위를 함으로써 얻는 만족감을 행복이라고 부른다. 아리스토텔레스 자신의 표현을 빌리면 "행복은 정신의 유덕한 활동"을 의미한다.[18] 그러므로 아리스토텔레스에게 행복은 이성적인 활동이며, 이는 곧 실천적 활동(praxis)과

---

16 고자는 맹자와 동시대의 사람으로 짐작되지만 그 이상 알려진 바는 없다. 『맹자(孟子)』의 「고자」 편에 그 이름이 나올 뿐 다른 기록이나 그가 남긴 저작이 전혀 없기 때문이다. 서양철학사에서 로크처럼 인간의 본성은 선하지도 악하지도 않다고 주장한 것으로 알려진다.

17 정상봉, 「주자의 욕망관과 그 현대적 의의」, 한국유교학회, 『유교사상연구』 67권, 2017, 59쪽.

18 아리스토텔레스, 『니코마코스 윤리학』, 26쪽.

지적 활동(theoria)을 의미하는데 이는 매우 엄격한 객관적 기준을 충족시켜야만 가능한 것이다.[19] 그래서 아리스토텔레스의 행복 이론을 객관주의 행복론이라고 부른다. 하지만 그렇다고 해서 아리스토텔레스가 행복의 주관적 측면을 부정한 것은 아니다. 아리스토텔레스는 인간의 모든 활동에는 쾌락이 수반된다고 말한다. "인간들의 생활은 또한 그 자체로 즐겁다. 왜냐하면 쾌락이란 선에 속하는 정신 상태인데, 사람마다 자신이 좋아하는 것은 즐거운 것이기 때문이다"[20] 욕구의 충족이라는 주관적 조건은 아리스토텔레스가 보기에 너무나 당연한, 굳이 강조할 필요가 없는 행복의 주관적 측면이다. 아리스토텔레스는 인간의 모든 행동의 동기는 욕구(orexis)에 있다고 말한다. 그러나 모든 행동이 욕구에서 비롯되지만 모든 욕구의 만족이 행복일 수는 없고 행복의 객관적 조건에 맞는 욕구만이 우리가 만족시켜야 할 욕구다.

아리스토텔레스에 따르면 우리의 욕구가 행복을 지향하기 위해 갖추어야 할 객관적 조건은 바로 합리성이다. 우리가 행복을 위해 충족시켜야 할 욕구는 모든 욕구가 아니라 합리적인 욕구다.[21] "사유에 긍정과 부정이 있는 것처럼, 욕구에는 추구와 회피가 있다. 따라서 윤리적인 덕은 선택에 관계된 성품의 상태이고, 선택이란 곰곰이 생각한 욕구이므로, 좋은 선택을 하려면 이치도 옳고 욕구도 바른 것이어야만 하며, 이성이 주장하는 것을 욕구는 추구해야만 한다. 이것이 바로 실천적 지능(dianoia)이며, 실천적 진리다. …실천적이고 사유적인 부분에 있어서 동시에 좋은 상태란 올바른 욕구와 일치하는 진리다."[22] 아리스토텔레스가 말하고자 하는 내

---

19 편상범, 「아리스토텔레스 윤리학에서 행복, 욕구 만족, 그리고 합리성」, 한국철학사상연구회, 『시대와 철학』 58권, 2015, 97~98쪽.

20 아리스토텔레스, 『니코마코스 윤리학』, 24쪽.

21 편상범, 「아리스토텔레스 윤리학에서 행복, 욕구 만족, 그리고 합리성」, 98쪽.

22 본문의 인용문에 이어지는 내용은 다음과 같다. "행위의 출발점은 선택이고, 선택의 출발점은 욕구 및 어떤 목적을 지향하는 이성이다. 그러므로 지성과 사유가 없다면, 또는 윤리적인 성품이 없다면 옳은 선택을 할 수 없다. 좋은 행위와 그 반대의 것은 사유나 서품 없이는 있을 수 없기 때문이다. 하지만 사유 자체는 아무 것도 움직이지 못하며, 오직 목적이 있는 실천적인 사유만이 무언가를 움직일 수 있다. …좋은 행위는 그 자체가 목적이며, 또 욕구는 이 행위를 목표로 삼는다. 따라서 선택은 욕구가 낳은 지성이거나 사유가 낳은 욕구다. 그런 행위의 출발점은 인간이다."(아리스토텔레스, 『니코마코스 윤리학』, 133~34쪽.)

용은 분명하다. 인간의 실천과 행위에 동기를 부여하는 것은 바로 욕구다. 대상에 대해 사유는 긍정하고 욕구는 추구해야만 한다. 합리적 선택은 욕구가 올바른 목적을 지향하고 이성이 올바른 수단을 제시할 때 비로소 생겨난다. 인간의 실천과 관계된 참은 기본적으로 사유의 기능이지만, 올바른 욕구와 일치하지 않는 참은 진정한 진리가 아니다. 아리스토텔레스가 사용한 '숙고적 욕구(bouleutikē orexis)', '욕구적 지성(orektikos nous)', '사유적 욕구(dianoētikē orexis)' 등의 표현은 모두 합리적 선택이 올바른 욕구와 참인 이성을 통해 가능하게 된다는 점을 설명하고 있다.

쇼펜하우어가 인류 역사에서 가장 중요한 책이라고 평가했던 에스파냐의 예수회 신부 발타사르 그라시안(Baltasar Gracián y Morales, 1601~1658)의 소설 『비판자(El Criticon, 1651~57)』에서 작가는 등장인물의 입을 빌려 이렇게 말한다. "인간이 이성을 가진 존재로서 가장 먼저 행하는 일은 이성을 짐승 같은 욕망의 노예로 전락시키는 것이오."[23] 합리성이 결여된 욕구의 추구가 어떤 결과로 나타나는지 잘 보여주는 작품은 바로 프랑스대혁명의 시기를 살면서 스스로를 계몽주의자라고 생각했으나 지금은 가학성 변태 성행위를 의미하는 새디즘(Sadism)으로 그 이름이 남아 있는 사드 후작 도나시앵 알퐁스 프랑수아(Donatien Alphonse François, marquis de Sade, 1740~1814)의 소설 『소돔의 120일(Les Cent Vingt Journées de Sodome)』이다. 사드는 유서 깊은 귀족 가문에서 태어났으나 방탕과 신성모독의 죄로 수많은 감옥을 전전하면서 보냈다. 1790년 감옥에서 석방되어 정치활동에 참여했으나 혁명에 어느 정도 가담했는지는 분명하지 않다. 얼마 뒤 지롱드당원이라는 이유로 다시 체포되었으나 자코뱅당의 공포정치에 지롱드당을 중심으로 반대파들이 일으킨 테르미도르의 반동(Convention thermidorienne, 1794)으로 겨우 단두대를 면했다. '테르미도르(Thermidor)'란 혁명 때 제정된 프랑스혁명력 가운데 11번째 달을 의미한다. 자코뱅당의 지도자 로베스피에르(Maximilien François Marie Isidore de Robespierre, 1758~1794)는 체포되어 단두대에서 처형되었고, 그의 동료들도 대부분 암살당하거나 단두대로 보내졌다. 이 사건으로 인해 프랑스혁명은 실질적으로 종말을 고했다.

---

23 그라시안, 남영우 옮김, 『비판자』, 지식을만드는지식, 2012, 50~51쪽.

소설 『소돔의 120일』은 사드의 분신이라 할 수 있는 네 명의 권력자가 젊은 남녀 수십 명을 이끌고 120일 동안 벌이는 온갖 변태적인 향락의 기록이다. 제1부에서 4부까지 이어지는 이 이야기는 권력자와 굴종자, 가해자와 피해자, 부자와 빈자, 남자와 여자, 어른과 아이, 신과 인간의 관계 속에서 일어나는 비정상적인 행위들을 자세히 묘사했다. 노골적인 성 묘사와 가톨릭교회에 대한 공격 때문에 『소돔의 120일』은 오랫동안 금서로 묶여 있었다. 그러나 정작 소설을 읽어 보면 성인의 관점에서는 성적인 충동이나 흥분을 느낄 만큼 음란하다는 생각은 그다지 들지 않는다. 이 책이 정작 비난받아야 하는 이유는 성적 묘사 때문이 아니라 인간의 존엄성을 파괴하는 등장인물들의 행동, 가령 어린 소녀를 잔인하게 고문하는 등의 묘사가 독자들에게 환멸과 분노를 불러일으키기 때문이다. 사드는 평생 두 번의 사형선고와 15년의 감옥살이, 14년의 정신병원 수감 생활을 거치면서 열한 곳 이상의 감금시설을 전전했다. 이처럼 험난한 삶을 헤쳐가며 그가 써낸 엄청난 분량의 기상천외한 글은 상당수가 압수당하거나 불태워졌고, 그나마 발표한 작품들도 명성보다는 오명으로 그의 운명을 구속했다. 사드를 위한 변명을 해 보자면 그는 성을 통해 기성의 도덕과 사회질서에 철저한 비판을 가하고자 했다는 점에서 근대적 인간, 인문주의적 인간이라고 말할 수 있다. 사드의 작품들은 시민혁명의 시기를 살면서 교회와 신분질서가 지배했던 중세사회에서 억눌리고 부정당해 온 인간의 욕구를 해방시키려는 시도였다. 성적 욕구의 추구는 이상행동이 아니라 인간의 자연스러운 욕구라는 것이다. 『반항하는 인간』에서 카뮈는 사드에 대해 이렇게 평가한다.

> 사드는 그러므로 인간과 인간의 도덕을 부정하게 된다. 왜냐하면 신이 그 둘을 부정하기 때문이다. 그러나 그는 동시에 지금까지 그의 보증인이 되어 왔고 공범자 노릇을 해 주었던 신마저 부정하려 한다. 무엇의 이름으로? 인간들의 증오로 인해 감옥의 벽 속에 갇혀 살 수밖에 없는 사람에게 있어서 가장 강한 본능, 즉 성적 본능의 이름으로. 그것은 한편으로는 본성의 부르짖음 그 자체이며, 다른 한

> 편으로는 여러 다른 존재들을 완전히 소유하기를—그 존재들의 파괴라는 대가를 치르고서라도—요구하는 맹목적 충동이다. …"우리의 욕정들 가운데 단 한 가지와 견주어 볼 때 지상의 피조물 전부 다인들 대체 무슨 의미가 있단 말인가!"[24]

그러므로 사드를 단순히 정신이상자나 변태성욕자로 치부해 버리는 것은 옳지 않다. 하지만 사드의 욕구에는 합리성이 결여되어 있다. 성적 욕구를 충족함으로써 인간은 어떤 행복을 얻을 수 있는가? 사드의 작품 속 인물들은 어느 누구도 행복하지 않다. 그들은 성적 욕구의 추구를 통해서 행복하지 못하기 때문에 더 비정상적인 성적 욕구를 추구하고, 그럼에도 여전히 행복하지 못하기 때문에 또 더 비정상적인 성적 욕구를 추구할 뿐이다. 사드의 작품이 보통의 이성을 가진 독자들에게 혐오감과 불쾌감을 주는 이유다. 새디즘이든 매조키즘이든 인간은 비합리적인 충동, 착각, 현실로부터의 무분별한 도피를 통해 행복을 추구할 권리를 누리지만, 짧은 시간을 넘어서까지 그 행복을 누리는 데 성공하고 그 결과로부터 달아날 수 있는 자유까지 누리지는 못한다. 평생을 대학교수가 되는 대신 안경알을 세공하면서 살았던 철학자 스피노자는 『에티카(Ethica in Odine Geometrico Demonstrata, 1675)』에서 이렇게 말한다. "이성으로부터 생기는 욕망은 결코 과도해질 수 없다."[25] 거꾸로 말하면 이성으로부터 생기지 않은 욕망은 언제나 과도해질 수밖에 없다는 뜻이다. 욕망이라는 말은 알게 모르게 몰이성이라는 말을 떠올리게 한다. 그러나 스피노자에게 이성과 욕망은 전혀 대립적이지 않으며 오히려 욕망은 이성에 의해 실현될 수 있다. 더 나아가 스피노자는 이성의 힘이 새로운 욕망을 만든다고 말한다. "욕망은 일반적으로 생각하면, 인간의 본질이 어떠한 방식으로 어떤 행동을 하도록 결정되어 있다고 생각되는 한 인간의 본질 자체다. 그러므로 이성으로부터 생기는 욕망, 바꾸어 말하면 활동하는 한에 있어 우리들 속에 일어나는 욕망은, 인간의 본질이 단순히 인간의 본질에 의해서만 충분히 이해될 수 있는 일들을 하도록 결정된다고

---

24 카뮈, 김화영 옮김, 『반항하는 인간』, 민음사, 2022, 77쪽.
25 스피노자, 추영현 옮김, 『에티카』, 동서문화사, 2016, 232쪽.

생각되는 한 인간의 본질 또는 본성 자체다."

이성이 없는 욕망을 추구한다는 점에서 사드는 중상주의 시대의 경제학자 맨더빌을 연상시킨다. 앞에서 잠시 소개한 것처럼 맨더빌은 중상주의 시대에 활동한 의사이면서 경제학자인데, 그 시대의 경제학자들 가운데 가장 독특한 인물로 평가된다. 『꿀벌의 우화』에서 맨더빌은 인간의 탐욕과 악덕이 오히려 국부를 증대시키고 실업을 해소한다고 주장함으로써 동시대인들은 물론 후대에서까지도 많은 비난을 받았다.[26] 어떤 의미에서건 애덤 스미스가 맨더빌의 풍자시로부터 깊은 인상을 받은 것은 분명하다. 그러나 스미스가 이 책을 읽고 감동을 받아 『국부론』을 썼다거나, 반대로 이 책을 반대하기 위해 『도덕감정론』을 썼다는 주장은 모두 출판사가 책을 팔기 위해 지어낸 이야기에 불과하다. 시냇물이 바다를 향해 흐를 수는 있어도 바다가 시냇물을 향해 흐를 수는 없다. 스미스는 자신의 저서들에서 맨더빌을 여러 번 인용하면서 비판했다. 스미스가 맨더빌을 비판한 가장 주요한 이유는 그가 미덕과 악덕을 올바로 구분하지 않았기 때문이다. 맨더빌은 개인이 자신의 행복을 추구하는 감정을 모두 악덕으로 불렀다. 반면에 스미스는 행복해지고자 하는 욕구를 악덕이 아니라 존중받아야 할 인간의 천성이라고 주장했다. 또한 맨더빌은 인간이 타인을 존중하고 그를 연민하거나 동정하는 행위조차도 모두 이기적인 동기에서 나오는 것이라고 간주했다. 그러나 스미스는 동감과 이기심은 전혀 다른 감정이라고 생각했다. 이제 자세히 이야기하겠지만, 스미스가 보기에 인간이 다른 사람을 존중하는 이유는 그런 행위를 통해 만족감을 느끼기 때문이 아니라 자신도 타인으로부터 그렇게 대접받고 싶어 하기 때문이다. 스미스는 이기심을 악덕이라고 주장한 낡은 사고에 사로잡히지도 않았지만, 맨더빌처럼 이기심을 무조건적으로 긍정하지도 않았다. 시대를 넘어 오늘날 경제학의 주류를 형성하고 있는 신자유주의(Neo-Liberalism)도 이성 없는 이기심의 추구를 주장한다는 점에서 과연 사드의 가학성 행위에 대한 무분별한 추구와 무엇이 어떻게 다른지 나는 모르겠다.

---

26 맨더빌, 최윤재 옮김, 『꿀벌의 우화』, 문예출판사, 2010, 105~06쪽.

스피노자를 이야기하면 누구에게나 “내일 지구의 종말이 오더라도 오늘 한 그루의 사과나무를 심겠다”라는 격언이 가장 먼저 떠오를 것이다. 정작 스피노자가 이 말을 했는지는 의심스럽지만, 진실이 어떤가를 떠나 이 말은 스피노자의 철학이나 인품에 너무 어울리기는 하다.[27] 이 경구의 진정한 의미에 대해 정설은 없지만, 단순하게 해석하면 삶에 어떤 고통이나 위기가 오더라도, 가령 그것이 지구의 종말일지라도 나는 최선을 다해 성실한 삶을 살겠다는 의미일 듯싶다. 그런데 많은 스피노자 연구자들이 해석하는 좀 더 심오한 의미는 이렇다. 스피노자의 철학에 따르면 우주와 세계, 시간과 공간은 하나이므로 시작과 종말이라는 것 자체가 성립될 수 없다. 그러므로 지구의 종말도 있을 수 없다는 것이다. 이신론적인 의미에서 스피노자는 사과나무 한 그루에도 신이 존재한다는 것을 역설했다고 해석하는 연구자도 많다. 이런 해석은 참으로 경탄스럽다. 그런데 철학자도 아니고 스피노자를 제대로 이해하지도 못하지만 나는 이 말을 조금 더 윤리적으로 해석하고 싶다. 물론 감히 나의 해석이 옳다고 주장할 마음은 전혀 없다. 때로 우리는 죄나 타락에 대한 충동을 느낀다. 가령 미운 사람을 괴롭히거나 심지어는 죽이고 싶은 충동, 아름다운 이성을 범하고 싶은 충동, 타인의 재물을 훔치고 싶은 충동들을 느낄 수도 있다. 하지만 실제로 그런 행동을 하지 않는 이유는 법적이거나 사회적인 처벌이 두렵기 때문이다. 그런데 만약 내일 지구의 종말이 온다면 많은 이들은 처벌의 두려움 없이 충동대로 행동하려 할 것이다. 하지만 스피노자는 그

---

27 너무 유명한 말이지만 정작 이 말을 스피노자가 직접 했다는 근거는 없다. 어떤 이들은 심지어 이 말을 스피노자의 명언으로 아는 것은 우리나라 사람들뿐이라고 주장하기도 한다. 유럽 특히 독일어권에서는 종교개혁을 주도한 마르틴 루터가 이 말을 남긴 사람이라고 알려져 있다. 독일 아이제나흐에 있는 루터 하우스는 루터가 어릴 적 살았던 집인데, 여기에 있는 기념비에는 이 문구와 함께 'Martin Luther'라는 이름이 새겨져 있다. 그러나 여기에도 이의를 제기하는 이들이 많은데, 루터가 생전에 남긴 일기나 기록 어디에도 직접 저 말을 남겼다는 증거는 없기 때문이다. 이에 관해서는 나치 지배기인 1944년 독일의 고백교회 소속 성작자인 칼 로츠(Karl Lotz, 1890~1946)가 신도들에게 보낸 글에서 루터의 이름을 인용하면서 우리도 저항을 멈추지 말자고 격려한 데서 이런 이야기가 그럴듯하게 확산되었다는 주장이 신뢰할 만하다. 고백교회(Bekennende Kirche)는 히틀러의 집권에 반대해 1934년에 설립된 독일의 프로테스탄트 교회다. 1935년 독일의 바르멘에서 예수 그리스도만이 복종의 대상이며 하느님의 계시라는 <바르멘 선언(Barmer Theologische Erklärung)>을 발표하면서 히틀러에 대한 불복종을 선언했다. 고백교회의 설립자 가운데는 히틀러의 암살을 계획했다가 비밀경찰에 체포되어 강제수용소에서 사형당한 신학자 디트리히 본회퍼(Dietrich Bonhoeffer, 1906~1945)도 있다.

런 죄나 타락에 대한 충동이 없는 인간이며 오직 윤리적인 삶에 대한 충동만을 느끼기 때문에 내일 지구의 종말이 온다고 하더라도 어제처럼 또 그제처럼 사과나무를 심으면서 오늘을 사는 것이다. 공자의 말씀 가운데 "五十而知天命, 六十而耳順, 七十而從心所欲不踰矩"라는 말이 있다. 『논어(論語)』의 「위정(爲政)」 편에 나오는 말로, "나이 오십에는 천명을 알고, 육십에는 남의 말을 듣고 화내지 않으며 칠십에는 내 마음대로 행동해도 법도에 어긋남이 없다"는 뜻이다. 나이를 떠나 오늘 한 그루의 사과나무를 심는 뜻은 내 마음이 이르는 대로 행동하더라도 윤리에 어긋남이 없기 때문이다.

사과나무 한 그루의 의미를 어떻게 해석하든 스피노자가 윤리적인 철학자라는 사실은 분명하다. 그런 스피노자가 "욕망은 인간의 본질 자체다"라고 말하는 모습은 얼핏 어색하게 보인다.[28] 그러나 서장에서 잠시 언급한 것처럼 스피노자는 정신과 육체라는 이원론을 극복하고 인간을 욕구와 행동의 실체로 파악한 철학자다. 데카르트를 비롯해 스피노자 이전의 대부분의 철학자들은 인간의 정신과 육체를 분리하고 정신을 인간 존재의 근본적인 규정으로 상정함으로써, 인간의 육체에 속하는 속성들 즉 감정이나 욕망 등은 모두 정신에 종속되어 정신의 지배를 받는다고 생각해 왔다. 그러나 스피노자는 정신과 육체는 어느 하나가 다른 하나를 지배하는 관계가 아니라 동일한 자연의 법칙을 따른다고 주장했다. 인간의 정신과 육체가 공통으로 따르는 법칙을 스피노자는 '역량(potentia)'이라고 부른다.[29] 정신은 자신의 존재 안에 무한정한 시간 동안 지속하려고 노력하는데, 이

---

28 스피노자, 『에티카』, 164쪽.

29 스피노자의 개념들 가운데 다양한 해석들을 낳고 그럼으로써 여러 논쟁들의 주제가 되는 것이 'potentia'와 'potestas'다. 우선 번역어부터 통일되지 못해 연구자에 따라 'potentia'는 힘, 능력, 역량 등으로 번역되고 'potestas'는 권력, 권능, 권한 등으로 번역되는데 능력으로 번역하는 이도 있다. 가능한 쉽게 풀어 보면 'potentia'는 현실적으로 작용하고 있는 힘, 따라서 자연상태에서든 사회에서든 언제나 유효한 힘이다. 이에 대해 'potestas'는 행사할 수도 있고 하지 않을 수도 있는 임의성의 능력, 사회적 맥락의 권력을 의미한다. 『에티카』에서는 신의 권력이 'potestas'이고, 이로부터 모든 개별자들의 역량 즉 'potentia'가 나오는 것으로 설명하고 있다. "육체의 경우 그 역량은 얼마나 다양하게 작용하고 작용받을 수 있는지에 따라 달라지고, 정신의 경우에는 얼마나 다양한 것들을 동시에 사유할 수 있는가에 따라 달라진다."(스피노자, 『에티카』, 67~68쪽.) 그런데 스피노자의 또다른 저작인 『정치론(Tractatus politicus, 1677)』에서는 이 관계가 반대로 나타난다. 즉 'potentia'가 먼저 존재하고 이로부터 'potestas'가 나온다는 것이다. "모든 사물들은 'potentia'로 이해되며, 따라서 그것들의 관계는

노력이 정신에만 관계될 때 의지라고 하며 정신과 육체에 동시에 관계될 때 충동이라고 한다. 의지와 충동은 모두 동일한 역량에 의해서 발생하는데, 이 능력의 원천이 바로 욕망이다.[30] 그래서 인간의 본질은 욕망이다. 스피노자에게 인간은 욕망하는 존재 즉 '호모 데지데란스(homo desiderans)'이다, "나는 생각한다. 그러므로 존재한다"고 말한 데카르트에 빗대어 표현하자면 스피노자는 이렇게 말하고 있는 것이다. "나는 욕망한다. 그러므로 존재한다.(Desidero, ergo sum.)"

인간은 자연의 일부이며 따라서 모든 자연적 생물들과 마찬가지로 자기보존의 욕망을 가지고 있다. 욕망이란 자신을 보존하는 힘이며, 이런 힘을 스피노자는 '코나투스(conatus)'라고 규정한다. 자기의 존재 안에서 지속하고자 하는 능력, 즉 코나투스['코나투스'의 원래 뜻은, 노력, 충동, 경향 등인데, "사물이 본래부터 가지고 있는, 스스로를 계속 높이려는 경향"을 가리킨다]는 인간의 정신과 육체에 동시에 작용하는 욕망으로 나타나며, 스피노자는 이런 욕망을 인간의 본질로 이해한다. 스피노자에 따르면 우리는 그것을 선하다고 생각되기에 욕망하는 것이 아니라 욕망하기에 선하다고 생각한다.[31] 스피노자의 진의는 인간이 자신의 욕망에 솔직할 때 오히려 진정으로 윤리적일 수 있다는 것이다. 스피노자는 기쁨에서 생기는 욕망은 슬픔에서 생기는 욕망보다 강력하다고 말한다.[32] 인간은 슬픔에서 생가는 욕망보다 기쁨에서 생기는 욕망을 더 간절하게 추구한다는 것, 다시 말해서 인간은 행복을 추구하는 존재라는 뜻이다. 스피노자는 욕망을 인간이 자신의 존재를 유지하려는 노력으로 간주했다. 그리고 덕의 기초는 자기 고유의 존재를 보존하려는 노력 자체이며, 행복은 인간이 자신의 존재를 보존할 수 있는 데 있다.[33] 평범한 개인들이 모두 위대한 사상이나 신념을 위해 인생을 바쳐야 할 필요는 없다. 우리는 그저 일용할 양식을 추구하면서 소소한 행복을 누릴 줄 알고 소소한 행복에 만족할

'역량들의 관계'(rapport de puissances)다. 그런데 이 역량들의 관계는 대부분의 경우, '권력관계'(rapport de pouvoirs)로 전환된다."(박기순, 「스피노자에서 potentia와 potestas 개념」, 사회와철학연구회, 『사회와철학』 제25호, 2013.)

30 스피노자, 『에티카』, 122쪽.

31 스피노자, 『에티카』, 123쪽.

32 스피노자, 『에티카』, 198쪽.

33 스피노자, 『에티카』, 199쪽.

줄 알면 충분하다. 감정과 욕구를 가진 인간을 인정한다는 말은 오직 신의 피조물로서만 존재의 의미를 가진 인간, 절대적 존재에 의해서만 자신의 정체성을 부여받는 인간이 아니라 '나' 자신으로서의 인간을 확인하고 긍정한다는 뜻이다. 스피노자는 인간의 자유를 진정한 욕망의 실현 속에서 발견하며, 자기보존적 욕망을 이성의 작용과 서로 배치되는 것이 아닌, 오히려 인간의 자기보존적 욕망을 극대화함으로써 인간의 자유를 가능하게 하는 수단으로 이해한다.[34] 사유하는 실체로서의 인간과 육체를 가진 실체로서의 인간 사이에서, 생존을 넘어 행복한 삶에의 욕구를 가지고 그것을 성취하기 위해 행동하는 인간에 진정한 인간의 본질이 있는 것이다.

> 행복은 모순이 전혀 없는 기쁨의 상태다. 죄의식이 전혀 없는 기쁨, 당신의 가치 그 어떤 것과도 충돌을 빚지 않고 당신의 파괴를 재촉하지 않는 기쁨, …행복은 오직 합리적인 사람에게만 다시 말해 합리적인 목표 외에는 아무것도 바라지 않으면서 합리적인 행동에서만 기쁨을 발견하는 그런 사람에게만 가능하다.[35]

애덤 스미스를 비롯해 고전학파 경제학자들은 몇 가지의 주요한 원리를 기본적으로 공유했는데, 그 가운데 하나가 공리주의다. 공리주의의 가장 기본적인 원리는 공리성의 원칙 또는 최대 행복의 원리(greatest happiness principle)라고 불린다. 바로 우리가 자주 들어 본 적 있는 "최대 다수의 최대 행복(the greatest happiness of the greatest number)"이라는 원리를 가리킨다. 이 말은 흔히 공리주의를 창안한 철학자인 제러미 벤담(Jeremy Bentham, 1748~1832)의 말로 알려지지만 실은 애덤 스미스의 글래스고대학 시절 스승이자 스미스에게 이 대학의 도덕철학 교수직을 물려 준 프랜시스 허치슨(Francis Hutcheson, 1694~1746)가 처음 한 말이다. 그런데 무심히 이 말을 사용하지만, 문득 생각해 보면 이런 궁금증이 들기도 한다. 과연 행복이란 무엇인가? 누군가의 지적처럼 "사실 근대 이후 오늘에 이르기까지 인간의

---

34 정미라, 「욕망과 자유—헤겔의 실천철학을 중심으로」, 169쪽.
35 랜드, 정명진 옮김, 『이기심의 미덕』, 부글, 2019, 54~55쪽.

근본을 들먹이는 익숙한 구호들 대부분은 그 근거 물음 앞에서 취약하기 그지없다. 예를 들어 최대 다수의 최대 행복을 부르짖는 공리주의의 선구자 벤담은 행복이 도대체 무엇이냐는 물음에 대해서는 침묵한다. 그의 저 유명한 슬로건에 반감을 갖지는 않는다고 해서, 그것으로 의미에 대한 질문마저 할 수 없는 것은 아니다."[36] 최대 다수의 최대 행복을 말하면서 정작 허치슨도 벤담도 행복이 무엇인지에 대해서는 아무것도 말해 주지 않는다. 벤담과 함께 공리주의 사상을 확립하는 데 중요한 역할을 한 존 스튜어트 밀은 쾌락 또는 고통이 없는 상태를 행복이라고 부른다. 하지만 이는 동어반복에 불과하다.[37] 그렇다면 우리는 다시 쾌락이란 무엇인가 하는 질문을 던져볼 수 있기 때문이다. 솔직히 우리들 각자가 궁금해하는 것은 어떻게 하면 모두가 행복하게 살 수 있는가 하는 질문 이전에 도대체 행복이 무엇인가 하는 질문일 터다. 아리스토텔레스에게서 보았듯이 욕구와 욕망의 충족이 곧 행복을 의미하지는 않지만, 욕망의 충족은 행복의 가장 기본적인 조건이다. 욕구가 불충족될 때 인간은 불안을 느끼거나 불만을 가지게 마련이다. 반대로 욕망을 지나치게 충족시키려 들면 사드의 경우가 그렇듯이 몰이성의 상태로 전락하고 만다. 그렇다면 행복은 이 두 가지 상태 사이의 어딘가에 있을 법하다.

---

36 이경재, 『중세는 정말 암흑기였나』, 21쪽.

37 밀, 서병훈 옮김, 『공리주의』, 책세상, 2010, 24쪽.

이탈리아의 낭만주의 화가 프란시스코 하예즈(Francesco Hayez, 1791~1882)의
<로미오와 줄리엣>

『장미의 이름』의 마지막은 이렇게 끝난다. “지난 날의 장미는 그 이름뿐, 지금 우리에게는 덧없는 그 이름만 남았다.(Stat rosa pristina nomine, nomina nuda tenemus.)” 찬란했던 중세의 거룩함은 모두 사라지고 그 이름만 남았다는 뜻이다. 이 장면은 셰익스피어의 『로미오와 줄리엣』 2막 2장의 너무 유명한 대사를 떠올리게 한다. “우리가 장미를 다른 이름으로 부른다 해도 향기는 그대로 장미향인 것을(That which we call a rose by any other name would smell as sweet.)” 내가 그의 이름을 불러 주기 전에는 하나의 몸짓에 불과했다고 꽃을 노래한 시인도 있지만, 중요한 것은 그 이름이 무

엇인가가 아니라 내가 사랑하는 이의 이름을 불러 준다는 그 행위다. 그 이름이 몬태규면 어떻고 캐플릿이면 어떤가? 르네상스가 추구했던 근대적 정신이란 바로 인간을 있는 그대로 보자는 것이다. 인간이 육체를 가지고 있듯이 인간은 감정을 가지고 있으며 또한 욕구를 가지고 있다는 사실을 똑바로 바라보는 것이 근대 정신의 출발점이다.

타인의 욕망

미국의 언론인 출신 작가인 에드나 애니 프루(Edna Annie Proulx, 1935~)의 소설을 영화로 만든 ≪브로크백 마운틴(Brokeback Mountain, 2005)≫의 두 주인공인 잭과 에니스는 직업소개소에서 우연히 만나 브로크백 마운틴에서 함께 양치는 일을 하게 된다. 두 사람 이외에는 아무도 없는 한겨울의 산 속에서 서로를 의지하며 지내는 동안 둘은 점점 가까워진다. 그러던 어느 추운 밤 둘은 술을 마시고 나란히 누워 잠이 들었다가 그날 밤 처음으로 섹스를 하게 된다. 다음 날 그들은 지난밤의 일이 그저 사고였을 뿐이라고 서로에게 변명처럼 말하지만, 다시 서로에게 이끌리며 사랑하게 된다. 그러던 중 직업소개소장이 둘의 관계를 알게 되고, 양들을 소홀히 관리했다는 이유로 둘을 해고한다. 잭이 떠난 후 에니스는 벽을 치며 괴로워한다. 서로 사랑하지만 두 사람은 동성애자라는 사실을 들킬까 봐 헤어지고 만다. 잭과 에니스는 서로 만나기 전까지는 자신들이 동성애자라는 사실을 스스로도 알지 못했다. 어떻게 보면 고립된 깊은 산 속의 목장이라는 상황이 두 사람을 동침하게 만든 것 아니냐고 생각할 수도 있다. 잭과 에니스도 처음에는 그런 식으로 자신을 변명한다. 하지만 헤어지고 난 뒤에도 두 사람은 서로를 그리워한다.

헝가리의 마르크스주의 문학비평가인 루카치 죄르지(Lukács György, 1885~1971)는 『소설의 이론(The Theory of the Novel: A Historico−philosophical Essay on the Forms of Great Epic Literature, 1915)』이라는 책에서 "소설은 현대의 문제적 개인(problematic individual)이 본래의 정신적 고향과 삶의 의미를 찾아 길을 나서는 동경과 모험에

가득 찬 자기인식에로의 여정을 형상화하고 있는 형식이다"라고 정의했다. 여기서 말하고 있는 문제적 주인공은 근대 이후에 나타난 소설의 새로운 주인공 유형을 가리킨다. 루카치에 따르면 소설의 주인공은 개인과 세계 사이에 놓인 내적인 괴리의 산물이며, 근대사회의 소설 주인공들은 자신이 처한 세계가 행복하고 완결된 문화가 아니므로 여기에 반항하거나 갈등을 겪는다. 루카치에 의하면 소설의 주인공은 수동적이어서는 안 되며, 사회의 보편적 가치 질서에 맞서는 이질적이고 소외된 인물이어야 한다. 궁극적으로 조화로운 삶을 향한 가치를 갈망하고 추구하는 과정을 통해 그 가치의 부재를 드러내는 문제적 주인공은 본질적으로 비극적 인물이다. 르네상스 이후 많은 철학자들과 사회학자들이 근대성의 핵심을 개인주의에서 찾고 있다. 이들에게 공통된 관점은 근대사회로의 이행에 따른 개인주의의 발달과 개인의 주체적 다양성의 확산이 근대성의 핵심이라는 것이다.[38] ≪브로크백 마운틴≫은 결국 두 청년이 자신들의 정체성을 찾아가는 성장 영화다. 이 작품을 비롯해 성적 소수자들이 자기 정체성을 찾아가는 과정을 다루는 문학이나 영화작품들은 대부분 성장 소설의 틀을 따른다. 헤르만 헷세(Hermann Hesse, 1877~1962)의 『데미안(Demian, 1919)』부터 데이빗 샐린저(David Salinger, 1919~2010)의 『호밀밭의 파수꾼(The Catcher in the Rye, 1951)』이 그렇듯이 모든 성장 소설은 결국 나의 정체성을 찾아가는 이야기이다. 왜 굳이 나를 찾아가는가? 내가 나를 모르기 때문이다. 그래서 셰익스피어의 비극 『리어왕(King Rear, 1605)』에서 딸들에게 배반당한 채 광야를 헤매던 리어왕은 폭풍우 속에서 이렇게 울부짖는다. "내가 누군지 말할 수 있는 자는 누구인가?"

어쩌면 나의 욕망을 내가 모르는 사람도 있느냐고 반문하는 분도 많을 터다. 쇼펜하우어에 따르면 우리는 자신의 감정이나 열망, 의욕 등을 자신의 내면에서 직접 느끼면서 그것을 '자신의' 감정이나 열망, 의욕으로 경험한다. 그리고 이러한 것들은 육체를 통해서 표현하게 된다. 이 경우 육체는 자연적인 사물로서 필연적인 자연법칙에 내맡겨져 있는 것이 나타나는 것이 아니라 우리 자신의 의지가

38 조준현, 『철학으로서의 경제학』, 67~68쪽.

직접적으로 표현된 것이 된다. 따라서 우리가 육체를 이해하는 두 가지 방식이 존재할 수 있다. 첫째로 우리는 육체를 객관적인 다른 사물들과 마찬가지로 외부에서 그것을 표상한다. 이 경우 육체는 다른 객관적인 사물들과 마찬가지로 자연적인 인과법칙에 따르는 것으로 나타난다. 그것은 외부에서 충격이 가해지면 부서질 수 있고 시간이 가면서 노화한다. 둘째로 육체는 우리는 육체를 인간 의지의 표현으로 이해할 수 있다. 우리의 갈망이나 소망 그리고 감정은 육체에 직접적으로 나타난다. 예를 들어 내가 분노하면 아드레날린이 증가하고 이마에 핏줄이 굵어진다. 또한 육체는 우리의 감정이나 욕망에 직접적으로 작용한다. 맛있는 음식을 먹으면 기분이 좋아지고 성욕이 충족되면 기분이 풀린다. 육체가 이렇게 이중적인 의미를 가질 수 있는 것은 인간이 이중적인 방식으로 존재할 수 있기 때문이다. 즉 인간이 자신을 사물들을 객관적으로 표상하는 주체로만 파악한다면 그는 자신의 육체도 단지 객체로서만 표상할 수 있는 것이며 어떠한 육체적 움직임도 자신의 주체적인 활동으로 경험하지 못할 것이다. 이 경우 우리는 자신의 고유한 정서들, 갈망, 감정들과 능력들에 대해서조차도 객관적인 태도를 취하면서 그것들의 작용법칙을 냉정하게 표상할 것이다. 그러나 이와 반대로 인간은 자신을 감정과 의지의 주체인 개별자로 이해하면서 자신이 자신의 육체를 매개로 세계 전체와 관계하고 있음을 감지할 수 있다. 인간은 객관적인 표상작용을 넘어서 자신의 의지 작용을 내면에서 직접적으로 체험할 수 있는 것이다. 그리고 이 경우 육체는 우리 자신의 의지작용의 표현으로 경험된다. 특히 우리는 신체적인 고통의 느낌에서 신체와 의지가 직접적으로 통일되어 있다는 것을 경험한다. "나의 신체와 나의 의지는 하나다."39

앞에서 이야기한 르네상스 시대의 선구적인 이탈리아 화가 지오토는 원근법을 이용해 있는 그대로의 대상을 표현하고자 했다. 여기서 더 나아가 다 빈치나 미켈란젤로는 있는 그대로의 인간을 가장 생동감 있는 모습 그대로 표현했다. 그런데 르네상스를 대표하는 중요한 예술가가 또 한 사람 있다. 바로 북유럽의 다 빈치

---

39 박찬국, 「쇼펜하우어의 형이상학적 욕망론에 관한 고찰」, 서울대학교 철학사상연구소, 『철학사상』, 제 36권, 2010, 93~94쪽.

라고 불린 독일 화가 알브레히트 뒤러(Albrecht Dürer, 1471~1528)가 그 사람이다. 뒤러는 그림에 수학과 기하학을 도입한 최초의 화가라고 평가받는다. 뒤러는 인쇄술을 비롯한 근대의 기술적 발견들의 의미를 파악하고 미술에 그런 기술진보들을 도입했다. 뒤러는 "새로운 예술은 반드시 과학, 특히 가장 정확하고 논리적이고 도식적으로 명확하게 구성할 수 있는 수학에 기반해야 한다"고 믿었다. 화가로서는 매우 특이하게도 뒤러는 원근법과 기하학에 관한 책을 쓰기도 했다. 『컴퍼스와 자를 이용한 측량법(Underweysung der Messung mit dem Zirckel und Richtscheyt, 1525)』이라는 제목의 이 책은 화가들뿐 아니라 금속세공인, 조각가, 석공, 목수 등 측량에 의존해야 하는 모든 사람들이 새로운 과학적 지식을 유용하게 쓰도록 하는 것이 뒤러의 목적이었다.[40] 그러나 지금 이야기하고자 하는 뒤러의 남다름은 그가 그림을 통해 자기자신을 정면으로 마주한 최초의 근대인이라는 점이다. 근대 이전의 화가들의 작품에는 자화상이 거의 없다. 다 빈치는 몇 점의 자화상을 남겼으나 대부분 습작에 그쳤다. 이 시대에는 화가가 먼저 작품을 그리면 구매자가 그 작품을 사 가는 방식이 아니라, 고객의 주문을 받은 화가가 그림을 그리는 방식이었다. 고객들이 비싼 돈을 지불하고 화가의 자화상을 주문할 이유는 없다. 화가들도 돈이 되지 않으니 자화상을 그릴 이유가 없다. 이 시대의 예술가들은 아직 장인이나 기능공으로 대접받았음을 상기하면, 화가들이 속으로는 자기 작품에 대해 높은 자부심과 명예심을 가졌을지라도 자화상을 남길 만큼 그것을 겉으로 드러내 과시하기는 어려웠으리라고 짐작할 수 있다. 다만 이 시대의 예술가들은 자기만의 방식으로 교묘하게 자신의 흔적을 작품에 남기기도 했다. 예수님의 12사도 가운데 한 사람인 성 바르톨로메오(Saint Barthélémy, ?~?)는 이교도들에게 전도하다가 전신의 살가죽이 벗겨져 순교한다. 미켈란젤로의 〈최후의 심판〉에는 자신의 살가죽을 든 바르톨로메오가 등장하는데, 미켈란젤로는 바르톨로메오의 살가죽에 자신의 얼굴을 그려 넣었다. 왜 그랬는지는 미켈란젤로 자신만이 알 일이다. 흔히 르네상스를 대표하는 세 화가 가운데 한 사람으로 불리는 라파엘로 산치오(Raffaello Sanzio, 1483~1520)의 〈아테네

---

40 브로틴, 『르네상스』, 181쪽.

학당(Scuola di Atene)〉 오른쪽 구석에는 거의 드러나지 않게 라파엘로 자신의 얼굴이 그려져 있다. 심지어는 다 빈치의 〈모나리자(Mona Lisa)〉가 실은 그의 자화상이라는 설도 있다.

알브레히트 뒤러는 그 시대의 다른 화가들과는 달리 여러 점의 자화상을 남겼다. 뒤러의 작품들 가운데서 특히 대표작으로 꼽히는 것은 〈모피 코트를 입은 자화상(1500)〉이다. 이 작품에서 뒤러는 모피를 덧댄 갈색의 코트를 입은 자신의 모습을 정면으로 묘사했다. 그림의 정면에 얼굴을 배치하면서 뒤러는 가리마 부분의 머리를 제외하면 좌우 대칭으로 얼굴을 그렸다. 길고 어두운 고수머리는 어깨까지 내려오고 있어 얼굴과 정삼각형을 이루고 있다. 뒤러의 오른손은 모피 코트의 목깃을 잡고 있다. 오른손도 화면 좌우 중앙 부분에 놓여 있다. 이 작품에서 뒤러는 모피를 통해 자신의 부유함을 나타냈으며 잘 다듬어진 머리 모양과 수염으로 자신을 귀족처럼 표현했다. 뒤러는 당시 성공한 화가로서 수입이 많았고, 모피처럼 비싼 의상을 구입할 여유가 있었다고 한다. 그러나 이 작품이 특별한 것은 그때까지 내려온 예수 그리스도의 초상화법을 이용했기 때문이다. 그리스도의 초상화법이란 6세기부터 내려온, 그리스도의 얼굴을 좌우 대칭으로 완벽하게 표현하는 방식을 말한다. 자화상의 짧게 자른 턱수염도 그리스도를 상징한다. 뒤러가 이 같은 방식으로 자신을 표현한 것은 신을 닮은 인간은 화가밖에 없다고 생각했기 때문일지 모르겠다. 하나님이 인간을 자신의 형상대로 창조하신 최초의 창시자라면 화가의 창조력은 신의 능력과 비슷하다는 믿음에서 나왔다. 뒤러의 이러한 생각은 이탈리아에서 경험한 새로운 인문주의적 자의식이 바탕이 되었고 그것을 자화상으로 표현했다. 그림의 오른쪽 배경에 뒤러는 라틴어로 그림에 대해 설명하는 글을 남겼다. "나, 뉘른베르크 출신의 알브레히트 뒤러는 28세의 나이에 불변의 색채로 나 자신을 이렇게 그렸다." 아마 르네상스 시대의 어느 예술가도 이렇게 강렬하게 자의식을 표현하지는 못했을 것이다. 뒤러는 자신을 예수 그리스도로 표현함으로써 신적인 것을 인간화하고 나아가서는 인간을 신격화했다.[41]

41 토도로프·포크룰·르그로, 『개인의 탄생—서양 예술의 이해』, 47쪽.

현대의 철학자들 가운데 욕망에 관한 새로운 이론을 보여 주는 것은 프랑스의 철학자이자 정신분석학자인 자크 라캉(Jacques Lacan, 1901~1981)과 질 들뢰즈(Gilles Deleuze, 1925~1995)다. 무엇을 얼마나 어떻게 긍정하든가 또는 비판하든가 간에, 두 사람의 철학 또는 정신분석학[당사자들이 어떻게 불리는 쪽을 더 선호할지는 모르겠다]에서 공통된 출발점은 지그문트 프로이트(Sigmund Freud, 1856~1939)다. 물론 들뢰즈는 자신이 프로이트보다는 오히려 니체의 제자라고 말할 법도 하지만, 과타리(Pierre−Félix Guattari, 1930~1992)와 함께 쓴 책의 제목인 『안티 오이디푸스(Anti−Oedipus: Capitalism and Schizophrenia, 1972)에서 보듯이 들뢰즈의 철학에서도 프로이트의 영향을 배제할 수는 없다. 아리스토텔레스부터 스피노자까지 많은 철학자들이 인간의 행동의 배경에는 욕망이 있다고 말했지만 프로이트만큼 인간의 욕망을 천착한 학자는 아마 없을 듯싶다. 프로이트의 사상에서 가장 주목해야 할 점은 이전의 사상가들이 많게든 적게든, 또 명시적이든 암묵적이든 욕망을 비윤리적인 것으로 단죄하는 경향에 대해 욕망을 윤리적으로 정당화하려는 시도를 하는 데 반해 프로이트는 욕망을 욕망 그 자체로 접근한다는 점이다. 프로이트는 인간을 결정론(psychological determination)적 존재로 본다. 인간의 모든 행위는 우연히 일어나는 것이 아니라 심리적 원인에서 기인한다는 것이다. 인간의 선택, 노력, 반복된 행동, 타인에 대한 반응, 글쓰기, 그림 그리기, 노래하기는 물론이고 꿈, 환상, 망각, 실언, 히스테리 등은 한결같이 숨겨진 심리적 원인에서부터 비롯된다. 따라서 인간은 스스로 자유의지를 가지고 있는 존재가 아니며 이성적 존재도 아니다. 인간은 심리적으로 이미 결정된 존재라는 것이 프로이트의 주장이다.

프로이트에 따르면 인간의 인식에는 세 가지 단계가 있다. 첫째는 의식 단계(Conscious step)이고, 둘째는 전(前)의식 단계(Preconscious step)이며, 셋째는 무의식 단계(Unconscious step)다. '의식'은 지금 일어나는 일들을 자각하는 것인데 프로이트는 의식은 인간의 전체 정신활동 가운데 지극히 미미한 부분을 차지할 뿐이라고 주장했다. '전의식'은 스스로 노력하면 떠올릴 수 있는 단계다. 의식과 무의식의 연결, 혹은 중간 단계라고 할 수 있다. '무의식'은 자신의 노력으로는 도저히 떠올릴 수 없는 생각이나 감정을 의미한다. 우리의 의식 세계에는 생각, 지각, 기억, 지식 같은 것들이 있다. 이에 반해 무의식의 세계에는 두려움, 폭력, 충동, 수치, 비합리적 희망, 수용할 수 없는 성적 욕구를 포함하는 온갖 이기적 욕망들이 숨겨져 있다. 프로이트에게 무의식이란 의식이 없다는 뜻이 아니라 의식의 저변에는 의식하지 못하는 다른 무의식의 세계가 별도로 존재한다는 뜻이다. 인간의 마음이나 정신 속에는 자기 자신이 의식하지 못하는 영역이 따로 있는데 그것은 의식하는 세계보다 훨씬 더 크다는 것이다. 프로이트는 인간의 무의식은 의식에 의해서 억압된 것이며 그 억눌려진 무의식의 밑바탕에는 욕망이 깔려 있다고 주장했다. 특히 인간의 억눌려진 욕망 가운데 가장 큰 것은 성적 욕망이다. 프로이트는 인간의 정신적·심리적 힘의 원천을 성욕으로 보면서 그 에너지를 '리비도(libido)'라고 불렀다. 인간은 "성욕에 따라 행동하는 존재(homo libido)"라는 것이다. 다만 리비도를 우리가 일상적으로 이해하고 사용하는 성욕이라는 단어로 해석하는 데에는 이의가 있다. 리비도는 좁은 의미에서의 성에 대한 욕망이나 성적인 에너지를 의미하기보다 더 넓은 의미에서 생명에의 욕망, 생명의 에너지로 이해해야 옳다고 보기 때문이다.

프로이트 이후 그의 이론을 확대해석하고 발전시켜온 철학자들과 정신분석학자들 가운데 가장 독보적인 영향력을 가진 인물 가운데 한 사람이 자크 라캉이다. 라캉과 들뢰즈의 철학에서 첫 번째 차이는 욕망과 욕구 즉 결핍된 것을 충족시키고자 하는 충동 간의 관계다. 라캉은 욕망을 욕구와 동일시한다. 반면에 들뢰즈는 욕망을 욕구와 전혀 다른 종류의 충동으로 여긴다. 너무 유명한 말이지만 라캉은 "인간은 타인의 욕망을 욕망한다(Man's desire is the desire of the others)"고 말했다. 라캉은 인간의 인식을 세 가지 차원으로 구성한다. 상상계(the Imaginary order)는 실제로 지각된 이미지건 상상된 이미지건 간에 이미지의 차원이다. 상상이라는 말은 흔히 허구의 공상이라는 의미를 떠올리지만 원래 상상은 이미지를 만들어내는 능력이다. 그러므로 상상계는 의식적, 무의식적 이미지들의 세계이고, 언어 이전의 영역이다. 상상계를 벗어나 상징계(the Symbolic order)로 들어선다는 것은 사회적 교환의 관계 즉 문화의 영역으로 들어섬을 의미한다. 우리가 살고 있는 현실세계는 언어로 되어 있다. 사회생활의 가장 기본적인 요소들인 법, 계약, 학문 등은 모두 언어로 되어 있다. 언어란 기호 즉 상징이다. 우리가 살고 있는 현실은 상징계 즉 자연의 영역과 상상계 즉 문화의 영역으로 구성되어 있다. 마지막으로 라캉의 실재계(the Real order)는 '현실'을 가리키는 것이 아니다. 라캉의 실재는 상징계의 밖, 언어를 초월한 세계를 의미한다. 언어로 표현할 수 없으므로 표시할 수도 없고 도달할 수도 없는 것이 실재계다. 자신의 이론을 전개하기 위해 라캉은 어린아이의 예를 든다. 라캉에 따르면 생후 6개월에서 18개월 사이의 아기는 거울 속에 비친 자신의 모습을 자신과 동일시한다. 라캉은 이 단계를 '거울 단계(mirror stage)'라고 해 주체의 형성에 모형이 되는 모형으로 제시한다. 이 단계에서 아기는 거울에 비친 자신의 이미지를 총체적이고 완전한 것으로 가정한다. 이 형태는 이상적 자아(ideal－I)라고 불리는데, 타자에 의해 보여짐을 모르는 객관화되기 이전의 '나'에 해당한다. 거울 단계는 상상계다. 상상계를 벗어나 상징계로 진입하면서 아이는 사회적 자아로 굴절한다. 이제 유아는 타자와 자신을 동일시하기에 자신의 욕망을 타자에 종속시킨다.[42]

> 욕망은 인간을 살아가게 하는 동력이다. 그렇지만 허상을 실재라고 믿기에 그것을 얻으려고 수단과 방법을 가리지 않을 때, 특히 남을 조정하고 제도를 만들어 자신의 욕망을 대의명분 속에 숨기려 들 때, 요강은 권력자의 눈길처럼 음험해진다. 인간은 대상이 허상임을 알 때 그것을 향한 집착에서 벗어날 수 있고, 자신의 시선 속에 타인을 억압하는 욕망의 시선이 깃들어 있음을 깨달을 때 좀 더 쉽게 타인을 이해할 수 있다.[43]

왜 인간은 자신의 욕망이 아니라 타인의 욕망을 욕망하는가? 나의 욕망을 내가 모르기 때문이다. 라캉에게 타자는 주체의 보완도 주체의 부정도 아니다. 라캉

---

42 라캉, 권택영 엮음, 『욕망이론』, 문예출판사, 1998, 15~16쪽.
43 라캉, 권택영 엮음, 『욕망이론』, 11~12쪽.

은 타자를 주체에 대립시키지도 않지만, 타자의 타자는 주체라는 생각도 거부한다. 부정의 부정은 긍정이 아니라 다른 부정일 뿐이기 때문이다. 사르트르는 철학자로서뿐만 아니라 문학가로서도 유명하다. 사르트르의 희곡 가운데 『닫힌 방(Huis clos, 1944)』이라는 작품에서 등장인물은 이렇게 말한다. “타인은 지옥이다.” 『닫힌 방』은 세 사람의 주인공이 사후에 같은 방에 갇히면서 시작된다. 처음 주인공들은 서로를 의식하면서 체면을 지키려 애쓴다. 그러나 시간이 지나면서 이들은 서로를 평가하고 판단하는 형리가 된다. 이 작품에서 지옥이라는 말의 의미는 타인이 나를 학대하고 억압한다는 뜻이 아니라 타인으로 인해, 더 정확하게는 타인의 시선을 의식하면서 나의 실존이 황폐화된다는 뜻이다. 인간은 주체성과 자유를 가진 주체적 존재다. 따라서 타자의 실재성은 나 자신의 실재성과 같이 절대적인 확실성을 갖는다. 그렇다면 절대적인 자유를 가진 각자의 주체들끼리 대면할 경우 양자의 주체성은 어떻게 되는가? 자기자신만의 절대적인 주체성, 실존은 타자가 존재하지 않을 때만 가능하다. 그러나 타자는 필연적으로 존재하는 존재자이다. 따라서 나의 실존은 언제나 필연적으로 황폐화된다. 타인은 지옥이라는 말은 결국 타인과의 관계 속에서 나는 진정한 내가 아니라 타인에 의해 대상화된 나라는 말이다. 내가 나의 욕망이라고 생각하는 것도 타인에 의해 규정된 욕망이다.[44] 인간은 세상에 태어날 때 타인으로부터 욕망되는 자로서건 욕망되지 않는 자로서건 타자의 욕망의 대상으로 존재한다. 따라서 자신이 욕망하는 것이 진정으로 자신이 소망하는 것인지 소망하지 않는 것인지를 알기 위해서 주체는 다시 태어나지 않으면 안 된다.

---

[44] 라캉의 욕망이론에 가장 큰 영향을 미친 철학자는 헤겔 철학에 대한 강의로 유명한 프랑스의 철학자 알렉상드르 코제브(Alexandre Kojève, 1902~1968)다. 인간은 타인의 욕망을 욕망한다는 라캉의 경구는 『헤겔독해입문(Introduction to the Reading of Hegel, 1968)』에서 코제브가 “타자의 욕망을 욕망할 때만 우리의 욕망은 인간적”이라고 한 말을 연상시킨다. 다만 여기서 타인의 욕망이 의미하는 바는 라캉의 경우와 다른 맥락에 있다. 가령 우리가 이성을 사랑한다는 것은 그의 육체를 탐욕하는 것이 아니라 그의 사랑을, 즉 타인이 나를 사랑해 주고 존중해 주고 인정해 주기를 바란다는 뜻이다. 코제브는 이를 타인의 욕망을 욕망한다고 표현한다. 자연적 대상에 대한 우리의 욕망도 마찬가지다. 우리는 타인이 욕망하기 때문에 타인이 욕망하는 것을 욕망한다. 우리의 욕망은 이런 조건에서만 인간적일 수 있다.

들뢰즈의 철학은 프로이트의 정신분석학을 니체의 관점에서 재구성하는 데서부터 출발한다. 니체는 욕망을 욕망 그대로 긍정한 최초의 근대 철학자라고 부를 만하다. 철학적 서사시 『차라투슈트라는 이렇게 말했다(Also sprach Zarathustra, 1883)』에서 니체는 욕망을 창조의 근원적인 힘으로 찬미한다. "욕망은 해방된다. 욕망은 창조이기 때문에 나는 이렇게 가르친다. 그리고 단지 창조하기 위해 그대들은 배워야 한다."[45] 들뢰즈는 욕망을 니체의 권력의지와 결합시킨다. "만약 우리가 사물을 소유하는 힘, 그것을 이용하는 힘, 그것을 독점하는 힘, 또는 그 속에서 자신을 표현하는 힘이 무엇인지 알지 못한다면, 우리는 어떤 것—인간적 현상, 생물학적 현상, 또는 물리적 현상조차도—의 의미를 결코 발견할 수 없을 것이다.[46] 여기서 '힘'을 '욕망'으로 바꿔 쓰더라도 전혀 어색하지 않을 것이다. 라캉은 욕망을 결핍으로 인식한다. 라캉에게 욕망은 결여의 상태에서 충족을 지향하는 일시적인 작용이다. 따라서 결여만 충족되면 욕망은 발생할 이유가 없다. 라캉은 "주체는 결핍이며 욕망은 환유"라고 말한다. 대상은 욕망을 완전히 충족시킬 수 없기에 인간은 대상을 향해 가고 또 간다. 죽음만이 역망을 충족시키는 유일한 대상이다. 욕망은 기표(signifiant)다. 그것은 완벽한 기의(signifie)를 가지지 못하고 끝없이 의미를 지연시키는 텅 빈 연쇄고리다. 기표의 특성이 은유와 환유이듯 욕망의 구조도 은유와 환유다. 주체는 대상에게 욕망을 느낀다. 그것이 자신의 결핍을 완전히 채워 줄 것이라고 믿기 때문이다. 그러나 그 대상을 얻어도 욕망은 여전히 남는다. 주체의 욕망을 충족시킬 것처럼 보이는 대상, 즉 대체가 가능하리라 믿는 단계, 이것이 압축이요 은유다. 그러나 충족시키지 못하고 다시 또 그 다음 대상으로 자리를 바꾸는 전치, 이것이 환유다.[47]

라캉 이전에 플라톤부터 프로이트에 이르기까지 욕망은 생명이 결여된 도구로 취급되었다. 들뢰즈는 욕망을 결핍의 산물로 이해하는 기존의 철학과 정신분석학의 주류 경향을 비판한다. 이에 반해 들뢰즈에게 욕망은 아무것도 결여하고 있지 않으며, 자신의 대상을 결여하고 있지도 않다, 오히려 욕망은 재현의 질서를

45 니체, 김정진 옮김, 『차라투슈트라는 이렇게 말했다』, 성창출판사, 1987, 208쪽.
46 들뢰즈, 이경신 옮김, 『니체와 철학』, 민음사, 2020, 20쪽.
47 라캉, 권택영 엮음, 『욕망이론』, 19~20쪽.

벗어나는 충만의 힘 그 자체다. 들뢰즈가 제기하는 생산하는 욕망은 종래의 관념론적 관점의 욕망 개념에 대한 비판이다. 기존의 철학에서는 의식 가능하고 지배 가능한 욕망만 참된 욕망으로 인정하지만, 욕망이란 원래 근원적으로 의식과 제도가 완전히 포섭하기 어려운 흐름이다. 기존의 욕망에 대한 이해는 욕망하는 주체와 욕망의 대상이라는 이분법적 관계 항을 설정해 욕망의 작용과 내용을 모두 주체에 기입했다. 그 결과 욕망은 언제나 의식 주체인 동일자라는 재현적 질서에 포섭될 수 있는 사물이 되었다. 그러나 들뢰즈에게 욕망은 항들의 관계로 표상할 수 없고, 주체로 귀속될 수 없다는 점에서 생명 그 자체이고 생명의 흐름을 생산하는 생산 그 자체다. 이 욕망의 핵심은 바로 주체와 제도라는 환경의 통제를 벗어나 끊임없이 생산된다는 점에 있다.[48]

> 생산은 노동의 생산 또는 욕망의 생산일 수 있고, 사회적 생산 내지 욕망적 생산일 수 있다. 생산은 더 이상 자신을 재현 속에 포함되게 내버려 두지 않는 힘들에 호소하며, 또 모든 측면에서 재현을 뚫고 가로지르는 흐름들과 절단들에 호소한다. 즉 재현 밑에 펼쳐져 있는 어둠의 광대한 층에 호소하는 것이다.[49]

물론 라캉 역시 욕망을 단순히 부정성의 차원에서 소극적인 것으로만 정의하는 것은 아니다. 오히려 라캉과 들뢰즈의 차이는 라캉이 욕망을 주체 구성의 관점에서 바라보는 반면에, 들뢰즈는 욕망에서 주체를 완전히 배제하려고 시도한다는 점에서 찾을 수 있다.[50] 욕망은 새로운 타자와 연결 관계를 만들려는 생산적인 힘이다. 들뢰즈는 욕망의 적극성과 생산성을 강조한다. 하지만 그러면서 들뢰즈에게 욕망의 역동성은 주체성에 전혀 연결되지 못하고 비인격적인 특이성에만 귀속될 뿐이다. 들뢰즈는 이를 현대 자본주의의 비인간성에서 비롯된 정신분열에서 그

---

48 김명주, 「'욕망' 개념을 통해 본 들뢰즈 철학의 의미」, 새한철학회 논문집, 『철학논총』, 제57집, 2009, 37쪽.

49 들뢰즈·과타리, 김재인 옮김, 『안티 오이디푸스: 자본주의와 분열증』, 2014, 499쪽.

50 김석, 「욕망하는 주체와 욕망하는 기계 : 라캉과 들뢰즈의 욕망이론」, 한국현상학회, 『철학과 현상학 연구』 29권, 2006, 174쪽.

원인을 찾는다. 그러나 물론 이런 현상이 현대 자본주의에 와서 더 두드러지는 것은 분명하지만, 욕망의 주체성 상실은 현대 자본주의에 특유한 현상이라기보다는 욕망 그 자체에 언제나 내재하는 가능성이다. 욕망은 왜 비주체화되고 비인격화되는가? 내가 나의 욕망을 알지 못하기 때문이다. 경제학은 모든 경제주체들이 자신의 욕구와 선호를 정확하게 이해하고 그것에 따라서 행동한다고 가정한다. 그러나 현실에서는 정작 자신의 욕구를 정확하게 알고 있는 경우가 그리 많지 않다. 합리적인 또는 당연히 합리적이어야 할 개인들의 선택이 때때로 비합리적인 결과를 낳는 이유도 그들이 자신의 욕구를 제대로 알지 못한 데서 비롯되는 경우가 많다. 욕망의 주체성을 찾기 위해서는 주체가 자신의 욕망을 올바로 이해하지 않으면 안 된다. 호모 이코노미쿠스에게 진정으로 중요한 문제는 인간이 욕구를 가진 존재라는 사실보다 바로 나 스스로가 나 자신의 욕구를 얼마나 정확하게 알고 있느냐는 질문이다. 우리가 자신의 주체성을 상실하는 이유는 존재와 실존의 차이를 이해하지 못하기 때문이다. 인간은 단순히 존재하는 것이 아니라 실존한다. 그러나 현실에서는 자신이 실존적 인간임을 자각하지 못하고 단순히 존재하는 경우가 많다. 주체성의 상실은 근원적으로 여기서 비롯된다. 앞에서 인용했던 이야기를 한 번 더 인용해 보자. "인간은 의자나 바위처럼 고정된 존재가 아니라 끊임없이 변화하는 불확정 존재. 우리는 모두 자유로우며 자유롭기를 그만둘 수 없다. 우리의 삶은 불안과 욕망으로 가득하다. 이런 불안은 우리가 대타존재라는 사실에서 비롯된다."[51]

세기말(Fin de Siecle)[52]의 시대적 분위기를 스스로 체현한 듯한 유미주의 작가 오스카 와일드(Oskar Fingal O'Flahertie Wills Wild, 1854~1900)의 소설 『도리언 그레이의 초상(The Picture of Dorian Gray, 1890)』에서, 조금은 이기적이지만 누구나 반할 만큼 아름다운 외모를 가진 청년 도리언은 젊은 여배우 시빌과 사랑에 빠진다. 그러나 도리언의 변덕스러운 성격 때문에 시빌은 스스로 목숨을 버리고, 절망

---

51 콕스, 『실존주의자로 사는 법』, 32쪽.

52 글자 그대로 해석하면 세기말(世紀末)이란 한 세기의 끝무렵을 의미한다. 그러나 예술사에서는 일반적으로 19세기 말엽인 1880~1890년대를 가리킨다. 이 시대는 권태, 냉소, 염세, 퇴폐가 만연한 시대인 동시에 새 시대의 시작에 대한 전망이 모색되던 시기였다.

한 도리언은 술과 여자에 빠져 지낸다. 그런데 세월이 지나도 그의 외모는 전혀 늙지 않는다. 도리언 대신 늙고 추해지는 것은 바로 그의 초상화이다. 그는 남들 몰래 초상화를 숨겨 두고 매일 더 추해져 가는 자신의 얼굴을 확인한다. 초상화의 얼굴이 더 이상 추할 수 없을 때까지 추해지자, 분노와 절망감에 도리언은 자신의 초상화를 칼로 찌른다. 다음날 늙고 추한 얼굴의 도리언 그레이가 칼에 찔려 죽은 채 발견된다. 그의 시신 옆에서는 젊고 아름다운 젊은 시절의 도리언의 초상이 마치 경멸하듯 또는 동정하듯 그의 시신을 바라보고 있다. 아마 자신의 초상화를 바라보면서 도리언은 물었을 것이다. 누가 진정한 도리언 그레이인가? 늙지 않는 외모를 가진 나인가, 늙고 병든 저 초상화 속의 도리언인가? 어째서 내가 나의 욕구를 모를 수도 있는가 하고 반문하는 이도 있을 터지만, 솔직히 우리는 무엇이 나에게 쾌락이며 무엇이 고통인가조차도 알지 못할 때가 더 많다. 우리는 진짜 욕구와 가짜 욕구가 혼재하는 세계에 살고 있기 때문이다. 대중적인 글쓰기와 방송 강의로 더 유명한 갤브레이스는 『풍요로운 사회(The Affluent Society, 1958)』에서 현대 자본주의와 같은 대중 소비사회에서 소비자들의 욕구는 소비자 자신에 의해서가 아니라 기업에 의해 만들어진다고 주장했다. 프랑스의 철학자 보드리야르도 『소비의 사회(La Société de consommation, 1970)』라는 책에서 우리가 소비하는 것은 그 상품의 기능이 아니라 그 상품의 기호라고 주장했다.

> 생산과 소비는 생산력과 그 통제의 확대재생산이라는 단 하나의 똑같은 거대한 과정이다. 체계의 명령인 이 지상명령은 그 반대의 형태로, 즉 욕구의 해방, 개성의 개화, 향유, 풍부함 등의 형태로 사람들의 정신상태와 일상적인 윤리 및 이데올로기 속에 들어간다. …소비자의 욕구와 그 충족은, 오늘날에는 다른 생산력(노동력 등)처럼 강요되고 합리화된 생산력이다. 우리가 (겨우) 검토한 곳에서는 어디에서나, 그러므로 소비는 체험된 이데올로기와는 반대로, 강제의 차원으로 나타났다.[53]

53 보드리야르, 이상률 옮김, 『소비의 사회—그 신화와 구조』, 문예출판사, 1992, 118~19쪽.

우리가 누구나 아는 이야기 『햄릿(The Tragedy of Hamlet, Prince of Denmark)』에서 절망한 덴마크의 왕자는 이렇게 독백한다. "살 것인가 죽을 것인가 그것이 문제다(To be or not to be, that's the question.)" 도대체 햄릿은 왜 이런 고민을 할까? 내가 무엇을 원하는지 나도 모르기 때문이다. 보드리야르는 『시뮬라시옹(Simulacres et Simulation, 1981)』에서 현실보다 더 실재 같은 가상의 세계에 빠져 혼란을 겪는 현대인의 상황을 '시뮬라시옹(simulation)'이라고 불렀다. 실재가 실재 아닌 파생 실재로 전환되는 현상이 시뮬라시옹이며, 그렇게 만들어지는 실재의 인위적인 대체물이 '시뮬라크르(simulacra)'다. 말하자면 우리가 살고 있는 이 세계는 실재가 아니라 가상의 시뮬라크르가 만들어 놓은 현실인 것이다. 이처럼 가상 실재가 실재를 지배하고 대체하여 재현과 실재의 관계가 역전됨으로써 더 이상 모사할 실재가 없어진 시뮬라크르들은 실재보다 더 실재같은 하이퍼리얼리티 즉 극실재를 생산해낸다. 가상 실재인 매트릭스가 실재 세계와 인간들의 삶을 대체한 극실재라고 할 수 있다. 매트릭스 속의 삶이 실재인가 매트릭스 밖의 삶이 실재인가? 어쩌면 햄릿이 정작 고민한 것은 "살 것인가 아니면 죽을 것인가"가 아니라, "이러한 나로 존재할 것인가(to be) 아니면 다른 나로 존재할 것인가(not to be)?"가 아니었을까? 가상의 현실인 매트릭스 안의 나로 존재할 것인가, 아니면 지금의 나를 죽이고 매트릭스 밖의 나로 존재할 것인가 말이다. 내가 나를 안다는 말을 가장 근원적인 수준에서 정의한다면 바로 내가 무엇을 원하는지, 다시 말해 나의 욕구를 안다는 뜻이다. 그래서 호모 이코노미쿠스에게 더 중요한 속성은 자기이해(self-understanding)다. "호모 에코노미쿠스의 아름다움은 그가 추구하는 것을 우리가 정확하게 알고 있다는 점에 있다."[54]

유신론적 실존주의 철학자인 야스퍼스는 "니체와 키에르케고르의 공통점은 세 가지 즉 그들의 '사유'와 그들의 사유하는 '실존'의 현실성과 마지막으로 그들의 '자기이해'의 양식에 있다"고 지적했다.[55] 흔히 '오성'으로 번역되는 영어의 'understanding'이나 독일어의 'Verstand'는 넓은 의미로는 감성과 대비되는 개

---

54 보드리야르, 『소비의 사회—그 신화와 구조』, 94쪽.

55 야스퍼스, 황문수 옮김, 『이성과 실존』, 서문당, 1990, 20쪽.

념으로서 인간의 지적 능력을 의미하며, 좁은 의미로는 직관적 인식 능력인 이성보다 고차적인 추론 능력을 의미한다. 물론 지금 이야기하는 자기이해가 그만큼 심오한 지적 능력을 요구한다는 뜻은 아니다. 우리는 늘 나는 나를 안다고 생각하지만, '아는 것'과 '아는 것 같음'은 다르다는 뜻이다. 내가 누구인지 말할 수 있는 사람은 누구냐고 묻는 리어왕의 질문이 잘못되었다는 것도 이 때문이다. 내가 누구인지 말할 수 있는 타인은 없다. 내가 나를 모르는데 타인이 어떻게 나를 알겠는가? 딸들에게 배신당하고 광야를 헤매는 리어왕의 곁을 지킨 유일한 인물은 궁정의 어릿광대다. 셰익스피어의 비극 작품들[물론 다른 작가들의 많은 고전 작품들에서도]에서는 거의 빠지지 않고 광대가 등장한다. 광대의 캐릭터는 바보(fool), 익살꾼(jester), 어릿광대(clown) 등으로 다양하지만, 그들의 역할은 비슷하다. 가장 어리석은 듯 보이지만 실은 가장 현명한 등장인물이 광대다. 광대는 주인공에게 풍자와 해학으로 충고를 주지만, 주인공들은 광대의 충고를 제대로 이해하지 못함으로써 비극적인 상황을 맞이하게 된다. 이런 광대의 전형을 찾는다면, 르네상스 시대의 인문주의자들 가운데서도 가장 위대한 인문주의자였던 에라스무스의 『바보 예찬(Moriae encomium, 1511)』에 등장하는 바보 신일 터다. 중세의 모든 계층의 사람들을 향해 풍자와 독설을 쏟아내면서 바보 신은 이렇게 말한다. "나보다 나를 더 진실하게 그려낼 수 있는 사람이 누가 있겠어요? 나를 나보다 더 잘 아는 사람은 아무도 없을 거예요."56 바보도 알고 어릿광대도 알지만 오직 왕만 모르는 진리는 바로 내가 누구인지 말할 수 있는 인간은 오직 나 자신뿐이라는 사실이다. 그래서 경제학은 자기를 탐구하는 학문이어야 하고, 호모 이코노미쿠스는 자기를 탐구하는 인간이어야 한다.

≪브로크백 마운틴≫에서 에니스는 약혼녀와 결혼하여 두 딸의 아버지가 되고, 잭도 다른 여자를 만나 결혼하고 아들을 낳는다. 그러나 아내와 가정으로도 채울 수 없는 그리움 때문에 결국 두 사람은 다시 만나고 모텔에서 관계를 맺는다. 잭은 에니스에게 조그마한 목장이라도 사서 함께 지내자고 말하지만 에니스

56 에라스무스, 정병희 옮김, 『바보 예찬』, 동서문화사, 2008, 19쪽.

는 가정과 지금의 생활을 포기할 수 없다고 말한다. 그러나 에니스의 아내는 그가 동성애자라는 사실을 알게 되고 결혼 생활도 파탄에 이른다. 에니스가 이혼한 것을 안 잭은 그에게 다시 함께 살자고 요구하지만 에니스는 또 거절한다. 잭은 에니스를 원망하며 자신의 슬픔과 고통을 하소연하지만, 에니스는 자신의 삶도 잭 때문에 괴로워졌다고 말한다. 에니스와 헤어진 잭은 동성애 혐오자들에게 폭행을 당해 목숨을 잃고, 에니스는 딸의 결혼식에 가겠다고 약속한다. 영화 속에서 잭은 동성애자라는 자신의 정체성을 찾으려 하고 에니스는 그것을 숨기려 한다. ≪브로크백 마운틴≫에서 잭과 에니스 두 주인공이 얻고자 했던 것은 서로 달랐지만 두 사람 모두 행복하지 못했다는 사실은 똑같다. 두 사람 모두 자기를 찾기 위한 대가가 너무 컸기 때문이다. 잭은 생명을 버리게 되고, 에니스는 어떻게든 가정을 지키려고 애썼지만 결국 잃고 만다. 그렇다면 이제 또 다른 의문이 떠오른다. 나를 찾는다는 것이, 내가 누구인가를 확인한다는 것이 과연 내가 가진 모든 명예와 권력과 생명을 포기할 만큼 가치 있는 일인가? 도대체 나에게 내가 누구인가 하는 질문은 어떤 의미인가 말이다.

뒤러의 <모피 코트를 입은 자화상>과 공재(恭齋) 윤두서(尹斗緖)의 <자화상(1710)>

하이데거는 "실존의 본질은 이해"라고 말한다. 근대정신의 핵심은 자기자신을 올바로 이해하는 데 있다. 그래서 우리는 늘 자기를 정면으로 바라볼 줄 알아야 하는 것이다. 자화상은 단순히 자신의 외면을 바라보는 것이 아니라 자신의 내면을, 프로이트를 빌리면 자신의 무의식을, 그리고 자신의 무의식 안에 있는 욕망을 들여다 보는 행위다. 뒤러의 자화상은 그때까지 종교화가들이 예수님의 초상화를 그리던 방식을 차용했다. 공재의 자화상에는 특이한 점이 있는데, 귀와 목이 그려져 있지 않다는 점이다. 그래서 예전에는 그 이유를 윤두서라는 개인의 본질을 표현하는 데 불필요하기 때문에 공재 스스로 단순화하거나 생략했다고 해석했다. 그런데 일제강점기에 조선총독부가 남긴 도판 자료나 현미경과 X선을 이용한 새로운 분석에 따르면 귀와 목이 있었으나 세월이 지나면서 희미해졌다는 사실이 밝혀졌다. 다만 이에 대해서도 여전히 다른 의견은 있다. 귀가 얼굴에 비해 너무 작고 희미하게 그려졌기 때문에 이는 공재가 아닌 후대의 가필이라는 것이다. 어느 쪽이든 공재의 자화상이 "윤두서 자신의 내면을 표출한 것이자 세상을 향한 치열한 응시"라는 데에는 변함이 없다.

이기적 마음

베네치아의 명망 있는 상인 안토니오는 친구인 베사니오를 위해 유대인 고리대금업자인 샤일록에게 돈을 빌린다. 샤일록은 정해진 날에 돈을 갚지 못하면 안토니오의 가슴살 1파운드를 받는 조건으로 돈을 빌려준다. 비싼 상품들을 싣고 오던 안토니오의 배가 풍랑을 만나 난파했다는 소식이 전해지고, 돈을 갚을 수 없게 된 안토니오에게 샤일록은 약속을 이행할 것을 요구한다. "1파운드의 살점을 가져가되 피는 한 방울도 흘려서는 안 된다"는 판결로 유명한 『베니스의 상인(The Merchant of Venice)』은 셰익스피어의 희극 작품들 가운데 가장 대중적으로 사랑받는 작품인 동시에 많은 논란을 일으킨 작품이기도 하다. 중세시대에도 재판관이 되기 위해서는 당연히 특별한 자격이 필요했다. 법학은 신학, 의학과 함께 대학의 전문과목 가운데 하나였다. 따라서 아무런 자격도 전문지식도 없는 포시아가 재판관이 된다는 것은 터무니없는 일이다. 게다가 명판결이라는 포시아의 판결도 경제학적으로 볼 때 전혀 옳지 않다. 살 1파운드에서 피를 제거해야 할 의무는 수요자가 아니라 공급자에게 있기 때문이다. 그런데 이런 허술한 이야기들을 모두 차치하고 『베니스의 상인』을 읽으면서 드는 가장 큰 의문은 왜 샤일록은 그토록 미움을 받았을까 하는 것이다. 작품에서 샤일록은 아무런 이유도 설명도 없이 처음부터 악인으로 묘사된다. 서로 친하게 지내자는 샤일록에게 안토니오는 그 얼굴에 침을 뱉는 모욕적인 행위로 응답한다. 빚을 갚지 못했다는 이유로 살 1파운드를 요구하는 모습을 보면 샤일록의 심성이 그다지 훌륭해 보이지는 않는다. 하지만 이는 샤일록이 안토니오로부터 모욕을 받은 이후의 사건이다. 샤일록이 작품의 이야기가 시작되기도 전에 이미 모든 사람들로부터 미움을 받고 있었던 이유는 작품 어디에서도 설명되지 않는다. 어쩌면 셰익스피어도 그 이유를 설명할 필요를 느끼지 못했고, 그 시대의 관객들도 그 이유를 물을 필요가 없었을지 모르겠다. 왜냐하면 샤일록은 유대인이었기 때문이다.

오늘날에도 숱한 사건들의 배후에는 유대인들의 비밀조직이 있다는 식의 음모론이 적지 않지만, 중세사회에서 유대인들은 단지 유대인이라는 이유만으로 박해받았다. 에스파냐의 이사벨 1세 여왕이 내린 〈알함브라칙령〉을 이야기하면서 잠시 설명했지만, 유대인들이 박해받은 표면적인 이유는 예수를 고발해 십자가에 못박으라고 요구한 민족이기 때문이다. 그러나 종교적 관점을 떠나서 본다면 유대인들이 박해받은 진정한 이유는 그들이 땅으로부터 뿌리뽑힌 사람들이었다는 사실이다. 중세는 전통과 관습에 의해 지배되는 사회였다. 중세사회가 천년동안 변화하지 않았다는 이야기는 다분히 과장된 것이지만, 중세가 근본적으로 변화를 두려워하고 거부하는 사회였던 것은 사실이다. 따라서 중세사회는 공동체의 질서를 위협할 수 있는 낯선 요소들, 전통이나 관습과 다른 요소들, 공동체의 구성에 이질적인 요소들에 대해 극도로 경계했다. 상인들, 방랑자들, 예술가들, 이방인과 이단자들이 모두 그러한 요소들이었고, 유대인들이 바로 그들이었다. 중세사회는 토지에 뿌리를 둔 공동체였다. 그러나 자신들이 살던 유대 지역에서 추방된 이후로 유대인들은 어느 공동체에도 속하지 못하게 되었고, 공동체의 질서를 위협할 위험요소 취급을 받게 된다. 유대인들이 상업과 금융에 종사하게 된 것도 같은 이유에서이다. 땅을 가질 수 없었고 땅에 속하지 못했기 때문에 유대인들은 중세사회에서 천대받던 상업과 금융에 종사할 수밖에 없었고, 역설적이게도 그 때문에 오늘날 세계경제에서 중요한 위치와 권력을 가지게 되었다.

『베니스의 상인』에서 중심인물인 안토니우스는 원격지 무역에 종사하는 부유한 상인이며, 샤일록은 고리대금업자 즉 금융업자다. 르네상스 문화와 예술의 가장 주요한 수요자가 부유한 상인과 금융업자들이었다는 점은 이미 이야기한 대로다. 르네상스의 문화적 성취는 바로 무역과 금융 분야에서의 성공에 기초했다. 르네상스 시대의 특징 가운데 하나는 부를 표현하는 새로운 방식의 등장과 그와 관련된 사치품의 소비였다.[57] 희곡 『베니스의 상인』의 배경이 된 16세기의 베네치아는 지중해 무역의 중심지로서, 또 르네상스 운동의 발원지 가운데 하나로서 매우 개방적이고 문화적으로나 경제적으로나 가장 발달한 도시였다. 르네상스를

57 브로틴, 『르네상스』, 46쪽.

낳은 것은 이탈리아의 도시와 시민생활, 거기서 탄생한 문명의 규범이었다.[58] 중세사회에서 도시는 영주의 지배와 공동체적인 관습의 지배로부터 모두 자유로운 공간이었다. 중세 도시들의 자치권은 일반적으로 영주계급에 대한 투쟁에 의해 쟁취되었으며, 도시 자치체(Commune)의 승리는 상인을 중심으로 한 시민세력의 새로운 힘의 증거였다. "도시의 공기는 사람을 자유롭게 한다"는 말은 이런 이유에서 나왔다. 하지만 그런 도시들 가운데서도 가장 선진적이었던 베네치아에서조차 유대인에 대한 편견이 그토록 강했다는 사실에서 중세사회가 얼마나 편견으로 가득한 시대였는가를 이해할 수 있다. 샤일록이 근대정신을 결여한 인물임을 보여 주는 에피소드는 따로 있다. 샤일록은 자기가 고른 신랑감이 아닌 다른 남자와 결혼하겠다는 딸을 한 푼의 재산도 주지 않고 맨몸으로 내쫓아 버린다. 샤일록은 관용을 결여한 인간이었다. 자신을 모욕했다는 이유로 안토니오에게 살 1파운드를 요구하는 행위도 샤일록이 관용을 모르는 인간이라는 사실을 잘 보여 준다. 아마 샤일록이 살 1파운드를 요구했을 때 안토니우스는 그것을 그다지 유쾌하지 않은 농담으로 여겼을 터다. 그러나 샤일록은 진지했다. 이 장면에서만이 아니라 작품의 처음부터 끝까지 샤일록은 언제나 진지하다. 작품에서는 샤일록이 웃었다는 대목이 전혀 나오지 않는다. 어쩌면 샤일록은 『장미의 이름』에 등장했던 호르헤 수사와 같은 종류의 인간형이었던 듯싶다. 우리는 샤일록이 유대인이어서가 아니라 인간성을 상실한 인간이어서 그를 비판하는 것이다.

참다운 인간성 대신 샤일록이 가진 것은 돈에 대한 욕망과 타인에 대한 증오다. 다만 여기서 떠오르는 질문은 화폐에 대한 욕망은 과연 악한 것인가 하는 것이다. 샤일록이 가진 타인에 대한 무조건적인 증오와 불관용은 분명히 비난받아야 마땅한 악덕이다. 하지만 그가 화폐의 획득, 부의 축적을 추구했다고 해서 과연 그를 악한 인간이라고 불러야 옳은가 하는 문제다. 단테의 『신곡』에 관한 이야기를 하면

---

58 장문석, 『근대정신은 어떻게 탄생했을까?』, 42쪽. "고대든 르네상스든 모두 도시문명에 기초한 것으로 보이지만 그 도시들의 성격은 정반대다. 고대 도시는 농촌에서 생산한 것을 단지 사용하는 소비의 중심지였던 데 비해서 근대 도시는 그 자체가 생산의 중심지였기 때문이다."(장문석, 『근대정신은 어떻게 탄생했을까?』, 89쪽.)

서 가톨릭교회의 일곱 가지 죄에 대해서도 잠시 이야기한 적이 있다. 화폐에 대한 욕망은 확실히 일곱 가지 죄 가운데 하나인 탐욕의 발로다. 그래서 『성서』는 "화폐에 대한 욕망이 만악의 근원"(「디모데전서」 6장 10절)이라고 말한다. 하지만 『성서』의 말씀은 잠시 덮어 두기로 하자. 마르틴 루터가 교회의 면죄부 판매에 분노해 「95개 반박문」을 자신이 재직하던 뷔텐베르크대학의 교회 출입문에 붙인 데서도 알 수 있듯이, 중세시대의 교회 스스로도 화폐에 대한 욕망을 버리지 못했으니 말이다. 여기서 중요한 질문은 중세의 위선, 화폐에 대한 욕망을 비난하면서 현실에서는 부와 축재를 추구하는 중세사회와 교회의 이중성을 비판하자는 것이 아니다. 이윤획득의 동기와 부의 축적을 위한 경제활동을 미덕으로 주장하는 근대 자본주의 사회에서도 여전히 샤일록은 비난받아야 하는가라는 질문이다. 화폐에 대한 욕망, 부에 대한 욕망, 풍요로운 삶에 대한 욕망, 아니 최소한 결핍 때문에 고통을 느끼지 않을 수 있는 삶에 대한 욕망은 인간의 가장 기본적인 욕구 가운데 하나다. 스미스는 인간의 그런 욕구를 바로 '자애심'이라고 불렀다. 스미스는 자애심 즉 자기자신의 행복을 추구하는 마음을 인간의 자연스러운 본성으로 긍정한다.

> 인간은 항상 동료의 도움을 필요로 하는데, 이것을 오직 동료의 자비로부터 기대하는 거은 불가능하다. 이렇게 하는 것보다는 오하려 동료의 이기심을 자극하고 자기의 요망사항을 들어 주는 것이 그들 자신의 이익이 된다는 것을 보여 주는 것이 훨씬 낫다. 타인에게 어떤 종류의 거래를 제안하는 사람은 누구든지 그렇게 하려고 한다. 내가 원하는 것을 나에게 주면, 너는 네가 원하는 것을 가지게 더 [illegible] 것이라는 것이 이러한 모든 제의가 의미하는 바다. 그리고 이러한 방법으로 우리는 우리가 필요로 하는 호의의 대부분을 상호간에 얻어낸다. 우리가 식사할 수 있는 것은 정육점 주인, 양조장 주인, 빵집 주인의 자비에 의한 것이 아니라 자기자신의 이익에 대한 그들의 관심(their regard to their own interest) 때문이다. 우리는 그들의 인간성에 호소하지 않고 그들의 이기심(self-love)에 호소하며, 그들에게 우리 자신의 필요를 이야기하지 않고 그들의 행복을 이야기한다.[59]

이 책의 「프롤로그」에서도 인용한 바 있는 『국부론』의 너무나 유명한 구절이다. 흔히 호모 이코노미쿠스의 첫 번째 특징으로 이기심을 꼽는다. 그러나 막상 『국부론』을 보면 애덤 스미스는 이기심이 아니라 '그들 자신의 이익에 관한 관심(their regard to their own interest)'이라고 말한다. 그 아래의 번역본에서는 'self-love'를 '이기심'으로 번역해 놓았지만, 스미스의 원서에서는 '이기심(selfishness)'과 '자애심(self-love)'을 명확하게 구분하고 있다. 그러므로 정확하게 말하면 호모 이코노미쿠스의 첫 번째 속성은 이기심이 아니라 자애심이라고 해야 옳다. 다만 글의 흐름으로는 이기심이라는 표현도 꼭 잘못되었다고 말할 일은 아니다. 자애심은 자신이 원하는 것을 얻고자 하는 마음이다. 그런데 내가 원하는 것을 얻는 데에는 두 가지 방법이 있다. 하나는 타인의 자비심에 호소하는 것이고, 다른 하나는 타인과의 교환을 통해 얻는 것이다. 타인의 자비심에 호소하는 방법은 우연히 가능할지는 몰라도 언제나 가능하지는 않다. 그래서 우리는 그들 역시 자신이 원하는 것을 얻고자 하는 타인의 자애심을 이용해서 내가 원하는 것을 그들로부터 얻는 것이다. "모든 인간은 천성적으로 무엇보다도 먼저, 그리고 주로 자기자신을 돌보게 마련이다. 사람은 자기 이외의 어떤 사람보다도 자기자신을 돌보는 데 더욱 적합하기 때문에 이와 같이 하는 것은 적합하며 또한 정당하다. 따라서 모든 사람은 자기자신에 직접 관계된 사항들에, 자기 이외의 다른 사람들에게 관계된 사항들에 대해서보다, 더욱 깊은 관심을 갖는다."[60] 스미스는 사람들이 타인의 이익보다 자기자신의 이익을 더 우선해서 고려하는 것은 죄악이 아니라 당연한 일이라고 말한다. 그것은 정당할 뿐 아니라 적합하기도 하다. 다시 말해서 더 효율적이기도 하다. 사람들이 자신의 이익에 더 많은 관심을 가진다면 당연히 그들로 하여금 스스로 자신의 이익을 추구하도록 하는 편이 더 효율적일 터이기 때문이다. 스미스에게 자애심은 자신이 원하는 것을 갖고자 하는 마음 즉 자신의 욕망을 충족하고자 하는 마음이며 더 행복한 삶을 추구하는 마음이다.

자애심의 바탕은 탐욕이 아니라 사랑이다. 따라서 자애심에 따른 행위는 타

59 스미스, 『국부론(상)』, 22쪽.
60 스미스, 『도덕감정론』, 156쪽.

인의 행복을 감소시키는 것이 아니라 나의 행복과 마찬가지로 타인의 행복도 함께 증가시킨다. 얼핏 이런 주장은 모순처럼 들릴 수도 있다. 모든 이들이 자신의 욕망과 행복만을 추구한다면 사회 전체의 공익은 누가 어떻게 증가시킬 수 있는가 말이다. 스미스는 글래스고대학의 도덕철학 교수로 자신의 스승인 허치슨, 인식론 철학자이자 자신의 절친한 친구인 데이빗 흄(David Hume, 1711~1776) 등과 함께 스코틀랜드 계몽주의 운동의 중심인물 가운데 한 사람이다.[61] 스코틀랜드 계몽주의자들의 가장 중요한 관심사는 공익과 사익의 관계였다.[62] 공익과 사익의 조화가 어떻게 가능한가 하는 질문에 대해 허치슨은 인간의 심성에는 이기적 경향과는 독립된 이타적 경향이 있으며, 미적 감각과 마찬가지로 옳고 그름을 판단하는 자연스럽고 보편적인 도덕감각(moral sense)이 있기 때문이라고 주장했다.[63] 스미스도 개인이 자애심이라는 본성에 따라 자신의 행복을 추구하면서 스스로 의식하지 않았음에도 사회의 공익을 증진시킨다고 주장했다. "그는 공공의 이익을 증가시키려고 의도한 것도 아니며 그가 얼마나 기여하는지도 알지 못한다. 그는 오직 자신의 이익을 의도한 것이다. 그는 이렇게 함으로써 보이지 않는 손에 이끌려 그가 전혀 의도하지 않은 목

---

61 18세기 전반기의 스코틀랜드는 정치경제적으로나 사상과 학문의 측면에서나 후진적이고 폐쇄적인 지역이었다. 당시의 스코틀랜드를 지배한 것은 지극히 보수적인 교회와 정치가들이었다. 이 때문에 스코틀랜드의 지식인들 사이에서는 이런 현실을 개혁하고 주민들을 계몽하자는 사상운동이 일어났는데, 이를 스코틀랜드 계몽주의 운동이라고 부른다. 다만 전체적으로 보면 그 당시 스코틀랜드의 경제력은 잉글랜드보다 낙후되어 있었고 정치적으로도 잉글랜드의 간섭을 받았지만, '북쪽의 아테네'라 불린 에딘버러를 비롯한 일부 도시들은 경제적으로 매우 융성했으며 문화적으로도 잉글랜드와 비교해 결코 후진적이지 않았다는 주장도 많다. 실제로 스코틀랜드의 문맹률은 영국의 다른 지역보다 훨씬 낮았다. 사회 전반적인 후진성과 문화와 교육에서의 진보성이 동시에 스코틀랜드 계몽운동의 배경이 되었다고 이해할 수 있겠다. 특히 런던이 국제적인 상업과 금융의 중심지가 되면서 영국의 계몽주의 운동의 중심지는 사실상 에딘버러로 옮겨오게 된다. 스코틀랜드 계몽운동에서 특별히 주목할 만한 특징은 이 운동을 주도한 이들의 구성이다. 이 운동을 주도한 것은 전통적인 철학자나 사상가들이 아니라 자기 분야에서 전문적인 식견을 갖춘 전문직업인들이었다.

62 공익과 사익의 관계에 대한 관심은 당연히 스코틀랜드 계몽주의자들에게서만 나타나지 않는다. 많든 적든 그 시대의 계몽주의자들은 지역과 국가를 떠나 동일한 문제에 대해 깊이 고민했다. 한 예로 프랑스혁명 당시 혁명 진영의 웅변가로 유명했던 오노레 미라보(Honoré Gabriel Riquetti Comte de Mirabeau, 1749~1791)의 부친이자 중농주의 경제학자로 『농업철학(Phil. Rurale, 1763)』의 저자이기도 한 미라보 후작(Victor Riquetti Marquis de Mirabeau, 1715~1789)은 "질서가 잘 잡힌 사회가 지닌 마력은 각자가 자신을 위해 일한다고 생각하면서도 실제로는 각자가 다른 사람을 위해 일한다는 것"이라고 주장했다.(버컨, 이경남 옮김, 『애덤 스미스 경제학의 탄생』, 청람출판, 2008, 99쪽)

63 조준현, 『철학으로서의 경제학』, 270쪽.

적을 증진시키게 된다."[64]

칸트를 비롯해 독일의 관념론 철학이 인간의 인식이나 윤리는 물론 아름다움과 추함에 대한 판단조차도 이성에서 그 근거를 찾고자 한 반면, 영국의 경험론 철학은 윤리나 도덕의 근거를 감성에서 찾았다. 허치슨은 이성으로부터 도덕의 자율성을 강조했다. 허치슨의 철학은 도덕감각학파(moral sense school)라고 불린다. 도덕감각학파는 18세기 영국을 중심으로 보편적 인간 누구에게나 도덕적인 선악의 판단, 행위의 옳고 그름에 대한 판단, 미덕과 악덕의 구분 등을 할 수 있는 도덕감각이 존재한다고 주장한다. 인간은 사회적 동물이므로 이기심과 함께 사회적 소속감과 타인에 대한 동정심을 가지고 있다는 생각은 도덕감각학파의 철학자들에게서 공통적으로 나타난다. 데이빗 흄은 도덕적 판단에서 이성의 작용을 배제하고 감정의 역할을 강조했다. 흄에게 도덕감각은 유용하고 자신에게 이익이 되는 것을 받아들이는 경향을 의미한다. 다시 말해 사람들은 어떤 대상이 자신에게 쾌감을 일으키면 이를 도덕적으로 긍정하게 되고, 반대로 불쾌감을 주면 이를 도덕적으로 부정한다는 뜻이다. 그리고 어떤 대상이 나에게 도덕적인 긍정심을 주는 이유는 그것이 나에게 유용하기 때문이다. 그러나 나에게 유용한 대상이 타인이나 사회 전체로는 악덕이 될 수도 있다. 따라서 이런 문제점을 해결하기 위해서는 사람들이 동정심 즉 동감을 가져야 한다. 개인은 고립해서 생활하는 존재가 아니므로 다른 사람의 경험에 대해서 기쁨과 고통을 함께 한다. 따라서 동감은 공동체를 결속시키는 데 가장 중요한 원리다.

이기심에 대한 스미스의 서술은 자애심에 대한 그의 설명보다 좀 더 복잡하다. 어떤 곳에서 스미스는 이기심이라는 표현을 자애심과 구분해서 사용한다. 그러나 다른 곳에서는 이기심을 자애심과 거의 다르지 않은 의미로 사용하기도 한다. 이기심의 본질은 탐욕이다. 자신의 행복을 위해 타인의 행복을 탐하는 마음이다. 『국부론』에는 '이기적(selfish)'이라는 표현이 세 번 나오는데 모두 부정적인 의미로 사용된다. 그러면서 스미스는 또 이기심을 무조건적으로 부정하지만은 않는

64 스미스, 『국부론(상)』, 434쪽.

다. 이기심도 자애심과 마찬가지로 인간의 자연스러운 본성에서 나오기 때문이다. 더 중요한 문제는 인간이 아무리 이기적인 존재라 하더라도, 그의 천성에는 분명히 이와 상반되는 것들이 존재한다는 사실이다. 스미스는 또 다른 인간의 본성인 도덕감정(moral sentiment)들에 의해 적절히 통제된다면 인간의 이기심도 긍정적일 수 있다고 주장한다.[65] 연민이나 동정심과 같은 원리들을 거부할 때 이기심은 탐욕이 된다.

> 인간이 아무리 이기적인 존재라 하더라도, 그 천성에는 분명히 이와 상반되는 몇 가지가 존재한다. 이 천성으로 인하여 인간은 타인의 운명에 관심을 가지게 되며, 단지 그것을 바라보는 즐거움밖에는 아무것도 얻을 수 없다고 하더라도 타인의 행복을 필요로 한다. 연민(pity)과 동정심(compassion)이 이런 종류의 천성에 속한다. 이것은 타인의 고통을 보거나 또는 그것을 아주 생생하게 느낄 때 우리가 느끼는 종류의 감정이다.[66]

그런데 이기심에 대한 스미스의 이런 견해는 근대 정치이론의 발전에 중요한 역할을 한 토머스 홉스의 주장과 많이 다르다. 홉스에 따르면 인간은 누구나 자신의 욕망과 욕구의 대상을 선이라고 부르고 그것을 추구한다. 인간은 본질적으로 이기적 존재이기 때문에 자신의 욕망만을 충족시키려고 한다. 이기적인 개인이 아무런 양보 없이 자신의 이익만을 추구하는 자연상태는 "만인에 대한 만인의 투쟁 상태"이고, 이 상태에서는 산업이 발전할 여지가 없다. 토지의 경작이나 항해, 편리한 물건, 지표에 대한 지식, 학문과 예술이 존재할 수도 없다. 왜냐하면 노력

---

65 스미스가 스스로 허치슨으로부터 받은 영향을 부정하지는 않지만, 스미스의 도덕철학과 허치슨의 도덕철학 사이에는 유의미한 차이가 있다. 스미스는 도덕적 판단의 근거가 도덕감각이 아니라 도덕감정이라고 주장한다. 허치슨이 주장한 도덕감각(moral sense)이 시각이나 청각처럼 외부의 자극을 즉자적으로 수용하는 천성적인 능력을 의미하는 데 대해 스미스의 도덕감정(moral sentiment)은 슬픔이나 기쁨처럼 외부의 자극에 대해 정서적으로 반응하는 것을 의미한다. 스미스는 도덕성이 인간에 내재한 도덕감각에서 나오는 것이 아니라 다른 사람에게 인정받고자 하는 욕구에서 나온다고 말했다. 인간의 도덕감각은 선험적인 것이 아니라 사회적이라는 뜻이다.

66 스미스, 『도덕감정론』, 3쪽.

의 성과가 자신에게 돌아올 것이라는 보장이 없기 때문이다. 자연상태에서 인간의 삶은 외롭고, 가난하고, 비참하고, 잔인하고, 짧다.[67] 이처럼 홉스는 개인이 모두 각자의 이기심에 따라 살 때 나타날 참혹한 결과를 서술함으로써 국가의 필요성을 정당화하려고 했다. 이기심을 제어하고 평화롭게 살 수 있는 장치가 개인에게 존재하지 않고 외부에만 존재할 수 있다고 믿었기 때문이다. 하지만 스미스는 국가의 필요성을 매우 제한적인 범위에서만 인정한다.[68] 개인이 스스로 자신의 이기심을 제어할 수 있다고 믿기 때문이다. 스미스는 이렇게 말한다. "행복은 마음의 평정과 향유 가운데 있다. 평정 없이는 향유할 수 없고, 완전한 평정이 있는 곳에는 향유할 수 없는 것이란 있을 수 없다."[69] 모든 사람은 행복을 원하므로 행복을 해치는 행동들이 어떤 것들인가를 스스로 알기만 한다면 당연히 그런 행동을 하지 않을 터다. 그런데도 사람들이 탐욕에 집착하는 것은 무지하기 때문이다. "탐욕은 가난과 부유함 사이의 차이를 과대평가하고, 야심은 개인적 지위와 공적 지위의 차이를 과대평가하고, 허영은 무명의 상태와 유명한 상태의 차이를 과대평가한다. 이런 종류의 사치스런 격정의 영향하에 있는 사람은 그 자신이 처해 있는 실제 환경에서 불행하고 고통스러울 뿐만 아니라, 흔히 그가 어리석게도 감탄하는 처지에 도달하기 위해서 사회의 안정을 교란시키는 경향이 있다." 무지와 탐욕에 관한 스미스의 견해는 "두려움은 무지로부터 온다"고 말한 미국의 시인 랄프

---

67 홉스, 최공웅·최진원 옮김, 『리바이어던』, 동서출판사, 2009, 131~32쪽.

68 스미스가 무조건적인 자유방임주의를 옹호했다고 주장하는 이들도 적지 않지만, 이는 오해거나 왜곡이다. 『국부론』의 여러 곳에서 스미스는 상인과 제조업자들의 탐욕은 정부의 적절한 감시와 통제 아래 두어야 한다고 말했다. 다만 앞에서도 말한 것처럼 스미스의 시대는 절대주의 국가가 중상주의 정책을 강압적으로 추진하던 시대였다. 그래서 스미스는 국가의 역할보다 그 폐해를 더 경계했을 뿐이다. 국가에 대한 스미스의 견해 가운데 재미있는 것은 스미스가 국가의 출현을 사유재산을 보호할 필요에서 찾았다는 사실이다. 스미스는 국가의 목적이 "가난한 사람으로부터 부자를 지키기 위한, 또는 재산을 전혀 갖지 못한 사람으로부터 어느 정도의 재산을 가진 사람을 지키기 위한 것에 불과하다"고 말한다.(스미스, 『국부론(하)』, 213쪽.) 이와 유사한 언급은 『법학강의(Lectures on Jurisprudence)』에서도 나온다. "모든 경우에 법과 정부는 가난한 사람들을 억압하는 조직이고 이것을 방치했을 경우 파괴될 수 있는 불균등한 재산을 유지하기 위한 부자들의 연합체로 간주될 수 있다."(스미스, 서진수 옮김, 『법학강의(상)』, 자유기업원, 2002, 406쪽.) 자본주의라는 경제체제를 바라보는 관점은 정반대일지라도 스미스와 마르크스가 똑같이 국가의 목적을 사유재산의 보호에서 찾았다는 점은 매우 흥미롭다.

69 스미스, 『도덕감정론』, 275~76쪽.

에머슨(Ralph Waldo Emerson, 1803~1882)의 경구를 생각나게 한다. 많은 경우에 탐욕과 이기심은 내가 가지지 못할지 모른다는 두려움 때문에 남보다 먼저 가지려 하는 데서 오기 때문이다.

사익과 공익의 조화라는 스코틀랜드 계몽주의자들의 사상은 자연스럽게 "개인의 행복을 추구하면서 사회 전체의 공공복리를 증진시키기 위해서는 무엇이 필요한가?"라는 공리주의적 질문으로 나아가게 된다. 앞에서 이야기한 것처럼 허치슨은 "최대 다수의 최대 행복"이라는 말을 처음 한 인물이다. 허치슨과 흄의 사상은 공리주의 사상의 발전에 중요한 영향을 미치게 된다.[70] 공리주의는 인간 행위의 윤리적 기초를 개인의 이익과 쾌락의 추구에 두고, 무엇이 이익인가를 결정하는 것은 개인의 행복이므로 "도덕은 최대 다수의 최대 행복을 목적으로 한다"고 주장한다. 이 원리는 근대 시민사회의 윤리적 기준이 되었으며, 영국 고전학파 경제학의 가장 중요한 기본 원리 가운데 하나가 되었다. 공리주의자들에게 공통된 사상은 흄이 주장한 것처럼 나에게 유용하면 선한 것이라는 태도다. 칸트는 인간의 의지에 주어지는 명령 즉 인간이 행동하는 동기를 정언명령(Kategorischer Imperativ)과 가언명령(Hypothetischer Imperativ)으로 구분했다. 칸트의 정의에 따르면 가언명령은 가능한 행위의 실천적 필연성을 사람들이 원하는 어떤 다른 것에 도달하기 위한 수단으로 표상하는 것이며, 정언명령은 한 행위를 그 자체로서, 어떤 다른 목적과 관계없이 필연적인 것으로 표상하는 그런 명령을 의미한다. 간단히 설명하자면 가언명령은 조건부 명령이고 정언명령은 무조건적이고 절대적인 명령이다. 어려운 사람을 도와주면서 어떤 물질적 대가는 물론 그 행위에 대한 칭찬이나 감사의 표현을 기대한다면 그것은 가언명령이다. 칸트는 인간이 선한 행위를 해야 하는 이유는 다른 어떤 이유도 아닌 오직 그 행위가 선하기 때문이라고 주장한

---

70 밀은 『공리주의(Utilitarianism, 1863)』라는 책의 주석에서 '공리주의'라는 말을 처음 사용한 사람은 바로 자신이라고 주장했다. 다만 자신이 이 말을 처음 만든 것은 아니며, 스코틀랜드 출신의 작가인 존 갈트(John Galt, 1779~1839)가 쓴 『영국교구사(Annals of the Parish, 1821)』에서 지나가는 말처럼 사용한 용어를 빌린 것이라고 말했다. 공리주의의 'utility'는 '功利'로 번역하는 것이 보통이지만 때로는 '公利'로 번역하기도 한다. '功利'는 개인에게 유용하고 이익이 된다는 의미다. 반면에 '公利'는 공공의 이익에 부합한다는 의미다. 사적 이익과 공익의 조화라는 관점에서 보면 '公利'가 더 옳은 듯싶기도 하다.

다. 진정으로 도덕적인 인간은 어떤 행위를 하기 전에 아무런 고려도 판단도 하지 않고 오직 자신의 선한 의지에 따라 행동한다는 것이다. 이에 대해 공리주의자인 밀은 물에 빠진 동료를 구하는 행위는 그 동기가 의무감에서였든 아니면 그런 수고를 통해 보상을 받으리라는 희망 때문이었든 상관없이 도덕적으로 옳다고 주장한다.[71]

공리주의에 관한 가장 흔한 오해는 공리주의가 다수의 행복을 위해서는 소수의 희생이 불가피하다고 주장한다는 생각이다. 공리주의에 대해 흔한 또 다른 오해는 공리주의가 총량만을 기준으로 도덕적으로 선한가 아닌가를 판단한다는 생각이다. 가령 한 사람이 10만큼 더 행복해진다면 그 대가로 두 사람이 각각 4만큼 불행해지더라도 사회 전체적으로는 더 선하다는 것이 공리주의자들의 주장이라고 생각하는 경우가 많다. 벤담은 『도덕과 입법의 원리 서론(Introduction to the Principles of Morals and Legislation, 1789)』이라는 책에서 공동체의 이익이란 그것을 구성하는 각각의 구성원들의 이익의 총합이라고 주장했다.[72] 따라서 공리주의가 총량을 기준으로 선을 판단한다는 말도 근거가 있는 듯이 보인다. 그러나 바로 같은 책 같은 곳에서 벤담은 공동체의 이익이라는 말은 무의미하며, 개인의 이익이 무엇인지 이해하지 못한 채 공동체의 이익에 대해 논하는 것은 부질없다고 주장했다. 최대 다수라는 표현에서 벤담이 말하고자 했던 진정한 의미는 개인들이 한 사람이라도 더 행복할 때 사회도 그만큼 더 행복해진다는 것이다. 벤담은 모든 사람은 하나로 계산되며 하나 이상으로 계산되지 않는다고 분명하게 주장한다. 전체가 아니라 모든 개인의 행복이 똑같이 중요하다는 뜻이다. 그러므로 다수의 행복을 위해 소수가 양보하고 희생해야 한다는 말도 잘못되었다. 벤담의 의도는 다수인 비장애인들의 편리를 위해 소수의 장애인들이 불편을 감수해야 한다는 것이 아니라 그 반대로 한 사람의 장애인이라도 더 행복해진다면 사회 전체의 행복도 그만큼 커진다는 의미이기 때문이다.

---

71 밀, 『공리주의』, 43~44쪽.

72 벤담, 정홍섭 옮김, 『벤담과 밀의 공리주의』, 좁쌀한알, 2018, 12쪽.

공리주의자들의 도덕관에서 쾌락주의적이고 결과주의적인 태도가 공통적으로 나타나는 것은 사실이다, 이 점은 스미스 이전의 공리주의자인 허치슨과 흄에게서는 물론이고, 스미스 이후의 공리주의자인 벤담과 존 스튜어트 밀에게도 마찬가지다. 밀은 공리주의의 역사를 플라톤과 에피쿠로스에까지 거슬러 올라간다. 에피쿠로스가 쾌락주의자라는 데에는 이견이 없다. 하지만 플라톤을 쾌락주의자이므로 공리주의자라고 부르는 데에는 선뜻 동의하기 어렵다. 밀이 그렇게 주장하는 근거는 플라톤이 "오직 정신의 즐거운 상태만이 바람직하며, 그것은 즐거움을 주기 때문에 바람직하다"고 말했기 때문이다.[73] 여기서 주목해야 할 일은 바로 밀이 정신의 즐거운 상태를 쾌락이라고 말한 점이다. 밀은 이렇게 주장했다. "만족해하는 돼지보다 불만족스러워하는 인간이 더 낫다. 만족해하는 바보보다 불만을 느끼는 소크라테스가 더 나은 것이다."[74] 물론 스미스의 도덕관에서도 쾌락주의적인 측면을 배제할 수는 없다. 그러나 다른 한편 스미스에게서는 극기와 절제를 강조한 스토아학파의 영향이 짙게 나타난다. 스미스가 공리주의자들과 진정으로 구분되는 점은 쾌락주의에 대한 태도보다는 인간 행위의 규범과 동기를 명확히 구분했다는 데 있다. 스미스가 보기에 허치슨이나 흄은 인간이 어떻게 행동하는가와 어떻게 행동해야 하는가를 올바로 구분하지 못했다. 인간이 쾌락을 위해 행동한다는 것과 인간이 쾌락을 위해 행동해야 한다는 것은 명확하게 다른 문제라는 뜻이다.[75]

---

73 밀, 『공리주의』, 147쪽.
74 밀, 『공리주의』, 29쪽.
75 조준현, 『철학으로서의 경제학』, 272~73쪽.

미켈란젤로의 <천지창조> 가운데 <아담과 이브의 유혹과 낙원에서의 추방>

토머스 홉스는 인간의 본성을 악하다고 주장했다. 홉스에 따르면 자연상태를 만인에 대한 만인의 투쟁 상태(Bellum omnium contra omnes)다. 자연상태는 전쟁과 같은 혼란 상태이며, 그 속에서 인간은 고독하고 빈곤하며 불결하고 야수적이다. 그래서 "사람은 사람에게 서로 늑대(homo homni lupus)"인 것이다. 반면에 장 자크 루소는 인간의 본성은 선하지만 문명과 사회제도의 영향으로 악해졌다고 주장했다. 자연이 만든 사물은 모두 선하지만 인위를 거치면 악해진다는 것이다.루소가 생각하는 자연상태는 모든 개인이 자유롭고 평등한 상태이다. 그러나 사유재산제도의 출현으로 부유한 자들과 빈곤한 자들이 나타나고 부자의 횡령과 빈자의 약탈이 시작되면서 자연상태는 홉스가 주장한 것과 같은 전쟁상태로 들어가게 된다. 그런데 인간의 본성이 선한가 악한가를 이야기하기 위해서는 먼저 무엇이 선이고 무엇이 악인지 정의되어야 한다. 공리주의는 바로 선과 악을 어떻게 정의할 것인가 하는 고민에서부터 출발한다. 공리주의자들은 공리 즉 유용한 것이 곧 선이라고 주장한다. 그러나 공리주의에는 개인의 사익이 어떻게 사회 전체의 공익으로 이어지는가에 대한 고민은 있지만 반대로 사회의 발전이 개인의 행복에 어떻게 기여할 것인가 하는 고민이 빠져 있다. 개인의 행복이 어떻게 경제적 풍요나 사회적 진보와 같은 공공의 이익을 만들어 낼 것인가도 중요하지만, 그런 풍요와 진보가 사회구성원들을 어떻게 더 행복하게 만들 것인가는 훨씬 더 중요하다

상업사회의 출현

철학자든 경제학자든 자연과학자든 모든 위대한 사상가들에게 공통된 점은, 인간에 대한 새로운 통찰을 우리에게 준다는 점일 터다. 애덤 스미스 역시 그러한데, 스미스 이전까지 대다수의 철학자들은 인간을 이타적인 존재이므로 선하다거나, 반대로 이기적인 존재이기 때문에 악하다고 생각해 왔다. 그러나 스미스는 인간이 이기적임에도 불구하고, 또는 더 적극적으로 나아가 이기적이기 때문에 오히려 긍정적일 수 있다고 주장했다. 스미스의 경제사상의 밑바닥에는 근본적으로 인간의 본성에 대한 신뢰가 있다. 중세적 인간관의 핵심은 인간은 신의 피조물이라는, 그래서 인간의 본질은 신의 섭리 또는 신의 은총을 증명하는 데 있다는 목적론적 세계관이다. 인간의 정신과 영혼은 신이 준 것이나 인간의 육체는 자연의 소재로 만든 것이다. 따라서 정신은 고귀하나 육체는 천박하다. 인간의 육체가 식욕과 성욕 같은 저열한 욕구를 탐닉하는 이유도 여기에 있다. 중세적 인간관에 대비하는 근대적 인간관의 핵심은 자기 삶의 주체로서 '나' 즉 자기자신에 대한 자각과 함께 나의 욕구에 대한 추구다. 르네상스 이후 근대 시민사회의 발전은 바로 인간의 이기심을 긍정하고 계발하고 표현하고자 한 투쟁의 역사다. "이기심이 우리의 본질과 그 어떤 비슷함이라도 가진 시대를 행복한 시대라고 여긴다."[76]

애덤 스미스가 프랜시스 베이컨 이후의 영국 경험론 철학과 계몽주의 사상의 제자임을 부정할 수 없다. 그런데 새롭게 등장한 근대 시민사회에 대한 스미스의 견해는 홉스와 로크와 같은 사상가들의 견해와 기본적인 관점에서부터 많이 다르다. 홉스나 로크는 시민사회를 봉건국가를 대체한 정치적 공동체로 간주했다. 그러나 스미스는 시민사회의 본질을 경제적 이해관계로부터 파악했다. 자신이 살았던 시대를 스미스는 '상업사회(commercial society)'라고 불렀다. 여기서는 모든 사람이 교환에 의해 생활하며, 따라서 어느 정도는 상인이 되기 때문이다.[77] 다만

76 부르크하르트, 『세계 역사의 관찰』, 388쪽.
77 스미스, 『국부론(상)』, 29쪽.

겉으로 보기에 상업사회의 중요한 특징인 분업이나 교환은 그 자체로 목적이 아니라 단지 나의 욕구를 충족시키기 위한 수단에 불과하다. 상업사회는 모든 개인이 자연스럽게 자신의 필요와 욕구의 충족을 추구하는 사회다.

상업사회로서의 시민사회에 대한 스미스의 사상이 개인의 악덕이 사회에는 미덕이 된다고 주장한 같은 시대의 중상주의 사상가인 맨더빌에게서 영향을 받은 것이라고 말하는 이들이 많다. 그러나 실제로 스미스의 사상에 결정적인 영향을 준 사람은 그의 선배이자 절친한 친구였던 철학자 데이빗 흄이다. 스미스는 자신의 평생에 걸쳐 가장 크게 영향을 받은 인물로 스승인 허치슨 교수와 흄을 꼽았다. 『국부론』에서 스미스는 흄을 "우리 시대의 가장 저명한 역사가이자 철학자"라고 불렀다. 실제로 흄은 영국 인식론 철학에서 가장 중요한 인물 가운데 한 사람이자, 당대에는 『영국사(The History of England, 1754~62)』의 저자로 더 유명하기도 했다. 흄의 『인간본성론(A Treatise of Human Nature, 1738~40)』은 출간되자마자 금서로 지목되었는데, 옥스퍼드대학 유학 시절 스미스도 『인간본성론』을 읽다가 들켜 퇴학 처분을 받을 뻔한 적이 있다. 스미스가 잉글랜드의 폐쇄적인 학문풍토에 실망해 스코틀랜드로 돌아온 이유 가운데는 아마 이 사건도 큰 영향을 미쳤을 것이다.[78] 흄은 자신의 주저인 『인간본성론』을 비롯한 여러 저술에서 상업사회에 대해 어떤 측면에서는 스미스보다 더 적극적으로 옹호하는 주장을 전개했다. 개인

---

78 흄은 스미스보다 12살 연상이었는데, 허치슨 교수가 은퇴한 뒤에 글래스고대학의 도덕철학 교수직에 후보로 올랐던 것도 흄과 스미스였다. 흄이 교수가 되지 못한 이유는 너무 극단적인 불가지론자(agnostic)였기 때문이다. 스미스의 신앙관에 대해서는 명확한 자료가 없다. 스미스의 강의목록에는 윤리학, 법학, 경제학과 함께 자연신학이 있었는데, 이를 근거로 스미스가 매우 독실한 신앙을 가졌었다고 주장하는 이들도 있다. 그러나 스미스의 생애나 그의 저작들을 보면 스미스가 그다지 신앙에 대해 진지했던 것 같지는 않다. 그 시대의 많은 계몽주의자들처럼 스미스도 이신론(deism)에 가까운 태도를 가졌을 것으로 짐작된다. 이신론이란 이성의 관점에서 신앙을 합리주의적으로 해석하는 태도를 말한다. 신이 우주를 창조했다는 사실은 인정하되, 일단 창조된 우주는 신의 의사가 아니라 이성에 의해 작동한다는 것이다. 불가지론이 조금 완곡하게 표현된 무신론이라면 이신론은 많이 완곡하게 표현된 무신론이라고 해도 크게 잘못되지 않는다. 이미 이야기한 것처럼 스미스는 그의 모든 저술들을 통틀어 '보이지 않는 손'이라는 말을 꼭 세 번 썼는데, 『도덕감정론』에서 한 번, 『국부론』에서 한 번, 그리고 「천문학의 역사(The History of Astronomy)」라는 사후에 발견된 원고에서 한 번이다. 이 논문에서 스미스는 "주피터의 보이지 않는 손(invisible hand of Jupiter)이 천체의 운행을 조화롭게 이끈다"고 했다. '하느님의 보이지 않는 손'이 아니라 굳이 '주피터의 보이지 않는 손'이라고 둘러 표현한 데서 스미스의 신앙관을 엿볼 수 있을 듯싶기도 하다.

의 사리사욕과 사적 이해의 추구가 상업의 발전을 가져오고 이것이 일반적 재부를 창출해 인간을 빈곤 상태에서 구해 냈으며 이를 통해 인간의 삶은 세련되고 예술과 기술 그리고 학문이 발전할 수 있다는 것이 흄의 주장이다. 이제 시민사회는 인간들이 공동선과 공동의 이익을 위해 사적 이해를 떠나 헌신해야 하는 정치의 장이 아니라 서로의 욕망과 이해를 만족시키기 위해 계산하고 교환하는 상업의 장으로 등장한 것이다. 그리고 그러한 계산과 교환이 도덕적으로도 잘못된 것은 아니라고 흄은 주장한다. 정의, 덕, 악덕, 불의 같은 것은 선험적으로 존재하는 것이 아니라 어디까지나 인간이 필요에 의해 만들어 낸 것에 불과하기 때문이다.[79] 따라서 흄에 의하면 인간이 정의의 규칙을 따르는 것은 어떤 보편적 선의 원리를 반영하는 것이 아니라 단지 그들의 사적 이익을 극대화하기 위한 것이다. 재화는 유한한 데 인간의 욕망은 무한하다는 것을 인식한 인간들은 그들의 이익을 위해서 정의의 규칙을 만들어냈다는 것이다. 이렇듯 흄은 시민사회를 개인들 상호 간의 특수한 이익들이 얽혀 있는 곳이고, 여기에 정의의 규칙을 부여하는 것 또한 공공이익 또는 자애와 같은 보편적 선이 아니라 자기이익이라고 보았다. 즉 시민사회는 동료 시민들이 공동선의 성취라는 공동의 보편적 목적을 추구하는 곳이 아니라 개인들이 자기의 이익을 위해 '상업(commerce)'하는 곳이라는 뜻이다.[80]

시민사회의 본질에 대한 앞선 사상가들과 흄이나 스미스의 서로 다른 관점은 아마 그들이 살았던 시대의 상이함에서 왔을 터다. 홉스와 로크는 청교도혁명(Puritan Revolution, 1642~1649)에서 명예혁명(Glorious Revolution, 1688)에 이르는, 〈권리청원(Petition of Right, 1628)〉에서 〈권리장전(Bill of Rights, 1689)〉에 이르는 영국 민주주의의 건설기였다.[81] 하지만 이 시기는 아직 스미스가 살았던 본래의 매

79 흄, 김성숙 옮김, 『인간이란 무엇인가』, 동서문화사, 2009, 495쪽 이하.

80 조승래, 「18세기 영국의 시민사회론」, 부산경남사학회, 『역사와경계』 51집, 2004, 152쪽.

81 <권리청원>은 1628년 영국 하원에서 기초해 같은 해 6월 7일 찰스 1세(Charles I, 1600~1649)의 승인을 얻은 국민의 인권에 관한 선언이다. 주요내용은 의회의 동의 없이는 어떠한 과세나 공채도 강제되지 않는다는 것, 법에 의하지 않고는 누구도 체포·구금되지 않는다는 것, 육군 및 해군은 인민의 의사에 반하여 민가에 숙박할 수 없다는 것, 민간인의 군법에 의한 재판은 금지한다는 것, 각종의 자유권을 보장한다는 것 등이었다. 국가의 주권이 국왕으로부터 의회로 옮겨지는 계기가 되었다. <권리청원>이 청교도혁명과 관련된 인권선언인 데 대해, <권리장전>은 명예혁명의 결과로 이루어진 인권선

뉴팩처 시대로부터 너무 멀었다. 스미스가 목격했던 것과 같은 개인들의 경제적 이기심이 전적으로 표현되고 수치심 없이 추구되던 시대와는 많이 달랐다는 뜻이다. 정치적 공동체로부터 상업적 동기의 추구로 시민사회에 대한 인식의 전환을 가져온 가장 주요한 요인은 바로 18세기 영국 사회의 급속한 상업화다. 상업화로 인해 나타나는 인간 기능의 전문화 즉 노동과 직업의 분화는, 인간을 정치적 동물로 규정한 아리스토텔레스 이래의 고전적 인간관은 상업사회에 살고 있는 근대인들에게는 맞지 않게 되었다. 인간은 정치적 동물로서, 즉 폴리스 안에서 다른 인간들과 함께 살아야만 하는 존재로서, 사적 이해보다는 공동선과 공동의 이익을 먼저 추구해야 하며 이를 위해 공공의 업무에 적극적으로 참여해야 한다는 생각은 이제 맞지 않는다는 것이다. 이미 도래한 상업사회에서는 어차피 개인의 사적 취향과 이해의 추구가 사회 진보의 동인이 되고 있기 때문에, 이제 인간은 공공업무의 참여를 통한 전인적 자아실현보다는 자신의 개인적 능력과 취향에 따라 전문적 직종에서 재부를 창출하고 문화를 향유하면서 살아갈 수밖에 없다는 것이다. 이러한 인간관의 변화는 시민사회가 국가라는 정치적 영역과 겹쳐져 있다고 생각하던 종래의 시민사회론에도 변화를 일으켰다. 이제 시민사회는 정치적 영역과는 상관없는 개인의 사적 욕구가 충돌하고 전문적 능력이 교환되는 공간으로서 등장하게 된 것이다.[82]

스미스에게 개인들이 자신의 욕구를 실현하면서 동시에 공공의 이익을 증진시키는 데 가장 부합하는 제도는 바로 시장이다. 스코틀랜드 계몽주의자들은 현실의 경험과 실천 속에서 덕을 함양할 때 개인과 사회 모두의 발전이 가능하다고

언이다. 제임스 2세(James II, 1633~1701)의 전제정치와 종교 탄압에 반대해 일어난 명예혁명으로 1688년 12월 23일 국왕은 프랑스로 도망하고, 이듬해 2월 13일 윌리엄 3세(William III, 1650~1702)가 새 국왕으로 추대된다. 의회는 1689년 12월 16일 <신민의 권리와 자유를 선언하고 왕위계승을 정하는 법률>이라는 이름의 의회제정법을 공포하는데, 이것이 곧 <권리장전>이다. 주요내용은 의회의 동의 없이 왕권에 의하여 이루어진 법률이나 그 집행 및 과세의 위법, 의회의 동의 없이 평화시에 상비군의 징집 및 유지의 금지, 국민의 자유로운 청원권의 보장, 의원선거의 자유 보장, 의회에서의 언론 자유의 보장, 지나친 보석금이나 벌금 및 형벌의 금지 등이다. <권리장전>은 영국의 절대주의를 종식시키고 의회정치를 확립하는 기초가 되었다는 점에 큰 의의가 있다.

82 조승래, 「18세기 영국의 시민사회론」, 150쪽.

믿었으며, 이를 상업사회의 도덕철학으로 간주했다. 스미스도 이기심을 무조건적으로 긍정하지는 않았다. 사적 이익과 공적 이익의 조화라는 관점에서 볼 때 이기심은 적절한 제도 속에서만 공적 이익을 실현할 수 있다. 바로 시장이다. 스미스에게 시장의 보이지 않은 손이란 개인들의 사적 이익의 추구가 공익의 증진이라는 자신이 의도하지 않은 결과를 가져온다는 뜻이다. 시장에서는 누구든 자신의 이익을 추구하기 위해서는 먼저 타인의 이익을 고려하지 않으면 안 되기 때문이다. 시장에 대한 스미스의 관점은 사회를 유지하기 위해서는 동감의 원리가 필요하다는 흄의 사상과, 시장이란 개인들이 서로의 이익을 위해 공정한 질서에 합의한 결과라는 볼테르의 사상을 더 발전시킨 것이다. 그런데 스미스가 자유방임적인 시장을 주장했다고 오해하는 이들이 많지만 이는 스미스의 사상과 많이 다르다. 스미스는 자신의 저술 어디에서도 직접 자유방임(lassez-faire)이라는 표현을 사용한 적이 없다. 정부의 역할에 관한 논쟁과는 상관없이 "자유주의 또는 방만주의(liberal or loose system)"라는 표현이 『국부론』에 등장하기는 하지만 이는 자유방임주의 정부가 아니라 가치체계에 대한 문제에서 엄숙주의나 경건주의와 대비되는 의미로 사용되었다.[83] 그나마 자유주의와 가장 가까운 의미로 '자연적 자유(natural liberty)'라는 표현을 여러 곳에서 사용하기도 했다. 그러나 흔한 오해와는 반대로 스미스는 "사회 전체의 안정을 위협하는 몇몇 개인의 자연적 자유의 행사는 모든 정부의 법률에 의해 제한되고 있으며 제한되어야만 한다"고 말했다.[84] 마찬가지로 스미스가 자유방임적 시장에 대응하는 '값싼 정부'를 주장했다는 생각도 잘못된 것이다. 스미스는 한 번도 그런 표현을 사용한 적이 없을 뿐 아니라, 오히려 문명국가의 정부는 야만국가의 정부보다 더 많은 비용을 필요로 한다고 말했다. 사회가 진보할수록 정부가 해야 할 일도 더 많아지기 때문이다.[85] 스미스는 정부의 역할을 밤에 도둑이나 지킨다는 의미의 '야경국가(Nachtwachterstaat)'에 한정하지도, 그런 형태의 정부를 주장하지도 않았다는 뜻이다.

---

83 스미스, 『국부론(하)』, 285쪽.
84 스미스, 『국부론(상)』, 311쪽.
85 스미스, 『법학강의(하)』, 265쪽.

스미스가 상업사회라고 부른 새로운 성격의 사회를 헤겔은 시민사회 즉 '부르주아 사회(die bürgerliche Gesellschaft)'라고 불렀다.[86] "이성적인 것은 현실적이고, 현실적인 것은 이성적이다(Was vernunftig ist, das is wirklich: und was wirklich ist, das ist vernunftig)"라는 경구로 유명한 헤겔의 『법철학 강요』는 오늘날의 기준으로 보면 윤리학과 사회철학 그리고 정치철학까지를 포괄한 저작이다.[87] 이 책은 모두 세 부분으로 구성되어 있는데, 그 가운데 제3부인 「인륜성」은 다시 「가족」, 「시민사회」, 「국가」의 세 장으로 구분된다. '인륜성(Sittlichkeit)'은 윤리적 차원과 정치적

---

86 헤겔의 'die bürgerliche Gesellschaft'를 부르주아 사회로 번역하는 것은 사실 정확하지 않다. 독일어 'bürger'는 맥락에 따라서 부르주아(bourgeios)라는 의미와 시민(citoyen)—연구자에 따라서는 'bourgeios'를 '시민'으로, 'citoyen'을 '공민'으로 번역하는 경우도 많음—이라는 의미가 모두 있기 때문이다. 따라서 헤겔의 시민사회 개념은 국가 외부의 자율적인 시민들의 사회를 의미할 수도, 이 시민들이 경제적 이익을 추구하면서 교환과 착취가 발생하는 부르주아 사회를 의미할 수도 있다. 헤겔에게 시민사회는 이기적 경쟁이 벌어지는 경제사회를 의미했지만, 헤겔은 이 단어를 부정적 의미로만 사용한 것이 아니라 그 안에서 시민들이 자율적 개인으로서 시민으로서의 권리가 보장된다는 긍정적 측면 역시 발견하고자 했다.(아른트, 한상원 옮김, 『역사와 자유의식: 헤겔과 맑스의 자유의 변증법』, 에디투스, 2021, 79쪽.) bourgeios와 citoyen의 개념을 처음 구분해 사용한 철학자는 장 자크 루소라고 한다. 칸트는 『윤리형이상학(Metaphysik der Sitten, 1797)』에서 bürger에 내재된 시민과 공민의 이중적 의미를 표현하기 위해 'Staatsbürger'라는 용어를 사용했다. "국가의 입법을 위해 통합된 구성원은 시민(Staatsbürger)이라고 불린다" 여기서 시민이란 자유로운 존재로서 공적인 삶, 즉 입법과 같은 국정 일반에 참여하는 시민을 의미한다.(박배형 주해, 『헤겔과 시민사회』, 서울대학교 출판문화원, 2020, 23쪽.) 『유대인 문제에 관하여(Zur Judenfrage, 1843)』에서 마르크스는 자본주의 사회에서 나타나는 정치적 국가와 시민사회의 분열, bourgeios와 citoyen의 분열에 대해 비판했다. "특정 종교의 신봉자인 인간이 공민 계급(Staatsbürgertum)인 자기자신과 빚는 갈등, 공동체의 구성원으로 다른 인간과 빚는 갈등은 정치적 국가와 시민사회 사이의 세속적 분열로 귀착된다. 시민(bourgeios)으로서의 인간에게 국가 안에서의 삶은 가상일 뿐이거나 혹은 본질과 규칙을 거스리는 일시적 예외일 뿐이다. 공민(citoyen)이 단지 궤변으로만 유대인 혹은 시민인 것처럼, 시민은 유대인과 마찬가지로 단지 궤변적으로만 국가적 삶 안에 머무를 뿐이다."(마르크스, 김현 옮김, 『유대인 문제에 관하여』, 책세상, 2022, 35쪽.)

87 본문의 주제와는 조금 멀지만, 워낙 유명할 뿐 아니라 다음 장에서 서술할 이성에 관한 헤겔의 사상을 이해하는 데 중요한 내용이어서 이 문장에 대한 설명을 잠시 덧붙일 필요가 있을 듯싶다. 헤겔이 말하는 '현실성(Wirklichkeit)'은 아리스토텔레스의 '현실태(energeia)' 개념을 계승한 것이다. 고대 그리스어 'energeia'나 그 라틴어 번역어인 'actus'는 원래 활동, 작용, 힘 또는 그런 활동에 의해 완수된 것 또는 완성된 것을 의미한다. 독일어 'Wirklichkeit'도 '작용하다'라는 의미를 가진 동사 자가두 'wirken'에서 파생했다. 그러므로 이때의 현실은 바로 이성의 작용에 의해 구성된 현실, 이성적 존재인 인간의 활동에 의해 '참되게' 창출된 현실을 가리킨다. 따라서 흔한 오해처럼 헤겔은 모든 현실적 존재를 무비판적으로 긍정한 것이 아니라, 오직 이성적 행위에 의해 형태화한 것일 때만 현실적인 것은 이성적인 것으로 인식될 수 있으며 또 그렇게 인식하는 것이 바로 이성이라고 주장한 것이다.(김준수, 『헤겔: 정신의 체계, 자유와 이성의 날개를 활짝 펴다』, 한길사, 2015, 145~47쪽.)

차원을 결합하고 있는 헤겔의 독창적인 개념이다.[88] 인륜성은 한 사회와 국가에서 공유되고 인정되는 규범과 가치, 그리고 이를 실현하는 제도와 관습의 총체를 의미한다. 따라서 인륜성은 좁은 의미에서의 도덕 규범은 물론, 공동체의 관습과 제도들, 공동체가 추구하는 공동선의 관념들, 법과 정치제도의 요소들을 모두 포괄하는 종합적인 개념이다.[89]

> 인간이 살아 있는 존재라는 사실은 우연적인 것이 아니라 이성에 합당한 일이며, 그러한 한에서 인간은 자신의 욕구를 자신의 목적으로 만들 권리를 가지고 있다. 누군가가 살아 있다는 사실에는 어떠한 경멸적인 것도 존재하지 않으며, 인간을 존재할 수 있게 하는 어떠한 더 고차적인 정신성이 그에 대립하지도 않는다.[90]

헤겔이 제시하는 인륜적 삶은 근본적으로 욕구의 충족과 여기서 오는 쾌락의 향유를 배제하지 않는다.[91] 헤겔은 개인의 권리와 자유, 그리고 욕구의 추구가 정

88 '인륜성'과 가장 가까운 번역어를 찾자면 '윤리'일 터지만, 우리가 흔히 사용하는 '도덕'과는 또 다른 개념이다. 영어로는 흔히 'ethic life'로 번역한다. '도덕적 삶'보다는 '공동체적 삶' 또는 '관계적 삶'에 더 가깝다고 보아야 옳다. '인륜성'이라는 개념은 그리스 철학의 '에토스(ethos)'에 그 연원을 두고 있다. 에토스는 원래 성격, 습관을 의미하는 단어로, 사람에게 도덕적 감정을 갖게 하는 보편적인 도덕적 요소를 의미한다. 아리스토텔레스는 인간의 영혼을 지성적 부분과 비지성적 부분으로 나누고, 비지성적 부분 가운데 습관에 의해 지성적 부분으로 되는 감정적 능력을 에토스라 불렀다. 아리스토텔레스의 저작인 『수사학(Rhetoric)』에서는 수사학의 세 요소로 로고스(logos), 파토스(pathos) 그리고 에토스를 이야기하고 있다. 로고스는 이성적·논리적 힘을, 파토스는 감성적·심리적 힘을, 그리고 에토스는 윤리적·도덕적 힘을 의미한다.

89 박배형 주해, 『헤겔과 시민사회』, 16~17쪽.

90 헤겔, 『법철학 강요』, 아른트, 『역사와 자유의식: 헤겔과 맑스의 자유의 변증법』, 16쪽에서 재인용.

91 연구자에 따라서는 'Bedürfnis'를 욕구로 번역하기도 하고 다른 이는 욕망으로 번역하기도 한다. 'Bedürfnis'에 대비되는 개념이 'Begierd'인데, 마찬가지로 어떤 이는 이를 욕망으로, 다른 이는 욕구로 번역한다. 실은 헤겔 자신도 이 두 용어를 혼용할 때가 없지는 않지만, 대체로 'Begierd'를 생물학적인 욕구를, 'Bedürfnis'를 사회적 욕망의 의미로 사용했다. 『정신현상학』에서 헤겔은 자기의식을 '생명(Leben)'으로부터 유추해 내며, 이러한 생명의 자기보존을 가능하게 하는 내적인 힘을 'Begierd'에서 찾는다. 또 『법철학 강요』의 「시민사회」 편에서는 "사회적 관계 또는 대상에 의해 촉발되는 욕구를 'Bedürfnis'으로 규정함으로써 자연적 원리에 의존하는 욕구와 구별했다.(정미라, 「욕망과 자유—헤겔의 실천철학을 중심으로」, 범한철학회, 『범한철학』 제53집, 2009, 166쪽.) 따라서 'Bedürfnis'를 욕망으로, 'Begierd'를 욕구로 옮기는 것이 옳을 듯하다. 욕구는 자연적이고 욕망은 의식적이다. 욕구는 동물과 인간이 모두 느끼지만, 욕망은 인간에게서만 나타나는 충동이다. 동물은 자신의 실재적 개체 과정을 통해 관념적 관계가 내포하는 보편을 유한한 방식으로나마 실현하고 그 자신은 개체로서

당성을 지니게 된 자신의 시대인 근대를 '시민사회'라는 개념으로 포착한다. 하버마스(Jürgen Habermas, 1929~)에 따르면 헤겔은 "국가의 정치적 영역을 시민사회와 분리시킴으로써 현대사회에 적합한 개념체계를 용어상 처음으로 표현한 최초의 철학자다."92 헤겔은 욕망에 의해 매개된 시민사회에서의 시민이야말로 "우리가 인간이라고 부르는 표상의 구체성이며, 비로소 여기에서, 오직 여기에서만 인간에 대해 말할 수 있다"고 천명했다.93 시민사회는 욕구의 추구를 매개로 개인들이 상호교류하는 시장경제를 특징으로 한다. 이런 시민사회를 움직이는 원칙으로는 한편으로는 타자에 대해 배타적인 이기적 개인들의 욕구충족이며, 다른 한편으로는 개인들이 자신들의 욕구를 충족시키기 위해 만들어낸 상호의존성이다. 시민사회에서 개인들의 관계는 서로 모순되게 보이는 배타적인 이기심과 타자 의존성이라는 이중적 구조에 의해 규정된다.94 헤겔은 이러한 상호의존의 체계에서 개인들의 주관적 이기심은 타자 모두의 욕구충족에 이바지하는 것으로 바뀐다고 지적한다. 이처럼 개별자가 자기의 욕구를 충족시키기 위하여 서로 의존하는 연관 안에서 교환가능한 산물 즉 상품을 생산함으로써 보편적인 욕구충족이 가능해지는데, 헤겔은 이것을 개체의 운동을 통해서 보편이 실현되는, 또는 개체 즉 특수성의 욕구충족을 이용해 보편성이 매개되고 실현되는 변증법적 운동으로 이해한다.95

> 욕망은 자기의식이 자신에 대한 확실성을 깨닫게 한 계기이자, 동시에 자기의식으로 하여금 자신과 다른 타자의 존재를 경험하게 하는

사라진다. 이에 반해 인간의 욕구 또는 욕망은 그의 의식의 대자적 존립으로 인해 본질적으로 의식적 관계다. 헤겔에게 인간의 욕망은 실재와의 객관적 연관 속에서 의식적으로 인식되고 실천적으로 충족되는 의식적 욕구다. 비자립적인 즉자적 욕구가 동물 전반에 걸친 현상이라면, 인간의 욕망은 대자적인 의식의 욕구다.(남기호, 「헤겔의 욕망 개념」, 한국헤겔학회, 『헤겔연구』 26권, 2009, 42쪽.)

92 정미라, 「인륜성의 해체와 완성으로서 욕구의 체계」, 새한철학회, 『철학논총』 53집, 2008, 269쪽.

93 정미라, 「욕망과 자유—헤겔의 실천철학을 중심으로」, 178쪽.

94 정미라, 「인륜성의 해체와 완성으로서 욕구의 체계」, 269쪽.

95 부연하면, 개별자가 자기 목적을 추구함으로써 그가 의식하지 않은 타자 일반의 이익이 증진되는 개체와 보편의 변증법이 이루어진다. 이런 설명은 스미스의 '보이지 않는 손'을 헤겔적으로 표현한 것이라고 할 수 있다. 그리고 이런 보편과 특수의 통일은 헤겔의 주요한 개념인 '이성의 간지(List der Vernunft)'의 한 예로 볼 수 있다.(양운덕, 「헤겔과 맑스의 노동 개념」, 한국인문사회과학회, 『현상과 인식』 13권 4호, 1990, 24쪽.)

> 계기이기도 하다. 즉 자기의식은 욕망을 통해 자기자신에 대한 확실성과 동시에 자신과 구별되는 타자의 존재를 자각하며, 자기의식의 발전 과정은 무엇보다도 타자를 단순히 배제하거나 자신과 동일시하지 않는, 타자에 대한 진정한 인정 관계를 형성하는 과정을 통해 규정된다.[96]

헤겔은 욕구가 지닌 이런 이중적 성격을 『법철학 강요』에 앞서 욕구에 대한 자신의 철학을 보여 주는 『정신현상학』에서 이렇게 설명하고 있다. 헤겔에 따르면 자기의식으로서의 삶을 세 가지 측면에서 파악한다. 첫째, 자기의식은 차이 없는 단순한 일반자로서의 구별되지 않은 순수한 자아를 자신의 최초의 대상으로 가지고 있으며, 둘째, 이러한 직접성은 이미 매개된 것이라는 점에서 절대적 매개이며 그런 의미에서 독자적인 대상의 지양에 다름 아닌 욕망이고, 셋째, 이처럼 자기의식의 자기반성이 함축하는 진리는 바로 이중화된 반성 내지는 자기의식의 이중화다.[97] 데카르트가 자아의 확실성을 사유에 의해서 규정한 것과 달리 헤겔은 욕구에 의해, 즉 욕구를 느끼는 순간 의식은 비로소 자신에 대한 확실성을 지닐 수 있게 된다. 욕구는 모든 생명체에게 공통적이다. 따라서 모든 존재는 생명에 의해 야기되는 욕구를 통해 타자와 구별되는, 누구도 대체할 수 없는 고유한 자기자신의 존재를 처음으로 의식하게 된다.[98] 칸트를 위시한 근대의 대부분의 철학자들이 인간의 자연적 욕망을 이성과 대립적인 것, 즉 "소멸되면서 이성의 목적이 비로소 실현되는 것"으로서 자유의 실현을 위해 억압해야 하는 부정적인 것으로 이해하는 데 반해 헤겔은 욕망을 자유에 반하는, 따라서 억압해야 하는 단순한 자연이 아닌, 자유로운 정신이 자신을 실현시키는 실제적인 토대이며, 동시에 '실천적인 힘'으로서 자유의 실현을 가능하게 하는 원동력으로 이해했다.

---

96 정미라, 「욕망과 자유—헤겔의 실천철학을 중심으로」, 175쪽.

97 김윤상, 「헤겔과 라캉에 있어서 욕망의 문제」, 서강대학교 인문과학연구소, 『서강인문논총』 18집, 2004, 155쪽.

98 정미라, 「인륜성의 해체와 완성으로서 욕구의 체계」, 270쪽.

> 헤겔은 무엇보다도 욕망 속에 내재한 타자 지향적 성격에 주목한다. 욕망하는 자아는 욕망을 통해 자신의 존재를 확신하지만 동시에 자신이 독립적인 존재가 아닌, 타자에 의존해 있음을 의식하게 된다. 욕망의 충족은 자신의 내부에서 독자적으로 이루어질 수 없으며, 타자에 의해서 비로소 가능하기 때문이다. 그런 한에 있어서 욕망은 자아의 고립성에서 벗어나 타자와의 관계를 가능하게 하는, 즉 자아와 타자를 매개하는 실천적인 힘이다.[99]

헤겔에게 시민사회는 모든 사람이 자율적인 개인으로 인정받는 공간이다. 시민사회에서 개인들은 자신의 특수한 권리 즉 자신의 욕구를 충족시킬 수 있는 권리와 자신의 특수성을 무한히 전개시킬 수 있는 자유를 지닌다. 개인들 사이의 상호관계는 그들의 욕망을 충족시키는 시장을 통한 상호작용에 기초한다. 헤겔에게 시장은 개인이 필요로 인식하는 새로운 욕구를 창출하는 곳이다. 그래서 헤겔에게 시민사회는 '욕구의 체계'다. 이 체계는 사실상 시민사회의 구조적 토대를 이루는 것으로서, 개인적 이기심과 관심사의 만족을 목적으로 작동하는 상호적 관계의 복합체다. 이런 의미에서 헤겔은 이 체계를 "개개인의 욕구와 그 만족이 자신의 노동에 의해 그리고 다른 모든 사람들의 노동과 욕구의 충족에 의해 매개되어 있는 것"으로 본다.[100] 시민사회에 대한 헤겔의 이런 설명은 우리가 원하는 것을 얻기 위해서는 우리 자신의 관심사가 아니라 타인의 관심사에 대해 이야기해야 한다는 『국부론』의 주장을 연상시킨다. 그러나 애덤 스미스와 달리 헤겔은 시장의 '보이지 않는 손'을 전적으로 신뢰하지는 않는다. 물론 그렇다고 해서 스미스가 시장을 맹목적으로 신뢰했다는 뜻은 아니지만, 시장에 대한 헤겔의 인식은 훨씬 더 유보적이다. 헤겔은 시민사회의 이중성뿐 아니라 그로부터 나타나는 문제들까지도 지적한다. 시민사회는 욕구와 욕구들이 만나는 생산, 교환, 분배, 소비의 역동적인 체계이면서 동시에 그것에 내재하는 결함과 모순으로 인해 궁극적인 통합과 조화에 이르지는 못하며, 결국 공동체의 유지와 발전을 위한 보편적 사

99 정미라, 「욕망과 자유—헤겔의 실천철학을 중심으로」, 167쪽.
100 박배형 주해, 『헤겔과 시민사회』, 53쪽.

치의 실현에는 도달하지 못하기 때문이다. 시민사회의 물적 토대를 이루는 자본주의적 시장경제체제는 생산을 증대시키고 재산을 증식시키지만, 자본이 소수에게 집중되면서 동시에 빈곤한 계층을 양산한다. 이런 빈곤층 또는 프롤레타리아는 물질적으로 빈곤할 뿐 아니라 시민사회의 혜택을 누릴 기회를 점차로 박탈당하면서 정신적으로 빈곤해진다. 그 결과 이들은 자존감을 상실하게 되어 시민사회의 일원으로서의 자기정체성과 일체성의 의식 역시 상실하게 된다. 이렇게 피폐해진 시민사회의 인간 계층을 헤겔은 '천민(Pöbel)'이라고 불렀다.[101]

> 욕구는 무한히 촉발되고, 그것의 충족은 외적인 우연이나 자의, 그리고 보편성의 힘에 철저히 의존하는 방식으로 제약되어 있기 때문에, 결국 필연적인 욕구든 우연적인 욕구든 그것의 충족 여부는 우연에 맡겨진다. 시민사회는 이런 대립과 착종 상태 속에서 과잉과 빈곤이 공존하는 광경을 연출하며, 이 둘 모두에게 공통적으로 나타나는 육체적·도덕적인 타락상을 보여 준다.[102]

애덤 스미스의 동시대인들 가운데 상업사회에 대해 스미스와 가장 대조적인 견해를 주장한 인물은 프랑스의 계몽주의 운동을 대표하는 사상가인 장 자크 루소다. 루소의 『인간불평등기원론(Discours sur l'origine et les fondements de l'inégalité parmi les hommes, 1754)』에는 인간의 이기심에 관한 유명한 이야기가 나온다. 두 사람이 함께 사슴을 잡으러 간다. 한 사람은 사슴을 몰아 오고 다른 한 사람은 사슴이 달아날 길목을 지키기로 한다. 그런데 그들 가운데 누군가의 손이 닿는 곳으로 토끼가 지나가자 그는 아무 주저 없이 그 토끼를 잡았고, 그 때문에 동료가 사슴을 놓치는 일에 대해서는 조금도 개의치 않는다.[103] 루소는 자존심(amour-propre)과 자기애(amourd de soi-même)를 구분해야 한다고 주장한다. 루소가 말하는 자존심은 스미스의 이기심에 가까운 개념이다. 자기애는 자연적인 감정이고, 모든 동물을

---

101 박배형 주해, 『헤겔과 시민사회』, 37쪽.
102 헤겔, 『법철학 강요』, 박배형 주해, 『헤겔과 시민사회』, 36~37쪽.
103 루소, 최석기 옮김, 『인간불평등기원론』, 동서문화사, 2009, 96~97쪽.

자기보존에 주의하게 하고, 또 인간에 있어서는 이성에 의해 인도되고 연민에 의해 변용되어 인간애와 미덕을 자아내게 하는 것이다. 자존심은 사회 속에서 생기는 상대적이고 인위적인 감정에 불과하고, 그것은 개인들에게 자기를 다른 누구보다도 중히 여기에 하고, 사람들에게 서로 행하는 모든 악을 생각하게끔 하게 함과 아울러 명예의 참된 원천이다.104

루소는 상업사회가 분업에 기초해서 엄청난 기술적 진보와 물질적 부를 생산한다는 사실을 인정했지만, 그것이 결코 자연적인 것은 아니며 문명사회에 고유한 불평등을 내포한다고 주장했다. 그는 모든 사회계급의 부가 증가하는 경제의 동역학적 경향을 인식하지 못했기 때문에, 상업사회에서 누군가의 부의 증대는 다른 누군가의 부의 감소를 의미했다. 상업사회에서 불평등은 지속적으로 확대되며 그에 따라 예속도 심화된다. 결국 불평등의 최후단계인 '주인과 노예의 시대'에서는 인간적 자유를 완전히 상실한 채 가축처럼 취급되는 노예가 출현하게 된다. 상업의 발전은 불평등의 확대뿐만 아니라 문명의 타락을 야기해서 종국에는 '사회상태' 자체를 해체시키는 경향이 있다. 루소가 『에밀』에서 '아무것도 아닌' 부르주아지라고 지칭했던 상업사회의 개인은 '권력과 명망'이라는 헛된 욕구에 자신을 예속시킨다. 상업사회에서 모든 사람은 그런 무제한적 욕구를 충족시키기 위해 타인에게 의존해야만 한다. 게다가 모든 사람은 타인을 자기 욕구를 충족시키기 위한 수단으로 이용할 뿐이며, 이를 위해 그 사람들의 허구적 '자기-이익'에 호소한다. 상업사회에서 모든 인간관계는 허영과 기만에 의해 지배되며, 그 결과 상업사회의 승자와 패자, 즉 '주인'과 '노예'는 모두 타락해서 동물과 유사해진다. '타락의 과잉'(excess of corruption)'의 결과로 출현한 이 같은 '새로운 자연상태'는 『사회계약론(Du Contrat Social ou Principes du droit politique, 1762)』의 '새로운 사회계약'을 예비한다.105

104 루소, 『인간불평등기원론』, 91쪽.

105 박상현, 「루소와 스미스, '장기 18세기' 상업사회의 문제」, 한국사회사학회, 『사회와역사』 120집, 2018, 292~93쪽.

애덤 스미스가 상업사회에 대한 루소의 비판에 동의하지 않는 이유는 상업사회에서 개인들 간의 상호의존성은 불가피한 것이기 때문이다. 고도로 발전된 분업에 의존하는 상업사회에서는 어떤 개인도 혼자서 생활할 수 없다. 모든 사람은 대부분의 생존수단을 상업적 교환을 통해 획득해야 한다. 스미스는 이런 상호의존성을 긍정적인 것으로 간주했다. 상업사회가 확립한 개인들 사이의 상호의존성은 강제의 산물이 아니며 상호의존이 필연적으로 예속을 낳는 것도 아니다. 상업사회에서 모든 사람은 보복에 대한 공포가 아니라 자기애에 근거해서 일정한 이득을 희망하면서 상호작용하며, 그런 상호성은 그들에게 일정한 예측 가능성을 제공한다. 또한 상업사회는 고유한 풍습과 예절을 산출하고 제도화한다. 대다수 계몽주의자들처럼 스미스도 상업사회 이전 단계의 조야함과 상업사회의 세련됨을 대비시켰고 상업의 문명화 효과를 긍정했다. 상업사회에서 이방인들 사이의 상호작용은 서로를 설득하려고 노력하고 숙고하는 과정에서 더 세련된 사회적 활동규칙의 발전을 낳는다. 무엇보다 상업의 발전은 안정된 질서와 선정(善政) 그리고 특히 개인의 자유와 안전을 가능케 한다.[106]

스미스가 보기에 절약, 근면, 신중함, 사려 깊음 등과 같은 덕목들이 이타심보다 하급의 덕목이지만 인간사회에 반드시 필요한 덕목들이다. 이런 덕목들은 이타심이 아니라 자애심에서 나온다. 이런 덕목들을 배양하는 데 상업과 시장보다 좋은 제도가 없다는 것이 스미스의 생각이다. 스미스는 개인의 상업사회가 주는 진정으로 중요한 미덕은 우리를 더 풍요롭게 하는 것이 아니라 더 바람직하게 하는 데 있다고 생각한 것이다. 요컨대 스미스는 상업사회에서는 어떤 덕성도 불필요하다는 맨더빌의 주장이나 상업사회가 시민적 덕성과 양립불가능하다는 루소의 주장과 달리 스미스는 상업사회에서 시민적 덕성이 제도적으로 배양될 수 있다고 생각했다. 물론 스미스도 상업사회가 자동적으로 현명하고 고결한 사회를 낳는다고 생각하지는 않았다. 상업사회가 야기한 지적 덕목의 마비를 해결하기 위한 가장 강력한 치유책은 역시 교육이다. 스미스에 따르면, 특히 노동자 집단은

---

106 박상현, 「루소와 스미스, '장기 18세기' 상업사회의 문제」, 306쪽.

전문화된 직업에 진입하기 이전에 보편교육을 통해 시민의 일반적 덕성을 획득해야 하며 민간에서 이 같은 교육이 제공될 수 없다면 정부가 적극적으로 관여할 필요가 있다. 스미스가 『국부론』에서 정부의 지출에 대해 논하면서 '청년을 위한 교육기관에 대한 지출'을 별도의 절로 설정한 이유도 여기에 있다.

상업사회에 대한 스미스와 루소의 대립되는 평가는 그 당시 영국과 프랑스에서 진행되던 상업사회의 상이한 현실[그리고 여기에 맨더빌을 함께 비교해 본다면 당시 네덜란드에서 진행되던 상업사회의 현실도]과 어느 정도 관련된 것으로 볼 수 있다. 스미스뿐만 아니라 그의 사상과 이론을 계승한 고전학파 경제학자들은 대부분 자본주의의 미래를 긍정했다. 그들은 상업사회가 특정 계급이나 집단이 아니라 모든 사회구성원들에게 이익이 된다고 믿었다. 비록 상인과 자본가들은 오직 자신들의 이익을 위해서 행동했을 뿐일지라도, 그 결과로 등장한 새로운 경제사회는 모든 계급들을 중세의 질곡으로부터 해방시키는 데 결정적으로 기여했다. 생산력의 증대는 더 많은 필수품들의 생산을 가능케 했고, 부자들뿐 아니라 대다수 인민들의 생활은 더 풍요로워졌고 앞으로도 더 풍요로워질 것이라고 충분히 믿을 만했다. 이에 반해 그 당시 프랑스의 상황은 절대왕정과 중상주의적 경제정책 아래서 여전히 봉건적 규제와 독점, 특권 등이 자유로운 경제활동과 생산력의 해방을 억압하고 있었다. 영국의 분산 매뉴팩처들이 대중을 위한 필수품의 생산을 증가시켜 가는 동안 프랑스의 특권 매뉴팩처들은 왕가와 귀족들을 위한 사치품 생산에 몰두했다. 루소가 상업사회와 중상주의적 질서를 동일시하고, 프랑스 특권층들의 세태를 상업사회의 산물로 간주했던 이유도 여기에 있다. 루소가 프랑스의 계몽주의 운동을 대표하는 사상가라는 점에는 이견이 있을 수 없다. 하지만 그러면서 또 계몽주의자로서 역사와 사회를 바라보는 루소의 관점에는 자기모순적인 이중성이 있다는 지적도 옳다. 대다수의 계몽주의자들이 역사의 진보를 확신한 반면에 루소는 역사의 진보에 대해 매우 회의적이었다. 역사와 진보에 대한 루소의 회의적인 태도가 어느 정도는 자신이 살던 시대와 현실에 대한 비판에서 나온 것이라고 여겨지기는 한다. 어떤 이는 서양 문명은 언제나 자기비판을 즐기는 경향이 짙었는데 그런 서양 문명 안에서도 중간계급만큼 자기비판을 즐긴 집단은 없었다고 말하기도 한다. 자본가계급의 자기비판적인 문화 양상이 드러난 의미가 가장 큰 사례는 19세기 후반 동안 합리성을 불신하고 비합리성을 탐구하려고 이성을 사용한 경우였다.[107] 모든 시대는 그 시대가 존중하는 가치가 있고 그런 가치를 추구하는 행위는 당연히 칭송의 대상이 되었다. 그런데 자본주의에서만 그 시대의 가치를 추구하는 행위는 도덕적으로 비난받는 경우가 흔하다. 부와 화폐의 축적은 자본주의가 추구하는 최고의 가치다. 하지만 자본주의 사회에서 부와 화폐를 추구하는 이들은 언제나 비난받는다. 그래서 19세기 예술가들에게 가장 모욕적인 평가는 자기 작품에 대해 '부르주아적'이라고 비평하는 것이라고 한다.

계몽주의자들이 진보를 신뢰한 이유는 그것을 과거의 유산이 아니라 미래의 자산으로 생각했기 때문이다. 다시 말해 인류의 삶과 역사는 지금까지 진보해 왔다는 것보다 더 중요하게 앞으로는 더 진보하리라는 믿음이 대다수의 계몽주의자들에게 공통적으로 존재했다. 그러나 루소는 자신의 본격적인 첫 번째 저작이라고 할 수 있는 『학문예술론(Discours sur les sciences et les arts, 1750)』에서부터 과학과 기술의 발전을 문명의 타락의 징후라고 주장했다. 『인간불평등기원론』에서는 자연상태에서 사회상태로의 이행이 인간들 사이의 불평등을 확대했다면서 자연상태의 평등과 자유를 문명사회의 불평등과 예속에 대비시켰다. 이처럼 루소에게서는 문명과 사회에 대한 불신과 회의가 노골적으로 드러난다. 진보에 대한 루소의 부정적 태도는 『사회불평등기원론』 같은 학술논문에서는 물론 "자연으로 돌아가라"고 말하는 『에밀』 같은 책에서도 드러난다. 더 나아가 루소에게는 진보에 대한 두려움이 근저에 자리잡고 있었던 듯이 보인다. 진보가 모든 시대를 통해 늘 긍정적인 가치로만 대접받았던 것은 아니다. 많은 이들이 진보에 대한 노골적인 두려움을 피력하기도 한다. 그만큼 노골적이지는 않았을지라도 루소에게도 그런 태도는 부정할 수 없다. 르네상스는 이성과 함께 인간의 감성과 욕망 등을 함께 해방시켰다. 그러나 근대 합리주의 철학의 대두 이후로 이성이 신의 위치를 대신해 절

107 터너, 『예일대 지성사 강의』, 412~13쪽.

대화되는 듯한 경향도 없지 않았다. 계몽주의자들은 근본적으로 이성에 대한 신뢰에서 출발하면서도 이성의 전일적 지배에 대한 반발로 인간의 감성적이고 감각적인 측면을 강조하기도 했다. 루소는 계몽주의자들 가운데서도 특히 이런 태도가 두드러진 사상가였다. 이는 루소 스스로 이성보다 감성이 더 중요한 원리라고 말한 데서 확인할 수 있다.[108] 진보를 믿는 이들은 대개 이성의 힘을 믿으며 이성이 여가를 진보시키리라고 믿는다. 루소에게 진보에 대한 두려움이 이성에 대한 불신에서 비롯된 것인지 반대로 이성에 대한 불신이 진보에 대한 두려움에서 비롯된 것인지는 모르겠다.

네덜란드 화가 페르디난드 볼(Ferdinand Bol, 1616~1680)의
<와인 상인 길드의 간부들(Governors of the Wine Merchant's Guild)>.
그림에서 짐작되듯이 볼은 유명한 렘브란트의 제자다.

헤겔은 시민사회를 부르주아 사회라고 불렀다. 시민을 의미하는 단어 가운데 '시투아앵(citoyen)'이 왕이나 국가의 권력에 대비해 스스로 정치적 권리를 획득한 정치행위의 주체로서의 시민을 가리킨다면, '부르주아(bourgeois)'는 경제적·계급적 범주로서의 시민을 가리키는 것이 보통이다. 프랑스의 국가인 <라 마르세예즈(La Marseillaise)에는 "시

108 루소, 『인간불평등기원론』, 27~28쪽.

민들이여, 무기를 들어라!(Aux armes, citoyens!)"라는 가사가 있다. 시투아앵이 도시(city)에 사는 사람에서 왔듯이 부르주아도 성벽(bourg) 안에 사는 사람들에서 왔다. 원래는 영주의 간섭으로부터 독립해 자치권을 획득한 도시주민들을 가리키는 말이었으나, 이들이 대부분 상공업에 종사했기 때문에 신흥 상공업계급을 가리키는 말로 자리잡게 되었다. 애덤 스미스의 『국부론』에는 부르주아 대신 'burgher'라는 단어가 여러 번 사용되었다. 중세사회는 기본적으로 영주가 지배하는 장원을 단위로 경제활동을 했으나 도시의 역할도 작지 않았다. 중세의 도시들은 로마의 도시가 부활하거나 인구의 증가로 농촌이 도시가 되거나 상업과 교환의 중심지가 도시로 발전하는 경우 등이 있었다. "도시의 공기에는 인간을 자유롭게 한다"는 말처럼 도시들은 대부분 영주의 지배로부터 자치권을 얻어 스스로 자치체를 형성했다. 코뮨(commune)이 도시의 정치공동체라면 길드(guild)는 도시의 경제공동체다. 상인 길드가 지배하는 도시를 귀족도시라 부르고 수공업자 길드가 지배하는 도시는 평민도시라고 불렀다.

제 4 장

이성의 왕국

태초에 말씀이 있었다

『성서』는 "태초에 말씀이 있었다"라는 말로 시작된다. 그런데 이 대목을 자세히 풀어 쓰면 다음과 같다. '맨 처음(arche)'에 '말씀(logos)'이 있었고, 이 말씀이 '신(theos)'과 함께 있었으며, 이 말씀이 곧 신이다. 그리고 신이 말씀하셨다. "우리의 모습에 따라 닮도록(kat eikona theou) 사람을 만들자. 그리고 그들이 바다의 물고기와 하늘의 새와 가축과 온 땅과 땅에서 기는 모든 것을 다스리게 하자." 이렇게 신은 인간을 창조하셨다. 왜 신이 단수형인 '나'가 아니라 복수형인 '우리'라고 말씀하셨는가 하는 문제는 이 책의 주제와 무관하니 넘어가도록 하자. 이런 이유로 기독교의 야훼나 다른 종교의 신들이 실은 원시시대에 지구에 도착한 외계인들이라고 주장하는 유사과학자들도 있지만 재미있는 이야기 정도로 생각하자. 정작 중요한 문제는 신의 모습을 닮는다는 의미다. 여기서 신의 모습을 닮는다는 것은 육체적인 모습이 아니라 신의 유일하고 본질적인 속성 즉 로고스적인 속성을 닮는다는 뜻이다. 논리적인 능력을 온전히 갖춘 이성적인 존재가 바로 『성서』에 그려진 인간의 모습이다. 그래서 아리스토텔레스도 이렇게 말했다. "로고스의 능력을 가진 생명체가 둘 있으니 하나는 신이고 하나는 인간이다."

서양철학에서 합리주의의 기원을 찾아 올라가면 멀리 플라톤에까지 이르게 된다. 물론 플라톤 이전의 그리스인들도 이성을 인간의 지적 활동의 본령이라고 보았다. 이성의 어원인 그리스어 '로고스(logos)'가 관계나 질서를 의미한다는 사실에서 알 수 있듯이 그리스 철학자들에게 이성이란 사물들의 필연적 질서, 즉 '형상(eidos)'을 파악하는 능력을 의미했다.[1] 수학의 아버지로 불리는 피타고라스(Pythagoras, BC580~BC500)는 기하학에서 이런 필연적 질서를 발견하고자 했다. 플라톤도 수학적 질서를 매우 중요하게 여겼다. 플라톤이 자신의 아카데미아 정문에 "기하학을 모르는 자는 이 문을 들어오지 말라"고 썼다는 일은 유명하다. 플라톤은 모든 진정한 학문은 기하학처럼 필연성을 다룰 수밖에 없다고 믿었다. 이성의 법칙에 근거한 지식이야말로 확실하며, 감각에 의존함이 없이 추구되며, 보편성, 객관성, 영원불변성을 가지기 때문이다. 그러나 이성에 대한 플라톤의 태도는 수학에 대한 경외심을 넘어선다. 수학적 지식은 아직도 이성이 지닌 완전한 필연성을 구현하지는 못한다. 수학적 추리는 확실하기는 하지만 항상 어떤 전제들[가령 기하학에서의 공리들과 같은]을 필요로 하며, 또 감각적 매개물을 필요로 한다. 플라톤은 어떤 매개나 전제도 없는 가운데 모든 사물들 간의 필연적 관계를 완전하게 보여 줄 수 있는 학문이 필요하다고 생각했다. 그런 학문에서는 오직 개념들과 그들 사이의 관계만이 고찰될 뿐이다. 플라톤이 수학적 사유(dianoia) 위에 이성의 궁극 개념인 순수사유(noesis)를 설정한 것은 바로 이런 이유 때문이다.[2]

플라톤은 인간의 정신에는 세 부분이 있다고 주장했다. 첫째는 이성의 지배를 받지 않는 불합리한 부분이며, 둘째는 이성의 지배를 받는 불합리한 부분, 그리고 셋째는 이성적인 부분이다. 여기서 인간의 세 가지 탁월성이 나타나는데 자연적 탁월성, 도덕적 탁월성, 그리고 지적 탁월성이다. 앞에서 이야기했듯이 '탁월성'이라는 개념은 플라톤의 스승인 소크라테스로부터 기원하는데, 소크라테스는 인간이 가지고 있는 어떤 종류의 탁월성 혹은 도덕적 미덕을 '아레테(arete)'라고 불렀다. 주목해야 할 점은 플라톤에게 합리주의는 르네상스 이후 보편화된 휴

---

1 '형상(形相)'이란 사물의 특성을 인식론적 관점에서 표현하는 플라톤의 용어다. 플라톤은 한 사물의 확정된 모습은 다른 사물과 그것을 구별해 주는 일차적 기준이 된다고 보고 이 용어를 사용했으며, 형상을 존재론적 관점에서 표현할 때는 이데아(idea)라는 용어를 사용했다. 다만 플라톤에게 형상은 사물의 겉모습이 아니라 사물의 내적 모습, 즉 그것의 본질에 더 가까운 개념이다.

2 안세권, 「서양철학에 있어서 합리주의」, 새한철학회, 『철학논총』 10권, 1994, 587~88쪽.

머니즘 사상과 다른 이름이 아니었다는 사실이다. 휴머니즘과 합리주의가 정반대의 개념이라는 생각은 전혀 정당하지 않다. 플라톤은 비인간적인 규범을 내세워 인간성을 억압하는 신학적 태도에 대해 이렇게 비판했다. 인간의 최고선은 그의 천연적인 잠재력의 실현에 있으며, 그 실현을 촉진하는 오직 하나의 건전한 방법은 이성의 힘을 사용하는 것이다.[3] 말하자면 플라톤에게 이성은 인간적인 속성들 밖에 존재하는 것이 아니라 가장 인간적인 속성이었다. 르네상스 시대의 인문주의자들이 고대사회를 자신들이 추구하는 이상향으로, 고대 그리스의 철학을 자신들의 모범으로 삼았던 이유다. 인간을 오로지 합리적인 존재로 간주했던 스승과 달리 플라톤의 제자인 아리스토텔레스는 인간성 안에는 불합리적인 부분과 합리적인 부분이 혼재한다고 보았다. 아리스토텔레스가 생각한 인간성의 세 부분은 이성의 지배를 받지 않는 불합리한 부분, 이성의 지배를 받는 불합리한 부분, 그리고 이성적인 부분이다. 그리고 이 세 부분은 각각 자연적 탁월성, 도덕적 탁월성, 지적 탁월성에 대응한다. 인간의 행복은 한 가지가 아니라 이 세 가지 방향으로 온다.[4]

스콜라 철학이 아리스토텔레스의 철학으로 신학을 설명하고자 시도했다는 점은 이미 이야기한 대로다. 아리스토텔레스는 "모든 인간은 본질적으로 무엇을 알고자 하는 존재"라고 말했다. 가장 위대한 스콜라 철학자인 토마스 아퀴나스에 따르면 안다는 것은 이성에 의한 이해를 의미하며, 권위에 의한 동의는 아는 것이 아니라 믿는 것이다.[5] 지성의 고유한 대상은 존재자를 그 무엇이게 하는 것, 바로 존재자의 본질[플라톤이 형상이라고 불렀던 것]이다.[6] 앞에서도 인용했던 것처럼 어떤 존재자를 다른 것이 아니라 바로 그것이게 만드는 것을 본질이라고 부른다. 인간을 다른 동물과 구별하는 본질은 바로 '앎(knowing)'이라고 하는 지적 활동을 한다는 것이다. 인간의 행위(act of human) 즉 인간이 수행하는 모든 행위와 그 가운데 일부인 인간적 행위(human act)의 차이는 앎이다.[7] 앎은 어떤 사물의 형상과

---

3 램프레히트, 『서양철학사』, 85쪽.
4 램프레히트, 『서양철학사』, 97~100쪽.
5 이경재, 『중세는 정말 암흑기였나』, 40쪽 이하.
6 이명곤, 『토마스 아퀴나스 읽기』, 26~29쪽.

본질을 아는 것이다.[8] 앎에 대해 아퀴나스는 또 이렇게 말한다. "앎이란 인식 주체가 자기자신으로 남아 있으면서 비물질적인 방식으로 타자로서의 타자가 되는 것이다."[9] 인간에 대한 이런 정의는 아리스토텔레스가 생명체와 무생명체의 구분은 자기활동이라고 말한 일을 떠올리게 한다. 흔히 중세사회에서는 신학이 철학을 지배했다고 이야기하지만, 여기서 보듯이 스콜라 철학은 매우 분명한 태도로 인간이 이성적 존재임을 인정한다. 아퀴나스는 인간 영혼의 완성은 지성을 통해서 실현하는 진리에 대한 앎들에서 이루어진다고 말했다. 하지만 그렇다고 해서 진리에 대한 추구가 인간적 추구의 목적은 아니다. 인간적 추구의 목적은 행복에 있기 때문이다.[10] 인간이란 본성적으로 무엇인가 갈망하는 존재이며, 좋은 것을 갈망하며, 좋은 것이기에 선한 것이며, 선한 것이기에 행복을 가져다 주는 것이다.[11] 그래서 아리스토텔레스도 모든 인간의 행위에 공통된 한 가지는 행복을 추구하는 것이라고 말했다. 아리스토텔레스에 따르면 "우리는 언제나 행복을 그 자체 때문에 바라지, 결코 다른 어떤 것 때문에 바라는 법이 없다."[12]

토마스 아퀴나스는 지성의 대상은 진리 즉 참된 것이며, 의지의 대상은 선한 것 즉 바랄 만한 것이라고 말했다. 지성은 앎과 관련되고 의지는 행위와 관련된다. 그런데 아퀴나스에게는 쉽게 공감하기 어려운 딜레마가 있다. 우리는 과연 어떤 행위가 선하기 때문에 행복한 것인가 아니면 행복하기 때문에 그 행위를 선하다고 여기는 것인가? 실은 같은 질문을 플라톤도 던진 적이 있다. 플라톤이 남긴 질문들 가운데 가장 심오한 것은 바로 "신이 어떤 행동을 원하기 때문에 그 행동이 바른가, 그 행동이 바르기 때문에 신이 원하는가?" 하는 것이다.[13] 물론 이 질문에 정해진 답은 없을 터다. 선을 추구하는 방식에는 두 가지가 있다. 하나는 행위자 스스로가 자신의 목적을 인식하고 그것을 추구하는 경우이고, 다른 하나는

---

7 이경재, 『중세는 정말 암흑기였나』, 57쪽.
8 양명수, 『신학대전 읽기』, 31쪽.
9 이경재, 『중세는 정말 암흑기였나』, 64쪽.
10 이명곤, 『토마스 아퀴나스 읽기』, 33쪽.
11 이명곤, 『토마스 아퀴나스 읽기』, 37쪽.
12 아리스토텔레스, 『니코마코스 윤리학』, 20쪽.
13 램프레히트, 『서양철학사』, 63쪽.

행위자 스스로 목적에 대한 인식을 갖지 못하는 경우다. 자연계에서는 오직 인간만이 첫 번째 경우에 속한다. 두 번째 경우는 행위의 목적이 행위자 자신이 아니라 타인에 의해 설정된 목적에 따라 행위하게 된다. 인식능력을 가지지 못한 자연계의 대부분의 존재자들은 이런 방식으로 행위한다. 그래서 인간은 자기목적적 존재다.[14] 인간이 자유로운 이유는 아는 존재이기 때문이다. 정확하게는 자신이 아는 바에 따라 스스로 행위하는 존재이기 때문이다. 『신학대전』에서 토마스 아퀴나스는 행복이 인간의 궁극적인 목적이라고 말한다. "완전한 선은 두 가지가 있는데 하나는 신이며, 다른 하나는 선을 판단하는 주체로서 인간의 관점에서 자신의 모든 욕구와 추구가 궁극적으로 지향하는 최종 목적이자 가장 완전한 상태로서 자신에게 필요한 모든 선이 충족되어 더 이상의 욕구가 필요하지 않으리라고 이해되는 상태 즉 행복이다."[15] 잠시 『성서』의 말씀을 빌리면, "진리가 너를 자유롭게 한다"는 뜻이다.[16]

근대 합리주의 철학의 출발점이 르네 데카르트라는 사실은 누구든 인정할 터다. 데카르트는 갈릴레이와 같은 시대를 살았다. 태어난 해는 데카르트가 한 세대쯤 뒤지만 세상을 떠난 해는 얼마 차이나지 않는다. 데카르트의 가장 주요한 저서인 『이성을 올바르게 이끌어, 여러 가지 학문에서 진리를 구하기 위한 방법의 서설(Discours de la méthode, 1937)』은 갈릴레이를 종교재판에 회부시킨 『프톨레마이오스와 코페르니쿠스의 2대 세계체계에 관한 대화(Dialogo sopra i due massimi sistemi del mondo, tolemaico e copernicaon, 1932)』와 거의 비슷한 시기에 발표되었다. 데카르트는 갈릴레이에 의해 만들어진 자연과학의 수학적 토대를 빌려 근대 합리주의 철학의 기초를 만들었다. 갈릴레이는 자연의 여러 현상을 가장 단순한 수학적 요소로 나눈 다음 수학이 자연현상을 가장 완전하게 설명할 수 있음을 증명했다.

---

14 이경재, 『중세는 정말 암흑기였나』, 67~69쪽.

15 이경재, 『중세는 정말 암흑기였나』, 72~74쪽.

16 아퀴나스는 인간 행위의 악은 무지, 약함 그리고 악의에서 나온다고 주장했다. 무지에서 비롯되는 악은 예지적인 것이 결여된 탓이다. 격정에서 비롯되는 죄는 감각적인 요구 때문에 생긴다. 열정이 인간의 숙고보다 앞설 때 인간은 약함에서 죄를 짓는다. 무지에는 두 가지 종류가 있다. 하나는 단순히 모르는 것인데, 이는 배운 바 없음을 뜻한다. 다른 하나는 모르면서 스스로 안다고 스스로 생각하는 것이다. 후자의 무지는 전자의 무지보다 더욱 심한 무지다.(박주영, 『중세와 토마스 아퀴나스』, 75~77쪽.)

데카르트도 수학이나 역학과 같은 자연과학의 방법론처럼 질적인 차이를 초월한 양적인 요소들 속에서 진리를 발견했다. 실은 데카르트 본인이 철학자로서뿐 아니라 오히려 수학자로서 더 유명했다. 직교좌표를 이용해 대수학의 문제를 기하학적으로 해결하는 방법을 처음 발견한 것도 데카르트다. 갈릴레이가 먼저 발견하기는 했으나 그다지 관심을 두지 않았던 관성의 원리를 개념화한 사람도 데카르트다. 나중에 뉴턴이 역학의 제1법칙으로 정식화한 바로 그 원리다. 데카르트는 모든 인간 지식의 기초를 이루는 보편수학을 추구했으며, 라이프니츠(Gottfried Wilhelm Gottfried Wilhelm Leibnitz, 1646~1716)도 이와 유사한 보편과학 및 보편언어를 만들고자 했는데, 그는 이 궁극적인 통일을 수학의 본성으로 간주했다. 데카르트와 라이프니츠의 합리주의 철학은 네덜란드의 스피노자와 독일의 볼프(Christian Wolff, 1679~1754) 등에 의해 계승되었다.[17]

데카르트 철학의 방법론은 '방법적 회의'라고 부른다.[18] 데카르트가 "나는 생각한다. 그러므로 존재한다"라고 선언했을 때 '생각'이라는 철학적 행위의 출발점은 회의 즉 의심하는 것이다. 데카르트의 철학은 진리를 발견하는 방법, 직관적 진리로부터 다른 진리로 전진해 나가는 방법의 토대이고자 했다. 그는 모든 감각적인 진리와 사념에 대한 회의와 부정에서부터 출발한다. 왜냐하면 이것들은 최고의, 그리고 직접적인 확실성을 가지고 있지 못하기 때문이다. 수학적 공리처럼 지식의 확실한 토대를 찾기 위해서는 먼저 지금까지 진리라고 알려진 지식들이 정말 진리인지 아닌지 스스로 확인해 보아야 할 필요가 있다. 의심하고 또 의심해 본 뒤에야 진리라고 확인된 지식만이 참된 지식일 수 있다. 데카르트는 이러한 방법을 통해 제1의 기본적인 진리(Le premier principe)인 의식의 자명성에 도달한다. 즉 나는 내가 생각하며 의식하는 존재라는 것을 부정할 수 없다는 것이다. 물론 데카르트의 '생각'은 여기서 머무르지 않는다. 데카르트에게 '생각한다'는 것은 단순히 지적인 작용에만 국한되는 것이 아니라 판단, 의욕, 감각의 작용을 모두 의미한다. 앞에서 본 것처럼 『성찰』에서 데카르트는 "생각한다는 것은 의심하고, 이해하고, 긍정하고, 의지

17 경제교육연구회, 『근대사회경제사상의 탐구』, 52쪽.
18 안세권, 「서양철학에 있어서 합리주의」, 589쪽.

하며, 의지하지 않으며, 또한 상상하며, 감각하는 것"이라고 부연하고 있다. 또한 『철학원리』에서도 그는 "생각한다는 말로써 내가 이해하는 것은 우리 속에서 이루어지되 우리 자신이 직접 의식하는 모든 것이다. 따라서 이해한다는 것, 바란다는 것, 상상한다는 것만이 아니라 또한 감각한다는 것도 생각한다는 것과 같다"고 규정하고 있다. 이와 같이 데카르트에게 있어서 '생각한다'는 것은 인간의 정신적 활동 전체를 의미했다.[19]

데카르트의 방법적 회의는 "내가 유일하게 아는 것은 내가 아무것도 모른다는 사실이다"라고 말한 소크라테스를 떠올리게 한다. 소크라테스가 나는 아무것도 모른다고 말한 의도는 말 그대로 모른다는 뜻이 아니라 내가 지금까지 알고 있던 지식들이 반드시 진리가 아닐 수도 있다는 의심을 의미한다. 소크라테스에게도 철학은 내가 알고 있던 기존의 진리나 지식이 반드시 진리가 아닐 수 있다는, 따라서 기존의 지식들을 의심하고 비판하는 데서부터 출발한다. 스스로 검증해 보지 않은 진리는 진리가 아니며, 기존의 지식을 회의함으로써 스스로 검증한 진리만이 참다운 진리일 수 있다. 조금 엉뚱한 이야기지만 내가 생각하는 소크라테스는 오이디푸스적인 인간이다. 여기서 오이디푸스적 인간이란 프로이트나 들뢰즈가 탐구했던 것과는 조금 다른 의미에서다. 그리스 신화의 오이디푸스(Oedipus)는 자신이 아버지를 살해하고 어머니와 결혼하리라는 신탁을 받는다. 오이디푸스는 신탁이 내린 운명을 피하기 위해 고국을 떠났다가 낯선 곳에서 친부를 만나 살해하고 친모와 결혼한다. 진실을 알게 된 오이디푸스는 스스로 두 눈을 파내고 장님이 된 채 모든 부귀와 영화를 버리고 방랑을 떠난다. 고대 그리스의 비극 작품들, 그리고 그 이야기의 원화를 이루는 그리스 신화의 대부분은 신탁과 그것을 거부하다 파멸하는 영웅들의 이야기다. 신탁은 기존의 사회질서와 도덕을 의미한다. 선량한 시민으로서 기존의 질서에 순응하는 마음을 가진 이라면 당연히 신탁을 받아들여야 한다. 인간들은 감히 신탁을 알려 해서도 안 되고 이해하려 해서도 안 된다. 인간들에게 주어진 선택은 그저 신에게는 인간이 이해할 수도 없고 이해해

19 경제교육연구회, 『근대사회경제사상의 탐구』, 53~54쪽.

서도 안 되는 깊은 뜻이 있으리리라 믿고 무조건적으로 복종하는 일 뿐이다. 그러나 오이디푸스는 신탁을 알고자 하는 것을 넘어 신탁을 거부하고자 시도했고 결국은 파멸하고 만다. 소크라테스가 사형을 받게 된 죄명은 아테네의 신을 모독하고 젊은이들을 타락시킨다는 것이었다. 오이디푸스처럼 소크라테스는 기존의 도덕이나 지식을 무조건적으로 맹종할 것이 아니라 의심하고 비판하고 회의하고 검증해 볼 것을 젊은이들에게 가르쳤다. 그래서 오이디푸스처럼 파멸하고 만 것이다. 데카르트의 방법론적 회의는 2천년 전에 소크라테스가 "너 자신을 알라", 더 정확하게 말하면 "네가 아무것도 모른다는 사실을 알라. 그리고 여기서부터 너 자신의 철학을 시작하라"고 가르쳤던 바로 그 지점에서 출발한다.

그리스 신화의 이런 본질적 성격을 더 잘 보여 주는 것은 바로 태양을 향해 날아올랐다가 추락하고 만 이카로스(Icarus) 이야기다. 이카로스의 아버지인 다이달로스(Daedalos)는 미노스 왕의 명령으로 반은 인간이고 반은 황소인 미노타우로스를 감금하기 위한 미궁을 짓는다. 그런데 미노스 왕은 다이달로스가 미궁의 비밀을 공개하지 못하도록 그를 미궁에 가둬 버린다. 크레타를 탈출하기 위해 다이달로스는 새의 날개에서 깃털을 모아 실로 엮고 밀랍을 발라 날개를 만들었다. 다이달로스는 아들 이카로스에게도 날개를 달아 주며 함께 탈출할 계획을 세웠다. 그는 아들에게 너무 높이 날면 태양의 열에 의해 밀랍이 녹으니 너무 높이 날지 말고, 반대로 너무 낮게 날면 바다의 물기에 의해 날개가 무거워지니 항상 하늘과 바다의 중간으로만 날라고 단단히 주의를 주었다. 그러나 탈출하는 날 밀랍 날개를 단 이카로스는 자유롭게 날게 되자 격양된 나머지 너무 높게 날고 말았다. 그러자 태양의 뜨거운 열에 의해 깃털을 붙였던 밀랍이 녹게 되었고, 이카로스는 날개를 잃고 바다에 떨어져 죽고 말았다. 이카로스의 죽음은 신탁은 아니지만, 인간의 한계 즉 신의 영역에 가까이 가지 말라는 경고를 의미한다. 이카로스는 그 경고를 무시하고 인간의 한계에 도전했던 것이다. 그리스인들에게 이카로스는 자신의 한계를 자각하지 못하고 신의 영역에 도전하고자 한 인간의 피할 수 없는 말로를 보여 주는 이야기다. 그러나 다른 관점에서 보면 날개가 태양에 녹을 줄 알면서도 자신이 갈 수 있는 한계까지 날고자 도전했던 이카로스야말로 인류의 역사가 어떻게 진보했는가를 보여 주는 이야기이기도 하다.

고전주의 화가 앙그르의 <오이디푸스와 스핑크스>
스핑크스의 발 아래로 그에게 희생된 사람들의 뼈와 하얀 발이 보인다.

오이디푸스가 테바이의 왕으로 추대된 이유는 사람들을 괴롭히던 스핑크스를 물리쳤기 때문이다. 스핑크스는 테바이로 들어가는 길목을 지키고서는 지나가는 사람들에게 수수께끼를 내고 답을 맞추지 못하면 죽였다. 오이디푸스는 스핑크스가 낸 수수께끼의 답을 맞추었고 수치를 느낀 스핑크스는 절벽 아래 몸을 던져 죽는다. 스핑크스는 질문하는 존재다. 오이디푸스는 답을 찾고자 하는 존재다. 질문하는 존재와 답을 찾고자 하는 존재는 다르지 않다. 질문을 던져야 답을 찾을 수 있기 때문이다. 그러나 근대 이전에는 오랫동안 질문을 던지는 일이 금지되어 왔다. 참다운 진리에 대한 갈망은 기존의 진리를 의심하는 죄악으로 간주되었다.

계몽이란 무엇인가

인간은 이성을 가진 존재다. 그렇다면 인간의 이성은 선천적으로 주어진 것일까 후천적으로 습득한 것일까? 만약 인간의 이성적 능력이 선천적이라면 누구든 아무런 조건 없이 자신의 이성을 원하는 대로 사용할 수 있는가? 가령 인도 출신의 영국 작가 러디어드 키플링(Joseph Rudyard Kipling, 1865~1936)의 소설 『정글북(The Jungle Book, 1894)』의 주인공인 마우글리(Mowgli)는 아주 어린 유아일 때 부모를 잃고 늑대 무리 속에서 자란다. 당연히 그는 늑대처럼 행동하며 늑대의 언어로 말한다. 이런 마우글리도 다른 사람들과 똑같은 이성적 능력을 가지고 있는가? 작품 속에서 마우글리는 사람들을 만나자 매우 쉽게 인간의 언어를 배우고 인간 사회에 돌아와서도 쉽게 적응해 인간으로서의 사회생활을 영위해 간다. 하지만 조금만 생각해 보면 이런 이야기는 현실에서는 아마 거의 불가능할 터다. 어린아이들이 언어를 학습하는 과정을 보면 알 수 있듯이, 언어의 학습은 고도의 사회적 과정이어서 아무리 인간의 발성 기관을 가지고 있다 하더라도 십 수년이 넘도록 그런 사회적 과정으로부터 격리되어 성장한 마우글리가 단순히 사람들의 말을 흉내내는 것만으로 인간의 언어를 학습할 수는 없다. 물론 전혀 불가능한 일은 아니더라도 매우 오랜 기간에 걸친 학습과 반복된 훈련이 필요하다는 뜻이다. 설령 모든 인간이 선천적으로 이성적 능력을 가지고 태어난다 하더라도 그것은 어디까지나 가능태(potentiality)에 불과하며, 인간의 이성적 능력이 현실태(actuality)가 되기 위해서는 일정한 조건들이 필요하다. 이성을 사용하는 데 필요한 지식들을 습득하고, 실제로 이성을 사용하는 방법들을 반복적으로 연습한 이후에야 인간은 자신의 이성을 원하는 대로 사용할 수 있다.

근대 이전의 철학자들도, 심지어는 중세의 신학자들[실은 중세의 신학자들은 대부분 철학자들이었다]도 인간이 근본적으로 이성적 존재라는 사실을 부정하지는 않는다. 다만 근대 이전에는, 특히 종교적 도그마와 신분제의 질서가 지배하는 중세 사회에서 평범한 민중들이나 하층 신분의 사람들은 자신의 이성을 사용할 수 있는 가능성을 거의 부여받지 못했다. 바로 이런 조건들이 사회적으로 갖추어지지 못했기 때문이다. 이런 조건들이 만들어지기 시작한 것은 바로 르네상스 이후 근대와 함께의 일이다. 앞에서 본 『1417년, 근대의 탄생』은 로마 시인 루크레티우스의 철학적 서사시 『사물의 본성에 관하여』를 찾아 나선 책 사냥꾼 포조 브라촐리니라는 인물의 이야기다. 그런데 여기서 문득 이런 의문을 떠올린 독자도 있지 않았을지 모르겠다. 책을 찾고자 했다면 왜 포조는 도서관으로 가지 않고 수도원으로 갔을까? 그 답은 자명하다. 중세의 유럽에는 우리가 아는 것과 같은 도서관이 없었기 때문이다. 물론 도서관이 전혀 없지는 않았다. 도서관은 포조가 찾아갔던 것처럼 깊은 산중이나 외딴 시골의 수도원, 그 안에서도 가장 깊숙하고 은밀한 공간에 존재했다. 당연히 그 도서관에는 수도원장의 특별한 허가를 받지 않으면 외부인은 들어갈 수 없었다. 중세사회에서 지식의 전승은 주로 수도원에서 이루어졌다. 오늘날에는 대학이나 연구소들이 그런 역할을 담당하고 있지만, 중세사회에서는 수도사들은 지식인의 주류를 형성하고 있었다. 그러나 이들의 지식은 매우 폐쇄적이고 배타적인 환경 속에서 밀교의 주문처럼 은밀하게 전승되었다. 물론 근대 이전에도 오늘날 우리가 아는 것과 같은 지식을 집적하고 보존하면서 누구든 쉽게 이용할 수 있는 도서관은 존재했다. 중세 유럽이 아니라 그 이전의 고대 그리스와 오리엔트 사회에서는 도서관이 그런 역할을 수행했다.

고대의 도서관을 이야기할 때 빼놓을 수 없는 인물은 바로 알렉산드로스 대왕(Alexandros the Great, BC356~BC323)이다. 알렉산드로스가 정복지마다 도시를 건설하고 도서관을 지었다는 이야기는 조금 과장되었다. 워낙 여러 나라를 원정하다 보니 알렉산드로스는 한 곳에서 도시를 건설할 시간만큼 오래 머무를 수 없었기 때문이다. 그렇다고 꼭 잘못된 이야기도 아니다. 알렉산드로스가 원정마다 여러 분야의 학자와 기술자들을 대동했다는 사실은 잘 알려진 대로다. 알렉산드로스는 두 방향으로 그리스와 정복지의 문명을 통합하고자 노력했다. 먼저 그는 그리스에서 가져간 서적들과 자료들을 여러 나라에 전파하는 한편, 반대로 정복지의 지리와 문화를 조사하고 자료를 수집하도록 했다. 다른 원정지로 떠날 때 알렉산드로스는 정복지를 통치할 부하 장군들에게 자신의 이름을 딴 도시를 건설해 행정의 중심을 만들고, 그 도시에는 도서관을 지어 그리스에서 가져온 서적들과 현지에서 수집한 자료들을 보관하게 했다. 그러므로 알렉산드로스가 직접 도서관을 지었다는 이야기는 과장되었지만, 아무튼 그의 원정에 의해 새로운 도시들이 건설되고 도서관들이 지어진 것은 사실인 셈이다. 더 나아가 알렉산드로스는 그리스와 오리엔트 나라들의 문화를 융합함으로써 헬레니즘 문화가 출현하는 데 결정적으로 중요한 역할을 했다. 가장 번성했을 때에는 알렉산드리아라는 이름의 도시가 70곳이 넘었다고 한다. 이렇게 건설된 도시들 가운데 가장 큰 규모의 도시는 이집트의 알렉산드리아였는데, 알렉산드리아의 대도서관은 고대의 도서관들 가운데 가장 규모가 큰 도서관이었다. 이 도서관은 프톨레마이오스 왕조를 창설한 프톨레마이오스 1세 소테르(Ptolemy I Soter, BC323~BC283) 또는 그의 아들인 프톨레마이오스 2세(Ptolemy Ⅱ, BC283~BC246) 때 건설된 것으로 보인다.

알렉산드리아 도서관은 국경에 상관없이 그 당시의 모든 인문 서적들을 수집해 세계의 지식들을 취합했다. 당시의 알렉산드리아는 그리스와 오리엔트 지역을 잇는 국제무역의 중심이었는데, 프톨레마이오스 왕조는 알렉산드리아에 들어오는 모든 선박의 서적들을 복사해 원문은 보관하고 복사본은 소유자에게 돌려주었다고 한다. 단순히 자료를 수집하는 일을 넘어 알렉산드리아 도서관은 수학, 천문학, 물리학, 자연과학 등 학술 연구와 교육의 중심지였고 수많은 학자들에게 연구를 위한 공간과 경제적 지원을 제공한 후원자였다. 여기서 주목할 일은 알렉산드리아 도서관이 건설되기 이전에도 이집트에는 여러 곳의 도서관이 있었다는 사실이다. 중세 유럽에서는 성직자나 귀족과 같은 특권집단만이 글을 읽고 쓸 수 있었다. 그러나 고대사회에서는 중산층도 글을 알았다는 증거가 많다. 도서관의 가장 중요한 역할은 지식을 수집하고 보관하는 데 있지 않다. 지식을 대중들이 공유할 수 있게 하는 것이 바로 도서관의 진정한 역할이다. 알렉산드리아 도서관의 사라지게 된 데 대해서는 이집트를 정복하러 온 가이사르(Gaius Julius Caesar, BC100~BC44)가 고의로 또는 실수로 불을 질러 소실되었다는 이야기가 플루타르코스(Plutarch, 46~119)의

『영웅전(Lucius Mestrius Plutarchus)』에 나오기는 하지만 이는 사실이 아닌 것으로 보인다. 로마인들이 도서관보다는 목욕탕을 짓는 데 더 열정적이기는 했지만, 그렇다고 도서관에 불을 지를 만큼 야만적이지는 않았다. 알렉산드리아 도서관의 소멸은 아마 프톨레마이오스 왕조의 쇠퇴와 더불어 재정적이고 행정적인 지원이 끊기면서 오랜 세월에 걸쳐 진행되었을 터다. 여기에 기독교 이외의 다른 문화를 이교도의 종교라는 이유로 탄압했던 교회에 의해서 고대의 도서관들은 해체되고 지식은 수도원의 은밀한 구석방에 숨겨지고 말았다. 대중들이 다시 지식을 공유할 수 있게 된 것은 르네상스 이후 인쇄술의 발전에 의해서다.

독일 라인강 근처의 상업도시 마인츠의 금속세공사이자 인쇄업자이던 요하네스 겐스플라이슈 추르 라덴 춤 구텐베르크(Johannes Gensfleisch zur Laden zum Gutenberg, 1398~1468)는 1452년 유럽에서 처음으로 금속 활자를 만들었다. 대부분의 서양인들은 당연히 구텐베르크의 금속 활자가 인류 최초의 발명품이라고 안다. 그런데 이보다 무려 200여 년이나 앞선 1230년대에 이미 금속 활자를 만든 사람들이 있다. 고려 시대의 문인 이규보(李奎報, 1168~1241)가 지은 『동국이상국집(東國李相國集, 1241)』에는 1230년대에 이미 금속 활자로 『신인상정예문발미(新印詳定禮文跋尾)』라는 책을 찍었다는 기록이 있다. 하지만 이 책은 지금 남아 있지 않아서 기록의 진위 여부를 확인할 방법이 없다. 남아 있는 가장 오래된 금속 활자본은 프랑스 국립도서관에서 발견된 『백운화상초록불조직지심체요절(白雲和尙抄錄佛祖直指心體要節)』로 1377년에 발간되었다. 이 책만 보더라도 구텐베르크의 금속 활자보다 70년 이상 앞선 것이다. 그렇다면 고려인들의 금속 활자와 구텐베르크의 금속 활자 발명 가운데 세계사적으로 더 중요한 사건은 무엇일까? 당연히 구텐베르크다. 인쇄술이 지식의 대중화에 얼마나 기여했는가를 기준으로 평가할 때 이 두 사건은 비교하기 어렵다. 지식의 보급에 인쇄술이 얼마나 기여했는가는 애덤 스미스가 『국부론』에서 숙련공이 아닌 노동자 10명이 하루에 핀 48,000개를 생산한다고 경탄의 눈길로 묘사했던 매뉴팩처에서 분업의 성과와 유사하다. 르네상스 초기 이탈리아의 건축가이자 인문주의자로 10권에 이르는 『건축론(De re aedificatoria, 1450)』을 저술한 알베르티(Leon Battista Alberti, 1404~1472)는 구텐베르크의 금속 활자를 이용하면 불과 세 사람의 노동력으로 100일 동안 문서를 200부나 인쇄할 수 있다며 감탄했다.[20] 구텐베르크가 금속 활자를 이용해 처음 출판한 책은 『42행 성서(42 line Bible, 1455)』였다. 그로부터 불과 30년도 지나지 않아 유럽 대부분의 국가들과 주요한 대도시들에 인쇄소가 설립되었다. 50년 후에는 4만 종에 이르는 서로 다른 판본의 책들이 최소 600만 권에서 최대 1,500만 권까지 출판되었다. 정확한 통계는 없지만 아마 900만 권은 넘을 것으로 추정되는데, 이는 로마제국의 멸망 이후 발간된 모든 책들의 수보다 더 많았다. 『성서』보다는 음란물이 더 많이 출판되었다는 사실은 공공연한 비밀이다. 금속 활자가 발명되자 교황청은 "이제는 일반인들도 글로 써진 음란한 이야기들을 읽을 수 있게 되었다"며 우려했다고 한다. 음란한 이야기들뿐 아니라 인쇄술의 발전으로 나타난 새로운 사회문제 가운데는 바로 '금서'가 있었다. 트리엔트 공의회는 1563년 이단적이라고 간주되는 책들을 모아 금서 목록을 발표했다. 이 금서 목록에는 종교개혁을 주장한 루터나 칼뱅의 책은 물론 에라스무스나 마키아벨리 같은 인문주의자들의 책도 포함되어 있었다. 금서 목록과 함께 공의회는 "누구라도 이단자의 책 또는 이단이나 거짓 가르침의 혐의로 유죄 선고를 받았거나 활동이 금지된 저자들이 쓴 책을 읽거나 소장한다면 그는 즉시 파문될 것이다"라고 선언했다.[21]

지식의 대중적 보급에 미친 역할 못지않게 중요한 인쇄술의 다른 의의는 지식의 표준화다. 역사가들은 근대 인쇄 문화의 특징을 확산성(dissemination), 표준화(standardization), 보존성(preservation), 그리고 고정성(fixity)으로 설명한다.[22] 서적의 광범한 확산은 인쇄술의 표준화를 전제로 했다. 기술적 복제성과 상업적 경쟁력의 향상을 위해 철자와 문법에서 문장부호에 이르기까지 거의 모든 영역이 표준화되었다. 책의 외형만이 아니라 책의 내용도 체계화되었다. 특정 주제에 대한 개정판이 거듭해 나올수록 이전에 누락되었던 내용들이 보완되고 오류로 밝혀진

---

20 브로턴, 『르네상스』, 83~84쪽.

21 브로턴, 『르네상스』, 131쪽.

22 육경수, 『책과 독서의 문화사』, 책세상, 2020, 27쪽.

것들이 수정되면서 지식과 정보가 점점 더 표준화되었다. 이처럼 인쇄술은 지식 그 자체가 이해되고 전달되는 방식을 변화시켰다. 인쇄술 이전의 필사본들은 유일무이해서 똑같은 것을 다시 만들어 낼 수 없었다. 그러나 인쇄술은 표준 판형과 활자로 같은 책을 대량으로 재생산할 수 있다. 이는 멀리 떨어져 있는 두 명의 독자가 똑같은 책을 가지고 특정한 쪽에 있는 특정 단어에 대해 토론하고 비교할 수 있다는 것을 의미했다. 일관성 있게 쪽수를 매기도, 색인을 달고, 알파벳 순서로 정리하고, 참고문헌을 수록하면서 지식 그 자체의 모습도 변화해 갔다.[23] 그러나 표준화의 장점 못지 않게 다른 문제도 나타났다. 규격화된 지식의 대량 생산은 독자들의 사고방식을 동질화시키는 기능을 했다. 제정된 표준말과 표준 표기법, 일정한 카테고리로 분류된 찾아보기 등의 원칙에 따라 제작되고 유포된 각종 인쇄물들은 독자들의 사고방식과 세상 읽기를 특정한 방향과 범주로 수렴하는 데 영향력을 발휘했다. 인쇄 문화가 획일적인 사고와 행동방식을 강요할 수 있는 중앙집권적 지배권력의 성장에 밑거름으로 작용한 것이다. 루터가 독일어로 번역한 『성서』가 독일 민족주의의 토양이 되고, 인쇄술의 발전이 절대주의의 형성에 문화적 토대가 되었다는 평가는 이런 평가에 바탕을 둔 것이다.[24]

> 인쇄술의 혁명은 오늘날 우리가 근대 서양을 구성하는 기본 특징으로 알고 있는 거의 모든 것들의 원인 제공자이자 촉매제였다. 검증된 근대 지식체제의 등장, 문화 권력으로서의 저자와 지적 재산권의 탄생, 사색하는 이성적인 교양 독서층의 등장, 여론이 발생하고 주도되는 공적 영역의 성숙—근대 인쇄술의 발전 과정에서 유래, 파생, 형성된 이런 현상들은 흔히 '근대성'이라는 이름으로 총칭되는 서양의 진면목이다.[25]

23 브로틴, 『르네상스』, 87~88쪽.
24 육경수, 『책과 독서의 문화사』, 책세상, 2020, 27~29쪽.
25 육경수, 『책과 독서의 문화사』, 35쪽.

르네상스 인문주의 운동의 발전은 인쇄술의 보급과 떼어 놓고서는 생각할 수 없다. 르네상스는 한 마디로 지식에 대한 갈증, 앎을 통한 자유로운 삶을 향한 의지의 표출이다.[26] 르네상스인들이 이런 욕구와 의지를 추구하고 충족시킬 수 있었던 것은 바로 인쇄술 덕분이었다. 더 나아가 인쇄 문화의 외형적 성장은 몇 가지 중요한 사회적 변화를 가져오기도 했다. 무엇보다 인쇄술은 '지식인'이라고 불리는 새로운 유형의 문화 권력자 계층을 탄생시켰다. 인쇄술의 발명 이전인 필사본의 시대에는 특정 글의 원래 저자가 누구인지는 그렇게 중요하지 않았다. 필경사들은 다른 작품을 가져올 때도 그 원천을 밝히지 않았고, 거꾸로 자신의 독창적인 아이디어에서 나온 내용에 대해서도 굳이 그런 사실을 주장하지 않았다. 책을 통해 개인적 명성이나 부를 쌓는데 일정한 한계가 있었던 필사본 시대에는 대부분의 저자가 익명으로 남아 있었다. 그러나 지식의 대량확산, 규격 복제, 영구보존이 가능해진 인쇄 시대에 오면서 저자들은 자신이 쓴 책의 판매 수입으로 살아가는 독립적인 삶을 꿈꿀 수 있게 되었다. 인쇄술은 이성과 자율이라는 안정된 정체성을 소유한 근대적 주체를 창출했다. 장기적으로는 무기명 비밀투표로 자신의 독자적인 이해관계를 추구하는 합리적인 시민계층은 물론 수요와 공급의 시장법칙에 따라 이성적으로 경제활동을 하는 소유 주체의 형성에도 영향을 미쳤다. 인쇄술에 의한 독서 혁명이야말로 근대 서양을 지탱하는 가장 주요한 두 축인 대의제 민주주의와 시장자본주의를 공고히 만든 토대다.[27] 그리고 시장법칙에 따라 이성적으로 경제활동을 하는 소유 주체를 우리는 호모 이코노미쿠스라고 부른다.

지식의 대중화는 분명 근대의 산물이다. 인쇄술의 발전과 보급은 대중들이 지식을 공유하는 데 매우 중요한 필요조건을 이루었다. 그러나 성직자들과 귀족들에게 독점되어 있던 지식을 대중들이 고유하게 된 데에는 더 중요한 계기가 있다. 신분제 사회에서는 정치적, 경제적 권리와 마찬가지로 지식에 대한 권리를 전혀 인정받지 못하던 대중들이 지식의 주인이 될 수 있으며, 또 반드시 되어야 한다는 생각의 전환이 바로 그것이다. 이 위대한 전환을 가져온 것은 바로 계몽주의

---

26 장문석, 『근대 정신은 어떻게 탄생했을까?』, 67쪽.

27 육경수, 『책과 독서의 문화사』, 30~32쪽 및 35쪽.

운동이다. 계몽(Aufklärung)이라는 말은 인간이 신의 계시에 의존한다는 신학적 견해와 대비되는 태도로서, 인간 자신의 자연적 본성에 관한 자각과 인간 본성과 이성에 적합한 조화롭고 인간적인 사회제도 내에서 이루어질 수 있고, 또 반드시 이루어져야 하는 인류의 자기실현에 대한 자각을 의미한다. 르네상스의 휴머니즘, 종교개혁, 근대 합리주의 철학을 계승하고 완성시킴과 동시에 그 한계를 극복함으로써 진정한 근대 사상으로서의 면모를 확립한 것은 계몽주의였다. 중세의 질곡으로부터 인간을 해방시키고 근대 시민사회의 형성을 지향한 근대 사상운동 및 문화운동의 본격적인 전개는 계몽주의에서부터 시작되었다. 봉건적 질서에 신성한 후광을 비췄던 형이상학적, 신학적 세계관은 계몽주의에 의해 파괴되었다. 계몽운동의 발전은 당시 유럽 각국의 역사적, 사회적 조건들에 따라 여러 가지 방식으로 이루어졌으며 저마다 다른 일반적 의미를 획득했다. 또한 한 나라 안에서조차도 계몽운동은 다양한 사상적 경향을 포괄하고 있었으며, 다양한 발전 단계를 거쳐 전개되었다. 그러나 설령 그것들이 지역적, 시기적으로 매우 광범한 차이를 안고 있다 하더라도 계몽주의 시대의 모든 사상과 문예운동에는 그것들을 계몽주의라고 부르게 되는 일정한 공통점이 있었는데, 그것은 바로 인간의 이성에 대한 신뢰였다.

계몽주의는 본질적으로 저항적인 사상·문화운동으로서 종교, 자연관, 사회, 국가조직 등 기존의 모든 것이 이성에 의해 가차없이 비판되었으며, 그것들은 이성의 법정에서 존재를 인정받든가 아니면 존재를 포기할 수밖에 없었다. 그러나 동시에 계몽주의자들은 이성만이 절대적이라고 보는 합리주의의 형이상학적 인식론에는 반대했다. 그들의 인식론적 기초는 오히려 감각주의적, 실증주의적 성격을 더 강하게 띠고 있었다. 이러한 의미에서 보면 계몽주의는 근대 합리주의 철학의 후계자인 동시에 그것을 극복하고자 한 사상운동이었다. 계몽주의는 인간, 사회, 국가에 관한 이론과 사상에서 비약적인 진보를 이룩했으며, 학문을 종교적 교리의 속박으로부터 해방시켰다. 계몽주의를 통하여 비로소 근대의 인간들이 가지고 있던 다음과 같은 모순들이 일반적으로 인식될 수 있었다. 첫째, 지식과 신앙 사이의 모순이었다. 이 모순은 자연을 지배하고 인간의 실생활을 변화시킨 근대 자연과학을 출현하게 했다. 둘째, 역사적으로 신성시해 온 기존의 모든 제도들과 자연법 사이의 모순이었다. 이러한 제도들이 폭력에 의하여 붕괴됨으로써 비로소 근대 시민사회와 자본주의적 질서가 발생할 수 있는 조건이 마련되었다. 마지막으로 개인적 이해를 추구하는 이기주의와 정의로운 사회질서에 관한 공동체의 이해 사이의 모순이었다. 이 모순은 계몽사상기의 모든 국가이론과 사회이론의 핵심적인 내용을 이루었다.[28] 사상으로서의 계몽주의와 문화운동으로서의 계몽주의는 모두 근대 시민계급이 자신을 하나의 계급으로 형성하고 신분적, 봉건적 질서와 절대군주제에 대한 투쟁을 전개하던 시기에 형성되었다. 시대와 국가에 따라서 다양하게 나타났던 계몽운동의 형태들은 각각의 사회가 도달해 있던 시민계급 해방운동의 발전단계와 각국에서의 특수한 조건들을 반영했다. 계몽주의가 근대 시민혁명운동에 사상적, 이론적 기초를 제공했다는 것은 분명하다. 계몽운동과 근대 민주주의는 동전의 양면처럼 따로 생각할 수 없는 사건들이다. 흔히 근대 시민혁명 특히 프랑스 대혁명이 계몽주의의 이상을 현실에서 구현했다는 것은 이러한 의미에서다. 그러나 다른 한편 시민혁명과 그것에 의해 건설된 사회체제는 계몽주의의 계급적 본질과 한계를 명백히 드러내게 한 결정적인 계기이기도 했다. 계몽사상의 부르주아적인 계급적 성격은 이 운동의 대표자들로 하여금 근대 부르주아계급의 이해관계를 인간 일반의 자연적이고 보편적인 이해관계로 가정하게 했다. 따라서 그들이 인간의 해방이라 부른 것은 엄밀히 말하면 근대 시민계급의 해방을 의미할 뿐이었다. 이로써 계몽주의의 시대는 종결되고, 시민혁명 이후의 새로운 사회적 문제들에 대해 어떻게 사상적, 이론적으로 해명할 것인가 하는 임무는 부르주아적 자유주의와 사회주의 사상으로 넘어가게 되었다.

서양의 역사에서 계몽운동은 대체로 17~18세기에 진행된 사건이다. 그런데 우리에게는 계몽운동이라는 말이 그렇게 멀지 않은 단어로 다가온다. 1980년대까지만 하더라도 많은 대학생들이 여름방학이 되면 농활이라는 이름으로 농촌계

---

28 경제교육연구회, 『근대사회경제사상의 탐구』, 65~67쪽.

몽운동을 가고는 했기 때문이다. 이런 농촌계몽운동의 역사는 멀리 1930년대 일제강점기까지 거슬러 올라간다. 일제 강점기의 농촌에서 헌신적으로 계몽운동을 벌인 청년 지식인들의 삶을 그린 심훈 선생의 소설 『상록수(1935)』는 이렇게 시작한다. 학생 농촌계몽운동 행사에 참여한 박동혁은 "지식인들은 자신의 안위를 생각하지 말아야 한다"며, 우수 대원으로 뽑힌 채영신에게 호감을 갖고 그녀를 함께 농촌운동을 같이 할 동지로 생각한다. 동혁의 성실함에 영신도 마찬가지로 그와의 만남을 감사하게 여긴다. 집안 형편 때문에 고등농림학교를 그만둔 동혁은 고향 한곡리로 내려가서 농촌계몽운동을 벌인다. 기독교청년회 농촌사업부의 특파원으로 청석골로 내려간 채영신은 부녀회를 조직하고 마을 예배당을 빌려 어린이들을 가르친다. 영신은 결혼하라는 어머니의 권유 때문에 한곡리의 동혁을 찾아가 농촌운동의 기반을 잡은 3년 후에 결혼할 것을 약속하고 돌아와 본격적인 농촌운동에 몰두한다. 그런데 영신의 계몽활동을 탐탁잖게 여긴 일제 경찰은 예배당이 낡았다는 이유로 한 번에 50명 이상이 들어가지 못한다는 명령을 내린다. 미처 예배당에 들어가지 못한 아이들은 영신의 치맛자락을 부여잡으며 들어가게 해 달라고 운다. 함께 통곡하던 영신은 문득 칠판을 떼 들고 마당으로 달려가서는 예배당 벽에 걸고는 소리친다. "배우고 싶은 자 누구든 다 오시오."

소설 『상록수』는 1930년대 일제강점기에 청년 지식인들을 중심으로 일어난 브나로드(V narod)라는 농촌계몽운동을 소재로 한 작품이다. '나로드(narod)'는 러시아어로 '인민', '민중'을 뜻한다. 따라서 '브나로드'는 '인민 속으로'라는 뜻인데, 원래는 제정 러시아 말기에 나로드니키(narodniki) 즉 인민주의자라고 불리던 지식인들에 의해 진행된 운동이다. 혁명기 러시아에서 일어난 운동이 일제강점기의 조선을 거쳐 1980년대의 우리 농촌에까지 이어져 온 것이다. 그런데 시대와 민족을 넘어 이 운동들에는 계몽에 대한 공통된 편견이 있다. 계몽이란 먼저 깨우친 자, 더 많이 배운 자가 아직 깨우치지 못한 자, 덜 배운 자를 가르쳐 깨우치게 하는 것이라는 편견이다. 칸트는 1784년에 발표한 「'계몽이란 무엇인가?'라는 질문에 대한 답변(Beantwortung der Frage: Was ist Aufklärung?)」이라는 글에서 계몽을 이렇게 정의했다. “계몽이란 인간이 스스로 초래한 미숙함으로부터의 해방이다(der Ausgang Menschen aus seiner selbstverschuldeten Ummündigkeit)” 여기서 칸트가 미숙함이라고 부르는 것은 자신의 이성과 오성을 다른 사람의 지도 없이는 사용하지 못하는 무능함을 가리킨다. 따라서 어떤 사람이 자신을 계몽주의자라고 부른다면 그것은 그가 다른 사람의 지도 없이 자신의 지성을 사용할 용기를 가지고 있다는 의미다.29

> 계몽이란 우리가 마땅히 스스로 책임져야 할 미성년 상태로부터 벗어나는 것이다. 미성년 상태란 다른 사람의 지도 없이는 자신의 지성을

---

29 학술적으로는 물론 일상에서도 자주 사용됨에도 불구하고 이성(Vernunft, reason, raison)과 오성(Verstand, understanding, entendement)을 명확하게 정의하기는 어렵다. 학자들마다 개념의 정의가 조금씩 다르기 때문이다. 일반적으로 오성은 수동적·논증적 인식능력을 의미하는 반면, 이성은 그보다 더 상위의 단계인 능동적·직관적 능력을 일컫는 경우가 많다. 이성에 해당하는 독일어 Vernunft는 ‘경청하다’, ‘알아듣다’라는 뜻을 가진 동사 vernehmen에서 파생되었다. 한편 오성으로 번역되는 Verstand는 ‘이해하다’, ‘터득하다’를 의미하는 verstehen에서 파생되었다. 이성의 어원은 라틴어 ‘ratio’인데, 사물을 옳게 판단하는 능력을 가리킨다. 여기서 판단의 범위에는 진위에 대한 판단뿐 아니라 선악과 미추(美醜)에 대한 판단까지도 포함하는 것이 보통이다. 비례, 비율을 뜻하는 ‘rate’의 어원도 ‘ratio’다. 이성이 원래부터 비례와 긴밀한 개념임을 보여 준다. 헤겔은 논리적인 것의 세 측면을 추상적 또는 오성적 측면, 변증법적 또는 부정적·이성적 측면, 사변적 또는 긍정적·이성적 측면으로 구분했다. “오성은 다만 규정하면서 바로 이 규정을 고수하는 데 반해서, 이성은 이러한 오성의 재규정을 무로 해소시키는 까닭에 모름지기 부정적이고 변증법적이며, 더 나아가서 이성은 긍정적이기도 한다. 왜냐하면 그것은 보편을 산출하면서 그 안에 있는 특수를 파악하기 때문이다.”(헤겔, 『대논리학』, 김준수, 『헤겔: 정신의 체계, 자유와 이성의 날개를 활짝 펴다』, 129~30쪽에서 재인용.) 간단히 정리하면 오성은 이성을 사용해 논리적으로 사고할 수 있는 능력을 가리킨다. 따라서 오성보다 이성을 더 포괄적인 개념으로, 오성을 이성이 구체적으로 발현된 추리 능력으로 구분하는 것이 보통이다. 다만 칸트의 경우처럼 이성보다 오성을 더 중요한 인간의 속성으로 간주하는 경우도 있다. (그런데 이성과 오성의 관계와는 다른 문제로, 최근에는 독일어 ‘Verstand’나 영어의 ‘understanding’의 번역어로서 ‘오성(悟性)’이 적절한가 아닌가에 대한 의견도 많다. ‘지성(知性)’이 원래의 의미에 훨씬 가까운데도 오성이라는 사실 그다지 익숙하지 않은 번역어를 사용하게 된 이유가 일본어 번역어를 무비판적으로 수용했기 때문이라는 것이다. 로크의 저서 『An Essay concerning Human Understanding』을 과거에는 『인간오성론』으로 번역하다가 요즘에는 『인간지성론』으로 번역하는 경우가 많은 이유도 그 때문이다.) 한편 중국의 고전인 『대학(大學)』에는 사대부가 수양해야 할 목표로 ‘격물(格物)·치지(致知)·성의(誠意)·정심(正心)·수신(修身)·제가(齊家)·치국(治國)·평천하(平天下)’의 8조목이 나온다.(朱熹 엮음, 『대학』, 61쪽.) 이 가운데 특히 격물치지의 의미에 대해서는 후대의 학자들 사이에서 다양한 해석과 논란이 있다. 대표적인 것이 주자학파(朱子學派)와 양명학파(陽明學派)다. 이에 대해 주자(朱子)는 “격물이란 한 사물에 나아가 그 사물의 이치를 파악하는 것을 의미하고, 치지란 사물의 이치를 완전히 탐구한 뒤 나의 지식이 다 드러나지 않음이 없는 것을 말한다”고 설명했다.(朱熹 엮음, 『대학』, 80쪽.) 이 분야의 전문가가 아니어서 감히 말씀드리기 어렵지만, 나는 ‘격물’을 사물의 원리를 근본에까지 분석한다는 의미로, ‘치지’를 그럼으로써 참다운 앎에 이른다는 의미로 해석한다. 다시 말해 격물은 오성의 역할이며 치지는 이성의 역할이라는 뜻이다.

> 사용할 수 없는 상태다. 이 미성년 상태의 책임을 마땅히 스스로 져야 하는 것은, 이 미성년의 원인이 지성의 결핍에 있는 것이 아니라 다른 사람의 지도 없이도 지성을 사용할 수 있는 결단과 용기의 결핍에 있을 경우다. 그러므로 "과감히 알려고 하라(Sapere aude)!", "너 자신의 지성을 사용할 용기를 가져라!" 하는 것이 계몽의 표어다.[30]

칸트는 많은 사람들이 외부의 지도로부터 해방된 뒤에도 미성년 상태에 머무르는 이유, 그리고 다른 사람들이 손쉽게 그들의 후견인으로 들어앉는 이유는 게으름과 비겁함 때문이라고 지적한다. 만약 나에게 나를 대신해서 지성을 가지고 있는 책이 있고, 나를 대신해 양심을 가지고 있는 목사가 있고, 나를 대신해 음식을 준비하는 의사가 있다면 나는 조금도 수고로울 필요가 없을 터다. 내가 그것에 대해 대가를 지불할 능력만 있다면 나는 생각할 필요도 없다. 대부분의 사람들이 성년이 되는 단계를 힘들다고 하기보다는 위험스럽다고 생각한다. 그렇지만 이런 위험은 실제로 그렇게 큰 것은 아니다. 그들은 종종 넘어져 뒹굴지만 드디어는 걸을 수 있게 되기 때문이다. 그러나 이런 실수는 그들을 겁쟁이로 만들어 그들로 하여금 더 시도해 볼 용기를 잃게 만든다.[31] 칸트는 후견인이라고 불리는 사람들 바로 사회의 기득권층들이 오히려 민중을 편견 속에 가두려 한다고 주장한다. 민중들이 이런 편견으로부터 스스로 계몽되는 데 필요한 것은 자유뿐이다. 자유만 있다면 민중들이 스스로 계몽되는 일은 결코 어렵지 않다. 계몽에 대한 칸트의 이런 정의는 우리가 지금까지 계몽에 대해 흔히 가져 왔던 생각들이 실은 편견이었음을 보여 준다. 계몽은 기득권자가 민중을 계몽시키는 것이 아니라 이 가운데 격물치지의 의미에 대해서는 민중이 스스로 계몽되는 것이다. 하지만 현실에서는 자신이 가진 이성적 능력을 충분히 사용할 수 있는 이가 그리 많지 않은 것도 사실이다. 칸트는 그 이유를 오성의 결핍이 아니라 오성을 사용할 용기의 결핍 때문이라고 말한다. 칸트의 참뜻을 올바로 표현하자면 나에게 그런 오성이 있다는 사

---

[30] 칸트, 이한구 편역, 『칸트의 역사철학』, 서광사, 2009, 13쪽.

[31] 칸트, 『칸트의 역사철학』, 13~14쪽.

실을 대부분의 사람들은 알지 못하기 때문이라고 해야 옳다. 중세의 민중들은 그런 능력은 성직자나 귀족들에게만 부여된 줄 알았기 때문에 자신의 오성을 사용할 용기를 낼 수 없었다. 그러므로 근대 계몽주의 운동의 핵심은 대중들에게 지식을 가르치고 이성을 새롭게 부여하는 것이 아니라, 대중들의 내면에 이미 잠재해 있는 이성을 일깨우고 이성을 충분히 올바로 사용할 수 있도록 스스로 훈련하도록 하는 데 있다. 정글에서 자란 마우글리에게도 이성적 능력은 선천적으로 주어져 있다. 하지만 마우글리는 그 능력을 사용할 기회를 한 번도 가져 보지 못했기 때문에 그렇게 되기 위해서는 더 많은 시간의 훈련이 필요한 것이다.

계몽사상가들 가운데 교육에 대한 자신의 사상과 이론을 구체적으로 발표한 사상가로는 로크와 루소를 들 수 있다. 로크는 오늘날 우리가 국민교육이라고 부르는 공적 교육에 관한 사상, 특히 국가가 모든 국민들에게 필요한 교육을 제공할 의무를 가진다는 사상을 처음으로 체계화한 인물이다. 로크의 교육관은 자기의식을 가지고 실천적으로 활동하는 시민계급[로크 자신의 표현으로는 '신사(gentleman)']의 양성과 훈련에 목표를 두었다. 『인간지성론(An Essay Concerning Human Understanding, 1690)』에서 로크는 데카르트 이후로 철학자들이 일반적으로 믿어 오던 본유관념, 즉 천부적으로 갖고 태어난다는 기본적인 관념과 사고의 법칙 및 도덕률의 존재를 부정하면서 이제 막 태어난 인간의 마음은 백지와 같다고 주장했다.[32] 로크의 교육철학에서 가장 중요한 점은 지식교육보다 인성교육을 더 중요시했다는 점이다. 로크는 교육의 목적을 단순히 지식을 전수하는 것이 아니라, 경험론자답게 로크는 경험을 통한 교육을 중요시했다.[33] 다만 로크의 경우 그 중요성을 지나치게 강조한 나머지 교육을 통해 어떤 유형의 인간도 길러낼 수 있다는 교육만능론에 치우친 점도 없지 않다. 로크의 국민교육이론으로부터 많은 영향을 받았던 루소는 소설 형식으로 쓰인 교육철학서 『에밀』에서 자신이 생각한 이상국가의 시민을 지향하는 국민교육의 이론을 전개했다. 루소는 교육의 목표가 노동을 존중하며 조국을 사랑하는 자각적이고 이성적인 인간을 형성하는 데 있다고 주장했다. 이

---

32 로크, 추영현 옮김, 『인간지성론』, 동서문화사, 2016, 42~44쪽.
33 임태평, 「로크의 인식 자율성 원리와 교육」, 한국교육철학회, 『교육철학』, 제23권, 2003, 170쪽.

러한 목표를 실현하기 위해서는 교육과정에서 직관과 이해의 원리를 철저하게 적용할 것과 나아가 학생들의 자립성을 기르도록 의식적인 교육을 시킬 것, 그리고 습득한 지식과 노동방법을 창조적으로 사용할 수 있는 능력을 체계적으로 계발할 것 등이 요구되었다. 루소는 교육의 형식을 본질적으로 자연에 의한 교육, 인간에 의한 교육, 사물에 의한 교육의 세 가지로 구분했다.[34] 인간의 교육은 주위 사람들의 말과 행동을 통해 아이가 변화되도록 하는 것이고, 사물의 교육은 환경의 경험에 의해 얻는 것을 의미한다. 이 세 가지 교육은 각기 다르지만 일치하는 것이 중요하다고 보았는데, 일치의 기준은 물론 '자연'이다. 루소는 자연의 교육을 인간의 지적 능력만이 아니라 도덕적 능력을 함양하기 위해 반드시 필요하다고 주장했다. 인격적 존재로서 인간은 이성과 양심에 기준을 두고 행동해야 한다. 『에밀』의 주인공인 에밀이 자연인의 독립성을 유지함과 동시에 시민으로서 삶을 일치시키는 것은 루소의 자연주의 교육을 통해 획득된 양심으로 인해 가능하며, 이는 자기애에 근거를 둔다.[35]

노벨문학상 수상자인 아일랜드 출신의 극작가 조지 버나드 쇼(George Bernard Shaw, 1856~1950)의 희곡 『피그말리온(Pygmalion, 1912)』은 제목에서 금방 알 수 있듯이 그리스 신화의 피그말리온(Pygmalion) 이야기에서 소재를 가져 왔다. 피그말리온은 키프로스의 조각가[어떤 기록에는 키프로스의 왕]인데, 그 당시 키프로스의 여성들은 매우 방탕했다고 한다. 현실의 여성들에게 환멸을 느낀 피그말리온은 자신의 시간과 열정을 모두 조각에 쏟았다. 그러다 피그말리온은 거품의 요정인 갈라테아(Galatea)를 조각했는데 그 모습이 너무 아름다워 그만 사랑에 빠지고 말았다. 피그말리온은 아프로디테 여신에게 자신이 사랑하는 조각을 인간으로 만들어 달라고 빌었고, 여신이 그의 소원을 들어 줘 갈라테아는 인간이 되었다는 이야기다. 그런데 그리스 신화의 피그말리온 이야기와 버나드 쇼의 『피그말리온』은 비슷한 듯하면서도 많이 다르다. 언어학자인 헨리 히긴스 교수는 친구인 피커링 대

---

34 루소, 정병희 옮김, 『에밀』, 동서문화사, 2007, 14쪽.

35 장효민, 「자기애에 기초한 인격 고양 방안—루소의 『에밀』에 드러난 교육 방식을 중심으로」, 한국윤리교육학회, 『윤리교육연구』, 2002, 576쪽.

령과 인간의 품성이 선천적인가 후천적인가를 두고 논쟁을 벌인다. 히긴스는 교육을 통해 천박한 언어를 사용하는 하층계급의 여성을 교양있는 사교계 숙녀로 개조할 수 있다고 주장한다. 두 사람은 내기를 벌이고, 자신의 주장이 옳음을 증명하기 위해 히긴스는 거리에서 꽃을 파는 처녀 엘리자를 자기 집으로 데려와 상류계급의 언어와 행동을 가르친다. 3개월만에 엘리자는 성공적으로 사교계에 데뷔하고 내기에서 이긴 히긴스는 모든 것이 끝났다고 기뻐한다. 그러나 자신의 존재에 회의를 느낀 엘리자는 히긴스의 집을 나온다. 쇼의 희곡을 각색한 영화에서는 숙녀가 된 엘리자를 사랑하게 된 히긴스가 청혼하고 두 사람은 행복한 결혼을 한다는 결론으로 끝나지만, 쇼의 원작에서는 히긴스가 엘리자를 사랑하지도 않으며, 단지 내기가 끝난 뒤 갈 곳이 없는 엘리자에게 거만한 태도로 원한다면 자기 집에서 살아도 좋다고 말할 뿐이다. 하지만 사교계의 말투와 행동을 흉내낸다고 해도 진정으로 상류계급의 일원이 될 수는 없고, 그렇다고 다시 하층계급으로 돌아갈 수도 없는 존재로 자신을 만든 히긴스에게 분노를 느낀 엘리자는 그의 집을 나간다. 희곡 『피그말리온』의 히긴스 교수는 전혀 엘리자를 사랑하지 않는다. 단지 자신의 이론이 옳음을 증명하기 위해 엘리자를 교육시켰을 뿐이다. 실은 두 이야기에서 가장 닮은 점도 역설적이지만 바로 여기에 있다. 신화의 피그말리온은 상아를 깎아 갈라테아를 조각한다. 엘리자는 조각이 아니라 생명을 가진 인간이다. 히긴스는 마치 조각을 깎듯이 엘리자를 교육시킨다. 엘리자는 살아 있는 인간이지만 히긴스에게는 상아나 대리석과 다를 바 없다. 여기서 우리는 교육이란 무엇인가를 생각하게 된다.

대부분의 계몽주의자들에게 공통된 사상은 인간이 자신이 가진 이성을 올바로 사용할 수 있기 위해서는 교육이 필요하다는 것이다. 그렇다면 이때의 교육은 어떤 교육이어야 하는가? 스스로 자신의 이성을 사용할 용기를 자기지 못한 이들로 하여금 자기 이성의 주인이 되게 이끄는 것이 교육의 본질이다. 교육의 주체는 히긴스와 같은 가르치는 이가 아니라 엘리자와 같이 스스로 이성을 가지고자 하는 이라는 뜻이다. 그러나 엘리자에 대한 히긴스의 교육은 전혀 정반대의 방향으로 이루어진다. 그는 엘리자의 주체성을 북돋우기는커녕 오히려 억압한다. 그럼에도 불구하고 엘리자는 스스로 주체적인 인간으로 성장한다. 모든 인간은 스스로 계몽될 수 있다는 계몽주의자들의 사상과 쇼의 교육관이 가장 잘 드러나는 대목이다. 히긴스의 억압적인 교육에도 불구하고 주체적인 여성으로 성장한 엘리자는 히긴스의 위선적인 태도를 비난하면서 그의 집을 떠난다. 이 결말은 아마 쇼가 존경했던 사실주의 극작가 헨리크 입센(Henrik Johan Ibsen, 1828~1906)의 희곡 『인형의 집(Et Dukkehjem, 1879)』에서 주인공 노라가 남편의 위선에 환멸을 느끼면서 집을 나가는 결말을 오마주한 것일 듯싶다. 페이비언 사회주의자(Fabian Socialist)로서 쇼는 여러 분야의 사회개혁에 열정적으로 참여했다.[36] 이런 연유로 그의 작품들에는 다양한 사회적 발언들이 담겨 있다. 『피그말리온』도 마찬가지여서 여기에는 인간성의 본질과 교육의 역할에 관한 쇼의 사상뿐만 아니라 여성 문제와 그 당시 영국 상류층의 도덕적 타락 등에 관한 그의 주장들이 담겨 있다.

피그말리온 이야기에서 내가 정말 궁금한 일은 과연 인간이 된 갈라테아는 과연 행복했을까 하는 것이다. 피그말리온은 조각인 갈라테아를 사랑해 그녀를 인간으로 만들어 달라고 신에게 기도했고, 자신이 원하는 바를 얻었다. 하지만 갈라테아는 과연 인간이 되기를 원했을까? 물론 아직 조각품일 때의 갈라테아에게는 인간이 되고 싶다거나 인간이 되고 싶지 않다는 바램 따위가 있었을 리 없다. 하지만 인간이 되고 난 후의 갈라테아는 과연 어땠을까? 그녀는 피그말리온을 사

---

36 페이비언협회(Fabian Society)는 1884년 영국의 진보적 지식인들이 설립한 사회단체다. 페이비언이라는 이름은 평민들을 위한 복지사업에 자신의 재산을 사용한 것으로 유명한 로마의 장군 파비우스(Fabius Maximus, BC275~BC203)의 이름을 땄다. 버나드 쇼를 비롯해 부부 경제학자인 시드니 웹(Sidney Webb, 1859~1947)과 베아트리체 웹(Beatrice Webb, 1848~1943) 등이 중심적인 역할을 했다. 마르크스주의의 계급투쟁론이 아니라 사회진화론의 입장에서, 민주적인 수단에 의한 점진적이고 유기적인 사회개혁을 강조했다. 사회를 도덕적·이성적인 유기체로 보고 개인의 효용을 초월한 공공선의 추구가 인간사회의 목표라고 주장했다. 노동조합운동에 의한 산업민주주의의 추진, 의회민주주의에 의한 점진적인 사회개혁의 달성을 목표로 영국 사회주의운동의 주류가 되었다. 영국 노동당의 모태가 된 것도 페이비언협회다. 영국에는 마르크스주의나 다른 사회주의 사상들과 구분되는 영국 전통의 사회주의운동의 역사가 있다. 이 전통의 직접적인 선구자는 리카도 좌파 또는 리카도파 사회주의자(Ricardian Socialist)라고 불리는 경제학자들이다. 이들은 리카도의 노동가치이론에 입각해 노동의 산물은 당연히 노동자들에게 귀속되어야 한다고 주장했다. 윌리엄 톰슨(William Thompson, 1785~1883), 토머스 홋지스킨(Thomas Hodgskin, 1787~1869) 등이 대표적인 인물들이다.

랑했을까? 피그말리온이 자신을 인간으로 만들어 주었다는 이유만으로 그를 사랑하지 않으면서도 그에게 헌신해야 할 의무가 갈라테아에게 있을까? 만약 그렇다고 한다면 갈라테아는 자아를 가지고 스스로 생각하고 자신이 원하는 삶을 추구하는 독립된 인간이 아니라 피그말리온의 소유물에 불과할 뿐이다. 비록 인간이 되었지만 피그말리온에게 소유되고 그에게 종속된 존재라는 점에서 보면 조각품이던 갈라테아와 인간이 된 갈라테아는 조금도 다르지 않다. 물론 아닐 수도 있을 터다. 갈라테아도 피그말리온을 사랑해 행복한 결혼 생활을 했을 수도 있다. 다만 나는 그리스 신화를 읽는 모든 이들이 피그말리온의 마음에만 관심을 가지고 아무도 갈라테아의 마음과 그녀의 삶에는 고개를 돌리는지 궁금할 뿐이다.

노벨상 수상자로서 세익스피어 이후 가장 위대한 극작가로 불리고, 당대의 가장 뛰어난 연설가이자 문필가로 유명하지만 정작 쇼는 초등학교 이상의 교육을 받지 못했다. 쇼가 어릴 때 사업에 실패한 부친이 알콜중독자가 되고 말았기 때문이다. 쇼의 사례는 교육에서 가장 중요한 것은 지식의 주입이 아니라 스스로 이성을 사용할 수 있는 능력을 계발하는 것임을 보여 준다. 물론 공교육, 학교 교육을 부정하는 뜻은 아니다. 오늘날 대중에게 가장 공평하고 가장 폭넓은 교육의 기회를 제공하는 것은 누가 뭐라고 해도 국민교육이다. 다만 쇼의 예에서 보듯이 진정으로 교육이 추구해야 할 바가 무엇이냐는 말씀을 드리고 싶을 뿐이다. 당연히 이런 예는 일일이 열거하기 어려울 만큼 많다. 토지공개념의 사상적, 이론적 토대를 구축한 『진보와 빈곤(Progress and Poverty, 1879)』의 저자 헨리 조지(Henry George, 1839~1897)는 14세 때 스스로 공교육을 포기했다. 20세기 미국 사회학의 가장 중요한 저작 가운데 하나인 『노동과 독점자본: 20세기에서 노동의 쇠퇴(Labour and Monopoly Capital: The Degradation of Work in the 20th Century, 1974)』을 쓴 해리 브레이버맨(Harry Braverman, 1920~1976)도 가난한 노동자의 가정에서 태어나 전혀 공교육을 받지 못했다. 이런 사례들은 모두 교육의 핵심이 지식을 가르치는 것이 아니라 생각하는 방법을 가르치는 데 있어야 한다는 것, 그리고 교육의 주체가 가르치는 사람이 아니라 나의 지성을 사용하는 용기를 갖고자 투쟁하는 나 자신에게 있음을 보여 준다.

그러나 이런 예들을 오히려 공교육을 받지 못할수록 참다운 교육에 가까울 수 있다는 주장의 증거로 삼아서는 결코 옳지 않다. 이런 예들은 단지 공교육을 받지 않고도 스스로 성장하는 경우도 있다는 증거일 뿐이다. 당연히 근대의 공교육제도는 어린아이들이 지성과 덕성을 가진 인간으로 성장하는 데 가장 중요한 기회다. 공교육을 받지 못하고도 지성인으로 성장한 여러 사례들 가운데 가장 극적인 경우는 아마 장 자크 루소일 것이다. 가난한 시계공의 아들로 태어난 루소는 어느 목사의 가정에 입양되었으나 제대로 된 교육은 커녕 가혹한 가사노동에 시달렸을 뿐이다. 그럼에도 불구하고 루소는 스스로의 노력으로 유럽 최고의 지성인으로 성장했다. 그런데 『에밀』에서 주장한 그 훌륭한 교육관과 전혀 다르게 루소는 자신의 여섯 자녀를 모두 고아원에 보내 버렸다. 하숙집 하녀 출신인 아내가 자녀들을 교육하기에 충분한 지적 능력을 갖추지 못했다는 이유에서다. 하지만 그 시대의 평민 여성들 가운데 제대로 교육을 받은 이는 거의 드물다. 그래서 모든 이들에게 평등한 교육의 기회를 부여하기 위한 계몽운동이 등장했던 것이다. 인류의 지성사에서 루소만큼 뛰어난 인물도 드물지만 그처럼 모순적인 인물도 찾아보기 어렵다.

디드로와 달랑베르가 편집하고 몽테스큐, 볼테르, 루소 등 당대의 계몽사상가들 대부분이 필자로 참여한 『백과사전』 1772년판의 속표지 그림. 가운데 서 있는 인물은 진리를 상징하며, 계몽주의를 상징하는 밝은 빛이 주위를 감싸고 있다. 진리를 감싼 베일을 찢고 있는 좌우의 두 인물은 이성과 철학이다. 『백과사전』은 계몽주의 운동의 정수다. 소수의 특권층에게 독점되어 있던 지식을 모든 대중이 공유할 수 있게 했기 때문이다. 모든 인간이 자신이 태어날 때부터 가지고 있는 이성을 사용할 용기를 가지게 되는 것이 바로 진정한 계몽의 의미라는 계몽주의 운동의 이상이 현실에서 구현된 것이 바로 『백과사전』이다.

쾌락과 고통의 저울

〈최후의 심판(Il Giudizio Universale)〉은 미켈란젤로가 1533년 교황 클레멘스 7세(Clemente VII, 1478~1534)의 명을 받아 시스티나 성당(Aedicula Sixtina)의 천장에 그린 프레스코화다. 1534년 교황의 선종으로 이 작업은 일단 중지되었으나 클레멘스 7세의 뒤를 이어 교황이 된 바오로 3세(Paolo III, 1468~1549)가 다시 작업을 의뢰함으로써 1541년에 완성되었다. 작품의 축성식에서 완성된 그림을 처음 본 바오로 3세가 무릎을 꿇고 "하느님, 심판의 날에 저의 죄를 묻지 말아주소서"라고 청했다는 일화가 있다. 그런데 정작 작품을 본 대부분의 성직자들은 경악을 금치 못했다고 한다. 미켈란젤로가 그린 예수의 모습이 기존의 성화와는 전혀 달랐던 데다가, 『성서』의 선지자들인 대부분의 인물들이 나체로 그려졌기 때문이다. 특히 당시 교황의 의전 담당관이던 비아지오 다 체세나(Biagio da Cesena, 1463~1544) 추기경이 이 작품을 두고 "나체들은 거룩한 장소에 적절하지 못하며 홍등가에나 어울리는 것"이라고 비난한 일은 유명하다. 미켈란젤로는 지옥의 수문장 미노스(Minos)의 얼굴에 추기경의 얼굴을 그려 넣음으로써 비난에 대답했다. 미노스는 원래 크레타의 왕으로 그리스 신화에서 가장 공명정대한 인물로 불렸다. 미노스가 저승의 재판관으로 자주 등장하는 이유도 이런 이유에서다. 그러나 단테의 『신곡』에서는 미노스가 지옥의 문을 지키는 꼬리 달린 괴물로 묘사되고 있다. 미노스가 죽은 자들의 죄를 판단해 그 꼬리로 몸을 감는 횟수대로 해당하는 층의 지옥으로 떨어지게 된다. 미켈란젤로가 묘사한 미노스의 모습은 당나귀의 귀를 가지고 있으며, 사나운 뱀이 성기를 물고 있다. 당나귀는 무지를 상징하며, 뱀에 물린 성기는 인간의 성적 방종에 대한 하느님의 가혹한 심판을 의미한다.

「사도신경」에는 "장사지낸 지 사흘 만에 죽은 자 가운데서 다시 살아나셨으며, 하늘에 오르시어 전능하신 아버지 하나님 우편에 앉아 계시다가, 거기로부터 살아 있는 자와 죽은 자를 심판하러 오십니다"라고 쓰여 있다. 기독교에서는 세상의 마지막 날에 예수 그리스도가 지상에 재림하여 세상의 시작부터 지금까지 이르도록 모든 인류를 심판하여 그를 믿고 그의 가르침을 실행한 자를 최종적으로 구원하고, 그를 믿지 않고 그의 가르침을 실행하지 않은 자를 영원히 멸한다고 한다. 마지막 날이 오면 대천사의 외침과 나팔소리와 함께 예수 그리스도가 이 세상에 재림하고, 그리스도의 진노의 불로 심판받아 모든 악한 것이 파괴되며, 지금까지 죽은 사람들은 모두 그리스도가 부활했던 것처럼 육신과 영혼이 합쳐져 부활한다. 이때 천국과 지옥에 가 있던 영혼들이 지상에서 부활한 육신과 다시 합쳐지게 되어 최종적이고 영원한 심판을 다시 받게 된다. 그리고 최종적으로 구원받은 사람은 지상과 천국에 함께 도래한 하느님의 나라를 누리며 영생을 얻게 된다. 이미 죽어서 천국이나 지옥에 가 있는 영혼들이 다시 심판받아야 하는 이유는 무엇인가? 최후의 심판 이전까지는 육신이 없는 영혼만의 상태로 있다가 최후의 심판 날이 오면 죽어 없어졌던 자신의 육신과 다시 합쳐져 새 몸을 입고 부활하기 때문이다. 하늘과 땅에서 함께 펼쳐진 하느님의 나라, 영원한 새 하늘과 새 땅에 부활한 새 몸을 입고 들어간 의로운 신자들은 육체가 있기에 더욱 행복한 삶을 살 수 있는 반면에, 영원한 불지옥에 떨어진 죄인들과 불신자들은 육체가 있기에 더욱 고통스러운 형벌을 받는다. 재미있는 일은 최후의 심판 날에는 미카엘 대천사가 영혼의 무게를 달아, 악한 영혼은 지옥의 유황불 속으로 떨어뜨리고 선한 영혼은 천국으로 보낸다는 것이다. 이런 영혼의 무게 달기를 사이코스타시아(psychostasia)라 한다. 사이코스타시아는 많은 성화에도 남아 있고, 노트르담 대성당의 부조처럼 건축과 조각 작품들로도 남아 있다. 뒷이야기를 잠시 하면, 바오로 3세가 선종한 이후 소집된 트리엔트 공의회(Concilium Tridentinum, 1545~1563)는 〈천지창조〉에서 비속한 부분은 모두 가려야 한다는 결정을 내리고, 미켈란젤로의 제자인 다니엘레 다 볼테라(Daniele da Volterra, 1509~1566)로 하여금 그림 속의 인물들에게 옷을 덧그려 성기를 가리도록 명했다.

많은 이들이 경제학을 수학적 도구를 사용하는 학문이라고 생각한다. 그리고 바로 그런 이유에서 경제학이 어려운 수학적 개념과 방법들을 잘 이해하지 못하는 대중들로부터 멀어졌다고 생각한다. 물론 반드시 틀린 말은 아니다. 그러나 여기서 간과되고 있는 것은 수학을 중요하게 사용한 것은 경제학자들보다 훨씬 이전에 르네상스 시대의 예술가들이 먼저였다는 사실이다. 단테는 미완성 저작인 『향연(Convivio)』이라는 책에서 "미는 일종의 조화, 즉 부분들의 전체로의 조화다. 미는 가장 완전하고 고차원적인 자연법칙인 균형을 요구하며, 전체는 특정한 수와 특정한 관계와 배열에 따라 성립된다"고 말했다.[37] 아름다움은 조화이며, 이 조화는 수학적 비례에서 나온다는 뜻이다. 르네상스의 예술은 수학, 더 정확하게는 수학적 비례에 기반했다. 이런 경향은 르네상스 후기로 올수록 더욱 두드러진다. 가령 르네상스 초기의 화가인 지오토는 위대한 예술가이기는 하지만 그의 작품들을 보면 어딘지 어색하고 유치한 느낌이 없지 않다. 그러나 15세기 후반에 활동한 산드로 보티첼리(Sandro Botticelli, 1445~1510)의 작품을 보면 일말의 의심도 없이 아름답다고 느낀다. 그 이유는 보티첼리의 작품들이 보여 주는 완벽한 통일성과 비례의 원칙, 전체와 부분의 조화 때문이다.[38] 인간에 대해서건 배경이 되는 자연에 대해서건 르네상스인들이 가졌던 과학적 태도의 좋은 예가 바로 원근법이다. 르네상스 이전의 회화들은 이차원적으로 보이지만 르네상스 시대의 작품들은 비로소 삼차원적으로 보인다. 지금에 와서는 매우 이상한 이야기처럼 들릴지도 모르지만 중세의 예술가들은 원근법을 몰랐다. 다른 예술 분야에서도 마찬가지였지만 특히 회화는 대중에게 『성서』의 내용을 설명하기 위해 창작되었기 때문에 굳이 원근법이 필요하지 않았기 때문이다.

원근법의 원리를 가장 먼저 창안한 사람은 15세기 이탈리아의 건축가인 필리포 브루넬레스키

(Filippo Brunelleschi, 1377~1446)다. 사물이 눈에서 멀리 떨어질수록 작아 보인다는 사실은 누구든 알 수 있지만 브루넬레스키는 이렇게 단순해 보이는 사실을 수학적으로 체계화시켰다. 그리고 이 원리를 회화에 적용시킨 최초의 작품이 이탈리아 화가 마사치오 디 산 죠반니(Masaccio di San Giovanni, 1401~1428)의 〈성삼위일체(Trinity, 1427)〉다. 가장 먼저 원근법을 실현한 사람은 아니지만 다 빈치나 미켈란젤로도 원근법을 충분히 이해했고 자신들의 회화나 조각 작품에 그것을 이용했

---

37 민혜련, 『르네상스』, 207쪽.
38 장문석, 『근대 정신은 어떻게 탄생했을까?』, 95쪽.

다. 특히 다 빈치는 마사초의 투시원근법(Perspective)에 더해 대기원근법(Sfumato)의 기법을 처음으로 개발하기도 했다. 대기원근법은 망 그대로 대기 속에서 사물들이 멀면 작아 보이고 가까울수록 커 보이는 원리를 회화에 적용했다는 뜻이다. 르네상스 시대의 예술가들 가운데서 특히 수학에 관심을 가지고 수학적 원리들을 작품에 응용한 이는 앞에서 이야기했던 알브레히트 뒤러다. 뒤러는 이탈리아에 유학하면서 비례와 원근법에 입문하고, 에우클레이데스(Eukleides, BC300~BC275)의 『기하학원론』과 비트루비우스(Marcus Vitruvius Pollio, BC80~BC15)의 『건축술에 대하여(De Architectura)』[흔히 『건축10서』라고 부른다]에 몰두한다. 뒤러에게 수학과 기하학은 자연의 비례에 대한 객관적인 법칙을 달성하기 위해 다양한 방식을 모색하는 도구였다. 뒤러의 저작인 『컴퍼스와 자를 이용한 측량법』은 아르키메데스(Archimedes, BC287?~BC212)의 나선, 대수학적인 나선, 나사선, 외파선, 파스칼(Blaise Pascal, 1623~1662)의 달팽이곡선, 정삼각형부터 정십오각형에 이르는 정다각형의 작도법에 관한 이론과 원근법에 관한 이론을 정립하고 있다. 그의 사후에 출판된 『인간의 비례에 관한 4서(Vier Bücher von menschlicher Proportion, 1528)』는 수학을 예술에 적용하는 방식에 대해 방대한 자료를 수집하고 정리함으로써 후대 예술가들의 지침이 된다.[39]

이사벨 1세 여왕과 카를 5세의 통치를 거치면서 대서양의 패권 국가로서 절대주의의 전성기를 구가하던 16세기 에스파냐의 살라망카대학에는 아스필쿠에타(Martin de Azpilcueta, 1491~1586)라는 신학 교수가 있었다. 그 시대에서는 매우 특이하게, 더군다나 신학자로서는 더욱 특이하게 아스필쿠에타는 『환전에 대한 죄사면 해설(Comentario resolutorio de cambios, 1556)』이라는 책을 집필했다. 이 책은 아스필쿠에타가 쓴 『신학지침서』의 보론 가운데 하나였는데, 신학자가 신앙에 관한 책을 쓴 일이야 너무 당연하지만 이 보론의 내용은 전혀 신앙적이지 않았기에 특이했다. 이 책의 주요한 내용은 화폐와 교환 그리고 물가였다. 근대 자본주의의 성립과정에서 빼놓을 수 없는 것이 유럽의 대외팽창과 식민지배이다. 유럽의 대외

39 민혜련, 『르네상스』, 212쪽.

발전과 팽창은 대항해시대와 지리상의 발견들로부터 시작되었다. 대항해시대란 15세기 초 포르투갈의 아프리카 항로 개척을 시작으로 하여 15세기 말의 아메리카대륙 발견을 거쳐 16세기에서 17세기 초에 이르는 유럽 각국의 탐험과 항해 시대를 가리킨다. 이전의 유럽에서도 나름대로 상업이 발전하고 있었지만, 그 영역은 대체로 '지중해 세계'를 중심으로 한 좁은 유럽의 경계를 벗어나지 못했다. 가령 십자군 원정 이후 동방무역이 어느 정도 이루어지고 있기는 했으나, 그 또한 주로 귀족과 부유층들이 원하는 동방의 산물을 아라비아 상인들의 손을 거쳐서 간접적으로 입수한 데 지나지 않았다. 유럽 상업의 판도를 근본적으로 바꾸어 놓은 것이 지리상의 발견이라고 불리는 신항로와 신시장의 발견이었다. 대항해시대의 유럽에서는 대서양의 패권을 놓고 여러 국가들이 경쟁했다. 그들 가운데서도 이 경쟁에서 가장 앞선 나라는 엔히크 왕자의 대서양 개척 프로젝트 이후 바르톨로뮤 디아스(Bartolomeu Dias, 1451?~1500)가 아프리카 최남단 희망봉을 발견하고, 바스쿠 다 가마(Vasco da Gama, 1460?~1524)가 인도 항로를 개척하는 데 성공한 포르투갈과, 이사벨 1세의 지원으로 항해에 나선 이탈리아 출신의 크리스토포르 콜롬보(Cristoforo Colombo, 1450~1506)[크리스토퍼 콜럼버스(Christopher Columbus)]가 신대륙을 발견한 에스파냐였다. 신항로와 신대륙의 발견으로 유럽의 무역은 양과 내용에서 획기적인 변화를 가져왔다. 포르투갈은 인도양에서 이슬람 세력을 몰아내는 데 성공함으로써 인도양과 아라비아해 지역을 거의 다 제패했으며, 나아가 중국의 마카오와 일본에까지 해상판도를 확대했다. 이와 같은 세계시장의 갑작스러운 확장, 유통되는 상품의 증가, 아시아의 산물과 아프리카의 재보를 지배하고자 했던 유럽 국가들 간의 경쟁과 식민제도의 확립은 봉건적 한계를 무너뜨리는 데 크게 공헌함으로써 근대 자본주의의 발달에 커다란 영향을 끼치게 되었다. 이를 '상업혁명(Commercial Revolution)'이라고 부른다.[40]

---

[40] 상업혁명은 15세기 말 신대륙 발견과 신항로 개척으로 상업자본의 활동영역이 확대됨으로써 일어난 상업활동의 변혁과 이에 따른 사회경제적 변화를 가리키는 말이다. 11~13세기 십자군 원정 이후의 유럽에서는 원격지상업이 혁명적으로 발전했다. 그 후 15세기 초부터 대항해시대에 콜럼버스는 신대륙으로의 항로를, 바스쿠 다 가마는 아프리카 남단을 회항하는 인도항로를 개척하했다. 그 결과 지중해·북해·발트해를 중심으로 이탈리아 상인들이 활약하던 상업권이 구조적으로 쇠퇴하고, 에스파냐

상업혁명이 전개되는 과정에서 나타났던 빠뜨릴 수 없는 중요한 현상이 '가격혁명(Price Revolution)'이다. 가격혁명은 신대륙의 발견 이후 대량의 은이 유럽대륙에 유입되어 유럽 각국에서 물가의 지속적인 등귀 현상이 일어난 것을 가리키는 말이다. 에스파냐는 페루와 멕시코 등지에서 새로운 금은광들을 개발했는데, 1521~1660년 사이에 에스파냐가 신대륙으로부터 가져간 금은의 양은 최소한 은 18,000톤, 금 200톤 이상이었다고 한다. 아마 실제 약탈물은 그 두 배가 넘었을 터다. 화폐의 대량 유입은 당연히 물가의 폭등을 가져왔다. 서유럽에서는 16세기 중반까지 아주 미미한 상승을 보이던 밀의 평균가격이 16세기 말까지 4배로 뛰었다. 이탈리아에서는 1520년에서 1599년 사이에 3.3배 뛰었고, 영국에서는 2.6배, 프랑스에서는 2.2배 올랐다. 화폐임금의 상승은 상대적으로 속도가 느렸지만, 그 실질가치는 16세기 동안에 50% 정도 하락한 것으로 추산된다. 이 때문에 당시에는 대중의 불만이 심화되었고 빈민들의 소요사태가 빈발했다. 각국의 사정에 따라서 달랐으나 대체로 16세기 후반부터 17세기에 걸친 약 100년 동안에 3배에서 5배의 등귀율을 나타냈다.[41] 아스필쿠에타의 『환전에 대한 죄 사면 해설』은 바로 이런 시대적 배경에서 집필되었다. 이 책에서 아스필쿠에타는 화폐와 물가의 상관관계를 수요와 공급의 측면에서 설명했다. 그는 식민지에서 금과 은이 대량 유입되면서 에스파냐에 인플레이션이 몰아닥친 인과관계를 "수요가 많고 공급이 부족하면 가격이 올라간다. 상품의 일종인 화폐도 마찬가지다. 돈이 풍부하면 물건 값과 임금이 상승한다"고 설명했다. 화폐가치는 일정한 시간을 거쳐 시장의 수급에 맞춰 평형점을 찾아간다는 것이다. 이처럼 아스필쿠에타가 인플레이션의 원인을 수요와 공급으로 설명한 것은 당시로서는 매우 탁월한 경제이론이다. 그

의 서인도무역과 포르투갈을 중심으로 하는 동인도무역이 활발해졌다. 이와 같은 변화를 상업혁명이라 한다.(경제교육연구회, 『사람의 역사, 경제의 역사』, 121~22쪽.)

41 가격혁명은 16세기 초부터 약 1세기 동안 중남미에서 생산된 값싼 은이 에스파냐를 통해 유럽 각국에 대량으로 유입되어 물가가 2~3배나 상승한 현상을 가리킨다. 물가상승은 각국의 경제사정에 따라 양상을 달리했으나, 중대한 영향을 끼쳤다는 점에서는 동일하다. 영국에서는 물가상승에도 불구하고 임금상승은 정체되어 노동자의 생활수준이 저하된 반면에 기업경영자나 상인의 이윤은 늘어나 자본축적과 경영규모의 확대를 촉진하여 자본주의적 생산방식이 발전하는 데 중요한 한 요인이 되었다.(경제교육연구회, 『사람의 역사, 경제의 역사』, 122~23쪽.)

래서 어떤 이들은 애덤 스미스에 앞서 아스필쿠에타가 경제학의 아버지로 불려야 한다고 주장하기도 한다. 그렇다면 왜 아스필쿠에타는 근대 경제학의 아버지가 되지 못했을까? 그의 경제이론은 상업과 화폐의 영역에 한정되었기 때문이다. 에스파냐는 다른 유럽 국가들보다 먼저 신대륙 개척에 나서면서 막대한 부를 축적했지만, 그들의 관심은 거의 화폐의 취득에만 있었고 산업의 발전이나 생산력의 증대에는 무관심했다. 그래서 근대 경제학의 출현을 위해서는 영국에서 산업혁명이 진행되고 자본주의라는 새로운 경제체제가 출현할 때까지 기다려야만 했다. 하지만 그렇다고 해서 산업혁명이 근대 경제학이 출현하기 위한 충분조건은 아니다. 산업혁명 이후의 자본주의 사회에서는 그 이전의 사회들과 비교하여 경제활동의 규모가 매우 커지고 내용도 복잡해졌다. 자연히 경제에 대한 사람들의 생각도 복잡해지고 더 높은 수준으로 발전하게 되었으리라는 것을 짐작하기는 어렵지 않다. 하지만 이런 변화들로부터 곧바로 근대 경제학의 출현을 설명하기에는 충분치 않다. 경제학의 출현은 이런 단편적인 이론이나 저런 아이디어[설령 그것들이 부분적으로 매우 근대 경제학과 유사한 내용들을 담고 있을지라도]들로 만들어지는 것이 아니라 그런 아이디어들의 체계를 의미하기 때문이다.

재미있는 일은 애덤 스미스에 앞서 경제학의 아버지로 불려야 한다고 주장된 인물이 아스필쿠에타가 처음이 아니라는 사실이다. 가령 어떤 이들은 경영학과 같은 인접 학문들을 포함한 넓은 의미에서의 근대 경제학이 시작된 것은 15세기 이탈리아에서 활동했던 프란체스코회 수도사이자 수학자인 루카 파치올리(Fra Luca Bartolomeo de Pacioli, 1447?~1517)에서부터라고 주장하기도 한다. 파치올리는 1494년 『산술, 기하, 비율 및 비례에 관한 대전(Samma de Arithmetica, Geometria, Proporcioni e Preporrcionalita)』[줄여서 『산술대전』이라고 부른다]이라는 수학서를 발표했다. 그런데 이 책에서 파치올리는 당시 베네치아를 비롯한 이탈리아의 상인들에 의해 손에서 손으로 이어져 오던 '복식부기(double-entry bookkeeping)'를 체계적으로 정리해 소개했다. 복식부기란 현금의 입출만 기록하는 단식부기(single-entry bookkeeping)와 달리 현금입출의 원인과 외상거래도 기록하는 기록법이다. 이를 위해 복식부기는 차변과 대변이라는 두 변을 이용하며, 거래가 발생해 계정에 기록할 때 상호대응되는 두 개 사항을 동시에 기입해서 차변금액의 합계와 대변금액의 합계가 항상 똑같도록 유지하는 부기형식이다. 물론 파치올리가 복식부기를 처음 발명한 것은 아니고 체계화했다는 뜻이다. 이전부터 이탈리아 상인들은 복식부기를 사용했지만, 정확하게 언제 어떻게 사용되기 시작했는지는 분명하지 않다. 다만 역사가들은 복식부기의 발명이 로마 숫자로 장부를 기입하는 데 따른 불편함 때문에 생긴 것으로 보는 견해가 많다. 중세의 상인들은 로마 숫자로 장부를 작성하는 것이 보통이었는데, 아라비아 숫자를 몰랐기 때문은 아니다. 유럽에 힌두—아라비아 숫자를 처음 소개한 것은 '피보나치 수열(Fibonacci sequence)'로 유명한 수학자 레오나르도 피사노 비골로(Leonardo Pisano Bigollo, 1170~1250?)[피보나치(Fibonacci)는 그의 별명이다]가 1202년에 발표한 『주판 책(Liber Abaci)』이라고 전해진다.[42] 아마 피보나치뿐 아니라 그 시대의 상인들이나 수학자들에게는 아라비아 숫자가 어느 정도 알려져 있었을 것으로 보인다. 상인들이 아라비아 숫자를 사용하지 않은 이유는 라틴어에서 유래한 로마 숫자는 고귀한 숫자인 반면에 아라비아 숫자는 이교도의 사악한 숫자라고 생각했기 때문이다. 그러나 로마 숫자는 복잡한 장부를 작성하는 데 사용하기에 매우 불편하고 계산이 맞지 않는 일이 빈번했다. 복식부기는 차변의 합계와 대변의 합계가 정확하게 일치해야 했으므로 계산이 틀렸을 경우 곧바로 확인할 수 있었다. 복식부기가 이탈리아를 넘어 유럽 여러 나라의 상인들에게 전파된 것은 이런 편리함 때문이었다. 파치올리는 레오나르도 다 빈치의 친구이기도 했다고 알려지는데, 실은 같은 시대의 유명한 화가 가운데 한 사람인 피에로 델라 프란체스카(Piero della Francesca, 1415?~1492)와 더 절친한 사이였다. 프란체스카는 화가이면서 수학에 관한 여러 편의 논문을 발표하기도 했다. 이 시대의 화가들이 수학에 대해 가졌던 열정을 생각하면 그리 놀라운 일은 아니다. 다만

---

42 피보나치 수열은 0, 1, 1, 2, 3, 5, 8, 13, 21…처럼 앞의 두 숫자를 합하면 뒤의 숫자가 되는 수열을 말한다. 이 수열에서 앞의 수로 뒤의 수를 나누면 황금비(0.61803…)에 이른다. 『주판 책』이라는 제목은 다분히 오해를 일으키는데, 제목과 달리 이 책은 주판에 관한 책이 아니라 주판 없이 계산하는 산술법에 대한 책이다.

이 때문에 파치올라가 프란체스카의 아이디어를 표절했다고 주장하는 이들도 적지 않다. 파치올라는 가장 위대한 인문주의자로 불리는 에라스무스의 친구이기도 했다. 수학과 기하학을 경외했던 알브레히트 뒤러도 기하학을 공부하기 위해 이탈리아에 유학하는 동안 파치올라의 강의를 들었을 것으로 짐작된다.[43]

르네상스의 문화적 성취가 교역과 금융 부문에서의 성공에 기초했다는 사실은 새삼스럽지 않다.[44] 메디치 가문이 아니었다면 르네상스 문화가 가장 화려하게 꽃피었던 도시인 피렌체도 존재할 수 없었을 터다. '위대한(Il Magnifico)'이라는 수식어로 불렸던 로렌초는 메디치 가문의 절정기를 건설했다. 로렌초의 후원에 힘입어 다 빈치나 미켈란젤로 같은 그 시대의 가장 뛰어난 예술가들이 피렌체로 몰려들었고, 피렌체는 르네상스의 중심 도시가 되었다. 그런데 메디치 가문은 복식부기의 발전에도 상당한 역할을 했다. 메디치 가문의 번성은 14세기 조반니(Giovanni di Bicci de Medici, 1360~1429)로부터 시작된다. 조반니가 처음 시작한 사업은 모직물과 무역업이었으나, 메디치 가문의 본격적인 성장은 은행업에 손을 대면서부터였다. 조반니는 대립교황 요한 23세와 친분을 맺고 교황청을 상대하는 주거래 은행으로서 많은 돈을 벌었다. 조반니는 아들인 코시모(Cosimo de Medici, 1389~1464)에게 가업을 물려주면서 "겸손할 것, 약자에게 자비로울 것, 강자를 거스르려 하지 말 것, 그리고 가능한 사람들 눈에 띄지 않는 곳에서 활동할 것" 등을 유언으로 남겼다고 한다. 겉으로 보면 코시모는 부친의 유언을 충실히 따르는 듯했다. 그는 늘 수수한 옷차림을 했고, 노인들을 공경하는 모습을 보였다. 그러나 야심가였던 코시모는 부의 축적에 그치지 않고 피렌체의 정치적 통치자가 되고자 했고, 경쟁자들에게는 가혹할 만큼 냉정한 모습을 보였다. 그러나 또 다른 한편 코시모는 인문주의의 적극적인 후원자이기도 했다. 그는 고대 그리스와 로마의 고문서들을 수집하는 데 돈을 아끼지 않았으며, 산마르코 수도원 안에 메디치 가문의 도서관(Bibliotecha Mediceana Laurenzians)을 건설해 보관하도록 했다. 자신의 별장을 플라톤 철학을 연구하기 위한 학교로 만들었고, 많은 인문학자들을 후원했을 뿐 아니

---

43 마노, 김희정 옮김, 『돈의 발명』, 책세상, 2015, 249쪽 이하.
44 브로틴, 『르네상스』, 13쪽.

라 직접 그들과 교유하기도 했다.

코시모의 시대에 메디치은행은 이탈리아를 넘어 교황청이 있는 로마부터, 리옹, 바르셀로나, 제노바, 브뤼헤, 런던에 이르기까지 유럽 여러 도시에 16개의 점을 둘 만큼 번성했다. 문제는 이렇게 광범한 지역에 분산된 많은 지점들을 어떻게 효율적으로 관리하느냐는 것이었다. 메디치 가문은 현지의 사업가들과 제휴를 맺고 동업자들에게 상당한 정도의 자율성과 이익배분을 보장했다. 그 대신 동업자들은 자신이 어떤 활동을 했는지 그 사업내역을 장부에 기록해 본사에 제출해야 했다. 코시모는 회계를 잘 아는 사업가였지만, 여러 지점들에서 올라오는 장부들을 모두 확인하기는 쉽지 않았다. 복식부기는 더 간편하고 용이하게 경영실적을 평가하는 회계법이었다. 복식부기는 현재 지점들이 가지고 있는 자산의 규모와, 그 자산을 마련하기 위해 누가 얼마를 출자했고 또 누구로부터 얼마를 대출받았는지 일목요연하게 보여 주었다. 복식부기는 파치올리가 처음 발명한 회계방식은 아니며, 다만 파치올리의 『산술대전』이 나오면서 많은 상인들이 복식부기를 더 쉽게 배우고 사용하게 되었을 뿐이다. 파치올리의 책이 발표된 이후로 이탈리아 상인들은 복식부기를 베네치아 방식이라 불렀고, 다른 유럽 나라들의 상인들은 이탈리아 방식이라 불렀다. 아이러니한 일은 『산술대전』이 출간된 1494년에 정작 메디치은행은 파산하고 말았다는 사실이다.[45] 파치올리에 의해 체계화된 복식부기의 방식은 500여 년이 지난 오늘날까지도 거의 변함없이 그대로 적용되고 있다.

독일의 사회경제학자이자 막스 베버의 동료였던 베르너 좀바르트(Werner Sombart, 1863~1941)는 "복식부기가 근대 경영학과 경제학에서 가지는 중요성은 코페르니쿠스가 천문학에서 가지는 중요성과 같다"는 말로 복식부기의 의미를 평가하기도 했다. 좀바르트는 『근대 자본주의(Der moderne Kapitalismus)』라는 대작을

[45] 르네상스 예술의 후원자로서 메디치 가문의 명성은 코시모의 아들인 로렌초에 와서 절정에 이른다. 그러나 로렌초는 돈을 쓰는 데에만 유능했을 뿐 경영에는 그다지 재능이 없었다. 이 때문에 그토록 번성했던 메디치 가문도 점점 경제적 곤란을 겪게 되었다. 게다가 로렌초는 해외 지점의 관리에도 소홀했다. 메디치은행이 파산하게 된 결정적인 사건은 은행의 런던지점이 영국 국왕 에드워드 4세(Edward IV, 1442~1483)에게 빌려준 돈을 못 받게 된 일이다. 에드워드 4세가 속한 요크가문이 랭카스터가문과 벌인 왕위계승전쟁—장미전쟁(Wars of the Roses, 1455~85)—에서 패했기 때문이다.

남겼는데, 자본주의라는 용어를 처음 사용한 사람은 아니지만 지금처럼 널리 사용되게 한 이는 바로 좀바르트다. 복식부기가 근대적 경영기술의 발전에 중요한 영향을 미친 것은 사실이다. 하지만 그렇다고 해서 복식부기에서 근대 경제학이나 경영학이 출현했다는 주장은 많이 과장되었다. 그렇다면 왜 파치올리의 복식부기는 근대 경영학이나 경제학의 출발점이 되지 못했을까? 복식부기가 매우 중요한 경영기술의 하나이기는 하지만, 기술만으로 학문이 되지는 못하기 때문이다. 그렇다면 근대 경제학이 출현하기 위해서는 산업혁명과 경제활동의 확대 이외에 무엇이 더 필요했을까? 바로 경제학적인 사고체계와 논리, 그리고 그것을 철학적이라고 부르든 인문학적이라고 부르든 과학적이라고 부르든 다른 무엇이라고 부르든 간에 근대 경제학적 사고체계와 그 바탕에 놓인 인간의 존재와 그 삶에 대한 새로운 관점과 통찰이 있었기에 경제학이 탄생할 수 있었던 것이다. 그러나 복식부기가 근대 경제학을 낳았다는 주장은 많이 과장된 이야기일지라도 복식부기에 담긴 상인의 마음은 경제학자들에게도 깊은 감명을 남겼다. 경제학자들은 차변과 대변에 자산과 부채를 기입하는 대신 쾌락과 고통, 경제학이 더 즐겨 쓰는 표현으로는 비용과 편익의 무게를 기입했다.

공리주의 철학자 제러미 벤담은 “자연은 인류를 고통과 쾌락이라는 두 절대적 주인에게 지배받도록 만들었다”고 말했다.[46] 벤담은 고통과 쾌락의 가치가 어떻게 결정되고 그것을 어떻게 측정할 것인가에 대해 상세히 설명하는데, 여기서도 고통과 쾌락의 무게를 다는 저울의 비유가 등장한다. 저울이 쾌락 쪽으로 기울면 그것은 좋은 행동이고, 저울이 고통 쪽으로 기울면 나쁜 행동이라는 것이다.[47] 쾌락과 고통 가운데 어느 것이 더 큰가를 비교할 수 있다는 말은, 당연히 쾌락과 고통의 크기를 정확하게 측정할 수 있다는 뜻이다. 벤담에 따르면 결과적으로 사람들에게 행복을 증진시켜 준 행동은 옳은 행동이며, 불쾌감과 고통을 가져다주는 행동은 그릇된 행동이다. 사람들이 느끼는 쾌락은 오직 한 종류이며, 쾌락에 질적인 차이는 없고 양적인 차이만 있다. 따라서 쾌락과 행복은 당연히 수량적으

---

[46] 벤담, 『벤담과 밀의 공리주의』, 9쪽.
[47] 벤담, 『벤담과 밀의 공리주의』, 58쪽 이하.

로 계산할 수 있지 않으면 안 된다. 우리는 쾌락의 강도과 지속성, 확실성과 근접성, 그리고 생산성과 순수성 등을 기준으로 쾌락을 계산할 수 있다. 흔히 벤담의 공리주의는 객관적 또는 양적 공리주의, 존 스튜어트 밀의 공리주의는 주관적 또는 질적 공리주의라고 부르기도 한다. 벤담의 공리주의 이론에서 가장 중요한 대목은 바로 고통과 쾌락을 수량화해서 측정하고 비교할 수 있다는 데 있다. 이에 대해 밀은 물질적인 쾌락뿐 아니라 인간이 향유하는 지적이고 정신적인 쾌락도 포함되어야 한다고 주장한다. 앞에서도 인용한 바 있는 "만족해하는 돼지보다 불만족스러워하는 인간이 더 낫고, 만족해하는 바보보다 불만을 느끼는 소크라테스가 더 낫다"는 주장이 바로 그것이다. 다만 돼지의 쾌락과 소크라테스의 쾌락이 질적으로 서로 다른 쾌락이라면 이 두 가지를 어떻게 측정하고 비교할 수 있는가는 의문스럽다. 아무튼 누구든 자신의 고통과 쾌락을 정확하게 수량화할 수 있다는 벤담의 주장은, 호모 이코노미쿠스의 출발점은 바로 자기이해에 있음을 보여 준다.

신고전학파 경제학자이자 수리경제학의 선구자로 평가받는 제번스(William Stanley Jevons, 1835~1882)가 발표한 「정치경제학의 일반수리이론(A General Mathematical Theory of Political Economy, 1862)」라는 논문은 불과 두 쪽도 안 되는 분량이지만 오늘날 수리경제학이라고 부르는 분야는 바로 이 논문에서부터 시작되었다. 제번스는 『정치경제학이론(The Theory of Political Economy, 1871)』이라는 책에서 경제학이란 '쾌락과 고통의 계산(calculus of pleasure and pain)'이라고 말했다. 경제학은 수량적으로 다루어져야 하며, 경제학의 방법은 언어가 아니라 수학이라는 것이 제번스의 주장이다. 고전학파 경제학자들과 마찬가지로 신고전학파의 제번스도 당연히 공리주의자다. 사실상 경제학자들은 대부분 공리주의자라고 말해도 틀리지 않는다. 경제학이라는 학문 그 자체가 공리주의적 원리에서 출발했기 때문이다. 아무튼 조금 더 단순화시켜 이야기해 보자면, 경제학의 기본원리는 쾌락과 고통을 계산하여 쾌락이 고통보다 더 크다면 선택하고, 반대로 고통이 쾌락보다 더 크다면 포기한다는 것이다. 경제학은 단지 쾌락과 고통이라는 말을 효용과 비효용이라거나 편익과 비용이라는 표현을 더 즐겨 사용할 뿐이다. 역시 신고전학파 경제학자인 멩거도 경제행위의 동기는 욕구의 충족에 있으며, 그 본질은 효용이라고 주장했다. 이미 서술한 것처럼 공리와 효용은 같은 말로 둘 다 'utility'의 번역어다.

메디치 가문이 보티첼리와 미켈란젤로의 후원자라는 사실은 널리 알려져 있지만, 메디치의 후원을 받은 이들 가운데는 매우 특별한 인물이 있다. 바로 근대과학의 아버지인 갈릴레오 갈릴레이다. 갈릴레이는 메디치가의 전속학자로 있으면서 지동설을 발표했다. 메디치 가문처럼 르네상스 시대의 상인들이 예술가나 학자들을 후원한 이유는 지극히 상인다운 동기 때문이다. 바로 돈과 구원을 교환하려는 동기다. 중세의 교회는 이윤을 추구하는 행위를 금지했다. 따라서 상인들은 죄인이었고, 부자일수록 더 큰 죄인이었으므로 교회에 무덤을 둘 수 없었다. 다만 교회는 부유한 상인들이 유언을 통해 죄를 고백한 후 이득을 반환하면 죄를 면할 수 있다고 설교했다. 상인들은 교회를 짓고 예술품을 봉헌했다. 그러나 르네상스 문화가 경제적 부 위에 이루어졌다는 말은 단순히 이 시대의 예술가들을 후원한 계층이 상인들이었음을 의미하는 것만은 아니다. 르네상스의 찬란한 예술작품들이 나타날 수 있었던 결정적인 토대 가운데 하나는 바로 경제활동의 새로운 영역들이었다. 예술이 자연의 모방이라는 인식은 중세에는 없었다. 사물을 있는 그대로 그린다는 의식은 르네상스에 와서야 비로소 나타났다. 인물의 외양뿐 아니라 그들이 입은 옷의 주름 하나하나를 보아도 마치 실제의 옷을 보는 듯하다. 이런 사실주의적이고 자연주의적인 태도는 바로 경제활동의 영역이 이 시대에 와서 크게 확대된 데서 비롯되었다. 아직 자본주의가 도래하기까지는 몇 세기가 더 걸려야 했지만, 르네상스 시대는 유럽 특히 이탈리아를 중심으로 한 지중해 도시들의 동방무역이 크게 확대되고 이에 따라 금융업도 이전의 개인에 의한 고리대금업을 넘어 기업화하던 시기였다. 그런데 경제활동의 확대 즉 금융과 교역의 확대를 위해서는 투자가 지속적으로 이루어져야 한다. 그리고 지속적인 투자를 위해서는 어느 정도 미래에 대한 예측이 가능해야 한다. 따라서 현실에서 법칙을 발견하고 공통의 규칙을 추론해 내는 합리성이 필요하다. 둘째, 대규모의 원거리 교역에서는 현금뿐 아니라 수표나 어음 등의 결제수단이 사용된다. 원활한 신용거래를 위해서는 반드시 대금이 결제되리라는 신뢰가 중요하고, 이 때문에 정직성이 미덕으로 떠오른다. 셋째, 사업의 규모가 커지면서 생산, 유통, 소비의 여러 단계들을 체계적으로 조직하고 계량화할 필요가 있다. 이로부터 정확성을 중시하는 태도가 발전했다. 마지막으로 이전에는 한 명의 상인이 약탈적으로 이윤을 얻는 일이 많았지만, 교역이 확대되면서 상품의 가치는 상인의 선의나 악의에 의해 오르내리는 것이 아니라 상품에 가치가 객관적으로 내재한다는 생각이 보편화되었다. 예술에서 사실주의적인 기풍의 발전은 이처럼 합리성, 정직성, 정확성, 객관성이 중요시되는 사회적 분위기로부터 나타났다.[48] 오늘날 자본주의 사회를 사는 우리가 경제적 합리성이라고 부르는 속성들과 르네상스 예술이 같은 토대로부터 나타났다는 사실은 매우 의미심장하다.

왼쪽 그림은 다 빈치의 <인체비례도>다. <비트루비우스적 인간>이라고도 불린다. 다 빈치가 로마의 건축가 비트루비우스의 『건축술에 대하여』에서 "도시나 건축물의 설계는 세계의 축소판인 인체의 비례에 따라야 한다"는 글을 읽고 감동을 받아 그렸다고 한다. 그림 속 인물의 모델은 다 빈치 자신이라고 알려진다. 오른쪽 그림은 보티첼리의 <봄>이다. 보티첼리의 작품에 등장하는 인물들은 르네상스 미술이 추구했던 통일성과 비례의 원칙, 전체와 부분의 조화를 가장 잘 보여 준다.

48 장문석, 『근대정신은 어떻게 탄생했을까?』, 91~92쪽.

인간은 어디까지 합리적인가

수학에 대한 르네상스 예술가들의 외경심은 수학과 과학적 지식에 대한 근대 지식인들의 태도와 무관하지 않다. 앞에서도 이야기한 것처럼 무인도에서 생활하던 로빈슨 크루소는 "이성은 수학의 본질이며 근원이다"라고 말한다.[49] 무인도에서 도대체 수학이 왜 필요했길래? 실은 바로 여기에 수학의 본질이 있다. 다 빈치나 뒤러와 같은 예술가들을 낳은 사회적, 시대적 배경은 바로 갈릴레이나 좀 더 뒤에 활동한 뉴턴 등에 의해 확립된 근대 과학이 탄생할 수 있었던 배경과 다르지 않다. 이성과 과학적 지식에 대한 신뢰가 바로 그것이다. 물론 인간의 이성에 대한 신뢰는 근대 이후의 철학에 고유한 속성은 아니다. 이미 본 것처럼 합리주의 철학의 근원을 추적하기 위해서는 당연히 고대의 위대한 철학자들에게까지 거슬러 올라가지 않으면 안 된다. 그러나 근대 합리주의 철학에 와서 인간의 이성에 대한 믿음이 보편화되고 절대화되었다는 사실도 부인할 수 없다. 근대 합리주의 철학은 칸트의 비판철학에 의해 새로운 단계로 도약한다. 독일의 계몽주의 운동은 영국이나 프랑스와는 사뭇 다른 특성을 가지고 전개된다. 영국에서는 17세기에 이미 시민혁명이 달성되고 시민사회가 성립함으로써 그 이후로 계몽사상은 오히려 현실을 옹호하고 변호하는 역할을 맡게 된다. 프랑스의 계몽사상은 시민사회의 성립을 촉진하기 위한 것이었으며 시민혁명을 위한 계몽을 그 사명으로 삼았다. 따라서 프랑스의 계몽사상가들은 르네상스와 종교개혁을 수행했던 휴머니스트들이 중세적인 인간 압살에 대항하여 근대적인 인간의 해방과 부흥을 도모했던 역사적인 사업을 더욱 새로운 단계인 절대주의에 대한 투쟁으로 발전시켰다.

그러나 정치적으로나 경제적으로나 영국과 프랑스에 비해 낙후상태에 머물러 있던 독일의 계몽주의 운동은 시민혁명이나 시민사회의 성립과정과도 직접적으로 조응하지 못했다. 그래서 프랑스에서 대혁명이 일어났을 때도 독일에서는 단지 관념적인 동요만이 일어났을 뿐이었다. 독일고전철학이 프랑스 대혁명의 관

[49] 앙드리, 『로빈슨』, 93쪽.

념적 대체물이었다고 일컬어지는 것도 바로 이 때문이다. 독일에서 계몽운동의 본격적인 시작은 극작가이자 평론가인 고트홀트 레씽(Gotthold Ephraim Lessing, 1729~1781)에 의해서 이루어졌다. 레씽은 루소의 저작들을 높이 평가했고 디드로의 미학관과도 많은 부분에서 합치되는 경향을 가지고 있었던 반면, 볼테르의 보수적 경향에 대해서는 예리하게 비판했다. 이 당시 프로이센의 절대주의는 7년 전쟁(1756~1763) 등을 거치면서 정복욕에 불타 주변 국가들에 대한 침략전쟁을 일삼는 군국주의 국가임을 노골적으로 드러내고 있었다. 레씽은 프리드리히의 프랑스적인 계몽주의를 극복함으로써 독일의 현실을 극복하고자 했다. 그러나 이 극복은 단지 관념적인 극복만을 의미했을 뿐 계몽주의가 문제의식으로 가지고 있던 현실의 과제에 대해서는 아무런 해결도 되지 못했다. 프랑스에서는 계몽운동이 민중의 해방과 결부되어 있었으나 독일에서는 절대주의적인 전제왕권과 결부되어 있었고, 프랑스에서는 휴머니즘이 계몽운동의 바탕에 놓여 있었으나 독일에서는 휴머니즘이 압살되고 있었기 때문이다. 레씽 이후 독일 계몽주의를 새롭게 전개시킨 것은 1770년 경에 시작된 '질풍노도운동(Strum und Drang)'이었다. 이 운동은 부르주아 지식인과 농민 및 평민 사이의 동맹을 결성하려는 능동적인 실천운동으로 특정된다. 자연철학, 미학, 역사 이론, 교육 등 다방면에 걸쳐 독일 계몽주의의 대표적인 이론가 가운데 한 사람으로 루소의 사상과 이론에서 많은 영향을 받았던 요한 헤르더(Johann Gottfried Herder, 1744~1803)는 “철학자와 평민들이여! 우리에게 도움이 될 하나의 연합을 결성하자”는 요구로 이 운동의 목적을 표현했다. 독일의 계몽주의 철학은 칸트의 비판철학에서 출발해 헤겔에게서 완성되었다.[50]

독일 계몽주의 철학의 관념적 성격은 특히 칸트의 ‘물 자체(Ding an sich)’라는 개념에서 잘 나타난다. ‘물 자체’는 칸트 철학의 중심 개념 가운데 하나로, 인식 주관에 나타나는 현상으로서의 물(物)이 아니라, 그 자체로서 존재하는 물을 가리킨다. 인식 주관에 대립해 나타나는 현상으로서의 물이 아니라, 인식 주관으로부터 독립해 그 자체로서 존재하며 현상의 궁극적 원인이라고 생각되는 물 그

50 경제교육연구회, 『근대사회경제사상의 탐구』, 82~83쪽.

자체로서 본체, 또는 선험적 대상이라고 설명하기도 한다. 물 자체는 일체의 가능성과 경험을 초월한 경지에 있으며, 현상의 참 실재로서 감각의 원인이 된다. 칸트는 물 자체를 감각의 원인으로 보고 "생각할 수는 있지만 인식할 수 없는 것"이라고 규정했다. 우리가 눈앞에 보는 외계나 현상은 인식 기관이 주어진 감각 내용을 구성한 것이기 때문에 물 자체는 아니다. 물 자체는 오히려 현상의 기원이 되는 것이며, 그 자체로서는 현상하지 않고 그저 감각에 감촉되는 한에서만 인식할 수 있다.[51] 앞에서도 지적한 것처럼 계몽주의자들에게는 부르주아지의 계급적 이해와 요구를 인류 보편의 요구로 간주하는 태도가 공통적으로 나타난다. 비판자들이 볼 때 "물 자체는 인식할 수 없다"는 칸트의 유명한 명제는 그가 모든 사회적 대립과 그것의 이론적, 사상적 표현의 근저에 객관적이고 물질적인 생산관계 즉 계급적 대립관계가 놓여 있다는 사실을 인식하지 못했거나 또는 부정하고자 했음을 의미한다. 칸트는 인간의 의지를 토대인 물질적 이해관계로부터 분리시켜 자유의지, 즉자대자적(an-für sich) 의지, 인간적 의지 등과 같은 순수한 자기규정으로 추상화시켜 버렸다는 것이다.[52] 독일 고전철학의 부르주아적 본질과 관념론 철학의 한계를 비판하기는 했지만, 마르크스나 엥겔스가 이들을 매우 높이 평가했다는 사실은 잘 알려진 대로다. 그런데 마르크스와 비슷한 시대의 독일 철학계에서는 칸트나 헤겔의 철학에 대한 그릇된 해석들이 유행했다. 실증주의 철학자이자 국민경제학자로 자처한 오이겐 듀링(Eugen Dühring, 1833~1921)도 그런 속류 철학자들 가운데 한 사람이다.

마르크스와 엥겔스가 동시대의 많은 속류 철학자들 가운데 특히 듀링의 주장을 위험하다고 여긴 이유는 그의 사상이 사회주의의 이름을 내걸고 있었던 데다가 실제로 마르크스와 엥겔스가 지도하던 독일사회민주주의노동자당 안에서 상당한 영향력을 미치고 있었기 때문이다. 그래서 이를 비판하기 위해 엥겔스는 『반듀링론: 오이겐 듀링씨가 과학에서 일으킨 변혁(Herrn Eugen Dührings Umwälzung der

---

51 이재헌, 「칸트의 물 자체 개념 : 칸트의 형이상학 구상과 초월에 대한 입장에 대하여」, 동서사상연구소, 『철학·사상·문화』 제6호, 2008, 159쪽.

52 경제교육연구회, 『근대사회경제사상의 탐구』, 83쪽.

Wissenschaft, 1878)』을 저술하는데, 이 책은 단순히 듀링이라는 한 사람의 속류 철학자를 비판하는 데 그치지 않고 마르크스주의의 사상적 토대를 정립하는 데 매우 중요한 역할을 한다. 이 책의 제3부는 따로 『공상적 사회주의와 과학적 사회주의(Socialisme utopique et socialisme scientifique, 1880)』이라는 제목으로 출판되었는데, 가장 탁월한 마르크스주의 사상의 입문서로 꼽힌다. 아무튼 『반듀링론』에서 엥겔스는 필연과 자유(Notwentigkeit und Freiheit)의 관계에 대한 헤겔의 철학을 해석하면서, 인간이 대상의 필연적 관계를 올바로 인식할 때만 그런 필연으로부터 자유로울 수 있다고 주장했다.

> 헤겔에게 있어서 자유란 필연성에 대한 통찰이었다.(Die Freheit ist die Einsicht in die Notwentigkeit.) "필연은 단지 인식되지 않은 한에서만 맹목이다.(Blind ist die Notwentigkeit nur, issofern dieselbe nicht begriffen wird.)" 자유라는 것은 흔히 몽상하는 바와 같이 자연법칙에서 독립해 있는 것이 아니라 오히려 이 법칙에 대한 인식에, 또 이 인식에 의해 이 법칙을 일정한 목적에 계획적으로 작동시킬 수 있는 가능성이 주어지는 곳에 있는 것이다. 이것은 외적 자연의 법칙에 관해서뿐만 아니라 인간 그 자체의 육체적 및 정신적 존재를 규제하는 법칙에 관해서도 말할 수 있는 것이고, 이 두 종류의 법칙은 기껏해야 관념적으로만 구별할 수 있을 뿐이지 현실에서는 결코 구별되지 않는다.[53]

근대 이후의 합리주의 철학에서 새롭게 논쟁의 대상이 되는 문제는 인간에게 이성이 존재하느냐 여부가 아니라 오직 하나의 이성만이 존재하느냐 다양한 유형의 이성이 존재하느냐의 문제다. 데카르트에서 헤겔에 이르는 근대 철학자들은 공통적으로 오직 하나의 이성만이 존재하며, 이런 하나의 이성이 세계사 전체의 진행과정을 지배한다고 주장했다. 헤겔은 이성의 일원론에서 철학의 유일성을 도출하기도 했다. "철학이 오직 하나이고 하나의 철학만 있을 수 있는 까닭은 이성이 오직 하나이기 때문이다."[54] 다만 동일한 하나의 이성이라는 견해에서 차이가 있

53 엥겔스, 김민석 옮김, 『반듀링론』, 새길, 1987, 125쪽.

다면 데카르트가 인식론적 차원에서 하나의 이성이라는 문제를 논의하고 있는 반면에 헤겔은 존재론적 측면에서 동일한 이성의 문제를 논의하고 있다는 점이다.[55] 그러나 현대의 철학자들은 대체로 오직 하나의 이성만이 존재한다는 주장에 대해 비판적이다. 현대 철학자들은 인간에게는 다양한 유형의 합리성이 있다고 주장한다.[56] 가령 독일의 철학자이며 프랑크푸르트대학 교수였던 카를 오토 아펠(Karl Otto Apel, 1922~2017)은 다양한 합리성을 초월론적 반성의 합리성, 형식논리적-수학적 합리성, 초월론적-철학적 합리성으로 구분했다. 또 소통행위이론으로 잘 알려진 비판이론가이자 사회학자인 위르겐 하버마스(Jürgen Habermas, 1929~)는 인간의 사회적 행위를 목적론적 행위, 규범규제적 행위, 연출적 행위, 의사소통적 행위로 구분한 다음 이런 행동 유형들에 대응하는 네 가지 합리성으로 과학-사실적 합리성, 도덕적-실천적 합리성, 예술적-표현적 합리성, 의사소통적 합리성을 지적했다.[57] 호모 이코노미쿠스의 가장 중요한 속성 가운데 하나인 경제적 합리성도 인간이 가진 이런 다양한 합리성 가운데 하나다.

경제적 합리성에 대한 철학자들의 견해를 추적하기 위해서는 다시 애덤 스미스와 스코틀랜드 계몽주의자들로, 그리고 더 올라가 이들의 사상에 근원을 제공한 베이컨에게로 거슬러 가야 한다. 이성에 대한 신뢰는 합리주의 철학과 대립했던 경험주의자들에게서도 나타난다. 흔히 베이컨으로부터 시작되는 근대 경험론은 합리주의 철학의 이성 중심 사고에 대한 반박에서 나타났다고 오해받는 경우가 많지만, 베이컨은 데카르트보다 한 세대 이전의 철학자다. 베이컨의 경험주의

---

54 Hegel, Werke in 20 Bänden, 김준수, 『헤겔: 정신의 체계, 자유와 이성의 날개를 활짝 펴다』, 121쪽에서 재인용.

55 이남인, 「경제적 합리성 개념에 대한 철학적 반성」, 서울대학교 인문학연구원, 『인문논총』 제53집, 2005, 40~41쪽.

56 현대 철학은 이성(reason)이라는 용어보다는 합리성(rationality)이라는 표현을 더 즐겨 사용한다. 이성이라는 개념은 지나치게 형이상학적이라고 여기기 때문이다. 이성과 합리성의 개념적 구분에 대해서는 이 책의 「서장」에서 간단하게 설명한 바 있다.(권용혁, 「이성과 합리성」, 철학연구회, 『철학연구』 57집, 2002, 215쪽.) 어떤 이들은 이성을 합리주의적 개념으로, 합리성을 경험주의적 개념으로 구분하기도 하지만 아직 보편적으로 인정되고 정립된 구분은 아니다.

57 이남인, 「경제적 합리성 개념에 대한 철학적 반성」, 서울대학교 인문학연구원, 『인문논총』 제53집, 2005, 41~42쪽.

가 비판한 것은 데카르트 이후의 근대 합리주의 철학이 아니라 아리스토텔레스와 중세 스토아철학의 관념론이었다. 베이컨이나 로크는 인간의 이성과 오성적 능력에 대해 의심해 본 적이 없다. 베이컨이나 로크가 데카르트 이후의 합리주의 철학자들과 차이를 보이는 대목은 이성에 대한 신뢰가 아니라 이성에 대한 무한하고 무조건적인 신뢰의 여부다. 이성을 신뢰하되 일정한 한계를 주장하는 영국 경험주의자들의 태도는 스코틀랜드 계몽주의자들에게 계승된다. 스코틀랜드 계몽주의 운동을 대표하는 철학자인 데이빗 흄은 인간의 이성이 한계가 있음을 분명하게 인식한 인물이다. 인간의 지식에는 한계가 있기 때문에 정치와 법 그리고 도덕을 인위적으로 계획하고 만드는 데에도 한계가 있을 수밖에 없다. 흄은 이런 인식을 바탕으로 당시에 유행하던 합리주의에 기초한 자연법 사상과 사회계약론을 비판했다. 흄에게 도덕은 신이 만든 것도 아니고 인간 이성의 결과도 아니며 진화적 과정에서 태어난 우연한 결과일 뿐이다. 그래서 흄은 유토피아적인 개혁의 시도를 포기할 것과, 도덕적으로나 지적으로 제한된 현실적 인간을 중심으로 사회이론과 철학을 개발할 것을 촉구했다. 스코틀랜드 계몽주의 운동의 주요 인물 가운데는 에딘버러 대학의 교수로 철학자이자 역사학자인 애덤 퍼거슨(Adam Ferguson, 1723~1816)이 있다. 퍼거슨은 상업사회에 관한 스미스의 사상을 문화 영역으로 확산하는 데 중요한 역할을 했다. 퍼거슨은 사회적 현상의 생성은 "인간 행동의 결과이지 인간이 설계한 결과는 아니다(the result of human action but not the execution of any human design)"라고 주장했다. 흄과 퍼거슨의 이런 사상은 20세기 들어 이른바 신자유주의자라고 불리는 경제학자들에 의해 계승된다. 신자유주의를 대표하는 경제학자인 하이에크(Friedrich Hayek, 1899~1992)가 주장한 자생적 질서와 진화적 합리주의에 대한 사상은 특히 퍼거슨으로부터 크게 영향을 받았다.[58]

하이에크 사상의 출발점은 인간의 인식은 불완전하다는 것이다. 이는 두 가지 의미를 가지는데, 하나는 인간의 사고능력의 불완전성이며 다른 하나는 지식의 불완전성이다. 하이에크는 인간은 합리적인 존재가 아니라 오히려 비합리적이고 오류에

---

58 민경국, 「구성주의적 합리주의와 진화론적 합리주의」, 한국과학철학회, 『과학철학』, 제5집, 2000, 136쪽.

빠지기 쉬운 존재라고 주장했다. 따라서 이러한 오류들은 사회적 과정 속에서만 정정될 수 있다. 그런데 사회주의는 이처럼 불완전한 인간의 인식능력으로 합목적적인 사회를 건설하고자 시도하는 '치명적 자만(facial conceit)'의 결과일 뿐이다. 사회주의와 계획경제에 대한 하이에크의 비판은 미제스(Ludwig von Mises, 1881~1973)의 경제학 세미나에 참석하면서부터 형성되었다. 하이에크의 사상적 스승인 미제스는 오스트리아의 폴란드의 경제학자이자 외교관인 오스카르 랑게(Oskar Ryszard Lange, 1904~1965)와 사회주의에서도 합리적인 가격결정이 가능한가 하는 주제를 두고 수년에 걸친 논쟁을 벌였다. 미제스는 사회주의에서는 시장이 존재하지 않으므로 자원의 희소성을 정확하게 반영하는 가격결정이 불가능하고 따라서 효율적인 경제계획도 불가능하다고 주장했다. 이에 대해 시장사회주의 이론의 선구자인 랑게는 가격이 반드시 시장에 의해서만 결정되어야 하는 것은 아니며, 중앙의 계획당국에 의해서도 충분히 책정될 수 있다고 주장했다. 원래 법학을 전공했던 하이에크는 이 논쟁에 적극적으로 참여하지는 않았지만, 그 과정에서 시장이란 단순히 가격결정의 역할만 하는 것이 아니라 정보를 발견해 가는 과정이기도 하다는 생각을 발전시키게 된다. 시장경제에서 수요자와 공급자들은 처음부터 수요와 공급에 대한 정확한 정보와 적절한 가격을 알고서 시장에 참여하는 것이 아니라, 실제 시장에 참여하여 시행착오를 거듭함으로써 비로소 수요와 공급에 관한 올바른 지식과 정보를 얻게 되고 올바른 가격도 형성된다는 것이다.

하이에크는 사회질서를 '인위적 질서(made order)'와 '자생적 질서(spontaneous order)'로 구분했다. 자생적 질서는 말 그대로 스스로 형성된 질서이며, 구성적 질서는 인위적으로 만들어진 질서이다. 자생적 질서는 인간의 본성에 부합되기 때문에 대다수의 사회구성원이 이를 선택하고 준수한다. 시장경제가 바로 자생적 질서의 가장 훌륭한 예다. 반면에 인위적 질서는 사회주의나 전체주의처럼 소수의 사람이 대중에게 강요하는 질서이다. 따라서 이러한 질서는 장기적으로 존속될 수 없으며, 반드시 붕괴되고 만다. 하이에크는 독일과 이탈리아의 파시스트 정부는 물론 케인스가 추구한 복지국가도 똑같은 결과를 초래할 것이라고 주장했다. 인위적 질서를 옹호하는 사상이 '구성주의적 합리주의(constructivist rationalism)'며, 자생적 질서를 옹호하는 사상이 '진화주의적 합리주의(evolutionary rationalism)'다. 구성적 합리주의는 불완전할 수밖에 없는 인간의 이성능력에 대한 과도한 신뢰를 바탕으로 사회의 모든 제도를 설계하고, 구성원들에게 필요한 자원을 중앙 계획당국이 효율적으로 배분할 수 있다는 사상이다. 하이에크는 구성적 합리주의를 '사이비 개인주의', 진화적 합리주의를 '진정한 개인주의'라고 부르기도 했다. 하이에크에게는 데카르트의 합리주의 철학, 장 자크 루소의 계몽사상, 제러미 벤담의 사회개혁주의, 마르크스의 사회주의, 그리고 시장에 대한 정부개입을 용인하는 케인스의 경제학 등은 모두 사이비 개인주의 즉 구성적 합리주의 사상에 속한다.[59] 하이에크에 따르면 자생적 질서로서 시장질서에는 두 가지 큰 장점이 있다. 하나는 수많은 사람이 각자 상이한 목표를 추구하면서 평화롭게 함께 살아간다는 것이며, 둘째는 모든 목표의 실현에 필요한 수단인 물질적 재화들이 다른 어떤 경제질서에서보다 더 풍족하게 생산되도록 한다는 것이다.[60] 그러나 의도적이든 그렇지 않든 간에 시장과 같은 사회질서가 스스로 진화해 간다는 하이에크의 주장에는 사회진화론(social Darwinism)과 유사한 발상이 개재되어 있음을 부정하기 어렵다.[61] 사회진화론은 영국의 사회학자 허버트 스펜서(Herbert Spencer, 1820~1903)가 찰스 다윈(Charles Robert Darwin, 1809~1882)의 생물학적 진화론을 사회발전에 적용시켜 주장한 이론으로, 한때 유행했으나 인간의 윤리성을 도외시한다는 비판을 받고 사라졌는데 하이에크가 이를 다시 부활시킨 것이다.[62]

---

59 경제교육연구회, 『근대사회경제사상의 탐구』, 271~72쪽.

60 이근식, 『신자유주의: 하이에크·프리드먼·뷰캐넌』, 에크리, 2008, 130쪽.

61 이근식, 『신자유주의: 하이에크·프리드먼·뷰캐넌』, 114쪽.

62 사회진화론 또는 사회 다윈주의(Social Darwinism)는 영국의 사회학자이자 철학자였던 허버트 스펜서가 다윈의 진화론을 자연과 사회의 차이를 무시하고 사회학에 도입하여, 생존경쟁과 자연도태를 '사회진화(social evolution)'의 기본 동력이라고 주장한 학설이다. 생물학적 생존경쟁과 마찬가지로, 인간사회도 단순한 형태에서 복잡한 형태로 발전하며 치열한 경쟁 속에서 더 진보한 사회는 살아남고 열등한 사회는 도태된다고 보았다. 사회진화론의 가장 핵심적인 주장은 우등한 계급이 열등한 계급을 지배하고, 우등한 민족이 열등한 민족을 지배한다는 것이다. 그래서 인종차별주의 정책이나 제국주의 열강의 약소국 지배를 정당화하는 이론으로 이용되었다. 다윈의 이름을 빌리기는 했지만, 사회다윈주의는 사실 다윈의 진화론보다는 라마르크(Jean Baptiste Lamarck, 1744~1829)의 '용불용설(theory of use and disuse)'에 더 가깝다. 용불용설은 획득형질이 유전된다는 이론인데, 사회진화론

호모 이코노미쿠스라는 개념이 암묵적으로든 명시적으로든 시장경제를 가정하고 있다는 점은 명백하다. 가령 이 책의 「프롤로그」에서도 인용했던 에리히 프롬의 호모 이코노미쿠스에 대한 정의는 자유시장경제와 대립점에 위치하는 파시즘에 대한 비판에 이어진다. 프롬이 생각하기에 자유시장경제와 파시즘의 가장 중요한 차이는 바로 인간의 이기심에 근거하느냐 아니냐다.

> 위대한 민족을 사로잡는 파시즘의 매력을 이해하려면 심리적 요인들의 역할을 인정할 수밖에 없다. 우리가 여기서 다루고자 하는 정치체제는 본질적으로 이기심이라는 합리적인 힘에 호소하지 않고, 우리가 지금까지 존재하지 않는다고 믿었거나 적어도 오래전에 자취를 감추었다고 생각한 악마적인 힘을 인간에게 불러일으키고 집결시키는 체제이기 때문이다. 지난 수세기 동안 우리에게 친숙해진 인간상은 이기심과 그에 따라 행동할 수 있는 능력으로 자신의 행동을 결정하는 합리적 존재의 모습이었다. 권력욕과 적개심을 인간의 추진력으로 인정한 토머스 홉스 같은 저자들조차 이런 원동력의 존재를 인간의 이기심에서 나온 당연한 결과로 설명했다.[63]

그러나 호모 이코노미쿠스라는 개념에 대한 주류경제학의 주장에는 혼란스러운 내용이 많다. 오늘날 주류경제학의 사상을 형성하는 데 가장 중요한 역할을 한 하이에크는 인간의 사고능력이 불완전하다고 주장한다. 그런데 또 대부분의 경제학 교과서들은 호모 이코노미쿠스가 완전한 경제적 합리성을 가지고 있다고 서술한다. 이는 경제학이 가정하고 있는 두 가지 이성 또는 두 가지 합리성의 개념이 다른 데서 비롯된 혼란이다. 경제학자들이 주장하는 경제적 합리성은 첫째, 도구적 합리성이다. 도구적 합리성이란 주어진 목적을 가장 잘 달성하는 수단을 선택한다는 의미다. 경제주체들은 주어진 정보에 근거해서 자신의 목적[예를 들어 가계는 효용 극대화, 기업은 이윤 극대화]을 달성하는 데 가장 효율적인 수단을 선택한

자들은 개혁을 누적시킴으로써 사회가 진보한다고 주장했기 때문이다.

63 프롬, 『자유로부터의 도피』, 23~24쪽.

다. 따라서 인간은 합리적이다. 근대 경제학 특히 신고전학파 경제학에 비판적인 이들은 경제학이 합리성의 개념을 목적과 수단의 정합성으로 규정하는 것부터 잘못되었다고 주장한다. 경제학이 합리성의 개념을 지나치게 협소화한다는 것이다. 그러나 합리성의 개념을 목적과 수단의 관계로 정의하는 것은 경제학자들뿐 아니라 많은 철학자들에게서도 보인다. 가령 하이데거는 수단과 목적의 관계인 도구성의 연관이 궁극적으로는 인간의 존재 자체에 연결된다고 말한다.[64] 더 중요한 문제는 목적과 수단의 연관성이 아니라 경제학자들이 목적에 대해서 지나치게 협소하게 해석한다는 점을 비판하는 이들도 있다. 가령 합리성이 추구하는 목적이 굳이 효용 극대화나 이윤 극대화에만 국한되지는 않는다는 비판이다. 그러나 이 또한 경제적 합리성이라는 개념에 대한 오해다. 합리성 일반이 아니라 경제적 합리성의 목적은 효용 극대화나 이윤 극대화일 수 있다. 그러므로 오히려 진정한 문제는 경제적 합리성 개념의 협소함이 아니라 경제학자들이 경제적 합리성을 합리성 일반으로 확대하려 하는 시도에 있다고 해야 옳다. 이에 대해서는 조금 더 뒤에서 다시 이야기하기로 하자.

둘째, 경제적 합리성은 개인적 합리성이다. 경제학에서 개인이라는 말은 가계나 기업과 같은 개별 경제주체들을 의미한다. 때로는 정부도 경제주체로서 행동할 때는 개인이다. 개인들은 자신의 목적, 우리가 지금까지 이야기해 온 바로는 자신의 욕구[경제학은 '선호(preference)'라는 표현을 더 선호한다]를 정확하게 알고 있으며, 이 목적을 달성하는 데 선택 가능한 수단들을 역시 잘 알고 있으며, 그 가운데 어느 수단이 가장 효율적인가도 완전하게 알고 있다. 그러나 개인의 선택의 영역을 넘어서면 이들은 아무것도 알지 못하며 아무것도 선택하거나 결정할 수 없다. 개인의 선택 영역 밖에 존재하는 자원 배분이나 소득분배와 같은 문제들은 오직 시장에 의해서만 가장 효율적으로 해결될 수 있다. 바로 이런 의미에서 인간의 이성은 유한하다는 뜻이다. 그런데도 유한한 인간의 이성으로 이런 문제들을 계획이나 시장에 대한 정부개입으로 해결하려고 시도하는 것은 모두 치명적인 자

64 신오현, 「실존과 실천 : 실존의 현상학에서 실천의 변증법에로」, 철학연구회, 『철학연구』 19권, 1984, 63쪽.

만일 뿐이다. 하이에크가 비판한 구성적 합리주의 사상들의 공통점은 바로 인간이 이성으로 사회질서를 계획하고 구성할 수 있다는 치명적 자만에 근거한다는 것이다. 그러나 현대 경제학을 보면 하이에크가 비판했던 오류를 경제학 스스로도 반복하고 있지는 않은가 싶다.

경제적 합리성이라는 개념은 인간의 인식능력이 유한하다고 주장하면서도 개인들이 자신의 선호를 정확하게 알고 있다고 주장한다. 그러나 우리가 이미 본 것처럼 사람들은 자신의 욕구를 스스로 모를 때가 많다. 만약 x라는 선택이 y라는 선택보다 더 큰 효용을 준다면 당연히 x가 아닌 y를 선택하는 것이 경제적 합리성이다. 그런데 우리는 일상의 삶 속에서 매우 자주 어제는 x보다 y를 더 만족스러웠는데, 오늘은 반대로 y보다 x가 더 만족스러운 경우를 경험한다. 인간의 욕구처럼 비일관되고 불명료한 변수에 근거해서 전개되는 경제적 합리성의 개념은 마찬가지로 비일관적이고 불확실할 수밖에 없다. 개인들의 선호가 제대로 작용하기 위해서는 완비성(completeness), 이행성(transitivity), 연속성(continuity) 등과 같은 몇 가지 조건을 갖추어야 한다.[65] 한 예로 선호의 이행성을 보자. 여러 선택들 가운데 x보다 y보다 더 선호되고 y보다 z가 더 선호된다면 반드시 x가 z보다 더 선호되어야 한다. 이를 선호의 이행성이라고 부른다. 그러나 현실에서는 선호의 이행성이 지켜지지 않는 경우가 많다. 사회학이나 정치학에서는 투표의 경우를 자주 예로 든다. 가령 세 사람이 세 가지 옵션 A, B, C에 대해 선호도를 1, 2, 3위로 정하고 투표를 한다고 가정하자. 옵션 A와 B에 대해 투표를 하면 A가 B를 이기고, 옵션 B와 C에 대해 투표를 하면 B가 C를 이기는 것으로 나왔다. 그러면 상식적

---

65 선호와 관련해서 슈바르츠(Barry Schwarz)는 『인간본성에 대한 논쟁(Man's Place in Nature, 1961)』라는 책에서 호모 이코노미쿠스의 구체적 특징을 다음과 같이 아홉 가지로 요약한 바 있다. 1. 합리적 경제주체는 언제나 재화 혹은 재화의 조합들에 대한 선 호를 표출한다. 2. 욕구되는 재화에 대해서 적은 것보다는 많은 것을 선호한다. 3. 높은 가격보다는 낮은 가격을 선호한다. 4. 입수한 가능한 재화들 중에서 가장 선호하는 재화나 혹은 재화들의 조합을 선택 한다. 5. 선호는 시간적으로 보아 상대적으로 안정되어 있다. 6. 선호는 전이적이다. 7. 어떤 한 재회를 더 많이 가질수록 그 재화가 만족에 기여하는 정도가 줄어든다. 8. 시장에서 완전한 정보를 기반으로 활동한다. 9. 선호의 충족을 극대화할 수 있도록 시장에서 합리적인 선택을 한다.(Schwartz, 1986, 박정순, 「현대사회와 인간 문화 철학적 성찰 —호모 에코노미쿠스 생살부」, 9쪽에서 재인용.)

으로 A는 C를 이길 것으로 예상한다. 하지만 막상 A와 C에 대해 투표를 하면 C가 A를 이기는 경우가 나타난다. 이런 역설적 사실을 18세기 프랑스의 수학자이자 정치이론가인 콩도르세 후작(Marquis de Condorcet, 1743~1794)이 처음 지적했기 때문에 그의 이름을 따 '콩도르세의 역설(Condorcet paradox)' 또는 '투표의 역설'이라고 부른다. 콩도르세의 역설이 나타나면 정치가들이 정책 선택의 순서를 바꿔 자신에게 유리하도록 악용할 수도 있다. 민주주의의 원칙이 근거에서부터 위협받을 수도 있다. 경제학자 케네스 애로(Kenneth Joseph Arrow, 1921~)는 콩도르세의 역설을 발전시켜 가장 이상적인 투표제도는 존재하지 않는다는 사실을 수학적으로 증명했다. 이를 '애로의 불가능성 정리(Arrow's Impossibility Theorem)'라고 부른다.[66]

경제적 합리성이라는 개념은 규범적 합리성과 사실적 합리성을 구분하지 않고 있다. 사실적 합리성은 어떤 사실을 기술하기 위한 개념으로 사용되는 반면 규범적 합리성은 합리성의 담지자가 지켜야 할 어떤 규범을 지시하기 위해 사용되는 개념이다. 가령 사실적 합리성은 개인들이 이렇게 행동한다고 기술하는 반면 규범적 합리성은 개인들이 이렇게 행동해야 한다고 기술한다.[67] 수학이나 물리학은 사실적 합리성의 가장 좋은 예다. 경제학이 인간의 경제행위나 경제현상들을 수학이나 물리학의 법칙들처럼 완전하고 절대적인 모형으로 설명하는 것을 추구한다는 사실은 부인하기 어렵다. 하지만 그렇다면 경제학은 사실적 합리성에 근거한 학문인가 규범적 합리성에 근거한 학문인가? 경제학 교과서의 앞부분을 보

---

66 "호모 에코노미쿠스의 합리성에 관련된 일반적 특징은 선호의 내부적 일관성과 효용의 극대화로 요약된다. 선호의 내부적 일관성은 경제학 교과서에 가장 흔하게 나오는 사과, 오렌지, 배를 예로 들어 이가항 관계적 표출(binary rel representation)로 선호의 일관성을 규정하는 것이다. 이러한 2항 관계적 표출은 현시적 선호이론을 통해 정식화된다. 합리적 선호는 완결성(ness) 혹은 연결성 (connectedness)을 가진다. 2항관계의 선호는 완전히 서로 연결되어 표출되어야 한다는 것이다. 즉 사과와 오렌지에 대해서 호모 에코노미쿠스는 사과를 오렌지보다 좋아하든지 혹은 그 역이든지 혹은 양자 사이에 무차별적 선호를 가지고 있어야 한다. 무차별적이라는 것은 아무 것이나 선택할 수 있다는 것이지, 동일한 거리에 있는 동질의 무차별적인 두 건초더미에서 어느 것을 먹을까 저울질하다가 결국 굶어 죽은 '부리단의 당나귀"(Buidan's Ass)의 선택과 같은 것은 아니다. 그리고 전이성(transitivity)은 사과를 오렌지보다 좋아하고 오렌지를 배보다 좋아하면, 당연히 사과를 배보다 좋아해야 한다는 것이다. 그렇지 않다면, 선호는 순환적이 되어, 어떤 것이 어떤 것보다 좋은지를 결정할 수 없는 혼란이 빠진다."(박정순, 「현대사회와 인간 문화 철학적 성찰 —호모 에코노미쿠스 생살부」, 10~11쪽.)

67 이남인, 「경제적 합리성 개념에 대한 철학적 반성」, 46~47쪽.

면 매몰비용은 계산하지 말라는 말이 나온다. '매몰비용(sunk cost)'이란 이미 지불된 비용 가운데 선택을 변경하더라도 회수할 수 없는 비용을 가리킨다. 매몰비용은 미래의 효용에 영향을 미치지 못하므로 어떤 선택을 결정할 때 고려할 필요가 없다. 그래서 경제학 교과서들은 경제주체들이 매몰비용을 고려하지 않고 합리적으로 행동한다고 가정한다. 그러나 현실에서 경제주체들은 매우 빈번히 매몰비용에 집착하다가 합리적이지 않은 선택을 하고는 한다. 경제학 교과서들은 경제주체들을 규범적으로 합리적인 존재로 가정하면서 마치 그것이 사실적으로 합리적인 것처럼 주장하고 있다. 마지막으로 많은 경제학자들이 자주 저지르는 실수 가운데 하나는, 경제적 합리성만이 유일한 합리성인 것처럼 사고하는 일이다. 그러나 경제적 합리성이라는 개념이 가능하게 된 것도 실은 인간에게 여러 종류의 다양한 합리성이 존재한다는 인식에서부터다. 따라서 인간에게는 다양한 합리성들이 있으며 경제적 합리성도 그 가운데 하나일 뿐이라는 사실은 너무나 자명하다. 그런데도 경제학이 다른 종류의 합리성을 인정하지 않으면 철학이든 정치학이든 사회학이든 다른 학문 분야들의 독자적인 영역이나 타당성에 대해 인정하지 않는 태도가 나타날 가능성이 커지고 학문들 간의 이해와 통섭도 불가능해질 수밖에 없다.

인간 이성에 대한 그릇된 확신에 대한 하이에크의 비판은 『성서』에 등장하는 루시퍼(Lucifer)의 타락을 연상시킨다. 루시퍼는 사탄이 타락하기 전에 가졌던 이름으로 '빛을 내는 자', 또는 '새벽의 샛별'이라는 뜻이다. 한글 번역본에서는 계명성으로 옮기기도 한다. 원래 루시퍼는 하느님의 오른쪽에 앉았던 천사로, 여러 천사들 가운데서도 가장 하느님으로부터 사랑받았던 존재다. 그러나 자신이 하느님보다 높다는 자만에 빠진 루시퍼는 여러 천사들을 거닐고 하느님께 반란을 일으켰다가 지옥으로 떨어진다. 『성서』에서는 이를 "너 아침의 아들 계명성이여 어찌 그리 하늘에서 떨어졌으며, 너 열국을 엎은 자여 어찌 그리 땅에 찍혔는고?"(「이사야서」 14장 12절)라고 서술했다. 또 「누가복음」에서는 예수께서 "나는 사탄이 하늘에서 번갯불처럼 떨어지는 것을 보았다"(「누가복음」 10장 18절)고 말씀한다. 루시퍼가 교만에 빠진 이유는 바로 지혜 때문이다. 루시퍼는 신도 감탄할 만큼 뛰어난 지혜를 가지고 있었다고 한다. 그러나 자신의 지혜에 자망한 루시퍼는 신보다 자신이 더 위대하다는 착각에 빠지고 만다. 이후로 『성서』를 소재로 한 많은 문학 작품들에서 지혜는 곧 교만이며 스스로 파멸하는 가장 큰 원인으로 묘사된다. 크리스토퍼 말로의 비극 『파우스투스박사』에서 파우스투스를 유혹하는 세 악마 가운데 하나의 이름도 루시퍼다.

인간의 이성과 지식이 한계를 가진다는 사실은 분명하다. 그러나 인간의 이성이 완전하지 못하다는 말이 거꾸로 인간의 이성이 전적으로 불합리하다는 뜻은 결코 아닐 터다. 비록 완전히 합리적이지는 아닐지라도 대부분의 합리적 개인들 즉 호모 이코노미쿠스는 허버트 사이먼이 적절하게 표현한 것처럼 '제한된 합리성'을 가지고 있다는 사실은 분명하다. 경제적 합리성의 핵심을 목적과 수단의 정합성이라고 정의한다면, 배가 고플 때 돌을 씹거나 흙을 삼키는 대신 일용할 양식을 구한다는 사실만으로도 우리는 인간이 경제적 합리성을 가지고 있다고 신뢰할 수 있다. 스코틀랜드 계몽주의자들이나 하이에크를 비롯한 신자유주의자들도 시장이 처음부터 완벽한 제도가 아니라 시행착오를 거듭하면서 수요와 공급에 관한 올바른 지식과 정보를 얻게 되고 올바른 가격을 형성해 가는 과정이라고 주장한다. 마찬가지로 인간도 많은 오류를 저지르지만 그런 시행착오를 반복해 가면서 더 올바른 진리와 지식을 향해 나아가는 존재인 것이다. 그래서 성 아우구스티누스도 이렇게 말했다. "설령 내가 오류를 범한다 할지라도 나는 존재한다.(Si fallor sum.)"68 데카르트의 "나는 생각한다. 그러므로 존재한다"는 명제는 실은 성 아우구스티누스를 근대 언어로 옮겨 쓴 것이다. 내가 오류일 수 있다는 말은 내가 알던 지식이 진리가 아닐 수도 있다는 뜻이다. 더 나아가 나의 인식능력, 나의 이성에 한계가 있을 수 있다는 뜻이다. 그럼에도 불구하고 내가 존재한다는 말은 내가 알던 지식이 진리인지 아닌지 의심할지라도 그것을 의심하는 나의 존재는 의심할 수 없다는 뜻이다. 그럼으로써 나는 지금의 나보다 더 나은 나를 향해 나아갈 수 있다는 뜻이기도 하다.

---

68 램프레히트, 『서양철학사』, 191쪽.

왼쪽 그림은 네덜란드 화가 요르단스(Jacob Jordaens, 1593~1678)의 <사슬에 묶인 프로메테우스(Der gefesselte Prometheus, 1642)>다. 작품의 소재는 프로메테우스에 관한 고대 그리스의 비극 작가 아이스킬로스의 작품 <사슬에 묶인 프로메테우스>다. 인간에게 불을 준 죄로 제우스가 보낸 독수리에게 영원히 간을 쪼이는 형벌을 받은 프로메테우스는 많은 서유럽의 문학작품이나 미술작품에서 인류의 진보정신, 운명을 개척해 나가고자 하는 인간의지의 상징으로 묘사되었다. 오른쪽 그림은 독일의 진보적 잡지 『März Zeitung』에 실린 판화 작품 <마르크스와 프로메테우스(Marx als Prometheus, 1899)>다. 옛 소련이나 동구권의 출판물에서 마르크스는 종종 프로메테우스로 묘사되었다. 비유하자면 마르크스는 인류에게 불 대신 '역사적 유물론'을 훔쳐 주었다는 뜻이다. 프로메테우스에 대해 마르크스는 이렇게 말했다. "철학은 비밀을 지니지 않는다. 프로메테우스의 '진실로 나는 모든 신들을 싫어한다'는 고백은 바로 철학 자신의 고백이며 모든 신들에 대항하는 철학의 신조이다… 프로메테우스는 철학의 축일표에 있어서 가장 고귀한 성자이자 순교자다."

제 5 장

자유를 찾아서

소외된 존재

너는 죽음에 몸을 맡긴 채
잎새 위에 서럽게 얼굴을 뉘인다.
유령 같은 빛을 숨쉬며
희푸른 꿈을 띠고 있다.
하지만 노래마냥
마지막 가냘픈 빛을 띠며
아직도 하룻밤을 달콤한
네 향기 방안에 스민다.
네 어린 영혼은 불안스럽게
이름없는 것을 더듬거리다
내 가슴에서 웃으며 죽는다.
내 누이인 흰 장미여.

— 라이너 마리아 릴케, <흰 장미(Die Weiße Rose)>

황제인 칼리굴라는 너무나 사랑했던 누이 드루실라가 죽자 깊은 절망에 빠진다. 신하들의 수행을 모두 따돌린 채 며칠 밤낮을 궁궐의 정원을 헤매다 돌아온 황제는 이전의 현명하고 사려 깊었던 모습과는 정반대로 광기에 휩싸여 온갖 기행을 저지르는 사람이 되었다. 황제는 스스로를 신이라 칭하며 귀족들에게 형용하기 어려운 모욕적인 행위를 시킨다. 황제의 만행을 참지 못한 귀족들은 황제를 암살하는데, 온몸에 칼을 맞고 숨을 거두면서 황제가 마지막으로 남긴 말은 이렇다. “나는 아직 살아 있다.” 프랑스의 실존주의 작가 알베르 카뮈의 희곡 『칼리굴라(Caligula, 1938)』 이야기다. 역사에서 소재를 가져온 작품들이 대부분 그렇듯이 카뮈의 『칼리굴라』에도 사실과 상상이 섞여 있다. 칼리굴라는 로마의 제3대 황제인 가이우스 율리우스 가이사르 아우구스투스 게르마니쿠스(Gaius Julius Caesar Augustus Germanicus, 12~41)의 별명으로 '꼬마 장화'라는 뜻이다. 어린 시절 가이우스는 게르마니아 지역의 총사령관인 부친을 따라 병영에서 생활했는데, 그때 가이우스에게 병사들이 붙여 준 이름이 칼리굴라다. 황제가 된 직후에는 가난한 시민들에게 식량을 나누어주고 검투사 시합을 부활시키는 등 대중의 요구에 부응하는 정책들을 시행했으나, 즉위한 지 7개월 만에 심하게 병을 앓은 뒤에 그 후유증으로 정신에 이상이 생겼다. 국가재정을 낭비하고 누이들과 근친상간을 맺었으며, 자신을 신이라고 주장하면서 기괴한 복장을 하는 등의 기행을 일삼다가 자신의 근위대장과 귀족들에게 죽임을 당했다. 카뮈는 이 폭군의 삶에서 부조리한 인간의 전형을 발견한다. 카뮈의 작품 속에서 칼리굴라는 사랑하는 누이의 죽음으로 절망에 빠진 나머지 왜 인간은 죽음이라는 유한을 넘어설 수 없는가 하는 의문을 가진다. 칼리굴라가 찾은 답은 스스로 신이 되어서 그 유한을 넘어서겠다는 것이다. 그러나 칼리굴라 자신도 그런 시도가 불가능함을 알고 있다. 카뮈가 칼리굴라를 부조리한 인간의 전형으로 본 이유도 바로 이런 모순 때문이다. 삶을 마감하는 그 순간에 칼리굴라가 “나는 아직 살아 있다”고 외친 이유는 자신의 존재에 대한 확인이자 죽음의 순간에서까지도 자신이 유한한 인간임을 거부한다는 뜻이다. 암살 직전에 근위대장 케레이아와 둘이 나누는 대화를 보면 칼리굴라는 짐짓 광인인 척하지만 실은 매우 합리적이고 이성적으로 사고하고 있다. 다른 귀족들과 달리 케레이아는 칼리굴라가 광인이어서가 아니라 반대로 지극히 이성적인 인간이어서 더 위험하다고 생각한다. 미쳐서 그런 기행을 하는 인간이라면 그저 광인에 지나지 않을 뿐이지만, 제정신으로 그런 짓을 하는 인간이라면 얼마나 더 극심한 기행을 할지 알 수 없기 때문이다.

장미를 너무 사랑한 시인이 있었다. 시인은 정원 가득 장미를 키웠는데, 여자친구를 위하여 장미꽃을 꺾다가 그만 가시에 찔리고 말았다. 상처는 크지 않았지만 상처를 통해 패혈증 병균에 감염되었고 그 때문에 생명을 잃고 말았다. 관념적으로만 생각하면 시인의 죽음으로는 가장 어울릴 법할지 모르지만, 현실에서는 준비되지 못한 죽음은 늘 고통스러운 불행일 뿐이다. 이 시인의 이름은 라이너 마리아 릴케(Rainer Maria Rilke, 1875~1926)다. 릴케의 묘비명은 이렇다. "장미여, 아 순수한 모순이여, 기쁨이여 그 많은 눈꺼풀 아래에서 누구의 잠도 아닌.(Rose, oh reiner Widersprluch, Lust niemandes Schlaf zu sein unter soviel Lidern.)" 릴케는 깊은 철학적 사색을 담은 시로 유명한 시인이다. 그래서 릴케에게는 문학의 형식으로 철학을 표현한 시인이라는 이름이 따라다닌다. 그런데 반대로 철학의 형식을 빌렸지만 사실은 문학을 표현했다고 말해지는 철학자가 있다. 철학적 사유의 깊이가 부족하다는 뜻이 아니라 문학적 기준에서 볼 때의 성취가 너무 높다는 뜻이다. 이 책에서 이미 여러 번 인용한 실존주의 철학의 선구자 키에르케고르가 바로 그 사람이다. 이 두 사람 사이에는 직접적인 것은 아니지만 매우 깊은 인연이 있는데, 흔히 릴케의 문학은 키에르케고르의 철학에서 많은 영향을 받았다고 이야기된다. 실제로 릴케는 키에르케고르를 원어로 읽기 위해 덴마크어를 공부한 적도 있다고 한다. 두 사람 사이의 공통점은 인간이 처한 유한한 현실을 넘어 영원한 그 무엇을 갈구하는 태도가 아닌가 하고 나는 생각해 본다. 키에르케고르는 인간을 죽음에 이르는 병은 무엇인가 하고 묻는다. 여기서 죽음은 당연히 자연사나 사고사가 아니라 직접적으로든 간접적으로든 인간의 스스로 죽음을 선택하는 행위 즉 자살을 의미한다. 칼리굴라는 근위대장 케레이아와 귀족들이 자신을 죽이기 위해 모의하는 줄 알면서도 암살을 저지하기는커녕 오히려 방조한다. 칼리굴라의 죽음은 형식적으로 보면 암살이지만 내용으로는 자살이다. 자살은 많은 실존주의 철학자들에게 공통된 중요한 주제 가운데 하나다. 어떤 독자들에게는 조금 뜻밖의 이야기일지 모르겠지만, 실존철학자들의 사상을 따져 보면 이는 그리 어색한 일도 아니다. 키에르케고르의 책 제목 『죽음에 이르는 병』에서 죽음은 바로 자살을 의미한다. 키에르케고르를 인용하면서 카뮈는 이렇게 말한다. "이 병은 죽음에 이르게 되고 죽음 이후엔 아무 것도 없다."[1]

실존주의 철학자들이 자살에 관심을 가지는 이유는 자살이야말로 가장 실존적인 행위이기 때문이다. "죽음은 현존재의 가능성이다."[2] 실존주의 철학의 친절한 해설자는 하이데거를 인용하면서 이 대목에 '가장 자기적인'이라는 형용사를 사용했다. "죽음은 현존재의 가장 자기적인(ownmost) 가능성"이라는 것이다. "현재에 존재하는 죽음에 대한 변하지 않는 가능성, 미래에 일어날 죽음의 불가피성은 현존재의 중심에 놓여 있다. 우리의 현재는 이 현재에 끊임없이 기생하는 죽음에 대한 약속에서 기인하는 유한성에 빚지고 있다. 진정으로 죽음을 향한 존재가 되기 위해 우리는 살아가는 방식에서 자신의 시간이 유한하다는 사실, 죽음을 피할 수 없다는 사실을 전적으로 받아들여야 한다. 사람은 죽게 마련이라는 인식에서 한발 더 나아가 자신이 죽을 수밖에 없는 존재라는 사실을 인정하면서 우리는 자신을 또 다른 '타자'라고 생각하는 자기기만에서 벗어난다. 그리고 자기자신이 '나의' 죽음이라는 고유한 가능성으로 존재한다는 사실을 깨닫는다. 하이데거에 따르면 죽음의 비상관적인 속성은 앞서 이해되는 경우 현존재를 그 자신까지 개별화한다."[3] 하이데거의 표현처럼 실존철학자들은 인간을 이 세계에 던져진(被投的) 존재로 파악한다. "존재하는 것으로서의 현존재는 내던져져 있는 존재다. 다시 말해 현존재는 스스로의 현(現)에 자발적으로 들어오지는 않는 존재다. …현존재는 자신이 존재하고 있는 동안에는 관심을 통해 자신의 내던져진 성격상의 사실로서 끊임없이 존재한다."[4] 이 피투적인 사실(Das)은 현존재는 존재해 있으며 또 존재할 수밖에 없다는 사실을 가리키며 현존재가 피투성에 의거한다는 사실을 의미한다. 인간은 주체적으로 어떤 목적이나 사명이나 본질을 가지고 스스로 선

---

[1] 카뮈, 이혜윤 옮김, 『시지프 신화』, 동서문화사, 2020, 388쪽.
[2] 하이데거, 『존재와 시간』, 369쪽.
[3] 콕스, 『실존주의자로 사는 법』, 197~98쪽.
[4] 하이데거, 『존재와 시간』, 369쪽.

택해서 태어나는 것이 아니라 자신의 의지와는 전혀 무관하게 아무런 목적도 동기도 없이, 심지어는 내가 이 세상에 태어난다는 사실에 대한 의식조차도 없이 말 그대로 이 세상에 내던져지듯이 태어날 뿐이다.[5]

자살은 인간의 탄생과 가장 극단적으로 대비되는 행위다. 인간의 탄생은 나의 의지나 목적과는 전혀 무관하게 일어난 무의식적인 사건이지만, 자살은 나의 삶과 죽음을, 다른 말로 나의 운명을 내가 결정하는 행위다. 야스퍼스에 따르면 모든 동물은 삶과 죽음 사이에 갇혀 있지만, 그 사실을 아는 것은 인간만이다.[6] 우리 모두가 언젠가는 죽음을 피할 수 없다는 사실은 확실하지만 우리는 언제 죽음이 우리에게 올지 알지 못한다. 그래서 우리는 죽음을 믿지 않으며 마치 죽음이 결코 오지 않을 것처럼 살아간다. 자살은 우리 삶의 불확실성을 확실성으로 만들려는 행위다. 그래서 자살은 인간에게 가장 실존적인, 어떤 의미에서는 유일하게 실존적인 문제인 것이다. 철학적 에세이 『시지프 신화(Le Mythe de Sisyphe, 1942)』에서 카뮈는 이렇게 말한다. "참으로 진지한 철학적 문제는 오직 하나뿐이다. 그것은 자살이다. 인생이라는 것이 경험할 만한 가치가 있느냐 없느냐를 판단하는 것이야말로 철학의 본질적인 물음에 대한 답이다."[7] 자살이라는 말을 듣자마자 에밀 뒤르켐(David-Émile Durkheim, 1858~1917)의 이름을 떠올린 이가 적지 않을 듯싶다. 사회학(Sociology)이라는 이름을 처음 만든 사람은 사회학의 아버지로 불리는 오귀스트 콩트(Auguste Comte, 1798~1857)지만, 사회학의 내용과 체계를 실질적으로 정립한 사람은 뒤르켐이다. 뒤르켐의 저서들 가운데 대중들에게 가장 유명한 책은 바로 『자살의 사회학적 연구(Le Suicide: Étude de sociologie, 1897)』일 터다. 이 책에서 뒤르켐은 자살에 관한 프랑스 법무부의 문서자료 26,000건을 분석한 다음, 자살은 개인적이거나 심리적인 현상이 아니라 사회적 사실(social fact)이며 이는 다른 사회적 사실에 의해서만 설명될 수 있다고 주장했다. 뒤르켐에 따르면 자살의 사회적 원인은 사회적 연대다. 사회적 연대는 개인이 자신을 사회에 결속

---

5 하이데거, 『존재와 시간』, 227쪽 이하.
6 야스퍼스, 전양범 옮김, 『철학학교』, 동서문화사, 2017, 141쪽.
7 카뮈, 『시지프 신화』, 371쪽.

하고 사회에 유대감을 품는 사회적 통합과, 사회가 개인을 규율하고 통제하는 사회적 규제로 구분된다. 개인이 적절한 수준에서 사회에 결속되어 있지 않거나, 사회가 적절한 수준에서 개인을 규제하지 않을 때 자살이 일어난다. 개인과 사회의 적절하지 못한 관계가 자살의 사회적 원인이라는 것이다. 자살은 사회적 통합 정도에 따라 이기적 자살과 이타적 자살로 나뉜다. 개인이 사회에 너무 약하게 통합되면 이기적 자살이 일어나고, 너무 강하게 통합되면 이타적 자살이 일어난다. 또한 자살은 사회적 규제 정도에 따라 아노미적 자살과 숙명적 자살로 나뉜다. 사회가 개인을 너무 약하게 규제하면 아노미적 자살이 나타나고, 너무 강하게 규제하면 숙명적 자살이 나타난다.[8]

우리가 관심을 가지는 것은 자살의 사회학적 의미가 아니라 철학적 의미이며, 우리의 주인공들은 사회와의 연대 때문이 아니라 자신의 실존을 고민한다. 하지만 뒤르켐에게서도 우리는 실존적 고뇌를 엿볼 수 있기는 하다. 사회와의 통합이 너무 약하면 이기적 자살이 일어나고, 반대로 너무 강하면 이타적 자살이 일어난다. 사회로부터 분리되어서 존재할 수 없는 개인들은 당연히 사회와의 거리를 고민하지 않을 수 없다. 개인의 정체성을 규정하는 것은 바로 이 거리다. 자신의 정체성을 고민하는 모든 개인들에게 자살은 철학적으로든 사회학적으로든 실존적인 문제다. 야스퍼스는 죽음에 대한 불안과 임종에 대한 불안은 전혀 다른 문제라고 지적한다. 임종에 대한 불안은 육체적 고통에 대한 불안이다. 이에 반해 죽음이 두려운 이유는 죽음 이후의 다른 현실—가령 종교들이 가르치는 지옥이나 유사한 사후 세계의 존재가 두렵기 때문이 아니라 죽음 이후에는 말 그대로 무(無) 다시 말해 아무것도 존재하지 않기 때문이다.[9] 실존주의자들의 고민은 바로 여기에 있다. 이토록 죽음을 두려워하면서 인간은 왜 스스로 죽음을 선택하는가?

> 그러므로 그리스도교적인 의미에서는 죽음까지도 '죽음에 이르는 병'이 아니다. …그리스고교는 그리스도 교인에게, 죽음을 포함한 모든

---

8 뒤르켐, 황보종우 옮김, 『자살론』, 청아출판사, 2019, 제2부 이하.
9 야스퍼스, 『철학학교』, 142~43쪽.

> 지상의 것, 즉 세속적인 모든 것에 대해 이처럼 초연히 생각하도록 가르쳐 왔다. 사람들이 흔히 불행이라고 부르는 것, 혹은 최대의 재앙이라고 부르는 것에 대해 그리스도 교인이 이처럼 초연히 있을 때, 사람들은 그가 오만할 수밖에 없다고 얘기할 정도다. 그러나 그리스도교는 인간이 인간인 한은 도저히 알 수 없는 비참함이 현실에 있음을 발견했는데, 이 비참함이 바로 '죽음에 이르는 병'인 것이다.[10]

키에르케고르가 '죽음에 이르는 병'이라고 부르는 것은 바로 절망이다. 『죽음에 이르는 병』의 제1편은 제목부터 "죽음에 이르는 병이란 절망을 말하는 것이다"라고 되어 있다. 제1편 제1장의 제목도 "절망이란 죽음에 이르는 병이다"라고 되어 있다. 이어지는 본문의 첫머리는 이렇게 시작한다. "절망은 정신에 있어서의 병, 자기자신에게 있는 병으로서, 거기에는 세 가지 경우가 있다. 절망해서 자신이 자신의 소유자임을 알지 못하는 경우(즉 비본래적인 절망), 절망해서 자기자신이고자 바라지 않는 경우, 절망해서 자기자신이고자 하는 경우."[11] 그렇다면 이제 인간은 왜 스스로 죽음을 선택하는가와 똑같은 질문을 다시 던져 보지 않을 수 없다. 인간은 왜 절망하는가? 그 이유를 키에르케고르는 신이 인간을 그 손에서 놓아 버렸기 때문이라고 설명한다. "그렇다면 절망은 어디서 올까? 종합이 자신에 관계하는 관계에서 오는 것이다. 그것도 인간을 이런 관계가 되게 한 신이 인간을 그 손에서 놓는 것을 통해, 관계가 그 자신에 관계하기에 이르게 되었다. 그리고 그 관계가 정신이고 자기이기 때문에 책임이 생기게 되는데, 모든 절망은 이 책임 아래에 있는 것이고, 절망이 있는 한 그 모든 순간은 이 책임 아래에 있는 것이다."[12] 키에르케고르를 릴케에 비유해 그의 글이 시적이라고 표현하기는 했지만, 키에르케고르를 읽다 보면 뭐라고 설명하기 어려운 그만의 글쓰기 특징이 있다. 키에르케고르는 직설적으로 또는 단선적으로 "책상은 책상이다"라고 서술하는 대신 같은 단어나 표현, 유사한 문장을 반복한다. 그래서 솔직히 키에르케고르를 읽

10 키에르케고르, 강성위 옮김, 『죽음에 이르는 병』, 동서문화사, 2016, 182쪽.
11 키에르케고르, 『죽음에 이르는 병』, 185쪽.
12 키에르케고르, 『죽음에 이르는 병』, 188쪽.

는 일은 상당한 인내력을 요구하기도 한다. 하지만 키에르케고르의 문장은 단순한 반복이 아니라 나선형으로 상승하는 곡선이다. 얼핏 동어반복처럼 보이지만 조금씩 서술의 내용을 상승시켜 가면서 자신이 하고자 하는 주제에 다가가는 방식이다. 우연한 일이지만 키에르케고르는 작곡가 리하르트 바그너(Richard Wagner, 1813~1883)와 같은 해에 태어났다. 그런데 단순한 우연을 넘어 두 사람 사이에는 놀랄 만한 유사성이 있다. 바그너는 무한선율이라는 새로운 음악 형태를 창안했다. 그 이전의 음악에서는 화음이나 리듬이 명확한 단락을 가지고 전개되었는데, 바그너의 음악은 그런 단락이나 종결감 없이 무한히 반복되고 지속된다. 키에르케고르를 읽는 일도 이와 유사해서 비슷한 표현과 문장들이 계속 반복되면서 읽는 사람으로 하여금 무한히 상승하는 논리와 사고의 나선 속에 갇혀 버린 것처럼 느끼게 한다.[13] 바그너의 음악에는 그나마 이야기가 있어서 키에르케고르처럼 힘들지는 않다고 말하는 이들도 있을 듯싶다. 이런 이들은 어쩌면 키에르케고르를 읽으면서 쇤베르크(Arnold Schönberg, 1874~1951)를 떠올렸을지도 모르겠다. 키에르케고르가 현대 철학의 지평을 연 것처럼 바그너의 영향을 받아 현대 음악의 새로운 지평을 연 쇤베르크의 무조음악(atonal music) 기법은, 단순히 어렵다는 의미가 아니라 그 이전의 음악들과 전혀 다른 문법을 사용하기 때문에 낯설다. 철학적으로든 예술적으로든 우리는 낯섦에 불안을 느끼고 더러는 불쾌감을 느끼기도 한다. 실존적 상황에서도 마찬가지다. 신의 부재라는 낯선 상황을 인식하는 순간 인간은 불안해지고 때로는 불쾌해지기도 한다.

카뮈는 『시지프 신화』에서 도스토옙스키를 실존주의 문학의 선구자들 가운데 한 사람으로 특별히 언급하고 있다. 도스토옙스키라는 거대한 바다를 실존주의라는 강물 안에 집어넣어 정의하는 일이 가능할지 모르겠지만, 아무튼 카뮈는 특히 『악령』의 등장인물인 알렉세이 키릴로프를 부조리한 인간의 전형적인 인물로 묘사한다. 키릴로프는 인신(人神) 사상 즉 인간이 신의 피조물이 아니라 인간 자신이 신이라는 사상을 가지고 있다. 따라서 인간은 신의 의지가 아니라 자기자

13 현실에서 바그너와 특별한 우정을 나누었던 철학자는 바로 니체다. 그리스 비극에 대한 니체의 관심도 실은 바그너의 음악극(Muzikdrama)에 대한 니체의 열정에서 나왔다.

신의 의지에 따라 모든 것을 결정하고 행동할 수 있으며 또 그래야 한다. 작품의 마지막에 키릴로프는 자살을 통해 죽음에 대한 공포를 극복하고 스스로 신의 위치에 선다는 자신의 사상을 지키기 위해 자살한다. 한 해설자는 도스토옙스키의 문제는 신의 존재 유무가 아니라 신이 존재함으로써 인간에게 일어나는 문제, 다시 말해 신과 인간의 문제라고 설명한다. 만약 신이 존재한다면 무고한 사람들, 특히 어린아이들이 겪는 불행과 고통은 어떻게 정당화될 수 있는가? 가령 『죄와 벌(Crime and Punishment, 1867)』에서 주인공 라스콜리니코프가 가난한 사람들을 착취하는 전당포 노파를 죽여 그 돈으로 다른 사람을 돕는 행동은 과연 정당한가? 도스토옙스키의 다른 작품들에 등장하는 주요한 인물들의 경우도 그렇다. 도스토옙스키가 마지막으로 남긴 미완성 걸작 『카라마조프의 형제들(The Brothers Karamazov, 1880)』의 둘째 아들 이반은 허무론적인 무신론자다. 이반은 오직 본성에 따라 충동적으로 행동하는 형 드미트리와 신의 의지를 알기 위해 자기를 헌신하는 동생 알료사 사이에서 신의 의지는 무엇이며, 선과 악의 기준은 무엇인가를 고뇌한다. 드미트리는 평소의 거친 언행 때문에 부친인 표도르를 살해했다는 누명을 쓰고 유형에 처해진다. 그런데 정작 부친을 살해한 범인은 부친의 사생아인 스메르쟈코프이며, 그에게 부친 살해를 사주한 사람은 바로 이반이다. 이반은 신의 의지를 떠나 스스로 선과 악을 시험해 보고자 했던 것이다. 이렇게 보면 이반 또한 『악령』의 키릴로프만큼이나 부조리를 인식한 인물이다. 그럼에도 이반이 실존적 인간, 반항적 인간이 되지 못하는 이유는 그가 허무주의에서 출발하되 그것을 극복하지는 못했기 때문이다.[14]

> 도스토옙스키는 다음과 같이 썼다. 즉 신이 없다면 무엇이든 허용될 것이다. 그것이 바로 실존주의의 출발이다. 실상 신이 없다면 모든 것이 허용되고 그 결과 사람은 자신의 내부나 외부에 의지할 곳이 없어 고독하게 되어 버린다. 아무런 핑계도 찾을 수 없다. 만약에

---

14 들뢰즈는 니체의 철학을 해설하면서 이렇게 말한다. "허무주의(nihilisme)라는 단어에서 허무(nihil)는 비존재(le non−être)를 의미하는 것이 아니라 우선 무가치(valeur de néant)를 의미한다. 삶은 사람들이 그것을 부정하고 비하하는 한에서 무가치해진다."(들뢰즈, 『니체와 철학』, 259쪽.)

> 실제로 존재가 본질에 앞선다면 사람은 절대로 일정하고 응고된 인간성을 미루어 설명할 수가 없을 것이다. 다시 말해 사람은 자유로우며 자유 그것이다. 한편, 만약에 신이 없다면 우리는 우리의 행동을 정당하게 해 주는 가치라든가 질서를 우리 앞에 보지 못할 것이다. 우리는 앞에서나 뒤에서나 확연한 가치의 영역 속에서 어떤 정당성이나 변명도 설명해낼 수가 없다. 우리는 자유로우며 고독하기 때문이다. 인간은 자유 선고를 받은 셈이라는 말로서 표현은 끝난다. 사람은 스스로를 창조한 것은 아닌 까닭에 선고를 받는 것이요, 세상에 한 번 내던져지자 그가 한 모든 행동에 책임이 있는 까닭에 자유로울 수밖에 없다.[15]

『성서』의 「창세기」에 등장하는 아브라함은 매우 독실한 신앙을 가진 사람이다. 아브라함의 아내 사라에게는 자식이 없었는데, 여든이 넘어 아들을 주겠다는 야훼의 말씀을 천사로부터 듣고는 그게 가능한 일인가 하며 피식 웃어 버린다. 그래서 그 아들의 이름을 웃음 즉 히브리어로 이삭(Isaac)으로 짓게 되었다. 아브라함은 여든이 넘어서 가진 귀한 아들을 제물로 바치라는 하느님의 말씀을 듣자 아무런 의심도 없이 그 말씀에 따른다. 그런데 아브라함에 관한 『성서』의 이야기 가운데 하느님은 문득 이렇게 말씀한다. "아브라함아 두려워하지 마라. 나는 네 방패요 너의 지극히 큰 상급이니라." 이 대목이 선뜻 이해하기 어려운 이유는, 바로 아브라함과 유대 민족이 이민족의 침입을 물리치고 포로로 잡혔던 아브라함의 조카를 무사히 데려왔을 때의 일이기 때문이다. 하나님은 아브라함의 소원을 들어 이민족의 침입을 물리쳤고, 아브라함이 바라는 모든 것은 이루어졌다. 아브라함 개인으로나 유대 민족으로서나 영관의 정점에 선 바로 그때 아브라함은 왜 무엇을 두려워했을까? 감히 내가 『성서』을 해석해 보자면, 아브라함은 바로 그 순간에 자신이 이룬 모든 것들 가운데 실은 그 무엇도 자신이 직접 이룬 것이 없음을 자각했기 때문이다. 모든 성공과 승리는 오직 하느님이 이룬 것이며, 정작 아브라함

---

15 사르트르, 『실존주의는 휴머니즘이다』, 26쪽.

자신은 아무것도 선택하거나 결정하거나 책임지지 않았기 때문에 아브라함은 독실한 신앙심에도 불구하고 두려움을 느꼈던 것이다. 그렇게 보면 아브라함도 실존적 인간이다. 오롯이 신의 섭리 속에서만 사는 인간은 책임을 느끼지 않는다. 신이 모든 것을 결정하고 모든 것을 설명하며 모든 것을 책임지기 때문이다. 책임을 느끼지 못하는 인간은 절망하지도 않는다. 자신의 결핍을 알지 못하기 때문이다. 그러나 신의 섭리를 떠나 독립하는 순간 인간은 자신의 운명에 대한 책임을 느끼게 되고, 무한한 책임과 유한한 자기자신 사이에서 절망을 느낀다. 이에 대해 사르트르는 우리는 자유라는 형벌에 처해진 존재라고 역설적으로 말한다. 자유로운 인간으로서 우리는 스스로 결단하고 그것을 행동에 옮기고 그 결과에 책임을 져야 하기 때문이다. "나는 나 자신과 모든 사람에 대해 책임이 있으며, 내가 선택하는 어떤 인간의 개념을 창조한다. 즉 스스로를 선택함으로써 나는 '인간'을 선택한다. 이것은 우리에게 불안이라든가 고독이라든가 절망이라든가 이런 조금은 과장된 용어들이 지닌 뜻을 이해시켜 준다. …불안이란 무엇인가? 그것은 스스로를 결정하는 자기일 뿐 아니라 자아와 동시에 전인류를 선택하는 입법자라는 것을 이해하는 인간은 자신의 전적인, 그리고 심각한 책임의식에서 벗어날 수 없을 것이다."[16]

근대 유물론 철학의 선구자로 마르크스의 유물론 철학을 형성하는 데도 중요한 영향을 미쳤던 포이어바흐(Ludwig Andreas von Feuerbach, 1804~1872)는 『기독교의 본질(Das Wesen des Christentums, 1841)』에서 신이 인간을 만든 것이 아니라 인간이 신을 만들었으며, 종교는 결국 인간의 소외를 의미할 뿐이라고 주장했다.[17] 그

---

16 사르트르, 『실존주의는 휴머니즘이다』, 21쪽.

17 마르크스의 변증법적 유물론은 헤겔의 변증법 논리학과 포이어바흐의 근대 유물론의 인식론을 발전적으로 계승함으로써 출현했다. 마르크스는 양자를 단순히 계승할 뿐 아니라 그 한계를 지양함으로써 근대 철학의 새로운 지평을 열었다. 그런데 마르크스의 철학에 미친 헤겔의 영향에 대해서는 많은 연구가 이루어져 왔음에도 불구하고 마르크스가 포이어바흐를 어떻게 계승하고 극복했는가에 대한 연구는 상대적으로 부족한 편이다. 그런 측면에서 마르크스가 남긴 짧은 수고 「포이어바흐에 관한 테제(hesen über Feuerbach, 1845)」와 엥겔스의 『루트비히 포이어바흐와 독일 고전철학의 종말(Ludwig Feuerbach und der Ausgang der klassischen deutschen Philosophie, 1888)』은 마르크스의 철학을 이해하는 데 매우 중요하다.(위상복, 『변증법적 실천의 개념』, 전남대학교출판문화원, 2019.)

럼에도 키에르케고르가 신으로부터의 소외를 고민한 사정은 충분히 이해할 만하다. 의심받고 흔들리기는 할지언정 그가 살았던 시대는 여전히 신의 섭리에 대한 믿음이 사람들의 정서적이고 윤리적인 판단의 근거가 되고 있었기 때문이다. 그러나 오늘날 사람들은 더 이상 신의 섭리를 믿지 않거나 설령 그것을 인정한다 하더라도 더 이상 그것에 의지하려 하지 않는다. 루게릭병에도 불구하고 천체물리학의 새로운 지평을 연 중요한 이론들을 발표해 잘 알려진 물리학자 스티븐 호킹은 『시간의 역사(A Brief History of Time, 1988)』라는 책에서 매우 재미있는 이야기를 한 적이 있다. "이 세계를 창조할 때 신은 과연 무슨 생각을 했을까?" 하고 질문을 던진 호킹은 스스로 이렇게 대답한다. "신이 무슨 생각을 했는지는 알 수 없지만 아마 그때 신이 할 일은 아무것도 없었을 것"이라고. 신의 존재를 믿느냐 마느냐는 개인의 선택이지만, 우리가 살고 있는 이 시대는 더 이상 신이 할 일이 아무것도 남아 있지 않은 시대임이 분명하다. 그렇다면 이제 우리는 톨스토이(Lev Nikolayevich Tolstoy, 1828~1910)가 던졌던 질문을 우리 자신에게 한 번 던져 보아야겠다. "사람은 무엇으로 사는가?"

무인도에 조난을 당한 로빈슨 크루소는 난파선에서 우연히 총과 성냥을 비롯한 여러 가지 물건들을 발견한다. 로빈슨은 이 물건들을 자신이 거주하는 오두막으로 가져가 자기 주변에 지켜 둔다. 물론 그 물건들은 무인도에서의 생활에 필요한 것들이기도 하다. 그러나 물건들에 대한 로빈슨의 집착은 필요를 넘어선다. 『로빈슨 크루소』의 프랑스어판 편집자는 무인도에 홀로 생활하면서도 로빈슨이 이런저런 사물들 즉 상품들에 집착하는 모습을 편집증 환자에 비유하면서, 이러한 심리 상태를 "타인의 부재와 그로 인한 결핍을 메우기 위한 소유욕 사이의 관계"라는 말로 설명한다. 현대인은 타인과의 소통이 부재하기 때문에 오히려 소유에 더 집착한다는 뜻이다. "과거의 로빈슨은 시골 도서관의 가장 어두운 구석에서 나왔다. 나는 내 옆자리에 그의 총과 톱, 양신, 그리고 고독의 모든 사물들을 정돈해 두었다. 귀중하고 필수적인 물건들로 가득찬 난파선은 내게 무상으로 모든 것을 주었는데, 그것은 내가 생 테티엔의 병기창의 목록들을 생각하며 갖고 싶어 했던 것들이었다."[18] 이에 대해 들뢰즈는 타인이 부재하고 욕망이 없는 섬 세계에 대해 다음과 같이 실존주의적 문제를 제기하고 있다. "아는 것과 모르는 것, 지각된 것과 지각되지 않은 것은 미묘한 차이도 없는 싸움 속에서 절대적으로 서로 대립하고 있다."[19] 소설 『로빈슨 크루소』는 사실 처음부터 끝까지 소유에 대한 로빈슨의 집착을 추적한 작품이다. 특히 섬에서 그의 생활은 다양한 층위에서 로빈슨이 어떻게 소유를 추구하는지 잘 보여 준다. 한 해설자는 이에 대해 로빈슨이 자신이 생활하던 섬을 시각적, 언어적, 정치적으로 소유하고자 시도한다는 사실을 설명해 준다.[20]

이미 여러 번 인용한 독일의 비판철학자 에리히 프롬은 『소유냐 존재냐(To Have or to Be, 1976)』에서 인간의 실존양식을 소유적 실존양식과 존재적 실존양식으로 구분했다. 원래 소유는 삶의 한 부분으로서 자연스러운 과정이다. 물론 인간이 자기자신을 존중하는 데 소유만이 절대적인 조건은 아닐 터다. 하지만 앞에서 여러 번 인용했던 프랑스의 역사학자 미슐레도 "많건 적건 재산은 사람들의 마음을 격상시킨다"고 지적했다.[21] 자기자신을 존중하지 못하는 사람도 재산 때문에 스스로를 존중하고 높이 평가한다는 것이다.[22] 그러나 현대사회에서는 소유행위가 인간의 존재로부터 분리된 채 전적으로 소유지향과 이윤추구로 처방된 사회로 전락하고 말았다.[23] 과거에는 인간들 사이에서 기준이 되는 가치나 질서는 바로 신이었다. 그러나 오늘날 우리가 살고 있는 이 사회의 기준이 되는 가치나 질서는 바로 소유다. 우리가 그것을 어떤 이름—가령 자본주의가 그 가운데 한 가지일 수

---

18 앙드리, 『로빈슨』, 26쪽.
19 앙드리, 『로빈슨』, 26쪽.
20 앙드리, 『로빈슨』, 136쪽 이하.
21 미슐레, 『민중』, 56쪽.
22 미슐레의 이런 언급은 영국과 프랑스의 농민들을 비교하면서 영국에서는 지주들에게만 토지에 대한 권리를 인정하는 반면에 프랑스에서는 직접 농사를 짓는 사람들에게 그 권리를 인정하기 때문에 프랑스 국민들의 자긍심이 높다는 서술 다음에 나타난다. 대혁명을 전후한 프랑스 농민들의 빈곤한 현실을 생각해 본다면, 자신이 속한 공동체에 대한 미슐레의 존중은 이해할 만하지만, 그의 주장에 선뜻 공감하기는 어렵다. 미슐레 자신도 인정하고 있듯이 대부분 분익소작농(metayage)의 처지이던 프랑스 농민들의 빈곤은 그들의 토지 소유 규모가 매우 영세한 데서 비롯되었다. 그래서 마르크스도 프랑스의 농민들은 아일랜드의 농민들만큼이나 빈곤하다고 지적했다.
23 프롬, 차경아 옮김, 『소유냐 존재냐』, 까치글방, 2020, 51쪽.

있겠다—으로 부르든 간에 우리가 살고 있는 이 사회는 매우 기묘하다. 인간의 신의 섭리를 믿던 시대에는 인구의 대부분이 신의 섭리를 믿었다. 그런데 소유가 모든 가치의 기준인 오늘날에는 대부분의 인구가 소유로부터 소외되어 있다. 과거의 인간들은 자신이 믿던 신의 섭리로부터 소외되면서부터 절망하기 시작했지만, 현대의 인간들은 처음부터 소유로부터 소외되어 있다. 바로 이런 이유에서 현대를 사는 대중들은 근원적으로 불안할 수밖에 없다.

> 인간은 있는 그대로의 세계를 거부하면서도 그 세계를 벗어나려고 하지 않는다. 실제로 인간들은 세계에 집착하며, 거의 대부분이 세계를 떠나고 싶어 하지 않는다. 세계를 아주 망각하기를 바라기는커녕 그들은 오히려 세계를 충분히 소유하지 못하고 있어서 괴로워한다. …소유욕이란 지속하고자 하는 욕망의 다른 한 형태에 지나지 않는다. 사랑의 무력한 광란을 일으키는 것은 바로 그 소유욕이다. 우리는 어떠한 존재도, 심지어 우리가 가장 사랑하며 우리를 가장 사랑해 주는 사람조차 결코 소유할 수 없다.[24]

마르크스는 '소외(Entfremdung)'라는 말로 소유지향의 사회에서 노동자 대중들이 처한 정서적 상태를 설명했다. 그런데 마르크스가 인간소외에 대한 분석을 처음으로 발전시킨 것은 아니었다. 원래 신학에서는 소외라는 개념을 신과 인간 사이의 거리라는 의미로 사용했다. 근대 철학에서 인간소외 또는 인간의 자기소외의 개념을 처음 체계적으로 해명한 이는 헤겔이다. 『정신현상학』에서 헤겔은 소외를 의미하는 용어로 'entäusserung'과 'entfremdung'을 사용했는데, 이는 인간이 자신의 본질을 상실하여 타자로 전화하고 자기를 부정하게 된다는 의미다.[25] 이에 대해 마르크스는 "헤겔의 『정신현상학』[운동하고 생산하는 원리로서의 부정성의

---

[24] 카뮈, 『반항하는 인간』, 449~450쪽 및 451~52쪽.

[25] 헤겔은 칸트의 자유 개념에는 타자 존재와 소외, 그리고 이런 소외의 극복에 대한 진지함이 결여되어 있다고 비판한 바 있다. 칸트의 선험적 자아는 보편타당하되 고독하다. 반면에 헤겔에게 자유란 타자 속에서 자기자신에게 있음, 차자 속에서의 대자 존재 내지 타자 속에서 자기자신을 앎이다.(김준수, 『헤겔: 정신의 체계, 자유와 이성의 날개를 활짝 펴다』, 192쪽.)

변증법]의 위대함과 그 궁극적인 결과는 이것이다. 헤겔은 인간의 자기생산을 하나의 과정으로서, 대상화를 대립화(Entergegenständlichung)로서, 외화로서, 이 외화의 지양으로서 파악한다. 그러므로 헤겔은 노동의 본질을 파악하고 있으며, 대상적 인간 곧 현실적이기 때문에 참된 인간을 그 자신의 노동의 결과로서 파악하고 있다"고 평가했다.[26] 헤겔은 "인간의 본성인 욕망은 노동을 통해서만 충족될 수 있다"고 말한다.[27] "노동은 대상을 없앰으로써 주체와 객체의 통일을 이루고 향유하는 것이다."[28] 노동을 통해 인간은 "자연을 변형시킬 뿐 아니라 개인의 의식과 삶의 방식을 응축한다."[29] 그래서 다시 마르크스는 헤겔을 또 이렇게 평가한다. "간단히 말하자면 헤겔은[추상화의 내부에서]노동을 인간의 자기생산행위로, 낯선 존재로서의 자기에 대한 태도로, 생성되어 가는 유적 의식과 유적 생활로서의 낯선 존재로 자신을 실증하는 일로 파악한다."[30]

헤겔의 소외 개념에 더 마르크스는 인간이 자신의 창조물에 의해 거꾸로 지배당하고, 주체로서의 인간이 객체로서의 인간으로 전락하여 단순한 사물이 된다는 의미의 해석을 부여했다. 마르크스에게 소외는 근대적 인간의 분열되고 도착된 모습이며, 이는 자본주의 사회의 고유하고도 본질적인 현상이다. 마르크스에 따르면 근대 시민사회에서 인간소외는 정치적 자기소외, 경제적 자기소외, 종교적 자기소외로 나타난다. 고전학파 경제학은 인간노동이 외형화된 형태인 사유재산만을 모든 경제적 범주를 통해 분석할 뿐이고, 그것을 노동의 소외된 형태로 파악하지는 못했다. 마르크스는 두 가지 노동관, 즉 노동에 의한 자기의식의 형성이라는 관점과 로크에서 스미스에 이르는 노동에 의한 사유재산의 형성이라는 관점을 동시에 포착했다. 따라서 그는 사유재산에서 출발하면서도 사유재산을 '소외된 노동(Entfremdete Arbeit)'이라는 형태로 파악할 수 있었다. 이렇게 형성된 소외이론은

---

26 마르크스, 김태경 옮김, 『경제학-철학 수고』, 이론과실천, 1987, 126쪽.

27 소병일, 「욕망과 정념을 중심으로 본 칸트와 헤겔의 차이」, 범한철학회논문집, 『범한철학』 59집, 2010. 241쪽.

28 소병일, 「인륜성의 실현으로서 욕망의 변증법」, 고려대학교 철학연구소, 『철학연구』 제41집, 2010, 171~72쪽.

29 소병일, 「인륜성의 실현으로서 욕망의 변증법」, 173쪽.

30 마르크스, 김태경 옮김, 『경제학-철학 수고』, 이론과실천, 1987, 138쪽.

인간의 유적 본질이라는 철학과 프롤레타리아트라는 계급의 실체 파악과 결합해 마르크스의 사회혁명론으로 발전한다. 유적 존재로서의 인간이란 한마디로 말해서 타인 없이는 살아갈 수 없는, 타인과 더불어 살아가는 사회적 존재라는 의미이다. 근대 유물론의 개척자인 포이어바흐도 인간의 유(類)로서의 본질이라는 사상을 자신의 인간학의 기초에 두었다. 『기독교의 본질』에서 포이어바흐는 인간이 자신의 실재를 상상 속의 신에게 투영한다고 주장했다. 인간들이 세계를 바꿀 수 있는 힘을 상상의 신들에게 넘겼다는 것이다. 하지만 포이어바흐는 종교적 소외를 합리적 주장만으로도 근절할 수 있다고 주장했다. 마르크스는 포이어바흐의 사상을 계승하는 동시에 영국의 고전학파 경제학을 통해 근대적 인간의 경제적인 모습을 비판적으로 인식했다. 마르크스적 인간은 함께 노동함으로써 인간으로서의 사회적 본질을 획득할 수 있다. 이러한 인간관을 정립함으로써 마르크스는 근대 경제학의 이기적 인간관과 포이어바흐의 감성적 인간관을 모두 뛰어넘을 수 있었다.

> "비종교적 비판의 기반은 다음과 같다. 즉, 인간이 종교를 만들며, 종교가 인간을 만든 것이 아니라는 것이다. 나아가 종교란 자기 자신을 아직 획득하지 못했거나 또는 이미 자기자신을 다시 상실해버린 인간의 자기의식이자 자기감정이다. 그러나 인간, 그것은 세계 외부에 웅크리고 앉아있는 추상적인 본질이 결코 아니다. 인간, 그것은 인간의 세계, 곧 국가이고 공동체(Sozietät)다. 이와 같은 국가, 이와 같은 공동체가 종교를, 곧 전도된 세계의식을 산출하는바, 왜냐하면 이 국가나 공동체가 전도된 세계이겠기 때문이다"[31]

소외에 대한 헤겔과 마르크스 철학의 가장 중요한 차이는 헤겔이 소외를 노동의 존재론적 표현으로 본 반면에 마르크스는 소외를 자본주의라는 특정한 생산양식의 특징으로 간주한 데 있다. 헤겔과 달리 마르크스에게 소외는 대상화 그 자체와 유사한 것이 아니라 임금노동과 노동생산물이 생산자들과 적대하는 대상으로 변하는 특정한 경제체제의 특정한 현상이다. 따라서 이 소외는 사유재산제도

---

31 마르크스, 「『헤겔 법철학 비판』 서문」, 위상복, 『변증법적 실천의 개념』, 58~59쪽에서 재인용.

로부터 사회를 해방시킴으로써만 극복할 수 있다.[32] 마르크스의 소외이론은 『경제학-철학 수고(Die Ökonomisch-philosophischen Manuskripte aus dem Jahre, 1844)』에서 계급적 자기소외의 이론으로 체계화된다.[33] 계급적 인간소외의 유형은 다음의 네 가지로 나타난다. 첫째, 노동생산물로부터의 소외다. 이는 노동자가 생산한 물건이 그것을 창조한 인간에게 귀속되지 않고 타인 즉 자본가의 소유물이 됨을 의미한다. 둘째, 노동과정으로부터의 소외다. 노동자는 예전의 독립생산자처럼 생산적 활동에 자주적으로 참여하는 것이 아니라 처음부터 자본가에게 고용되어 그의 지배 아래서 노동하므로 본질적으로는 강제 노동이나 다름없다. 이제 노동은 이미 어떠한 의미에서도 인간 본래의 생명 활동이 아니라 다만 먹고살기 위한 수단에 지나지 않으며, 그 자체가 고통이다.

> 노동은 자유로운 표현이고 따라서 삶의 즐거움이 될 수 있다. 사유재산제도 아래서는 생존을 위해, 생존의 수단을 구하기 위해 일하기 때문에 노동은 삶의 소외다. 더욱이 나의 노동은 나의 삶이 될 수 있기에, 노동을 통해 내 개성의 특수한 성격이 확인될 수 있다. 사유재산제도 아래서는 내 개성은 내가 노동을 혐오하는 수준까지 내 개성이 소외되고 노동은 나에게 고문이다. 노동은 사실 더 이상 활동의 외양에 지나지 않고 바로 이런 이유로 노동은 내적 필요에 의해서가 아니라 외부의 강제적 요구에 의해 부과된 강제노동일 뿐이다.[34]

셋째, 유(類)적 본질로부터의 소외다.[35] 각각의 인간은 개별자로 존재하지만,

---

32 무스토, 「마르크스 소외 개념에 대한 재논의」, 경상대학교 사회과학연구원, 『마르크스주의 연구』 제8권 제2호, 2011, 89쪽.

33 마르크스, 『경제학-철학 수고』, 54쪽 이하.

34 Marx, "Excerpts from James Mill's Elements of Political Economy" 무스토, 「마르크스 소외 개념에 대한 재논의」, 89쪽에서 재인용.

35 종류, 분류 등을 의미하는 독일어 'Gattung'은 라틴어 'genius'에서 유래한다. 형식논리학적 관점에서는 종(Art)에 대한 상위 개념으로 외연이 큰 개념을 의미한다. 헤겔과 마르크스는 유 개념과 종 개념을 외연에 따라 이해하는 것이 아니라, 포섭과 내속의 변증법적 관계로 이해한다. 변증법적으로 파악하면 개별자는 보편자에 포섭되며 동시에 보편자는 개별자에 내속되는 통일적 관계가 형성된다. 마르크스가 인간은 유적 존재이며 그의 삶은 유적 삶이라 규정한 것에서도 각각의 개념은 보편자와 개별자의 통일이라는 의미를 가진 단어 'Gattung'과 관련해 이해해야 한다.(마르크스, 『유대인 문제에

그가 개별자로서 삶을 영위하기 위해서는 다른 개별적 존재로서의 타인들과 관계를 맺지 않으면 안 된다. 이 때문에 인간의 삶은 개별적 삶인 동시에 다른 인간과 함께 하는 삶으로서의 공동체적인 삶, 즉 유적 삶(Gattungsleben)이다. 마르크스는 공동체적 존재라는 말과 유적 존재라는 말을 거의 동일한 의미로 사용한다. 인간의 유적 삶 즉 공동체적 삶은 물질적 삶과 대립되는 개념이다.[36] 부르주아 사회에서 노동자들은 자연을 박탈당하고 노동대상과 노동생산물로부터 소외된다. 노동자는 노동의 대상과 수단을 박탈당함으로써 그 유적 생활을 박탈당한다. "유적 존재(Gattungswesen)로서의 자기에 대한 인간의 현실적이고 활동적인 관계 혹은 현실적인 유적 존재 곧 인간적 존재로서의 자기확인은 인간이 자기의 모든 유적 능력들[이것은 또 다시 인간의 활동 전체에 의해서만, 오직 역사의 결과로서만 가능하다]을 현실적으로 형성하고 대상으로서 정립된 그 능력들과 스스로 관계를 맺을 경우에만 가능해진다"[37] 마지막으로 소외의 최후의 완성된 형태인 인간의 인간으로부터의 소외다. 유적 본질로부터 소외된다는 것은 본래 인간답게 공동생활을 하고 있어야 할 인간이 비인간적으로 서로 대립하고 서로 배제하며, 따라서 모든 인간이 인간적 본질을 상실하고 있음을 의미한다. 마르크스는 시민사회에서는 유산계급과 무산계급 모두 소외당하고 있지만, 노동자들은 이러한 소외에 괴로워하며 상실한 인간적 본질을 회복하려 노력하는 반면 자본가들은 이 인간소외 위에 안주하여 퇴폐의 길을 걷는다고 비판했다.

관하여』, 142쪽, 역주 24번.

36 인간의 물질적 삶과 공동체적, 유적 삶의 분열은 앞에서 서술한 시민(bourgeios)과 공민(citoyen)의 분열에 대응한다. "완성된 정치적 국가는 그 본질에 따라 인간의 물질적 삶에 대립하는 인간의 유적 삶(Gattungsleben)이다. 이 이기적 삶의 모든 전제는 국가 영역 외부의 시민사회에서 시민사회의 속성으로 존재한다. 정치적 국가가 참다운 완성을 이루는 곳에서, 인간은 사상과 의식에서뿐 아니라 현실과 삶에 있어서도 천상의 삶과 세속적 삶으로 이중화된 삶을 영위하게 된다. 그 가운데 하나의 삶은 공동체 안에서의 삶이다. 여기에서 인간은 자신을 공동체적 존재로 간주한다. 다른 하나의 삶은 시민사회에서의 삶이다. 여기에서 인간은 사인(Privatpersonen)으로 활동하면서 다른 인간을 수단으로 간주하고, 자신을 수단으로 저하시키며 스스로를 낯선 힘의 노리개로 만든다."(마르크스, 『유대인 문제에 대하여』, 34쪽.) 흔히 '사인(私人)' 즉 사적 인간으로 번역하는 'Privatpersonen'는 공적인 존재로서의 시민 즉 공민과 구분하고자 할 때 헤겔이 자주 사용하는 용어다.

37 마르크스, 『경제학－철학 수고』, 126쪽.

두 사람 사이의 중대한 차이에도 불구하고 헤겔과 마르크스는 인간의 본질을 노동에서 찾았다는 사실에서 공통점을 가진다. 헤겔은 노동을 인간과 자연, 주체와 객체의 통일이란 틀에서 이해한다. 여기서 통일이란 이 과정이 주체의 객체에 대한 일방적인 부정이 아니라, 대상을 부정하는 주체 역시 부정되면서 새로운 통일을 이룬다는 의미다. 헤겔은 노동이 주객을 통일시키는 한 형식이며, 노동은 주체가 자연대상에 자신의 고유한 형식을 부여함으로써 자신의 노동생산물에 자신을 사물로 표현하고 이를 통해 자신을 대상 속에 실현시키는 것으로 파악한다. 노동은 자기 밖에 있는 대상을 실천적으로 자신의 것으로 만들어 나감으로써 대상에 대한 자신의 실재성(Realitat)을 표현하고 객관화한다. 따라서 헤겔에게 노동은 욕구충족수단이면서 동시에 주체의 고유한 자기표현행위다. 이에 대해 마르크스는 헤겔의 관점을 수용하면서도 노동을 정신의 발전단계로만 취급하기를 거부하고 유물론의 틀에서 인간과 자연 사이의 현실적 상호작용으로 이해한다. 노동이 인간의 본질인 이유는 먼저 인간은 노동을 통해 자연을 인간에게 유용한 것으로 변형시킴으로써 자연의 구속을 벗어나게 하고 인간다운 삶이 가능하게 하기 때문이다. 둘째, 노동은 사물을 형성하는 것이면서 동시에 더 나아가 인간 자신을 인간답게 만드는 것이기도 하다. 노동과정을 통해 인간은 자신의 능력을 사용할 뿐 아니라 그것을 더 향상시키며 더 나아가 자신의 목적을 실현시킨다. 마지막으로 노동을 통해 인간은 타인과 연대함으로써 자신의 유적 본질을 회복할 수 있는 가능성을 만든다. 노동하는 개인들 간의 연대는 노동과정 속에서, 노동생산물을 함께 소비함으로써, 그리고 노동생산물을 서로 교환함으로써 이루어진다.

그런데 독일 출신의 정치철학자[정작 본인은 이런 명칭을 거절했지만 더 적절한 이름을 찾기 어렵다]로 홀로코스트에서 생존한 특별한 이력을 가지고 있기도 한 한나 아렌트(Hannah Arendt, 1906~1975)는 '노동'이라는 개념에 대해 헤겔이나 마르크스와는 전혀 다른 견해를 피력한다.[38] 아렌트는 인간의 조건으로서의 활동적 삶을 세 가지 유형 즉 노동, 작업 그리고 행위로 범주화한다. 이런 범주에 따르면 인간은

[38] 아렌트, 이진우·태정호 옮김, 『인간의 조건』, 한길사,1996, 134쪽 이하에서 요약.

'노동하는 동물(animal laborans)', '제작하는 인간(homo faber)', 그리고 '정치적 인간(homo politicus)'으로 정의된다. 아렌트에 따르면 노동은 신체를 사용하는 인간의 생명 활동을 의미하며, 작업은 단순한 생명 활동 이상의 특정한 생산을 목적으로 하는 제작 활동을 의미한다. 넓은 의미에서의 노동 즉 먹이를 구하는 일과 같이 생존을 유지하기 위해 신체를 사용하는 일은 자연에 속한 모든 생명체에 공통적으로 나타나는 현상이다. 마르크스는 인간의 노동을 동물의 생존을 위한 활동과 구분하면서 이렇게 설명했다. "거미는 직물업자의 작업과 비슷한 작업을 수행하고, 꿀벌은 자신의 집을 지음으로써 수많은 인간 건축가들을 무색하게 만든다. 하지만 아무리 서툰 건축가라도 가장 우수한 꿀벌보다 애초부터 우수한 점은, 건축가는 밀랍으로 집을 짓기 전에 미리 그것을 자신의 머리 속에서 짓고 있다는 데 있다. 모든 노동과정이 끝날 때에는, 처음에 이미 노동자의 표상 속에 이미 관념적으로 존재하고 있던 성과가 나온다."[39] 이처럼 마르크스는 노동의 생산물을 실질적으로 취득하기 전에 이미 관념적으로 선취(Vorwegnahme)한다는 점을 인간노동의 가장 중요한 본질로 파악했다. 그런데 아렌트는 이런 인간노동의 특징을 노동이 아니라 '작업'의 특성으로 규정한다. 아렌트에 따르면 작업은 이미 오래전부터 '제작인' 혹은 '도구인[즉 호모 파베르]'의 개념을 통해 인간의 고유한 활동으로 규정되어 왔다. 반면에 노동은 동물의 생존 본능에 따르는 활동과 구별되지 않는다. 이런 관점에서 보면 노동의 의미를 가장 극명하게 왜곡시킨 철학자는 바로 마르크스다. 왜냐하면 마르크스야말로 노동의 가치를 그 결과물인 생산품으로 환원시킨 대표적인 철학자이기 때문이다. 마르크스에 의해 생명 활동인 노동과 그 결과로 얻어지는 생산물은 동등한 가치를 갖게 되었는데, 이에 대해 아렌트는 그 결과 순수한 노동의 의미가 해체되어 버렸다고 주장한다. 그러나 냉정하게 평가하자면 아렌트의 비판은 마르크스가 『자본』에서 통일시켜 설명하고자 했던 노동의 두 측면을 다시 분리시키고자 시도한다.[40] 단순한 육체의 사용과 생산물의 제작

---

39 마르크스, 『자본(Ⅰ-1)』, 214쪽.

40 "우리들은 오직 인간에게만 속하는 형태로서의 노동을 상정한다. …(노동자는) 자연물의 형태 변화만을 일으키는 것이 아니라, 동시에 자연물 안에서 그의 목적을 실현한다"(마르크스, 『자본(Ⅰ-1)』,

이 어떻게 분리될 수 있는지 모르겠지만, 아무튼 아렌트가 노동이라고 부르는 것은 단순한 육체의 사용이다.

마르크스는 노동이 인간의 육체적 능력의 사용일 뿐 아니라 동시에 인간의 정신적 능력의 사용임을 규명하려 했다. 동물들의 생존을 위한 본능적인 행동과 구분되는 인간노동의 본질을 '선취(先取)'에서 찾은 것도 그런 맥락에서다. 아리스토텔레스의 용어를 빌리면, 마르크스는 인간의 노동을 제작의 차원에서 실천의 차원으로 상승시켰다. 그런데 아렌트는 노동을 동물의 영역으로 환원시켜 버렸다. 재미있는 일은 아렌트가 고대 그리스인들이 '노동(ponein)'과 '작업(ergazesthai)'을 구분하지 않고 혼동함으로써 노동의 본래 의미가 왜곡되었다고 주장한다는 점이다. 노동은 그 자체가 생명 유지 차원에서 구속이면서도 동시에 필연이기도 하다. 인간은 오래전부터 이 필연적 조건을 구속으로 이해하고 여기서 해방되고자 부단히 노력해 왔다. 고대 그리스인들은 특히 폴리스의 구현을 통해 노동으로부터 근본적인 해방을 추구했다. 아렌트에 따르면 이 폴리스의 구현이 노동이 작업에 의해 왜곡되기 시작한 첫 출발점이다. 고대 그리스인들은 노동의 의미를 작업 활동으로 대체함으로써 노예제도 안에서 자유를 실현하고자 노력했다. 이는 노동과 작업의 의미를 엄밀하게 구분하지 못한 데서 기인한 것인데, 고대 그리스인들은 작업의 일환인 생활 수단을 위한 생산활동을 노동 그 자체로 이해했다. 폴리스에서 노예들은 자유인을 대신해서 이런 생산 활동을 담당했다. 반면에 자유인들은 노동에서 해방되어 여가를 즐기고 정치 활동에 전념할 수 있었다. 따라서 여기서 자유인(eleutheros)은 정치적 구속으로부터 해방된 존재를 의미하기보다는 오히려 인간의 기본 조건인 노동으로부터 해방된 존재를 의미한다. 이처럼 아렌트의 노동관에는 확실히 노동하는 노예들을 바라보는 노예주의 시각이 짙게 깔려 있음을 부인하기 어렵다.

아렌트의 노동관은 이성의 도구화를 비판한 비판철학자들에 의해 이미 주장된 내용과 많이 유사하다. 가령 위르겐 하버마스는 노동과 상호작용을 구별함으

214쪽.)

로써 인간 실천행위의 양면성을 파악하고자 한다. 이는 마르크스의 노동 개념을 협소하다고 비판하는 작업으로 시작한다. 하버마스는 '노동'과 '상호작용'을 포괄하는 인간의 '실천'을 도구적 행위인 노동으로 환원시킴으로써 마르크스가 자연과학적 환원론에 빠졌다고 주장한다. 마르크스가 정립한 유물론적 종합 개념은 인류의 자기창조 행위를 단지 노동으로만 한정시킴으로써 실증주의적 과학으로 변형되고 그럼으로써 인식의 자기반성을 위한 철학적 기반을 제시하지 못했다는 것이다. 그러나 하버마스의 노동 개념은 사실상 마르크스의 노동 범주에 대한 왜곡이라고 해도 틀리지 않는다. 왜냐하면 노동은 원래 상호작용이므로 노동과 상호작용을 분리시키는 것은 처음부터 옳지 않기 때문이다. 비유하자면 마르크스가 이야기하는 것은 'labour'인데 하버마스는 'work'에 대해 이야기하고 있는 것이다. 이런 비판은 물론 아렌트에게도 똑같이 적용될 수 있다.

> 현대사회에서 노동은 사회구성 범주로서의 위상을 상실한 것처럼 보인다. 이미 1970년대부터 주류경제학계에서는 마르크스의 노동가치론과 이윤율의 저하 경향 등이 수학적으로 일관되지 않다며 거부하는 경향이 나타나기 시작했고, 사회과학 분야에서는 벨(Bell, 1976)을 필두로 산업사회를 넘어서는 새로운 사회를 명명(命名)하려는 다양한 시도가 등장했다. 이는 '제3의 물결'(Toffler, 1980) 같은 문화비평적인 형태를 띠기도 했고, '위험사회'(Beck, 1986)와 같이 전반적인 사회변화를 포괄하는 형태이기도 했으며, '네트워크 사회'(Castells, 2005)나 '4차 산업혁명'(Schwab, 2016)같이 기술결정론적인 모습을 보이기도 한다. 이와 같은 새로운 사회에의 명명 노력들은 세부적인 사항들에서의 차이점들에도 불구하고 대부분 노동의 의미가 축소되었다는 주장을 내포하고 있다. '탈자본주의 사회'(Drucker, 1993)는 동시에 '노동사회의 소멸'(Dahrendorf, 1980)을 의미하는 것이기도 하다. 오페(Offe, 1985)는 서비스업의 주류화와 소비의 중요성 증가로 노동이 더 이상 사회학적 분석에 있어 핵심 범주가 아니라는 주장을 펼친 바 있다. 나아가, 생산에서 인간의 노동이 불필요한 단계에 도달하고 있기 때

> 문에 기존에 노동이 가진 사회적 의미가 종언을 고한다는 급진적인 주장(Rifkin, 1995)도 있었으며, 아예 경제적 합리성에 대한 비판을 통해 수입을 얻을 권리를 노동의 권리와 분리시키려는 시도(Gorz, 1989)도 있었다.[41]

아렌트나 하버마스와 같은 노동관의 필연적 결론은 현대사회가 탈노동사회화하고 있다는 것이다. 이들은 하나같이 노동사회는 소멸했다고 주장한다. 하지만 그들이 소멸했다고 주장하는 노동사회는 과연 'labour'하는 사회인가 'work'하는 사회인가? 아무튼 두 사람의 노동관이 유사한 만큼이나 두 사람이 제시하는 대안 또한 매우 유사하다. 아렌트는 생명 활동으로서의 노동도, 사물과의 관계로 고립된 작업도 엄밀히 말해 아직은 인간다운 활동이라 말할 수 없다고 주장한다. 아렌트의 규정에서 보면 노동과는 달리 작업의 제작 활동은 동물과 구분되는 인간만의 고유한 세계를 형성해 준다는 점에서 인간적 삶의 척도가 될 법도 하지만 정작 아렌트는 그렇지 않다고 주장한다. 그 이유는 노동과 작업에서는 아직 인간의 고유한 인격이 현현되어 나오지 않기에 이를 진정한 의미에서 인간적 삶의 척도라 할 수 없기 때문이다. 아렌트는 인간적 삶의 척도를 '말'과 '행위', 특히 말이 위력을 발휘하는 정치적 행위에서 찾고자 한다. 정치적 행위를 통해 비로소 인격 상호간의 자유로운 만남이 가능해지며, 그런 만남을 통해 개방된 공공 영역이 우리 모두에게 열린다는 것이다. 하버마스도 사회적 행위를 크게 '노동'과 '언어'로 구분하면서, 노동은 도구적 행위나 합리적 선택과 관련된 목적합리적 행위와 동일시하고 의사소통 행위는 상징적으로 매개된 상호작용이라고 주장한다. 하버마스가 오해한 것은 현대사회에서 개인들은 의사소통이 부재해서 소외된 것이 아니라 반대로 서로 소외되었기 때문에 의사소통으로부터 단절되고 말았다는 사실이다. 그러므로 개인들이 노동소외를 극복하는 일은 노동을 부정함으로써가 아니라 노동을 통해, 노동과정 속에서 서로의 연대를 확인하는 데서 가능하다. "시민사회에서

---

41 권오용, 「인간 존엄 실현의 구체적 기반으로서 비판이론적 노동 개념」, 비판사회학회, 『경제와사회』 제134호, 2022. 181쪽.

발생하는 욕망의 무한한 확장은 …욕망을 매개로 한 개인들의 상호의존성을 전체 사회로 확장시킨다. 시민사회에서 개인들은 자신들의 이기적인 욕망을 오직 '사회적인 연관'을 통해서만 충족시킬 수 있으며, 이와 함께 개인들의 관계는 욕망을 매개로 한 '전면적인 상호의존의 체계'를 이룬다."[42] 물론 자본주의 사회에서는 개인들이 노동소외를 극복하는 데 근본적인 제약이 존재한다. 그것은 자유로운 노동자들이 노동수단의 소유로부터 소외되어 있다는 사실이다. 소유로부터의 소외는 신으로부터의 소외만큼이나 인간을 불안하고 절망하게 만든다.

이제 우리는 무엇으로 사는가라는 질문으로 다시 돌아가 보자. 당연히 우리는 일용할 양식으로 산다. 그리고 일용할 양식을 구하기 위해 소유 추구의 사회에 사는 우리는 시장에 우리 자신을 내던진다. 실존주의 철학자들과는 다른 의미에서 우리 모두는 이 세계에 던져진 존재다. 그리고 이 세계의 이름은 시장이다. 마치 아무런 목적도 의도도 없이 이 세상에 던져진 인간의 현존재처럼 시장에 참여하는 모든 이들은 어떤 의도도 목적도 없이 시장에 존재한다. 문제는 그렇다면 이런 시장에서 시장-내-존재로서 인간이 주체로서 할 수 있는 일은, 그리고 인간이 주체로서 해야 할 일은 과연 무엇인가 하는 것이다. "인간은 그 공동의 터전 속에서 비로소 인간일 수 있으며 진정한 의미의 인간은 '자유로운 민중 속에서(in einem freien Volke)'만 실현된다."[43]

---

[42] Hegel, Rechtsphilosophie, 정미라, 「욕망과 자유—헤겔의 실천철학을 중심으로」, 181쪽.

[43] Hegel, Phänomenologie des Geistes, 박만준, 「욕망의 역사성(I) — 욕망이 펼치는 역사적 공간성을 중심으로」, 대동철학회, 『대동철학』 23집, 2003, 12쪽에서 재인용.

이탈리아 화가 쥐세페 몰테니Giuseppe Molteni, 1800~1867)의 작품
<칼리굴라의 죽음(Death of Caligula)>

칼리굴라가 품었던 인간의 운명에 대한 문제의식은 황제의 권력이 어디까지인가를 확인하고자 한 것을 넘어 인간의 한계가 어디까지인가, 과연 인간이 신이 부여한 유한의 운명을 거부할 수 있는가를 확인하고자 했던 것이다. 그래서 칼리굴라의 절망과 고뇌는 차라리 드라큘라의 전설과 닮았다. 많은 예술작품들의 소재가 된 드라큘라 이야기의 모델은 왈라키아 공국의 군주였던 블라드 3세 바사라브(Vlad III Basarab, 1431~1476)로 알려져 있다. 그는 잔인한 성품에다 특히 포로로 잡힌 이교도들을 고문하다 죽음에 이르게 함으로써 '블라드 체페슈' 또는 '블라드 드라큘라'라는 별명을 갖고 있었다. 드라큘라란 '드랴큘의 아들'이라는 뜻이다. 드라큘라는 십자군 원정에 참가했다가 돌아오지만, 그가 전사한 줄로 오해한 아내는 자살하고 만다. 자살한 영혼은 천국에 갈 수 없다는 이유로 교회에서 아내의 장례식을 치르지 못하게 된 드라큘라는, 신이 자신을 거부한다면 자신도 신을 거부하겠노라고 선언한다. 죽음은 인간이 원죄를 어긴 대가로 신으로부터 부여받은 숙명이다. 드라큘라는 죽음을 거부함으로써 신을 부정한다. 다만 칼리굴라 시대의 로마는 아직 기독교가 공인되기 이전이므로 칼리굴라가 스스로를 신이라고 칭한 것은 우리가 흔히 아는 기독교의 야훼는 아니다.

드라큘라의 부인이 남편이 전사한 것으로 오해한 이유는 살아서 돌아오면 흰 깃발을, 죽어서 돌아오면 붉은 깃발을 들고 오기로 약속했는데 드라큘라의 흰 깃발에 피가 묻어 붉은 깃발처럼 보였기 때문이다. 아마 이 이야기는 작가들이 그리스 신화의 테세우스 이야기를 모방한 것으로 보인다. 다만 비슷한 이야기가 우리나라나 중국의 백일홍 전설에도 있으니 신화나 전설은 민족과 지역을 넘어 유사한 모티브를 가지고 생산된다는 의미일 수도 있다.

시시포스의 노동

코린토스의 왕인 시시포스(Sisyphus)는 어느 날 제우스가 강의 신 아소포스의 딸 아이기나를 유괴하는 것을 보았다. 제우스는 그녀를 오이노네 섬으로 데려가 아들 아이아코스를 낳게 했다. 아소포스는 사라진 딸을 찾아 그리스 방방곡곡을 헤매고 다녔지만 소용없었다. 시시포스는 아소포스에게 아이기나의 행방을 알고 있다면서 그 대가로 코린토스의 아크로폴리스에 샘물이 솟아나게 해 달라고 요구했다. 아소포스가 요구를 들어주자 시시포스는 그에게 커다란 독수리 한 마리가 아름다운 아이기나를 품에 안고 오이노네 섬으로 날아가는 것을 보았다고 알려주었다. 그리스 신화에서 독수리는 제우스가 변신한 모습을 의미한다. 아소포스는 아이노네 섬으로 쳐들어갔지만, 제우스는 벼락을 내리쳐서 아소포스를 다시 원래의 물줄기로 되돌려 보냈다. 이때부터 아소포스 강의 바닥에서는 시커먼 석탄이 나오기 시작했다고 한다. 제우스는 시시포스의 고자질에 분노해 죽음의 신 타나토스를 보내 그를 저승으로 데려가라고 했다. 하지만 꾀 많은 시시포스는 오히려 타나토스를 속여 토굴에 감금해버렸다. 그러자 지상에서는 아무도 죽는 사람이 없게 되었다. 이에 신들은 전쟁의 신 아레스를 보내 타나토스를 풀어주었고, 타나토스는 다시 시시포스를 찾아가 기어코 저승으로 데려갔다. 하지만 이런 일을 미리 짐작한 시시포스는 저승으로 끌려가기 직전에 아내 메로페에게 절대로 자신의 장례를 치르지 말라고 당부했다. 저승의 왕 하데스는 지상에서 그의 장례가 치러지지 않는 것을 이상히 여겨 시시포스에게 이유를 물었다. 그러자 시시포스는 아내의 경건하지 못한 행실을 한탄하며 하데스에게 다시 지상으로 보내주면 아내를 응징하고 잘못을 바로잡은 뒤 돌아오겠다고 했다. 하데스는 시시포스를 다시 지상으로 돌려보내 주었지만, 지상으로 간 시시포스는 돌아오지 않고 오래오래 장수를 누리며 살았다고 한다. 그러나 시시포스의 교활한 속임수는 나중에 그가 저승에 갔을 때 더 큰 형벌로 돌아왔다. 저승에서 시시포스가 받은 벌은 무거운 바위를 뾰족한 산 위로 밀어 올리는 것이었다. 그러나 그가 힘겹게 정상까지 밀어 올리면 바위는 다시 아래로 굴러 내렸기 때문에 시시포스는 영원히 똑같은 일을 반복해야만 했다.

시시포스는 인간들 가운데 가장 현명한 자라는 평가도 있지만 반대로 교활하고 사악한 강도였다는 기록도 있다. 『시지프 신화』에서 카뮈는 시지프[시시포스의 프랑스어 발음]의 형벌을 인간이 처한 실존적 부조리의 상태를 상징하는 상황으로 묘사했다. 굳이 카뮈를 읽지 않더라도 시시포스의 노동은 흔히 무의미한 노동의 비유로 곧잘 인용된다. 때로는 노동을 넘어 우리의 삶의 무의미함을 비유하기도 한다. 무거운 바위를 산꼭대기까지 밀고 가도 다시 떨어져 버리기 때문이다. 우리의 삶도 이처럼 영원히 끝나지 않는 무의미한 행위와 그런 순간들의 반복일 뿐이라는 것이다. 그러나 달리 생각해 보면 과연 바위를 산꼭대기에 올려야만 그 노동에 의미가 있는가 싶기도 하다. 어쩌면 노동의 목적이 반드시 무엇인가를 생산하고 어떤 결과물을 만들어내는 데 있다고 생각하는 이도 있겠지만, 반대로 노동은 노동한다는 그 자체만으로도 가치 있는 일이라고 믿는 이도 있을 터다. 꼭 이런저런 사람이 되지 않더라도 우리의 삶은 그 자체만으로도 충분히 살 만한 의미가 있는 것처럼 말이다. 카뮈는 이렇게 말한다. “어떤 날들에 시지프는 고통스러워하면서 산을 내려오지만 어떤 날에는 기뻐하면서 내려올 수도 있다. 행복과 부조리는 같은 땅에서 태어난 두 아들이기 때문이다. …정상을 향한 투쟁 그 자체가 인간의 마음을 가득 채우기에 충분하다. 이제 시지프는 행복하다고 상상해야 한다.”[44]

카뮈는 흔히 부조리의 철학자, 부조리의 문학가로 잘 알려져 있다. 물론 카뮈가 부조리라는 말을 처음 사용한 작가는 아니며, 『시지프 신화』나 같은 해에 발표된 카뮈의 출세작 『이방인(L'étranger, 1942)』이 처음 발표된 부조리 문학도 아니다. 비평가들 가운데는 부조리 문학의 효시로 사르트르의 소설 『구토(La nausée, 1938)』를 꼽는 경우가 많으나 당연히 다른 견해도 있다. 다만 카뮈만큼 부조리라는 개념을 문학작품 속에서 잘 묘사하고 또 철학적으로 잘 설명해 준 이는 드물다고 해도 좋을 듯싶다.[45] 몇 편의 짧은 글들[이 가운데는 사르트르의 『구토』에 대한 서평도 포함된다]을 발표한 다음 『시지프 신화』[이 책의 처음 제목은 바로 『부조리』였다]에서 카뮈는 부조리에 대한 자신의 철학을 체계적으로 자세히 피력한다. ‘부조리(absurd)’라는 말은 원래 논리에 맞지 않는 주장이나 상황을 의미하지만, 카뮈는 이를 자신의 내재적 가치와 삶의 가치를 찾으려는 인간의 노력과, 그러나 아무것도 찾지 못하는 세계 사이의 갈등과 부조화를 가리키는 의미로 사용한다. 이 세계와 인간존재의 부조리함에 대한 자각의 첫 번째 단계는 낯섦이다. 지금까지 익숙하고 친근하게만 여겨 왔던 대상들이 갑자기 낯설게 여겨지는 느낌이 바로 부조리다. 카뮈의 작품 『이방인』의 주인공 뫼르소가 햇빛 때문에 살인을 한 이유는 무엇일까? 뫼르소가 불현듯 느낀 부조리감은 『구토』의 주인공 로캉탱이 느낀 부조리감과 다르지 않다. 역사 연구자인 로캉탱은 프랑스혁명 당시의 인물인 롤르봉 후작의 전기를 쓰기 위해 부빌이라는 항구도시를 방문한다. 여기서 로캉탱은 다른 사람들과는 전혀 관계를 맺지 않으면서 도서관과 카페를 오갈 뿐인 무료한 일상을 보낸다. 그러던 어느날 그는 바닷가에서 물수제비를 뜨려고 돌멩이를 줍는 순간 말로 설명할 수 없는 불쾌한 감정을 느낀다. 이 불쾌감은 카페의 맥주잔에서도, 모르는 남자의 주름진 셔츠에서도, 지나가던 벽에서도, 거의 모든 대상들에서

---

44 카뮈, 『시지프 신화』, 472~73쪽.

45 그런데 나중의 일이기는 하지만 카뮈는 자신이 부조리 작가로 불리는 데 대해 불만스러워했다고 한다. 이는 자신의 사상을 부정했다는 의미이기보다는 자신의 작품세계가 부조리라는 개념에 한정되는 데 동의할 수 없었다는 의미일 듯싶다. 카뮈는 또 실존주의 철학자라는 명칭도 거부했는데, 그 이유 또한 사르트르를 비롯한 같은 시대의 실존주의 철학자들이나 비평가들과의 불화 때문으로 짐작된다.

반복적으로 느껴진다. 로캉탱은 이 불쾌감의 정체가 바로 구토임을 깨닫는다. 로캉탱은 이런 구토감의 원인을 찾기 위해 고민한다. 그것은 바로 자신을 둘러싼 세계와 자신의 인식 사이의 불일치에서 오는 낯설음과 부조리함이다.

> 말도 안 되는 이유들을 대서라도 해명할 수 있다면 그 세계는 친근한 세계다. 그에 반해 갑자기 빛과 환상이 사라진 우주 속에 인간은 이방인이 되었다고 느낀다. 이런 주장이 절망적인 까닭은, 이젠 고향을 잃어버려 더 이상 고향을 추억할 수도, 약속된 땅에 대해 희망을 품을 수도 없기 때문이다. 인간과 삶 사이의, 또는 배우와 무대장치 사이의 이런 결렬, 이것이야말로 바로 부조리에 대한 깨달음이다.[46]

매일 다니던 길모퉁이에서 갑자기 내가 누구인가, 여기는 어디인가, 나는 왜 여기에 있는가 하는 혼란을 느끼는 소설의 주인공처럼 이런 부조리의 감정은 어느 순간 갑자기 "아무 길모퉁이에서나 불쑥 튀어나와 아무 얼굴이나 때릴 수 있다."[47] 익숙하던 대상들이 낯설게 느껴진다는 부조화만이 아니라 그 느낌과 깨달음이 어느 순간 갑자기 나를 때리듯 나타난다는 사실에서 우리는 더 큰 당혹감을 느낀다. 겨우 스물 네 살에 불과한 작가를 첫 작품으로 세계적으로 유명하게 만든 문제작 『아웃사이더(The Outsider, 1956)』에서 콜린 윌슨(Colin Wilson, 1931~)이 지적한 것처럼 『구토』의 로캉탱, 『이방인』의 뫼르소, 그리고 프란츠 카프카(Franz Kafka, 1883~1924)의 『변신(Die Verwandlung, 1916)』의 주인공 그레고리가 어느 날 아침 문득 자신이 한 마리의 거대한 갑충으로 변신했음을 깨달았을 때의 느낌은 바로 비현실감이다. 내가 살고 있는 현실이 현실이 아닌 것 같은 낯섦이 세계의 부조리함을 깨달은 인간들—콜린 윌슨이 '아웃사이더(Outsider)'라고 이름 붙인 사람들의 출발점이다.[48] "모든 위대한 행동, 모든 위대한 사상은 하찮은 것에서 시작되곤 한다. 위대한 작품들은 흔히 어느 길모퉁이에서, 혹은 어느 식당의 회전문

---

46 카뮈, 『시지프 신화』, 373쪽.
47 카뮈, 『시지프 신화』, 377쪽.
48 윌슨, 이성규 옮김, 『아웃사이더』, 범우사, 2015, 59~60쪽.

안에서 태어난다. 부조리도 마찬가지다. 그 어느 것보다 부조리한 세계가 그런 보잘 것 없는 탄생과정에서 고귀함을 이끌어낸다."[49]

낯섦을 넘어 부조리한 세계에 대한 자각의 두 번째 단계는 바로 소외감이다.

> 모든 아름다움의 밑바닥에는 뭔가 비인간적인 것이 가로놓여 있다. 그래서 저 언덕들, 온화한 하늘, 저 나무들의 윤곽, 그것들은 곧바로 우리가 입혀 놓고 있던 의미를 허망하게 잃어버리고, 그때부터는 잃어버린 낙원보다도 더 멀리 떨어진 존재가 되는 것이다. 세계의 원초적 적의가 수천 년의 세월을 지나 우리에게 거슬러 올라온다. 우리는 한동안 세계를 이해할 수 없게 되는데, 그것은 우리가 여러 세기 동안 세계를 이해하지 않은 채, 우리 스스로가 그동안 부여하고 있었던 모습과 윤곽으로만 세계를 보고 있었기 때문이며, 그때부터는 그러한 인위적 수단을 행사할 힘이 없어졌기 때문이다. 세계가 우리로부터 멀어지는 것은 본디 모습으로 돌아가는 것이다. …인간 자체에 있는 비인간성을 접하면서 느끼는 그런 불편함, 우리 자신의 모습 앞에서 경험하는 측량할 수 없는 그런 추락, 이 시대 어느 작가의 말처럼 '구토', 이것 또한 부조리다.[50]

마르크스의 소외 개념과 카뮈의 소외에 공통된 것은 바로 나 자신이 이 세계에 내던져졌다는, 내가 살고 있는 세계로부터 버려졌다는 자각이다. 일용할 양식을 시장에서 구하는 우리는 마치 시장에 대해 지극히 익숙하고 친근하게 여긴다. 굳이 비유하자면 우리가 살고 있는 이 사회를 자본주의라고 부르든 시장경제라고 부르든 현대인은 누구든 시장-내-존재다. 우리는 그렇다면 시장은 도대체 언제 어떻게 탄생했을까? 우리는 시장 안에서 살고 있고, 당연히 경제학은 시장을 전제로 모든 이론을 전개한다. 그런데도 정작 그 어느 경제학 교과서도 시장이 언제 어디서 왔는지 설명해 주지 않는다. 참으로 의아한 일인데 더 의아한 일은, 그 교

---

49 카뮈, 『시지프 신화』, 379쪽.
50 카뮈, 『시지프 신화』, 380~81쪽.

과서를 가르치는 경제학자들이나 그 교과서를 공부하는 경제학도들 가운데 누구도 이렇게 의아한 일을 전혀 의아해 하지 않는다는 사실이다. 마치 신제도경제학를 대표하는 학자인 윌리엄슨(Oliver Williamson, 1932~2020)이 적절히 비유한 것처럼 "태초에 시장이 있었다"고 말해도 틀리지 않을 것 같다. 그러나 실은 시장도 일정한 시기에 일정한 과정을 거쳐 인간들에 의해 만들어진 제도들 가운데 하나일 뿐이다. 시장은 태초부터 존재하지도 않았으며, 먼 미래 어느 시기에 어떻게 사라질지도 알 수 없다. 그 시초가 영원하지 않다면 당연히 그 종말도 영원히 존재할 것이라고 믿을 만한 근거는 전혀 없다. 그러므로 어느 순간 우리 모두는 시장 안에서 문득 낯섦을 느낄 수 있다. 그리고 낯섦을 넘어 소유로부터 소외된 모든 대중은 실은 자신이 시장의 주인이 아니며, 시장에서 이루어지는 모든 행위의 주체가 아니며 그저 시장에 내던져진 존재에 불과함을 자각할 수밖에 없다. 그리고 이런 자각의 순간은 전혀 예측하지 못한 사이에 내 뺨을 때리듯 찾아올 것이다.

개인들이 이런 소외에 맞서는 유일한 방법은 반항이다. 이 세계의 부조리함을 자각한 인간들의 세 번째 단계는 바로 반항이다. "(부조리를 대하는) 유일하게 일관성 있는 태도는 곧 반항이다. 반항은 인간과 그 자신의 어둠과의 끊임없는 대결이다."[51] 반항은 유한한 인간의 운명과 부조리한 세계에 맞서 자기자신을 되찾고자 하는 행동이다. 키에르케고르도 절망해서 자기 자신이고자 하지 않는 경우는 취약함의 절망이지만, 자기 자신이고자 하는 절망은 반항이라고 부른다.[52] 물론 키에르케고르가 반항이라고 부르는 것은 카뮈의 경우와 다른 의미이기는 하다. 키에르케고르에게는 반항도 절망의 한 형태이기 때문이다. 죽음 직전에 카리굴라는 "나는 아직 살아 있다"고 외친다. 이는 목전에 이른 운명에 대한 부인이나 회피가 아니라 저항이다. 카리굴라의 죽음은 암살의 형태를 한 자살이라고 말했지만, 실은 스스로 죽음을 선택함으로써 죽음을 피할 수 없는 인간의 운명에 대한 저항을 표시한 것이다. 많은 실존주의자들이 자살이라는 문제에 대해 진지하게 이야기하지만 그렇다고 실존주의자들이 자살을 긍정한다는 오해는 매우 위험하

---

51 카뮈, 『시지프 신화』, 413~44쪽.
52 키에르케고르, 『죽음에 이르는 병』, 227쪽 및 246쪽.

다. 실은 그와 반대로 실존주의자들은 자살이 인간이 직면할 수 있는 가장 치명적인 위험으로 여긴다. 키에르케고르는 교부들의 입을 빌려 "자살을 통해 인간 세상을 탈출한다는 것은 정신적으로는 가장 결정적인 죄악인 동시에 신에 대한 반역"이라고 말한다.[53] 카뮈도 자살은 반항의 논리적 귀결이 아니라고 강조한다. 그와는 반대로 반항은 삶에 가치를 부여하고 삶의 위대함을 회복시킨다.[54] 더 거슬러 올라가 실존주의자들의 철학적 스승인 스피노자도 "자유인은 죽음에 대해 생각하지 않는다"고 강조한 바 있다.[55] 사람들은 흔히 자살을 최후의 선택이라고 말한다. 좀 더 직설적인 표현을 빌리면 죽을 용기를 가지고 왜 살지 못하느냐는 것이다. 그러나 자살에 대해 철학자들은 전혀 다른 방식으로 성찰한다. "죽음의 공포는 의심할 여지가 없는 자명한 사실이지만, 그 공포가 아무리 크다 해도 인간의 온갖 격정들을 제어하기에 충분할 정도로 컸던 적은 결코 없었다는 것 또한 자명한 사실이다. 인간의 격정 치고 죽음의 공포를 당해내지 못할 정도로 온순한 격정은 없다. 복수심, 사랑, 명예, 고통 그리고 다른 종류의 공포는 죽음의 공포를 눌러 이기고야 만다."[56] 인간은 왜 자살의 충동을 마주하는 것일까? 때로는 죽음의 공포보다 다른 종류의 공포 즉 삶의 공포가 더 크기 때문이다. 이런 심리의 깊은 근저에 놓인 동기는 바로 자기자신을 스스로 파괴함으로써 마음의 평안을 얻고자 하는 도피심리다.

> 생의 본능은 근본적인 것이지만, 또 하나의 다른 본능인 죽음의 본능보다 더 근본적인 것은 아니다. 죽음의 본능은 어느 순간 자신과 타인의 파괴를 요구한다. 살인 충동은 흔히 스스로 죽고 싶은 욕구 혹은 자신을 무화(無化)시키고 싶은 욕구와 일치한다. 자기보존 본능은 이리하여 파괴 본능과 표리 관계를 이루는데 그 둘 사이의 비율은 가변적이다. …인간은 삶을 갈구한다. 그러나 그 욕구가 인간의

53 키에르케고르, 『죽음에 이르는 병』, 223쪽.
54 카뮈, 『시지프 신화』, 414쪽.
55 스피노자, 『에티카』, 236쪽.
56 카뮈, 김화영 옮김, 『단두대에 대한 성찰/독일 친구에게 보내는 편지』, 책세상, 2022, 28쪽.

> 모든 행위들을 지배하기를 기대하는 것은 헛된 일이다. 인간은 스스로 무(無)가 되기를 원한다. 그는 돌이킬 수 없는 일을 원하고 죽음 그 자체를 위하여 죽음을 원한다.[57]

자살에 대한 실존주의자들의 태도는 사형제도에 대한 실존주의자들의 태도에서도 알 수 있다. 카뮈의 작품 『페스트』의 한 등장인물은 판사였던 부친의 재판을 구경하러 갔다가, 너무 태연하게 죄수에게 사형선고를 내리는 부친의 모습을 보고는 충격을 받고 집을 떠난다. 그로서는 한 인간이 아무런 마음의 고통이나 한순간의 주저함도 없이 다른 인간의 생명을 앗을 수 있다는 사실이, 그리고 그 인간이 바로 자신이 그토록 사랑하고 존경했던 부친이라는 사실을 도저히 받아들일 수 없었던 것이다. 소설 속에 잠시 나오는 이 에피소드는 아마 카뮈 자신의 경험에서 비롯된 것이 아닌가 싶다. 『단두대에 대한 성찰(Reflections on the Guillotine (Réflexions sur la guillotine, 1957)』이라는 짧은 에세이에서 카뮈는 자신의 부친에 대해 이야기한다. 카뮈의 부친은 열렬한 사형제도 지지자였는데, 죄를 지은 자는 그에 합당한 처벌을 받아야 한다고 믿었기 때문이다. 프랑스에서는 지방을 순회하면서 공개적으로 사형을 집행하는 제도가 있었는데, 마침 카뮈가 살던 도시에서 사형 집행이 예정되었다. 카뮈의 부친은 너무 큰 기대에 차서는 며칠 밤을 설치며 기다린 끝에 사형 집행을 관람하러 갔다. 그러나 그날 저녁 창백해진 얼굴로 집으로 돌아온 부친은 며칠 동안 아무 말도 하지 않았다. 그리고 다시 일어난 부친은 열렬한 사형 지지자이던 이전보다 더 열렬한 사형 반대자가 되었다. 직접 자신의 눈으로 한 인간의 생명이 강제로 박탈당하는 광경을 목격한 충격이 너무나 컸던 것이다. 카뮈의 부친이 목격한 광경은 정의가 아니라 살인이었을 뿐이다. 프랑스의 사형 집행이 단두대에서 이루어진다는 점을 생각하면 충분히 있을 만한 일이다. 심지어 세상 모든 사람들로부터 경멸의 대상이 되어 온 사드 후작조차도 사형제도를 가장 비인간적인 제도라고 비판한다. "국법에 따라 내가 단두대를 눈 앞에 둔 곳에 감금되어 있다는 것은 상상할 수 있는 모든 바스티유 감독이 내게 준 것보다 더 큰

---

57 카뮈, 『단두대에 대한 성찰』, 30~31쪽.

고통을 내게 주었다." 휴머니스트들에게 사형제도는 오히려 살인보다 더 악한 범죄다. 카뮈는 대혁명 시기에 활동했던 프랑스의 낭만주의 작가 샤를 노디에(Charles Nodier, 1780~1844)의 입을 빌려 사드의 입장을 이렇게 요약한다. "치밀어 오르는 극도의 감정을 억제하지 못해 사람을 죽이는 것, 그것은 이해가 된다. 그러나 진지한 숙고를 거쳐 침착하게, 명예로운 임무 수행이라는 구실로 남을 시켜 살인하는 것은 이해가 안 된다."[58]

얼핏 생각하면 사형과 자살은 정반대의 사건이다. 사형은 타인의 생명을 강제적으로 박탈하는 것, 당사자로서는 선택의 여지가 없는 죽음이다. 이와 반대로 자살은 나 자신이 나 자신의 생명을 박탈하기로 결정하는 행위다. 그런 의미에서 자살은 자유롭고 자발적인 선택인 것처럼 보인다. 그러나 실존주의자들이 보기에 자살에 대한 충동과 살인에 대한 충동은 본질적으로 동일한 것이다. 이 둘은 모두 삶을 파괴하고자 하는 행위다. 카뮈는 종종 자신을 죽일 것인가 남을 죽일 것인가를 두고 고민했다는 범죄자들의 이야기를 인용한다. 자기자신을 죽이고자 하는 충동을 차마 실행하지 못해 살인을 하는지, 반대로 타인을 죽이고자 하는 충동을 차마 실행하지 못해 자살을 하는지는 모르겠다. 어쩌면 두 가지 경우 모두가 진실일 수도 있을 것이다. 아무튼 인간의 생명을 박탈하는 행위가 정의롭지 못하다면 그것이 꼭 타인의 생명일 때만 그러할까? 스스로 자신의 생명을 박탈하는 행위 또한 마찬가지로 부정의한 행위일 터다. 우리에게 타인의 생명을 강제로 박탈할 권리가 없다면 자신의 생명을 박탈할 권리도 당연히 있을 수 없기 때문이다. 비록 헤겔이 죽음이란 인간과 동물에게 다 같이 흔히 있는 일이지만 인간은 죽음을 받아들임으로써, 나아가서는 죽음을 바라기조차 함으로써 동물과 구별될 수 있다고 주장했다 하더라도 말이다. 그래서 실존주의자들에게 자살은 사형과 마찬가지로 살인의 행위다.[59]

---

58 카뮈, 『반항하는 인간』, 80쪽.

59 카뮈, 『반항하는 인간』, 247쪽. 다만 이 대목에서 헤겔의 의도를 오해할 수도 있을 듯싶어 잠시 부언해 두자면, 헤겔은 인간이 죽음을 긍정한다는 의미가 아니라 죽음을 극복하고자 시도한다는 의미에서 그렇게 말했다. 앞에서도 소개한 『헤겔독해입문』의 저자 알렉상드르 코제브는 헤겔의 철학을 이렇게 평가했다. "헤겔의 철학은 죽음의 철학이다" 헤겔은 죽음에 대한 절대적 공포로 인해 인간은 노

카뮈에 따르면 부조리의 실존적 경험은 인간의 의미에 대한 욕구, 즉 거듭 실망하는 욕구로 나타난다. 종교적 은총, 더 높은 가치 이성적 방향 설정, 안전한 상황 등 이 모든 예측 가능한 의미 안전망은 결국 불안에서 유도된 기투나 환상으로 증명된다. 우리는 세계가 주는 무관심이나 생소함과 마주한다. 그렇다면 부조리라는 문제의 유일한 해결책은 자살인가? 신체적 자살은 도피일 뿐이다. 도피는 감히 부조리에 맞서지 못한다. 실존적 사유의 창시자인 키에르케고르를 비판하는 연장선에서 카뮈는 신에 대한 믿음으로의 '도약'도 비판한다. 카뮈는 이 같은 종교적 도약이나 포괄적 사고 체계를 정신적 자살이라고 지적한다.[60] 인간이 스스로 자살을 선택하고자 하는 충동의 동기는 바로 자기자신을 무화하고자 하는 지독한 허무주의(nihilism)와 비관주의(pessimism)다. 어차피 인간은 유한한 존재, 필멸의 존재라는 허무주의가 극단에 이르면 삶과 삶이 주는 모든 가치는 무의미해진다. 이 허무주의를 극복하는 유일한 대안은 행동하는 것뿐이다. 설령 그 결과로 아무런 대가도 얻지 못할지라도 행동하고 실천하고 반항하는 일이다. 시시포스의 노동은 확실히 덧없는 행위다. 산꼭대기에 바위를 올려놓지 못했다는 점에서 보면, 다시 말해 아무런 결과를 만들지 못했다는 점에서 그렇다. 하지만 그렇기 때문에 더 가치 있다는 뜻이다. 그것만큼 자기자신의 삶에 충실한 행위는 없기 때문이다. 그래서 시시포스의 노동은 스토아학파의 경건하고 금욕적인 윤리적 태도를 떠올리게 한다.[61] 르네상스 시대의 한 인문주의자는 인간에 대해 이렇게 말한다. "인간은 행동하기 위해 창조된 존재다." 한 세대 뒤의 다른 인문주의자도 이렇게 말한다. "탐구하려는 여러 행위들이 찬란하게 만개하고, 정신들은 서로 부딪히고 있다. 그것은 다름 아니라 삶에 대한 욕구다."[62]

동할 수밖에 없으며, 바로 이런 노동 활동을 통해 인간은 자신의 삶을 반성하고 스스로를 상승하게 만들 수 있다. 헤겔에게 있어서 인간이 진정으로 자기가 무엇인지를 알게 되는 주요한 관건은 죽음에 대한 자기의식과 이로부터 결과하는 강제적인 노동에 있다.(황설중, 「헤겔 《정신현상학》에서 죽음과 의식의 경험—노동과 에로티시즘의 관계를 중심으로」, 한국헤겔학회, 『헤겔연구』 23권, 2008.)

60 렌취, 『20세기 철학 입문』, 90쪽.

61 렌취, 『20세기 철학 입문』, 91쪽.

62 블로흐, 『서양 중세·르네상스 철학 강의』, 266쪽.

"이 신화가 비극적인 것은 주인공의 의식이 깨어 있기 때문이다. 만약 한 걸음 한 걸음 옮길 때마다 성공의 희망이 그를 떠받쳐 준다면 무엇 때문에 그가 고통스러워 하겠는가? 오늘날의 노동자는 그 생애의 그날그날을 똑같은 일을 하며 산다. 그 운명도 시지프에 못지 않게 부조리하다. 그러나 운명은 오직 의식이 깨어 있는 드문 순간들에 있어서만 비극적이다. 신들 중에서도 프롤레타리아요 무력하고도 반항적인 시지프는 그의 비참한 조건을 구석구석 알고 있다. 바로 이 비참한 조건을, 그는 산에서 내려오는 동안 계속 생각했다. 아마도 그에게 고뇌를 주는 통찰이 동시에 그의 승리를 완성시킬 것이다. 멸시로 응수하여 극복되지 않는 운명은 없다."[63]

러시아 화가 알렉산드르 이바노프(Aleksandr Andreevich Ivanov, 1806~1858)의 그림 <민중 앞에 나타난 그리스도>

63 카뮈, 『시지프 신화』, 471~72쪽.

도스토예프스키의 『카라마조프의 형제들』에서 가장 극적인 장면은 흔히 <대심문관> 이라고 불리는 이야기다. 수천 명의 사람들을 이단이라는 이유로 화형에 처한 종교재판이 한창인 스페인 세빌라 지역에 예수 그리스도가 재림한다. 대심문관은 『성서』에서 예수가 사탄에게 세 가지 시험을 받는 내용을 두고 예수를 몰아세운다. 예수는 광야에서 40일 동안 수행하고 있었는데, 갑자기 사탄이 나타나서 "당신이 하느님의 아들이라면, 이 돌들을 빵으로 변하게 해라. 그러면 네 영혼과 육체가 만족과 기쁨을 얻지 않겠느냐?" 하고 첫 번째 시험에 들게 한다. 두 번째 시험은 "성 맨 꼭대기에서 뛰어내려 보라"는 것이다. "만약 하느님이 당신을 사랑한다면 하느님이 보낸 천사들이 이 손으로 너를 받쳐줄 것이다." 세 번째 시험은 "내 발밑에 무릎을 꿇으면 지상의 모든 왕국과 영광을 주겠다"는 제안이다. 예수는 세 가지 유혹을 모두 거절하는데 이는 인간들이 원하는 세 가지 즉 물질, 신비, 권세를 제공하기를 거절한 것이다. 그 이유는 인간에게 이러한 것들을 제공했을 때 인간들이 자유의지를 상실하고 그것들의 지배 아래서 노예상태에 빠지게 될 것을 우려했기 때문이다. 이에 대심문관은 "인간의 존재는 신이 생각하는 것처럼 위대하지 않소! 인간은 자신들에게 주어진 자유를 누리고 향유할 능력이 부족하므로 오히려 빵의 유혹, 기적의 유혹, 그리고 권력의 유혹에 빠질 수밖에 없고, 이런 유혹을 거부하기란 인간에게는 너무나 고통스러운 것"이라고 말한다. 예수는 대심문관의 주장에 대답하는 대신 그의 입술에 조용히 자신의 입술을 맞춘다. 대심문관의 주장은 인간에게는 선택의 자유, 양심의 자유만큼 고통스러운 것이 없다는 뜻이다. 이에 예수는 입맞춤으로 인간은 사랑으로 자유로워질 수 있음을 이야기한 것이다.

자유를 찾아서

그것은 진정한 기사의 임무이자 의무.
아니! 의무가 아니라, 특권이노라.
불가능한 꿈을 꾸는 것.
무적의 적수를 이기며,
견딜 수 없는 고통을 견디고
고귀한 이상을 위해 죽는 것.
잘못을 고칠 줄 알며,
순수함과 선의로 사랑하는 것.
불가능한 꿈속에서 사랑에 빠지고,
믿음을 갖고, 별에 닿는 것.

— 세르반테스, 『돈키호테』

라만차(La Mancha)라는 작은 마을에서 한평생 책만 읽다가 머리가 조금 이상해진 늙은 하급귀족 돈키호테가 평범한 이웃집 농부 산초 판사(Sancho Panza)를 종자로 데리고 모험을 떠나는 이야기를 모르는 사람은 없을 터다. 하지만 이 이야기를 돈키호테의 모험담이 아니라 산초의 모험담으로 읽은 사람은 과연 몇이나 될까? 앞에서도 잠시 언급한 적 있지만 『돈키호테』의 작가인 세르반테스와 같은 에스파냐의 실존주의 작가 미겔 데 우나무노는 『돈키호테와 산초의 생애』라는 책에서 산초 판사의 관점에서 삶의 실존적인 의미를 천착해 보고자 했다. 돈키호테가 모험 여행을 떠난 이유나 과정에 대해서는 많은 이들이 안다. 하지만 산초는 왜 돈키호테를 따라 모험을 떠났을까? 작품 속에서 세르반테스는 산초를 가진 것이 전혀 없지는 않지만 가난을 벗어나기는 힘든, 머리가 조금 아둔한 시골뜨기라고 묘사했다. 산초는 돈키호테의 첫 번째 모험 때부터 그와 함께 떠난 것은 아니고, 첫 여행에서 돌아온 돈키호테가 종자가 필요함을 깨닫고 이웃에 살던 산초를 꼬드긴다. 세르반테스는 이 과정을 매우 간략하게, 돈키호테가 여러 가지 말로 산초를 구슬렀다고만 설명한다. 돈키호테는 산초에게 숱한 약속들을 늘어 놓았다고 하지만 작품 속에서는 오직 한 가지, 섬을 손에 넣으면 산초를 그 섬의 영주로 삼겠다는 약속만 나온다. 하지만 산초가 아무리 아둔한 시골뜨기라도 천한 신분의 자신을 나중에 영주를 시켜 주겠다는 말을 진심으로 믿었을 리는 없다. 그렇다면 도대체 산초의 동기는 무엇일까? 기사로서의 성공이나 명성을 기대했을 리도 없고, 그렇다고 일확천금을 얻을 기회를 만날 것 같지도 않고, 아름다운 귀부인과의 로맨스 따위는 더더욱 언감생심 기대할 리 없는데 왜인가 말이다.

자살에 대한 카뮈의 태도에 대해서는 이미 이야기한 바대로다. 그런데 『시지프 신화』에서 카뮈는 다른 의미로 자살이라는 말을 사용한다. "실존적 태도는 철학적 자살이다"라는 것이다.[64] 다만 여기서 카뮈는 자살이라는 표현에 너무 심각한 의미를 부여하지는 말라고 말한다. 그것은 변화를 지칭하는 하나의 편리한 방편에 지나지 않으므로, 이때의 변화란 어떤 사유가 스스로를 부정하고, 그렇게 자기 사유를 부정하는 가운데 스스로를 넘어서고자 하는 데서 나타나는 현상이다. "실존철학자에게는 부정이 곧 그들의 신이다. 정확히 말하면, 이 신은 인간 이성의 부정에 의해서만 존립한다."[65] 한 마디로 '철학적 자살'은 삶에 대한 낡은 철학적 태도를 버리고 새로운 태도를 지향하라는 말이다, 그럼으로써 우리는 삶의 유한성을 극복하고 인간에 대한 올바른 이해에 도달할 수 있다. 철학적 자살이라는 카뮈의 표현은 아프리카 기니비사우의 사회운동가 아밀카 카브랄(Amilca Cabral, 1924~73)이 '계급적 자살'이라고 불렀던 태도를 연상시킨다. 가령 시민혁명의 시대를 보면 미라보 백작 오노레 가브리엘 리케티(Honoré Gabriel Riqueti, Comte de Mirabeau, 1749~1791)처럼 개인적으로는 봉건귀족이나 영주계급 출신이면서 시민혁명에 대한 지지를 넘어 적극적으로 참여한 이들이 많다.[66] 노동운동에서도 자신은 자본가계급 출신이면서 노동자계급의 사상적, 실천적 지도자로 활동한 이들

64 카뮈, 『시지프 신화』, 403쪽.
65 카뮈, 『시지프 신화』, 403쪽.
66 미라보 백작은 귀족 출신이면서 계몽주의 사상에 감화되어 프랑스 대혁명이 일어나자, 제3신분인 평민의 대표로 국민의회에 참여했다. 1791년 국민의회 의장이 되어 민권의 신장과 왕권의 존립을 조화시키려고 노력했으나, 왕궁에 매수되었음이 밝혀져 반역자로 낙인찍혔다.

이 많다. 이들의 선택이 계급적 자살이다. 철학에서뿐 아니라 현실의 실천에서도 우리는 낡은 나를 버리지 않으면 새로운 나를 찾을 수 없다. 그리고 이렇게 찾은 새로운 나만이 참다운 나일 수 있다. 고향을 버리고 가족을 버리고 그것들이 주는 안정과 평화를 버리고, 무엇보다 낡은 나를 버리지 않고서는 참다운 나를 찾을 수 없기 때문이다. 그래서 우나무노는 돈키호테가 아니라 산초 판사를 실존적 인간, 문제적 인간으로 평가한다. "모든 유한한 사물들로부터 이탈하는 것은, 아무 활동도 하지 않는 순수한 명상으로 통하는 것이 아니고 무조건적인 헌신과 결단으로 통한다는 사실을 밝혀 주는 까닭이다."

> 확실히 세상에는 돈키호테가 산초로 하여금 다시 그의 안락한 생활을 버리게 하고, 그의 평화스러운 직업을 떠나게 하고, 또 헛된 모험을 추구하기 위하여 처자를 버리도록 결심하게 한 데 대해 돈키호테를 비난하는 사람들이 있을 것이다. …세상에는 불행한 인간이 되기보다 배고픈 돼지가 되는 것이 좋을 것이라고 주장하는 어리석은 사람들이 있다. 그리고 또 성스러운 순박성을 갖은 구벽(口癖)을 다하여 찬양하는 사람들도 있다. 그러나 한 번 인간성을 맛본 사람이라면 그것을[가장 깊은 불행 속에서도]돼지의 배부른 처지보다 좋아한다. 그러므로 사람들은 그와 가장 가까운 사람들의 마음을 불안케 함으로써 그의 가장 깊은 곳으로부터 정열을 돋우어 주어야 한다. 사람들은 마음으로 하여금 불안을 느끼도록 하여야 하며, 비록 그 노력의 목적이 결코 이루어질 수 없다는 것이 확신되어 있는 때라고 하더라도 마음 속에 하나의 강력한 동경을 불러일으켜야 한다. 사람들은 산초를 그의 고향으로부터 떼어내야 하며, 그의 처자로부터 떼어내야 하며, 그리하여 그로 하여금 모험을 찾기 위하여 출가하도록 하지 않으면 안 된다. 즉 사람들은 그를 사람으로 만들지 않으면 안 된다. 세상에는 그 자신 속에 숨어 있는 내면적인 어떤 깊은 인식이 있다. 이것은 사람들이 가정적인 평화와 전원생활 같은 외면적인 안식을 자신으로부터 떨어 버릴 때 비로소 얻어지게 된다.[67]

얼핏 진부하게 들릴지도 모르겠지만 여기서 '참다운 나'라는 말의 의미는 앞에서 이야기한 것처럼, 아무런 목적도 의도도 없이 이 세계에, 시장 안에 내던져진 존재인 개인이 스스로 자기 삶의 목적을 찾아간다는 뜻이다. 그런 결단과 실천을 통해서만 비로소 우리는 가치 있는 삶을 찾을 수 있다. 산초가 가족과 고향을 버리고 모험을 떠난 이유는 바로 이것이다. "인간은 사르트르와 그 친구들이 '대자존재'라 부르는 존재다. 인간은 세계를 의식할 뿐 아니라 세상을 의식하는 존재로서 자신을 의식한다. …인간은 자신을 자유로운 존재로서 순간순간 스스로 선택한 일, 스스로 선택한 길을 통해 자신을 창조하는 존재로서 체험한다. 인간은 거의 신과 같은 방식으로 세계를 초월한다."[68] 산초 판사가 가족과 고향을 버리고 모험을 떠난 이유다. 내 삶의 목적을 나 스스로 찾는다는 말이 인간의 필연적인 유한성이나 필멸성을 부정하는 의미는 전혀 아니다. 우리는 우리 삶의 유한성을 결코 부정할 수도 극복할 수도 없다. 하지만 그렇다고 인간이 유한한 존재이기만 한 것은 아니다. 인간은 유한성과 무한성, 필연성과 가능성이 종합된 존재다. 키에르케고르가 설명하듯이 "인간은 무한성(가능성의 개입)과 유한성(현실성)으로 성립되어 있다."[69] 많은 사람들이 인간은 유한하기 때문에 자유로울 수 없다고 생각한다. 실존주의 철학자들은 자신들의 사상이 스피노자의 철학에 많은 빚을 지고 있다는 사실을 숨기지 않는다. 그런데 실존주의자들이 스피노자에게 동의하지 못하는 대목이 있다. 바로 "의지의 자유는 원인에 대한 무지에서 생긴 환상"이라는 주장이다.[70] 가령 인간과 그를 둘러싼 세계가 신의 피조물이라고 한다면 인간은 오직 신의 의지에 따라 이미 운명이 결정되어 있는 존재이므로 결코 자유로울 수 없다. 그런데도 인간들이 스스로 자유롭다고 착각하는 이유는 바로 원인 즉 신에 대한 무지 때문이라는 것이다. 그러나 실은 이와 반대로 인간은 자신의 유한성을 알지 못하기 때문에 자유로운 것이 아니라 자신의 유한성을 명확하게 이해하고 인식할 때 자유롭다. 위의 인용에 이어서 키에르케고르는 이렇게 설명한다. "이

67 볼노우, 『실존철학 입문』, 47쪽.
68 콕스, 『실존주의자로 사는 법』, 74~75쪽.
69 키에르케고르, 『죽음에 이르는 병』, 203쪽.
70 워낙, 『실존주의』, 20쪽.

종합은 하나의 관계이므로, 게다가 그것은 파생된 것이기는 하지만 그 자신에 관계하는 관계로서, 이 관계는 바로 자유다. 자기(정신)란 자유인 것이다. 그러나 자유는 변증법적인 것으로, 가능성 및 필연성(명증성)이라는 규정을 가지고 있다." 유한하고 필멸하는 존재인 인간이 자유로운 이유는 자신의 행동의 의미를 정확하게 이해하고 스스로 선택하고 결정하며 그 행동에 따른 책임을 지기 때문이다. "자유란 각자 처한 상황에서 하는 일 혹은 하지 않는 일에 따른 '책임'에 관한 것이다."[71]

> (휴머니즘은) 결국 아래와 같은 것을 의미한다. 인간은 부단히 자기 밖에 있는 것이며 자기 밖으로 스스로를 투사(投射)하고 스스로를 잃어버림으로써 인간을 존재하게 한다. 한편 인간이 존재할 수 있는 것은 더 높은 목적을 추구함으로써다. 그처럼 사람은 자기 이상의 것을 행하는 것이며, 그러한 초월에 비추어서만 인간은 사물을 파악할 수 있기 때문에 그러한 초월의 한복판, 즉 중심에 있다. 인간의 우주, 즉 인간의 주체성의 우주 이상의 다른 우주가 있을 수 없다. …인간이 참으로 인간답게 될 수 있는 것은 자기 자신이 함으로써가 아니라 어떤 해방이라든가 어떤 일정한 일의 실현이라든가 그러한 목적을 자기 자신의 밖에서 찾음으로써라는 것을 우리가 보여 주려고 하기 때문이다.[72]

그런데 의지의 자유는 원인의 무지에 대한 자유에서 생긴 환상이라는 스피노자의 말에는 간단히 넘길 수 없는 깊은 울림이 있다. 현실의 많은 상황들에서 스피노자의 통찰이 올바를 때가 많기 때문이다. 가령 하이에크를 비롯한 시장근본주의자들이 시장에서—어쩌면 시장에서만 개인들이 자유롭다고 주장하는 이유는 무엇일까? 실은 개인들이 시장에 대해 아무 것도 알지 못하기 때문이다. 우리는 시장이 언제 어떻게 생성되었으며 어떻게 작동하는지 등에 대해서 전혀 아무것도 알지 못한다. 그러면서도 시장에서는 나 자신의 의지가 완전하게 실현된다고, 따

---

71 콕스, 『실존주의자로 사는 법』, 71쪽.
72 사르트르, 『실존주의는 휴머니즘이다』, 55~56쪽.

라서 시장에서 또는 시장에서만 우리는 완전하게 자유롭다고 믿는다. 이것은 과연 무지에서 비롯된 환상인가 아닌가? 아무튼 하이에크가 극단적으로 부정하는 사상가인 마르크스도 의미와 맥락은 다르지만 필연과 자유의 문제를 자기 사상의 종착점으로 이야기한 바 있다.[73] 앞에서 이미 인용한 것처럼 마르크스의 『자본』 제3권과 엥겔스의 『공상적 사회주의와 과학적 사회주의』에는 "필연의 왕국에서 자유의 왕국으로"라는 표현이 나온다. 여기서 필연은 인간의 의지로부터 독립적으로 존재하는 자연법칙, 그리고 더 나아가 역사와 사회의 발전법칙을 가리킨다. 당연히 자연법칙은 인간이 자의로 바꿀 수 없다. 문제는 인간이 자연법칙을 얼마나 또 어떻게 이해할 수 있느냐는 것이다. 인간이 자연법칙을 이해하지 못하면 수동적으로 자연법칙에 순종하면서 살 수밖에 없다. 필연의 노예에 머문다는 뜻이다. 그러나 인간이 자연법칙을 이해하면 자신을 위해 자연법칙을 이용할 수 있다. 마르크스는 이렇게 주장한다. "필연에 사는 것은 불행이다. 그러나 필연에 사는 것은 필연이 아니다. 자유로 나아갈 길은 도처에 열려 있다. 누구도 삶에 붙들려 있지 않다는 것을 신에게 감사드린다. 필연 자체를 우리는 극복할 수 있다."[74] 다른 많은 주제들에서와 마찬가지로 필연과 자유에 관한 마르크스의 사상은 헤겔의 영향을 많이 받았는데, 필연과 자유의 관계에 대해 헤겔은 이렇게 정의한 바 있다. "자유는 필연성의 진리인데, 필연성이 자유로 지양되는 것은 필연성이 사라짐으로써가 아니라 필연성에 대한 사유를 통해, 다시 말해 필연적 관계 속에 있는 자아와 타자 사이의 동일성을 통찰함으로써 이루어진다."[75]

---

73 스피노자와 마르크스 사이에 의미와 맥락이 적잖이 다르다고 말한 이유는, 마르크스가 필연이라고 부르는 것은 인간의 의지로부터 독립된 외적 법칙을 의미하는 경우가 많지만, 스피노자의 경우는 그 의미가 많이 복잡하기 때문이다. 스피노자는 내적 필연[이 경우 스피노자가 필연이라고 부르는 대상은 개인의 내적 욕망을 의미한다]과 외적 필연[이 경우 스피노자가 필연 법칙이라고 부르는 대상은 때로 신이기도 하고 자연이기도 하며 때로는 신=자연이기도 하다. 스피노자의 신 개념은 기독교나 유대교에서 신이라고 부르는 절대자 개념과는 많이 다르다. 스피노자가 유대 교회에서 파문당한 이유도 이 때문이다. 다만 잘 알려져 있듯이 노후에 스피노자는 유대교로 복귀하기는 한다]아무튼 스피노자에게 필연과 의지는 서로 대립하지 않는다. 인간은 필연성을 자신의 본성으로 가질 때 오히려 자유로워진다. "자유란 자기 본성의 필연성으로만 존재하며, 자기 자신에 의해서만 행동하려는 것이다." (스피노자, 『에티카』, 12쪽.)

74 Marx/Engels, Marx－Engels Gesamtausgabe, 조항구, 「맑스에 있어서 자유와 필연의 문제」, 대구대학교 인문과학연구소, 『인문과학연구』 제35집, 2010, 23쪽에서 재인용.

> 자유의 나라(Reich der Freiheit)는 궁핍과 외적인 합목적성에 강요되어 노동하기를 그칠 때에 비로소 시작된다. 즉 그것은 당연히 본래적인 물질적 생산영역의 저편에 있는 것이다. 미개인은 자신의 욕망을 충족시키기 위해서, 자신의 생활을 유지하고 재생산하기 위해서 자연과 격투를 벌이지 않으면 안 되지만, 마찬가지로 문명인도 그렇게 해야만 하고, 더구나 어떠한 사회 형태 속에서도 즉 모든 가능한 생산양식 하에서도 그렇게 해야만 하는 것이다. 그 미개인이 점차 발전해 감에 따라 그의 자연적 필연성의 나라(Reich der Naturnotwendigkeit)는 욕망의 확대 때문에 함께 확대되어진다. 그러나 그와 동시에 이 욕망을 충족시키는 생산력도 확대된다. 이 영역에서의 자유는 오직 다음과 같은 것에서만 있을 수 있다. 즉 사회화된 인간, 결합된 생산자들이 마치 어떤 맹목적인 힘에 의해 지배당하는 것처럼 자신과 자연 간의 물질대사에 의해 지배당하는 대신에, 이 물질대사를 합리적으로 규제하고 자신들의 공동의 통제하에 두는 것, 요컨대 최소의 힘의 소비에 의해서 자신의 인간성에 가장 유리하고 가장 적합한 조건하에서 이 물질대사를 이루는 것이다. 그러나 이것은 여전히 필연성의 나라에 머물러 있을 뿐이다. 이 나라의 저편에 자기목적(Selbstzweck)으로 간주되는 인간의 힘의 발전이, 즉 참된 자유의 나라가 시작되는 것이지만, 그러나 그것은 오직 저 필연성의 나라를 그 기초로 하여 그 위에서만 꽃을 피울 수 있는 것이다.[76]

시장에서 개인들이 자유로운가라는 질문에는 극단적인 두 개의 답이 있다. 하나는 시장에서가 아니라 시장이기 때문에, 오직 시장에서만 인간은 자유롭다는 대답이다. 다른 하나는 시장에서 인간은 결코 자유로울 수 없다는 대답이다. 왜냐하면 시장에서는 인간이 극복할 수 없는 필연이 개입하고 있기 때문이다. 누가 옳은지는 모르겠지만 여기서 문득 "자유란 자연 가운데서 찾아질 수가 없다"는 칸트

---

75 Hegel, Enzyklopädie der philosophischen Wissenschaften, 김준수, 『헤겔: 정신의 체계, 자유와 이성의 날개를 활짝 펴다』, 189쪽에서 재인용.

76 마르크스, 강신준 옮김, 『자본(Ⅲ-1)』, 이론과실천, 1987, 1024~25쪽.

의 말이 생각나는 것은 어쩔 수 없을 듯하다. “세계가 오로지 자연으로 즉 존재자의 총체로만 이해된다면, 그 세계 안에 '자유'가 있을 자리는 없다. 그렇기에 '자유'는 이 자연 세계를 초월해 있는 이념이라고 말해진 것이다. 그럼에도 불구하고 인간의 '실천적 행위는 이 자유의 바탕 위에서만 가능하다. 실천이란 마땅히 있어야만 할 것을, 그러니까 아직 있지 않은 것을 자신으로부터 있게끔 하는 것을 말하기 때문이다.”77 칸트는 인과율이 지배하는 ‘자연의 왕국’에 대해, 자유가 지배하는 도덕의 세계를 ‘목적의 왕국(Reiche der Zwecke)’이라고 불렀다. 목적의 왕국은 칸트가 구상한 도덕적 인격의 이상적인 공동체, 즉 목적 자체로서 절대적 가치를 가진 모든 인격이 공통의 객관적 법칙인 도덕률에 의해 결합된 공동체를 의미한다. 자연의 왕국과 목적의 왕국이라는 칸트의 구분은 당연히 필연의 왕국과 자유의 왕국이라는 마르크스의 대비를 떠올리게 한다. 여기서 칸트와 마르크스의 철학적 근접성을 발견하는 일은 놀랍지만 어색하지는 않다. 결국 문제는 실천이기 때문이다. 인간의 대자적 행위 즉 실천은 가치지향적이다. 그러나 자연은 어떤 가치도 지향하지 않는다.78

---

77 백종현, 「칸트에서 자유의 이념과 도덕원리」, 서울대학교 철학사상연구소, 『철학사상』 제1권, 1991, 30~31쪽 및 34~35쪽.

78 흔히 칸트와 마르크스의 논의 사이에는 뛰어넘을 수 없는 간극이 존재하는 것처럼 보이지만, 그럼에도 불구하고 우리는 마르크스의 논의에서도 칸트가 제기한 것과 마찬가지로 ‘두 개의 왕국’ 구도가 존재하는 것에 주목할 필요가 있다. 칸트에게 있어 목적의 왕국에는 자유와 존엄이 포함되어 있고 수단의 왕국은 자연법칙에 묶여 있다. 이에 반해 헤겔은 보편성 속에 특수성이 지양된 형태로 포함되며 개별성은 보편성에 의해 성찰을 직접적인 단위로 포함되고, 이 둘은 모두 부정의 부정이므로 동일하다고 주장하면서 이것을 “주체성 또는 자유의 왕국이라는 개념”으로 규정했다. 헤겔에 따르면 ‘구체적인 것’ 외부에 존재하는 모든 ‘절대적인 것’은 인간 주체와 분리된 것으로서, 칸트의 목적의 왕국도 같은 운명에 처하게 된다. 주어진 사회관계를 초월하는 도덕률은 주체성의 왕국에서 분리되어 그에 대비되는 필연의 왕국에 배치되며, 이 과정에서 윤리는 인식하는 정신의 과도적 단계 속에서 버려진다. 마르크스는 헤겔과는 정반대 입장을 취하면서 칸트의 두 왕국 개념과의 친화성을 보인다. 마르크스는 인식하는 정신이 가진 비판의 힘과 실천적 유의미성이 우선 ‘기존 사회관계의 저항성이 깨어진 곳’, 즉 자유의 왕국에서 자신을 증명한다고 보았다. 여기서는 노동력이 물화에서 벗어나 혁명적 변화에의 자극으로 출현하게 된다. “이를 통해 사람은 석화된 관계들을 춤추도록 강제하고 그 와중에 이 관계들 자체의 선율을 들려준다!”(권오용, 「인간 존엄 실현의 구체적 기반으로서 비판이론적 노동 개념」, 비판사회학회, 『경제와사회』 제134호, 2022, 194~95쪽.)

하이에크와 같은 시장근본주의자들이 시장을 가장 완전한 제도라고 주장하는 이유는 시장에서 자원이 가장 효율적으로 배분된다고 믿기 때문이다. 그런데 이렇게 주장한 하이에크조차도 국가의 최소한의 역할을 인정했다는 이유로 비판하는 극단적인 시장주의자들이 있다. 하이에크의 사상적 스승인 미제스의 진정한 계승자들임을 자처하는 머레이 라스바드(Murray Newton Rothbard, 1926~95)나 한스 호페(Hans Hermann Hoppe, 1949~) 같은 이들이 바로 그렇다.[79] 적극적으로 아나키-자본주의를 주장하는 라스바드는 이렇게 말한다. "자본주의는 아나키즘의 가장 완전한 표현이며, 아나키즘은 자본주의의 가장 완전한 표현이다.(Capitalism is the fullest expression of anarchism, and anarchism is the fullest expression of capitalism.)" 마르크스와 같은 시대를 살았던 무정부주의자들은 자본주의를 붕괴시키기 위해 투쟁했다. 그런데 이제 시장근본주의자들은 무정부주의야말로 자본주의의 가장 완전한 표현이라고 말한다. 왜냐하면 시장이 모든 것을 결정하는 사회에서는 정부가 할 일이 아무 것도 없기 때문이다. 그런데 과연 시장이 자원을 배분하는 가장 효율적인 제도인가 그렇지 않은가는 『열린 사회와 그 적들(The Open Society and It's Enemies, 1945)』로 유명한 철학자 칼 포퍼(Karl Raimund Popper, 1902~94)가 주장한 '반증 가능한 명제'가 아니기 때문에 과학적 토론의 대상이 될 수 없다.[80] 시장이

---

79 비엔나대학의 멩거와 뵘-바베르크(Eugen von Böhm-Bawerk,1851~1914), 비저(Friedrich von Wieser, 1851~1926) 등의 경제학자들이 중심이 되었던 원래의 오스트리아학파와 구분해 한 세대 뒤에 활동한 미제스와 하이에크 등을 신오스트리아학파라고 부른다. 신오스트리아학파의 가장 중요한 특성은 시장근본주의 즉 우리가 신자유주의라고 부르는 사상이다. 그러나 라스버드나 호페는 멩거와 미제스만 인정할 뿐 하이에크에 대해서는 자신들과 같은 사상을 가진 학자로 인정하지 않는다. 이들에 관한 정보는 미제스연구소(Ludwig von Mises Institute)에서 얻을 수 있다.(https://miseskorea.org/)

80 1947년 부활절에 스위스의 작은 휴양지 몽페를랭(Mont Pelerin)에서 당대의 저명한 경제학자들 다수가 참가한 모임이 열렸다. 이 모임의 좌장은 바로 하이에크였는데, 이날의 모임은 경제학의 역사에서뿐 아니라 20세기 후반의 자본주의에 매우 중요한 사건이 되었다. 오늘날 유행하는 신자유주의라는 사상은 바로 이 모임에서부터 시작되었다고 해도 틀리지 않기 때문이다. 포퍼는 몽페를랭회의에 경제학자가 아니면서 그 모임에 참석한 인물이기도 하다. 학문 분야는 달랐지만 포퍼와 하이에크는 서로 존경과 우정을 주고받던 사이었다. 포퍼는 자신의 사상에 가장 중요한 영향을 준 인물로 하이에크를 꼽았으며, 『열린 사회와 그 적들』을 하이에크에게 헌정했다. 포퍼가 '열린 사회의 적들'이라고 부른 대상은 바로 하이에크가 자본주의의 적으로 여겼던 사회주의와 전체주의였다. 이 책에서 포퍼가 전체주의를 지지하는 사상가들로 지목한 것은 플라톤, 헤겔, 그리고 마르크스다. 포퍼의 반증 가능성은 이런 의미다. 가령 "나는 당신을 사랑한다"거나 "장미꽃은 아름답다"와 같은 명제들은 주관적 판단이므로

가장 자원을 효율적으로 배분하는 제도라는 주장도 장미꽃은 아름답다는 말처럼 증명할 수도 반증할 수도 없는 명제다. 그러나 일단 시장이 자원을 배분하는 가장 효율적인 제도라고 가정하기로 하자.[81]

문제는 그렇다 하더라도 만약 시장-내-존재로서 우리가 빵이나 구두를 생산하기 위해 투입되는 생산요소 이상의 존재이고자 하는 욕구를 가진다면 과연 시장에서 우리는 행복할 수 있을까? 어떻게 보면 시장-내-존재로서 인간은 더 이상 불안하지도 절망하지도 않을 수 있을 것 같기도 하다. 신의 섭리에 자신의 운명을 맡겼을 때 인간들은 불안해하지 않았다. 마찬가지로 소유로부터 소외된 채 시장에 모든 운명을 맡겨 버린 인간들도 더는 불안해할 이유가 없을 것이다. 문제는 그렇다면 이런 시장에서 시장-내-존재로서 인간이 주체로서 할 수 있는 일은, 그리고 인간이 주체로서 해야 할 일은 과연 무엇인가 하는 것이다. 시장근본주의자들의 주장처럼 시장은 자연법칙과 같고 당연히 인간이 시장을 거스를 수는 없다. 하지만 그렇다고 마치 꿀벌들이 자신이 무엇을 하는지 인식하지도 이해하지도 못한 채 그저 본능에 이끌려 집을 짓듯이, 이기심이라는 본능에만 의지한 채 시장의 자연법칙에 자신의 운명을 맡기고 수동적으로 삶을 사는 인간이 진정으로 자유로운가? 앞에서 인용했던 헤겔의 언급을 한 번 더 인용해 보자. "필연은 단지 인식되지 않은 한에서만 맹목이다." 필연의 왕국[헤겔의 '욕구의 체계']이 이성적이고 인간의 존엄에 적합한 방식으로 실행될 때 자유의 왕국이 꽃필 수 있다. 반대로 표

반증할 수 없다. 따라서 이런 명제들은 과학이 아니다. 반면에 "빛은 굴절한다"거나 "경제가 성장할수록 인구가 증가한다"와 같은 명제들은 반대되는 증거를 가지고 반증할 수 있다. 그래서 과학적 토론의 대상이 된다. 물론 반증 가능하다는 말이 반드시 그 명제가 틀렸다는 의미는 아니다. 반증의 명제 또한 언제든지 다시 반증될 수 있기 때문이다.(조준현, 『철학으로서의 경제학』, 155~58쪽.)

81 로널드 레이건(Ronald Wilson Reagan, 1911~2004)이 미국 대통령으로 당선된 것을 축하하는 모임에서 공화당원들이 애덤 스미스의 초상이 인쇄된 넥타이를 매고 모였다는 일화는 유명하다. 이들은 아마 자신들이 주장하는 신보수주의 정책의 기원이 스미스라고 생각했던 모양이다. 그러나 이 책의 앞에서 이미 여러 번 지적했듯이 이는 스미스를 전혀 읽어 본 적 없는 이들의 오해일 뿐이다. 더 나아가 스미스의 경제적 자유주의가 중농학파(physiocratie)의 창시자로 불리는 프랑스의 경제학자 케네(François Quesnay, 1694~1774)에게서 영향을 받았다는 것이 일반적인 상식처럼 알려져 있지만, 폴라니는 이 또한 역사적 사실에 대한 무지에서 비롯되었을 뿐이라고 지적한다. 케네는 우리가 흔히 아는 것과 유사한 그런 의미에서의 경제적 자유주의를 주장해 본 적이 전혀 없다는 것이다.(폴라니, 『거대한 변환』, 170쪽.)

현하면 필연의 왕국이 인간의 존엄에 적합한 방식으로 이성적으로 실행된다면 자유의 왕국이 실현될 수 있다는 뜻이다. 다만 여기서 굳이 하이에크를 위한 변명 한 마디를 덧붙인다면, 하이에크는 이성의 힘을 전적으로 부정하는 것은 아니며 다만 그 한계를 지적하려 했다고 보아야 옳다. 그런데 더 극단적인 시장주의자들이 하이에크를 비판하는 이유도 바로 이 때문이다.

시시포스의 노동은 인간에게 필멸의 벌을 내린 신에 대한 반항이다. 인간의 필멸성을 자기 것으로 깨닫고 받아들이는 일은 자기기만을 극복하는 일이다. 자신의 필멸성을 긍정하는 일은 죽음의 전망을 즐기거나 자살을 바라는 마음이 아니라, 삶이 유한하다는 사실을 인정하고 살아가는 방식에서 삶의 유한함이 의미하는 바를 인정하는 일이다.[82] 우리의 삶은 유한하다. 이 필멸성은 우리가 부인하고자 한다고 부인할 수 없다. 중요한 것은 삶이 유한하기 때문에 살 가치가 없는 것이 아니라 바로 그렇기 때문에 삶은 최선을 다해 살아야 할 가치가 있다는 것이다. "인간존재는 본질적으로 무의미하고 불합리하다는 사실에도 우리는 성실하고 가치 있게 살아갈 수 있다."[83] 그래서 니체도 초인은 불멸의 존재가 아니라 반대로 자신의 필멸성을 인식하고 인정하는 존재라고 말했다.[84] 하이데거가 말한 것처럼 실존의 조건은 이해에 있다. 다시 토마스 아퀴나스를 인용해 보면 앎(cognitio)은 어떤 사물의 형상과 본질을 아는 것이다.[85] 안다는 것은 이성에 의한 이해를 의미하며, 권위에 의한 동의는 아는 것이 아니라 믿는 것이다.[86] 인간의

---

82 콕스, 『실존주의자로 사는 법』, 200~01쪽.

83 콕스, 『실존주의자로 사는 법』, 33쪽.

84 니체는 『차라투슈트라는 이렇게 말했다』에서 자신의 초인 사상을 전개했다. 그런데 많은 니체 연구자들이 공통적으로 지적하는 문제는 바로 '초인'이라는 번역어의 오류에 관해서다. 니체가 사용한 독일어 'Übermensch'에 적절한 영어 번역어는 'overman'인데 이를 'superman'으로 잘못 옮기고, 이를 일본 학자들이 다시 '초인'으로 옮긴 것을 니체가 처음 소개될 무렵 우리 연구자들도 같은 번역어를 무비판적으로 수용했다는 것이다. '초인' 즉 'superman'은 인간의 한계를 초월해 초능력을 가진 사람을 가리키는 것처럼 그 의미를 오해하기 쉽다. 그러나 'overman' 즉 니체가 사용한 독일어 'Übermensch'는 인간의 한계를 극복한 사람이라는 의미다. 인간의 유한성을 부정하거나 초월한 존재가 아니라 오히려 인간의 유한성과 그 한계를 올바로 인식하고 인정함으로써 인간이 처한 실존적 상황을 극복한다는 뜻이다. 그래서 어떤 번역자는 '극복한 인간' 또는 '겸허한 인간'이야말로 'Übermensch'의 가장 적절한 번역어라고 말한다. 요즘 니체 연구자들 사이에서는 독일어 발음 그대로 '위버멘쉬'라고 쓰는 경우가 일반적이다.

85 양명수, 『신학대전 읽기』, 31쪽.

행위와 인간적 행위의 차이는 바로 앎에 있다. 인간이 자유로운 이유는 아는 존재이기 때문이다. 자유에는 두 가지 측면이 개입되어야 하는데, 하나는 타인으로부터 강요받지 않아야 한다는 것이며 다른 하나는 스스로 자기규정에 의해 행동해야 한다는 것이다. 많은 경우에 사람들은 자유를 전자의 측면에서만 정의하고는 한다. 그러나 자유의 진정한 의미는 후자의 측면에 있다. 자유를 행사하는 주체는 이성이 아니라 의지다. 다시 말해 자유는 인간의 행위가 행위의 주체 이외의 다른 어떤 것에 의해 필연적으로 규정되지 않는다는 의미다.[87] "진정성은 소유도 아니고 본질도 아니다. 진정성은 우리가 자신의 사실성에 어떻게 대응하는지 선택하는 방식이며, 자신의 사실성을 선택하는 데 자신을 선택하는 방식이다. 진정성이란 자유와 책임을 긍정하는 행동을 끊임없이 선택해야 하는 임무이며, 동시에 자유와 책임에서 도피하는 듯 보이는 행동을 선택하지 않아야 하는 임무다."[88]

영국의 정치철학자 이사야 벌린(Isaiah Berlin, 1909~97)은 자유에는 역사적으로 '소극적(negative) 자유'와 '적극적(positive) 자유'라는 두 가지 개념이 있어 왔다고 주장했다.[89] 소극적 자유는 한 사람이 다른 사람의 방해를 받지 않고 행동할 수 있는 영역 즉 간섭의 부재를 의미한다. 자유 개념은 어떤 긍정적인(positive) 대상을 지칭할 수 없기 때문에 난해하다. 이것은 자유에 대한 부정적(negative) 이해가 자생적으로 우세해지는 이유를 설명해 준다. 그런 부정적 이해에 따르면, 자유롭다는 것은 행위 속에서 또는 어떤 상태에서 타인 또는 타자에 의해 규정되지 않는 것을 의미한다. 그리하여 자유에 대한 사고는 자유의 주체화 자체로부터 출발

---

86 이경재, 『중세는 정말 암흑기였나』, 41쪽.

87 이경재, 『중세는 정말 암흑기였나』, 71~72쪽.

88 콕스, 『실존주의자로 사는 법』, 171쪽.

89 자유를 소극적 자유와 적극적 자유로 처음 구분한 이는 칸트다. 자유 개념의 어려움에 대해 칸트는 『순수이성비판(Kritik der reinen Vernunf, 1781)』에서 이렇게 주장했다. "자유는 긍정적으로 증명되지 않으며, 단적으로 비판될 뿐이라고 말했다.자유는 그 실천적 현실성을 도덕법칙이라는 사실성 속에 확득하는데, 이러한 자유의 실천적 현실성은 자유의 이론적 가능성이 배제될 수 없다는 데에서 기인하는 것이다"(아른트, 『역사와 자유의식—헤겔과 맑스의 자유의 변증법』, 22쪽.) 『자본』 제3권에 나타난 마르크스의 자유관에서도 소극적 자유와 적극적 자유의 개념이 나타난다. 가령 "필요와 외적인 합목적성에 의해 규정되는 노동이 끝난 뒤에" 오는 사회에서의 자유가 소극적 자유라면, "스스로를 자기목적으로 간주하는 인간"의 자유는 적극적 자유라 할 수 있다.(조항구, 「맑스에 있어서 자유와 필연의 문제」, 27쪽.)

하는 것이 아니라 필연성, 운명, 그리고 우연에 대한 사고의 틀 속에서 출발한다. “자유 개념은 어떠한 긍정적(positive)인 대상을 지칭할 수 없기 때문에 난해하다. 이것은 자유에 대한 부정적(negative) 이해가 자생적으로 우세해지는 이유를 설명해 준다. 그러한 부적적 이해에 따르면, 자유롭다는 것은 행위 속에서 또는 어떤 상태에서 타인 또는 타자에 의해 규정되지 않는 것을 의미한다.” 이에 반해 적극적 자유는 스스로 자기자신의 주인이 되고자 하는 바램 즉 자기지배(self－mastery)를 의미한다. 프랑크푸르트학파의 1세대를 대표하는 철학자인 아도르노(Theodor Ludwig Wiesengrund, 1903~1969)의 말을 빌리면 “현저한 의미에서 자유와 같은 것은 존재하지 않으며, 자유란 비로소 만들어져야 할 것, 비로소 만들어지는 것”이다.[90] 다만 벌린은 적극적 자유를 부정하고 소극적 자유만을 진정한 자유로 인정했다. 이는 그가 극단적인 시온주의자이자 반공주의자였던 이력과 연관된 편향이 아닌가 싶다. 실존주의자들은 당연히 소극적 자유를 넘어 적극적 자유로 나아가지 않으면 진정한 자유가 아니라고 주장한다.

에리히 프롬은 ‘자유로부터의 도피’라는 역설적인 제목의 책을 쓰기도 했지만, 적극적 자유의 핵심은 자유로부터 도피하지 않는 데 있다. 이를 사르트르는 “진정성의 기투로서 근원을 추구하는 것은 도피를 억압한다”고 표현한다. 이 말의 의미는 진정한 사람이라면 자신의 자유에서 도망치려는 무익한 방식으로 자신과 일치, 실재성, 근원을 추구하지 않는다는 뜻이다. 그 대신 진정한 사람은 자신의 자유를 긍정하고 행사하는 일을 토대로 끊임없이 자신을 만들어가는 방식으로 실재성을 추구한다. 진정한 사람은 자유에 대한 긍정과 자유의 행사를 자신의 기본적 원칙, 궁극적 가치로 삼는다. 고정된 ‘어떤 것’이 되려는 헛된 희망으로 불가피한 자유에서 도망치려고 하기보다 그 피할 수 없는 자유와 함께 하려고 노력하는 것이다. “실제로 진정성의 기투를 통해서는 비진정성의 기투보다 일종의 실재성을 획득하기 쉽다. 우리는 진정성의 기투를 통해 실제의 모습, 즉 본질적으로 자유로운 존재하는 모습과 조화될 수 있기 때문이다. 반면, 비진정성의 기투는 결코 성취될 수 없는 객체의 세계와 일체화되는 노력을 통해 자기 실제 모습에서 도망

---

90 아른트, 『역사와 자유의식—헤겔과 맑스의 자유의 변증법』, 21~22쪽.

칠 뿐이다. 자신의 자유에서 도망치는 사람은 근원을 수립하지 못한다. 반면 자신의 자유를 기꺼이 취하는 사람은 그 자유 자체를 근원으로 수립한다. 자신의 자유를 취하는 사람은 있는 그대로 자신, 즉 자유로운 존재가 '된다'. 자유를 취하는 사람은 자신이 결코 될 수 없는 존재, 즉 자유롭지 않은 존재가 되려고 노력하지 않으므로 실패할 리도 없다. 다른 말로 표현하면 불변에 대한 욕망은 오직 자유를 끌어안음으로써 충족될 수 있다. 인간에게 변하지 않는 것은 자유롭다는 사실뿐이기 때문이다. 사르트르의 표현을 빌리면 "그러므로 진정성은 근원이라기보다 가치다. 진정성은 실재성에 도달하기 위한 수단으로서 자신에게 가치를 부여한다."[91]

실존주의자들을 하나로 묶는 공통된 관심사는 인간의 자유에 대한 관심이다. "그들은 모두 인간의 환경으로서 소중할 수밖에 없는 세계에 관심을 기울이고, 그 세계 속에서 사람들은 저마다 스스로의 행동방식을 선택하는 능력을 행사하며 살기 때문에 사람을 특별한 관심 대상으로 주목한다. 선택의 결과는 무엇인지, 그리고 그 결과는 어떻게 평가되어야 하는지, 이 두 가지 주제는 모두 실존주의자들의 핵심적인 관심사다." 선택은 자유의 문제이며 책임의 문제다. "사람은 누구나 항상 진실을 깨달을 수 있는 자유로운 존재지만 이런저런 이유로 항상 진실을 깨닫지는 못한다는 사실, 다시 말해 사람은 누구나 특정한 상황에서의 행동만이 아니라 가치 평가와 삶의 방식을 밝히는 데서도 자유롭다는 사실이다. …우리는 인간의 자유의 본성에 대해 숙고하는 것만이 아니라 그 자유를 체득해서 실천할 것을 요구받고 있다."[92] 사르트르와 카뮈의 불화에는 이런저런 복잡한 사정이 있지만, 두 사람의 사상을 추적해 보면 실존주의자로서의 공통된 인간관을 발견하기는 그다지 어렵지 않다. 사르트르는 실존주의가 사람들에게 "자기자신의 행동밖에는 희망이 없다는 것, 사람으로 하여금 살 수 있도록 하는 유일한 것은 행동이라는 것"을 말해 준다고 강조한다.[93] 『존재와 무(L'Être et le néant : Essai d'ontologie phénoménologique, 1943)』에서 사르트르는 행동을 목적에 비추어 수단을 배합하는 일이라고 간단히 정의한

91 콕스, 『실존주의자로 사는 법』, 167~68쪽.

92 워낙, 『실존주의』, 20쪽.

93 사르트르, 『실존주의는 휴머니즘이다』, 39쪽.

다. 또 『변증법적 이성 비판(Critique de la raison dialectique, 1960)』에서는 실천을 "목적을 향해 물질적 조건을 넘어서고 노동을 통해 실천 현장을 재조정하며 목적에 비추어 수단을 재통합하는 방식으로 무기물 속에 자기를 각인하는 조직적 기도"라고 정의한다.[94]

실천에 대한 사르트르의 이런 정의는 주류경제학이 호모 이코노미쿠스를 합리적 인간이라고 정의할 때 그 합리성의 의미와 매우 유사하게 들린다. 주류경제학이 합리성이라고 부르는 것은 바로 목적과 수단의 정합성이기 때문이다. 양자의 차이는 실천에는 자기 삶의 주체로서 개인의 자기목적이 전제되어야 하는 반면에, 시장에 내던져진 존재들에게는 그런 자기목적이나 자기 삶에 대한 책임의식이 없다는 점이다. 이 책의 첫머리에서도 인용했지만, 앙드레 말로의 작품 『정복자』에 등장하는 한 인물은 부두의 노동자들조차도 실천을 통해 자신들이 존재한다는 사실을 자각하고 있다고 말한다. 『페스트』의 다른 등장인물인 신문기자는 우연히 취재를 위해 전염병이 번진 도시에 왔다가 격리되고 만다. 그는 자신이 이 도시의 시민이 아니며, 따라서 자신은 이 불행한 사건과 아무런 관계도 책임도 없다고 주장한다. 그는 브로커에게 돈을 주고 불법적으로 도시를 빠져나가려 시도하는데, 드디어 도시를 탈출하기 직전 스스로 포기하고는 도시에 남는다. 그 누구도 이 불행에서 무관할 수도 무책임할 수도 없다는 사실을 자각했기 때문이다. 이런 실천을 통한 자기실현이 실존의 궁극적인 목적이다. 그리고 이런 실천을 통해 개인들은 자신을 실현할 뿐 아니라 모든 인간을 앙가제(engage)['참여한다'는 의미의 프랑스어. 사르트르뿐 아니라 실존주의 작가들이 즐겨 사용하는 단어다. 명사형은 '앙가쥬망(engagement)'이다]한다.[95] 다만 사르트르가 내가 결혼을 하는 것은 개인의 일이 아니라 전인류의 일부일처제로의 길로 앙가제하는 것이라고 주장한 데 대해서는 지나치게 과장된 느낌이 없지 않다.

『이방인』의 주인공 뫼르소는 이 세계의 부조리함을 자각하지만, 그런 인식을 아무와도 공유하지 못한다. 타인과 소통하는 방법을 알지 못하기 때문이다. 황제

---

94 신오현, 「실존과 실천 : 실존의 현상학에서 실천의 변증법에로」, 철학연구회, 『철학연구』 19권, 1984, 62쪽.

95 사르트르, 『실존주의는 휴머니즘이다』, 20쪽.

지만 고독한 칼리굴라도 마찬가지다. 『변신』의 주인공 그레고리의 경우는 간단히 말할 수 없다. 벌레가 된 후 그레고리는 처음으로 누이가 연주하는 바이올린 소리에 감동을 느낀다. 그때까지는 인간의 몸을 하고 있으면서도 음악을 전혀 이해하지 못했는데 벌레가 된 이후에야 음악을 이해하게 된 것이다. 그러나 그레고리가 음악을 좀 더 잘 듣기 위해 혼자 격리되어 지내던 방에서 나오자 기겁을 한 가족들은 다시 그를 방 안으로 밀어 넣는다. 『페스트』에 등장하는 인물들은 다르다. 그들은 서로 연대하고 협력하면서 전염병과 싸운다. 연대하지 않고서는 이 거대한 불행을 이겨낼 수 없다는 사실을 잘 알기 때문이다. 이미 인용한 것처럼 말로의 『정복자』에 나오는 부두 노동자들은 연대가 노동자들에게 가장 중요한 가치임을 몸으로 자각하고 있다. 이처럼 모든 반항적 인간들의 공통점은 단순히 실천하고 행동한다는 것을 넘어 함께 행동하고 함께 실천한다는 데 있다. 여기서 '함께'라는 말의 의미는 공장에 모인 노동자들이나 함께 배를 젓는 노잡이들처럼 우연히 한 자리에 모인 산재된(sériarité) 개인들의 집합실천이 아니라 집단의 공동실천을 의미한다. 사르트르에 따르면 산재된 개인들의 협동은 상황에 의해 강요되고 타성화된 실천이고 소외된 노동일 뿐이다. 공동실천이란 개인들이 선택하는 목적이 타인의 목적과 같고, 이 목적을 실현하기 위해 수단을 사용하는 내재의 초월 및 초월의 내재화인 행동이 같을 때를 가리킨다. 공동개인, 공동목적, 공동실현 그리고 공동보조가 공동실천의 구성요건이다. 그렇다고 연대가 개인의 실존을 부정해서는 안 된다. 뒤르켐이 개인이 사회에 지나치게 통합될 경우 이타적 자살의 원인이 된다고 지적한 것처럼, 연대라는 이름으로 개인의 주체성이 상실된다면 그것은 연대가 아니다. 연대는 개인이 먼저 자기를 정립함으로써 동료임을 확인하는 것이다. 공동실천의 주체는 어디까지나 개인이며 개체로서의 유기체이지 초개인이나 초의식 또는 초유기체가 아니다. 따라서 공동개인과 공동목적의 실현을 매개하는 것은 구성적 실천(praxis constituante)이며 이는 구성된 실천(praxis constitué)과 구별된다.[96]

96 신오현, 「실존과 실천 : 실존의 현상학에서 실천의 변증법에로」, 65쪽.

> 인간은 좀처럼, 혹은 한 순간도 진정한 의미에서 홀로 존재하지 않는다. 세계 인구가 통제에서 벗어나 급상승 곡선을 그리며 어딜 가나 사람으로 득시글거리는 요즘 같은 시대에는 더더욱 그렇다. 인간은 끊임없이 다른 사람의 존재와 마주하게 마련이다. 그런데 이 다른 사람의 존재는 나의 세계에서 단순한 '객체'에 머무르는 것이 아니라, 나를 보고 판단하고 그 자신의 세계에서 나를 객체로 격하하는 '주체'로서 존재한다. 타자의 세계에서 객체로 격하되는 것, 타자를 위해 존재하는 것, 타자에 의해 격하될 위험 속에 존재하는 것이 '대타존재'의 의미다.[97]

요컨대 인간은 대자존재(l'être pour soi)인 동시에 대타존재(l'être pour autrui)다. 인간의 이런 본성을 야스퍼스는 "나는 다른 사람과의 교섭 속에서만 존재한다"라는 말로 강조한다. 하이데거는 이런 사실을 "현존재는 본질적으로 공존재(Mitsein)다"라는 간단한 정식으로 요약한다. "인간들끼리의 세계가 실존한다는 것을 비로소 애써서 증명하여야 한다고 생각할 수 없다. 왜냐하면 자신의 근원적인 사실 속에서 다른 인간들은 이미 함께 살아가는 데 있어서 자기의 현존재를 촉진 또는 방해하는 것으로서 주어져 있는 까닭이다. 이 다른 인간들은 개별적인 현존재가 일반적으로 비로소 드러날 수 있는 배경을 이루고 있다. 그러므로 인간적인 현존재는 실존철학에 있어서는 이미 다른 인간들과의 생생한 공동 존재 속에서 살고 있다."[98] 애덤 스미스가 『국부론』에서 나의 관심사에 대해서 이야기하려 말고 타인의 관심사에 대해 이야기하라고 한 것도 인간이 대타존재임을 가리킨다. 마르크스의 노동가치이론이 개별 노동자의 주관적인 노동시간이 아니라 사회적 평균 노동시간에 의해 상품의 가치가 결정된다고 말한 것 역시 같은 맥락에서 이해할 수 있다. 문제는 현대사회의 개인들은 이런 공존재로부터 점점 멀어지고 있다는 사실이다. 미국의 사회학자 데이빗 리스먼(David Riesman, 1909~2002)은 『고독한 군중(The Lonely Crowd, 1950)』에서 '군중 속의 고독'이라는 말로 현대인이 처한 상황을 설명했다. 리스먼에

---

97 콕스, 『실존주의자로 사는 법』, 75~76쪽.
98 볼노우, 『실존철학 입문』, 76쪽.

따르면 사회는 전통지향형(tradition directed type), 내부지향형(inner directed type), 외부지향형(other directed type)의 차례대로 발전한다. 외부지향형인 현대인들은 또래 집단이나 친구집단의 영향에 따라 행동하며, 타인들로부터 격리되지 않으려고 노력하지만 내면적인 고립감에 번민한다. 그 결과로 외부지향형의 시대는 자기 상실의 시대로서 정치적 무관심을 조장하고 결과적으로는 민주주의 체계를 위협한다. 리스먼은 이러한 외부지향형의 현대인을 '고독한 군중'으로 파악했다. 타인들과 격리되지 않으려 노력하고 타인들의 관심을 받으려고 노력하는데도 현대인은 왜 고독한가? 그들의 관심은 진정한 관심이 아니며 그들의 소통은 진정한 소통이 아니기 때문이다.

현대인은 타인들의 생각이나 요구에 진정으로 관심을 가지는 것이 아니라 단지 그들과의 관계를 단절하지 않으려고 관심을 갖는 척할 뿐이다. 그들은 서로 대화를 나누는 척하지만 실은 타인의 이야기를 듣고 있는 것이 아니라 자신이 하고 싶은 이야기를 혼자 말하고 있을 뿐이다. 그래서 현대인은 군중 속에 있으면서도 고독하다. 타인은 지옥이라는 사르트르의 발언을 다시 상기해 보자. 왜 타인은 지옥인가? 개인들이 타인 앞에서 자신의 욕망을 버리지 못하기 때문이다. 경제학 교과서처럼 표현하자면 시장에서 개인들 즉 모든 경제주체들은 자신의 목적함수를 극대화하는 데에만 관심을 가질 뿐 타인의 이익이나 요구에는 전혀 무관심하다. 시장에서 개인들은 구매자이거나 판매자다. 그들은 교환을 위해 서로 소통하는 듯이 보인다. 하지만 그들이 타인의 이익에 관심을 가지는 것은 그 이익이 자신의 이익과 관련될 때만이다. 시장에서 개인들은 타인이 장미꽃 향기를 좋아하는지, 밤하늘의 별을 바라보면 행복해 하는지 따위에는 전혀 관심이 없다. 그래서 시장에서 모든 개인은 고독하다. 그리고 이 고독은 타인에게서 비롯된 것이 아니라 바로 나 자신에게서 비롯된 것이다. 그렇다면 이런 시장 속의 고독을 극복하는 방법은 무엇인가? 에리히 프롬은 모든 인간과 적극적으로 연대하고, 사랑이나 일 같은 자발적인 활동을 하는 방법이라고 말한다.

> 인류의 발달 과정이 조화롭게 진행되었고, 그 과정이 어떤 계획에 따라 이루어졌다면, 발달의 양면-힘의 증대와 개체화의 진전-은 정확히 균형을 이루었을 것이다. 그런데 실제로는 그렇지 않기 때문에, 인류 역사는 갈등과 투쟁의 역사다. 개체화를 촉진하는 방향으로 한 걸음 나아갈 때마다 새로운 불안이 사람들을 위협했다. 기본적인 관계는 일단 단절되면 회복할 수 없다. 일단 낙원을 잃으면 인간은 낙원으로 돌아갈 수 없다. 개체화된 인간이 세계와 관계를 맺으려면 어떻게 해야 하는가. 유효하고 생산적인 해결책이 하나 있다. 모든 인간과 적극적으로 연대하고, 사랑이나 일 같은 자발적인 활동을 하는 방법이다. 그러면 인간은 기본적인 관계를 통해 세계와 연결되는 것이 아니라, 자유롭고 독립된 개인으로서 다시 세계와 결합한다.[99]

현대인이 세계로부터, 타인으로부터 분리되고 격리되는 이유는 바로 이 관계를 회복하지 못하기 때문이다. 프롬에 따르면 인간의 개체화 과정 전체가 의존하고 있는 경제적. 사회적, 정치적 상황이 방금 말한 의미에서 개성을 실현할 수 있는 토대를 제공하지 못하면, 그리고 그런 상황에서 사람들이 그때까지 그들에게 안도감을 주었던 기본적인 관계를 단절당하면, 이 불균형 때문에 자유는 견딜 수 없는 부담이 되어 버린다. 그러면 자유는 의심과 동일해지고, 의미와 방향을 잃은 삶과 동일해진다. 그럴 때 어떤 사람이나 세계와의 관계가 개인의 자유를 박탈하더라도 불안을 없애 주겠다고 약속하면, 자유에서 벗어나 그 관계 속으로 도피하거나 복종으로 도피하려는 강력한 경향이 생겨난다. 프롬이 '자유로부터의 도피'라고 부르는 상황이다. 시장은 특정한 공간이 아니라 개인들의 욕구와 의지가 때로는 충돌하고 때로는 조화를 이루면서 집합의지를 만들어가는 기제(mechanism)다. 기제는 경제학자들이 사용하는 표현인데, 좀 더 친근한 용어를 사용한다면 과정이나 운동이라고 해도 좋겠다. 시장에서는 무수히 많은 수요라는 의지[보통의 경우라면 아마 '힘' 또는 '모멘텀(momentum)'이라는 표현이 더 정확할지도 모르지만 여기서는 '의지'가 더 적절한 표현일 듯싶다]와 역시 무수히 많은 공급이라는 의지가 만나서 가

---

99 프롬, 『자유로부터의 도피』, 53~54쪽.

격이라는 집단의지를 만든다.[100] 따라서 시장에서 이루어지는 모든 결과는 어느 개인의 의지에 의해 결정되지 않으며, 시장은 개인들의 의지로부터 초월해서 존재한다. 그래서 얼핏 보면 시장이라는 필연 앞에서 개인은 지극히 무기력한, 수동적이고 소극적인 존재로 보이기도 한다.

"너는 네 인격에서나 다른 모든 사람의 인격에서나 인간성을 단지 수단으로서가 아닌, 언제나 동시 목적으로 대하라"는 칸트의 정언명령 제2정식은 "인간 존엄과 관련해서 가장 급진적인 입장"을 취하고 있다고 평가된다. 칸트의 존엄 개념은 현상적 세계에서 완전히 벗어나 있는 것으로 사회적 권력이나 지배관계뿐만 아니라 전체 인간의 감각적 행위 전반과도 관련이 없다. 어떠한 현실적인 작용이나 향후 얻게 될 이득을 위해 작동하는 것이 아닌, "오히려 이성적 존재의 존엄이라는 관념"에서 발생하는 것이다. 여기서 이성적 존재는 "어떠한 법칙에도 복종하지 않으며, 무엇인가 동시에 스스로 존재하는 것"이며, 이에 따라 이성적 존재로서 인간은 특정한 사회적 맥락, 특히 시장의 논리에 종속되지 않는다. "무엇인가 가격을 갖는다면, 그 자리에 또 다른 등가물이 들어갈 수 있다. 이와는 반대되는 것이 존엄이다. 일반적인 인간적 경향과 욕구에 기반한 것은 특정한 시장가격을 갖는다. (이에 반해) 그 자체로서 스스로 목적이 될 수 있게 하는 조건을 만들어내는 모든 것은 단순한 상대적 가치, 즉 가격을 갖지 않으며 일종의 내적 가치, 즉

---

100 그런데 시장의 집합의지는 루소가 말한 일반의지(volonté générale)와 동일하거나 유사한 의지인가 아닌가? 루소에 의하면 인민이 주권자인 국가라는 것은 '각인이 그 자신과 재산을 공동의 힘을 통해 지키고 옹호하는 결합 형식'이고, 이 같은 개인의 자유로운 계약으로 성립하는 국가가 가지는 단일한 의지를 일반의지라 불렀다. 이 의지는 각각 특수한 이해에 입각한 개개인의 의지 즉 특수의지의 총합에 불과한 전체의지와 구별된다.(루소, 최석기 옮김, 『사회계약론』, 동서문화사, 2016, 171쪽.) 카뮈는 헤겔과 루소의 유사성을 지적하면서 『정신현상학』은 『사회계약론』과 유사하다고 주장했다. 헤겔의 철학 체계에서 일반의지의 이론을 찾아볼 수 있기 때문이다. 헤겔 연구자이자 교육자, 번역가로 유명한 프랑스의 철학자 장 이폴리트(Jean Hyppolite, 1907~1968)는 헤겔이 국가를 의지로 간주했다는 사실이야말로 루소의 위대한 발견이라고 평가하기도 했다.(카뮈, 『반항하는 인간』, 244쪽, 각주 138.) 루소의 일반의지에서 가장 중요한 요건은 그것이 공공의 또는 공동의 이익을 추구한다는 데 있다. 물론 애덤 스미스도 시장에서 개인들이 자신의 자애심에 따라 사적 이익을 추구하면 그 결과로 사회 전체의 복지가 증진한다고 주장하기는 했다. 본능에 충실한 세속적인 개인들로 구성된 사회에서 이루어지는 구성원들의 이기적인 행위는 그들이 의도하지 않아도 '보이지 않는 손'에 의해 사회 전체의 이익을 만들어낸다는 것이다. 하지만 스미스 스스로 구성원들이 의도하지 않는다고 표현했듯이, 시장의 '보이지 않는 손'에는 어떤 성격의 것이든 의지가 결여되어 있다. 그러므로 시장은 개별 경제주체들의 의지의 단순한 합으로서 집합의지이기는 하지만 일반의지라고 말할 수는 없다.

존엄을 갖는다."[101]

호모 이코노미쿠스에게 놓인 상황은 선택적이다. 아무런 의도도 목적도 없이 시장에 내던져진 존재로 남을 것인가, 스스로 자기자신에게 목적을 부여하고 실천하며 연대하는 반항적 인간이 될 것인가 하는 선택 말이다. 반항은 부정이다. 현상학적 방법론을 윤리학에 적용시킨 것으로 잘 알려진 막스 셸러(Max Scheler, 1874~1928)는 인간만이 '아니오'라고 말할 수 있는 존재라고 규정했다. 인간은 현실을 거부하거나 거절할 수 있다. 이런 의미에서 정신은 부정할 수 있는 능력이며, '삶의 금욕자'일 수 있다.[102] 반항은 기성의 질서나 가치를 부정하는 일이다. 그러나 동시에 반항은 단순한 부정이 아니라 새로운 긍정이기도 하다. 카뮈의 말처럼 반항은 단순히 'non(아니오)'라고 하는 것이 아니라 'non'과 동시에 'oui(예)'라고 말하는 것이다.[103] 카뮈의 『페스트』나 말로의 『정복자』 같은 작품에는 반항의 문학이라는 평가가 자연스럽게 붙는다. 그런데 카뮈는 마르셀 프루스트(Marcel Proust, 1871~1922)의 『잃어버린 시간을 찾아서(À la recherche du temps perdu, 1913~27)』를 필멸의 인간 조건에 항거하는 작품이라고 평가한다. "프루스트로 말하자면, 그의 노력은 집요하게 관찰된 현실에서 출발하여 하나의 닫힌 세계를 창조하는 데 있었다. 그 무엇으로도 대체할 수 없고 오직 그만의 것인 그 세계는 사물의 소멸과 죽음에 대한 자신의 승리를 나타내는 것이었다. …어떤 사람은 프루스트의 세계를 신 없는 세계라고 했다. 그 말이 옳은 것이라면 그것은 그의 세계에서 결코 신에 대하여 언급하는 일이 없기 때문이 아니라 그의 세계가 하나의 닫힌 완전함이 되고자 하는 야망을, 그리고 인간의 모습에 영원성을 부여하고자 하는 야망을 가지고 있기 때문이다. 『되찾은 시간』[『잃어버린 시간을 찾아서』의 마지막 장]은 그것이 지닌 야망에 있어서는 적어도 신 없는 영원 바로 그것이다. 이런 점에서 프루스트의 작품은 필멸의 인간 조건에 항거하는 인간의 가장 의미심장하고도 가장 엄청난 기도의 하나라는 것을 알 수 있다. 프루스트는 소설 예술이란 신의 천지창조 그 자체를, 우리에게 강요되고 있고 또 우리가 거부하는 바 그대로의 신의 창조를 다

101 권오용, 「인간 존엄 실현의 구체적 기반으로서 비판이론적 노동 개념」, 188쪽.
102 렌취, 『20세기 철학 입문』, 33쪽.
103 카뮈, 『반항하는 인간』, 31쪽.

시 고쳐 실행하는 것임을 입증했다. 적어도 어느 한 면으로 볼 때 이 예술은 창조주에 대항하여 피조물 쪽의 편을 드는 데 본령이 있다. 그러나 한층 더 깊은 의미에서 이 예술은 죽음과 망각의 힘에 대항하여 이 세계와 존재들의 아름다움과 동맹하고 있다. 바로 이런 의미에서 그의 반항은 창조적인 것이다."[104]

근대의 가장 위대한 성취 가운데 하나는 바로 개인의 발견이다. 근대 이전의 인간들은 가문, 씨족, 신분 등과 같이 자신이 소속된 집단에 의해 자기를 규정했다. 그러나 근대에 와서 비로소 개인들은 자기자신에 의해서 자기를 정의하게 되었다. 나는 나이기 때문에 나인 것이다. 근대적 개인들은 아무개의 아들이거나 아무개의 아내, 어느 가문의 누구, 어디서 온 누구가 아니라 그 자신으로 존재한다. 이런 나의 존재를 데카르트는 "나는 생각한다. 따라서 존재한다"라고 말했고, 카뮈는 "나는 반항한다. 따라서 존재한다"라고 말했다. 그래서 근대의 개인들은 혼자이며 고독하다. 그러면서 또 이들은 서로가 서로에게 주체적인 존재로서 비로소 진정으로 자유로운 연대를 이룬다. 그래서 이들은 혼자이면서 혼자가 아니고 외롭지만 외롭지 않고 고독하지만 고독하지 않은 것이다. 예전에 출간했던 다른 책에서 나는 경제학은 수학이기보다는 철학이어야 하고, 철학이기보다는 더 문학이어야 한다고 쓴 적이 있다. 카뮈가 프루스트를 두고 한 말처럼, 근대적 인간형, 근대가 발견한 개인의 전형으로서 호모 에코노미쿠스는 창조적이면서 또 반항적인 삶을 살아야 한다. 작가들이 자신의 작품 속에서 새로운 세계를 창조하듯이 호모 이코노미쿠스의 삶도 그러해야 한다. 신이 존재하지 않는 세계 즉 시장이라는 맹목적인 필연에 자신의 운명을 맡긴 채 떠밀려 가는 존재로 남기 보다는 시장에 반항하는 주체적인 인간이 되는 실천 말이다.

호모 이코노미쿠스는 자신의 욕구와 의지를 정확하게 이해하고 그것들을 실현하기 위해 끊임없이 행동하고 실천하는 존재다. 그럼으로써 호모 이코노미쿠스는 시장에서 자유를 얻는다. 시장에 복종하기를 거부하는 것은 물론이고 나아가 동시에 단순히 시장을 부정하는 데 그치는 것이 아니라 시장에 대한 허무주의적인 태도를 극복하고 자유로부터 도피할 것인가 자유로운 인간이 될 것인가? 이것이 호모

104 카뮈, 『반항하는 인간』, 460~63쪽.

이코노미쿠스의 자기실현을 위한 선택이다. 앞에서 니체를 인용하면서 "인간이란 무엇인가?"라는 질문은 그 자체로서 부적절하다는 이야기를 한 바 있다. 인간은 정의하는 존재지 정의되는 존재가 아니기 때문이다. 그럼에도 불구하고 실존적 삶을 추구하는 사람들은 끊임없이 인간이란 누구인가 하고 묻는다. 이 질문의 진정한 의미는 바로 나는 누구인가 하는 것이다. 아무런 목적도 의도도 없이 시장-내-존재로 던져진 개인들이 성실한 삶을 살아가기 위해서는 무엇을 어떻게 해야 하는가? 바로 자기 삶의 목적을 자기 스스로 선택하고 결정하는 것이다. 신이든 누구든 우리에게 그런 목적을 부여한 적이 없지만, 우리는 단지 시장에 내던져진 존재가 아닌 더 고귀한 존재로서 우리 자신의 삶의 의미와 목적을 스스로 결정해야 한다. 그래서 호모 에코노미쿠스의 길은 고독하지만 또 그래서 고독하지 않다.

이탈리아 화가 티치아노 베첼리오(Tiziano Vecelli, 1488?~1576)의 작품

<시시포스>

시시포스의 노동은 코카서스산 꼭대기의 바위에 묶인 채 매일 제우스가 보낸 독수리에게 간을 쪼이는 프로메테우스의 시련을 연상하게 한다. 정상을 향해 끊임없이 바위를 밀어 가고 또 가야 하는 시시포스처럼 프로메테우스도 영원히 끝나지 않을 고통을 참고 또 참아야 한다. 이런 고통을 겪으면서까지 프로메테우스가 제우스에 반항한 이유는 무엇일까? 프로메테우스가 인간들에게 불을 숨겨 준 덕분에 인류의 문명이 발전할 수 있었다는 점에서 프로메테우스 신화의 결말은 시시포스와 다르다고 생각할 수도 있다. 하지만 그 대가로 프로메테우스가 받은 보상이 아무것도 없다는 점에서 보면 시시포스의 무의미한 노동처럼 프로메테우스의 반항도 무의미한 반항에 지나지 않는다. 중요한 것은 아무런 보상이 없다 하더라도 반항은 그 자체로 숭고하다는 사실이다. 그래서 프로메테우스는 기꺼이 독수리에게 간을 쪼이는 것이다. 사람들은 시시포스의 노동이 아무 성과도 없기 때문에 무의미하다고 말하지만, 반대로 시시포스의 노동이 고귀한 이유는 바로 아무런 대가도 성과도 없는 노동 그 자체의 숭고함을 보여 주기 때문이다.

에필로그

다시 호모 에코노미쿠스를 찾아서

리디아의 양치기 귀게스는 우연히 다른 사람들이 자신의 모습을 보지 못하게 하는 마법의 반지를 발견한다. 그 반지를 끼고 왕궁으로 간 귀게스는 왕비와 내통한 다음 그녀와 공모하여 왕을 살해하고 왕권을 차지한다. 플라톤의 『국가』 「제2권」에 나오는 이야기다.[1] 『국가』에서는 플라톤의 스승인 소크라테스(Socrates, BC470~BC399)가 나와 여러 반대자들과 논쟁을 벌인다. 대부분 그 당시 그리스에서 유행했던 소피스트(Sophistes) 철학자들인 반대자들은 이런저런 궤변으로 소크라테스를 공격하지만, 소크라테스는 그들의 논지를 하나하나 논리적으로 반박한다.[2] 『국가』 「제1권」에서는 트라쉬마코스(Thrasymachus, BC459?~BC400?)가 등장해 소크라테스와 정의를 주제로 토론한다.[3] 『국가』 「제2권」에서는 트라쉬마코스를 물리치고 이제는 토론에서 해방되었다고 생각하던 소크라테스 앞에 글라우콘(Glaucon, BC445?~?)이 나타난다. 글라우콘이 특별한 이유는 그가 바로 플라톤의 형이기 때문이다.[4] 글라우콘은 다시 정의의 문제를 들고 와서는 소크라테스에게

---

1 플라톤, 왕학수 옮김, 『국가』, 동서문화사, 2017, 108~09쪽.

2 소피스트는 원래 그리스어로 '현명한 사람', '알고 있는 사람', '지식을 주고 가르치는 사람' 등을 의미했으나 플라톤과 아리스토텔레스에 의해 '궤변가(詭辯家)'라는 부정적 의미로 사용되었다. 초기의 소피스트는 종래의 시인들에게 이어받은 교육 문화의 전통을 깨는 일이 없이 신화를 인용하고 개성을 존중하면서 고등교육의 촉진에 기여했다. 그러나 기원전 4세기 이후 공정성을 무시하고 논쟁에서의 승리에만 열중함으로써 비판받게 되었다. 가장 유명한 소피스트 철학자로는 "인간이 만물의 척도다"라는 말을 남긴 프로타고라스(Protagoras, BC485?~BC410)가 있다. 프로타고라스는 개인을 위주로 한 지식의 상대성과 전진성을 강조했으며, 종래의 귀족적인 덕에 대신해 겸손과 정의와 우애를 민중들이 공유해야 할 폴리스의 덕이라고 역설했다.

3 트라쉬마코스는 지금의 이스탄불 지역인 칼게돈 출신의 소피스트 철학가다. 트라쉬마코스의 사상은 "정의는 더 강한 이의 이익에 지나지 않는다"는 말로 요약된다.

도전한다. 글라우콘의 논지는 아무리 올바른 사람이라 할지라도 귀게스의 반지가 주어진다면 나쁜 일에 사용하지 않을 리 없다는 것이다. 가령 두 개의 반지가 있어서 하나는 올바른 사람에게, 다른 하나는 올바르지 않은 사람에게 주어 보자. 정의의 편에 서서 끝까지 남의 물건에는 손을 대지 않을 정도로 지조가 굳은 이는 한 사람도 없을 것이며, 누구든 시장에서는 아무런 두려움 없이 남의 물건을 훔칠 것이고, 집집마다 들어가 누구든 좋은 사람과 성행위를 할 것이며, 죽이고 싶은 사람은 죽일 수 있고, 반대로 풀어 주고 싶은 사람은 풀어 주면서 마치 인간들 속에서 신처럼 행동할 것이다. 이는 올바른 사람이든 올바르지 않은 사람이든 다를 바 없으며, 어느 쪽이건 똑같은 결론에 이를 것이 너무 당연하다고 글라우콘은 주장한다. 글라우콘의 대담한 도발에 과연 소크라테스는 어떻게 논박했을까? 그 답은 뒤에 가서 다시 보기로 하자.

이미 서술한 것처럼 경제학은 근대의 산물이다. 근대 경제학은 근대의 산물이라고 말하는 편이 더 정확하겠지만, 그런 표현은 어딘지 풍자(satire)가 아니면 해학(humour)인 것처럼 들린다. 그런데 실은 매우 진지하게 근대 경제학은 근대의 산물이라고 말해야 옳기는 하다. 단순히 근대라는 수식어가 앞에 붙는다고 모두가 근대의 산물일 수는 없다. 근대가 이루어낸 성과들에 기초해서 근대가 지향하는 가치들을 함께 지향할 때만 우리는 근대의 산물이라는 표현을 사용할 수 있다. 그래서 근대 경제학은 단순히 어느 시대의 연대기에 존재한다는 의미를 넘어서 근대의 산물이다. 그렇다면 호모 이코노미쿠스도 근대의 산물인가? 호모 이코노미쿠스라는 개념은 르네상스의 문화적 세례를 온몸에 받으면서 탄생해서는 근대 합리주의 철학과 근대 경험주의 철학의 두 다리로 서서는 이성의 월계관을 머리에 쓰고 중세의 몽매 속으로부터 걸어나온 근대 계몽주의 운동의 사상적·실천적 산물이다. 그래서 호모 이코노미쿠스라는 개념에 비판적인 평론가조차도 “호모

---

4 글라우콘은 플라톤의 형이라는 사실 외에 그의 생애에 대해서는 알려진 바가 거의 없다. 'Glaucon'이라는 이름은 '밝은 눈', '올빼미 눈' 또는 '회색 눈' 등을 의미하는데, 아테네 여신을 숭배했던 것으로 짐작된다. 플라톤의 『국가』에서 소크라테스와 유명한 논쟁을 벌였으며, '동굴의 비유'에서 대화를 나누는 사람으로 알려져 있기도 하다. 플라톤의 몇몇 저작들과 아리스토텔레스의 『시학』에서도 짧게 언급되었다.

이코노미쿠스는 근대적 계몽주의적 인간관의 산물"이라는 점을 부인하지 않는다.[5] 17세기 후반 영국에서 시작되어 18세기 프랑스에서 전성기를 이룬 계몽사상은, 세계와 인간에 대한 인식은 신이 아닌 인간 자신의 지성에 의해 이루어져야 한다고 선언함으로써 18세기 유럽의 모든 문학운동과 사상운동의 토대를 이루었다. 봉건제도가 해체되고 시민혁명의 시대로 막 나아가던 당시의 유럽 각국에서 싹트기 시작한 시민정신의 형성에도 주요한 매개자의 역할을 했다. "계몽주의는 인간, 사회에 자연에 대한 새로운 사고 틀을 창조했으며, 기독교 정신이 지배했던 전통적 세계관에 뿌리내리고 있는 기성 관념에 도전했다. 계몽주의 지식인은 세계에 대한 기성 관념을 지지하는 주된 집단인 성직자에 도전했다."[6] 근대를 구성하는 기본 원리(Modernity)로서 계몽주의의 특징은 다음과 같이 요약된다.

1. 이성 – 철학자들은 지식을 조직하는 방식으로서 경험과 실험으로 단련된 이성과 합리성의 일차성을 강조했다. 이 점에서 그들은 경험과 무관하게 자명하고 생득적인 관념에 기반한 합리적 사회 과정으로 이성을 이해하는 '합리주의적' 이성 개념을 이어받았다. 이 합리주의는 어떤 생각하는 사람을 보여주었으며 17세기에 데카르트와 파스칼이 제기하기 시작한 관념을 이어받았다. 하지만 철학자들은 그들의 합리주의적 견해를 경험주의와 제휴시켰다.
2. 경험주의 – 자연과 사회에 대한 일체의 사상과 지식이 인간 존재의 감각기관을 통해 이해할 수 있는 경험적 사실과 대상에 기반해야 한다는 생각.
3. 과학 – 17세기 과학혁명에서 발전된 실험적 방법에 기반한 과학적 지식이야말로 모든 인간 지식을 확장시키는 열쇠라는 관념.
4. 보편주의 – 과학은 여하한 모든 상황에 적용될 수 있으며, 그 원리가 모든 상황에서 동일하다는 개념. 특히 과학은 예외 없이 전

---

[5] Hollis & Nell, Rational Economic Man: A Philosophical Critique of Neo–Classical Economics, 1975, 박정순, 「현대사회와 인간 문화 철학적 성찰 —호모 에코노미쿠스 생살부」, 2쪽에서 재인용.

[6] 해밀턴, 「계몽주의와 사회과학의 탄생」, 전효관·김수진·박병영 옮김, 『현대성과 현대문화』, 현실문화연구, 2001, 42쪽.

우주를 지배하는 일반법칙을 생산한다.

5. 진보 – 인간 존재의 자연적, 사회적 조건은 과학과 이성의 적용을 통해 개선될 수 있으며 행복과 복지 수준을 부단히 향상시키는 것으로 귀결될 것이라는 생각.
6. 개인주의 – 개인은 모든 지식과 행위의 출발점이며, 개인적 이성은 좀 더 높은 권위에 종속될 수 없다는 관념. 따라서 사회는 개인들의 사상과 행위의 거대한 산물이다.
7. 관용 – 모든 인간 존재가 종교적 혹은 도덕적 믿음의 차이에도 불구하고 본질적으로 동일하며, 다른 인종이나 문명의 믿음이 유럽인의 기독교적 정신보다 본래적으로 열등하지 않다는 관념.
8. 자유 – 믿음, 교환, 의사소통, 사회적 상호작용, 성과 재산 소유에 대한 봉건적 그리고 전통적인 강제에 대한 반대.
9. 인간 본성의 단일성 – 인간 본성의 주요한 특징들은 항상 그리고 어느 곳에서나 동일하다는 믿음.
10. 세속주의 – 적의에 가득찬 반종교주의 유형에서 가장 빈번하게 나타났던 윤리. 전통적인 종교적 권위에 대한 철학자들의 반대는 종교적 정통에서 자유로운 세속적 지식의 필요성을 강조했다.[7]

앞에서 계몽주의 운동에 대해 서술하면서 이미 중요하게 인용한 것처럼 임마누엘 칸트는 「"계몽이란 무엇인가?"라는 질문에 대한 답변」에서 계몽이란 인간이 스스로 초래한 미성숙으로부터 벗어나 자신의 지성을 공개적으로 사용할 용기를 의미한다고 말했다. 신의 섭리나 그와 유사한 절대적인 권위에 의지한다면 인간으로서는 오히려 여러 가지 곤란과 애로를 쉽게 피할 수 있다. 신의 뜻이 그렇게 말씀하셨다는 변명이 가능하다면 인간에게는 아무런 책임도 없어지기 때문이다. 탈주술화의 핵심은 그렇게 나의 외부로부터 주어진 절대적 기준을 부정하고 나 자신이 스스로 가치의 기준 된다는 것을 의미한다. 여기에 필요한 것은 지성이 아니라 용기다. 의지할 만한 절대적 기준이 없는 세계를 받아들일 수 있는 용기와

7 해밀턴, 「계몽주의와 사회과학의 탄생」, 40~41쪽.

이 세계를 밝힐 가치의 기준을 스스로 만들어내겠다는 의지가 근대의 핵심이다. 중세적 세계관을 요약하면, 인간을 둘러싼 자연과 사회의 질서는 신의 섭리로 만들어졌으며, 교회와 사제를 통하지 않고서는 개인이 신의 섭리를 이해할 수는 없다는 것이다. 이에 대해 근대의 출현은 사상적으로 신 중심의 세계관에서 인간 중심의 세계관으로의 전환이라고 불린다. 그러나 냉정하게 이야기하면 이는 매우 부정확한 표현이다. 그래서 더 정확하게 표현한다면, 중세로부터 근대로의 진보는 어떤 인간관에 기초한 세계관으로부터 또 어떤 인간관에 기초한 세계관으로의 전환인가 하고 물어야 한다. 다시 말해 아직 인간의 이성이 미성숙한 데서 비롯된 몽매함 때문에 신의 섭리나 다른 초월적인 존재의 권위와 권력에 의지하지 않고서는 사고할 수 없는 인간을 중심으로 한 세계관인가, 아니면 반대로 자신의 이성으로 자립해서 사고하는 인간 중심의 세계관인가가 올바른 표현이다. 나를 둘러싼 세계가 스스로의 질서로 만들어졌으며, 교회나 다른 공동체적 규율에 소속됨을 통하지 않고서도 개인이 자신의 이성을 이용해 그 질서를 이해할 수 있다고 믿는다. 이제 비로소 개인으로서의 인간이 자율적이고 독립적인 주체로서 행위하고 생활하게 되었다는 뜻이다. 교회와 신분적 질서가 부여하는 소명이 아니라, 삶이 나의 것이며 그 삶을 가치 있게 살아가는 것이 나의 소명이자 내가 존재하는 이유임을 깨닫게 된 것이다. 그리고 그 수단은 바로 이성이다. 이처럼 교회와 신분제에 속한 인간으로서가 아니라 독립된 개인으로서, 자신의 고유한 목표와 가치를 실현하기 위한 수단으로서 삶을 자각한다는 데 호모 이코노미쿠스의 본질이 있다.

다시 베버를 인용해 보면, 근대화 즉 탈주술화의 가장 중요한 두 가지 계기는 종교와 과학이다. 『프로테스탄티즘 윤리와 자본주의 정신』에서 베버는 가치합리적인 프로테스탄티즘의 윤리에서 목적합리적인 근대 자본주의 정신이 출현했다고 주장했다.[8] 베버가 반대자들 특히 마르크스주의자들로부터 비판받는 주요한 이유 가운데 하나는 바로 정신이 물질에 선행한다는 주장 때문이다. 다만 베버에게도 오해받을 만한 언급이 있기는 한데, 베버 스스로 식민지 경제에서 자본주의

8 베버, 『프로테스탄티즘 윤리와 자본주의 정신』, 195쪽.

정신과 자본주의적 경영 태도에 대해 이야기하면서 “이 경우의 인과관계는 ‘유물론’ 입장에서의 인과관계와 정반대다”라는 표현을 사용하기도 했다.[9] 그러나 정작 베버가 고민한 것은 정신이 결여된 물질이 과연 인간을 진정한 의미에서 더 풍요롭고 행복하게 해 줄 수 있는가 하는 문제였다. 윤리가 결여된 자본주의의 미래는 무엇인가 하는 이야기다. 베버에게 합리성이란 가치합리적 행위 그 자체를 배제하는 것이 아니라, 인간이 신의 권위나 비이성적인 도그마에 의존하지 않고 스스로 사유하고 판단한다는 뜻이며 그런 사유와 판단의 능력이 모든 주체적 개인에게 주어져 있다는 뜻이다. 철학과 과학의 영역에서 근대가 신의 뜻을 개입시키지 않고 자연을 설명하는 데서부터 시작되었다면, 경제의 영역에서 자본주의는 인간이 신의 뜻과 상관없이 자신의 경제적 욕구를 추구하기 시작했음을 의미하며, 마찬가지로 정치의 영역에서 민주주의란 신이 만든 목적을 떠나 인간들이 자신의 의지대로 자신의 정치적 의사결정권을 추구하기 시작했음을 의미한다.

계몽운동이 절정을 구가한 것은 볼테르와 루소의 프랑스에서였지만, 그보다 앞서 계몽운동의 토대를 구축한 것은 영국의 경험론 철학자들 특히 시민사회의 사상과 이론을 형성한 홉스와 로크였다. 그래서 호모 이코노미쿠스의 인간상 속에는 당연히 홉스와 로크의 사상이 많게든 적게든 녹아 있지 않을 수 없다. 많은 연구자들은 호모 이코노미쿠스를 ‘홉스형 인간(Hobbesian man)’이라고 생각한다. 왜냐하면 이들이 생각하는 시장은 홉스가 묘사한 자연상태와 유사한 측면이 많기 때문이다. 홉스는 자연상태를 모든 개인이 무제한의 자연권을 가지는 상태, 만인이 만물에 대한 권리를 갖는 상태, 다른 사람의 생명과 육신에 대해서조차 자유롭게 처분할 권리를 서로 지니는 상태이다. 따라서 자연상태는 전쟁과 다를 바 없는 상태이다. “인간의 본성 속에서 분쟁을 일으키는 세 가지 주된 원인을 찾을 수 있다. 첫째는 경쟁(competition)이며, 두 번째는 불신(diffidence)이고, 세 번째는 공명심(glory)이다. …정치국가 외부에는 언제나 만인의 만인에 대한 투쟁이 존재한다.”[10] 호모 이코노미쿠스를 홉스형 인간이라고 생각하는 사람들에게 시장은 홉

---

9 베버, 『프로테스탄티즘 윤리와 자본주의 정신』, 35쪽.
10 홉스, 최공웅·최진원 옮김, 『리바이어던』, 동서문화사, 2009, 131쪽.

스의 자연상태에서 전쟁을 경쟁으로 대체했을 뿐이라고 주장한다. 만인에 대한 만인의 경쟁 상태가 바로 시장이라는 것이다. 그러나 시장에서는 인간의 이기심이 무제한적으로 허용된다거나, 시장에서는 오직 이기심만 작용할 뿐이라는 주장은 모두 시장에 대한 오해일 뿐이다.

홉스의 사상이 경제학의 아버지로 불리는 애덤 스미스의 사상과 경제이론을 형성하는 데 중요한 영향을 미쳤음은 분명하다. 특히 이기심에 대한 스미스의 사상은 홉스의 전제와 핵심적인 측면에서 보면 거의 동일한 전제로부터 출발한다. 그러나 홉스는 자연상태를 극복하고 시민사회로 나아가기 위한 인류의 긴 여정을 상정했지만, 스미스는 곧바로 개인들은 자신의 이기심을 충족시키기 위해 타인과 협력한다는 결론으로 도약한다. 내가 타인의 이기심을 존중하지 않고 충족시켜 주지 않으면 타인도 당연히 나의 이기심을 존중하지 않고 충족시켜 주려 하지 않을 것이기 때문이다. "인간은 항상 동료의 도움을 필요로 하는데, 이것을 오직 동료의 자비로부터 기대하는 것은 불가능하다. 이렇게 하는 것보다는 오히려 자기의 이익을 위해 동료의 이기심을 자극하고 자기의 요망사항을 들어 주는 것이 그들 자신의 이익이 된다는 것을 보여 주는 것이 훨씬 낫다. 타인에게 어떤 종류의 거래를 제의하는 사람은 누구든지 그렇게 하려고 한다. 내가 원하는 것을 나에게 주면, 너는 네가 원하는 것을 가지게 될 것이라는 것이 이러한 모든 제의가 의미하는 바다."[11] 그래서 스미스에게 인간은 이기적이지만, 아니 인간이 이기적이기 때문에 시장은 조화롭다. 시장은 자연상태가 아니라 가장 높은 수준의 문명상태인 것이다.

호모 이코노미쿠스에 홉스적 인간성이 분명히 작동하고 있기는 하지만, 모든 점을 고려할 때 그는 홉스형 인간이기보다는 '로크형 인간'이다. 이는 철학적으로도 그렇고 현실적으로도 그렇다. 홉스와 마찬가지로 로크도 자연상태에서 시작한다. 그런데 로크가 생각하는 자연상태는 개인들이 자연법 즉 이성적 법질서의 범위 안에서 행동을 규정하고 스스로 적당하다고 생각하는 바대로 소유물과 육체를

---

11 스미스, 『국부론(상)』, 22쪽. (그리고 이 인용 뒤로 "빵집 주인의 이기심"으로 알려진 유명한 구절이 이어진다.)

처분할 수 있는 완전한 자유 상태이며, 누구나 평등한 권리를 가지는 상태이다.[12] 이성은 타인의 생명과 자유와 소유를 훼손해서는 안 된다고 가르친다. 따라서 자연상태는 홉스가 주장한 것과 같은 전쟁상태가 아니라 평화롭고 서정적인 상태이다. 그러면서 또 로크는 자연상태에서도 언제든지 전쟁상태가 일어날 수 있다고 주장하기도 한다. 말하자면 홉스처럼 자연상태를 전쟁상태로 간주하고 문명사회와 대비시키는 대신, 자연상태에서든 문명사회에서든 전쟁상태는 언제든지 일어날 수 있다고 보았다. 시민사회의 사상가로서 로크의 주장이 가장 분명하게 드러나는 것은 바로 소유권의 문제다. 로크는 매우 분명한 언어로 재산권이야말로 시민의 가장 기본적 권리라고 주장한다. 로크가 말하는 재산(property)은 유무형의 자산만을 가리키는 것이 아니라 개인의 신체와 자유까지를 포함하는 개념이다. 로크는 누구도 토지 또는 다른 소유물의 재산권에 의해서나 다른 사람의 생명에 대해서 정당한 권력을 가질 수 없다고 말한다. 재산권은 생명권만큼 중요하다는 뜻이다. 그렇다고 로크가 사유의 권리를 무제한적으로 옹호하지는 않았다. 로크는 사유재산권이 보호받아야 하는 이유에 대해 중요한 단서를 붙인다. 바로 그것이 자신의 노동의 산물인 한에서라는 단서다.[13] 로크는 홉스가 보지 못했던 새로운 사회의 흐름, 즉 노동에 기초한 소유의 교환관계가 진전되던 그 당시 영국의 새로운 사회경제적 현상에 주목했다. 로크에 의하면 소유의 본질은 원래 인격이 투영되고 대상화되고 객관화된 것이지만, 인격과는 달라서 양도와 교환의 대상이 될 수 있다. 소유권은 인격에 고유하다는 이론에 로크는 노동의 개념을 도입한 것이다. 호모 이코노미쿠스를 로크형 인간이라고 부르는 이유는 바로 여기에 있다.[14]

---

12 로크, 김현욱 옮김, 『통치론』, 동서문화사, 2008, 290쪽.

13 로크, 『통치론』, 308쪽 이하.

14 로크의 경력에서 특이한 점은 정부 관리로 식민지에서 근무한 일이다. 일반적으로 자연법에 관한 당시의 사상과 이론들은 『성서』 속의 자연상태를 그 출발점으로 삼는 것이 보통이었다. 그러나 로크는 『성서』가 아니라 아메리카 인디언의 사회를 인류 최초의 역사로 보고 이를 정치사회의 기원으로 삼았다. 당시 신대륙은 유럽인들에 의한 수탈과 착취의 대상이기도 했지만, 다른 한편에서 보면 근대 초기의 유럽 지식인들에게 새로운 지적 지평을 열어준 계기이기도 했다. 로크는 직접 식민지 경영에 참여한 경험과 다른 사람들의 항해기 등을 통해 얻은 신대륙의 사회와 지식에 관한 지식을 자국의 현실에 대한 인식과 비판의 근거로 삼았다. 특히 로크는 아메리카 인디언 사회와 당시의 유럽을 비교함으로써 상업사회로서의 시민사회의 성립 근거를 단계적으로 밝히고자 했다. 로크는 아메리카 인디

로크형 인간으로서 호모 이코노미쿠스는 노동하는 인간이다. 그런데 여기에 대해서도 호모 이코노미쿠스 개념을 비판하는 논자들은 전혀 다르게 주장한다. "호모 이코노미쿠스는 노동을 부(負)의 효용(disutility)으로 간주하고 노동을 본질적인 가치를 가진 것으로 인정하지 않는다. 그것은 호모 이코노미쿠스가 마르크스의 노동가치이론의 주체인 '노동하는 인간(homo laborans)'을 비판하고 나온 인간이기 때문이다. 또한 그는 '공작적 인간(homo faber)'처럼 도구를 통한 자연의 개조와 문화의 형성을 지상의 과제로 여기지도 않는다."[15] 호모 이코노미쿠스는 과연 노동을 부(−)의 효용으로 간주하며 인정하지 않는가? 먼저 이 인용에는 심각한 혼란이 있다는 점을 지적해 두어야겠다. 이 인용의 바로 앞에는 호모 이코노미쿠스라는 개념이 시장경제의 태동과 함께 스미스와 고전학파 경제학자들에 의해 처음 규정된 이후로 신고전학파 경제학자들에 의해 수학적으로 정식화되고, 현대 경제학에 와서 널리 수용되었다는 서술이 나온다. 호모 이코노미쿠스라는 개념이 애덤 스미스에서부터 출현했다고 주장하면서 또 호모 이코노미쿠스가 스미스보다 두 세대 뒤의 인물인 마르크스를 비판하고 나왔다는 주장은 혼란스러울 수밖에 없다. 스미스가 마르크스보다 먼저 활동했다는 점은 중요하지 않다. 중요한 것은 스미스가 마르크스보다 거의 한 세기를 앞서 노동가치이론을 주장했다는 점이다. 노동가치이론은 윌리엄 페티에서 시작해 애덤 스미스와 데이빗 리카도에 의해 발전하고 마르크스에 의해 완성된다. 이런 혼란이 나타나는 이유는 호모 이코노미쿠스라는 개념과 더 나아가 근대 경제학을 비판하는 이들이 비판하는 인간형은 바로 신고전학파 경제학이 가정하는 그런 인간형이면서 굳이 그 비판을 신고전학파를 넘어 근대 경제학의 원죄로까지 소급하려고 시도하기 때문이다. 신고전학파 경제학이 마르크스의 경제학과 융합하기 어려운 긴장 관계에 있는 것은 사실이다. 그러나 신고전학파 경제학의 선구자들이 출현하던 당시의 지적·사상적 분위

언 사회에 대한 연구를 통해 인류의 역사를 수렵 중심의 채집사회, 토지 점유 이후의 농경사회, 그리고 교환이 일반화된 상업사회로 구분했다. 역사발전단계설이 체계적인 경제이론으로 처음 제시된 것은 독일 역사학파의 프리드리히 리스트에 의해서지만, 그에 앞서 로크는 인류의 경제사를 진보의 관점에서 파악한 최초의 사상가라고 부를 만하다.

15 박정순, 「현대사회와 인간 문화 철학적 성찰 —호모 에코노미쿠스 생살부」, 12쪽.

기는 오늘날 신자유주의자들과 진보적 사상과의 관계와는 많이 달랐다는 점도 기억해 둘 필요가 있다. 신고전학파 안에서도 왈라 같은 이는 스스로 자기자신은 사회주의자라고 말했다. 신고전학파보다 한 세기 앞에서 활동했던 고전학파의 마지막 거장인 존 스튜어트 밀도 종종 사회주의자라고 불렸다. 물론 이때의 사회주의는 마르크스주의자와는 사뭇 다른 개념이기는 하다. 그 시대에는 다양한 사람들이 스스로 사회주의자라고 불렀거나 그렇게 불리는 경우가 많았기 때문이다. 마르크스와 엥겔스가 초기에 사용하던 '사회주의(Socialism)'라는 용어 대신 '공산주의(Communism)'라는 용어를 사용하게 된 것도 그 때문이다.

그렇다면 이제 다시 본론으로 들어가, 호모 이코노미쿠스는 과연 노동하는 인간을 비판하기 위해 만들어졌는가? 이렇게 주장하는 이들이 잘못 알고 있는 것은 바로 호모 이코노미쿠스라는 개념이 노동에서부터 출발했다는 사실이다. 비판적인 평론가들이 생각하는 호모 이코노노미쿠스는 책상머리에 앉아서 탐욕스럽게 이윤을 계산할 줄만 아는 자본가 또는 그런 자본가의 전생인 고리대금업자의 모습이다. 그러나 진정한 호모 이코노미쿠스는 도구적 인간이며 노동하는 인간이다. 도구를 만드는 인간 즉 호모 파베르에 대해서는 앞에서 자세히 서술했다. 호모 이코노미쿠스의 원형이라고 할 수 있는 로빈슨 크루소는 바로 노동하는 인간이었다. 앞에서 서술했던 내용을 잠시 다시 읽어 보자. "로빈슨 크루소가 근대적 개인의 전형이라는 이유는 첫째, 노동의 윤리화 때문이다. 로빈슨은 문명의 공업화 이전 단계 즉 도구적 인간으로서 인간이 사회를 꾸려나가면서 필요한 물건을 스스로 만들었던 시대를 보여 준다. 로빈슨이 쓰는 일지에는 그가 수행하는 노동에 대한 계획과 과정, 그리고 결과가 자세히 기록되어 있다." 호모 이코노미쿠스로서 로빈슨 크루소를 로크형 인간이라고 부르는 이유는, 경제이론으로서 노동가치이론을 처음 체계화하려고 시도한 사람은 페티지만, 그에 앞서 로크는 노동에서 가치가 창조된다는 사실을 처음 인식한 철학자이기 때문이다. 로크가 생각한 새로운 인간형은 산업혁명을 향해 진보해 가던 영국 사회에서 현실로 구현된다. 실은 대니얼 디포가 로빈슨 크루소로 하여금 "내가 땅주인이다!(I'm the Lord!)"라고 외치도록 했을 때 그가 로빈슨의 모델로 생각했던 것도 이 새로운 인간형이었다. 17세기 영국의 현실에서 활동했던 로크형 인간의 현실태는 바로 '요맨(yeoman)'이라고 불리는 독립자영농민들이다.

> 청교도들은 농업을 특히 중요히 여겼으며, 신앙에서도 매우 중요한 영리 부문으로서 중시했다. 그러나 이러한 농업 중시는 지주(landlord)가 아닌 자영농민(yeoman)과 자작농민(farmer)에 해당하는 것이었다. 또한 18세기에도 이는 융커(junker) 같은 농장주 귀족이 아닌 '합리적' 농업 경영자의 경우에 해당했다. 17세기 이래 영국 사회는 '과거의 유쾌한 영국'의 대표자인 '향사(준귀족 지주계급)'와 그 사회적 지위가 심하게 요동치는 청교도계층으로 나뉘었다. 이 둘의 성향, 즉 있는 그대로 자연스러운 인생의 즐거움을 누리고자 하는 성향과, 엄격한 규율과 자제를 통해 자신을 통제하고 형식적인 윤리적 규제에 몸을 맡기려는 성향은 영국의 '국민성' 속에 오늘날도 병존하고 있다.[16]

인용에서 '향사(鄕士)'라고 번역된 이들은 '젠트리(gentry)'라 불리던 계급이다. "그 사회적 지위가 심하게 요동치는 청교도계층"이란 바로 요맨을 가리킨다. 젠트리는 '가문이 좋은 사람'이라는 말에서 유래하는데, 원래는 귀족의 작위가 없는 자유민으로서 문장이 허용된 이들을 지칭했으나 의미가 확대되면서 중산계급 상층부를 포함한 사회층을 가리키는 것이 보통이다. 귀족과 요맨 중간에 위치하는 신분집단을 가리킨다. 즉 "요맨보다는 높고 귀족보다는 낮은 토지소유자, 과거 직영지의 차지인으로서 소농을 계승한 부유한 차지인과 그들의 친척, 그리고 유능한 법률가, 성직자, 의사와 같은 전문직업인 및 부유한 상인"들이 바로 젠트리다. 헨리 8세(Henry VIII, 1491~1547)의 종교개혁이 일어난 16세기 이후 영국에서는 지배계층의 교체가 있었고 젠트리가 새로운 변화의 기수로 등장했다.[17] 시대가 흐

---

16 베버, 『프로테스탄티즘 윤리와 자본주의 정신』, 190쪽.

17 영국에서 종교개혁의 직접적인 원인이 된 사건은 헨리 8세가 왕위를 계승할 아들을 낳지 못한 그의 왕비 캐더린과 이혼하고자 했으나 교황 클레멘스 7세가 이를 허락하지 않은 데서 비롯되었다. 이에 왕은 문제를 의회의 힘을 빌어 해결하고자 1529년 의회를 소집하여, 8년에 걸친 종교개혁 회의에서

름에 따라 젠트리에는 지주 이외에도 성직자나 현직 관리자, 법정 변호사, 내과 의사 등 전문직도 포함되었다. 여기에 상공업분야에서 부를 축적한 사람이 토지를 구입해 젠트리로 인정받는 경우도 많아지면서 본래의 신분계층적 개념은 희박해지게 되었고, 오늘날 예의 바른 교양인 즉 신사(gentleman)라는 의미로 확대되기에 이르렀다. 한편 16세기 영국의 농촌사회에서는 농민계급의 성장도 두드러졌는데, 독립자영농민 즉 요맨층이 농민의 대부분을 차지할 정도로 성장했다. 요맨은 젠트리의 하위에 있는 부유한 농민을 가리키는 말로, 원래는 법률적으로 연간 40실링 이상의 수입을 올리는 자유보유농으로서 주 의원의 선거권과 배심원 자격을 가진 자들을 의미했다. 그러나 농노제의 해체와 함께 농민의 경제적 지위가 향상됨에 따라 요맨은 자유보유농이 아니라고 하더라도 젠트리의 하위에 있는 부유한 농민 일반을 가리키게 되었다. 16세기 영국의 농민층을 토지보유의 법적 형식에서 보면 자유보유농과 관습보유농(customary tenants) 및 정기 차지농민(lease holders)으로 분류된다. 요맨은 저액의 고정 화폐지대를 지불하는 자유보유농과 예농에서 부유해진 관습보유농, 일부의 정기 차지농민을 포함한 농촌의 중산계급으로 구성되었다. 요맨층에서 새로운 근대적 산업자본가계급이 성장했으며, 시민혁명기에 주역을 담당한 것도 이들이었다.[18]

베버의 『프로테스탄티즘 윤리와 자본주의 정신』에는 신대륙의 사회경제구조에 관한 재미있는 비교가 나온다. 동북부의 식민지에서는 자본주의 정신에 충만한 경제활동이 활발하게 나타나고 있는 반면에 남부의 식민지에서는 그렇지 못하다는 것이다. "…'자본주의 정신'은 벤자민 프랭클린의 고향에서는 적어도 '자본

로마의 지배로부터 이탈하는 법안을 차례로 가결시켰다. 특히 1934년 선포된 「수장령(首長令 Act of Supremacy)」은 국왕을 '영국 국교회 지상 유일의 최고 수장'으로 선언함으로써 교황과 공의회가 가지고 있던 법률제정권이나 성직자의 임명권을 국왕이 장악할 수 있도록 했다. 그 결과 종래의 세속재판권은 물론 종교상의 재판권까지도 국왕에게 부여되었으며, 또 그 때까지는 로마 교황청으로 지불되었던 각종 부과세도 모두 국왕의 수입이 되었다. 더구나 국왕의 종교상의 지상권은 신으로부터 직접 주어진 것으로서 지상권 그 자체에 대해서는 의회의 동의조차 필요로 하지 않은 채 「수장령(Acts of Supremacy)」이라는 이름으로 모든 국민에게 법적 의무를 부과한 것이었다. 국왕이 세속계의 최고 통치자임과 동시에 종교계의 유일한 수장이 됨으로써 영국의 정치제도는 말단의 지방정치까지 세속권과 교권이 일체화되어 종교와 정치가 유착된 형태로 이루어지게 되었다.

18 경제교육연구회, 『사람의 역사, 경제의 역사』, 126쪽 이하.

주의 발달' 이전에 명백히 존재하고 있었다. 1632년에 이미 뉴잉글랜드에서는 미국의 다른 지방에 비해 사람들이 유난히 이익 계산에 밝다는 이유로 비난받기도 했다. 그런데 뉴잉글랜드의 바로 이웃한 식민지[오늘날의 미합중국 남부 지방]등에서는 그런 정신이 매우 미숙한 상태였다. 남부 지방 식민지는 사실 대자본가들이 영리를 목적으로 손을 댄 지역이었는데도 그러했다. 반면 뉴잉글랜드 식민지는 목사·지식인·소시민·직인·자영농민(yeoman)들의 결합에 의해 종교적인 이유를 바탕으로 탄생했다."[19] 한참 뒤의 일이지만 영화 《바람과 함께 사라지다(Gone with the Wind, 1939)》의 배경이 된 남북전쟁(American Civil War, 1861~1865)이 일어난 직접적인 계기는 노예제도였을지라도 남부와 북부 사이의 가장 중요하고 심각한 갈등은 경제구조 차이에서 비롯된 무역정책의 대립이었다. 농업 중심의 남부는 영국에 농산물을 수출하고 공산품을 수입하는 자유무역을 주장한 반면 공업 중심의 북부는 보호무역을 주장했다. 이제 막 유치 단계에 들어선 동부의 공업제품으로서는 영국의 선진적인 공업제품과 자유경쟁을 할 수 없었기 때문이다. 이런 경제구조의 차이는 지리적·환경적 요인의 차이에서도 크게 기인했지만, 그보다 더 중요하게는 남부에 이주한 이민자들이 과거의 영광 속에 살던 지주들과 중상주의자들이었던 반면에 북부로 이주한 이민자들은 요맨들이었다는 점이다. 물론 이들이 신대륙에 처음 발걸음을 디뎠을 때는 아직 부르주아지가 아니었지만, 머지않은 미래에 미국의 산업혁명을 건설한 주체는 바로 이들이었다. 식민지의 사회경제구조는 이민자들이 본국에서 경영했던 사회경제구조를 모방하고 재현할 수밖에 없었다. 식민지에서 두 지역의, 그리고 두 계급의 대립은 이미 영국의 산업혁명기에 나타났던 사회경제구조의 재판이었다. 지역사회에서 지위가 상승하면서 요맨층은 입법 분야에서 의원 선출권을 부여받았고 배심원으로서 지방 행정과 사법제도에도 관여했다. 농민으로서뿐 아니라 이들과 함께 북부의 식민지를 개척한 목사·지식인·소시민·직인들도 대부분 같은 계급 출신으로서 조금 더 일찍 전문직에 진출한 사람들이었다.[20]

---

19 베버, 『프로테스탄티즘 윤리와 자본주의 정신』, 34~35쪽.

20 애덤 스미스와 함께 스코틀랜드 계몽주의 운동을 전개했던 새로운 지식인 계층도 요맨층에서 성장한 사람들이었다. 스코틀랜드 계몽주의 운동의 가장 주요한 특징 가운데 하나는 이 운동을 주도한 이들

영국의 시민혁명 특히 청교도혁명(Puritan Revolution, 1642~1649) 당시 혁명 지도자인 올리버 크롬웰(Oliver Cromwell, 1499~1658)의 핵심 병력이던 철기병대를 구성한 것도 이들이었다.[21]

베버가 『프로테스탄티즘 윤리와 자본주의 정신』과 다른 여러 저작들에서 반복해 강조한 자본주의 정신 즉 근면, 성실, 검약, 그리고 무엇보다도 노동과 직업에 대한 존중과 헌신 등은 모두 요맨층의 특성을 묘사한 것이다. 그러므로 '베버형 인간(Weberian man)'은 이론적으로나 실천적으로나 동시에 로크적 인간이기도 하다. 베버가 자본주의 정신의 구현이라고 보았던 금욕적 프로테스탄티즘, 그 가운데서도 특히 칼뱅주의는 로크형 인간의 종교적 해석이다. "호모 이코노미쿠스의 기원은 인간을 신에 의한 피조물로 규정짓는 중세적 세계관이 붕괴되어, 인간이 하나의 주체로서 지적 세계의 중심이 된 것과 관련된다. 세속적으로도 성공적인 사람들은 절약하고 이익을 재투자하고, 가격과 원가를 세밀히 계산하고 이익을 보기 위해 위험을 무릅쓰는 사람들이었고, 미래는 산업적 이윤과 상업적 부의 소임이었던 것이다. 열심히 일하고 저축을 해서 부를 축적한다는 청부(淸富)의 개념도 이때 등장했다. 이런 관점에서 금욕적인 종교적 인간(homo religiosus)을 통해 자본의 원초적 축적이 가능했다는 것을 베버는 주장했다."[22] 인용문은 굳이 잘못되었다고 말하기는 어렵지만 너무 장황해서 어디까지가 베버의 말이고 어디부터가 옮긴이의 말인지 구분하기 어렵다. 앞에서도 비슷한 감상을 이야기했지만, 인용을 여러 번 읽어 보아도 그 의도가 긍정인지 비판인지 구분하기 어렵다. 정작 글쓴이 자신도 자기 마음을 모르는 것은 아닐지 모르겠다. 아무튼 베버는 이렇게 말한다. "정당한 이윤을 '천직'으로서 조직적·합리적으로 추구하는 심정을, 나는

의 구성이다. 이 운동을 주도한 것은 전통적인 철학자나 사상가들이 아니라 자기 분야에서 전문적인 식견을 갖춘 전문직업인들 즉 소지주와 변호사, 상인, 문필가, 의사, 교사, 목사들이었다. 이들은 다양한 토론모임을 중심으로 인간과 세계에 관한 인식을 넓혀 나갔다.(이영석, 『지식인과 사회: 스코틀랜드 계몽운동의 역사』, 아카넷, 2016, 31쪽 및 172쪽.)

21 존 로크의 부친은 변호사였으나 신분적으로는 요맨 출신이었다. 그는 청교도혁명 당시 크롬웰 휘하의 기병대장으로 혁명에 참가하기도 했다. 로크의 사상을 형성하는 데에는 부친으로부터의 받은 교육이 크게 영향을 미쳤다고 한다.

22 박정순, 「현대사회와 인간 문화 철학적 성찰 —호모 에코노미쿠스 생살부」, 4쪽.

여기서 잠정적으로 '근대 자본주의 정신'이라고 이름붙였다."[23] 여기서 천직으로 번역한 독일어 'Beruf'는 직업으로 번역하기도 하고 소명으로 번역하기도 한다. 프로테스탄티즘의 관점에서든 자본주의 정신의 관점에서든 직업은 신이 주신 소명이며 나의 천직이라는 뜻이다. 베버는 또 이렇게 말한다. "근대 자본주의 정신, 더 나아가 근대 문화를 구성하는 본질적 요소 중 하나는 천직 관념에 바탕을 둔 합리적 생활태도다. 그런데 이것은 기독교적 금욕 정신으로부터 태어났다."[24] 위에 인용한 글의 의도가 모호하다는 말은 이윤 추구와 자본주의 정신이 혼동되고, 경제적 합리주의가 너무 쉽게 이익에 대한 계산으로 치환되고 말았기 때문이다. 베버가 이야기하고자 하는 핵심은 이윤 추구가 아니라 소명이고 천직이며, 이윤을 위해서 위험을 무릅쓰는 맹목이 아니라 정당한 이윤을 합리적으로 추구한다는 것이다.[25]

베버는 금욕적 프로테스탄티즘을 크게 넷으로 구분했다. 첫째는 칼뱅주의로 특히 17세기 서유럽의 주요 전파 지역에서 취했던 형태다. 둘째는 경건파(Pietism)이며, 셋째는 감리교(Methodism)다. 마지막으로 넷째는 재세례파 운동에서 생겨난 여러 종파들이다. 이 가운데서도 16~17세기에 자본주의가 가장 고도로 발전했던 문명국 네덜란드·영국·프랑스에서 정치적·문화적 투쟁의 쟁점이 되었던 신앙은 바로 칼뱅주의다.[26] 칼뱅은 프랑스에서 태어나 처음부터 성직자가 되기 위한 교육을 받았다. 칼뱅의 영향으로 프로테스탄트 운동은 비로소 단순히 독일적인 토대가 아니라 전유럽적인 토대를 가진 신앙과 생활양식이 되었다. 신앙이라는 관점에서 보면 칼뱅의 사상은 그보다 앞서 종교개혁을 지도한 마르틴 루터의 사상

---

23 베버, 『프로테스탄티즘 윤리와 자본주의 정신』, 41쪽.

24 베버, 『프로테스탄티즘 윤리와 자본주의 정신』, 195쪽.

25 "(경제적 합리주의가) 생산과정을 과학적 관점 아래 재편함으로써, 인간 신체에 따라다니는 자연의 '유기적' 한계로부터의 해방으로 인한 노동생산성 증대를 의미한다면, 그것은 물론 잘못된 것이 아니다. 기술 및 경제 영역에서의 합리화 과정이 근대 시민사회의 '생활이상(生活理想)' 안에서 커다란 부분을 차지하고 있음은 분명하다. 인류의 물질적 재화 조달의 합리화를 위해 일하는 것은, 평생에 걸쳐 항상 근로의 방향을 결정짓는 목표로서, '자본주의 정신'을 지닌 사람들의 머릿속에 자리잡고 있었다."(베버, 『프로테스탄티즘 윤리와 자본주의 정신』, 49쪽.)

26 베버, 『프로테스탄티즘 윤리와 자본주의 정신』, 88쪽.

과 근본적으로 다른 사상은 아니었다. 그러나 근대사회의 형성이라는 관점에서 보면 두 사람 사이의 차이점은 매우 중요하 의미를 가진다. 루터는 사회에 대해 보수적이며 기존의 정치세력을 옹호했을 뿐만 아니라 개인적으로는 정숙주의라고 해도 좋을 만큼 경건한 심성을 설교했다. 또한 루터는 농촌 출신이었기 때문에 그의 사상 속에는 농촌적인 비합리성이 짙게 남아 있었고, 종교적인 급진성과 사회적인 보수성이라는 이중성이 기묘하게 결합되어 있었다. 이에 반해 칼뱅은 활동적이며 진보적인 개혁을 주장해 개인을 기독교 도덕으로 순화시켜 교회와 국가를 재건하고자 했으며, 생활의 모든 부문을 기독교의 영향으로 일관함으로써 사회를 혁신하고자 했다. 루터가 중세적인 농촌의 계층적 구조의 전통 위에 자신의 교설을 세웠던 반면, 도시에서 태어난 칼뱅은 도시적인 사회를 생각했으며 일관된 합리성을 가지고 있었다. 칼뱅의 사상은 루터의 그것과는 달리 종교와 사회에 대한 관점이 일관되어 있었다. 그는 자본이나 부의 추구를 부정하지 않았을 뿐만 아니라, 나아가 근면한 노동과 신에 대한 헌신에 의해 부를 추구하는 사회를 이상적인 사회로 보았다. 칼뱅의 교설이 중산적 산업자본가들 사이에서 널리 받아들여지게 된 것도 이러한 이유에서다. 칼뱅이 자라고 활동한 프랑스와 스위스는 루터의 배경이 된 독일보다 시민사회의 발전과 절대주의의 성립이 빨랐으며 훨씬 견고했다. 특히 당시 제네바는 유럽 상업자본의 중심지로서 봉건세력보다는 신흥 상공업계층의 세력이 더욱 강한 곳이었다. 정치에 대해 적극적이었던 칼뱅은 신흥 상공업자의 힘을 인정하면서 시민활동이나 사회조직을 생각하지 않을 수 없었다. 이 때문에 칼뱅주의는 농촌 공동체의 가부장적인 덕을 이상화하는 농민운동이 아니라 도시적인 운동이었으며, 중산적 생산자와 새로운 시민계급에 기초한 교설이 되었다. 이와 같이 칼뱅의 교설은 중산적 산업자본가 계급의 사회적, 정치적 요구를 뒷받침하는 사상으로서, 그들의 이해를 관철시키면서 급속히 확산되어 갔다. 칼뱅의 사상은 자본주의적 사고방식이 일반화되고, 자유경쟁이 지배적인 질서가 되면서 시민적 권리가 인간적 자연 그 자체에 의해 인정되고, 그것에 기초한 사회질서가 근대적 자연법으로서 경험적으로 확정되기까지 부르주아계급의 정신적 지

주를 이루었다.[27]

베버는 "칼뱅주의의 가장 특징적인 교의는 은혜로운 선택의 교설", 즉 흔히 '예정설(Predestination)'이라고 불리는 교리라고 지적했다.[28] 칼뱅의 사상은 프랑스의 신교도들을 옹호하기 위해 쓰인 『기독교 강요(Institutes of the Christian Religion, 1536)』라는 책에서 잘 나타난다. 이 책에서 칼뱅은 『성서』의 절대적 권위와 인간은 스스로는 구원받을 수 없으며 오직 예수 그리스도를 통해서만 하느님 앞에서 의로울 수 있다고 주장했다. 이 시기의 칼뱅은 아직 루터나 다른 종교개혁가들과 그다지 중요한 교리상의 차이를 나타내지 않았다. 그러나 몇몇 중요한 주제에 대해서는 이미 이때부터 그만의 독창적인 교리를 주장했는데, 예정설이 바로 그것이다. 예정설 그 자체는 칼뱅 이전부터 있었다. 칼뱅은 선택만 있던 예정설에 멸망의 개념을 도입했다. 칼뱅의 예정설에서 특징작인 내용은 하느님이 선택한 자들뿐 아니라 버린 자들도 처음부터 정해져 있다는 것, 그리고 누가 주님의 선택을 받아 천국에 들어갈지에 대해 사람들은 알 수 없다는 것이다. 성실하게 선하게 살면 천국에 들어가고 그렇지 못하면 천국에 들어가지 못하는 것이 아니라, 내가 어떤 삶을 살든 천국에 갈 것인지 아닌지는 이미 정해져 있다. 그렇다면 과연 우리는 성실하고 선하게 살아야 할 필요가 있는가 하는 의문이 일어난다. 내가 이미 선택받았다면 악하게 살아도 천국에 갈 것이고, 선택받지 못했다면 아무리 선하게 살아도 천국에 가지는 못할 것이기 때문이다. 그러나 칼뱅의 설교는 정반대다. 인간은 자신이 선택받았는지 아닌지 예정된 운명을 알 수 없으나 그럼에도 불구하고 자신이 선택받았음을 확신해야 하며, 내가 천국에 갈 자격이 있음을 스스로 증명해야 한다. 그것을 증명하는 길은 나의 직업을 소명으로 받아들여서 성실하게 일하고 신앙심에 충만한 생활을 지키는 것이다. 칼뱅주의의 예정설에 따르면 "모든 사람은 자신을 선택받은 자라고 생각해 모든 의혹을 악마의 유혹으로 여기면서 배척해야 한다" 그리고 그런 자기 확신을 갖는 가장 좋은 방법은 끊임없는 직업 노동을 엄격하게 가르치는 일이었다. 즉 "직업 노동에 의해, 아니 오히려 직

27 경제교육연구회, 『근대사회경제사상의 이해』, 시그마프레스, 2016, 41~43쪽.
28 베버, 『프로테스탄티즘 윤리와 자본주의 정신』, 90쪽.

업 노동에 의해서만 종교상의 의혹은 사라지고 구원에 대한 확신이 생겨난다"는 것이다.[29] 베버는 금욕적 태도 그 자체를 그대로 자본주의 정신과 연결하는 데 대해서는 반대했다. 금욕 그 자체는 프로테스탄티즘에서만 발견되는 특성이 아니기 때문이다. 금욕이라는 규범이 현실적인 영향력을 발휘할 수 있게 해 주는 것은 오직 노동을 천직으로 파악함으로써 생겨나는 심리적 동력이다.[30]

로크가 16세기 영국의 요맨에게서 호모 이코노미쿠스의 현실태를 발견하고, 베버가 금욕적 프로테스탄트교도들에게서 호모 이코노미쿠스의 현실태를 발견했다는 말은 다분히 과장된 평가일지도 모르겠다. 가령 자본주의 정신과 금욕적 프로테스탄티즘 특히 칼뱅주의에 대한 베버의 주장에 대한 비판 가운데는, 베버가 자본주의가 가장 고도로 발전했던 지역들에서 정치적·문화적 투쟁의 쟁점이 되었던 신앙은 바로 칼뱅주의라고 주장했고 또 이는 당연한 통설처럼 대중들에게 받아들여지고 있기도 하지만, 그런 주장을 뒷받침할 만한 명확한 통계적 근거는 그다지 충분하지 않다는 비판도 있다. 솔직히 이런 종류의 비판에 대해서는 한 마디로 대답하기 어렵다. 그 당시 네덜란드·영국·프랑스 등이 자본주의가 가장 먼저 발달한 국가들이었던 것은 사실이지만, 이들 국가 내에서도 경제발전의 수준에는 큰 편차가 있었고 또 가장 자본주의가 융성했던 지역이 반드시 칼뱅주의가 주도적인 지역과 일치하는 것도 아니었기 때문이다. 따라서 이런 비판은 옳을 수도 있고 아닐 수도 있다. 다만 조금 더 냉정하게 이야기한다면, 로크나 베버가 발견한 것은 현실태라기보다는 하나의 이념형(Idealtypus)들이었다고 해야 옳을듯싶다.[31] 현실의 요맨들이나 칼뱅주의 교도들이 오직 순수하게 자본주의 정신에만

29 베버, 『프로테스탄티즘 윤리와 자본주의 정신』, 100쪽.

30 베버, 『프로테스탄티즘 윤리와 자본주의 정신』, 183쪽.

31 '이념형'은 역사와 사회현상의 질적인 개성과 추상적인 일반성을 조정하는 베버의 사회과학 방법론에서 기본적인 개념 가운데 하나다. 베버에 따르면 사회현상은 너무나 복잡하고 유동적이어서 그들이 가지는 개성적·구체적 특성을 파괴하지 않도록 유의하면서 관찰해야 한다. 인식은 다양한 실재 세계의 한 부분의 한 측면에 불과한데, 그 측면이란 관찰자에게 의미 있는 측면이며 따라서 이는 가치 이념에 비추어 선택된다. 이렇게 설정된 인식 대상은 논리적 개념으로 구성되며 이를 매개 수단으로 해 실재의 인과적 이해가 가능해진다. 많은 현상 가운데 본질적으로 가치가 있는 부분을 우리 자신이 가지는 가치 관념에서 뽑아내 객관적 가능성 및 인과적 인식과 관련된 하나의 통일적 사상상(思想像)으로 구성한 것이 바로 이념형이다.(베버, 김현욱 옮김, 『사회학 근본개념』, 동서문화사, 2016, 342~43쪽.)

충만한 것도 아니었을 터고, 호모 이코노미쿠스의 순수한 전형을 보여 주는 것도 아니었을 터다. 현실 속에는 언제나 본질적인 측면들과 비본질적인 측면들이 혼재해 있기 마련이다. 하지만 그 속에서 순수한 이념형을 발견하고는 그것을 또 분석하고 설명하는 데 사회과학의 자기 목적이 있고 존재 이유가 있는 것이다.

> 홉스와 로크 등에 의해서 주도된 자연권 사상과 사회계약론의 발흥은 이러한 근대적 인간관의 변화를 이끌어낸다. 이러한 인간관의 변화는 정치적 계약자든 경제적 소비자든 행위자야말로 자기자신의 이익을 판단하고 집행하는 데 최종적이고 결정적인 판관이고 또 그러한 결정에 책임을 진다는 개인주의적인 자율성과 자발성에 기초한다. 자연권 사상과 사회계약론은 자연상태와 자연권의 가정이라는 형이상학적 허구성 때문에 비판을 당한다. 따라서 현실적인 개인의 주관적 효용을 통해 '최대 다수의 최대 행복'의 증진을 도모하는 벤담의 공리주의에 의해서 근대 자유주의적 개인주의가 전개된다. 벤담은 "자연은 인간을 쾌락과 고통이라는 두 군주의 지배 아래에 두었다"라는 언명과 그 유명한 쾌락 계산법을 통해 호모 이코노미쿠스의 필수적 요소인 효용 극대화의 원형을 제시한다. 벤담의 공리주의에서도 사회는 독립적인 실재가 아니고 개인 효용의 총화에 의해서 구성되는 '인위적 유기체'로 간주됨으로써 사회계약론에서 개진된 '방법론적 개체주의'가 강화된다. 또한 벤담은 모든 사람은 한 사람으로 계산된다는 '벤담의 공리(Bentham's dictum)'로 민주주의의 기초를 제공한다.[32]

근대 경제학의 선구자들을 고전학파라는 명칭으로 묶어 부르는 것은 단순히 그들이 비슷한 시기에 활동했기 때문이 아니라 그들이 세계관이나 방법론에서 많은 전제와 공준들을 공유하고 있기 때문이다. 가령 노동가치이론은 스미스와 리카도만이 아니라 대부분의 고전학파 경제학자들에게 경제이론의 출발점이었다. 로버트 맬서스가 가정했던 인구법칙은 대부분의 고전학파 경제학자들에게 공유되었다. 리카도

32 박정순, 「현대사회와 인간 문화 철학적 성찰 —호모 에코노미쿠스 생살부」, 5쪽.

의 비교우위이론이나 수확체감의 법칙, "공급은 스스로 수요를 창출한다"는 세이의 법칙(Say's law), 존 스튜어트 밀의 임금기금설 등도 마찬가지이다. 그리고 여기에는 제러미 벤담의 '공리주의'도 포함된다.[33] 벤담은 호모 이코노미쿠스가 어떤 유형의 인간인가를 이해하는 데 애덤 스미스 못지 않게 중요한 인물이다. 벤담은 고전학파의 마지막 거장인 존 스튜어트 밀의 부친으로서 당시에는 영국의 지식인을 대표하는 인물이던 제임스 밀(James Mill, 1773~1836)의 절친한 친구이자 동료였다. 데이빗 리카도와도 교류하면서 리카도가 자신의 경제이론을 구체화하는 데 많은 영향을 미쳤다. 공리주의를 창안한 철학자 벤담은 『도덕과 입법의 원리 서설(Introduction to the Principles of Morals and Legislation, 1789)』에서 "최대 다수의 최대 행복"이라는 유명한 명제를 남겼다.[34] 공리주의라는 말이나 벤담의 이름은 들어 보지 못한 사람일지라도 '최대 행복의 원리'를 들어 보지 못한 사람은 아마 없을 터다.[35] 그런데 많은 이들이 벤담이 주장한 최대 행복의 원리를 오해하고 있

---

33 철학의 역사를 멀리 올라가서 살펴보자면, 공리주의의 기원은 쾌락이 삶의 목표이자 최고선이라고 주장한 에피쿠로스일 것이다. 에피쿠로스학파의 사상을 쾌락주의(Hedonism)라 부르고 공리주의를 근대 쾌락주의라고 부르는 학자도 있다. 에피쿠로스에 앞서 기원전 4세기 경에 북아프리카의 키레네 출신으로 소크라테스의 제자인 철학자 아리스티포스(Aristippos, BC435?~BC 350?)가 창시한 키레네학파(Cyrenaics)를 쾌락주의의 기원으로 보기도 한다. 키레네학파는 쾌락이 선이고 고통은 악이라고 주장한 점에서는 에피쿠로스학파와 유사하지만, 정신적인 쾌락을 부정하고 육체적인 쾌락만을 인정한 점, 쾌락을 길게 유지하기 위해서 당면의 쾌락을 지연하는 것을 부정한 점 등에서 에피쿠로스학파와 차이를 보인다. 근대에 와서 공리주의 사상을 체계적으로 제시한 사람은 물론 벤담이지만 그보다 앞서 데이빗 흄을 근대 공리주의 사상의 시조로 보는 학자들도 많다. 흄은 『도덕원리에 관한 탐구('An Enquiry Concerning the Principles of Morals, 1751)』에서, 도덕적 결정에서 가장 중요 고려 사항은 공적 효용이며, 인간의 원초적 본능에서 출발하는 정의의 종점은 인간사회의 행복과 이익이라고 주장했다. 공적 효용이 기쁨을 주는 이유는 우리 모두에게 이익을 주기 때문이다.(흄, 강준호 옮김, 『도덕 원리에 관한 탐구』, 아카넷, 2022.) 흄에게 공리는 일종의 공동선과 동일한 것으로 생각되며, 어떤 제도가 결국에 가서는 모든 사람에게 이익을 줄 경우 그 제도는 공리의 요구를 만족시키게 된다.그러나 흄은 벤담이나 밀의 공리주의와 다르게 행복을 유일하게 좋은 것으로 간주하지는 않았다. 이 때문에 흄이 과연 공리주의자인가에 대해 부정하는 연구자도 없지는 않다.

34 벤담, 강준호 옮김, 『도덕과 입법의 원칙에 대한 서론』, 아카넷, 2013, 47쪽.

35 "최대 다수의 최대 행복"이라는 말을 처음 한 사람은 벤담이 아니라 애덤 스미스의 스승으로 스코틀랜드 계몽주의 운동을 선도한 허치슨 교수다. 허치슨은 『미와 덕 관념의 기원에 관한 연구(An Inquiry into the Original of Our Idea of Beauty and Virtue, 1726)』에서 "최대 다수의 최대 행복"이라는 말을 처음 사용했는데, 그의 의도는 자기이익(self-interest)에 대한 관심에서 촉발된 위선적 도덕 행위들로부터 진정한 도덕적 행위들을 구별하는 기분을 마련하기 위해서였다.(김원철, 「'최대 다수의 최대 행복'에 대한 계보학적 일연구―프란시스 허치슨부터 제러미 벤담까지―」, 고려대학교

다. 공리주의는 개인의 행복을 무시하고 사회 전체의 총합으로서의 행복만 증진되면 선이라고 주장한다는 오해가 바로 그것이다. 그러나 이는 벤담이 언명한 명제의 의도를 전혀 잘못 이해한 데서 비롯된 비판이다. '최대 다수'라는 표현에서 벤담이 주장하고자 했던 진정한 의미는 개인들이 한 사람이라도 더 행복할 때 사회도 그만큼 더 행복해진다는 것이다. 다수가 행복하면 더 좋은 사회가 아니라 소수가 한 사람이라도 더 행복해야 좋은 사회라는 뜻이다. 벤담은 "모든 사람은 하나로 계산되며 하나 이상으로 계산되지 않는다"고 말한다. 전체가 아니라 모든 개인의 행복이 똑같이 중요하다는 뜻이다. 그리고 윤리와 도덕의 판단을 개인에 두는 이런 태도는 대부분의 경제학자들에게 보편적인 사고방식이다. 벤덤 사상의 계승자이면서 비판자이기도 했던 또다른 공리주의자 존 스튜어트 밀도 『자유론(On Liberty, 1859)』에서 흔히 민주주의의 기본원리라고 간주되는 다수결 원칙에 대해 "한 사람만을 제외한 전 인류가 동일한 의견을 가지고 있고, 단지 한 사람만이 그것에 반대의 의견을 가진 경우가 있다 하더라도, 인류가 그 한 사람에게 마음대로 말하지 못하도록 입을 다물게 하는 것이 부당한 것은, 그 한 사람이 권력을 장악했을 때 모든 인류를 말하지 못하도록 침묵하게 하는 것이 부당한 것과 조금도 다를 바 없다"고 주장했다. 이는 밀의 철학이 기본적으로는 벤담과 같은 개인주의에 기초하고 있음을 의미한다. 개인이 행복하지 않으면 사회가 행복할 수 없기 때문이다.[36]

철학연구소, 『철학연구』 제60호, 2019.) 애덤 스미스의 '보이지 않는 손'이라는 개념이 공익과 사익의 관계에 대한 스코틀랜드 계몽주의자들의 관심에서 나왔다는 사실은 이미 이야기한 바대로다. 벤담에게 공리가 '功利'를 의미한다면 허치슨에게 공리는 공공의 공리 즉 '公利'를 의미했다고 비유할 수 있겠다. 공리에 대한 허치슨의 사상이 벤담이나 밀의 공리주의 사상과 서로 차이점이 존재하는 것은 사실이지만, 그럼에도 허치슨이나 흄은 당연히 공리주의 사상가로 구분되어야 옳다. 이는 공리주의적 사고방식이 특정한 개인이나 집단의 전유물이 아니라 그 시대의 지식인들 사이에서 광범하게 공유되고 있었다는 증거다.

36 밀은 사회과학적 의미에서 '공리주의'라는 용어를 처음 사용한 사람은 벤담이 아니라 바로 자신이라고 주장했다. 밀은 벤담의 양적 공리주의를 넘어, 공리주의의 원칙에 사회성과 역사성을 담은 자신의 사회경제사상을 고민했다. 밀은 인간을 그 본성상 반드시 이기적이고 자기중심적인 존재가 아니라 동시에 동정심과 이타심을 가진 존재라고 규정했다. 벤담이 쾌락을 감각적이고 물질적인 것으로 일원화시킨 데 반해, 밀은 인간의 내적 교양이나 예술 등의 다양한 정신적 쾌락을 중시했다. 행복과 복지를 물질적, 감각적인 기준에 의하여 양적으로 환산하고 비교한다는 것은 매우 어려운 일이기 때문에

벤담의 공리주의는 고전학파 경제학자들이 공유한 기본 공준 가운데 하나이기도 했지만, 신고전학파 경제학자들의 경제이론에도 중요한 영향을 미쳤다. '공리'와 '효용'이 모두 'utility'의 번역어라는 점은 이미 이야기한 바 있다. 말 그대로 벤담의 공리주의는 효용주의이며 신고전학파의 효용이론은 공리이론인 것이다. 호모 이코노미쿠스의 비판자들이 홉스로부터 스미스까지 애둘러 가면서 이야기하지만, 실상 그들이 생각하는 호모 이코노미쿠스는 바로 신고전학파 경제학이 가정하는 인간형이다. 그러므로 호모 이코노미쿠스는 '벤담형 인간(Benthamist man)'이며 '공리주의적 인간'인 것이다. 벤담의 사상과 이론은 실제로 신고전학파 경제학자들의 경우와 매우 유사한 측면이 많다. 벤담은 "사람은 자연의 섭리에 의해 고통과 쾌락이라는 절대군주와도 같은 힘의 지배를 받는다"라고 말한다. 그리고 "이런 고통과 쾌락은 수학적으로 계산할 수 있다"는 것이 벤담의 주장이다. 흔히 '벤담의 쾌락 계산법(Felicific calculus)'이라고 불리는 계산법이 바로 그것이다. 벤담은 한편에 모든 사람의 즐거움을 합산하고 다른 한편에 모든 사람의 고통을 합산한다. 균형은 쾌락의 측면에서의 경우 개개인의 이익과 전체의 행위를 긍정적인 성향으로 이끌어가며, 고통의 경우 부정적인 성향을 이끈다. 이익이 나타날 것으로 관련되는 사람들의 수를 계산하고 대체로 긍정적인 경향을 고려해 개인의 경우에서 긍정적 경향의 척도를 표현하는 수량을 더한다. 반대의 경우에도 마찬가지로 구한다. 이처럼 벤담은 사회경제적 현상이든 인간의 심리적 태도든 모든 대상을 몰가치적으로, 오직 계산의 대상으로만 바라본다. 벤담의 공리주의는 합리주의적이며 실용주의적이다. 그러나 벤담의 합리주의는 지나치게 극단적인 측면이 없지 않다. 공리주의에 대한 대중의 부정적인 견해를 형성하는 데에는 벤담의 이런 개성도 크게 작용했을 듯싶다.37 고전학파와 신고전학파의 상이점 가운데 가장 근

그 종류에 따라서 다양한 질적 차이를 보다 풍부하게 고려하여 평가해야 한다는 것이다. 벤담은 쾌락이 개인의 행위의 결과에 대한 자기만족이라고 생각했으나, 밀은 오히려 행복을 인류의 향상이라든가 학문의 발전과 같은 보다 고상한 목적들을 위한 행위에서 결정된다고 생각했다. 밀은 벤담이 주장한 네 개의 외적 제재 이외에 '선의에 의한 내적 제재(internal sanction of goodwill)'를 포함시켜 내면적인 교양을 강조했다. 흔히 "배부른 돼지보다 배고픈 소크라테스"라는 말로 알려진, "만족해하는 돼지보다 불만족한 인간이 되는 편이 더 낫고, 만족해하는 바보보다 불만을 느끼는 소크라테스가 더 낫다"는 유명한 명제도 이러한 맥락에서 나온 것이다.(밀, 『공리주의』, 29쪽.)

본적인 문제가 바로 가치이론에 있다는 점은 이미 이야기한 대로다. 벤담과 신고전학파 경제학자들에 공통된 성격은 바로 이런 몰가치적 태도에서 잘 나타난다. 가령 신고전학파의 선구자 가운데 한 사람이며 특히 수리경제학의 선구자로 불리는 제번스에게서 벤담과 똑같은 태도를 발견할 수 있다. 앞에서 잠시 본 것처럼 제번스는 「정치경제학의 일반수리이론」이라는 논문에서 경제학이란 '쾌락과 고통의 계산'이라고 주장했다. 따라서 경제학은 수량적으로 다루어져야 하며, 경제학의 방법은 언어가 아니라 수학이라는 것이다. 물론 모든 경제학자들이 제번스에 동의하는 것은 아니다. 경제학은 수학이기보다는 철학이어야 하고, 철학이기보다 더 문학이어야 한다고 생각하는 경제학자도 있다. 다만 이들도 수학이 경제학의 연구와 설명에 매우 유용한 도구라는 점은 부인하지 않는다.

공리주의에 대한 오해 가운데 하나는 벤담이 효용 이외의 다른 가치들을 계산에서 제외했다고 해서 인간에게는 추구해야 할 중요한 가치들이 있다는 사실을 부정하는 것은 아니라는 점이다. 인간이 추구해야 할 모든 가치들 가운데 가장 중요한 것은 당연히 행복이다. "사람은 자연의 섭리에 의해 고통과 쾌락이라는 절대군주와도 같은 힘의 지배를 받는다"는 벤담의 명제는 그것을 수학적으로 계산할 수 있고 또 해야 할 필요가 있다는 데 강조점이 주어지는 것이 아니라, 인간의 삶은 고통을 줄이고 쾌락을 증가시키는 데 목적이 있다는 데 그 진정한 의미가 있다. 존 스튜어트 밀도 "어떤 행동이든 행복을 증가시킬수록 올바른 것이 되고, 행복과 반대되는 것을 낳을수록 옳지 못한 것이 된다"고 주장했다. "여기서 '행복'이란 쾌락,

---

37 아마 벤담은 이성을 가장 실용주의적으로 파악한 철학자가 아닐까 싶기도 하다. 합리성 즉 효율성이라는 정의는 벤담에게 가장 잘 부합한다. 벤담은 공리 즉 효용 이외의 다른 가치에 대해서는 그것을 부정하는 것이 아니라 전혀 관심을 두지 않았다. 벤담의 이런 태도가 잘 드러나는 사건이 그가 제안한 원형 감독 '파놉티콘(Panopticon)'이다. 벤담은 단순히 아이디어를 제안하는 데 그치지 않고 실제로 이 원형 감옥의 건설을 자신의 평생에 걸친 과업으로 생각했던 것 같다.(벤담, 신건수 옮김, 『파놉티콘』, 책세상, 2010.) 벤담의 계획은 프랑스 국왕 루이 16세(Louis XVI, 1754~1793)의 재가를 얻어 거의 실현 직전까지 갔으나 프랑스 대혁명으로 좌절하고 말았다. 벤담의 면모를 볼 수 있는 에피소드로 벤담은 공리주의의 주창자답게 사람의 시신도 그냥 땅에 묻어 썩힐 것이 아니라 동상을 세우는 대신 시신을 보존해서 전시하거나 해부 실습에 사용함으로써 공공의 이익에 최대한 부합하게 하자는 오토 아이콘(auto-icon) 개념을 주장했는데, 본인 스스로 그것을 유언으로 실천했다. 벤담의 시신은 그의 유언에 따라 방부 처리되어 본인이 설립인 가운데 한 사람이던 런던대학에 전시되었으며, 심지어 최근까지도 대학의 이사회에 참석하고 있다고 한다.

그리고 고통이 없는 것을 뜻한다. 따라서 쾌락의 결핍과 고통은 '행복에 반대되는 것'을 의미한다"[38] 신고전학파의 효용이론이 경제학을 '피도 눈물도 없는' 괴물로 만들었다고 비판하는 사람들도 많지만, 이 책의 「프롤로그」에서는 "효용이론이 개인의 행복을 경제학의 가장 중요한 주제로 발굴해낸 일은 경제학의 역사에서 매우 중요한 전환"이라고 평가했었다. 여러 번 이야기했듯이 효용이 공리이며 행복이다. 국가의 부가 아니라 개인의 행복을 경제학 연구의 가장 중심적인 주제로 부상시켰다는 사실만으로도 효용이론은 퇴폐적인 경제학이 아니라 가장 진보적인 경제학으로 평가받아야 한다. 그것을 무엇이라고 부르든 우리의 삶의 목적은 행복에 있기 때문이다.

어쩌다 보니 이야기가 다시 아리스토텔레스로 돌아온 듯하다. 우리의 삶의 목적은 무엇인가? 아리스토텔레스는 그것을 '행복(Eudimonia)'이라고 말했다. 그렇다면 행복이란 무엇인가? 앞에서 이야기한 것처럼 아리스토텔레스에게 행복이란 덕에 따른 영혼의 활동, 이성에 따른 영혼의 활동을 의미한다. 아리스토텔레스의 행복이 모든 인간이 살면서 추구해야 할 매우 소중한 가치라는 사실은 누구도 부인할 수 없다. 그러나 인간의 행복이 반드시 덕 있는 행동을 함으로써만 얻어지는 것일까? 인간은 매일매일 일용할 양식을 통해서 살아간다. 그렇다면 반드시 덕 있는 행동은 못될지라도 그것이 부덕한 행동이 아니라면 일용할 양식이 주는 행복도 그만큼 소중하다고 해야 옳지 않은가 말이다. 빵과 과자를 비유해 보자면, 빵이 과자보다 더 우월하다거나 반대로 빵보다 과자가 더 우월하다고 말할 수는 없다. 단지 개인의 선호가 서로 다를 뿐이다. 그런데도 우리는 너무 쉽게 덕 있는 행동에 대한 도덕적 동기는 일용할 양식에 대한 물질적 동기보다 더 우월하다고 간주하는 경향이 있다. 하지만 그 이유를 누가 어떻게 객관적으로 설명할 수 있을는지 모르겠다. 비도덕적인 방법으로 일용할 양식을 구하는 경우가 아니라면, 덕 있는 행동만큼 일용할 양식도 그만큼 소중하지 않을 수 없다. 그리고 만약 그렇다고 시인한다면 당연히 덕 있는 행동의 동기가 궁금한 것만큼 일용할 양식을 추구

---

38 밀, 서병훈 옮김, 『공리주의』, 책세상, 2010, 24쪽.

하는 행동의 동기도 궁금하지 않을 수 없다. 애덤 스미스가 『국부론』에서 '자애심'이라고 불렀던 것도 행복을 추구하는 마음이며, 우리는 그 행복을 빵집 주인이나 푸줏간 주인에게서 찾는다는 것이 스미스가 우리에게 알려 준 지혜다. 요컨대 경제학이 바라보는 행복은 욕망의 충족이며, 욕망을 충족시키는 데 가장 효율적인 수단을 어떻게 선택할 것인가를 탐구하는 것이 경제학의 과제라는 것이다.

이 책의 첫머리에서 경제학은 왜 윤리적·도덕적 동기는 배제한 채 경제적·물질적 동기만 탐구하느냐는 질문을 던졌었다. 경제학이 반드시 인간이 경제적 동기에만 반응한다고 주장하는 것은 아니지만, 경제학이 인간이 가진 여러 동기들 가운데 경제적 동기가 가장 근본적이고 가장 중요하다고 간주하는 것은 분명하다. 그렇다면 경제학은 왜 인간 행동의 경제적·물질적 동기만 탐구하느냐가 아니라, 경제학은 왜 인간 행동의 윤리적·도덕적 동기를 배제하는가 하는 질문을 던져 보자. 경제학은 결코 윤리적 동기를 부인하지도 경시하지도 않는다. 다만 그럼에도 불구하고 경제학이 윤리적 동기를 분석하지 않는 이유는, 경제학이 가진 분석 도구들로는 윤리적 동기와 윤리적 행동 사이의 인과관계를 객관적으로 설명할 수 없기 때문이다. 경제학을 포함해 모든 사회과학의 목적은 동기와 행동 사이의 인과관계를 설명하는 데 있다. 그리고 이 점이 사회과학과 자연과학의 차이다. 자연에는[원인은 있을지라도]동기가 없기 때문이다. 마찬가지로 인간의 행동이라 할지라도 동기가 없다면 사회과학의 대상이 될 수 없다. 인간의 윤리적 행동을 설명할 때 흔히 칸트의 '정언명령'이나 맹자의 '측은지심'을 예로 든다. 『맹자』의 「공손추(公孫丑)」 편을 보면 유명한 '유자입정(孺子入井)'의 비유가 나온다. 어린아이가 우물에 빠지려는 모습을 본다면 사람이라면 누구든 아무런 이해관계도 따지지 않고 구하려 한다는 이야기다.

경제학은 인간에게 이런 본성이 있다는 사실을 부정하지 않는다. 하지만 인간에게 그런 본성이 있다는 사실과 인간의 이런 행동을 어떤 인과관계로 설명할 수 있느냐는 것은 또 다른 문제다.[39] 굳이 무리를 무릅쓰고 억지로 설명하자면 못

---

39 재미있는 일은 이성의 도구화를 적극적으로 비판한 호르크하이머의 『도구적 이성 비판(Zur Kritik der instrumentellen Vernunft, 1967)』에도 물에 빠진 어린아이의 비유가 나온다는 사실이다. 호르크하이

할 일도 아니다. 한정된 자원으로 빵을 먹는 것보다 어린아이를 구하는 행동의 효용이 더 크기 때문에 아이를 구한다고 말이다. 하지만 이런 식으로 설명하려 든다면 도대체 효용 극대화를 달성하기 위해서는 몇 명의 아이를 우물에서 구해야 하는가? 만약 어떤 경제학자가 아이를 구하는 행동에 한계효용 체감의 법칙을 적용하고 아이를 구하는 시간과 노력에 한계비용 체증의 법칙을 적용해 균형점에서 아이를 구하는 행동의 효용 극대화 지점을 계산했더니 7.35명이더라는 결론을 내놓는다면 아마 비난이 아니라 조롱의 대상이 되었을 것이다. 이것은 경제학을 윤리학의 수준으로 상승시키는 일이 아니라 반대로 윤리학을 경제학의 수준으로 타락(?)시키는 결과일 뿐이다. 만약 우물에 빠지려는 아이를 구해서 그 부모로부터 보상을 받고자 한다면 여기에는 경제적 동기가 있고 따라서 이런 행동은 경제행위로서 경제학의 분석대상이 될 수 있을 터다. 그러나 맹자뿐 아니라 많은 고대 사상가들은 인간의 본성이 하늘로부터 주어진 것이라고 설명한다. 하늘로부터 주어진 측은지심에 동기가 있을 리 없다. 그래서 칸트도 『순수이성비판(Kritik der reinen Vernunft, 1781)』에서 "당위에는 자연적 근거가 없다"고 말했던 것이다. "당위는 어떤 자연적 근거로부터도 설명될 수 없다. 제 아무리 많은 자연적 근거나 감각적 자극들이 나로 하여금 무엇을 의욕(Wollen)하게 한다고 하더라도 이런 것들은 결코 당위를 산출할 수 없다. 오히려 이성이 말하는 당위가 의욕에 대해서 척도와 목표, 뿐만 아니라 금지와 권위를 세운다. 즉 당위는 선험적인 것이다. 그리고 도덕은 당위를 말하는 이성의 질서에 기초하는 것이지 경험의 축적이나 대다수 사람들의 행태 혹은 관행으로부터 얻어진 정보 내용이 아니다."[40]

사람들이 합리적 욕망을 가지고 있다고 치자. 행동의 목적에 관한 경제학의 기본가정에서 또 하나 논쟁거리는 사람이 과연 그렇게 이기적으로 자신의 이익만을 추구하느냐이다. 현실에서는 사람들이 이

머는 이에 대해 "주체의 관심과는 전적으로 무관하게 확정적인 행위방식을 요구하는 상황"이라고 말한다. 말하자면 누구든 반드시 어린아이를 구하게 되는 상황이라는 뜻이다. 하지만 이런 행동은 이성적 사고의 결과가 아니므로 철학적 토론의 대상은 아니다.(호르크하이머, 『도구적 이성 비판』, 42쪽.)

40 백종현, 「칸트에서 자유의 이념과 도덕원리」, 40쪽.

> 기적으로만 행동하지 않는다는 사례가 무척 많다. 남을 위해서 혹은 정의를 위해서 혹은 시민으로서의 책무를 다하기 위해서 혹은 못된 사람들을 응징하기 위해서 개인의 이익을 희생하는 사람들의 얘기를 일상생활에서 자주 듣는다. ...결국 경제학이 전통적으로 가정해온 이기심에는 편협한 이기심이라는 딱지가 붙었다. 이렇게 편협한 이기심의 충족을 행동의 목적으로 삼는 도구적 합리성은 좁은 의미의 합리성이기 때문에 이를 특별히 경제적 합리성이라고 부르기로 하자. …최근에 와서야 주류경제학 학자들도 그런 편협한 이기심의 가정을 점차 버리고 있다. 그래서 경우에 따라서는 사람들이 상당한 정도로 이타심이나 공익정신을 가지고 행동한다는 점을 인정하고 이를 고려한 이론들을 개발하고 있다. 예를 들면, 행위자 자신의 이익과 다른 사람들의 이익을 적절한 비율로 배합한 '포괄적 이익'을 행동의 목적으로 삼는 이론들을 많이 볼 수 있다.[41]

인용에는 인간의 본성이 이기적인가 아닌가 하는 문제 못지 않게 중요한 주제가 마치 지나가는 이야기처럼 슬그머니 언급되어 있다. "이렇게 편협한 이기심의 충족을 행동의 목적으로 삼는 도구적 합리성은 좁은 의미의 합리성이기 때문에 이를 특별히 경제적 합리성이라고 부르기로 하자"는 서술이 바로 그것이다. 경제학이 주장하는 이기심은 편협한 이기심이다. 여기에는 긍정도 부정도 잠시 유보해 두자. 하지만 그래서 경제적 합리성은 도구적 합리성이라는 결론은 어디서 어떻게 도출되는지 모르겠다. 자신의 이익만을 추구하는 편협한 이기심의 충족을 목적으로 하는 합리성은 도구적이고, 포괄적 이익을 추구하는 관용적 이타심의 충족을 목적으로 하는 합리성은 도구적이지 않다는 근거는 무엇인지 모르겠다는 뜻이다. 이런 주장은 마치 목수가 자신이 살 집을 지을 때 사용하는 망치는 도구지만, 타인과 함께 살 집을 짓는 데 사용하는 망치는 도구가 아니라는 주장처럼 들린다. 하지만 누가 그 집에 살든 간에 망치는 망치일 뿐이며 우리는 망치를 도

---

41 이정전, 「정보와 신념, 그리고 경제적 합리성」, 서울대학교 인문학연구원, 『인문논총』 53권, 2005, 67~69쪽.

구라고 부른다. 마찬가지로 이성이 어떤 목적을 위해 사용된다면, 그 목적의 정당성과 무관하게 그것은 도구적 이성이라고 불러야 옳다. 이성이 도구가 아닐 수 있는 것은 이성이 그 자체로서 목적이 될 때만이다. 여기서도 동기에 대한 윤리적 판단으로 과학을 대신하려는 오류가 반복되고 있다. 솔직히 도구적 이성이라거나 도구적 합리성이라는 말 속에 경멸이나 비하의 의도가 없다고 말할 수는 없다. 그런데 과연 그 경멸의 대상은 이성인가 아니면 도구인가?

호모 이코노미쿠스가 경제적·물질적 동기[애덤 스미스는 그것을 자애심이라고 불렀으나 많은 이들이 이기심으로 잘못 알고 있는]에 따라 행동한다는 사실을 인정한 다음에 나오는 문제는 서로 상이한, 때로는 서로 대립하고 충돌하는 동기를 가진 개인들이 자신의 욕구와 타인의 욕구 사이의 갈등을 어떻게 조정해 모든 당사자들이 만족할 만한 타협점을 찾느냐는 것이다. 이런 갈등은 개인과 개인 사이에서만 나타나는 것이 아니라 이기적 개인과 공적 이익을 추구하는 집단 사이에서도 나타난다. 이런 갈등은 해결하는 대안을 찾는 일은 이론적으로든 실천적으로든 그리 쉽지 않다. 그래서 이 문제를 해결하는 가장 손쉬운 방법은 이기심의 가정을 완화시키는 것이다. 위의 인용은 이런 갈등을 자신의 이익과 타인의 이익을 적절한 비율로 배합한 포괄적 이익을 행동의 목표로 삼음으로써 해결할 수 있다고 주장한다. 그런데 인용의 의미는 많이 모호하다. 포괄적 이익을 위해 행동한다는 것은 과연 타인의 이익까지 고려했을 때 나의 이익도 더 커진다는 의미인가 아니면 나의 이익이 감소하더라도 타인의 이익을 배려한다는 의미인가? 나의 이익이 감소하더라도 타인의 이익이 증가하는 것까지 고려한 포괄적 이익이 더 커진다면 사회적으로 더 바람직하며, 따라서 사람들이 그렇게 행동한다는 주장에는 매우 심각한 이율배반적 사고장식이 있다. 인간이 타인의 이익까지를 고려한 포괄적 이익을 위해 행동한다는 말은 결국 이익의 합이 최대일 때 가장 바람직하다는 공리주의적 원리에 다름아니기 때문이다. 그런데 주류경제학에 비판적인 이들이 자주 지적하는 것 가운데 하나가 바로 경제학이 지나치게 공리주의적이라는 비판이다. 만약 인용이 인간은 이기적으로 행동하는 것이 아니라 이타적으로 행동한다고 주장하려는 의도라면 잘못이다. 인간이 오직 이기적으로만 행동한다는 주장만큼이나 인간이 오직 이타적으로만 행동한다는 주장도 잘못되었기 때문이다. 인간은 어떤 경우에서는 이기적으로 행동하지만 또 다른 경우에서는 이타적으로 행동하기도 한다. 그리고 이런 사실은 경제학도 당연히 인정한다. 앞에서도 이야기한 것처럼 자신이 고용한 노동자들의 임금인상 요구에는 냉담하면서 소외계층을 위한 기부활동에는 열심인 기업가의 경우는 전혀 낯설지 않다.[42] 문제는 그렇다면 인간은 언제 이기적이고 언제 이타적인가 하는 데 있다. 그래서 톨스토이가 던졌던 오래된 질문을 다시 던져 보자. 사람은 무엇으로 사는가?[43]

경제학은 결코 윤리적 동기를 부인하지도 경시하지도 않지만 그럼에도 불구하고 경제학이 윤리적 동기를 분석하지 않는 이유는, 윤리적 동기와 윤리적 행동 사이의 인과관계를 객관적으로 설명할 수 없기 때문이라는 점은 이미 설명한 대

---

42 가난한 이웃들을 위해 자신이 고용한 노동자들을 착취하는 기업가의 이야기는 독일의 극작가 베르톨트 브레히트(Bertolt Brecht, 1898~1956)의 희곡 《사천의 착한 사람(Der gute Mensch von Sezuan, 1939)》을 떠올리게 한다. 지상에 내려가 착한 사람을 찾으라는 신의 명령을 받은 세 명의 천사는 센테라는 착한 여자를 만난다. 그녀의 소원은 작은 담배 가게를 열어 불우한 이웃을 돕는 것이다. 천사들은 그녀에게 담배 가게를 차려 준다. 센테의 담배 가게는 점점 번창해진다. 그러나 센테의 착한 마음을 이용하려는 이웃들 때문에 센테의 가게는 제대로 이익을 만들지 못하고, 결국 그녀는 남장을 하고 사촌인 슈타이인 척한다. 슈타이는 어려운 이웃들을 무시하고 가게에서 일하는 노동자들을 착취한다. 그러나 센테가 오랫동안 나타나지 않자 슈이타는 사촌을 죽였다는 혐의를 받고 재판에 불려간다. 천사들이 재판관으로 나온 법정에서 슈이타는 자신이 센테라는 사실을 고백한다. 그녀는 천사들에게, 다른 사람들에게 착하게 대하면서 그녀 자신도 행복하게 살아갈 수는 없었다고 말한다. 천사들은 아무 대답 없이 돌아가 버린다. 연극의 마지막에서 센테는 관객들을 향해 직접 묻는다. “어떻게 저 착한 사람을 도와 좋은 결말에 이르게 할 수 있을지 여러분 자신이 생각해 보세요.”

43 신고전학파로 대표되는 주류경제학을 비판하기 위해 행동경제학을 인용하는 이들이 많다. 허버트 사이먼이 ‘제한된 합리성’을 제안한 이후로 행동경제학은 경제학에서 가장 주목받는 분야로 부각하고 있다. 그런데 많은 이들이 오해하는 것은, 행동경제학의 목적이 인간이 이기적이 아니라 이타적으로 행동한다는 사실을 주장하는 데 있는 것이 아니라, 인간의 행동이 이기적 동기와 이타적 동기 사이에서 일관되지 못하다는 사실을 설명하는 데 있다는 점이다. 합리성에 대해서도 마찬가지다. 행동경제학은 경제주체들 즉 호모 이코노미쿠스는 합리적이라고 주장하는 주류경제학에 대해 인간은 비합리적이라고 주장하는 것이 아니라, 인간의 행동은 때로는 합리적이면서 때로는 비합리적이라고 주장한다. 더 중요한 문제는 이런 인간 행동의 비일관성을 지적하는 데서 그치는 것이 아니라, 행동경제학은 그런 인간 행동의 비일관성 가운데서 일관성을 찾으려는 시도라는 점이다. 그리고 어떤 학문이든 얼핏 비일관되게 보이는 현실 속에서 일관된 원리를 찾아 설명하지 못한다면 과학으로서의 존재 의의를 가질 수 없다. 이 점은 주류경제학이든 행동경제학이든 마찬가지다. 그렇지 못하다면 이는 “이것이냐 저것이냐?” 하는 키에르케고르적인 질문을 “이것도 저것도”라는 내용 없는 동어반복으로 바꿔 놓는 데 지나지 않기 때문이다.

로다. 아주 악한 소수를 제외하고 대부분의 인간이 단순히 자신의 이기적 이익만을 추구하는 것이 아니라 때로는 타인의 이익까지도 포함한 포괄적 이익을 추구하기도 한다는 사실은 분명하다. 문제는 이런 인간의 선의를 어떻게 인과적으로 설명할 것인가다. 인간이 포괄적 이익을 추구한다는 근거는 어떻게 증명 가능한가? 인간은 언제 어떤 조건에서 이기적 이익을 추구하고, 또 언제 어떤 조건에서 포괄적 이익을 추구하는가? 인간이 포괄적 이익에 따라 행동한다는 주장이 사회과학적 설득력을 가지기 위해서는 적어도 롤즈(John Rawls, 1921~2002)가 주장하는 사회적 '정의의 상황(circumstances of justice)'에 필요한 두 가지 전제조건 정도의 근거는 있어야 옳은 것이다.[44] 인간의 본성이 선하다는 것은 윤리적으로 접근해야 할 문제지 경제학적으로 분석될 문제는 아니다. 심지어 도덕철학 교수였던 애덤 스미스도 인간의 마음 속에는 '공정한 관찰자'가 존재한다고 인정하면서도, "빵집 주인의 자비심이 아니라 그의 자애심에 호소하라"고 주장하지 않았는가 말이다. 요컨대 인간이 선한 행동을 하는 것은 인간의 본성이 선하기 때문이라는 주장은 아무 의미 없는 동어반복에 불과하다. 칸트에 따르면 "이 지상에서 무제한적으로 선하다고 여겨질 수 있는 것은 오로지 선하고자 하는 의지뿐이다. …의지가 그 자체로 선한 것이 될 수 있도록 작용하는 것은 이성이다."[45] 도덕적 가치는 신이나 자연에 의해 인간의 외부로부터 주어진 것이 아니라 인간의 이성을 매개로 세계에 부여된 사회적 구성물이라는 뜻이다.[46]

---

44 롤즈는 사회적으로 정의가 실현되기 위해서는 두 가지 조건이 필요하다고 지적한다. 하나는 사회적 자원이 '온건한 희소성(moderate scarcity)'을 띠고 있어야 한다는 조건이다. 만일 한 사회의 자원이 넘칠 만큼 풍족하다면 분배의 원리는 무의미할 것이다. 반대로 자원이 너무 부족하다면 역시 공정한 분배의 원칙은 지켜질 리 없다. 다른 하나는 '온건한 인정주의(moderate benevolence)'의 전제다. 만약 사람들이 다른 사람의 이익을 자신의 이익보다 우선시하거나 최소한 동등하게 생각한다면 사회적 규범은 불필요할 것이다. 반대로 사람들이 타인의 필요에 무감각할 정도로 탐욕적이라면 역시 사회적 규범은 무의미할 것이다.(박효종, 「정의의 원리와 개인주의적 합리성의 연계의 적실성에 관한 비판적 고찰」, 한국정치학회, 『한국정치학회보』 28권 2호, 1994. 433쪽.)

45 임미원, 「칸트의 의무론적 윤리학과 코스가드의 신칸트적 구성주의」, 한국법철학회, 『법철학연구』 제20권 제1호, 2017. 103쪽.

46 "이성은 경험적으로 주어지는 근거에 굴복하지 않으며, 현상 중에서 나타나는 사물들의 질서를 추종하지 않으며, 완전히 자발적으로 이념들에 따라 자기 자신의 질서를 만들고, 이 질서에 경험적 조건들이 맞춰지도록 하며, 이념들에 따라 이성은 심지어 발생하지도 않았고 어쩌면 발생하지도 않을 행

칸트는 밤하늘에 빛나는 별과 내 마음 속의 도덕률이 나를 경탄하게 한다고 말했지만, 우리를 경탄하게 만드는 것은 바로 칸트다. 그런데 칸트의 정언명령을 과학으로 받아들인다면 모든 개인은 모든 상황에서 정언명령에 따라 동일한 행동을 해야 옳다. 그렇다면 이 경우 인간의 주체성이나 자발성은 어디에 있는가 하는 의문이 제기된다.[47] 나에게 선한 것이 반드시 타인에게도 선하지는 않다. 그래서 인간에게는 나의 도덕적 판단에 우선하는 도덕적 기준 즉 정언명령이 있는 것이다.[48] 하지만 이를 반대로 표현한다면 타인에게 선한 것이 반드시 나에게도 선한 것이라는 법은 없다. 그렇다면 과연 누가 도덕의 우위와 열위를 판단할 수 있는가? "가치는 주관적이거나 객관적이지 않고 오히려 상호주관적이다." 도덕적 가치가 과학적 사실에서 연역될 수 없다는 건 가치가 사실과 똑같은 의미로 '객관적'이지 않다는 뜻이지만, 그렇다고 가치가 '주관적'일 뿐임을 뜻하지도 않는다. 가치는 행위자의 의지와 무관하지 않지만 행위자 개개인의 자의나 변덕에 좌우되는

위들까지 필연적이라고 천명하는데, 이때 이 모든 행위들에 대해 이성은 자기가 그것들의 원인성을 가질 수 있음을 전제한다. 왜냐하면 그렇지 않다면 이성은 경험에서의 결과들을 자신의 이념들로부터 기대하지 않을 것이기 때문이다."(백종현, 「칸트에서 자유의 이념과 도덕원리」, 41~42쪽.)

47 이에 대해 칸트주의자인 코스가드는 인간이 합리적 의지(rational will)에 따라 행동하는 한 정언명령은 외부의 법칙이 아니라 스스로 입법해 부과한 법칙이므로 자율적이라고 주장한다.(임미원, 「칸트의 실천철학의 기초—자율성과 사회계약론을 중심으로」, 123~24쪽.) "규범적인 요구는 형이상학적인 가치의 세계가 우리에 대해서 요구하는 것은 아니기 때문이다. 그것은 우리가 우리 자신에게, 그리고 서로에게 주장하는 요구다"(코스가드, 『목적의 왕국』, 457쪽.) 단적으로 말해 이성적 존재인 인간의 존엄은 인간 밖의 신성이나 자연이 아니라 이성적 존재인 인간 자신의 입법적 권위로 정당화된 것이다. 이러한 의미에서 코스가드는 명백한 칸트적 어법으로 "왜 인간은 도덕법칙을 준수해야 하는가라는 물음에는 오직 한 가지 설명만이 있는데, 그것은 우리가 그 법칙을 우리 자신에게 부여하기 때문이라는 것"이라고 말한다. 그리고 이것은 "이성적인 존재들 간의 자유롭고 비조작적인 관계라는 칸트의 이상"에 공명하는 것임을 분명히 한다.(소병철, 「진화론적 윤리학의 자연주의적 오류와 윤리적 구성주의」, 204~05쪽.)

48 칸트의 정언명령과 가언명령은 롤즈의 '합당한 것(the reasonable)'과 '합리적인 것(the rational)'의 구분을 생각하게 한다. 간단히 정의하면 합리적인 것(the rational)은 '좋은 것(the good)'이고 합당한 것(the reasonable)은 '옳은 것(the right)'이다. 합리성은 개인이 가치관을 형성 및 추구하고 개인의 이익을 극대화할 수 있는 능력을 가리키며, 합당성은 정치사회의 여러 시민이 공존할 수 있는 논리로서 정의감을 가리킨다. 롤즈에 따르면 합당성의 첫 번째 조건은 다른 사람들이 그렇게 한다면 기꺼이 협동의 공정한 조건을 제안하고 준수한다는 것이며, 두 번째 조건은 판단의 부담을 인식하고 공적 이성의 사용의 결과를 기꺼이 받아들인다는 것이다.(롤즈, 장동진 옮김, 『정치적 자유주의』, 동명사, 1993, 68쪽.) 합리적인 것으로부터 합당한 것을 도출하려는 태도에 대해 롤즈는 부정한다. 합리적인 것과 합당한 것은 상호보완적이기 때문이다.

것도 아니기 때문이다.[49] 앞에서 경제학은 수학보다 철학이어야 한다고 주장했던 나 자신의 말과는 모순처럼 들릴지 모르겠지만, 철학이 과학이기를 요구하는 것이 잘못이듯이 과학이 철학이기를 요구하는 것도 잘못이다. 우리는 경제학이 철학을 회복하기를 바라지만 그렇다고 과학을 포기하기를 바라지는 않으며, 무엇보다 가능하지도 않다는 사실이다. 호모 이코노미쿠스가 경제적·물질적 동기에 따라 행동한다는 사실을 잠정적으로 인정한 다음에 나오는 문제는 서로 상이한, 때로는 서로 대립하고 충돌하는 동기를 가진 개인들이 자신의 욕구와 타인의 욕구 사이의 갈등을 어떻게 조정해 모든 당사자들이 만족할 만한 타협점을 찾느냐는 것이다. 이런 갈등은 개인과 개인 사이에서만 나타나는 것이 아니라 이기적 개인과 공적 이익을 추구하는 집단 사이에서도 나타난다. 이런 갈등은 해결하는 대안을 찾는 일은 이론적으로든 실천적으로든 그리 쉽지 않다. 개인의 이익과 타인의 이익, 또는 개인의 이기심과 사회적 공공선을 타협시키려는 시도는 다양하게 나타난다. 심지어 코스가드는 도구적인 합리성(instrumental rationality)에 의거해 도덕성을 정당화하려는 기획이 최근 도덕철학의 주류를 형성하고 있다고 지적한다. 본성적으로 이기적인 개인들의 자기이익이 도덕적인 규범들의 원천이며, 따라서 개인들에게 도덕적인 체계에 참여해야만 하는 어떤 이유를 제공하는 것은 다름 아닌 그들의 자기이익이라는 것이다.[50]

> 오늘날 철학 분야에서 호모 이코노미쿠스에 관한 가장 체계적인 논의를 전개하는 것은 고티에다. 그는 『합의도덕론』에서 자유주의적 개인은 자기통제의 덕목을 가짐으로써 개인적 이익의 추구와 모든 사람에 대한 상호이익의 증진이 연계되는 호조건의 영속화를 합리적으로도 정서적으로도 도모할 수 있는 유의미한 개인적 주체로 살아남을 수 있다는 희망을 합리적 선택이론을 원용해서 인상적인 방식으로 펼친다. 그것

---

49 코스가드, 김양현·강현정 옮김, 『목적의 왕국』, 철학과현실사, 2007, 33쪽, 소병철, 「진화론적 윤리학의 자연주의적 오류와 윤리적 구성주의」, 연세대학교 인문학연구원, 『인문과학』 117집, 2019, 203쪽.

50 Korsgaard, “The origin of value and the scope of obligation”, 소병철, 「도덕성은 합리적으로 정당화될 수 있는가?」, 대동철학회, 『대동철학』 39집, 2007, 89~90쪽에서 재인용.

> 도 단순히 '정직은 최선의 방책'이라는 격언적 교훈이나 흔히 말하는 '계몽적 자기이익'이라는 도덕적 권고가 아니라 정교한 합리적 선택이론의 탁월한 구사를 통해서 그 가능성을 입증하겠다는 것이 고티에의 전략이다. 따라서 고티에는 "합리적으로 선택하기 위해서는 도덕적으로 선택해야 한다(To choose rationally one must choose morally)"는 매우 강한 주장을 한다. 고티에의 시도는 호모 이코노미쿠스와 호모 모랄리스(homo moralis)가 한 몸임을 증명하는 것이라고도 볼 수 있으나, 호모 이코노미쿠스가 진정한 자유주의적 개인으로 살아남기 위해서는 호모 모랄리스로 환골탈태해야 한다는 주장으로 보는 것이 더 타당할 것이다. 그러나 그 환골탈태의 기운은 호모 이코노미쿠스의 스스로의 자각에서 온다. 신고전학파의 호모 이코노미쿠스를 비판하는 철학자들과 경제학자들의 의견을 종합하면, 호모 이코노미쿠스는 자기 모습 그대로 살아 있기는 힘든 것으로 보인다.[51]

역설적이지만 호모 이코노미쿠스와 호모 모랄리스가 한 몸이어야 한다는 주장은 경제적 인간과 도덕적 인간이 서로 다른 존재임을 가정하고 있다. 경제적 인간과 도덕적 인간이 한 몸이어야 한다고 주장하는 이들은 그 이유를 "도덕적으로 올바르게 행동하는 것은 경제적으로 합리적"이기 때문이라고 설명한다. "부도덕하게 처신하는 것은 이성에 반(反)하는 것이다. 왜냐하면 그런 행동은 장기적으로 자신의 행복에 대한 열망에 위배되기 때문이다." 이런 주장에 따르면 기업의 노동착취가 나쁜 이유는 그것이 비윤리적이기 때문이 아니라 높은 비용 때문이다. "모든 관계자의 행복과 관련하여 착취의 비용은 장기적으로 정의로운 교환관계와 인간적인 노동조건의 비용보다 훨씬 더 크다"는 것이다.[52] 하지만 노동착취는 설령 비용이 더 적게 들더라도 비윤리적이다. 호모 이코노미쿠스는 그렇게 비윤리적인 인간이 아니다. "합리적이라는 용어는 결코 행위자의 목적에 적용되지 않고 오직

---

[51] 박정순, 「현대사회와 인간 문화 철학적 성찰 —호모 에코노미쿠스 생살부」, 20~21쪽.

[52] Meran, "Wohlstand und Gerechtigkeit: Die Wirtschaft als Thema der praktischen Philosophie", 소병철, 「윤리는 경제에 대하여 외생적인가?」, 서강대학교 철학연구소, 『철학논집』 31권, 2012. 187쪽에서 재인용.

그의 수단에만 적용된다. 이는 그 용어가 '효율적인'이라는 뜻으로, 즉 '주어진 투입량에 대하여 산출량을 최대화하거나 주어진 산출량에 대하여 투입량을 최소화하려는'이라는 뜻으로 정의되기 때문이다."[53] 이 인용은 그 의도가 무엇이든 매우 정확하다. 경제학은 솔직히 합리성이라는 개념보다는 '효율성(efficiency)'이라는 개념을 더 선호한다. 그리고 경제학이 정의하는 효율성의 개념은 이 인용과 정확하게 일치한다. 하지만 경제학은 효율적인 것 즉 합리적인 것이 반드시 도덕적이라고 주장하지는 않는다. 그런 주장은 경제학에 대한 오해 내지는 왜곡, 다시 말해서 경제학은 효율적이기만 하면 도덕적이라고 간주한다고 주장하는, 더 솔직히 표현하면 비난하는 이들이 즐겨 그런 논리를 전개한다. 하지만 다시 확인하지만 경제학은 효율적인 것이 반드시 도덕적이라고 주장하지 않는다. 이제 "합리적으로 선택하기 위해서는 도덕적으로 선택해야 한다"는 명제에 대해서 생각해 보자. 이 명제를 더 단순하게 서술하면 도덕적이어야 합리적이라는 것이다. 이는 인간은 죽는다와 같은 구조의 명제다. 만약 이 명제가 참이라면 당연히 그 대우 명제도 참이어야 한다. 따라서 합리적이지 않으면 도덕적이지 않다. 그러나 굳이 칸트를 인용하지 않더라도 도덕적인 것은 합리적이어서 도덕적인 것이 아니라, 도덕적이기 때문에 도덕적이다. 호모 이코노미쿠스가 합리성만 추구하느라고 도덕성을 무시한다고 비판하는 분들이 이처럼 노골적으로 합리성을 찬양하는 일은 당황스럽다. 그러나 이미 거듭해서 확인한 것처럼 경제학은 합리적이기 때문에 도덕적이라고 주장하지도, 반대로 합리적이기 때문에 비도덕적이라고 주장하지도 않는다. 경제학은 다만 합리적인 것과 도덕적인 것을 구분해야 옳다고 주장할 뿐이다. 이런 경제학의 태도가 너무 냉혹하다고 여기는 분도 있을지 모르겠지만, 거꾸로 경제학의 관점에서 보면 왜 이분들은 합리성과 도덕성 사이에 어떤 필연적인 인과관계가 반드시 있어야만 한다고 생각하는지 모르겠다. 조금 과장해서 비유하자면 이런 주장은 인간의 성(gender)과 그의 성격이나 지능 사이에 어떤 필연적인 인과관계가 있다고 주장하는, 가령 남성은 모두 폭력적인 성향을 가지고 있다거

---

[53] Doens, An Economic Theory of Democrcy, 소병철, 「실천적 합리성 개념의 현대적 편향에 대한 검토」, 대한철학회, 『철학연구』 제104집, 2007, 192쪽에서 재인용.

나 여성은 모두 지능이 남성보다 낮다는 등의 주장과 다르게 들리지 않는다.

여기서 한 가지 흔히 간과되는 일은, 합리적인 것이 반드시 도덕적인 것은 아니듯이 마찬가지로 합리적인 것이 반드시 비도덕적인 것도 아니라는 사실이다. 그런데 많은 비판자들이 마치 경제학이 합리적인 것이 곧 도덕적인 것이라고 주장하는 듯이 이야기하면서, 더 나쁘게는 그로부터 합리적인 것은 곧 비도덕적이라는 결론을 도출하려 한다는 것이다. "도구적으로 합리적인 것은 곧 정당한 것이고, 도구적으로 비합리적인 것은 곧 부당한 것일까? '주어진' 목적에 대한 행위의 도구적 적합성은 실천적 합리성의 유일무이한 기준으로 간주될 수 있는가? 따라서 목적 자체의 합리성 여부는 합리성 담론의 대상이 될 수 없는가? 아니면 목적 자체의 합리성 여부는 도구적 적합성 여부와는 무관한 다른 종류의 합리성 기준에 의해 평가되어야만 하는가?"[54] 도구적인 합리성에 근거한 도덕성의 정당화 논증이 근본적으로 가지는 한계는, 도덕적이어야만 하는 영속적인 이유를 제공할 수 없다는 것이다. 설령 자기이익의 극대화가 '주어진' 목표임을 인정한다고 해도 도구적인 합리성으로서의 도덕성은 결국에는 하나의 '잠정적인 협정(modus vivendi)'으로 전락하게 될 것이다. 왜냐하면 자기이익의 극대화라는 동기는 잠정적으로는 행위자에게 협력의 유인을 제공할 수 있을지 몰라도 협력이 무익하다고 판단될 경우에는 언제라도 행위자가 탈도덕적인, 그러나 '합리적인' 이반(離反)을 감행할 수 있기 때문이다. 어떤 도덕적인 제한들을 준수하자는 합의에 도달했다고 하더라도 그와 같은 "도덕적인 허울 밑에서 자신의 불공평한 이득을 유지할 수 있겠다는 전망을 발견한 사람들"의 준동을 막을 길이 없다. 그리고 유감스럽게도 그런 사람들은 '합리적'이다. "성공적이고 보복을 당하지 않는 불의의 자연적인 우월성을 인지하고 있는 강하고 영악한 사람은 자신의 상대들의 도덕적인 신념을, 그것이 부과하는 제약으로부터 스스로를 해방하기 위한 하나의 수단으로 이용할 수 있기" 때문이다. 이 모든 것은 결국 도구적인 합리성으로서의 도덕성이 기게스의 반지를 지닌 사람의 의지를 조금도 구속할 수 없으리라는 것을 의미한다. 그렇다면 무

54 소병철, 「실천적 합리성 개념의 현대적 편향에 대한 검토」, 193쪽.

엇에도 구애됨이 없이 직접적으로 자신의 이익을 극대화할 수 있는 힘을 지닌 자가 도대체 무엇 때문에 도덕이라는 성가시고 불확실한 우회로를 통하여 자기이익의 극대화를 추구해야 하는가 하는 질문이 자연스럽게 제기된다.[55] 『리바이어던』에서 홉스도 같은 문제를 제기한다. "어리석은 사람은 마음 속으로 정의 따위는 없다고 하고, 때로는 이 말을 입 밖에 내기도 한다. …생명의 보존과 만족은 누구든지 각자 알아서 해결해야 할 일이므로 자신의 생명보존과 만족에 도움이 된다고 판단되는 일을 해서는 안 될 까닭이 없다"[56] 이른바 '홉스의 바보' 또는 '바보의 회의론'이라고 불리는 문제다. 우리는 왜 정의로운 행동을 해야 하는가를 회의하는 바보는 이렇게 말한다. "이성은 만인에게 자기에게 좋은 일을 하도록 명한다." 그렇다면 왜 사람들은 '합리적인(?)' 자기이익을 포기하고 정의로운 행동을 하는가? 이 주제를 논의하기 위해서 다시 플라톤의 『국가』로 돌아가 보자.[57]

글라우콘에 앞서 『국가』 「제1권」에서 트라쉬마코스는 소크라테스에게 정의란 무엇인가를 묻는다. 그가 보기에 정의는 정의를 행하는 사람에게 이득을 가져다 주지 않지만, 불의는 불의를 행하는 사람에게 이득을 준다. 따라서 불의한 사람은 정의로운 사람보다 더 많은 이득을 누리고 더 행복하기에 불의한 삶이 권장된다. 그런데 사회적 강자들 즉 통치계급만이 불의하게 살 수 있을 뿐 사회적 약자들 즉 피치자계급은 원하지 않더라도 정의롭게 살아야 한다. 물론 피치자계급도 이득을 위해 불의를 행할 수 있지만, 발각되어 처벌받을 가능성이 높기 때문에 정의를 행하지 않을 수 없다는 것이다. 따라서 어느 누구도 자발적으로 정의를 행하지는 않으며, 단지 처벌을 피할 수 없는 경우에만 마지 못해 정의를 행할 뿐이다. 만약 처벌을 피할 수만 있다면 사람들은 정의보다는 불의를 행하며 살아갈 것이고, 강자가 되기 위해 온갖 노력을 다할 것이다. 과연 이런 삶은 바람직한가? 트라쉬마코프의 질문에 소크라테스는 정의로운 사람은 불의한 사람보다 더 행복하므로 사람들은 정의로운 삶을 살아야 한다고 대답한다. 『국가』 「제1권」은 이렇

---

55 소병철, 「도덕성은 합리적으로 정당화될 수 있는가?」, 96~98쪽.
56 홉스, 『리바이어던』, 150쪽.
57 플라톤, 『국가』 「제1권」, 71쪽 이하 및 『국가』 「제2권」, 105쪽 이하를 요약함.

게 끝난다. 그런데 『국가』 「제2권」에서 글라우콘은 소크라테스가 트라쉬마코스의 비판에 제대로 논박하지 않았다고 주장하면서 다시 문제를 제기한다. 소크라테스가 정의란 무엇인지, 왜 정의가 불의보다 더 좋은지 정의하지 않은 채 결론을 내렸다는 것이다. 그래서 글라우콘은 소크라테스가 정의가 좋은 이유가 결과 때문이 아니라 그 자체로서 좋은 것이지, 그 자체 때문에도 좋고 결과 때문에도 좋은 것인지, 그 자체 때문이 아니라 결과 때문에 좋은 것인지 묻는다. 소크라테스는 정의는 그 자체로서도 좋고 결과로서도 좋다고 대답한다. 그러나 글라우콘은 정의는 불의를 행하고서도 처벌받지 않는 최선과 불의를 행하고 처벌받는 최악 사이에 있는 차선이고 결과가 좋기 때문에 좋은 것이라고 반박한다. 귀게스의 반지 이야기도 여기서 등장한다. 글라우콘은 평소에 정의로운 사람이든 불의한 사람이든 만약 귀게스의 반지를 낀다면 정의를 행하지 않을 것이라고 주장한다. 불의를 저지르고도 발각되지 않고 따라서 처벌받지도 않는다면 누군들 불의를 저지르지 않겠느냐는 것이다. 불의가 정의보다 더 많은 이득을 가져오면 불의는 그 자체 때문에 좋은 것이지만, 정의는 그 자체 때문에 좋은 것은 아니다. 다만 불의는 처벌이라는 손해를 가져올 수 있기 때문에 정의의 결과가 불의의 결과보다 더 좋을 수는 있다. 이런 이유로 글라우콘은 정의가 그 자체 때문이 아니라 결과 때문에 좋은 것이라고 주장한다.[58]

사람들이 정의를 지키는 이유가 불의를 저질렀을 경우 발각되어 처벌받을 것

---

58 귀게스의 반지와 글라우콘의 주장은 스피노자를 생각나게 한다. 앞에서 "내일 지구의 종말이 오더라도 오늘 한 그루의 사과나무를 심겠다"라는 스피노자의 경구—라고 잘못 알려진 말—에 대해 이야기하면서, 아마 잘못된 해석일 테지만 나는 이렇게 해석하고 싶다고 이야기한 적이 있다. 보통사람들도 때로는 죄나 타락에 대한 충동을 느낀다. 미운 사람을 괴롭히거나 심지어는 죽이고 싶은 충동, 아름다운 이성을 범하고 싶은 충동, 타인의 재물을 훔치고 싶은 충동들을 느낄 수도 있다. 사람들이 실제로 그런 행동을 하지 않는 이유는 글라우콘의 주장처럼 법적이거나 사회적인 처벌이 두렵기 때문이다. 그런데 만약 내일 지구의 종말이 온다면 많은 이들은 처벌의 두려움 없이 충동대로 행동하려 할 것이다. 하지만 과연 모든 사람이 그렇게 행동할까? 스피노자는—그리고 다른 많은 사람들도—그런 죄악이나 타락에 대한 충동이 없는 인간으로서 오직 윤리적인 삶에 대한 충동만을 느끼기 때문에, 내일 지구의 종말이 온다고 하더라도 어제처럼 또 그제처럼 사과나무를 심으면서 오늘을 사는 것이다. 지금 이야기하고 있는 주제와는 다른 일이지만 글라우콘의 주장은 그 전제에서부터 잘못되었다는 뜻이다. 어떤 사람들이 아니라 대부분의 선량한 시민들은 설령 귀게스의 반지가 주어지더라도 왕비와 통정하고 왕을 살해하는 행위를 하지는 않는다.

이 두렵기 때문이라는 것은 옳은 답변이 못 된다. 여기서 문제는 왜 귀게스의 반지를 가지고서도, 다시 말해 적발될 가능성이 없을 때라도 사람들은 정의를 지키는가 하는 것이기 때문이다. 글라우콘의 도발이 던지는 진정한 함의는 이렇다. 이제 정의로운 사람과 불의한 사람 대신에 해를 입는 사람과 해를 가하는 사람을, 그리고 정의 대신에 법을 그 자리에 놓아 보자. 다수의 약자들이 정의를 행하는 이유 즉 더 정확하게 표현하면 법을 지키는 이유는, 자연상태에서 강자들에 의해 해를 입는 것보다는 법이 보장하는 정의로운 질서 속에서 사는 것이 훨씬 더 이득이기 때문이다. 해를 가하는 사람은 이득을 얻지만 해를 입는 사람은 손해를 본다. 사람들은 해를 입기보다는 해를 가하기를 원한다. 그런데 모든 사람이 원하는 대로 행위할 수는 없다. 다른 사람의 위해로부터 자기를 보호할 수 있는 사람만이 원하는 대로 행위할 수 있다. 자연상태에서는 해를 입지 않고 해를 가할 수 있는 사람, 해를 가하고 해를 입는 사람, 해를 가하지는 못하고 해를 입는 사람이 있다. 그런데 해를 가하고 해를 입는 사람은 해를 가할 때 얻는 이득과 해를 입을 때 당하는 손해를 비교해 손해가 이득보다 크다는 사실을 깨달을 경우 사람들은 해를 더 이상 입지 않을 조치의 필요성을 느낄 수밖에 없다. 그래서 약자들은 더 이상 손해를 보지 않기 위해, 그런 위험으로부터 안전을 보장받기 위해 서로에게 해를 끼치지 말자는 약정을 맺는다.[59]

약자들이 자연상태에서 약정을 맺기 위해서는 네 가지 조건이 필요하다. 첫째, 사람들은 욕구 충족을 위해 원하는 것을 획득하고 싶어 하지만 자원은 한정되어 있어서, 한정된 자원을 얻는 양과 잃는 양이 동일한 제로 섬 게임(zero-sum game) 또는 심지어 한정된 자원을 얻는 양보다 잃는 양이 더 많은 네거티브 섬 게임(negative-sum game)이 벌어질 수 있다. 둘째, 사람들은 자기가 필요하거나 원하거나 좋다고 여기는 것을 추구하기 때문에, 다른 사람에게 해를 가해 원하는 것을 얻고 다른 사람의 보복은 피하려고 한다. 셋째, 사람들은 어느 정도 평등해서, 아무리 강자라 해도 강제로 다른 사람을 자신의 영향 아래에 둘 정도로 강하지는

59 Shields, "Plato's Challenge : the Case against Justice in RepublicⅡ," 임성진, 「글리우콘의 도전」, 서울대학교 철학사상연구소, 『철학연구』 46권, 2012, 136~37쪽에서 재인용.

않다. 넷째, 사람들은 어느 정도 합리적(rational)인 존재여서, 자연상태에서 해를 가하고 해를 입는 경험을 통해 자기에게 이득이 되는 것을 추구한다. 이 네 가지 조건이 충족되면 약자들은 서로에게 해를 가하지 말자는 약정을 맺게 된다.[60] 그리고 이 협약은 반드시 명시적일 필요가 없으며 오히려 묵시적인 경우도 적지 않다. "개인들은 자신들의 이기주의적 이익에 따라 상호간에 구속력 있는 협약(pact)을 맺는다. …그런데 호모 이코노미쿠스들이 구속력 있는 약정을 맺을 수 있다면 그것은 사회계약론자들에 의해서 일반적으로 안출된 계약(contract)의 범주보다는 협약(convention)의 범주가 될 가능성이 더 농후하다. 계약이라면 일반적으로 위약자들에게 무임승차자의 이익을 향유할 소지가 주어지므로 이를 방지하고 위약자에게 제재를 가하기 위해 제3자의 계약집행자가 요구되는 반면, 협약이란 내포하는 특유의 균형점으로 인해 안정성과 구속력을 확보하게 된다."[61]

사람들이 타인의 이익을 존중하는 이유는 자신의 이익이 침해받을 것을 두려워하기 때문이다. 가령 다른 사람들이 모두 정의를 지킬 것이라는 기대 하에서 나 혼자 정의를 어긴다면 당연히 나는 더 많은 이익을 얻을 수 있을 터다. 따라서 나는 정의를 어기는 편이 합리적이다. 하지만 그렇다면 당연히 나만 그런 합리적 계산을 하기보다는 다른 사람들도 똑같은 합리적 계산을 하리라고 기대하는 편이 더 합리적이다. 그리고 그 결과는 홉스의 자연상태로 다시 돌아가게 되리라는 것이다. 행위자들이 정의를 어기지 않는 이유는 자신이 그렇게 행동한다면 타인도 정의를 어길 수 있다는 사실을 알기 때문이다. 사람들은 불의를 저질렀을 때 얻을 수 있는 이익보다도 타인의 불의로부터 입을 손해를 더 크게 평가한다. 다시 말해 사람들이 정의를 지키는 이유는 정의로운 행동으로부터 얻을 수 있는 이익보다도 반대로 그렇지 않을 경우에 입을 손해에 대한 두려움 때문이라는 뜻이다. 여기에 도덕적으로 행동하자는 사회적 합의의 비용은 다른 어떤 비용보다도 훨씬 낮다는 사실이다. "인간을 평화로 향하게 하는 정념은 죽음에 대한 두려움, 쾌적한 생활에 필요한 각종 생활용품에 대한 욕망, 그런 생활용품을 자신의 노력으로 얻을 수

---

60 Santas, Understanding Plato's Republic. 임성진, 「글리우콘의 도전」, 136~37쪽에서 재인용.
61 박효종, 「민주화와 합리적 선택 —법률적 적실성과 쟁점들을 중심으로」, 305쪽.

있다는 희망 등이다. 그리고 이성은 인간들이 서로 협정을 이끌어낼 수 있는 적절한 조항들을 시사한다."[62] 다수의 약자들에게는 자연상태에서 강자들에 의해 해를 입는 것보다는 정의로운 질서 아래서 사는 것이 훨씬 이득이므로, 정의로운 질서의 유지는 좋지만 정의로운 질서의 파괴는 나쁘다. 물론 불의한 행위가 정의로운 질서를 무조건 파괴하는 것은 아니다. 불의한 행위를 한 사람을 적발해서 처벌할 경우, 정의로운 질서가 파괴될 만큼 불의한 행위가 행해지지 않는 경우 정의로운 질서는 유지된다. 그러나 정의로운 질서가 파괴될 만큼 불의한 행위가 행해질 경우에는 법이 존재하기 이전의 자연상태로 되돌아가게 된다. 되돌아간 자연상태에서는 정의의 좋은 결과[정의로운 질서의 유지]는 사라지고, 불의의 나쁜 결과[정의로운 질서의 파괴]만이 존재한다.[63] 따라서 개인들은 효용의 극대화보다 차선의 선택, 혹은 제한된 극대화를 시도하면서 자신의 미래의 이익을 보호하려고 한다. 따라서 이와 같은 신중성의 원리야말로 공정성이나 정의의 원리보다 '보험의 원리(principle of insurance)'에 더욱 부합하리라고 생각다. 그것은 장기적 이익에 기반을 둔 선택으로서 단기적 이익보다는 개화된 자기이익(enlightened self-interest)이라고 이해해야겠지만, 그럼에도 불구하고 자기이익에 기반을 두고 있는 것은 분명하기 때문이다.[64]

인간의 도덕성을 생물학적 유전자 이기성(gene selfishness)의 발로로 간주하는 주장들도 있다. 이들은 인간은 본성적으로 "계몽된 사심에 거스르지 않는 경우에만 협동 전략을 추구하도록 정교하게 디자인된 계산기"이며, 사회란 본질적으로 "상충하는 야심을 가지고 있는 개체들 간의 불편한 타협"에 지나지 않는다고 주장한다.[65] 그러나 이런 주장은 인간의 진화가 자기 번식을 목적으로 한 '이기적 유전자'의 기획의 결과일 뿐이라는 주장만큼이나 황당하게 들린다. 고백하자면 나도 다른 책에서 인간의 본성이 이타적이라는 이야기를 하기 위해 생물학적 연구의

---

62 여기서 '이 조항들'은 바로 '자연법(Laws of Nature)'을 가리킨다.(홉스, 『리바이어던』, 134쪽.)

63 임성진, 「글리우콘의 도전」, 142~43쪽.

64 박효종, 「민주화와 합리적 선택 —법률적 적실성과 쟁점들을 중심으로」, 한국정치학회, 『한국정치학회보』 28권 1호, 1994. 304~05쪽.

65 리들리, 신좌섭 옮김, 『이타적 유전자』, 사이언스북스, 2001, 297쪽 및 359쪽.

성과를 인용한 적이 있기는 하다. 하지만 이기적이든 이타적이든 인간의 본성을 유전자의 의도나 유사한 생물학적 원리에서 찾으려 하는, 그럼으로써 도덕철학을 생물학의 영역으로 하강시키려는 모든 시도는, "서구 문명의 탈주술화에서 주역을 담당했던 과학자가 우습게도 다시 '구원재(救援財)와 계시를 희사하는 심령가나 예언자 역할로 퇴행하는 것에 비견될 재주술화의 촌극일 뿐"이다.[66] 이런 시도는 최선의 결과일 때 겨우 무익무해할 것이고 최악의 결과는 한때 제국주의자들과 사회적 불평등의 옹호자들이 즐겨 사용했던 사회진화론의 유사품을 생산할 뿐이다. 인간이 도덕적·규범적으로 행동하는 이유는 인간의 본성이 선하다거나 인간이 선한 유전자를 가졌기 때문이 아니라 그것이 더 합리적이기 때문이다. 물론 인간의 본성은 선하다고 나는 믿는다. 하지만 이미 지적한 것처럼, 인간의 본성으로부터 인간의 행위를 인과적으로 설명하지 못한 채 단순한 동어반복에 그친다면 이는 과학일 수 없다.

글라우콘의 도발에 소크라테스는 어떤 대안을 내놓았을까? 자기이익을 위해 정의를 어길지도 모르는 개인들의 이기적 행위를 억제하기 위해 소크라테스가 내놓은 대안은 '시장'과 '국가(polis)'다.[67] 시장과 국가는 모두 구성원들로 하여금 규범적으로 행동할 것을 요구하지만 그 내용은 다르다. 시장은 강제력이 아니며, 따라서 구성원들에게 아무것도 강요하지 않는다. 그러나 시장이 지시하는 가격[우리는 이 가격을 균형가격이라고 부른다]보다 높은 가격으로 판매하고자 하는 판매자나, 반대로 균형가격보다 낮은 가격으로 구매하고자 하는 소비자는, 비록 도덕적으로 비난받지도 법적인 제재를 받지도 않지만 거래에 실패하고 원하는 것을 얻지 못한다. 경우에 따라 의도적으로 거래 상대자를 기만하려 하는 자는 도덕적으로 비난받는 것은 물론이거니와 앞으로의 거래로부터 배제당할 수도 있다. 따라서 시장에 참가하는 이들은 누구든 자기이익을 위해 규범적으로 행동할 수밖에 없다. 반면에 국가는 강제적인 힘이다. 소크라테스는 국가를 시장처럼 자유로운 개인들이 자발적으로 체결하는 사회적 협약, 그렇게 만들어진 제도나 조직으로 설명한

66 소병철, 「진화론적 윤리학의 자연주의적 오류와 윤리적 구성주의」, 195쪽.
67 플라톤, 『국가』, 121쪽 이하.

다. 소크라테스가 설명하는 국가의 형성 원리는 시장과 다르지 않다. 동전의 양면처럼 시장과 국가는 함께 등장한다. 이는 소크라테스가 폴리스의 판결에 따라 독이 든 잔을 마시고 사형되었다는 사실을 상기해 보면 매우 아이러니하다. 아무튼 개인들이 국가의 강제력에 자발적으로 복종하는 이유는, 이 강제력에 의해 내가 받는 제약보다 이 강제력에 의해 내가 타인의 침해로부터 보호받는 이익이 더 크다고 생각하기 때문이다. 국가의 본질은 홉스에게서 더 분명하게 설명된다.[68] 개인들은 외적의 침입이나 서로의 침해로부터 안전을 보장받고, 그들이 스스로의 노동과 대진의 산물로 일용할 양식을 마련해 만족스러운 삶을 살 수 있도록 하기 위해 자신의 모든 권력과 힘을 한 사람 또는 하나의 합의체에 양도한다. 이렇게 양도된 권력은 어떤 경우에도 개인들에게 다시 반환되지 않는다. 개인들에게는 자신들이 양도한 권력에 복종해야 할 의무만 부여된다. 자연상태에서 절대적 자유를 누렸던 개인은 자기보존을 위해 사회계약에 동참하지만, 그렇게 해서 탄생한 국가의 질서 속에서 개인은 자신의 고유한 정체성을 부정함으로써만 자기보존을 유지할 수 있다. 이른바 '홉스의 역설'이 나타나는 것이다. 원초적 형태의 시장은 만인의 만인에 대한 투쟁이라는 홉스의 자연상태와 유사하다. 그래서 호모 이코노미쿠스는 자기보존을 위한 열망에 맹목적으로 사로잡힌 나머지 시장이라는 리바이어던에 굴복한 것일까?

도구적 이성에는 성찰적·반성적 사고가 결여되었다는 비판은 당연히 옳다. 그 이유는 도구적 이성은 주체의 목적과 의도의 정당성에는 관심이 없고 오직 주체의 이익에만 관심을 두기 때문이다. 흔히 목적이 수단을 정당화할 수 있는가 하는 질문을 던지는 경우가 많다. 그런데 이런 질문은 목적이 정당할 때에만 의미를 가진다. 목적의 정당성이 문제시되지 않는다면[반드시 목적이 정당하지 않다는 의미는 아니다]수단의 정당성이 문제시될 수 없기 때문이다. 따라서 목적의 정당성이 문제시되지 않는 도구적 이성의 경우에는 수단의 정당성이 아니라 오직 수단의 효율성만이 문제시된다. 그러나 행위의 목표를 결정하는 행위자의 선호나 욕망이나

---

68 홉스, 『리바이어던』, 176쪽 이하.

이해관계를 그저 '주어진 것(vorgegebene fertige Daten)'으로 간주한 채 그것을 극대화할 수 있는 가능성만을 추구할 뿐이며, 그런 한에서 그것은 선호함수에 대한 행위자의 반성적인 관계를 처음부터 배제한다.[69] 그런데 철학적 사유의 쇠퇴에도 불구하고 현대사회의 개인들은 정작 사회가 잃어버린 것은 거의 없다고 생각한다. 더 강력한 인식 도구인 현대의 과학적 사고가 철학의 자리를 대신하기 때문이다. 이들은 철학이 해결하려고 시도했던 모든 문제가 무의미하거나 실험이라는 현대적 방법을 통해서 해결할 수 있다고 믿는다.[70] 그래서 도구적 이성에 대한 호르크하이머의 비판은 실증주의 비판으로 나아간다.[71] 호르크하이머의 비판은 실증주의자들이 자신들이 이해했던 것으로서의 자연과학이 무엇보다도 보충적인 생산수단이며, 사회적 과정 안의 많은 요소들 가운데 하나라는 점을 망각하고 있다는 데 주어진다.

실증주의자들은 철학을 과학에 순응시킨다. 다시 말해서 실천을 철학에 순응시키는 대신 철학을 실천에 순응시키는 것이다.[72] 물론 호르크하이머도 근대 과학의 성과와 과학적 태도의 의의를 부정하지는 않는다. 비과학적 진술의 타당성은 개인적인 감정을 통해 결정되는 반면, 과학적 판단의 타당성은 증명 방법의 규율을 따르는 모든 사람에게 열려 있는 공적 증명 방법을 통해 확립된다. 이런 절차적 방법은 과학적 객관성에 대한 이념에서 전형적이다. 실증주의자들의 문제점은 그런 절차적 방법을 진리 자체와 혼동한다는 것이다.[73] 호르크하이머는 실증주의가 인간의 이성에서 가치합리적 측면을 배제함으로써 이성을 목적 달성을 위

69 Höffe, Sittlich-politische Diskurse: philosophische Grundlagen, politische Ethik, biomedizinische Ethik, 소병철, 「도덕성은 합리적으로 정당화될 수 있는가?」, 95쪽에서 재인용.

70 호르크하이머, 『도구적 이성 비판』, 105쪽 이하.

71 실증주의(positivism)는 어떤 사실이나 현상의 배후에 초월적인 존재나 형이상학적인 원인을 상정하는 데 반대하고, 감각적인 경험과 실증적 검증에 기반을 둔 것만 확실한 지식이라고 보는 인식론의 관점이다. 19세기 후반 프랑스의 사회과학자 오귀스트 콩트에 의해 체계화되었다. 콩트는 자연과학에서 사용되는 실증적 연구방법이 인간과 사회현상에 대한 탐구에도 적용되어야 한다고 주장했다.

72 그런데 호르크하이머가 과학을 '실천(praxis)'으로 정의한 것이 타당한지는 의문스럽다. 실천에는 철학적 반성이 반드시 전제되어야 하기 때문이다. 비판의 취지에서 본다면 호르크하이머가 비판하는 실증주의적 과학은 '제작(poiesis)'에 더 가까운 태도가 아닌가 싶다.

73 호르크하이머, 『도구적 이성 비판』, 123쪽.

해 가장 효율적인 수단을 선택하는 데 필요한 계산 기능만을 수행하는 이성으로 변질시켰다고 비판한다. "이성이 삶의 최고 목표를 규정할 수 없다고 설명되고, 관계된 모든 것을 단순한 도구로 환원시키는 데 스스로 만족해야 한다면, 이성에게 남은 유일한 목표는 자신의 획일적 활동을 단순히 영속화하는 것이다."[74] 그런데 지금이 이런 고백을 하기에 적절한 때인지는 모르겠지만, 여기서 고백하자면 호모 이코노미쿠스는 실증주의자다. 앞에서 나는 경제학은 수학보다 철학이어야 한다고 주장했었다. 당연히 나는 경제학이 철학을 회복하기를 바라지만, 그렇다고 경제학이 과학을 포기하기를 바라지는 않는다. 경제학이 과학을 포기하는 일은 당연히 가능하지도 않다. 실증주의에 대한 비판은 타당하다 하더라도, 철학이 과학이기를 요구하는 것도 무리지만 과학이 철학이기를 요구하는 것도 무리다. 문제는 실증주의자들이 이해하는 것처럼 현대 과학은 일반적으로는 삶의 사물화를 특수하게는 지각의 사물화를 전제한다는 것이다.[75]

도구적 이성과 본질적 이성, 성찰적·실천적 이성은 처음부터 다른 어머니에게서 태어나 다른 길을 지나온 것이 아니다. 역사의 어느 장면에서 실천적이었던 이성이 다른 장면에서는 도구화된다. 이성의 도구화가 경멸받을 일이라면 그 대상은 과연 이성인가 도구인가 하는 질문을 했었다. 그 대답은 당연히 이성이 아니라 도구여야 옳을 터다. 그런데도 이성이 본래의 실천적 의미를 상실한 채 도구화되는 이유는, 스스로 목적이어야 할 이성이 목적을 잃으면서 수단이 목적이 되었기 때문이다. 오늘날 도구적 이성이 직면한 문제는 바로 이성이 수단으로 사용된다는 데 있는 것이 아니라, 수단이 목적으로 전도된다는 데 있다고 해야 옳다. 수단이 목적을 대신해 스스로 목적이 되고, 대상이 주체를 대신해 스스로 주체가 되는 현상을 마르크스는 '물신숭배(Fetischismus)'라고 불렀다. 앞에서 잠시 이야기한 브레히트의 희곡에서 보면, 원래는 가난한 사람들을 돕는 것은 목적이고 담배 가게는 수단이다. 그러나 어느 순간 수단이 스스로 목적이 되면서 절대시되고 원래의 목적은 사라지고 만다. 자본주의 사회에서 물신화는 인간의 경제행위의 대상

74 호르크하이머, 『도구적 이성 비판』, 149쪽.
75 호르크하이머, 『도구적 이성 비판』, 134쪽.

인 상품이 절대화되고, 교환의 수단인 화폐의 획득이 목적이 되는 현상을 가리킨다. 현상형태가 본질을 은폐하고 왜곡하는 물신화 가운데 첫 번째는 상품의 물신화다. 상품 물신화에서 출발하는 물신숭배가 점점 더 전개되고 또 다른 현상형태들, 소외형태들과도 결합하면서 자본주의의 자기 은폐, 왜곡 정도는 갈수록 심화된다.[76] 마르크스의 물신화 개념은 앞에서 보았던 '소외' 에 관한 이론에서 출발한다. 대상이 주체로부터 물신화되면 주체는 대상으로부터 소외될 수밖에 없다. 노동생산물인 상품이 생산자인 노동자로부터 물신화되면, 노동자는 자신의 생산물인 상품으로부터 소외된다. 마르크스가 지적했듯이 자본주의 사회에서는 인간이 성취한 것 전체와 생산물 전체가 상품으로 나타난다. "자본주의 생산양식이 유력한 사회의 부는 '상품의 방대한 집적'으로 나타난다." 자본주의 사회에서 상품의 지배는 도저히 피할 수 없는 자연스러운 일처럼 보인다. 자본주의는 상품생산이 일반화한 최초의 체제다. 이 체제에서 상품은 '사회 전체의 보편적 범주'가 된다.

> '객관적인 사고형태'로서 경제적 범주들은 마르크스에 의해 '물신화된' 형태로 규정된다. 이러한 범주들로 이루어진 '상품세계의 물신성'은 "상품을 생산하는 노동의 고유한 사회적 성격으로부터 유래"한다. 마르크스의 물신주의 비판은 상품 세계의 '기본형태(Elementarform)'로서 상품형태에 대한 비판으로 시작한다. "상품형태의 수수께끼는 단지 다음과 같은 데 있다. 즉 상품형태는 인간들에게 인간 자신의 노동이 갖는 사회적 성격을 노동생산물 그 자체의 대상적 성격인 것처럼 또는 이 사물들의 사회적 자연특성인 것처럼 보이게 만들며, 따라서 총노동에 대한 생산자들의 사회적 관계도 생산자들 외부에 존재하는 대상들의 사회적 관계인 것처럼 보이게 만든다. 이러한 착각을 통해 노동생산물은

---

76 마르크스는 『자본』 제1권 제1장에서 상품 물신성을 폭로하고 연이어 전개되는 화폐 물신성을 폭로한다. 곧이어 자본의 신비화, 물신성을 폭로하고 제2권에서는 생산과정에서뿐만 아니라 자본의 유통과정에서도 발생하는 신비화를 폭로한다. 제3권에서는 이윤, 이자, 지대의 은폐, 왜곡, 물신화 심화 현상을 폭로한다. 그리고 『자본』의 마지막 편인 제7편에서는 『자본』에서 그동안 다룬 물신화, 신비화 현상을 모두 종합하여 요약한다.(주정립, 「맑스의 정치경제학 비판에 있어서 물신주의 비판」, 서울대학교 철학사상연구소, 『철학사상』 42권, 2011, 105쪽.)

상품, 즉 감각적이면서 초감각적인, 또는 사회적인 사물이 된다"는 것이다. 이러한 상품형태와 상품들 사이의 가치관계는 "노동생산물의 물리적인 성질이나 그로부터 비롯된 물적 관계와는 전혀 상관이 없다. 그것은 인간 자신들의 일정한 사회적 관계일 뿐인데, 여기서 인간들에게 사물들 사이의 관계라는 환상적인 형태를 띠고 있을 뿐이다" 여기서 마르크스는 상품의 물신성과 종교적 환상 사이의 유사성을 언급하고 있다. 즉 이러한 환상적 형태와 "유사한 예를 찾으려면 종교적 세계의 안개 지대로" 떠나야 한다는 것이다. "여기에서는 인간 두뇌의 산물들이, 독자적인 삶을 부여받아 그들 사이에, 그리고 인간들과 관계를 맺고 있는 자립적인 형상들로 나타난다. 상품 세계에서는 인간 손의 산물이 그러하다. 이것을 나는 물신주의(Fetischismus)라고 부르는데, 이것은 노동생산물이 상품으로 생산되는 순간 그것에 달라붙게 된다. 따라서 물신주의는 상품생산과 불가분의 관계에 있다."[77]

소외에서 물신화로 나아가면서 마르크스는 '사물화(Verdinglichung)'와 '대상화(Versachlichung)'라는 두 가지 개념을 사용한다.[78] 마르크스에 따르면 노동은 인

---

77 Marx, "Randglossen zu A. Wagners <Lehrbuch der politischen Ökonomie>", 주정립, 「맑스의 정치경제학 비판에 있어서 물신주의 비판」, 105~06쪽에서 재인용.

78 사물화와 소외는 같은 의미로 사용되기도 하고 다른 의미로 사용되기도 한다. 루카치처럼 소외와 대상화를 거의 같은 개념으로 이해하는 철학자도 있지만, 두 개념을 구분해야 한다고 주장하는 이도 있다. 더러는 마르크스의 소외와 루카치의 사물화를 유사한 개념으로 해석하기도 한다. "마르크스에게 소외는 '대상 및 대상성 일반의 상실'로 이해하는 것이 낫다. …소외의 핵심을 대상 및 대상성의 상실로 이해하는 것은 노동자 자신을 대상적 존재자로 이해한다는 것을 전제한다. 여기에서 대상적 존재자란 일차적으로는 주체로서의 노동자가 의식적 존재자이기 이전에 신체적 물질적 존재자라는 것을 의미하며 더 핵심적으로는 노동자를 비롯한 인간 존재자가 주체로서 성립하고 존속하기 위해서는 대상적 존재자들과의 관계가 필수적인 조건이라는 것을 뜻한다. 그것은 비유기적인 자연과의 관계일 뿐만 아니라 생존에 필요한 다른 대상적 존재자들 예컨대 주거 양식 의복 등과의관계이기도 하며 다른 인간 존재자들과의 사회적 관계이기도 하다 이러한 대상들과의 관계 속에서만 인간 주체는 주체로서 존재하고 활동하고 재생산될 수 있다. 마르크스 자신은 이것을 소외와 구별되는 '대상화(Vergegenständlichung)'라고 불렀다. 따라서 이것은 우리가 소외 개념에 대해 흔히 갖고 있고 청년 마르크스의 본질주의적 인간주의적 소외 개념으로 간주하는 것을 뒤집는 분석이다. 왜냐하면 이 후자의 관점에서 이해될 경우 소외는 자신의 고유한 본질을 지닌 인간 주체 내지 노동자가 자본주의적 노동관계 속에서 사물의 낯선 힘에 예속되고 더 나아가 사물성(또는 상품)의 일부로 전환되며 이로써 인간들 사이의 관계 역시 사물들(상품들) 간의 관계로 전도되는 현상 요컨대 루카치의 '사물화(Verdinglichung)' 개념이 지칭하는 현상을 의미하기 때문이다. 그리고 이 경우 주체와 객체 인간과

간과 자연 사이에서 이루어지는 과정이다. 인간은 자연의 소재를 자신의 생활에 적합한 형태로 만들기 위해 자연물의 형태를 변화시킬 뿐 아니라 자기 자신의 목적을 자연물에 실현시킨다. 노동자는 자신의 의지를 이 목적에 복종시키지 않으면 안 된다. 노동자가 자기 노동을 상품에 대상화하기 위해서는 먼저 자기의 노동을 사용가치에 대상화해야 한다는 뜻이다. "노동과정에서는 인간의 활동이 노동수단을 통해 처음부터 목적으로 한 노동대상의 어떤 변화를 발생시킨다. 과정은 생산물 속에서 소멸한다. …노동은 그 대상과 결합한다. 노동은 대상화되고 대상은 가공된다."[79] 대상화된 존재는 본래의 의미와 맥락을 모두 상실한 채 오로지 나의 주관을 객관화한 실체로만 유의미하다. 노동의 대상화는 그래서 사실상 살아 있는 노동을 죽은 상품으로 만드는 것과 다르지 않다. 마르크스는 대상화의 반대 개념을 '인격화(Personifizierung)'라고 불렀다. 한편 사물화란 인간과 인간의 관계가 사물과 사물의 관계인 것처럼 은폐되고 왜곡되는 현상이다. 마르크스는 인간관계가 사물화하는 과정 전체, 즉 인간의 능력이 생명 없는 대상에 귀속되고 사회조직이 인간의 의지와 무관하게 나타나는 과정을 상품 물신화로부터 설명했다. 자본주의 사회에서는 마치 개인과 개인 간의 관계가 대등하고, 사람들 사이에서는 등가교환이 이루어지며, 모든 거래는 자유로운 개인들 사이의 계약관계인 것처럼 나타난다. 자본주의 사회에서 개인들은 노동력이나 생산도구를 소유해야만 생산관계에 참가할 수 있다. 그 결과 개인들 자신이 아니라 "마치 사물이 스스로 생산관계를 확립할 능력과 덕목이 있는 것처럼 보인다" 개인들이 상품 소유자로서만 생산과정에 참가하므로 상품은 사회적 특성을 획득한다. 마르크스는 이 과정을 다음과 같이 설명했다. "그러므로 생산자들에게는 그들의 사적 노동 사이의 사회적 관계가 …개인들이 각자 노동과정에서 맺는 직접적인 사회관계로 나타나

사물 사이의 존재론적 대립이 소외 내지 사물화의 개념적 핵심으로 남게 된다. 반면 소외의 본질을 대상 및 대상성의 상실로 이해하는 것은 주체 자체를 대상적 존재자로 파악하는 것, 대상들의 세계 연관 속에서만 주체는 주체가 될 수 있으며, 따라서 주체는 대상들의 세계의 일부로서만 주체라고 이해하는 것이다."(진태원, 「스피노자와 마르크스 또는 실천으로서의 철학(들)」, 경상대학교 사회과학연구원, 『마르크스주의 연구』 19권 4호, 2022, 24~25쪽.)

79 마르크스, 『자본(Ⅰ-1)』, 217쪽.

는 것이 아니라 사물을 통한 개인 사이의 관계로 그리고 사물들 사이의 사회적 관계로 나타나는 것이다."[80]

마르크스의 사물화와 물신숭배 개념을 확장시킨 철학자는 루카치다. 루카치는 자본주의 사회에서 일상적으로 일어나는 '사물화' 현상을 이렇게 비판한다. 상품은 사용가치와 교환가치[마르크스의 용어로는 '가치']를 가진다. 자본주의 이전의 사회에서는 상품이 사용을 위해서, 가령 음식은 먹기 위해서, 옷은 입기 위해서 만들어졌다. 따라서 상품의 가치는 상품 그 자체에 있었다. 그러나 자본주의 사회에서는 상품의 사용가치에 다른 무엇과 어떻게 교환되는가 하는 교환 가능성이 덧붙여진다. 상품의 교환가치가 사용가치보다 더 중요시되면서 상품의 본질이 노동생산물이라는 데 있다는 사실이 은폐되고 마는 현상이 바로 사물화다. "그들의 노동력이 그들의 인간성과는 대치되는 것으로 객관화되는 과정은[이 과정은 노동력이 상품으로 판매될 때 이미 이루어진다]이제 영원히 피할 수 없는 매일매일의 삶이 된다."[81] 루카치에게 사물화의 반대 개념은 바로 '계급의식(Klassenbewußtsein)'이다. 루카치는 자본주의 사회에서 혁명의 주체여야 할 노동자계급이 올바른 계급의식과 역사의식이 아닌 허위의식에 사로잡히게 된 이유가 바로 자본주의적 관계들이 상품에 의해 사물화되기 때문이라고 지적했다. 사물화는 자연에 대해서만 나타나는 것이 아니라 인간에 대해서는 물론 궁극적으로는 자기자신에 대해 나타난다. 이 때문에 자본주의 사회의 개인들, 특히 노동자계급의 개인들은 자신의 정체성을 상실하고, 자신의 목적을 상실함으로써 도구로서의 이성에 굴복하고 만다.

> 루카치는 상품구조의 수수께끼를 밝힘으로써 자본주의 사회의 모든 측면을 설명할 수 있을 것으로 생각한다. 이 상품구조의 본질을 이루는 것이 물적인 성격이다. 이는 "한편으로 대상성의 형태로서, 그리고 …이러한 형태에 상응하는 주체의 행동으로서 상품의 물신성"에 근거를 두고 있다는 것이다. 루카치는 상품구조가 대상의 모든

---

80 콕스, 「마르크스의 소외론」, 『마르크스21』 2009년 가을호(https://marx21.or.kr/article/71.)

81 Lukács, History and Class Consciousness: Studies in Marxist Dialectics. 황민혁, 「도구적 이성의 명암: 후쿠자와 유키치의 사례를 통해 살펴본 근대적 합리성 비판에 대한 재검토」, 187쪽에서 재인용.

> 존재형태뿐만 아니라 주체성의 모든 형태에 대한 '원형'이라 간주한다. "개인들 사이의 관계는 사물적 성격을 띠게 되는데, 이러한 사물성은 그 엄격하고 완전히 빈틈없이 합리적으로 보이는 고유의 법칙성 속에서 인간들 사이의 관계라는 그 본질의 모든 흔적을 덮어 감춘다"는 것이다. 사물화의 '주관적' 측면은 "인간의 활동이 그 자신에 대해 객관화된다는 데, 즉 상품이 된다는 데" 있다. 루카치에게 있어 자본은 "노동과정의 합리적-계산적 분해"와 동일시되는데, 이러한 노동과정의 분해가 "상호연관된, 그리고 생산물에서 통일체로 결합된 부분작업들의 유기적 필연성을 파괴한다. 상품으로서 생산물의 통일은 더 이상 사용가치로서 그것의 통일성과 합치되지 않는다"는 것이다. 이러한 노동과정 자체가 사물화를 적나라하게 보여주는 것으로 파악된다. 노동자는 노동과정에서 비켜나 '관조적(kontemplativ)'이 된다. 노동자가 "기계화된 부분으로서 기계적 체계 속에 편입"됨으로써 그의 활동은 '활동의 성격'을 상실한다는 것이다. '관조적'이며 '의지를 상실한' 노동자는 자본주의 사회에서 인간의 주체성 상실을 표본적으로 보여 주는데, 이러한 상실은 노동자가 스스로를 상품으로 객관화하는 것으로 나타날 뿐 아니라 사회 전체에 있어 '단일한 의식구조'로서 나타난다는 것이다. 의식의 이러한 단일화는 루카치가 사물화라고 파악하는 것의 두 가지 측면과 연관이 있다. 그 첫 번째는 노동과정의 기계화와 분절화로서 "자본주의 사회 전체의 구조를 압축적으로" 보여 주는 '산업적 기업의 내부 조직형태'가 이를 잘 보여 준다. 두 번째 측면은 사회적 삶 전체가 '고립된 상품교환행위'로 원자화되고 파편화되는 것이다.[82]

『계몽의 변증법』에서 호르크하이머와 아도르노는 "정신의 진정한 속성은 사물화에 대한 부정"이라고 주장한다.[83] 이들에게 계몽주의 이후의 근대는 도구적 이성이 온 세계를 사물화시킨 시대다. 이들은 근대를 인간의 자연 지배, 타자 지

---

82 주정립, 「맑스의 정치경제학 비판에 있어서 물신주의 비판」, 94~96쪽.

83 아도르노·호르크하이머, 『계몽의 변증법』, 17쪽.

배, 자기지배의 과정으로 평가했다. 이에 대해 프랑크푸르트학파의 2세대를 대표하는 하버마스는 호르크하이머와 아도르노가 근대적 이성을 지나치게 협소하게 규정했다고 비판하기도 한다. 하버마스는 근대에 일어난 자유의 확대와 민주주의의 발전에 도구적 이성만으로는 설명될 수 없는 다른 종류의 합리성이 작동하고 있다고 지적한다. 문화, 사회, 인격의 영역에서 일어나는 다차원적 합리화를 포착하기 위해서는 도구적 이성을 넘어서는 더욱 포괄적인 이성 개념이 도입되어야 한다는 것이다.[84] 그러나 하버마스 또한 '객관성'의 이름 아래 몰가치적으로 자행되는 실증주의적 사고방식의 폐해에 대해서는 자기 앞의 두 사람보다 더 적극적으로 비판한다. 실증주의적 사유방식은 과학기술주의를 확산시키고 그것의 지배를 공고히 하기 위해 의사소통적 실천의 영역을 기술관료적으로 관리하고 조종함으로써 기술적 합리성의 요구에 의사소통의 영역을 종속시킨다는 것이다.[85] 실증주의와 현대 과학의 사물화를 비판하면서 호르크하이머와 아도르노가 던지고자 하는 질문은 이것이다. "왜 인류는 진정한 인간적인 상태에 들어서기보다 새로운 종류의 야만 상태에 빠졌는가?"[86]

계몽주의 이후 서구사회의 지배적인 이념은 신화적 세계관에 반하여 탈신비화된 세계의 가능성을 추구하는 것으로서 이성의 확실성을 보장하는 일이다. 계몽의 목표는 공포로부터 세계와 인간을 해방하고 인간의 주권을 확립하는 것으로서, 이는 신화와 환상을 지식으로 대치하는 것이었다. 이러한 계몽에 대한 신뢰는 이성에 대한 신뢰라고 할 수 있다. 이성의 힘으로 인간은 세계의 어둠을 일소할

---

84 하버마스는 도구적 이성과 의사소통적 이성을 구분할 것을 주장한다. 의사소통적 이성은 도구적 이성과는 구별되는 근대적 이성의 또 다른 면모이다. 의사소통 행위(kommunikatives Handeln)는 도구적 행위나 전략적 행위와는 달리, 개인의 목적을 성취하는 것을 과제로 삼지 않는다. 오히려 상호이해에 근거하여 공동의 행위를 조정하는 것이야말로 의사소통적 행위가 지향하는 과제이다. 종교적·형이상학적 세계관의 탈주술화나 다양한 제도적 영역들의 분화는 바로 의사소통적 이성이 근대에 이르러 수행한 합리화의 결과다. 근대적 이성은 이렇듯 생활세계의 합리화를 일으키는 의사소통 이성을 포함한다는 점에서 긍정적이다. 따라서 도구적 이성을 비판한다는 명목으로 의사소통 이성까지 거부하고자 해서는 안 된다. 오히려 근대사회의 여러 문제는 의사소통적 이성이 제대로 된 자기 기능을 상실하고 말았다는 사실에서 발견되어야 한다.

85 선우현, 「하버마스의 '합리성 이론'에 대한 비판적 검토 －개념분석적 전략과 사회이론적 전략의 상충을 중심으로－」, 서울대학교 철학과, 『철학논구』 22권, 1994. p.62.

86 아도르노·호르크하이머, 『계몽의 변증법』, 12쪽.

수 있으며, 이를 통해 세계 밑에 내재된 숨겨진 질서를 밝혀낼 수 있으며, 선한 삶이 가능할 수 있으리라는 계몽주의의 낙관적 전망의 근저에는 인간 이성의 무한한 가능성에 대한 신뢰가 전제되어 있다. 여기서 이성의 진정한 역할이란 역사에 대한 인간의 자율성, 개인 상호간의 인정, 역사적 억압으로부터 해방하고자 하는 의향을 의미한다. 이러한 의미에서 이성은 비판적 이성이 되며, 인간의 자율성과 주체성을 억압하는 것들을 비판하는 규범적 준거로서 보편적 성격을 지닌다.[87] 그러나 현실의 역사는 계몽과 이성에 대한 이런 신뢰와 정반대의 과정과 결과로 나아갔다는 것이 호르크하이머와 아도르노가 진단하는 근대의 진정한 모습이다. 진보적 사유라는 포괄적 의미에서 계몽은 예로부터 인간에게서 공포를 몰아내고 인간을 주인으로 세운다는 목표를 추구해 왔다. 그러나 완전히 계몽된 지구에는 재앙만이 승리를 구가하고 있다는 것이다.[88] "계몽의 프로그램은 그 전개과정 속에서 다시금 또 하나의 매혹적인 재앙을 불러일으켰다. 무지와 환상의 자리에 대치된 지식은 인간을 신화로부터 해방시키고, 인간에게 자연과 세계에 대한 주권을 획득하게 하지만, 동시에 이 과정에서 지식은 그 자체의 독자적인 체계를 형성하여 인간을 지배하게 됨으로써 맹목적인 영역 즉 신화로부터 문명으로 향하는 계몽이 다시금 다른 야만적인 맹목의 영역을 출현시키는 것이다. 호르크하이머와 아도르노는 계몽의 자기파괴적 과정을 이성 자체가 바로 그 이성이 가능하게 만든 인간성을 파괴하는 과정으로 기술한다. 계몽의 과정은 처음부터 자기보존이라는 동인에 의해 추동되었다. 자기보존의 동인은 이성을 단지 합목적적으로 자연을 지배하고 본능을 지배하는 데 도구적으로만 사용함으로써 이성의 기형화가 결과되었다는 것이다."[89]

이미 본 것처럼 호르크하이머와 아도르노는 근대를 도구적 이성이 세계를 사물화한 시대로 파악했다. 도구적 이성이 전면화한 세계에서는 이성과 사유를 비하하는 반지성주의만 남는다. 도구가 된 이성은 언제든지 부도덕한 목표[가령 그것

87 이상화, 「이상과 실천 —현대철학에 있어서의 이성비판을 중심으로—」, 철학연구회, 『철학연구』 제31집, 1992. 90쪽.

88 아도르노·호르크하이머, 『계몽의 변증법』, 21쪽.

89 이상화, 「이상과 실천 —현대철학에 있어서의 이성비판을 중심으로—」, 90~91쪽.

이 파시즘(Fascism)과 같은 가장 극단적인 전체주의 정치체제일지라도]를 위해 사용될 수도 있다는 뜻이다. 앞에서 이야기한 것처럼 하이데거는 이성의 한계를 극단적으로 혐오한 나머지 나치를 지지하고 유대인 탄압을 옹호하기도 했다. 그러나 홉스가 묘사하는 자연상태에서의 인간은 단순히 비합리적 존재가 아니다. 오히려 자연상태에서는 자신의 생명을 유지하기 위한 가장 합리적인 방안이 바로 전면적인 선제공격으로 나타난다. '예방적 선제공격을 통한 자기보존'이라는 주관적, 개인적인 최고의 합리성은 객관적, 집단적인 수준에서는 모든 개인의 자기보존의 실패라는 최고의 비합리적 결과를 산출한다. 개인이 자연상태에서 합리적 방식으로 자기보존을 추구할수록, 거꾸로 그의 생존의 위협은 더 커지게 된다. 일종의 '합리성의 역설'이 나타나는 것이다.[90] 이런 합리성의 역설은 현대사회가 직면한 근본적 문제 가운데 하나다. 호르크하이머와 아도르노 역시 자기보존과 합리성의 관계라는 문제를 통해 자유주의적 계몽주의를 추구한 서구의 근대성이 어떻게 전체주의적 야만으로 귀결되었는가를 분석하고자 했다. 그 이유는 결국 이성과 자기보존의 결합에 있다. 계몽의 탈신화화 과정에서 비합리적이라고 여겨지는 일체의 것들을 추방하면서 인류는 진정한 인간적 상태로 들어서기보다 새로운 종류의 야만성에 빠졌다는 것이 아도르노의 주장이다. 이성은 국가사회주의의 부상과 함께 역사적 진보나 발전의 결과로 이성이 출현했다고 추정되는 바로 그 형태의 미신이나 신화와 유사한 무언가로 바뀌었다.

진심으로 경탄해야 할 일은 자본주의의 미래에 반드시는 아닐지라도 어쩌면 이런 반이성적이고 반인간적인 결과가 나타날 수 있다는 가능성을 이미 한 세기 전에 막스 베버가 매우 엄중하게 경고했다는 사실이다. 베버는 현대사회에서 목적합리적 행위가 갈수록 지배적인 지위를 차지함에 따라 가치합리적 행위 없이 목적합리적 행위만으로 합리성이 독단적으로 작동할 수 있다는 점을 경계했다. 예를 들어 이윤추구는 목적합리적인 행위이며 신의 구원은 가치합리적인 행위다. 프로테스탄트가 이윤을 추구하는 목적은 신의 구원을 확인하기 위해서다. 그런데

90 한상원, 「홉스와 '계몽의 변증법': 절대주권과 자기보존의 역설」, 한국철학회, 『철학』 제147집, 2021, 13쪽.

현대사회에서는 이윤추구 그 자체가 목적으로서 문제시될 뿐, 인간이 무엇을 위해 살아가야 하는지, 어떻게 살아가야 하는지와 같은 가치지향적 질문들은 배제되고 말았다. 가치합리적 행위 없이 목적합리적 행위만으로 작동하는 현대 자본주의를 베버는 '강철 우리(stahlhartes Gehäuse)'라고 불렀다. 현대 자본주의 사회에서 인간은 자기의 고유한 존재 의의를 잃어버린 채 사물화의 강철 우리에 갇히고 만 것이다.

> 청교도는 직업인이 되기를 원했고, 우리는 직업인이 될 수밖에 없었다. 왜냐하면 금욕은 수도사의 골방에서 직업 생활의 한복판으로 이동해 세속적 도덕을 지배하기 시작하면서, 이번에는 비유기적·기계적 생산의 기술적·경제적 조건과 결합된 근대 경제질서라는 저 강력한 질서 세계(cosmos)의 형성에 도움을 줬기 때문이다. 그리고 현재 이 경제질서는 자기 내부로 편입된 모든 개인[직접 경제적 영리활동에 종사하지 않는 사람도 포함된다]의 생활양식을 압도적인 힘으로 결정짓고 있으며, 장래에도 마지막 화석연료가 다 타 없어질 때까지 그러할 것이다. 외적 물질에 대한 염려는 단지 '언제든지 벗어던질 수 있는 얇은 외투'처럼 성도의 어깨에 살짝 걸쳐져 있어야만 했다. 그런데 운명은 불행하게도 이 외투를 강철같이 튼튼한 우리로 만들어 버렸다. 금욕이 세속을 개조하고 세속 내부에서 성과를 올리고자 하는 동안, 세속의 외적 물질은 역사상 그 어느 때보다도 강력해져서 마침내 절대적인 힘으로 인간을 지배하게 된 것이다. 그리고 오늘날 금욕 정신은[어쩌면 최종적으로]이 강철 우리로부터 제거되어 버렸다. 승리를 거둔 자본주의는 기계적인 기초 위에 선 이상, 이런 정신적 지지를 더는 필요로 하지 않는다. 우연히도 금욕을 계승했던 계몽주의의 장밋빛 분위기조차 이제는 완전히 사라져 버린 듯하다.[91]

---

91 베버, 『프로테스탄티즘 윤리와 자본주의 정신』, 195~96쪽.

베버는 이렇게 묻는다. "훗날 이 강철의 우리에서 살아갈 사람들은 누구인가? 그리고 이 거대한 발전이 끝나는 순간 전혀 새로운 예언자들이 나타날 것인가, 아니면 옛 사상이나 이상이 힘차게 부활할 것인가, 그도 아니면 병적인 자기 오만으로 장식된 기계적 화석으로 변하고 말 것인가?" 베버 스스로 자문자답하듯이 그 대답은 아직 모른다. 다만 이런 문화 발전의 마지막에 나타나는 '최후의 사람들(letzte Menschen)'에 대해서는 다음과 같은 지적을 곱씹어 보아야 할 듯싶다. "영혼이 없는 전문가, 감정이 없는 감각주의자, 이런 공허한 사람들은 일찍이 인류가 도달하지 못했던 단계에 자신이 도달했다고 자만할 것이다."[92] 영혼이 없는 전문가들을 이야기하면서 혹시 베버는 그때 이미 경제학자들을 생각하고 있었던 것은 아닐까? 인간에 대한 이해와 성찰에서 출발한 경제학이 왜 인간성을 상실하고 말았는가? 아마 그 대답은 경제학이 경제현상의 심연에서 상품, 화폐, 자본 등의 범주들로 사물화된 인간과 인간의 관계를 포착하지 못하기 때문은 아닌가? 그래서 어떤 이들이 경제학에는 성찰이 없다고 말한다. 하지만 경제학이라고 왜 성찰을 모르겠는가? 다만 경제학은 동기와 목적의 가치에 대한 성찰을 표현하지 않을 뿐이다. 중요한 사실은 경제학에 성찰이 없다는 말과 호모 이코노미쿠스에게 성찰이 없다는 말은 다르다는 것이다. 살아 있는 인간으로서 호모 이코노미쿠스의 성찰은 경제학 교과서 안에서가 아니라 모든 종류의 경제학 교과서들을 내던져 버린 곳에서, 다시 말해 우리의 삶 속에서 시작된다. 그러므로 여기서 우리는 인간이란 누구인가 하는 질문을 먼저 던져 보지 않을 수 없다.

사르트르는 성찰 즉 "반성이란 자기자신을 의식하는 대자"라고 말했다. "반성은 존재 회복을 시도하는 대자의 항구적인 가능성이다. 반성을 통해 대자는 자기 존재 속에서 자신을 내화하고자 시도한다."[93] 반성은 자기의식 즉 주체인 자기 자신을 객체화하는 의식이다. 자기를 객관화한다는 말은 단순한 긍정을 의미하지 않는다. 오히려 그와 반대로 자기의식은 자기를 부정함으로써 더 큰 긍정으로 나

92 베버, 『프로테스탄티즘 윤리와 자본주의 정신』, 196쪽.

93 Sartre, L'Être et le néant: Essai d'ontologie phénoménologique, 박정태, 「사르트르의 실존주의 도덕: 자기만의 극복과 가치를 창조하는 삶」, 323쪽 및 325쪽에서 재인용.

아가고자 함이다. 자기의식은 자신과 거리를 취하고 성찰하고 행동을 계획하는 일이다. 하이데거가 분석했듯이 인간에게는 자신의 가능성을 구현하고 자신과 함께 있으면서도 자신을 벗어나 자신을 부정할 수 있는 능력이 있다.[94] 그러나 동시에 자기의식은 단순한 부정을 의미하지도 않는다. 자기의식은 자기를 지양함으로써 자기를 실현하고자 하는 과정이다. 칸트가 인간을 실천적 행위로 이끄는 세 가지 소질적 요소에 대해 지적했음은 이미 이야기한 바대로다. 칸트는 이 세 가지 소질을 동물성, 인간성, 인격성이라고 불렀는데, 동물성은 기계적인 자기애를, 인간성은 이성이 함께 하는 자기애를, 그리고 인격성은 도덕법칙에 대한 존경의 수용성을 의미한다. 이는 인간 이성이 스스로에게 명령하는 당위의 규칙으로서 도덕법칙을 자신의 행동의 준칙으로 삼는다는 뜻이다. 헤겔은 인간과 동물을 다 같이 주관성으로 파악했다. 자연과의 관계에서 가능적 동일성을 실현해 나가는 주관성 자체의 과정은 양자 모두에게 불가피하다. 주관 혹은 주체는 곧 욕구 혹은 욕망과 같다. 생명이 지닌 고유한 충동이 곧 타자 존재를 지양하여 진리를 획득하려는 욕망이기 때문이다. 그러나 욕망으로서의 자기의식이 충족되기 위해서는 대상이 단순한 사물이어서는 안 된다. 대상 자체가 바로 하나의 자기의식으로 등장할 때 비로소 욕망이 충족된다. 자기의식은 다른 자기의식과의 관계 속에서 즉 욕망은 다른 욕망과의 관계 속에서 충족될 수 있는 것이다. 그러므로 욕망하는 의식의 대상은 자기자신이어야만 한다. "자기의식의 본성은 무차별적인 추상적 존재도 아니며 단초적인 상태에서 출현하는 바 그와 같은 직접적인 형식도 아닐뿐더러 나아가서는 생의 확산 속으로 몰입돼 버릴 수 있는 것도 아니다. 그러므로 이제 자기의식 속에서는 여하한 요소나 계기도 소멸되지 않을 수 없다고 하는 따라서 그 자체가 순수한 자기 확인자로서 대자적 존재일 수밖에 없다."[95]

자기의식의 성찰을 방해하는 것은 자기기만이다. 다시 사르트르의 말을 빌리면, 자기기만은 자유로부터 비롯되는 불안과 소외에 맞서는 의식의 방어적 태도

---

94 렌취, 『20세기 철학 입문』, 35쪽.

95 Hegel, Phänomenologie des Geistes, 박만준, 「욕망의 역사성(I) — 욕망이 펼치는 역사적 공간성을 중심으로」, 8쪽에서 재인용.

다. 비겁한 자와 더러운 자는 자유로부터 비롯되는 불안을 회피하기 위해 자신들의 자유를 은밀히 부정한다. 이때 그들이 쓰는 전형적인 방법이 바로 자기기만이다. 여기서 비겁한 자의 의미는 원래부터 세계 속에 새겨져 있으며 모든 것이 이미 결정되어 있다고 믿음으로써 자유 그 자체인 인간의 존재방식을 부정하는 자들이다. 또 더러운 자는 그의 존재가 우연한 것임에도 불구하고 자신의 존재, 권리, 의무를 필연적이라고 믿으면서 이를 타인들에게 강요하는 자들이다. 다시 말해 신의 섭리나 자연의 필연 같은 이름으로 인간의 자유를 부정하려 시도하는 자들이 비겁한 자이며 더러운 자다.[96] 앞에서 칸트는 "계몽이란 인간이 스스로 초래한 미숙함으로부터의 해방"이라고 말했다. 같은 말로 다시 표현해 보면 자기기만은 인간이 스스로 초래한 미숙함으로부터의 해방에 대한 두려움이며, 자신의 이성을 공개적으로 사용할 용기를 가지고 있지 못하다는 고백이다. 사르트르가 자기기만이라고 부르는 행위는 결국 호르크하이머와 아도르노의 『계몽의 변증법』 이후로 이성의 도구화에 대한 비판이라는 이름으로 자행되는 반(反)이성, 계몽의 자기부정에 대한 비판이라는 이름으로 유행하는 반(反)계몽주의적 태도와 다르지 않다. "문제는 최근 들어 맹위를 떨치고 있는 계몽적 이성의 병리학이 근대성과의 결별을 선전하는 수사들을 동원하여 사람들을 '반(反)이성'이라는 또 하나의 반대 극단으로 몰아가고 있다는 점이다. 더욱이 그러한 유행을 주도하고 있는 해체의 메타포들은 더욱이 그러한 유행을 주도하고 있는 해체의 메타포들은 탈근대적인 허무 속에서 길을 잃은 것처럼 보이는 이성의 이론적인 난맥상과 논증적인 궁핍에 힘입어 상대적으로 더욱 강한 발언권을 행사하고 있다. 하지만 그러한 반이성적 경향 속에서는 섬세한 합리성의 유형학(typology of rationality)과 같은 것이 전혀 발견되지 않는다. 거기에는 오직 구별 없는 전체로서의 이성에 대한 불신과 혐의만 있을 뿐이다. 따라서 그러한 경향은 도구적 이성 사용의 역기능들을 보정할 수 있는 합리적인 대안을 결코 배태할 수 없다. 그것은 다만 상이한 담론 권력들의 평행적인 효력 주장과 다원주의적인 힘들의 각축을 정당화할 수 있을 뿐이다."[97] 이러

96 박정태, 「사르트르의 실존주의 도덕: 자기만의 극복과 가치를 창조하는 삶」, 319~20쪽.
97 소병철, 「도덕성은 합리적으로 정당화될 수 있는가?」, 86~87쪽.

한 반이성, 반계몽의 태도는 결국 자신의 이성을 공개적으로 사용할 용기와 자유에 따르는 책임을 회피하고자 하는 비겁한 자들과 더러운 자들의 자기변명일 뿐이다. 그러므로 진정한 성찰은 이런 자기기만과 그것을 가져온 자유에 대한 불안과 소외를 극복하는 일에서부터 출발하지 않을 수 없다. 그리고 이 극복은 관념 속에서가 아니라 실천 속에서만 실현될 수 있다. 호모 이코노미쿠스는 관념 속에서가 아니라 우리의 삶 속에서 실천하는 살아 있는 인간이기 때문이다.

실천은 인간이 자기이해를 넘어 자기실현으로 나아가는 계기다. 그것은 자기[즉자적 자기]를 지양함으로써 자기[대자적 자기]를 실현하고자 하는 과정이다. 인간은 실천적 존재라고 말하면, 대다수의 평범한 보통사람들에게는 그 말의 무게가 많이 무겁게 다가오는 것도 사실이다. 하지만 아리스토텔레스도 헤겔도 마르크스도 실천이라는 단어에 그토록 무거운 의무의 짐을 지우지는 않는다. 이들에게 실천은 자기 목적을 가지고 또 그 목적을 의식하면서 행동하는 것, 자기 목적을 실현하기 위해 자기 의지에 따라 자유롭게 행동하는 것을 의미한다. 칸트가 자연의 왕국이라고 부른 것처럼, 그리고 마르크스가 필연의 왕국이라고 부른 것처럼 우리의 행위는 모두 자연 안에서 일어난다. 자연 안에서 일어나는 것은 예외 없이 모두 자연의 법칙에 규정 받지 않을 수 없다. 우리의 행위는 반드시 자연의 법칙에 따라 일어난다. 그러므로 문제는 자연의 법칙에 따라 규정받는 인간의 행위가 어떻게 또한 동시에 자유의 원인으로부터도 비롯된 것일 수 있는가 하는 점이다. 인간이 도덕적 주체로서 감각 세계를 초월해 있을 수 있다면, 그것은 그의 의지가 감성의 충동에 의한 강요로부터 독립할 수 있기 때문이다. 인간의 의지도 감성에 영향을 받고 그런 한에서 '감수적 의향(arbitrium sensitivum)'이기는 하지만, 그러나 오로지 감성의 동인에 의해서만 촉발되는 '동물적 의향(arbitrium brutum)'과는 달리 인간의 의지는 감성이 그것의 행위를 반드시 결정하지는 않는, 즉 감성적 충동에서 독립해서 스스로 결정할 수 있는, 자유로운 것이다. 이 '자유'는 자연의 필연적 인과 계열을 벗어나 있는 초월적 이념이다. 그러나 그것은 시공적 존재자가 아니라는 점에서는 초월적 이념이지만, 행위에 법규를 준다는 점에서 실천적 이념

이다.[98]

실천이라는 인간의 모든 행위는 도덕적이다. 왜냐하면 인간의 모든 행위는 그 자체가 자유의 실천이기도 하지만 또한 가치의 창조이기도 하기 때문이다. 이 가치의 창조는 인간이 절대적 자유를 실천할 때, 다시 말해 인간이 자기가 즉자로 존재하게 되는 일을 경계하면서 오로지 자유의 실천을 통해 자기 밖에서 존재가 전개되는 일만을 끊임없이 행할 때, 바로 이 존재의 전개 속에서 이루어진다. 실제로 존재가 전개된다는 것은 의미 없이 그저 그렇게 있는 존재들을 인간에 의해 원해진 것들로 취하는 것, 즉 존재의 우연한 사실성 위에 인간이 가치와 의미를 더하는 것을 말한다. 존재의 전개는 이처럼 그 자체가 가치의 창조에 다름 아닌 것이다. 존재가 전개된다는 것은 자유가 드러난다는 것이다. 자유롭기를 원하는 것과 전재가 전개되기를 원하는 것은 동일한 선택이요, 유일한 한 실재의 두 측면을 가리키기 때문이다. 결국 존재가 전개되는 것, 자유가 드러나는 것, 가치가 창조되는 것, 이 모두는 하나다.[99] 우리가 찾는 호모 이코노미쿠스는 낡은 창 한 자루만 든 채 늙은 나귀에 올라타고 모험을 떠나는 동키호테여도 좋고, 동키호테가 아니면 산초 판사여도 좋다. 풍차를 향해 달려갔다가 넘어질지라도 자유가 두려워 도피하지는 말 일이다. 호모 이코노미쿠스에게 필요한 것은 관념을 떠나 실천으로 나아가는 일이다. 자기 의지에 따라 자유롭게 살며 노동하며 연대하는 시민들, 그것이 바로 호모 이코노미쿠스의 초상이기 때문이다.

---

98 백종현, 「칸트에서 자유의 이념과 도덕원리」, 36~37쪽.
99 박정태, 「사르트르의 실존주의 도덕: 자기만의 극복과 가치를 창조하는 삶」, 340쪽.

프랑스 대혁명 시기에 활동한 신고전주의의 대표 화가 자크 루이 비드
(Jacques-Louis David, 1748~1825)의 작품
<소크라테스의 죽음(La Mort de Socrate, 1787)>

소크라테스는 신으로부터 세상에서 가장 현명한 사람이라는 신탁을 받는다. 그런데 정작 소크라테스 자신은 이 신탁을 이해할 수 없었다. 그는 늘 "나는 아무것도 모르지만 나 자신이 아무 것도 모른다는 사실만은 안다"고 말했다. 그래서 소크라테스의 지혜는 흔히 '무지의 지'라고 불린다. 스콜라 철학을 대표하는 토마스 아퀴나스도 무지에는 두 가지가 있는데, 하나는 자기가 모른다는 사실을 아는 무지이며 다른 하나는 자기가 모른다는 사실조차 모르는 무지라고 했다. 당연히 전자보다 후자가 더 나쁜 무지인데, 적어도 자기가 모른다는 사실을 아는 이는 알고자 노력하기 때문이다. 독배를 마시고 죽음을 맞이하면서 소크라테스가 "악법도 법이다"라고 말했다는 이야기는 군국주의 시절의 일본에서 만들어진 조작된 이야기다. 소크라테스의 고뇌는 그것이 악법이어서가 아니라 반대로 정당한 법이었기 때문이다. 소크라테스는 자신에게 내려진 사형 선고가 부당하다고 생각했다. 하지만 그 판결은 폴리스의 법에 따른 정당한 절차를 거쳐 결정되었다. 따라서 그것은 정당한 판결인데, 소크라테스가 고민한 것은 만약 폴리스가 정당하게 내린 판결이 폴리스이 구성원인 개인에게 불리할 경우 개인에게

그 판결을 거부할 권리가 있는가 하는 것이다. 이는 단순히 개인은 전체의 이익에 복속해야 한다는 의미가 아니라, 시민의 권리와 의무에 대한 철학적 질문이다. 소크라테스는 시민으로서의 의무를 선택했는데, 그 이유는 그 법이 정당했기 때문이다.

참고문헌

강동호, 「호모 에코노미쿠스와 근대의 통치성」, 문학과지성사, 『문학과사회』 27권 3호, 2014.

강정민, 「도구적 이성과 자기보존 문제 - 호르크하이머의 『도구적 이성 비판』을 중심으로」, 전남대학교 인문학연구소, 『용봉인문논총』 52권, 2018.

갤브레이스, 노택선 옮김, 『풍요한 사회』, 한국경제신문사, 2006.

경제교육연구회, 『근대사회경제사상의 이해』, 시그마프레스, 2016.

____________, 『사람의 역사, 경제의 역사』, 시그마프레스, 2016.

高橋幸八郎 엮음, 김대환 옮김, 『자본주의 이행 논쟁』, 동녘, 1997.

고메스-로보, 강두호 옮김, 『도덕과 인간의 선: 자연법 윤리학 개론』, 인간사랑, 2008.

권영우, 「헤겔 실천철학에서 세 가지 타자개념」, 헤겔학회, 『헤겔연구』 40호, 2016.

권오용, 「인간 존엄 실현의 구체적 기반으로서 비판이론적 노동 개념」, 비판사회학회, 『경제와사회』 제134호, 2022.

권용혁, 「이성과 합리성」, 철학연구회, 『철학연구』 57집, 2002.

권홍우, 『부의 역사』, 인물과사상사, 2008.

그라시안, 남영우 옮김, 『비판자』, 지식을만드는지식, 2012.

그린블랫, 이혜원 옮김, 『1417년, 근대의 탄생』, 까치글방, 2013.

길로멘, 김병용 옮김, 『서양 중세 경제사』, 에코리브르, 2017.

김광수, 『고전학파』, 아세아문화사, 1992.

_____, 『애덤 스미스의 학문과 사상』, 해남, 2005.

_____, 『중상주의』, 민음사, 1984.

김도형, 「아리스토텔레스 중용 개념에 관하여 -'반응우선성 논지'에 대한 하나의 논박-」, 한국철학회, 『철학』 제145집, 2020.

_____, 「아리스토텔레스 중용 개념의 '상태우선적 정황'에 관하여: '설명적 우선성' 논쟁을 중심으로」, 철학연구회, 『철학연구』 제133집, 2021.

_____, 「아리스토텔레스의 중용론에 관하여 - 중도론적 해석에 대한 비판 -」, 한국윤리학회, 『윤리연구』 제124집, 2019.

김명섭, 『대서양 문명사: 팽창, 침탈, 헤게모니』, 한길사, 2001.

김명주, 「'욕망' 개념을 통해 본 들뢰즈 철학의 의미」, 새한철학회 논문집, 『철학논총』, 제57집, 2009.

김석, 「욕망하는 주체와 욕망하는 기계: 라캉과 들뢰즈의 욕망이론」, 한국현상학회, 『철학과 현상학 연구』 29권, 2006.

김석수, 「도덕적·정치적 다혼에 대한 고찰 —회페(O. Höffe)의 이론을 중심으로—」, 대동철학회, 『대동철학』 제2집. 1998.

김성훈, 「교육에 관한 고찰에 나타난 로크의 교육목적론 연구」, 순천향대학교 인문학연구소, 『순천향 인문과학논총』 제34권 2호, 2015.

김원철, 「'최대 다수의 최대 행복'에 대한 계보학적 일연구—프란시스 허치슨부처 제러미 벤담까지—」, 고려대학교 철학연구소, 『철학연구』 제60호, 2019.

김윤상, 「헤겔과 라캉에 있어서 욕망의 문제」, 서강대학교 인문과학연구소, 『서강인문논총』 18권, 2004.

김정주, 「이성과 실존 사이에서 자기의식의 문제」, 철학연구회, 『철학연구』 제120집, 2018.

김준수, 『헤겔: 정신의 체계, 자유와 이성의 날개를 활짝 펴다』, 한길사, 2015.

김혜성, 「합당성과 합리성의 시민윤리 -J. 롤즈와 J. 하버마스를 중심으로-」, 한국윤리교육학회, 『윤리교육연구』 13권, 2007.

남기호, 「프리드리히 하인리히 야코비의 이성 비판과 헤겔 철학에 대한 영향」, 한국헤겔학회, 『헤겔연구』 28권, 2010.

______, 「헤겔의 욕망 개념」, 한국헤겔학회, 『헤겔연구』 26권, 2009.

노스, 이병기 옮김, 『제도·제도변화·경제적 성과』, 자유기업센터, 1997.

노왁·하이필드, 허준석 옮김, 『초협력자』, 사이언스북스, 2012.)

니체, 강두식 옮김, 『인간적인 너무나 인간적인』, 동서문화사, 2016.

니체, 김정진 옮김, 『차라투슈트라는 이렇게 말했다』, 성창출판사, 1987.

니체, 백승영 옮김, 『바그너의 경우/우상의 황혼/안티크리스트/이 사람을 보라/디오니소스 송가/니체 대 바그너』, 책세상, 2002.

大冢久雄, 조용범 옮김, 『사회과학의 방법과 인간론』, 풀빛, 1982.

大河內一男, 노태구 옮김, 『사회사상사』, 백산서당, 1982.

데카르트, 소두영 옮김, 『방법서설/성찰/철학의 원리』, 동서문화사, 2016.

도현신, 『르네상스의 어둠』, 생각비행, 2016.

뒤르켐, 황보종우 옮김, 『자살론』, 청아출판사, 2019.

뒤메닐·레비, 이강국·장시복 옮김, 『자본의 반격: 신자유주의 혁명의 기원』, 필맥, 2006.
들뢰즈, 이경신 옮김, 『니체와 철학』, 민음사, 2020.
디포, 윤해준 옮김, 『로빈슨 크루소』, 을유문화사, 2008.
라캉, 권택영 옮김, 『욕망이론』, 문예출판사, 1998.
랜드, 정명진 옮김, 『이기심의 미덕』, 부글, 2019.
러스킨, 김석희 옮김, 『늦게 온 이 사람에게도』, 열린책들, 2010.
렌취, 이원석 옮김, 『20세기 철학 입문』, 북캠퍼스, 2023.
로드릭, 이강국 옮김, 『그래도 경제학이다』, 생각의힘, 2015.
로크, 김현욱 옮김, 『통치론』, 동서문화사, 2008.
로크, 추영현 옮김, 『인간지성론』, 동서문화사, 2016.
롤즈, 장동진 옮김, 『정치적 자유주의』, 동명사, 1993.
루빈, 함상호 옮김, 『마르크스의 가치론』, 이론과실천, 1989.
루소, 정병희 옮김, 『에밀』, 동서문화사, 2007.
루소, 최석기 옮김, 『인간불평등기원론/사회계약론』, 동서문화사, 2016.
루카치, 박정호 옮김, 『역사와 계급의식: 마르크스주의 변증법 연구』, 거름, 1986.
루카치, 반성완 옮김, 『소설의 이론』, 심설당, 1985.
루크레티우스, 강대진 옮김, 『사물의 본성에 관하여』, 아카넷, 2021.
류성희, 「하버마스의 막스 베버 합리성에 대한 오해 -하버마스의 『의사소통행위이론』을 중심으로 -」, 한국사회조사연구소, 『사회연구』 통권21호, 2011.
리들리, 신좌섭 옮김, 『이타적 유전자』, 사이언스북스, 2001.
리스트, 최세진 옮김, 『경제학은 과학적일 것이라는 환상』, 봄날의책, 2015.
리카도, 정윤형 옮김, 『정치경제학 및 과세의 원리』, 비봉출판사, 1991.
리케르트, 이상엽 옮김, 『문화과학과 자연과학』, 책세상, 2004.
마뇨, 김희정 옮김, 『돈의 발명』, 책세상, 2015.
마르쿠제, 박병진 옮김, 『일차원적 인간: 선진 산업사회의 이데올로기 연구』, 한마음사, 2009.
마르크스, 강신준 옮김, 『자본』, 이론과실천, 1987.
마르크스, 김태경 옮김, 『경제학-철학 수고』, 이론과실천, 1987.
마르크스, 김현 옮김, 『유대인 문제에 관하여』, 책세상, 2022.
마르크스, 김호균 옮김, 『정치경제학 비판을 위하여』, 중원문화, 2007.

마르크스, 성낙선 옮김, 『자본주의적 생산에 선행하는 제형태: 자본관계 또는 본원적 축적의 형성에 선행하는 과정에 대하여』, 지평, 1988
마르크스, 편집부 옮김, 『잉여가치학설사』, 아침, 1989.
마르크스, 홍영두 옮김, 『헤겔 법철학 비판』, 백산서당, 1988.
마리노, 강주현 옮김, 『키르케고르, 나로 사는 용기』, 김영사, 2019.
마키아벨리, 강정인 옮김, 『군주론』, 까치글방, 2001.
매슬로우, 소슬기 옮김, 『매슬로의 동기 이론』, 유엑스리뷰, 2018.
맥밀런, 이진수 옮김, 『시장의 탄생』, 민음사, 2007.
맨더빌, 최윤재 옮김, 『꿀벌의 우화』, 문예출판사, 2010.
맬서스, 이서행 옮김, 『인구론』, 동서문화사, 2012.
멀러, 서찬주·김청환 옮김, 『자본주의의 매혹: 돈과 시장의 경제사상사』, 휴먼앤북스, 2006.
멩거, 민경국·이상헌·김이석 옮김, 『국민경제학의 기본원리』, 자유기업원, 2002.
모어, 김현욱 옮김, 『유토피아』, 동서문화사, 2008.
모키르, 김민주·이엽 옮김, 『성장의 문화—현대 경제의 지적 기원』, 에코리브르, 2018.
목광수, 「홉스의 이성 개념 고찰: 『리바이어던』의 "어리석은 사람" 논의를 중심으로」, 새한철학회, 『철학논총』 68권 2호, 2012.
무스토, 「마르크스 소외 개념에 대한 재논의」, 경상대학교 사회과학연구원, 『마르크스주의 연구』 제8권 제2호, 2011.
미슐레, 『민중』, 고유서가, 2020.
민경국, 「구성주의적 합리주의와 진화론적 합리주의」, 한국과학철학회, 『과학철학』 제5집, 2000.
______, 「애덤 스미스의 도덕감정론: 상업사회와 도덕규칙」, 한국제도경제학회, 『제도와 경제』 제17권 제3호, 2023.
민혜련, 『르네상스』, 인문서재, 2013.
밀, 서병훈 옮김, 『공리주의』, 책세상, 2010.
박경자, 「단테에서 마키아벨리로 —단테의 정치철학에 드러난 정교분리와 세속국가 개념」, 『철학논집』 제36집, 2014.
박기순, 「스피노자에서 potentia와 potestas 개념」, 사회와철학연구회, 『사회와철학』 제25호, 2013.
박길환, 「'자기애'와 '보이지 않는 손'의 일관성으로서의 애덤스미스문제 연구」, 한국제도경제학회, 『제도와 경제』 제17권 제2호, 2023.

박만준, 「욕망의 역사성(I) — 욕망이 펼치는 역사적 공간성을 중심으로」, 대동철학회, 『대동철학』 23집, 2003.

_____, 「욕망의 역사성(II) — 욕망이 펼치는 역사적 공간성을 중심으로」, 대동철학회, 『대동철학』 28집, 2004.

박민철, 「헤겔 철학체계 내에서 '욕망'의 의미와 역할에 대하여 -『정신현상학』「자기의식」장을 중심으로」, 건국대학교 인문학연구원, 『통일인문학』, 48권, 2009.

박배형 주해, 『헤겔과 시민사회』, 서울대학교출판문화원, 2020.

박상렬, 『스피노자의 〈윤리학〉 연구』, 선학사, 2012.

박상현, 「루소와 스미스, '장기 18세기' 상업사회의 문제」, 한국사회사학회, 『사회와역사』 120집, 2018.

박영주, 「규범적 사회제도와 시장메카니즘」, 한국가버넌스학회, 『한국가버넌스학회보』 제11권 제1호, 2004,

박은정, 『자연법의 문제들』, 세창출판사, 2007.

박정순, 「고티에의 『합의도덕론』과 그 정치철학적 위상」, 차인석 외, 『사회철학대계』, 민음사, 1993.

박정순, 『사회계약론적 윤리학과 합리적 선택 —홉스, 롤즈, 고티에』, 철학과현실사, 2019.

_____, 「현대사회와 인간 문화 철학적 성찰 —호모 에코노미쿠스 생살부」, 고려대학교 철학연구소, 『철학연구』 21권, 1998.

박정순 외, 『윤리적 삶과 사회적 규범의 성찰』, 철학과현실사, 2020.

박정태, 「사르트르의 실존주의 도덕: 자기만의 극복과 가치를 창조하는 삶」, 한국동서철학회, 『한국동서철학회논문집』 제49호, 2008.

박주병, 「자기지식의 형성과정으로 해석한 루소 「에밀」의 체계」, 한국교육사상연구회, 『교육사상연구』 제29권 제1호, 2015.

박주영, 『중세와 토마스 아퀴나스』, 살림, 2021.

박찬국, 「쇼펜하우어의 형이상학적 욕망론에 관한 고찰」, 서울대학교 철학사상연구소, 『철학사상』, 제36권, 2010.

_____, 『하이데거의 〈존재와 시간〉 읽기』, 세창미디어, 2016.

박효종, 「개인주의적 합리성에 대한 비판적 조명」, 『사회비평』 14권, 나남출판사, 1996.

_____, 「민주화와 합리적 선택 —법률적 적실성과 쟁점들을 중심으로」, 한국정치학회, 『한국정치학회보』 28권 1호, 1994.

______, 「정의의 원리와 개인주의적 합리성의 연계의 적실성에 관한 비판적 고찰」, 한국정치학회, 『한국정치학회보』 28권 2호, 1994.
백종현, 「칸트에서 자유의 이념과 도덕원리」, 서울대학교 철학사상연구소, 『철학사상』 제1권, 1991.
버컨, 이경남 옮김, 『애덤 스미스 경제학의 탄생』, 청람출판, 2008.
베르그송, 이희영 옮김, 『웃음/창조적 진화/도덕과 종교의 두 원천』, 동서문화사, 2016.
베버, 박성환 옮김, 『경제와 사회』, 나남, 2009.
베버, 전성우 옮김, 『막스 베버 종교사회학 선집』, 나남, 2008.
______________, 『'탈주술화' 과정과 근대: 학문, 종교, 정치』, 나남, 2002.
베버, 김현욱 옮김, 『프로테스탄티즘 윤리와 자본주의 정신/직업으로서의 학문/직업으로서의 정치/사회학 근본개념』, 동서문화사, 2016.
베블런, 김성균 옮김, 『유한계급론』, 우물이있는집, 2012.
벤담, 강준호 옮김, 『도덕과 입법의 원칙에 대한 서론』, 아카넷, 2013.
벤담, 신건수 옮김, 『파놉티콘』, 책세상, 2010.
벤담·밀, 정홍섭 옮김, 『벤담과 밀의 공리주의』, 좁쌀한알, 2018.
변삼석, 「헤겔철학에 있어서 자유의 문제」, 새한철학회 『철학논총』 제9집, 1993.
변영진, 「스미스의 도덕 판단과 공정한 관망자」, 한국윤리교육학회, 『윤리교육연구』 제43집, 2017.
보드리야르, 이상률 옮김, 『소비의 사회—그 신화와 구조』, 문예출판사, 1992.
보드리야르, 하태환 옮김, 『시뮬라시옹』, 민음사, 2001.
보울스, 최정규, 박용진·전용범 옮김, 『도덕경제학: 왜 경제적 인센티브는 선한 시민을 대체할 수 없는가』, 흐름출판, 2020.
보카치오, 한형곤 옮김, 『데카메론』, 동서문화사, 2007.
볼노우, 최동희 옮김, 『실존철학 입문』, 간디서원, 2006.
부르크하르트, 안인희 옮김, 『세계 역사의 관찰』, 휴머니스트, 2010.
부르크하르트, 지봉도 옮김, 『이탈리아 르네상스 이야기』, 동서문화사, 2013.
부버, 표재명 옮김, 『나와 너』, 문예출판사, 2001.
뷰캐넌, 이필우 옮김, 『윤리와 경제진보』, 자유기업센터, 1997.
브레이버만, 이한주·강남훈 옮김, 『노동과 독점자본: 20세기에서 노동의 쇠퇴』, 까치, 1987.
브로턴, 윤은주 옮김, 『르네상스』, 고유서가, 2020.
브루니, 임병철 옮김, 『피렌체 찬가』, 책세상, 2019.
블로흐, 박설호 옮김, 『서양 중세·르네상스 철학 강의』, 열린책들, 2008.

사드, 김문운 옮김, 『소돔의 120일』, 동서문화사, 2012.
사르트르, 방곤 옮김, 『실존주의는 휴머니즘이다』, 문예출판사, 2013.
선우현, 「하버마스의 '합리성 이론'에 대한 비판적 검토 -개념분석적 전략과 사회이론적 전략의 상층을 중심으로 -」, 서울대학교 철학과, 『철학논구』 22권, 1994.
성제한, 『피렌체의 빛나는 순간』, 문학동네, 2019.
세르반테스, 박철 옮김, 『돈키호테』, 시공사, 2005.
소병일, 「욕망과 정념을 중심으로 본 칸트와 헤겔의 차이」, 범한철학회논문집, 『범한철학』 59집, 2010.
_____, 「인륜성의 실현으로서 욕망의 변증법」, 고려대학교 철학연구소, 『철학연구』 제41집, 2010.
_____, 「헤겔의 행복관: 욕망 충족으로서의 행복」, 한국철학회, 『철학』 126집, 2016.
소병철, 「노동으로부터의 해방과 노동 내에서의 해방: 현대 기술이 가져온 기회 혹은 위기에 관한 성찰」, 인간환경미래연구원, 『인간·환경·미래』 제26호, 2021.
_____, 「도덕성은 합리적으로 정당화될 수 있는가?」, 대동철학회, 『대동철학』 39집, 2007.
_____, 「윤리는 경제에 대하여 외생적인가?」, 서강대학교 철학연구소, 『철학논집』 31권, 2012.
_____, 「실천적 합리성 개념의 현대적 편향에 대한 검토」, 대한철학회, 『철학연구』 제104집, 2007.
_____, 「'이성의 사실'은 도덕성을 정당화하는가? ―칸트 도덕철학의 메타윤리학적 의의」, 철학연구회, 『철학연구』 36집, 2008.
_____, 「진화론적 윤리학의 자연주의적 오류와 윤리적 구성주의」, 연세대학교 인문학연구원, 『인문과학』 117집, 2019.
_____, 『합리성과 도덕성: 도구적 합리성의 한 비판』, 서광사, 2008.
송현호, 『신제도이론』, 민음사, 1998.
쇼펜하우어, 권기철 옮김, 『세상을 보는 지혜』, 동서문화사, 2008.
_____________________, 『의지와 표상으로서의 세계』, 동서문화사, 2008.
스미스, 김수행 옮김, 『국부론』, 동아출판사, 1992.
스미스, 미크 외 엮음, 서진수 옮김, 『법학강의』, 자유기업원, 2002.
스미스, 박세일·민경국 옮김, 『도덕감정론』, 비봉출판사, 2009.
스피노자, 양진호 옮김, 『데카르트 철학의 원리』, 책세상, 2010.
스피노자, 추영현 옮김, 『에티카/정치론』, 동서문화사, 2008.

시덴톱, 정명진 옮김, 『개인의 탄생』, 부글, 2017.
신규성, 「아담 스미스의 근대시민사회의 전체상」, 동아대학교 사회과학연구원, 『사회과학논집』제15집, 1998.
신기현, 「교육의 내재적 개념화와 외재적 개념화: 루소의 교육개념을 중심으로」, 한국교육원리연구학회, 『교육원리연구』 제24권 2호, 2019.
신동완, 『정상 국가와 인간의 욕망』, 북랩, 2019.
신세철, 『욕망으로부터의 자유 —호모 이코노미쿠스』, 연암사, 2020.
신오현, 「실존과 실천 : 실존의 현상학에서 실천의 변증법에로」, 철학연구회, 『철학연구』 19권, 1984.
신중섭, 「도덕감정과 이기심: 아담 스미스를 중심으로」, 새한철학회 논문집, 『철학논총』 73권, 2013.
심강현, 『스피노자 인문학』, 을유문화사, 2016.
아도르노·호르크하이머, 김유동옮김, 『계몽의 변증법』, 문학과지성사, 2001.
아른트, 한상원 옮김, 『역사와 자유의식: 헤겔과 맑스의 자유의 변증법』, 에디투스, 2021.
아리스토텔레스, 손명현 옮김, 『니코마코스 윤리학/정치학/시학』, 동서문화사, 2013.
아리스토텔레스, 조대호 옮김, 『형이상학』, 길, 2017.
안세권, 「서양철학에 있어서 합리주의」, 새한철학회, 『철학논총』 10권, 1994.
앙드리 엮음, 박아르마 옮김, 『로빈슨』, 이룸, 2003.
야스퍼스, 전양범 옮김, 『철학학교/비극론/위대한 철학자들』, 동서문화사, 2017
야스퍼스, 황문수 옮김, 『이성과 실존』, 서문당, 1990.
양운덕, 「헤겔과 맑스의 노동 개념」, 한국인문사회과학회, 『현상과인식』 13권 4호, 1990.
양재선, 「아담 스미스 정치경제학의 현대적 재조명」, 전북대학교 산업경제연구소, 『아태경상저널』 제10권 제2호, 2018.
에라스뮈스 외, 장병희 옮김, 『바보예찬/잠언과 성찰/인간성격론』, 동서문화사, 2008.
엥겔스, 강유원 옮김, 『루드비히 포이어바흐와 독일 고전철학의 종말』, 이론과실천, 2008.
엥겔스, 김대웅 옮김, 『가족, 사유재산, 국가의 기원』, 아침, 1985.
엥겔스, 김민석 옮김, 『반듀링론』, 새길, 1987.
엥겔스, 박준식·전병유·조효래 옮김, 『영국 노동자계급의 상태』, 세계, 1988.
엥겔스, 한승완·이재영·윤형식 옮김, 『자연변증법』, 중원문화, 2012.
鹽野谷祐一, 박영일 옮김, 『경제와 윤리』, 필맥, 2008.
오승현, 「'하틀리프의 시대'의 영국의 농업기술」, 『한국과학사학지』 제31권 제2호, 2009.
워낙, 이명숙·곽강제 옮김, 『실존주의』, 서광사, 2016.

위상복, 『변증법적 실천의 개념』, 전남대학교출판문화원, 2019.
윌슨, 이성규 옮김, 『아웃사이더』, 범우사, 2015.
윤진숙, 「베버와 하버마스의 합리성 이론」, 숭실대학교 법학연구소, 『법학논총』 제18집, 2007.
이경재, 『중세는 정말 암흑기였나』, 살림, 2015.
이근식, 『신자유주의: 하이에크·프리드먼·뷰캐넌』, 에크리, 2008.
_____, 『애덤 스미스의 고전적 자유주의』, 기파랑, 2006.
_____, 『존 스튜어트 밀의 진보적 자유주의』, 기파랑, 2006.
이남인, 「경제적 합리성 개념에 대한 철학적 반성」, 서울대학교 인문학연구원, 『인문논총』 제53집, 2005.
이상헌, 「아담 스미스 경제학의 철학적 기원: 경제적 사회적 질서 개념을 중심으로」, 한국경제학회, 『경제학연구』, 제57권 제1호, 2009.
이상화, 「이상과 실천 —현대철학에 있어서의 이성비판을 중심으로—」, 철학연구회, 『철학연구』 제31집, 1992.
이서규, 『삶과 실존철학』, 서광사, 2002.
_____, 『쇼펜하우어 철학 이야기』, 서광사 2014.
이선주, 「아담 스미스의 『도덕감정론』 과의 연관 속에서 찰스 디킨스의 『돔비 부자』 읽기」, 19세기영어권문학회, 『19세기영어권문학』 19권 1호, 2015.
이영림·주경철·최갑수, 『근대 유럽의 형성: 16-18세기』, 까치글방, 2020.
이영석, 『지식인과 사회: 스코틀랜드 계몽운동의 역사』, 아카넷, 2016.
이우백, 「헤겔의 실천철학의 지평과 그 형식적 구조」, 대한철학회, 『철학연구』 제58집, 1996.
이재영, 「습관의 제국과 자유의 역설」, 서양근대철학회, 『근대철학』 제15집, 2020.
이재헌, 「칸트의 물 자체 개념 : 칸트의 형이상학 구상과 초월에 대한 입장에 대하여」, 동서사상연구소, 『철학·사상·문화』 제6호, 2008.
이정전, 「경제적 합리성 비판」, 서울대학교 철학사상연구소, 『철학사상』 19호, 2004.
_____, 「정보와 신념, 그리고 경제적 합리성」, 서울대학교 인문학연구원, 『인문논총』 53권, 2005.
이종흡, 「스코틀랜드 계몽주의와 자본주의적 사회질서」, 영국사학회, 『영국연구』, 제10권, 2003.
이진남, 「에피쿠로스의 욕망과 쾌락: 인간 중심의 윤리」, 부경대학교 인문사회과학연구소, 『인문사회과학연구』 제13권 제1호, 2012.

______, 「지성과의 화해: 아리스토텔레스와 아퀴나스의 욕구 개념」, 범한철학회논문집, 『범한철학』 제54집, 2009.

이진우, 「욕망의 계보학 —니체와 들뢰즈를 중심으로」, 한국니체학회, 『니체연구』 제6집, 2004.

이태언, 『법철학 강의』, 부산외국어대학교 출판부, 2009.

이필우, 『경제학과 철학의 만남』, 건국대학교 출판부, 2007.

임미원, 「칸트의 실천철학의 기초—자율성과 사회계약론을 중심으로」, 한국법철학회, 『법철학연구』 제22권 제3호, 2019.

임미원, 「칸트의 의무론적 윤리학과 코스가드의 신칸트적 구성주의」, 한국법철학회, 『법철학연구』 제20권 제1호, 2017.

임성진, 「글리우콘의 도전」, 서울대학교 철학사상연구소, 『철학연구』 46권, 2012.

임의영, 「합리성의 행정철학적 논의구조와 H. A. Simon의 합리성 개념」, 한국정부학회, 『한국행정논집』 제18권 제4호, 2006.

임태평, 「로크의 인식 자율성 원리와 교육」, 한국교육철학회, 『교육철학』, 제23권, 2003.

______, 「존 로크의 경험론에 있어서 오성의 능력과 교육」, 한국교육철학회, 『교육철학』, 제21권, 2002.

자유주의경제학연구회, 『시카고학파의 경제학』, 민음사, 1997.

장문석, 『근대정신은 어떻게 탄생했을까?』, 민음인, 2014.

장성모, 「루소의 교육이론」, 한국도덕교육학회, 『도덕교육연구』, 제28권 1호, 2016.

장영란, 「아리스토텔레스와 유가의 중용과 중화의 문제」, 『한중인문학포럼 발표논문집』, 2016.

장효민, 「자기애에 기초한 인격 고양 방안—루소의 『에밀』에 드러난 교육 방식을 중심으로」, 한국윤리교육학회, 『윤리교육연구』, 2002.

정상봉, 「주자의 욕망관과 그 현대적 의의」, 한국유교학회, 『유교사상연구』 67권, 2017.

정미라, 「욕망과 자유—헤겔의 실천철학을 중심으로」, 범한철학회, 『범한철학』 제53집, 2009.

______, 「인륜성의 해체와 완성으로서 욕구의 체계」, 새한철학회 논문집, 『철학논총』 53집, 2008.

정준표, 「합리적 선택이론에 있어서 합리성의 개념」, 대한정치학회, 『대한정치학회보』 11집 2호, 2003.

조승래, 「18세기 영국의 시민사회론」, 부산경남사학회, 『역사와경계』 51집, 2004.

조우호, 「독일문학과 '제2의 계몽주의' 담론」, 서울대학교 독일어문화권연구소, 『독일어문화권연구』 19권, 2010.
조준현, 『철학으로서의 경제학』, 피앤씨미디어, 2020.
조지, 김윤상 옮김, 『진보와 빈곤』, 비봉출판사, 1997.
조항구, 「맑스에 있어서 자유와 필연의 문제」, 대구대학교 인문과학연구소, 『인문과학연구』 제35집, 2010.
조현수, 「소통 담론의 관점에서 본 애덤 스미스의 '도덕'과 '정치경제학'」, 한독사회과학회, 『한독사회과학논총』 제29권 제1호, 2019.
_____, 「애덤 스미스와 '공감'의 정치」, 국민대학교사회과학연구소, 『사회과학연구』 27집 2호, 2015.
존스턴, 변학수 외 옮김, 『제국의 종말 지성의 탄생: 합스부르크 제국의 정신사와 문화사의 재발견』, 글항아리, 2008.
좀바르트, 이필우 옮김, 『사랑과 사치의 자본주의』, 까치, 1977,
주경철, 『문명과 바다』, 산처럼, 2009.
주정립, 「맑스의 정치경제학 비판에 있어서 물신주의 비판」, 서울대학교 철학사상연구소, 『철학사상』 42권, 2011.
朱熹 엮음, 김미영 옮김, 『대학·중용』, 홍익출판사, 2012.
진원숙, 『십자군, 성전과 약탈의 역사』, 살림, 2015.
진태원, 「스피노자와 마르크스 또는 실천으로서의 철학(들)」, 경상대학교 사회과학연구원, 『마르크스주의 연구』 19권 4호, 2022.
짐멜, 김덕영 옮김, 『돈의 철학』, 길, 2013.
짐멜, 김덕영·윤미애 옮김, 『짐멜의 모더니티 읽기』, 새물결, 2006.
최정규, 「경제학에서 호모 이코노미쿠스의 지위, 그리고 타인을 고려하는 선호」, 한국사회경제학회, 『사회경제평론』 제59호, 2019.
최종원, 「합리성과 정책연구」, 한국정책학회, 『한국정책학회보』 4권 2호, 1995.
카뮈, 김화영 옮김, 『단두대에 대한 성찰/독일 친구에게 보내는 편지』, 책세상, 2022.
_____, 『반항하는 인간』, 민음사, 2022.
카뮈, 이혜윤 옮김, 『이방인/페스트/시지프 신화』, 동서문화사, 2020.
칸트, 백종현 옮김, 『실천이성비판』, 아카넷, 2009.
_____, 『판단력비판』, 아카넷, 2009.
칸트, 이한구 옮김, 『칸트의 역사철학』, 서광사, 2009.
칸트, 정명오 옮김, 『순수이성비판』, 동서문화사, 2016.

케니, 김성호 옮김, 『근대철학』, 서광사, 2018
케인스, 조순 옮김, 『고용, 이자 및 화폐에 관한 일반이론』, 비봉출판사, 1995.
코스가드, 강현정·김양현 옮김, 『규범성의 원천』, 철학과현실사, 2011.
________________, 『목적의 왕국』, 철학과현실사, 2007.
콕스, 게리, 지여울 옮김, 『실존주의자로 사는 법』, 황소걸음, 2012.
콕스, 주디, 김인식 옮김, 「마르크스의 소외론」, 『마르크스21』 2009년 가을호.
키에르케고르, 강성위 옮김, 『불안의 개념/죽음에 이르는 병』, 동서문화사, 2016.
키에르케고르, 임춘갑 옮김, 『이것이냐 저것이냐』, 지우, 2012.
터너, 서상복 옮김, 『예일대 지성사 강의』, 책세상, 2021.
토도로프·포크룰·르그로, 전성자 옮김, 『개인의 탄생—서양 예술의 이해』, 기파랑, 2016.
편상범, 「아리스토텔레스 윤리학에서 행복, 욕구 만족, 그리고 합리성」, 한국철학사상연구회, 『시대와 철학』 58권, 2015.
포이어바흐, 강대석 옮김, 『기독교의 본질』, 한길사, 2008.
폴라니, 박현수 옮김, 『거대한 변환: 우리 시대의 정치적·경제적 기원』, 민음사, 1997.
폴라니, 이종욱 옮김, 『초기 제국에 있어서의 교역과 시장』, 민음사, 1994.
프롬, 김석희 옮김, 『자유로부터의 도피』, 휴머니스트, 2012.
프롬, 차경아 옮김, 『소유냐 존재냐』, 까치글방, 2020.
프리드먼, 심준보·변동렬 옮김, 『자본주의와 자유』, 청어람미디어, 2009.
플라톤, 박종현 옮김, 『국가』, 서광사, 1997.
플라톤, 왕학수 옮김, 『소크라테스의 변명/국가/향연』, 동서문화사, 2017.
하버마스, 장춘익 옮김, 『의사소통행위 이론』, 나남, 2006.
하비, 최병두 옮김, 『신자유주의: 간략한 역사』, 한울, 2007.
하위징아, 김윤수 옮김, 『호모 루덴스』, 까치, 1998.
하위징아, 이희승맑시아 옮김, 『중세의 가을』, 동서문화사, 2016.
하이네만, 황문수 옮김, 『실존철학』, 문예출판사, 2016.
하이데거, 전양범 옮김, 『존재와 시간』, 동서문화사, 2016.
하이에크, 김균 옮김, 『자유헌정론』, 자유기업센터, 1998.
하이에크, 김이석 옮김, 『노예의 길: 사회주의 계획경제의 진실』, 나남, 2006.
하이에크, 민경국 옮김, 『법, 입법 그리고 자유』, 자유기업센터, 1997.
하이에크, 박상수 옮김, 『개인주의와 경제질서』, 자유기업센터, 1998.
하이에크, 신중섭 옮김, 『치명적 자만: 사회주의의 오류들』, 자유기업원, 2005.

한상원, 「홉스와 '계몽의 변증법': 절대주권과 자기보존의 역설」, 한국철학회, 『철학』 제147집, 2021.
해밀턴, 「계몽주의와 사회과학의 탄생」, 전효관·김수진·박병영 옮김, 『현대성과 현대문화』, 현실문화연구, 2001.
허남결, 『공리주의 윤리문화 연구』, 화남, 2004.
헤겔, 권기철 옮김, 『역사철학강의』, 동서문화사, 2016.
헤겔, 김소영 옮김, 『논리학 서론/철학백과 서론』, 책세상, 2015.
헤겔, 김양순 옮김, 『정신현상학』, 동서문화사, 2016.
헤겔, 임석진 옮김, 『대논리학』, 지학사, 1988.
________________, 『법철학』, 한길사, 2008.
호르크하이머, 박구용 옮김, 『도구적 이성 비판』, 문예출판사, 2022.
홀콤, 황수연 옮김, 『경제모형과 방법론』, 리버티, 2013.
홉스, 최공웅·최진원 옮김, 『리바이어던』, 동서문화사, 2009.
황규선·정향교, 「스미스의 동감이론 -흄의 이론과 비교검토를 중심으로」, 한국국민경제학회, 『경제학논집』 제10권 제2호, 2001.
황민혁, 「도구적 이성의 명암: 후쿠자와 유키치의 사례를 통해 살펴 본 근대적 합리성 비판에 대한 재검토」, 동양사회사상사학회, 『사회사상과 문화』 26권 2호, 2023.
황설중, 「헤겔 《정신현상학》에서 죽음과 의식의 경험—노동과 에로티시즘의 관계를 중심으로」, 한국헤겔학회, 『헤겔연구』 23권, 2008.
회페, 정대성 옮김, 『정치철학사 —플라톤부터 존 롤스까지』, 길, 2021.
흄, 김성숙 옮김, 『인간이란 무엇인가: 오성·정념·도덕 본성론』, 동서문화사, 2009.
흄, 강준호 옮김, 『도덕 원리에 관한 탐구』, 아카넷, 2022.
Boulding, Kenneth E., Economics as a Science, McGraw Hill, 1970.
Burckhardt, J., The Civilization of the Renaissance in Italy, Penguin Books, 1990.
Gates, D. & P. Steane, "Historical origins and development of economic rationalism", Journal of Management History, 2007.
Hobsbawm, E., The Age of Capital : 184-1875, Vintage Books, 1996.
____________, The Age of Revolution : 1789-1848, Vintage Books, 1996.
Kahan, A., Aristocratic Liberalism: The Social and Political Thought of Jacob Burckhardt, John Stuart Mill, and Alexis de Tocqueville, Routledge, 2018.
Keynes, J. M., The General Theory of Employment Interest and Money, Macmillan, 1973.

Landreth & Colander, History of Economic Thought, Houghton Mifflin, 1994.

Pizano, D., Conversations with Great Economists: Friedrich A. Hayek, John Hicks, Nicholas Kaldor, Leonid V. Kantorovich, Joan Robinson, Paul A. Samuelson, Jan Tinbergen, Jorge Pinto Books, 2009.

Robinson, J., Economic Philosophy, Routledge, 2021.

Simon, H., "Behavioral Model of Rational Choice", The Quaterly Journal of Economics, 69(1), 1955.

Smith. A., The Wealth of Nations, Random House, 1937.

ブローグ, 久保芳和·眞實一男 譯,『經濟理論の歷史』, 東京, 東洋經濟新報社,

찾아보기

ㄱ

갤브레이스(John Kenneth Galbraith) 18, 215
계몽주의 266, 418
고전학파 10, 106, 173, 387
공리주의 17, 200, 229
교부철학 77
국가(The Republic) 188, 368
국부론(The Wealth of Nations) 10, 85, 103, 224
군주론(Il Principe) 147
근대 133
근대성 119
꿀벌의 우화(The Fable of the Bees) 196

ㄴ

낭트칙령 100
노동가치이론 17
니체(Friedrich Wilhelm Nietzsche) 171, 212, 354

ㄷ

다 빈치(Leonardo da Vinci) 113, 158, 281
단테(Durante degli Alighieri) 138
데카르트(René Descartes) 23, 24, 37, 170, 254
데카메론(Decameron) 143
도구적 이성 36, 409
도덕감정론(The Theory of Moral Sentiments) 15, 85

도스토옙스키(Fyodor Mikhailovich Dostoevskii) 65, 314
돈키호테(El Ingenioso Hidalgo Don Quijote de la Mancha) 165, 344
뒤러(Albrecht Dürer) 206
들뢰즈(Gilles Deleuze) 208
디포(Daniel Defoe) 92, 378

ㄹ

라캉(Jacques Lacan) 208
로고스 251
로빈스(Lionel Robbins) 12
로빈슨 크루소(Robinson Crusoe) 55, 172, 377
로크(John Locke) 29, 271, 373
루소(Jean Jacques Rousseau) 177, 243, 271
루카치(Lukács György) 64
루크레티우스(Titus Lucretius Carus) 123
루터(Martin Luther) 152, 383
르네상스 113, 134, 154, 185, 205, 217, 265, 280, 286
리카도(David Ricardo) 11

ㅁ

마르쿠제(Herbert Marcuse) 19
마르크스(Karl Heinrich Marx) 11, 104, 320, 412
마셜(Alfred Marshall) 11
마키아벨리(Niccolò Machiavelli) 147
만족화 원리 44
매뉴팩처 78, 88, 118
맨더빌(Bernard de Mandeville) 92, 196
맬서스(Thomas Robert Malthus) 53
메디치(Medici) 286
멩거(Carl Menger) 11, 173

모어(Thomas More) 117, 148
물신숭배 412
미신에서 과학으로 28
미제스(Ludwig von Mises) 298, 352
미켈란젤로(Michelangelo Buonarroti) 113, 158, 278
밀(John Stuart Mill) 10, 201, 388

ㅂ

방법론 논쟁 55
방법론적 개인주의 11, 173
법철학 강요(Grundlinien der Philosophie des Rechts) 78
베니스의 상인(The Merchant of Venice) 220
베버(Maximilian Carl Emil Weber) 27, 35, 176, 372, 421
베이컨(Francis Bacon) 23, 296
벤담(Jeremy Bentham) 200, 230, 288, 387
보드리야르(Jean Baudrillard) 18, 215
보이지 않는 손 29, 225
보카치오(Giovanni Boccaccio) 141
볼테르(Francois~Marie Arouet Voltaire) 29, 85
부르크하르트(Jacob Christoph Burckhardt) 135
분업 78, 88, 103
브루넬레스키(Filippo Brunelleschi) 280
비판철학 38

ㅅ

사드(Donatien Alphonse François, marquis de Sade) 193
사르트르(Jean Paul Sartre) 19, 69, 171, 211, 357, 421
사이먼(Herbert Simon) 31
산업혁명 89
산초 판자(Sancho Pança) 165

상업사회 233
상업혁명 282
세르반테스(Miguel de Cervantes) 165
셰익스피어(William Shakespeare) 142, 204, 220
소외 320, 412
소크라테스(Socrates) 41, 251, 404
쇼펜하우어(Arthur Schopenhauer) 71
수학 61, 71, 176, 292
슈몰러(Gustav von Schmöller) 55
스미스(Adam Smith) 10, 151, 196, 233
스위지(P. M. Sweezy) 111
스코틀랜드 계몽주의(Scottish Enlightenment) 151, 225
스콜라 철학 77, 252
스토아학파 125
스피노자(Baruch de Spinoza) 25, 195
시민혁명 115
시장기제 68
시지프 신화(Le Mythe de Sisyphe) 333, 345
신고전학파 10, 173
신곡(La Divina Commedia) 138, 162
신자유주의 196
실존 20, 21
실존주의 19, 65, 310
실천 25, 358, 424

ㅇ

아도르노(Theodor Ludwig Wiesengrund Adorno) 39, 356, 417
아리스토텔레스(Aristoteles) 22, 24, 26, 74, 189, 252
아우구스티누스(Sanctus Aurelius Augustinus Hipponensis) 77
아퀴나스(Thomas Aquinas) 77, 252

아트 르네상스 158
알렉산드로스 대왕(Alexandros the Great) 260
야스퍼스(Karl Theodor Jaspers) 65, 216
에라스무스(Desiderius Erasmus) 148, 217
에밀(Emile) 177, 271
에티카(Ethica in Odine Geometrico Demonstrata) 195
에피쿠로스(Epikuros) 125
엥겔스(Friedrich Engels) 82, 295, 349
오디세이아(Odysseia) 42
욕구 26, 64, 144, 168, 185, 193
욕망 26, 43, 51, 63, 185, 195
원근법 163, 205, 280
유토피아(Utopia) 117
이기심 14, 25, 226
인문주의 르네상스 145
인쇄술 262
인클로저 운동 116
일리아스(Iliad) 159, 181

ㅈ

자본(Das Kapital) 104
자본주의 27, 35, 83, 89, 104
자살 309, 311, 337
자애심 15, 86, 224
절대주의 79
제번스(William Stanley Jevons) 289, 390
좀바르트(Werner Sombart) 287
종교개혁 96, 134
즉자-대자적 존재 69
중상주의 79

지오토(Giotto di Bondone) 22, 160, 205

ㅊ

천문학의 역사(The History of Astronomy) 29
최대 다수의 최대 행복 200, 229, 387

ㅋ

카뮈(Albert Camus) 126, 141, 314, 333
칸초니에레(Canzoniere) 142
칸트(Immanuel Kant) 29, 38, 153, 229, 268, 293, 351, 393
칼뱅(Jean Calvin) 141, 382
케네(François Quesnay) 29
케인스(John Maynard Keynes) 30, 107
키에르케고르(Søren Aabye Kierkegaard) 19, 69, 167, 309

ㅍ

페트라르카(Francesco Petrarca) 141
페티(William Petty) 11, 106
포이어바흐(Ludwig Andreas von Feuerbach) 317, 322
프랑크푸르트학파 36
프로이트(Sigmund Freud) 208
프로테스탄티즘 윤리와 자본주의 정신(Die Protestantische Ethik und der 'Geist' des Kapitalismus) 28, 176, 372, 380
프롬(Erich Seligmann Fromm) 13, 39, 152, 319, 356
프리드먼(Milton Friedman) 46
플라톤(Platon) 13, 20, 24, 74, 187, 250, 368
피투적 존재 22

ㅎ

하버마스(Jürgen Habermas) 296, 327, 417

하이데거(Martin Heidegger) 20, 354
하이에크(Friedrich Hayek) 67, 297, 304, 351
하위징아(Johan Huizinga) 150
합리성 31
합리적 선택이론 58
햄릿(Hamlet) 157, 165, 216
행동경제학 31
허치슨(Francis Hutcheson) 16, 200, 226, 388
헤겔(Georg Wilhelm Friedrich Hegel) 78, 238, 295, 320
현존재 20
형상 13, 251
호르크하이머(Max Horkheimer) 36, 417
호메로스(Homeros) 42, 159
호모 파베르 112
홉스(Thomas Hobbes) 29, 227, 373, 409
효용 17
후설(Edmund Husserl) 19
흄(David Hume) 29, 225, 234
희소성의 원리 33

[저자 약력]

조 준 현

부산대학교 경제학과 졸업
부산대학교 대학원 수료(경제학 박사)
중국인민대학 초빙연구원
부산대학교 경제학부 교수
참사회경제교육연구소 소장

주요 저서 및 논문
『19금 경제학』(인물과사상사)
『중산층이라는 착각』(위즈덤하우스)
『사람은 왜 대충 합리적인가』(을유문화사)
『고전으로 읽는 자본주의』(다시봄)
『경제이론과 현실경제』(시그마프레스)
『철학으로서의 경제학』(피앤씨미디어)

이성과 욕망

– 경제학이 발견한 근대적 인간형으로서의 호모 이코노미쿠스 –

초판인쇄 2025년 3월 5일
초판발행 2025년 3월 10일

지은이 조준현
펴낸이 박노일

총괄기획 최준규
편 집 이상민

펴낸곳 pnc publishing and culture 피앤씨미디어
경기도 고양시 일산동구 강송로 153 310-1501
등록 제396-2012-000203호
전 화 070)7550-3758 팩 스 02)6280-3758
홈페이지 www.pncmedia.co.kr 이메일 pnc@pncmedia.co.kr
ISBN 979-11-5730-984-9 93320

정 가 25,000원